ものづくり日本経営史

江戸時代から現代まで

粕谷 誠 ——【著】
Makoto Kasuya

名古屋大学出版会

ものづくり日本経営史 ❖目 次

序　章　日本のものづくりを経営史でいかに解きあかすか……… 1

第1章　江戸時代の経営……………………………………… 9

1．「経済社会」を支えた制度………………………………… 10
　1　江戸時代の法と制度　10
　2　導入技術の改良・普及と教育　14
　3　全国市場の形成と展開　15
　4　江戸時代の経済発展──マクロ的概観　17

2．伝統産業の発展と流通…………………………………… 19
　1　商品生産の発展──織　物　19
　2　集中作業場と雇用労働──醸　造　26
　3　先進地からの技術普及──陶磁器　33
　4　流通革新のはじまり──呉服販売　35

3．商家経営…………………………………………………… 37
　1　商家経営の原理　37
　2　商家の出資──共同出資のはじまりと限界　39
　3　商家の雇用──奉公と日傭取　42
　4　複式決算の萌芽──会計システムと経営管理　49

第2章　近代企業の形成──幕末開港から第1次世界大戦まで……… 53

1．西洋からの制度の移植と適応・定着…………………… 54
　1　明治維新による法制度の形成　54
　2　財政・金融制度の形成　57
　3　西欧からの技術と教育制度の導入　63
　4　自由貿易と資本輸出のはじまり　69
　5　交通・通信の発展と商人の対応　73
　6　明治期の経済成長　77

2．企業の定着 …………………………………………………………78

- *1* 開港の影響と企業の対応　78
- *2* インフラ整備と保護政策——鉄道・海運　80
- *3* 伝統産業の対応——織物・醸造・陶磁器　86
- *4* 導入技術の早期定着——綿紡績・製糸　101
- *5* 素材産業のギャップ——鉄鋼・ガラス　110
- *6* 組立産業の苦闘——造船・織機・カメラ・時計　117
- *7* 流通の変革——デパートと商社　128

3．会社のはじまり ……………………………………………………134

- *1* 個人企業と会社　134
- *2* ファミリービジネス——財閥の形成と成長　138
- *3* 企業内部の構成者——大株主役員と短期雇用　144
- *4* 会計システムの導入　155

第3章　近代企業の変容と大量生産の胎動——戦間期 ………159

1．戦間期における制度の変容 ………………………………………160

- *1* 戦間期の法と制度　160
- *2* 自主技術開発のはじまりと教育の拡充　162
- *3* 産業合理化の進展　166
- *4* 海外生産の端緒　169
- *5* デパートの発展とメーカーの流通への関与　172
- *6* 戦間期の経済成長　176

2．大量生産の模索 ……………………………………………………178

- *1* 新しいインフラ——電力・電鉄　178
- *2* 伝統産業の変容——織物・醸造・陶磁器　182
- *3* 早期定着産業の成熟化——綿紡績・製糸　194
- *4* 素材産業の自立化——鉄鋼・ガラス・レーヨン　201
- *5* 組立産業の興隆——造船・紡織機・自動車・時計・カメラ・ラジオ　214
- *6* 増大する消費への対応——デパート　239

3．会社の成熟と進化 …………………………………………………244

    1 戦間期の企業とグループ化　244
    2 企業内部の構成者——専門経営者の進出と雇用長期化の端緒　254
    3 会計システムの進化　262

第4章　日本的経営の形成と展開——日中戦争からバブル期まで……265

1．日本的経営を支える制度 ……………………………………………266

    1 制度の再設計——戦時経済と戦後改革　266
    2 製品開発の自立と中等・高等教育の普及　272
    3 生産管理の進展　278
    4 サプライヤー・システムの形成と機能　283
    5 輸出から現地生産へ　287
    6 「流通革命」とメーカーの対応　291
    7 高度経済成長　299

2．自主設計と大量生産の確立 …………………………………………302

    1 伝統産業の成熟への対応——醸造・織物・陶磁器　302
    2 成熟産業の製品多角化——製糸・綿紡績・レーヨン・合成繊維　318
    3 素材産業の成長——鉄鋼・ガラス　327
    4 組立産業の本格的発展——造船・オートバイ・自動車・時計・カメラ・テレビ　337
    5 大衆消費への対応と小売の輪——デパート・スーパー　368

3．日本的経営 ……………………………………………………………376

    1 株主の機関化とメインバンクの形成　376
    2 企業内部の構成者——内部昇進役員と終身雇用　385
    3 会計システムの再編　394
    4 日本的経営と海外への移転　396

終　章　バブル期以降の展望……403

1．バブル崩壊とビッグバン……404

2．グローバル化とモジュール化の進展……408

 1　グローバル化・デジタル化・モジュール化　408
 2　デジタル化と競争力喪失——テレビ　411
 3　デジタル化と競争力維持——カメラ　415
 4　疑似オープンアーキテクチャ化の封じ込め——オートバイ　419

3．日本的経営の変化？……424

 1　株式持合の解消と外国人株主の増加　424
 2　取締役の減少と執行役員の出現　426
 3　年功賃金と終身雇用の見直し　428
 4　コーポレート・ガバナンスの多様化　431

4．総　括……433

 参考文献　437
 あとがき　477
 図表一覧　481
 固有名詞索引　485
 事項索引　491

序　章

日本のものづくりを経営史でいかに解きあかすか

本書は日本企業の歴史を企業がいかにモノ（ここではサービスを含めて考える）を作ってきたかに注目しつつ明らかにすることを目的とする。どんなモノをどんな方法で作ってきたのか，という観点にとどまらず，どんなルールにもとづいてヒト，モノ，カネ，情報が企業に集められ，集められたヒトである出資者・経営者・労働者にどんなインセンティブが与えられて企業が組織され，企業活動がおこなわれてきたのかにも注目することとする。本書の狙いを明確にするために，ひとつの事例から始めよう。

　2002年8月，中国から輸入された44台のオートバイが，本田技研工業のオートバイ，フュージョン（Fusion）の模倣品であり，意匠権を侵害しているとして，輸入を差し止められた[1]。中国での模倣品製造は日本で問題となっており，日本貿易振興機構（JETRO）北京事務所知的財産部は，「ニセモノ展示館」という刺激的なタイトルのもとに，スペースを設けて模倣品の現物を展示するとともに，ホームページ上においても「ニセモノ写真館」と題して，中国におけるデッドコピー，意匠権侵害，商標権侵害，海賊版などさまざまな形態の知的財産権の侵害事例を報告している[2]。中国における模倣品，あるいは知的財産権の侵害についての懸念が日本に広がっているといってよい。

　しかしこうした懸念は，2つの点で留保が必要である。まず第1に，2001年のWTO加盟などにより中国政府は知的財産権保護にも積極的になってきている。また中国企業が発展し，デッドコピーに代表される意匠権の侵害や商標権の侵害

---

1) 知的財産戦略会議 第7回 議事次第（2002年10月16日），資料4「模倣品対策の現状と課題」（経済産業省作成）〈http://www.kantei.go.jp/jp/singi/titeki/dai7/7gijisidai.html〉（閲覧2011年11月25日）。
2) 日本貿易振興機構北京事務所知的財産部ホームページ〈http://www.jetro-pkip.org/photo.htm〉（閲覧2011年11月25日）。

に加えて，より進んだ特許権の侵害が増加するとともに，中国企業が研究開発に資源を投入するようになった結果，特許申請などがめざましい勢いで増加している。さらに中国の消費者も模倣品に対し，厳しい態度をとるようになり始めている。中国企業が単なる模倣品造りを脱し，速いペースで製品開発力を蓄えつつあることは明らかであり，これを無視することはできない（馬場・経，2006）。

第2に，模倣やそれにともなう知的財産権の侵害は日本もおこなってきたということである。第4章でも述べるが，1958年に日本橋の白木屋において「デザインを護る展示会」が開催され，外国製品の知的財産権を侵害している日本製品が多数展示された。その展示会の趣旨は，以下のように述べている。

> わが国では，これまで残念なことに，デザインの模倣は少くない。外国からもしばしば抗議を受け，又国内的にも他人の独創的なデザインを模倣することがとかく平気で行われている。
>
> デザインの模倣は国際信用をきずつけ，日本商品のボイコットの原因となり，かつ，日本人自身の創造的なデザイン意欲を失わしめる。もっとも時には外国人バイヤーの要求がその原因であることもある。
>
> 然し，いずれにしてもこういうデザインの模倣は一日も早く一掃し，本来，日本人のもっている高いデザイン能力に自信をもち，創造的な良いデザインを作り出すよう努力しなければならない（高田，1959，102頁）。

この展示会にはドイツのBMW社のオートバイにそっくりのものも展示されていたが，第4章で述べるとおり，1950年代の日本では，外国製のオートバイの模倣がかなり多かった。これはオートバイの機構がほとんどカバーされず，骨組みがそのままデザインを構成しているために，技術開発力がない企業が動力・サスペンションなどの機構を真似して，外観だけを変えることが困難なためである（高田，1959，107頁）。このようにデザインの模倣は，製品開発力の不足，なかでも技術水準の低さがもたらしている側面も強いのであり，デザイナーの資質やデザインに対する企業の意識の低さだけが問題なのではない。この展示会には，繊維・陶磁器・雑貨などのほか，カメラや家電製品といったオートバイとともにこの展示会から10年程度で世界市場を席巻することになる製品も含まれており，特定の製品ではなく，日本全体の技術レベルの問題だったのである。

当然ながら模倣は戦後に急に始まったわけではない。一例をあげれば，第2章で述べるとおり，明治の初期から日本において時計の生産が始まるが，掛時計に

については，アメリカ製の時計をコピーして安価に製造することに成功し，アメリカ製の時計を日本市場から駆逐するにとどまらず，中国に輸出するようになった。置時計については，当初はやはりアメリカ製が主流であったが，やがてドイツ製が日本市場を席巻した。このドイツ製置時計が日本市場から駆逐されるのは，第1次世界大戦期であるが，それもアメリカ製置時計のコピーだったのであり，日本のみならずドイツもアメリカをコピーしたのである（小島，1988，46-52 頁）。イギリスに続いて工業化した国は，多かれ少なかれ，こうした模倣をおこなってきたが，模倣がおこなわれるのは，製品を分解して構造を学び，製造方法を推測するリバースエンジニアリングが，（それで商売をすることの是非はおくとして）技術提携や特許実施と並ぶ技術習得の重要な手段であるためである。日本以降に工業化した国でも模倣から始めて，独自の技術開発に至る，というパターンをとっている[3]。模倣する側にある程度の技術基盤がなければ模倣すらできないという意味では，模倣は決して簡単なことではない。

　このように製品を製造するときには，どのように製造するのかとともに，何を製造するのかということが重要で，生産工程での効率性とともに，開発・設計能力が重要であるということになる[4]。本書では日本企業が生産工程の効率性とともに，開発・設計能力をいかに向上させてきたのか，について，日本企業の発展の歴史に位置づけながら，経営史の方法にもとづいて考察していくこととする。

　経営史学（business history）は 20 世紀の初頭のハーバード大学に経営史の講座がおかれた頃に成立した比較的新しいものであり，当初はグラース（N. S. B. Gras）の企業の個別性を強調する方法が重視されていたが，チャンドラー（Chandler, 1962, 1977）によってその体系が確立した（米川，1973；Lamoreaux et al., 1999, 2008）。チャンドラーは事業部制の成立の研究から，さらに単一事業単位企業，職能部制組織企業，事業部制企業へと経営組織が発展するとともに，企業経営者がオーナーである個人企業，株式のかなりの部分を保有する企業者企業，さらに株式をほとんどもたない経営者企業へと発展していくという企業の歴史的な発展の構図を示した（安部，2004）。チャンドラーの構図は世界的にも大きな

3）韓国が模倣を通じて技術水準を高めていった点については，Kim（1997）を参照のこと。同書では知的財産権の侵害についてはふれられていない。
4）顧客に納入する「商品」は，何らかの「製品設計情報」が何らかの媒体（メディア）の上に乗ったものだ，という藤本（2001，9 頁）の視点から学ぶところが大きかった。

影響を与えたが,とくにドイツと日本でその構図がよくあてはまったので影響力が強く,イギリスではそれほどでもなかった(Lamoreaux et al., 2008)[5]。

しかし1990年代以降,チャンドラーによって確立された経営史学は,大きな困難に直面することになる。その第1は,垂直統合された大企業が,工程あるいは部品ごとに専門化した企業によって苦境に立たされるようになり,垂直統合した企業が企業の発展方向とはいえなくなったということである。インテル(Intel)とマイクロソフト(Microsoft)の前にIBMが苦境に立たされたことがこうした事態を象徴的に示しているといえる。第2は,収益力の低い多角化部門は株主の利益に合致しないということから,その売却が盛んにおこなわれるようになったことである。経営多角化が企業の発展方向であるともいえなくなったのである。

第1の点は,終章で述べるとおり,製品のモジュール化(モジュール化については終章を参照)が進展し,最終製品(コンピューター)を構成するモジュール(CPU・OSなど)を製造するメーカーに主導権が移っていったためであるといえ,電気・電子機械でとくにそれが激しく現れているが,モジュール化の進展度合いが弱い自動車や化学では,垂直統合の解体は大きな問題となっておらず(バイオ企業の買収が盛んになっているが),チャンドラーの枠組みは健在ともいえる(Chandler, 2005)。第2の点は,企業が成長期を終え,既存事業に有利な投資先が少なくなる一方で,既存事業からの収益はまだ高いという状況下,経営者のもとにいわゆるフリー・キャッシュ・フローが存在するようになったという状況の変化が大きな要因といえる。経営者は豊富なキャッシュを配当として株主に返すかわりに,投資をおこなうのであるが,その投資が十分な収益を生まない。配当しないで内部留保し,投資をおこなうのは,企業規模が大きい方が,経営者のプレスティージが高いからである。企業統治(コーポレート・ガバナンス)の研究が盛んになり,専門経営者が私的利益を優先し,企業価値の最大化のために努力しない可能性が指摘されたことは大きなインパクトとなった。株主は企業経営の実態が理解できないから,専門経営者に投資プランの作成などの経営をゆだねざ

---

5) Chandler(1990)がイギリスを個人資本主義(personal capitalism)と特徴付け,多くの産業で生産設備・流通・マネジメントへの三つ又投資を大規模におこなわず,衰退していったとすると,批判が巻き起こった。ハンナ/和田(2001)がもっとも鋭く批判したもののひとつである。

るを得ないというだけでは，経営者企業の合理性を示したことにはならなくなり，ただ経営者に任せるのではなく，経営者を正しく動機づけることが重要視されるようになった。ストックオプションの付与はこうした動きを象徴しているといえる。

　もちろん経営史においても大企業ばかりに目がいっていたわけではなく，Sabel and Zeitlin（1985）は大量生産に対するクラフト生産の重要性を早くから指摘しており，ファミリー企業や産業集積に関する研究が隆盛するひとつのきっかけとなったといえる。またチャンドラー・モデルにかわる新しいモデルが，Lamoreaux et al.（2003）や Langlois（2003）によって提起されている。前者は1990年代に，消費者の好みが高度化・個別化したことと，通信コスト・取引コストが低下したことにより，標準品を安価に製造し，集中して情報処理をおこなうという垂直統合型巨大企業の優位性が低下し，垂直統合が解体した，という解釈を示した。後者は，人口と所得の増加および交易についての技術的・法的制約の低下により市場の厚みが増すが，それ以上に製造技術が複雑になるとともにスループット（一定時間内の処理量）が大きくなり，市場による調整の限度を超え，組織による調整が有効となったが（垂直統合企業の出現），技術進歩により効率的生産に必要な最適規模が低下し，また調整技術が向上することで，組織にかわって再び市場によって調整されるようになった（垂直統合の解体），との解釈を示している。いずれも有力なモデルであるが，そこに収斂するという動きはみえていない。草創期を過ぎた経営史学にとって，ひとつのモデルが共有されるということはないであろうし，そもそもモデルの共有がこれらの著者の希望でもないであろう。

　本書では，後発工業国である日本が，産業化を進めるにあたって，製品の効率的な製造と製品開発にかかわる能力を構築していくことが重要であったとの立場にたつが，どのように技術を学習していったのかを，模倣や技術提携などを通じる先進工業国からの技術習得とみずからの研究による製品製造および研究開発能力の構築プロセスに焦点をあわせつつ検討する。そして技術習得のあり方は，産業や企業により異なる側面も大きいので，分析の単位を産業や企業におくが，明治時代に入って欧米から移植された産業のみでなく，江戸時代からある伝統産業が，技術を導入しつつどのように変化していったのか，についても考察をおこなっている。加えてどのような制度条件があったのかは，さまざまな主体の誘因に

影響を与え，その行動を変化させるため，企業活動にとって非常に大きな前提条件であるので，法制度・技術政策などのほか，教育さらには流通や国際化にかかわるインフラなどを含めて解明する[6]。さらに株主・経営者・従業員がどのように供給され，給与や昇進といった誘因をどのように与えられていたのか，などにかかわるコーポレート・ガバナンスも企業行動を考える上では重要で，今日の経営史にとって主要なテーマであるので，あわせて考察することとする[7]。

　本書の構成は以下の通りである。本書は産業別ではなく時代別の章別構成をとった。これは制度や企業のガバナンスのあり方が，時代によって産業に共通する面が大きいためである。本書の記述は江戸時代から始める。江戸時代から今日まで続く企業が少なからずみられることと，明治期においては伝統産業のウェイトが高く，また移植産業に劣らないスピードで発達しているので，それらが江戸時代にどのように存在し，開港という大きなショックにどのように対応していったのかを考察する必要があること，という２つの理由からである。ただし第１章は，幕末開港以降の発展を理解する上で必要と考えられる最低限の事項のみを扱っている。次の第２章は幕末開港から第１次世界大戦の勃発の頃までを扱う。鎖国体制が崩壊し，新しい政府ができたことは，日本経済にとって大きなショックであり，企業活動は根本から変化したといってよい。市場条件の変化と欧米からの技術の導入が，移植産業のみならず，伝統産業にも大きな影響を与えていくが，そのなかで企業の能力構築が始まっていることに注目する。第３章は戦間期を扱う。

---

6) 単にゲームのルールが外から与えられるのではなく，企業活動を行う者同士が，相手の行動に確信がある場合に制度として機能する，という考え方が有力であるが，歴史具体的に，しかも特定の場面でなく，通史的に信念の体系を提示することは困難であり，本書では各時代の制度は外生的な記述となっている。

7) チャンドラーの経営史にとって重要なテーマであった戦略と組織については，ほとんどふれられていないが，これは後発工業国の能力構築に焦点をあわせたためである。日本企業では，工場に人事・経理・技術開発の組織があるなど，工場が生産職能に特化しておらず，多くの生産品目をもつ独立的な組織となっているなど，チャンドラーの描いた職能部制組織がそのままあてはまっているわけではない。Fruin（1992, p. 211）はこれを中心をなす工場（focal factories〔multi-function and multi-product factories〕）と特徴付け，鈴木（2010, 42頁）は「事業所制」としている。戦間期に出現し，部門間の密接な連携が必要であったことがその発生要因であるとする点で両者は共通するが，鈴木は労働市場の内部化をとくに強調している。日本における労働市場・金融市場・財市場などの特徴が，組織のあり方に大きな影響をもたらしていると考えられるが，本書ではこの観点は深められていない。

第1次世界大戦を契機に日本では重化学工業化が進展するが，そうした重化学工業の定着がみられるとともに，一部の機械産業では大量生産体制が模索され，実現され始めており，それが戦後の高度成長期の急速な発展の前提となっている。第4章は，日中戦争の勃発からいわゆるバブル経済が始まるまでの時期を扱っている。近年では，高度成長期の制度が戦時経済期に形成され始めたということが通説的な見解となっており，戦時経済期を高度成長期と併せて論じることとした。また高度成長期にいわゆる日本的経営が形成されたが，日本的経営はオイルショックへの強靱な対応力を示したので，2度のオイルショックの時期も含めて考察することとした。終章がごく限られた産業のみを扱っているので，一部の産業ではバブル崩壊以降の時期についても展望的に考察している。第1章から第4章では，まず第1節で各時代の制度と経済の動向が考察され，法をはじめとするさまざまな制度，技術と教育の動向，企業活動の国際化（第1章を除く），流通とマーケティングの動向および経済のマクロ的概観などが記述される。続いて第2節では，各産業のものづくりの動向が述べられる。最後の第3節では，企業統治（コーポレート・ガバナンス）が考察されるが，企業の出資状況，経営者・職員・工具の供給状況と給与・昇進などのインセンティブの状況，会計システムなどが検討される。最後の終章は，高度成長期を通じて欧米に追いついた日本企業が，停滞局面に入った理由をモジュール化に求め，それを考察するとともに，日本企業が経験しているコーポレート・ガバナンスの変化について考察している。ただし現状はめまぐるしく変化しており，歴史を扱う本書としては，ごく展望的な記述にとどめている。展望とはいえ記述は基本的にリーマンショックの前で終えており，東日本大震災の影響などはまったく取り入れられていない。

第 *1* 章

江戸時代の経営

1.——「経済社会」を支えた制度

1 江戸時代の法と制度

　江戸時代はかつてはプリ・モダンと考えられることが多かったが，今日ではアーリー・モダンとする考え方も有力となっている（宮本ほか，2007）。江戸時代は基本的に封建社会の特色をもっており，武士・百姓・町人その他の身分が存在し，居住や移動も自由ではなかった。この点は，強調しておく必要がある。武士および商工業者が城下町に集住し，武士が農村の農民から米で年貢を収集する石高制と兵農分離の体制は，武士による余剰米の売却と商工業者からの商品購入，商工業者による米を含めた商品の売買，なお自給率は高かったものの農民による米を中心とする農作物の売却と鍬などの農具をはじめとするさまざまな商品の購入という商品流通を不可欠としていた。農民は米のみならず色々な商品作物を生産し，さらには多様な副業に従事し，農閑期を中心に町場で出稼ぎもおこなっていた。このように商品生産が盛んになったのは，検地帳に記載された農民が事実上の土地所有権をもち，さらに享保改革期以降の定免法のもとでは，生産の増加分が農民に帰属したため，生産を増加させるインセンティブを農民がもっていたことによるところが大きい。また幕府・諸藩は専売などさまざまな手段を講じたものの，増大した米以外の産物からの新たな年貢や運上金の徴収を有効におこなえなかったことも商品生産を促進したといえる。江戸時代は，地域的な時間差をともないつつ，最小の費用で最大の効用を得ようとする経済行動が基本である「経済社会」となっていった（速水・宮本，1988）。ここに種々の企業経営がみられることになる。ここでは江戸時代の市場のメカニズムを支えたさまざまな制度と経済の発展を概観しておく。

まず16世紀から17世紀初頭には，ヨーロッパやアジア諸国との貿易が盛んにおこなわれたが，幕府がキリスト教の布教を禁止するなどの目的から鎖国の方針をとったことにより，日本人の出国が禁止され，外国人の居住地域も限定された（出島・唐人屋敷）。対外交易は，長崎を通じるオランダ・中国（清）との交易，対馬を通じる朝鮮との交易，薩摩を通じる琉球との交易，松前を通じる蝦夷（アイヌ）との交易が，幕府の管理の下におこなわれるにとどまった。初期には銀が輸出されたが，やがて銅や海産物が輸出されるようになり，輸入では，中国産の生糸（白糸）、絹織物，綿布などが長崎や朝鮮を通じて盛んに輸入されたが，貿易制限や国内での生産増加により減少していった（田代，1988；小山，1996）。

江戸時代は，身分によって差別があり，私有財産権や裁判を受ける権利が保障されていたわけではないが，民事裁判（出入筋，公事）がおこなわれ，1718年の江戸町奉行所の民事訴訟件数が35,750件にのぼっており，広く定着していた。各藩が裁判権をもっていたが，原則として領主の異なる取引に関する訴訟は幕府の評定所が担当しており，裁判の管轄をめぐって混乱するということはなかった。公事方御定書などの法令集や先例にのっとって判決が言い渡されており，判決の予測可能性は高いといえ，商取引の妨げとはならなかった。江戸では民事訴訟を受け付けない相対済令が江戸時代を通じて9回発布され，債権の取立てに長い時間のかかる切金という制度が存在したりしていたのに対し，大坂では相対済令はそれほど発布されず，切金の制度も存在せず，商取引にとって好都合であった[1]。天保改革期に大坂の制度が江戸に導入され，商取引への障害が減少した（牧・藤原編，1993）。発明を保護する仕組みはなく，特殊な技術は秘匿するよう努められたが，徐々に広まっていった。同様のことは商標についてもあてはまり，類似商標は禁止されるものの「被害」が裁判で保護されることはなく，類似商標が横行した（上村，2009）[2]。裁判などの公的な制度のみで経済活動が律せられていたわけではもちろんなく，株仲間などの商人の組織が取引の統治に果たした役割は小さくなかった。幕府は当初は織豊政権の楽市楽座を継承して，商人が仲

1）第1章では，江戸・大坂，第2章以降では東京・大阪という表記に統一する。
2）上村（2009, 215頁）は，「赤玉 神教丸」という生薬が有名となっていたところ，贋薬が製造され，引札が大量に印刷されて広告され，販売されていたのに対し，彦根藩は神教丸からの訴えにもとづき，贋薬と版木を没収・焼却したものの，損害賠償などはおこなわれなかったとしている。

間を結成することを認めていなかったが，次第に認められるようになっていった。田沼意次が冥加金とひきかえに多くの仲間の結成を認めていったことは有名である。株仲間は仲間商人の利害を守る独占組織の一面をもつが，メンバーの数が固定されないことも多く，商取引の基準や習慣を決めて，取引を促進する機能も担っていた。1841年に物価騰貴を抑制する目的から株仲間停止令が発布されたが，物価引下げの効果がないばかりか，経済はかえって混乱し，1851年には問屋仲間の再興令が発布された。このときにはそれまで仲間商人ではなかった新興商人も仲間に組み入れられている（宮本，1938；岡崎，1999）。

　土地所有権については，17世紀中に小農の自立が進み，検地帳に記載された者が，事実上の土地所有者となっていった。1643年には田畑永代売買の禁令が幕領に出され，類似の法令が多くの藩で出されたが，質地を通じて，事実上の売買がおこなわれていった。質入は村役人の加判を必要とし，村役人は村の帳簿にこの事実を登簿したので，事実上の登記がおこなわれており，取引が保護されていた。都市の町人地には沽券状が発行され，売買も可能であった。都市の土地と建物も質入がおこなわれ，町役人のもとで登簿された。質は裁判で強く保護されており，土地は重要な資金調達の手段であった（大塚，2002；岩淵，2002；水林，2005）。

　貨幣制度は江戸時代初期に全国統一の制度が定められた。1570年頃から中国からの銅銭の輸入が途絶え，西日本では米が貨幣として用いられるようになっていた（東日本では銭の流通が残る）。またメキシコ銀の流入にともない貿易には銀が用いられるようになる一方，金銀山の開発が進んでいた（西川，1999）。こうした状況の中で徳川政権は貨幣制度の整備をおこなった。江戸時代には金銀銭の3つの貨幣が用いられたので三貨制度とよばれるが，貨幣間の交換比率が固定されず，相場が立ち，かつどの貨幣も通用制限がなかった。金貨が1両＝4分＝16朱の4進法で，品位と量目を定める計数貨幣であったのに対し，銀貨は品位のみを定める秤量貨幣であり，大型の丁銀，小型の豆板銀が存在し，単位は1貫＝1,000匁＝3.75kgであった。貿易の影響の強かった西日本で銀貨が，弱かった東日本で金貨が主に用いられた。1772年には南鐐二朱銀の発行が始まった。これは銀製の貨幣でありながら，二朱という金貨の単位をもつ計数貨幣であり，8枚で1両となる。幕府は丁銀・豆板銀を回収し，一分銀・二朱銀・一朱銀といった金の単位をもつ貨幣を鋳造していったので，19世紀には秤量貨幣はほ

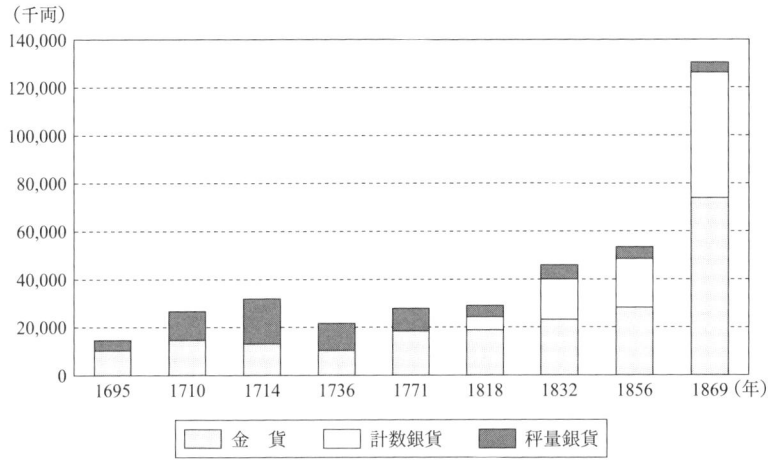

図 1-1　幕府金銀貨流通量の推移

出典）岩橋（1976，第10表）。

とんど流通しなくなった（図1-1）。銭貨は1636年から寛永通宝が発行され，日常的小額取引の手段として全国に普及していったが，1739年にはそれまでの銅銭に加えて鉄銭の鋳造も始まった。単位は銭1貫＝1,000文であった。このほか1661年の福井藩（あるいは1630年の福山藩）をはじめとして，諸藩が藩札を発行した。藩札の発行は，西日本で銀を単位とするものが多かったが，これは秤量銀貨の不足を補う効果があった。ただし諸藩の財政が悪化する19世紀には物価の上昇もあって，発行量が増加していった（鹿野，2011，第3，6章）。

　取引にあたっては，現金のほか，遠隔地の送金に為替が，また大坂を中心とする地域では両替商に預けた預金の支払いを指図する小切手類似の振手形などが盛んに用いられた。貨幣の真贋を鑑定して包み金とするサービスとともに，両替商の供給する為替や振手形が決済にかかわるコストを引き下げていたことは間違いない。

　度量衡の統一も地方的な特色を残しつつ進展した。長さについては，とくに基準は設けられなかったが，曲尺（かねじゃく）でほぼ統一されていた（布用に布帛尺，鯨尺などが用いられる）。容積（枡）については，京都と江戸に枡座が設けられ，1669年に新京枡で統一された。重量については，1665年に後藤家の分銅に統一され，京都と江戸の秤座によりはかりが統一された（岩橋，1988）。

2 導入技術の改良・普及と教育

　江戸時代には教育の制度が整えられ，その後期には，武士と一部の庶民に教育を与える藩校，藩が庶民のために設立した郷学，レベルの高い教育をほどこす民間の私塾，庶民に読み書き算盤の初歩的素養を与える寺子屋などさまざまな教育機関が存在した。幕末の寺子屋の数が75,000ほど，寺子屋就学率が4割ほど，識字率が8割ほどという推計もあり（大石，2007，76，100-102頁），教育が相当普及していたといえる。『商売往来』『消息往来』などが出版され，寺子屋でテキストとして用いられており，実践的知識が与えられた。また江戸時代の後半からは蘭学が盛んになり，さまざまな書物が翻訳されるなど，西洋から技術を吸収する基盤となったが，緒方洪庵によって大坂に1838年に設立された適塾は福沢諭吉など多くの人材を輩出したことで有名である。

　鎖国が実施されるまでは，ヨーロッパや中国・朝鮮よりさまざまな技術が伝えられた。鉄砲・織機・磁器などはその最たる例である。鎖国が実施されると新しい技術の流入は減少していくが，すでに導入された技術が国内で改良を加えられつつ，普及していったことは，次節でみるとおりである。国内でも新しい技術が開発されたが，それらは試行錯誤というよりも条件を変えて実験するという科学的態度（対照実験）から生み出されることも多かった。盛んな技術開発の背後には，新しい商品の開発や既存商品のコスト低下という経済的な動機が存在していたことも見落とすことができない。綿作・養蚕などは農書が多数刊行されたが，村役人層は高い教養をもっており，農書を通じて情報が伝えられるようになっていたことは，経済発展を刺激したといえる。しかし書物によって伝えられる技能・技術は産業で必要な技能・技術の一部であり，書物で伝えられない情報は，人を介して伝えられた。先進的な地域・産地からの技術の伝播には，先進地から人をよび寄せるか，先進地に人が出向いていくことが多かった[3]。当然のことながら，秘伝とされる技術も多く，その探索に多大な努力が払われた例も多い。藩当局が，国産奨励のために，積極的に技術導入を図っていくことも多かった（逆

---

[3] 全国的な商品市場が成立し，比較優位のある地方に特産物が成立した。技術の導入にみられるとおり，産地間の競争は激しく，主要産地の交替がみられた例も多い。

に藩独自の技術の流出を制限することもおこなった）(Morris-Suzuki, 1994, ch. 2)。酒造の例では技術が口伝で伝えられ，酒造書は筆写本として存在する場合がほとんどであった。また近江商人は，東国等で酒・醬油の醸造を営むという直接投資をおこなったことで有名であるが，関西のすぐれた技術を後進地域である東国に移植するといったものではなかったようである（吉田，1997，73，142 頁）。

3　全国市場の形成と展開

織豊政権は，関所を廃止し，通行税を廃止していった。この措置は商品流通を促進したが，徳川幕府もこれを引き継ぎ，関所は存在していたものの通行税は課されなかった。街道はよく整備され，飛脚が通信をになった（民間の飛脚業者が発達した）。しかし馬車の通行が禁止されていたことおよび軍事上の理由から大きな川に橋が架けられていないこと等のために，商品とくに米などの嵩高の商品の陸上輸送には大きな限界があり（石井，1994），一部の高級品を除くと商品の輸送を担ったのは海運で，河川舟運も広く利用された。1671 年から 1672 年にかけての河村瑞賢による東廻り航路・西廻り航路の整備に象徴されるように，航路が整備され，上方と江戸の間には菱垣廻船・樽廻船が就航した。両廻船は船体構造や帆走技術の向上により，1670 年代には江戸・大坂間の航行に 32 日を要していたのに対し，1830 年代には 12 日にまで短縮された（安達，1985a）。こうした技術進歩にもかかわらず，菱垣廻船は 1770 年代以降衰退を始め，樽廻船も 1790 年代以降成長が止まっている。両廻船の衰退・停滞は，菱垣廻船の荷物が樽廻船に流れたという要因のほか，北前船，尾州廻船（内海船），奥筋廻船といった新興の海運業者の成長によるものと考えられている（斎藤，2005）。大坂と各地方の米価は，大坂との距離が近いほど連動し，かつ遠距離でも海運の便があると連動度が上昇しており，統一的な市場を形成していた（宮本，1988）[4]。

江戸時代の前期には，大坂・京都を中心とする畿内が経済先進地であり，手工

---

4) 大坂の堂島には米市場が存在し，先物取引がおこなわれていた。先物と現物には裁定関係が存在し（伊藤，1993），堂島市場での取引の仕組みの季節性を考慮すると合理的な期待が成立しており，効率的な市場であった（脇田，1996）という指摘もある。髙槻（2012，第 6 章）は，18 世紀末から情報効率的な価格形成がおこなわれ，とくに 18 世紀末から天保期にかけて現物市場の情報がすべて先物市場に織り込まれていたことを明らかにした。

業製品を生産していた。地方領国は，米を生産して大坂に送って販売し，その代金で手工業製品を購入した。江戸は新たに開かれた消費都市であり，幕府の財政収入で，大坂から物資を購入していた。西廻り航路の整備により大坂は，1660年代から1670年代頃に全国的な領主米集散市場としての地位を確立し（それまでは日本海沿岸の米が敦賀・小浜から琵琶湖を経て入る大津・京都も米市場として大きな役割を果たしていた），さらに領主金融市場としての地位も高めていった（京都商人による大名貸しも大きかった）。大坂廻米と領主金融が結びついて展開したのである（本城，2002）。ところが江戸後期になると，地方領国で特産物の生産が成長し，さらに農村工業が発展するのに対し，大坂周辺では農業生産力の向上により賃金が上昇し，畿内の競争力は低下していく。さらに江戸周辺でも農業や絹・綿業が発展し，商品の生産・流通が盛んになり（江戸地廻り経済圏の発達），大坂周辺への依存度を低下させていった。その結果，江戸の集荷力が向上し，地方領国間の取引が拡大して，大坂の流通に占める地位は低下していった（宮本・上村，1988；新保・斎藤，1989）。大坂と各地方の米価の連動度は1830年代以降低下しており，大坂市場の機能に変化があったことを示唆している。

　江戸時代の初期には江戸を始めとする城下町や大規模な建築物の建設需要が多く，輸送手段を所有した初期豪商と呼ばれる商人がこれに応じて，巨額の利益を上げた。江戸の建設需要にこたえた紀伊国屋文左衛門や大坂の建設需要にこたえた淀屋常安などが初期豪商として有名である。しかし建設需要が衰えると，初期豪商は没落していった。また，中世期から港湾などで倉庫機能をもって遠隔地から送られてくる商品を荷受けし，手数料をとって他の商人に販売するタイプの商人と，消費地の近くで，商品を買い取って仕入れ，他の商人（もしくは最終消費者）へ販売するタイプの商人が存在していた。前者は荷受問屋，後者は仕入問屋とよばれている。これら2つのタイプの商人には，ある地域との取引に特化する傾向をもつ商人もあれば，ある商品の取引に特化する傾向をもつ商人もあった（桜井，2002）[5]。前者は国問屋，後者は専業問屋と呼ばれているが，ある地域に特産品があるような場合は，両者の存在は当然ながら重なるところが多い。17世紀の半ばに大坂が全国市場の中心として確立してくると，これらのさまざまな

---

[5] 中世から近世への過渡期における職人・商人・町人の関係については，塚田（1994）および桜井（1996, 第2編）を参照のこと。

タイプの商人がひとつの都市に集中して、それぞれの機能を果たすようになるし、江戸が消費市場として確立すると、江戸でもさまざまなタイプの商人が出現してきた。従来は木綿を事例に荷受問屋からよりリスク負担力のある仕入問屋へと進化するとの説が有力であった。この説は一般論としては間違いではないが、すべての商品で江戸時代にそうした事態が進んだわけではなく、都市部に遠隔地から荷受する荷受問屋と荷受問屋から購入する仲買（仕入問屋）が機能（リスク）を分かち合いつつ並存した北海道産鰊肥料の事例など商人の多様な存在形態が報告されている（原、2000）。

江戸時代の商品開発においても、売れる商品をめざして、開発・改良がおこなわれていた。たとえば近江商人西川甚五郎は、萌黄色の蚊帳を販売することを思いつき、染色方法を工夫している。このほか江戸市場で好まれる清酒や醤油をめざし、改良が加えられたように、市場性のある商品が開発された例は多い。その際には、差別化のために商標が用いられたことも多いが、知的財産権の保護に問題があったことはすでに述べたとおりである。また暖簾・看板などが広告に用いられ、三都では呉服店の売り出しの際に、大量の引札（ちらし）が配布されている。平賀源内が優秀なコピーライターでもあったことは有名である（上村、2009）。

4　江戸時代の経済発展──マクロ的概観

最後に江戸時代の経済の成長について概観しておく（表1-1）。江戸時代の経済発展は3つの時期に分けることができる。第1は17世紀であり、沖積平野の開発が進んで、耕地が拡大し、農業生産が増大して人口が急速に増加した。1人当たりの耕地面積は減少したが、労働集約化が進展し、土地生産性が上昇した[6]。第2の時期は、1730年代以降、19世紀初頭までであり、耕地面積および人口は停滞するが、実収石高は着実に成長している。これは乾田化による裏作の増加、購入肥料の投入増加による生産の増加、千歯扱きなどの農具の開発、綿・菜種・藍などの商品作物の増加などがあいまってもたらされた。農村での加工業も着実

---

6) 1人当たり実収石高が減少しているにもかかわらず、人口が増加し続けるのは奇妙であるが、速水・宮本（1988、50頁）は、表1-1の「実収石高」が成長率を過小評価していると指摘している。

表1-1　江戸時代の経済諸量の推移

	時　期 (年)	人口 (N) (万人)	耕地 (R) (千町)	実収石高 (Y) (千石)	R/N (反／人)	Y/N (石／人)	Y/R (石／反)
実数	1600	1,200	2,065	19,731	1.721	1.644	0.955
	1650	1,718	2,354	23,133	1.370	1.346	0.983
	1700	2,769	2,841	30,630	1.026	1.106	1.078
	1720	3,128	2,927	32,034	0.936	1.024	1.094
	1730	3,208	2,971	32,736	0.926	1.020	1.102
	1750	3,110	2,991	34,140	0.962	1.098	1.141
	1800	3,065	3,032	37,650	0.989	1.228	1.242
	1850	3,228	3,170	41,160	0.982	1.275	1.298
	1872	3,311	3,234	46,812	0.977	1.414	1.447
年成長率(%)	1600-1650	0.72	0.26	0.32	-0.46	-0.40	0.06
	1651-1700	0.96	0.38	0.56	-0.58	-0.40	0.18
	1701-1720	0.61	0.15	0.22	-0.46	-0.39	0.07
	1721-1730	0.25	0.15	0.22	-0.10	-0.03	0.07
	1731-1750	-0.16	0.03	0.22	0.19	0.38	0.19
	1751-1800	-0.03	0.03	0.22	0.06	0.25	0.19
	1801-1850	0.10	0.09	0.18	-0.01	0.08	0.09
	1851-1872	0.11	0.09	0.59	-0.02	0.47	0.49

出典）速水・宮本（1988, 44頁）。

に発達しており，1人当たり実収石高は増加した。第3の時期は19世紀であり，耕地面積・人口・実収石高がともに増加し，1人当たり耕地面積は横ばいながら，1人当たり石高・単位面積当たり石高はともに増加している。この間には，農家副業としておこなわれる綿糸布・菜種油その他の生産という農村工業が発達している（速水・宮本，1988）。

2.──伝統産業の発展と流通

　江戸時代には次第に米以外の商業的農産物の生産とそれらを利用した産物の生産が増加していったが，その全国的な動向を知ることは困難である。ところが1874（明治7）年の全国調査（「府県物産表」）によって同年の生産物の構成を知ることができる（表1-2）。すでに開港がおこなわれて貿易の影響が及んでおり，また明治維新の影響も含まれているが，同表から江戸時代末期の生産の状況をうかがうことは可能であろう。米をはじめとする農産物の比率が6割を超え，工産物の比率が3割，林産物等の比率が1割であった。同表は付加価値を示すものではなく，工産物の原料の多くは農産物であったから，農業の比重が極めて大きかったことはあらためて確認する必要があるが，綿・絹織物，酒・醬油・味噌などの醸造業が大きな産業であったことがわかる。本書では織物（絹・綿），醸造（酒・醬油）および陶磁器の製造が江戸時代に広く存在し，その産業の基本的性格が明治期に引き継がれ発展したことと日本の日常生活に深く定着した商品であることから伝統産業とよぶこととし，その動向について，呉服の流通とあわせて幕末の開港と明治維新以降の変化を理解するのに必要な範囲で，簡単に述べておくこととする。

1　商品生産の発展──織　物

　見込み生産品である既製服は明治初期に軍服が製造されて普及が始まり，戦間期には生産が増加するが，本格的に普及するのは戦後の高度成長期である（木下，2004）。それまで衣類の生産は，着用者のニーズにあわせて設計され，個別に製造された。すなわち用途や嗜好に応じて布地が選択され，寸法にあわせて裁断さ

表1-2 生産物価額構成（1874年）

品 目	価 額 (千円)	比 率 (%)
農産物計	227,287	61.0
米	142,799	38.4
麦	25,073	6.7
大　豆	7,405	2.0
綿　類	7,435	2.0
繭	4,917	1.3
菜　種	6,037	1.6
工産物計	111,892	30.1
織　物	17,159	4.6
綿織物	10,859	2.9
絹織物	4,581	1.2
生　糸	6,165	1.7
木綿糸	1,234	0.3
酒　類	18,605	5.0
醤　油	6,338	1.7
味　噌	6,137	1.6
油　類	5,443	1.5
紙　類	5,167	1.4
陶器類	2,092	0.6
林・水・鉱・畜産物計	33,129	8.9
薪　類	6,042	1.6
魚介類	6,984	1.9
合　計	372,307	100.0

出典：石井（1991, 152頁）。
注）原表は400万円以上頁の物品と木綿糸を掲載しているが，それに陶器類を補った。農産物，工産物，林・水・鉱・畜産物の計はそれぞれその他を含む。

れ，縫製されるわけであり，仕立て業者も存在していたし，次第に布地（素材・色柄）や型に流行がみられるようになっていくが，衣料品の製造の多くは家庭でおこなわれていた。したがって衣類が商品として流通することは少なく（ただし中古品である古着が流通することは多く，その意味で衣類は耐久消費財としての性格ももっていた），織物が商品として流通することの方が多かった。江戸時代の主要な織物は絹織物と綿織物であったから，ここでは絹織物・生糸・養蚕と綿織物・綿糸・綿花について考察する。

1）絹織物の発展と生糸

　絹織物は公家・上級武士など向けの高級織物と庶民向けの織物に分けることができる（内田，1960；角山，1965；工藤・川村，1983；市川，1996）。前者の産地は京都の西陣であり（応仁の乱以降衰退するが，明から技術を導入して栄えていた堺から秀吉の時代に技術を導入し，復興する），腰掛けて操作する高機（たかばた）や2人操作で経糸（たていと）のより複雑な動きを実現する空引機（そらびきばた）を用いて綾織（あやおり），朱子織（しゅす），さらにより複雑な紋織物を製織していた（図1-2）。後者は屑繭をふくめて繭を真綿とし，真綿を紡いだ糸で織った紬（つむぎ）などであり（単純な平織（ひらおり）が中心），座って作業する地機（じばた）を用いていた（図1-3）。高級織物は職人が製織するが，庶民向けの織物は農家の副業で生産されていた。西陣からの技術者の移住や地方から西陣に出向いて受けた技術伝習によって西陣の技術は空引機や高機とともに地方へ伝播していき，

 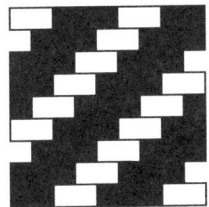 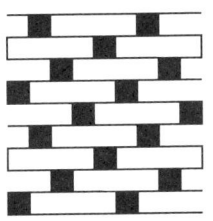

平　織	綾　織	朱子織
経糸と緯糸が交互に交錯している。丈夫で腰がある。	組織点が斜めの方向に走る綾目を作る。柔らかく，皺になりにくい。	組織の表面が経糸か緯糸だけで覆われているようにみえる。手触りが柔らかく，光沢が強い。

図 1-2　織物の組織

出典）筆者作成。元資料は，「織物の織り方の基本」（〈http://www.manabi.pref.gunma.jp/kinu/〉閲覧 2012 年 8 月 4 日）。
注）黒が経糸，白が緯糸。

　江戸時代中期以降，地方に織物の産地が形成されていく。技術の導入では初期には藩主の役割が大きかったが，中期以降は商人が関与することが多くなった。とくに縮緬（撚糸を用いて独特の風合いを出す）や羽二重（経緯とも撚りのない糸を平織したもの）は全国に産地が形成され，縮緬などは農家副業でも生産されるようになっていった。こうした技術導入による産地の成長でもっとも目立つのが桐生である。1738 年に西陣の織物職人を招いて高機を導入し，さらに 1786 年にも西陣から職人を招いて空引機を導入し，西陣に匹敵する高級織物を製織できるようになった。さらに縮緬の技術も 1740 年代に西陣の不況に直面して桐生にやってきた職人によって伝えられた。こうして桐生は西陣の製織する紋織物のほとんどを生産するようになり，幕末には生産高が西陣を上回るほどであった。こうした技術は近隣の足利にも伝えられ，足利は桐生とともに栄えたが，さらに技術は他の産地にも伝播していった。また桐生では導入技術を消化して，独自の技術を開発し，特色ある織物を生産するようになった。

　絹織物には，糸の段階で精練（繊維からたんぱく質・蠟分・脂分などを除去し，繊維に光沢を与えたり，なめらかさを出したりすること）・染色をおこない，色の異なる糸を組み合わせて製織することで柄を出す先染織物と，製織して布にしてから精練・捺染をおこなう後染織物があるが，精練・染色には特殊な技能が必要

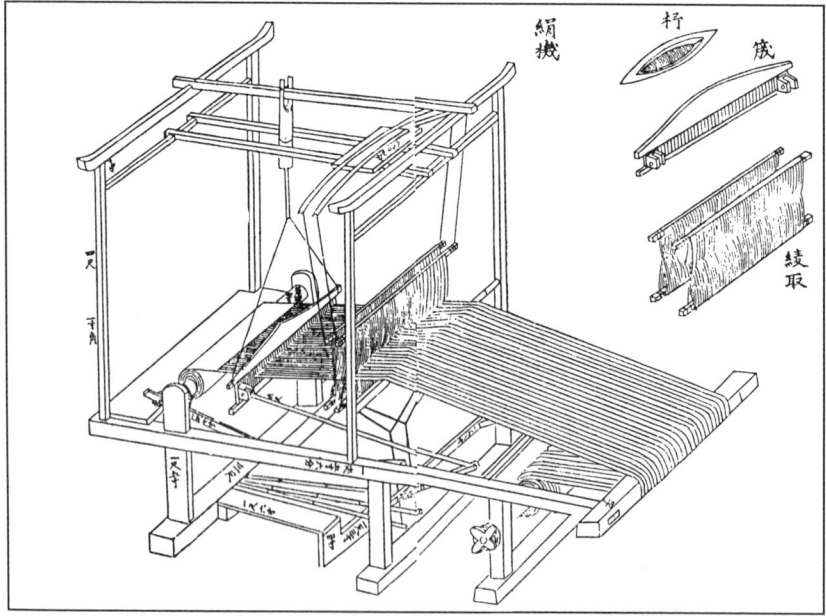

図1-3 地機と高機

出典）菊池（1988, 404, 409頁）。
注）上が地機，下の高機は絹用のもの。

であるため，農家副業ではおこなえず，専門の職人が担当した。18世紀以降縞織物の生産が盛んになり，「流行」が作り出されていった。この風潮は綿織物にも伝播している。西陣にはこれらの業者も集積しており，紋織りの図案を企画し，準備する紋屋も独立するなど高度な分業体系をなしていた。地方の産地は当初は染色や張物（洗ってのりをつけた布を張って乾燥させる）といった最終工程を西陣にゆだねるケースもあったが，桐生では高機を導入するに先立ち，1720年頃に京都からやってきた職人から染色や仕上の技術を導入し，これらの業者も次第に多数集積し，織物としての完成品を製作するようになっていった。

　高級織物に使われる生糸は白糸とよばれ，中国から輸入されていたが，17世紀末から白糸の輸入が制限されると，次第に国内の生糸の生産が増加するとともに品質も向上していった。生糸の品質を向上させ，収量を上昇させるためには，製糸技術の向上とともに原料である繭の品質を向上させる必要があり，養蚕の技術も向上していった。さらには蚕のえさである桑の栽培技術も向上していった。蚕糸業地帯は，奥州・信州・上州などであり，養蚕農家が製糸までおこなうことが多く（すなわち繭が商品として流通することは少なく），生糸が商品として流通することが多かった。養蚕の技術向上としては，春蚕に加え，夏秋蚕が飼育されるようになり，さらに繭の品種改良と飼育方法の改良（天然の温度に任せる自然育から，空気の流通を重視し，ごく低温のときのみ加温する清涼育，さらには温度をあげる温暖育が開発され，飼育日数が減少した）がみられた。膨大な養蚕書が刊行され，技術が普及していったが，当初は中国の技術書に依存することが多く，やがて経験を加味した独自のものが作られていった。幕末の1849年には温度計を用いて温度・給桑回数・飼育日数・糸量の関係を明らかにした『蚕当計秘訣』が刊行されるが，これは温度計の存在を知った中村善右衛門が，実験を重ねる中で編み出したものである。また養蚕の前提となる蚕種（蚕の卵）の生産も蚕種業者がおこなうようになっていき，品種改良が加えられていった。

　いくつかの繭を煮てほぐし，ひとつひとつから取れる単糸を撚って水分を飛ばして，湯で溶けた繭の糊状の成分を利用してあわせて1本の円形断面をもつ生糸とするのが製糸であるが，出来上がる生糸の太さが均一で節がないことが，上質の織物を織る上で必要であり，個々の糸を巧みに組み合わせる必要があった。当初は片手で単糸をあわせ，片手で繰枠を回転させて巻き取る胴取や繰枠をハンドルで直接回転する手挽がおこなわれていた。18世紀半ばにはハンドルから歯車

やベルトを介して繰枠を回転する座繰(ぐり)(歯車を介するのが上州座繰，ベルトを介するのが奥州座繰)が開発され，やがて撚りをかけて単糸を合わせて(撚掛抱合)，枠に平均的に巻き取られるように振り分ける(綾振)ことを道具でおこなうように改良されていった。座繰は生産性が上昇したが，出来上がる生糸の品質は高くなく，太織(ふとおり)や銘仙(下級の玉繭からとった太い玉糸で織られる)などの庶民向けの織物の原料としての玉糸の繰糸に好適だったので，幕末開港まではあまり普及しなかった(藩権力が座繰を規制したケースも存在した)(工藤・根岸・木村，1983)。

2) 綿織物生産の普及と流行のはじまり

江戸時代に木綿は麻に替わって急速に普及した(内田，1960；角山，1965)。麻に比べて糸にしやすく，染色性がよく，吸湿性，保湿性に富み着心地もよかったからである。まず綿花から種やごみを除いて繰綿(くりわた)とする。次に紡車で綿の繊維を撚りをかけて引いて綿糸とするが，これが紡績である。綿作は畿内でとくに盛んであったが，寒冷地を除いて広い地域で栽培されていた。購入肥料(干鰯(ほしか)・油粕など)を大量に投入し，きめ細かな管理労働を必要とした。綿花の品種改良が進むとともに栽培技術も発展し，農書も多数刊行され，技術が普及していった。綿花栽培地もしくはその近隣で繰綿とされて流通することのほうが，綿糸にされて流通するより一般的であった(林，1983)。綿布を製織するには，綿糸を糊付けし，経糸に用いるために多数の綿糸をそろえて織物の長さにあわせ(整経)，織機に通し，さらに緯糸を杼(よこいと)のなかに収めるという準備工程を必要とし，経糸に緯糸を打ち込んで布とする。綿布は庶民の織物で，ほとんどが農家副業として地機で製織された。初期の綿布は，平織りしただけの生機(きばた)であったが，精練して日光漂白した晒木綿，撚糸を用いる縮緬，縞木綿，絣木綿(糸の一部を防染して，小さな模様を出す)などが普及していった。産地の名前などを冠する銘柄木綿は，1614年までに7銘柄，1661年から1771年までに14銘柄，1772年から1863年までに33銘柄登場しており(武部，1989，100頁)，江戸時代中期以降に綿織物が全国に急速に普及したことがうかがわれる。絹織物と同様に，人の移動などを介して技術が伝えられていったが，技術書も存在していた。さまざまな柄の織物の切れ端を集めた縞帳というものが今日に伝えられている。他の織物を模倣し，さらには新機軸の織柄を出そうと努力した証であり，製品革新に貪欲であったこ

とがうかがわれる。

　19世紀に入る頃には，絹織物用の高機が綿織物用に改良された。高機では複雑な組織の織物が製織できる上に，明治初年の絹織物用の高機の価格は地機の価格の2倍であったが（市川，1996，108頁），高機による綿織布の製織能率は地機のそれの3倍といわれている（角山，1965，171頁）。とくに先染織物である縞木綿を製織する際に優位性が強く発揮されたため（田村，2004，75頁），縞木綿産地で普及が早く，足利・武蔵・尾西・伊予などが有名である。高機の普及が縞木綿の生産を促進したといえよう。縞木綿の産地では，染色を専門業者がおこなう必要があることから綿糸の流通もみられ，紡績をやめて織布に専念する農家も存在した[7]。都市向けの高級な布を製織するには，糸の品質が一定である必要があり，それには大量の糸を集めて選別する必要があったから，こうした糸の流通がある産地は生産を伸ばしやすかった（貫，1994）。

　産地は販路を求めて新しい柄などの製品革新をおこない，そのために競って新しい技術を導入していたことは，絹織物・綿織物に共通していた。最先進地であった西陣など衰退にむかう産地がある一方で，成長する産地も存在した。織物原料である生糸は蚕種購入や生糸販売，綿糸は肥料購入や繰綿販売という経路で，さらに染料である藍や紅花などの商業的農業の発展を促したし，ここでもさまざまな新しい技術が開発され，人の移動とともに農書などの形で伝播していった。また織物業は染物屋，張物屋などの仕上業者や織機製作の機大工の成長も促している。この意味で織物業は，ダイナミックな要素をもつ裾野の広い産業であったといえよう。もちろんこれらがすべて商品経済の論理だけで動いていたわけではなく，藩が技術導入を促進するケースや，綿や絹が藩専売の対象となったケースがあり，とくに徳島藩の藍の専売は有名である[8]。

7）19世紀前半の尾西地方では，数台の織機を作業場に設置して，雇用労働を用いて分業にもとづく協業をおこなうマニュファクチャーが出現していた（塩沢・川浦，1957，第2章）。また商人が農民に原糸を供給し，製織後の布を引き取り，賃金を支払う問屋制家内工業も広範にみられ，商人が織機を貸与することもあった。多くの織物産地で，みずからは織物の企画をおこない，準備や仕上，さらには一部製織の工程にも関与し，多数の織布その他の業者を組織する元機経営も存在した。

8）徳島における藍の生産・流通については，天野（1986）を参照。

2 集中作業場と雇用労働──醸 造

1) 灘の優位の持続──清酒

　江戸時代の主要な醸造業として，清酒・醬油・味噌があげられるが，ここでは清酒と醬油の醸造を対比させながら考察していく。清酒は米の澱粉質を麹菌で糖化し，酵母によってアルコール発酵をおこなうものである。古くから酒の醸造はおこなわれてきたが，室町時代末期から江戸時代初頭に奈良で，精白米と精白米からつくった麹を用いて醸造する南都諸白（もろはく）が作られるようになり，これが江戸時代初期に，大坂周辺の池田・伊丹へと伝えられ，改良を受けて，丹醸といわれる酒造法として確立していった。醸造作業をおこなうのは杜氏（とうじ）に率いられた蔵人集団であるが，農業の余業として営まれていた。こうした酒造先進地の技術は，醸造書として各地に伝えられたり，杜氏が地方に移動したり，逆に先進地に技術を習得に訪れることによって，伝播していった。

　酒造のおおまかな手法は，図1-4に示すとおりであるが，清酒の原料は米と麹と水であるから，その品質を別とすれば，ほとんどの地域で原料が入手可能で，醸造をおこないえたので，酒は広い地域で醸造された。地主が作徳米を用いて，周辺農民を雇って醸造するのが一般的であり，醸造業者の数は多かったが，それとともに農家が濁酒を自家生産することも多かった。しかし海運を通じて原料の入手と製品の搬出が容易なところには，広い範囲に向けて製品を出荷する企業が成立するようになり，とくに大坂周辺の酒造産地には，大消費地である江戸へ出荷することで，巨大な企業が成立していった。このように地酒型の小企業と江戸積みに代表される大企業が並存していたのである。また米は幕府・諸藩の年貢となり，さらにもっとも一般的な食料であったから，酒造業は幕府・諸藩の統制を早くから受け，1657年には最初の酒造株が設定され，生産の増加を追認する形でたびたび株が設定しなおされた（酒造株に運上が課されるようになり，酒造は幕府・諸藩にとって貴重な収入源でもあった）。しかし米価が低落する時期には，自由営業となることがあり（1754-1788年，1806-1812年など），大きく生産量を伸ばす企業が出現した（柚木，1965, 2005；新保，1962；鎌谷，1994, 1995）。

　18世紀後半から生産量を急速に伸ばし，池田や伊丹をしのいでいったのが灘であり，今日まで続く巨大な醸造企業が多数出現した。灘は海に面しており，池

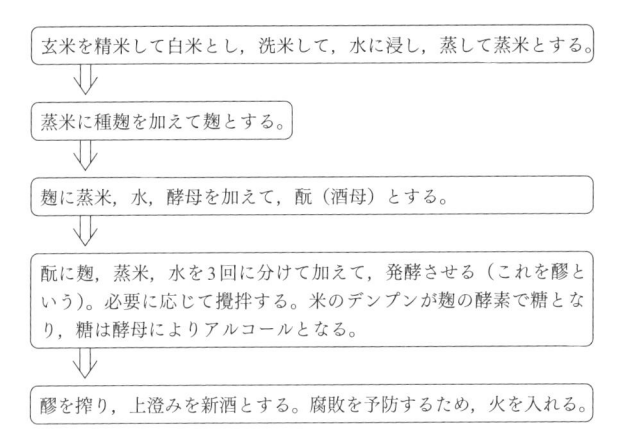

```
┌─────────────────────────────────────────────────────┐
│ 玄米を精米して白米とし，洗米して，水に浸し，蒸して蒸米とする。│
└─────────────────────────────────────────────────────┘
                         ⇩
┌─────────────────────────────────┐
│ 蒸米に種麹を加えて麹とする。      │
└─────────────────────────────────┘
                         ⇩
┌─────────────────────────────────────────────┐
│ 麹に蒸米，水，酵母を加えて，酛（酒母）とする。│
└─────────────────────────────────────────────┘
                         ⇩
┌───────────────────────────────────────────────────────────┐
│ 酛に麹，蒸米，水を3回に分けて加えて，発酵させる（これを醪と│
│ いう）。必要に応じて撹拌する。米のデンプンが麹の酵素で糖とな│
│ り，糖は酵母によりアルコールとなる。                       │
└───────────────────────────────────────────────────────────┘
                         ⇩
┌─────────────────────────────────────────────────────┐
│ 醪を搾り，上澄みを新酒とする。腐敗を予防するため，火を入れる。│
└─────────────────────────────────────────────────────┘
```

図 1-4　酒造工程

出典）筆者作成。
注）酒蔵に自然にある酵母が取り込まれたり，人為的に選ばれた酵母が加えられたりする。

田・伊丹と比べて江戸への海運による出荷が有利であったことが，成長の第1の要因であり，灘の大酒造家は樽廻船の所有者でもあった。しかしそれとともに灘の醸造家は，革新をおこなって製品を改良し，生産性を向上していったことが重要である。第1の革新は，1770年頃から灘の醸造家が水車による精米を採用していったことである。灘地方には水車に好適な水流が存在し，油絞りの水車が多数稼動していた。水車精米はそれまでの足踏精米と比較して，労働生産性が高く，また精白度を上昇させることができ，製品の品質が向上した。第2は寒造りへの集中である。伊丹では夏を除く三季醸造がおこなわれていたが，冬季に仕込をおこなう寒造りの製品の方が品質が高かったため（醪が痛む腐造がおこりにくいという特徴もあり，政策的にも奨励された），灘は寒造りに集中していった。しかしそのままでは生産量が縮小してしまうので，仕込期間を短縮し，大規模な醸造設備を整えて，短期間により大量の醸造がおこなえるように技術と設備を改良したのであった。酛仕込期間は，1790年代には30日程度であったものが，1810年から20年頃には20日程度に急速に短縮されており，また酒造蔵が拡充されていった[9]。第3に，同一の米に対し，麹の使用量が低下し，水の使用量が増加する（酒の生産量が増加）というインクリメンタルな技術改良を進めていったことである。これは淡麗・辛口を求める江戸市場の動向に対応していった結果でもあ

り，麹・酵母の改良，好適な酒造米の選択（摂津・播磨米の比率上昇），酒造に好適な宮水の発見（宮水を購入する酒造家も多数出現）に代表される技術革新に支えられていた[10]。

酒造りというと杜氏の技術を思い浮かべることが多い。しかし灘の魚崎の醸造家山邑太左衛門（今日の櫻正宗の当主）の以下の3つの逸話は，酒造企業家が製品革新と工程革新に極めて熱心であったことを物語っている（神戸税務監督局編，1907，161頁）。第1は，醸造米が過剰であったときに，精米歩合を上げてみたということであり，これによって淡口の味の酒ができ，江戸で好評を博したという。第2は，麹米には従来，粗白米を用いていたが，精白米を利用したことであり，西宮に精白米で麹をうまく作る杜氏がいると聞いて，とくに頼んでその杜氏を雇ったという。第3は，山邑は西宮と魚崎の双方に酒蔵を所有していたが，西宮の蔵で醸造される酒の方が品質が高いことに気付いた。そこで原料米と麹を同一とし，西宮と魚崎の杜氏を入れ替えて同じ製法で醸造させたところ，やはり西宮で醸造した酒のほうが品質が高かった。そこで西宮の水を魚崎に輸送して醸造したところ，高い品質の酒が醸造できたという。対照実験という科学的方法を経て，宮水の効能が確認されたのである[11]。以上の逸話がどの程度まで事実を反映しているか，疑問であるともいえるが，酒造企業家が革新を志し，技術を探索し，それを実現する杜氏を求め，試醸をおこなっていたことを裏書するものといえよう[12]。

製品は樽廻船に乗せて江戸に運ばれ，問屋が委託販売したが，販売代金の回収には長い期間を要した。醸造家は複数の問屋と取引をおこなうのが一般的であったが，それと同時に，複数の商標をもっていた。今日の白鶴の前身である嘉納治兵衛も「白鶴」のほかに「白」の商標をつけて製品を複数の問屋に委託しており

9）柚木（2005）に代表される通説的見解は，19世紀初頭に灘で千石蔵が成立したとするが，鎌谷（1994）は，17世紀初頭に伊丹で成立していたとする。

10）鎌谷（1995）は，伊丹も同じ方向で技術革新をおこなっていたとする。

11）宮水は1837年に雀部市郎右衛門によって発見されたが，山邑は雀部のもとで醸造を管理していたという（神戸税務監督局編，1907，162頁）。雀部も魚崎の有力醸造家である（柚木，2005，302頁）。宮水を山邑が1840年に発見したとする説もある。

12）灘といえば，丹波杜氏が有名であるが，魚崎の酒造家の岸田忠右衛門が丹波杜氏を招き，最初に「ギリ酛」といわれる特殊な製法を導入したといわれている（神戸税務監督局編，1907，164頁）。これも醸造家が技術を求め，杜氏を招いた例といえよう。

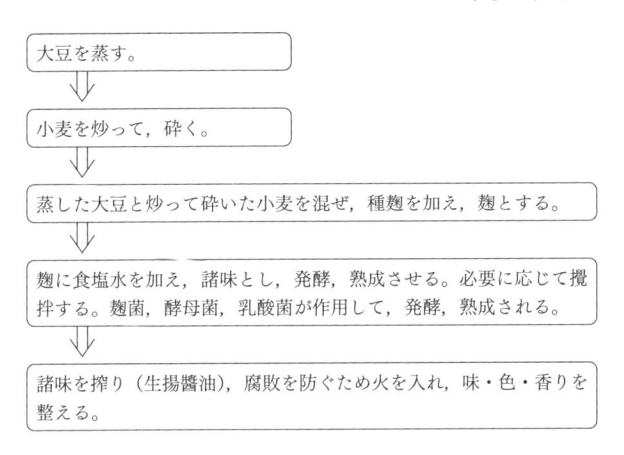

```
┌─────────────────┐
│ 大豆を蒸す。    │
└────────┬────────┘
         ↓
┌──────────────────────┐
│ 小麦を炒って，砕く。 │
└────────┬─────────────┘
         ↓
┌──────────────────────────────────────────────────────┐
│ 蒸した大豆と炒って砕いた小麦を混ぜ，種麹を加え，麹とする。│
└────────┬─────────────────────────────────────────────┘
         ↓
┌──────────────────────────────────────────────────────────┐
│ 麹に食塩水を加え，諸味とし，発酵，熟成させる。必要に応じて攪│
│ 拌する。麹菌，酵母菌，乳酸菌が作用して，発酵，熟成される。│
└────────┬─────────────────────────────────────────────────┘
         ↓
┌──────────────────────────────────────────────────────────┐
│ 諸味を搾り（生揚醬油），腐敗を防ぐため火を入れ，味・色・香りを│
│ 整える。                                                 │
└──────────────────────────────────────────────────────────┘
```

図 1-5　濃口醬油の製造工程

出典）筆者作成。
注）当初は種麹を用いず，空気中の麹菌によって麹を作ることもあった。

（ひとつの問屋に複数商標を出荷），酒の出来具合で商標を使い分けていたという。また経営を拡大するために酒造蔵を買収していたが，その商標は引き継いでいなかった。さらに白鶴の商標を嘉納治兵衛家のみが使用していたわけではなく，複数の醸造家が使用していた（山片編，1977，82頁）。灘に次ぐ江戸積み酒造地であった知多の例では，問屋が上方酒の不足を補うために，知多酒造家に上方酒と類似する商標をつけることを要求する類印商法をおこなっていた（篠田，1989）。商標については問屋の主導権が強かったが，問屋独自のブレンドはおこなっていなかったようであり，また酒造家も複数の蔵にわたって，毎年安定した品質の製品を製造できるところまで至っていなかったので，商標の意味が今日ほど強くはなかったということであろう。

2）野田・銚子のキャッチアップ——醬油

　醬油は大豆と小麦と食塩水を原料に図1-5の工程を経て製造されるが，熟成に1年以上の期間を必要とした。大豆タンパク質が麹菌の酵素により分解されて生成するアミノ酸が醬油特有の旨味となる。また小麦澱粉が麹菌の生育のもととなり，麹菌の酵素により澱粉が分解され，グルコースなどが生成されて，それが乳酸菌，酵母により乳酸，アルコール，香気成分などとなった。酒造では種麹が用いられており，醬油醸造にも用いられたと考えられるが，江戸時代末に最大の産

地となる野田では種麹を用いず，空気中の麹菌によって麹としていた（野田醬油株式会社社史編纂室，1955，457頁；キッコーマン醬油編，1968，157頁）。醬油の起源ははっきりしないが，16世紀には関西で醬油が製造されるようになっており，人の移動や書物を介して各地へ製法が伝播する一方，淡口醬油など各地独自の製品が生み出されていった。ここでは濃口醬油を中心に考察する。

　杜氏が蔵人を率いて作業にあたるところは清酒と同じであるが，通年作業が可能であるので，寒造りに集中した灘が丹波からの出稼ぎに依存したのとは異なり，醬油醸造の作業が終われば農業などの作業をおこなうという形での兼業が一般的であり，蔵人は醬油蔵の近くから集められていた。大豆・小麦が日本で広く生産されていたので，醬油も広く生産され，農家の自家醸造も盛んにおこなわれていたが，舟運の便がよいところでは，他地域に向けて出荷することで産地が成長し，そのなかから大企業が成立するようになった。野田・銚子・小豆島・湯浅などがこうした産地の例であり，周辺向けに出荷する小企業と大消費地に向けて出荷する大企業が並存しているところも清酒と同じ特徴をもっている。また醬油蔵にも運上が課されるようになっていった点も共通している（荒居，1959，1965；油井，1983；林・天野編，2005）。

　このように清酒と醬油は同じ発酵液体食品であり，その発展パターンに似ている点が多いが，清酒では幕府が1790年頃に関東地方で上方に対抗する酒の生産を促進しようとして失敗し，上方酒とくに灘酒の優位が続いたのに対し（柚木，1998，第3章），醬油においては，1730年頃には上方醬油が江戸に大量に流入していたのに，1820年代にはほとんど関東産醬油によって江戸市場が占められるようになったという相違が存在していた。この相違の原因については，初期には少なかった小麦の使用量が増加するなど江戸の好みにあう製品革新が続けられたこと（小麦の使用が増え，大豆と等量の濃口醬油となっていった）[13]，米と比べて大豆や小麦は関東でも良質なものが入手しやすかったこと（塩は赤穂塩など関西の塩を使用），さらには醬油は塩水で仕込むため清酒ほど水を選ばず，また塩水で雑菌の繁殖が抑えられるため，諸味の腐造がおきにくく，清酒では種麹を用い

13）淡口醬油は1670年頃に龍野の円尾家で開発され，京都や大坂に出荷されていた（長谷川，1993）。また湯浅では淡口醬油が醸造されていたが，その技術が銚子に伝わったといわれており，関西の淡口，関東の濃口という製品の違いが江戸市場の動向に決定的な役割を果たしたとはいえない。

ることがかなり普及していたのに，醬油では必ずしもそうではないなど，生産管理が清酒より容易で，キャッチアップしやすかったことなどが理由としてあげられるだろう（キッコーマン編，2000，34頁；荒居，1959；栃倉，1988，43，122頁）。

関東には多数の醬油産地が存在していたが，なかでも生産量を伸ばしたのが，野田と銚子であった。野田には茂木・高梨一族（今日のキッコーマンの源流），銚子には浜口儀兵衛（今日のヤマサの源流），田中玄蕃（今日のヒゲタ醬油の源流）などの今日に続く大きな醸造家が存在していた。これらの生産者の製品は，1864年にとくに品質の高い醬油（最上醬油）として幕府から認められている。ただし銚子も1840年代以降は，輸送距離が野田と比較して長いこともあって野田に対して劣勢となり，周辺への販売を増やしていた（林編，1990，262頁）。

醬油の品質を決めたのは，原料の選択に始まる工程のすべてであるが，大豆と小麦に対し，塩水をどの程度加えるかで品質に明確な差がついており，醸造家は市場ニーズにあわせて，製品を選択する必要があった。しかしそれと同時に，当時の圧搾技術では醬油粕に多くの醬油分が残っており，醬油粕に塩水を加えるなどした液体を生産していた。これを番水というが，番水を1度目で絞った生揚醬油に加えて販売することがおこなわれており，番水が多いほど品質が落ちる安価な醬油となった。この組み合わせも醸造家の選択によるのであり，そのため醸造家は複数の商標をもつのが一般的であった[14]。後に世界的な商標となるキッコーマンをもつ野田の茂木佐平治家と茂木・高梨一族の茂木七郎右衛門家の商標を例にとってみよう。同家の江戸時代の商標は表1-3に示すとおりである。年代が何

14）ただし銚子の浜口儀兵衛は，塩水の割合の多い生揚醬油は製造していたものの番水を加えた醬油製造をおこなっていなかった。浜口の場合，塩水の割合の多い醬油の生産量が江戸時代において7割を占めていたのは，番水による醬油製造をおこなわなかったことと関係していよう。1890年に塩水の割合の多い醬油の製造を廃止し，最上物に集中したのち，1900年頃に番水製造を試みたが，失敗している（ヤマサ醬油編，1977，97，161頁）。番水の製造も容易ではなく，これが野田の銚子に対する優位の要因であった可能性もある。ただし明治期にはヤマサは醬油粕を他のメーカーに販売している（そのメーカーが番醬油を製造する）（井奥，2003，282頁）。江戸時代に販売されていたかは不明であるが，販売されていたとすれば，番醬油にして出荷するか，醬油粕で販売するか，の選択となり，番醬油と醬油粕の販売価格次第では，番醬油を製造しないことが決定的な不利ともいえないことになる。やはり番醬油の製造技術の問題となろう。

表 1-3　茂木佐平治家と茂木七郎右衛門家の江戸時代の商標

商標名称	年　代	品　位	販　路	醸造元
キッコーマン	1782	最　上	全国一般	茂木佐平治
キッコーダイ	1782	上　物	地方一般	茂木佐平治
アヅマイチ	1782	下　物	地方小売	茂木佐平治
ヤマタイカ	1782	下　物	地方一般	茂木佐平治
キハク	1772	最　上	全国一般	茂木七郎右衛門
カギカシワ	1772	上　物	一　般	茂木七郎右衛門
フジカシワ	1772	上　物	一　般	茂木七郎右衛門
ショーチクバイ	1772	下　物	地方一般	茂木七郎右衛門
キッコーカシワ	1781-1789	並　物	地方一般	茂木七郎右衛門

出典）市山編（1940, 466 頁）。
注）原注の品位の説明には，最上は生揚，上物は次生揚，並物は七三割，下物は同割，とある。

を意味するか，はっきりしないが，両家は商標を確認できるもっとも早い時期に4つずつの商標をもっていた。最上の販路は全国一般であり，おそらく江戸を中心に売られ，上物・下物は地方で販売されていた。そして七郎右衛門家は，数年後に並物の商標を付加したのである。注目されるのは，品位の説明であり，最上は生揚のみであり，上物はこれに次ぐおそらく塩水の多い生揚のみのものであったが，並物は七三割とあり，下物は同割とある。これはそれぞれ生揚7に番水3を加えたもの，生揚5に番水5を加えたものと推定される。江戸に出荷された最上醬油とは，最高級の生揚醬油であり，香りのよい1年諸味・味のよい2年諸味・色のよい3年諸味をブレンドするなど（キッコーマン編，2000, 24頁），さまざまな工夫を凝らしており（ブレンドによって品質が安定したことであろう），江戸に多く居住する上層階層に販売されていた。しかしそれと同時に，生揚のみでも品質の劣る上物や番水を混ぜた並物・下物が地方の階層に応じて販売されていたのである[15]。キッコーマン編（2000, 23頁）は，競争が激しくなって問屋が手印と称する自家専用の商標を用いるようになり，商標の数が増加していったとするが，市山編（1940, 466-480頁）に掲げられる214の商標のうち，18世紀後半のものが20，1800年から1868年のものが6であり，残りの188は明治以降のものであるから，商標の数が増加するのは明治以降のことであった。なお製品の

---

15) 明治期の小豆島の醸造家の例では，最高価格の商標は生醬油のみで，他には番水が加えられていた例が報告されている（中山，1992）。

販売は，問屋の委託販売であり，年数回の仕切りがおこなわれており，清酒と同様の販売形態であったが，仕切り回数は多く，代金の回収は早かったものと考えられる。

3　先進地からの技術普及——陶磁器

　釉薬(うわぐすり)を用いた陶器が瀬戸・美濃で製造されたほかは，釉薬を用いない焼き締め陶器(炻器)か土器(須恵器や土師器)が製造されていたが，16世紀後半に中国や朝鮮から技術が導入されて唐津や京都でも陶器が焼かれるようになり，また肥前では釉薬を用いて吸水性がなく丈夫で白色で透明性のある磁器が製作されるようになった。伊万里焼とも有田焼ともいう。文禄・慶長の役で朝鮮人陶工が多数連行されて，日本の陶磁器生産の技術は飛躍的に向上した。磁器の製造工程は，図1-6に示したとおりであるが，いくつかの小さな窯室を連続して組み合わせて傾斜地に設置し，ひとつの大きな窯とする連房式登り窯[16]が導入された。下の窯から火をつけて，その熱が上ることを利用しており，大規模化するとともに燃料消費が著しく節約された。1640年代に有田で，上絵付けによる赤絵の技法が成立したことが，大きな技術的飛躍であった。長崎に出入りした商人からの情報をもとに試行錯誤の上で，釉薬の調合に成功したといわれている。さらに白く傷のない色絵磁器が完成するのは1660年代であり，試行錯誤が重ねられたことがわかる(絵薬は国産もあったが一部は輸入されている)。

　肥前有田の磁器は輸出され，ヨーロッパでも人気を博したが，中国の輸出再開とヨーロッパでの磁器生産が伸びて販売が不振になると，国内で販路を伸ばし，他の産地は次第に押されていった。こうした状況を受けて，18世紀の後半から19世紀の前半にかけて，各産地が磁器の生産を学ぶことになる。陶磁器はその形態・素地の美しさ(磁器であれば白色透明性)・絵付けなどで評価されるが，原料の選択・調整，成形，焼成，絵付け，釉薬など多様な作業が製品の品質を左右する。表面上の絵付けや形態を製品から学ぶことは容易であるが，それを実現す

---

16) 傾斜が急で焼成時間が短く，小物の焼成に適した古窯と傾斜がなだらかで焼成時間が長く，大物の焼成に適した丸窯があった。後になるほどひとつの窯室が大きくなり，連結される窯室の数が少なくなった。ひとつの登り窯が共同所有され，窯室ごとに別の経営が焼成することも多い。

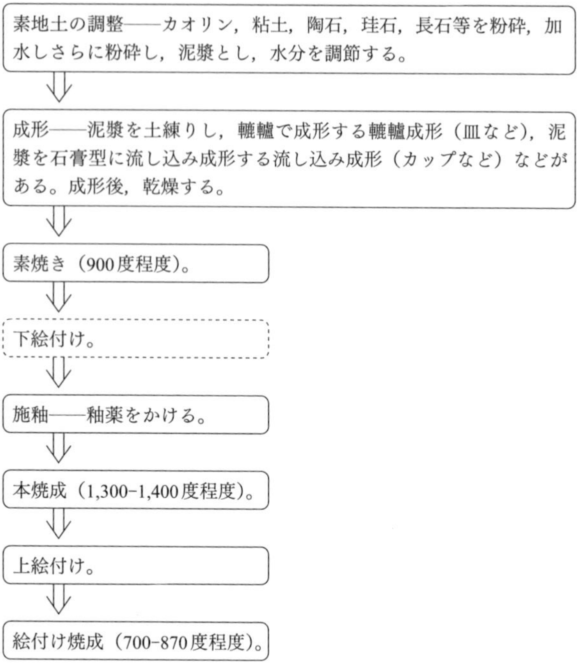

```
素地土の調整──カオリン，粘土，陶石，珪石，長石等を粉砕，加
水しさらに粉砕し，泥漿とし，水分を調節する。
        ↓
成形──泥漿を土練りし，轆轤で成形する轆轤成形（皿など），泥
漿を石膏型に流し込み成形する流し込み成形（カップなど）などが
ある。成形後，乾燥する。
        ↓
素焼き（900度程度）。
        ↓
下絵付け。
        ↓
施釉──釉薬をかける。
        ↓
本焼成（1,300-1,400度程度）。
        ↓
上絵付け。
        ↓
絵付け焼成（700-870度程度）。
```

図1-6　磁器の製造工程

出典）ダイヤモンド社（1966，19-25頁）をもとに筆者作成。
注）通常は下絵付けか上絵付けのどちらかひとつ。ディナーセットは上絵付けをおこなう。

る原料の配合や釉薬・絵具さらには窯の操業方法を製品から学ぶことは困難であり，とくに学理の発達していない時代には，陶工をよびよせるか，先進産地へでかけて実地に学ぶことが不可欠であった。しかし場所が異なれば原料の質が異なるので，学んできたことをそのまま実施しても同じ製品が再現できないこともありうる。京都・瀬戸・美濃などの産地が磁器の技術を学び（原料陶石などが発見されないと生産できないが），磁器生産を伸ばしていき，幕末には瀬戸・美濃の磁器生産が肥前のそれを超えるに至った。徐々に磁器が日常に利用されるようになり，国内市場が広がっていたことが示されるとともに，多くの産地で磁器生産がおこなわれていたことが，幕末開港後の陶磁器業の発展の重要な前提となる。

　技術の導入に藩主が積極的にかかわることも多く（献上用の高級磁器の生産を狙う場合と殖産政策の一環として日用品の生産を狙う場合があった），最先進地の

有田では，藩が技術の流出防止に熱心であった。また藩主の統制下にある藩窯や窯株の制度が設けられ，藩による専売がおこなわれるなど，藩権力による規制が実施されることもあった。有田では窯焼きが共同で登り窯を所有し，絵書き・細工人・窯焚きなどを雇用したが，雇用は年雇いか1ヶ月何日と定めるパートタイムの形態がとられていた。また赤絵をつける工程は素地を焼成する窯焼きとは異なる赤絵屋によって担われていた（永原・山口編，1984；宮地，2008；藤原，2010，2011；有田町史編纂委員会編，1985；山田，1995a；山形，2008）。

4　流通革新のはじまり——呉服販売

　ここでは多様な商品のなかから，小売販売に大きな革新が発生した呉服の販売について述べておく。江戸時代初期の呉服（絹織物）商は，反物を上層武士・町人の屋敷に持参して掛売りで販売するという手法が普通であった。ところが1673年に江戸に越後屋呉服店を開店した伊勢出身の三井高利は，店頭で顧客に対し正札値段で現金取引をおこなう「現銀掛値なし」の商法を開始した。現金取引によって金利を加味した掛け値段より販売価格を引き下げるかわりに，商品の回転率を上げて利益率を確保しようとしたのである。この販売手法は大きな革新であり，大成功を収めた。またそれにとどまらず，正札販売によって顧客と販売員との価格交渉というコストを削減するともに，販売員の技能の必要性を低下させて，販売員の養成コストを引き下げた点も大きな革新であった。これはデパートの販売革新として指摘されていることであるが（宮副，2004，509頁），越後屋ではデパートの販売手法のもうひとつの特徴である陳列販売をおこなっていなかったから，販売員は顧客と会話することで，顧客の商品に対するニーズをつかみ，店舗の在庫と照らし合わせて，顧客に購入候補となる商品を提案する技能を磨いた（在庫がなければ，仕入先へ発注する）[17]。ただし正札価格による現金取引とい

---

[17] 越後屋江戸店では，販売成績の良い手代に褒賞が出されており，その金額は固定の賞与金額にほぼ匹敵したが，販売額に比例するといったものではない。昇進による賞与の上昇の方が褒賞よりはるかに大きかったが，営業成績の良い店員が高い地位に昇進するというわけでもなかった（西坂，2011a）。越後屋では販売額の上昇に非常に強いインセンティブがはたらいていたわけではないことになる。販売額に応じて報酬を与えるシステムはアメリカのデパートで採用されていたが，顧客への押し込みにつながる危険もある（Roberts, 2003, p. 289）。

う手法そのものは模倣が容易であり，同業者の多くが採用していった。越後屋にとって，売れ残りと在庫切れのリスクを勘案しつつ，適切な商品を安く仕入れることこそが，競争優位の源泉であり，先進絹織物産地の京都西陣に仕入店を設け，中間商人を排除したことは大きな意味があった（武居，2006）[18]。仕入店は仲間の特権にもとづいていたので，同業者の参入は困難だったのである。

　しかし地方産絹織物や木綿類（太物）の消費需要にも対応する必要があり，越後屋江戸店とその関連店舗は，取扱商品の範囲を広げ，それらの産地に買宿を設けていくなど新たな仕入ルートを開拓した。しかしこれらのルートには他店の参入が容易で，競争が激しかった。また西陣についても，大丸が京都で直接仕入をおこなって，低価格販売をおこなうようになり，さらには桐生などの勃興を受けて1830年代以降西陣機業が衰退するなど，独占的利益を得られる状況ではなくなり，越後屋は利益率の低下に苦しむこととなった。そして現金売りの低下を補うべく掛売りをおこなうが，売掛金が滞ってしまい，さらに損失を重ねるなど，越後屋の経営は幕末に行き詰まっていったのである（三井文庫，1980a；賀川，1985）。

18）三井の呉服店は，売れ残りの商品を古着屋に売り，商品の回転を高めるように努めていた（杉森，2000）。

3.──商家経営

1 商家経営の原理

　江戸時代の商家は「イエ」の原理によって編成されていたといわれている（森岡，1993；中野，1978，1981）。イエ制度は，家名（苗字・屋号）の超世代的な存続と発展を最重要視する社会制度であり，消費生活の共同体であると同時に，家産をもって商工などの活動を家業として遂行する経営体でもある。家産を管理し，家業と家事を統括する家長が，家業の維持・発展について，先祖に対して責任を負い，家長の位は，嫡系の子によって継承された。したがって先祖祭祀は家長の重要な役割であった。家長の地位に固定した名前があり，隠居するとそれを後継者に譲ることが多かった（後継者からみると家長名前の襲名）。商家の屋号とは，伊勢屋や松坂屋といったものであるが，これでは識別が困難であり，名前をつけて松坂屋利兵衛などと名乗っていた。これを店名前というが，家長の地位を継ぐときには，松坂屋利兵衛の名前を継ぐことになる。幕府や諸藩へ提出する文書には，この店名前が用いられている。生物的にはある人には必ず両親があるから，血縁は無限にたどることが可能であり，先祖の数は2の倍数で増加していくが，ある事業で成功して財を成した人（もしくはその親など）とその後の家長（とその妻）のみが先祖として，祭祀の対象となる。家長は，家業の維持・発展を図る限りにおいて家長であり[19]，極端な場合，家長としてふさわしくないとイエの成員によって判断されれば，隠居させられるなど家長としての地位を追われることがあった。また家長の嫡系の子がその地位を継ぐのであるが，後継としてふさわ

　19）この点は西洋の家父長と異なる。

しいということが嫡系の条件であり，長子ではない次三男や養子（家長の娘と結婚することも多い）が後継者となることも珍しくなかった[20]。

　イエは家族と異なり，家長の家族，親族（あるいは養子）のほか，雇人からなるが，雇人の場合，幼少時に丁稚として住込奉公をおこない，元服を迎えて一人前の手代となるのが一般的である。住込奉公人は家長とオヤ・コの関係を結ぶのであり，商家に奉公に入るときは，それまでの名前とは異なる奉公人名前を与えられる。当時は元服すると幼名を改め，子供の髪型を大人の髪型へ改めるのが一般的であったから，丁稚としての名前と髪型が元服（や手代昇進）を経て改められた。名改めで有名なのが，幕末の三井家に破格の待遇で通勤支配格として雇われ，同家の改革に手腕を発揮する紀伊国屋利八の例であり，「八」が三井家の主人の名前「八郎右衛門」に通じるので，遠慮すべきであるという三井家のしきたりに従い，利左衛門と名乗っている[21]。ただしオヤ・コの関係を結ぶと意識された（住込奉公する）雇人のみが，イエの成員となるのであり，たとえば日雇の被雇用者は成員とならない。また奉公先で生家での宗派と異なる宗派の先祖祭祀が執りおこなわれたとしても，奉公人はそれに従わねばならなかった。家長の親族が家産や暖簾の分与を受けて独立する場合は分家とよばれ，手代が家産や暖簾の分与を受けて独立する場合は別家とよばれる。分家や別家は，本家の指導に従い，その祭祀に参加するなどの義務を負っていた。分家や別家が独立して自分の家業を営む場合と本家と別に住居をもち，妻帯も許されて，本家に通う場合（通勤別家）があり，自分の家業をもつ場合，本家と同じ商売を許される場合と許されない場合があった。奉公人は長い間主家でさまざまな知識を蓄積していたのであるから，同じ商売が許されないとそれが生かせず，不利であるが，本家にとっては競争業者を増やせないという事情があった。本家・分家・別家は暖簾内とか一統とよばれた。

---

20) 明治民法（1898年施行）は長男を嫡系としており，大きな変更となった。
21) 1937年に連載が始まった山本有三の小説『路傍の石』では，主人公愛川吾一が呉服屋の伊勢屋に奉公に上がるときに，五助という名前を与えられ，大変悲しい思いをしているが，江戸時代の奉公人が名改めをどう感じたかは定かではない。というのも幼名はいずれ改められるものであり，江戸時代に名前によるアイデンティティがどれほどあったのかわからないからである。吾一の母親は，吾一が実家に帰省すると，吾一と呼んでいるが，江戸時代に奉公先で元服し，名前を改めてから実家に帰省した人を，実家の人がどう呼んだのかも定かではない。

2　商家の出資——共同出資のはじまりと限界

　江戸時代の商家はイエの事業であったが，これを出資の観点からみると，大部分が個人出資の企業であるかもしくは同族の共同出資の企業であった。同族の共同出資という場合であっても，血縁関係にある者同士が，資金をもち寄って共同事業を起こした，というよりは，親の始めた事業に息子兄弟が参加するか，兄の始めた事業に弟が参加し，兄弟が共同出資者になったというケースが多いようである。革新的な正札販売で成功を収めた三井家を事例にみてみよう。三井高利は伊勢松阪の出身であるが，兄が経営する江戸の店で呉服商売を学んだ後，故郷で母とともに金融業と商業を営んでいた。高利は兄の店で息子の高平たちにも商売を学ばせていた。1673年に兄が死亡すると，高利は江戸に呉服店を開店するとともに京都に仕入店を設けた。越後屋は繁盛し，大坂にも呉服店を設けるとともに，本拠を京都に移し，さらに江戸・京都・大坂に両替店を開設したのち，1694年に死亡した。高利は多くの店を兄弟で分割するのではなく，一致して営業するよう遺言し，三井の事業は高平ら兄弟の共同事業となった。1710年に高平とその兄弟たちは，京都に大元方を設置した（図1-7）。最大の販売拠点であった江戸ではなく，京都に本拠を設置したのは，仕入を重視していたためかもしれない（多くの呉服商人が京都に本拠をおく江戸店持京商人であった）。大元方が京都の本店（呉服店）と両替店に出資し，それぞれが江戸と大坂の店に出資していた。そして高利の6人の息子の家（6本家）と3人の娘婿などの家（連家）が大元方に持分をもつこととされた。これによって三井家の事業が一体性をもち続けることが期待されたのである。しかし事業の不振と同族間の不和により，1774年に三井同族各家は3つに分かれ，対外的に不和を明らかにしないために大元方を形式上残すものの，その事業を呉服店とその付属店・両替店とその付属店・松坂店の3つに分割したのであった（安永持分け）（三井文庫編，1980a）。

　元〆という最高位の番頭たちはこの分割に反対であったが，分割は実行されている。これは商家の理念型にあてはまらない事態のようにみえる。三井家には当時11もの家があり（図1-7に2つの連家が加わっていた），このうち連家は明らかに劣位にあったが，長男家は惣領家といわれていたものの，6つある本家のひとつであり，持分割合も28％に過ぎなかった。親分といわれるまとめ役が存在

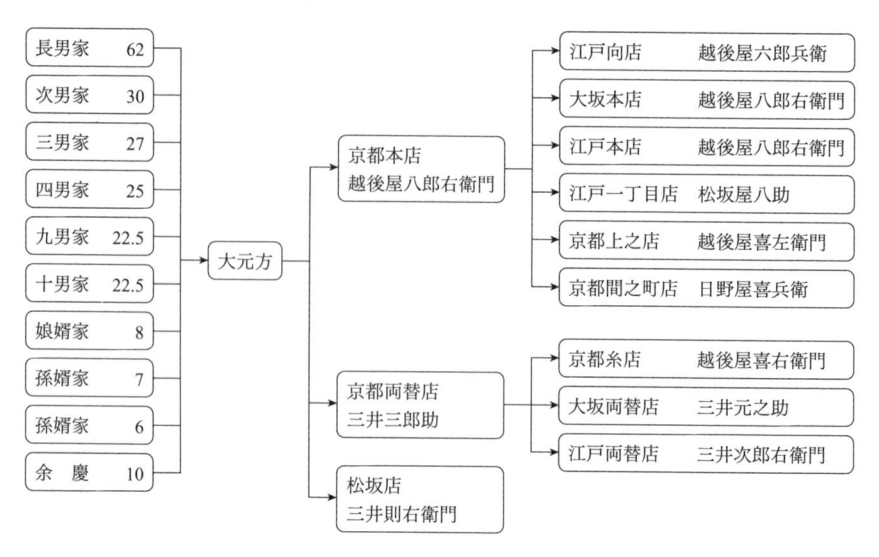

```
┌──────────┐                                    ┌─────────────────────────┐
│ 長男家 62 │──┐                              ┌─│ 江戸向店   越後屋六郎兵衛 │
├──────────┤  │                              │ ├─────────────────────────┤
│ 次男家 30 │  │                              ├─│ 大坂本店   越後屋八郎右衛門│
├──────────┤  │                              │ ├─────────────────────────┤
│ 三男家 27 │  │        ┌──────────────┐     ├─│ 江戸本店   越後屋八郎右衛門│
├──────────┤  │        │ 京都本店      │─────┤ ├─────────────────────────┤
│ 四男家 25 │  │        │ 越後屋八郎右衛門│     ├─│ 江戸一丁目店 松坂屋八助  │
├──────────┤  │        └──────────────┘     │ ├─────────────────────────┤
│ 九男家22.5│  │                              ├─│ 京都上之店 越後屋喜左衛門 │
├──────────┤  ├──┐                           │ ├─────────────────────────┤
│ 十男家22.5│──┤  │                           └─│ 京都間之町店 日野屋喜兵衛 │
├──────────┤  │  ├─→ 大元方                    └─────────────────────────┘
│ 娘婿家  8 │  │  │                              ┌─────────────────────────┐
├──────────┤  │  │     ┌──────────────┐       ┌─│ 京都糸店   越後屋喜右衛門│
│ 孫婿家  7 │  │  │     │ 京都両替店    │───────┤ ├─────────────────────────┤
├──────────┤  │  │     │ 三井三郎助    │       ├─│ 大坂両替店 三井元之助   │
│ 孫婿家  6 │  │  │     └──────────────┘       │ ├─────────────────────────┤
├──────────┤  │  │                              └─│ 江戸両替店 三井次郎右衛門│
│ 余 慶 10 │──┘  │     ┌──────────────┐         └─────────────────────────┘
└──────────┘     │     │ 松坂店        │
                  │     │ 三井則右衛門  │
                  │     └──────────────┘
```

図 1-7　三井家大元方の仕組み（1729 年）

出典）西川（1993，111 頁）。
注 1 ）各家の名称，大元方の投資や江戸向店への出資など原図を簡略化。
　 2 ）各家の後にある数字は大元方持分。余慶とは各家に割り振っていない持分。
　 3 ）京都間之町店は，1735 年に京都両替店傘下に編入。
　 4 ）このほか御用名前として，越後屋八郎兵衛，越後屋源右衛門がある。店名前は同族が交替で勤めたが，越後屋喜右衛門，越後屋喜左衛門などは重役手代が勤めている。また三井則右衛門，松坂屋八助などは連家の特定の家が襲名している（三井文庫編，1980a，539 頁）。

し，長男家に優先してあてられていたものの，他の同族を専断で処分する権限はなく，同族内部で内紛を収拾することは困難であった。また仮に使用人が団結して対処しようとしても，11 人全員を放逐することはさすがに不可能であり，新しい親分に替えたとして，新しい親分も内紛の一方の当事者でしかない。しかも使用人は呉服店か両替店に所属していたから利害が異なる上に，三都に遠く分かれており，そもそも一致団結することが困難であった。使用人によっても内紛は収拾できなかったのである。安永持分けは，共同出資企業に由来する問題であり，イエの当主が 1 人であることを前提とする商家の理念で解決することは困難であったというべきであろう[22]。持分けの状態は，紀州徳川家（松阪の領主）の介入により，1797 年に終了した（寛政一致）。同族といえども共同出資者の利害を長期にわたって一致させていくことは困難であったのである[23]。

図 1-7 には，三井の各店の店名前もあわせて記載されている。京都・江戸・大

坂の呉服店は，商品の仕入と販売が一体運営されているので，店名前は同一であったが，その他はさまざまな店名前を用いていた（他から引き受けた店舗のうち江戸一丁目店と京都間之町店は越後屋ではない屋号を用いていた）。三井家の場合，八郎右衛門，三郎助，元之助，次郎右衛門の名前は重視されていたようであるが，図1-7にある店名前すべてに特定の人格が対応していたのかは定かではない。それはともかく店によって店名前を替えることは，他から引き継いだからという消極的な理由だけからではない。呉服店大丸の事例では，当主が幕府により処罰を受けた場合でも，店名前が違う店には，処罰が及んでおらず，店ごとに店名前を替えることで，リスクが分散されることが期待できるというメリットが存在していたのである（石川・安岡，1995, 98頁）[24]。

　近江商人が同族ではない共同出資の企業を設立していたことは有名である。第1に西川伝兵衛（伝治）は，20名の商人とともに1741年から1756年の間，北海道産の煎海鼠を長崎に移出したが，21人の出資割合が確定し，損益を分配している。第2に稲本利右衛門と西村重郎兵衛は1813年に同額を出資し呉服店を開始したが，事業が繁栄し1819年に大坂に出店することとなり，その際にお互いの姓を1字ずつとった稲西屋勝太郎を店名前とした（のち庄兵衛と改める）。稲西は明治以降も繊維商社として継続した。第3に藤野喜兵衛・西川准兵衛・岡田半兵衛の3人は，1838年に択捉の場所請負（アイヌとの交易を行い，松前藩に請負料を支払う）をおこなう際に，出資割合6対2対2の近江屋惣兵衛という店名前の店を箱館に設立した。この事業は1844年に解散している。さらに生産を含むものでは，鈴木忠右衛門が1748年に杉村某と境（群馬県伊勢崎市）で醸造店

---

22) 商家の理念型に忠実ならば，次男家以降は，分家として財産を分与されて独立しているのであり，高利の遺言が一致して運営することを要請していたこと（＝共同出資）に問題が由来しているといえる。高平が中心となり，同族全員が合意した宗竺遺書（1722年）は，万が一のときの財産の分割方法を規定しており，安永の持分けは，ほぼこのとおりに財産を分割した。この状態で，惣領家を本家，他の5本家を分家と考えれば，本家は創業者高利の位牌を背景に象徴的な力をもつのみであるという意味で，商家の理念型にむしろ近いといえるかもしれない。
23) 森川（1980, 39頁）は，昭和期においても三井同族と最高経営者の間で類似の問題が存在していたことを指摘している。同族間でしばしば婚姻関係が取り結ばれたのもこの問題と無縁ではあるまい。
24) ただし高村（1996, 23頁）は，無限責任の追及に限界があったととらえるべきであるとしている。

日野屋を共同経営し，1780年にそれぞれ独立した事例や，矢尾喜兵衛が1749年に矢野新右衛門と醸造業枡屋を経営し，1774年に及んだ事例が知られている。また中井源左衛門家もいくつかの共同経営をおこなっていた（菅野，1966；由井，1963；江頭，1966a，1966b）。当座的な商業ではなく，固定資産まで含む事業に同族ではない人たちが投資をおこなっていたことは，共同投資がかなり普及していたことを示すといえよう。共同事業は仲間事とされ，出資者間の争いは裁判で保護されなかったので，リスクは非常に大きかったといえる。これらの共同出資企業が合名会社に近いのか，合資会社に近いのか，匿名組合に近いのか，について論争がある。共同企業が支払を停止したときに，債権者がその出資者それぞれに支払を求めることができたのか，多数の出資者のうちで誰か特定の人が契約の当事者となり，他の出資者はもう一方の契約者に明かされていなかったのか，が判断のポイントとなるが，それを裏付ける材料はなく，判断できないというべきであろう。

3　商家の雇用――奉公と日傭取

江戸時代の雇用には，オヤ・コ関係を結ぶものと結ばないものがあったと指摘したが，これをいいかえると，継続的労務供給契約たる奉公と非継続的労務供給契約たる日傭取があったということになる（瀧川，1985，233頁）。奉公に上がる先は，武家・農家・職人・商家などさまざまであり，奉公にもさまざまな種類があったが，ここでは商家奉公人を取り上げることとする。奉公契約を結ぶときには，奉公人請状を提出するが（その前に見習期間があり，その期間中に解雇となる者もあった），親や縁者などは被雇用者が犯罪者ではないことなどを保証する。奉公人は10代の前半で丁稚として入店するのが一般的である。数年を経て元服し，手代へと昇進，さらに認められれば，番頭（役付手代）へと昇進する。ここまでは店に住込みであり，妻帯は許されない。首尾よく勤め上げれば，元手銀をもらって，別家として独立することが可能となるが，元手銀をもらって独立するのが，奉公人の目標である。ここでは西坂（2006）により，奉公の仕組みについて越後屋（三井家）の京都本店の事例に即して詳しくみてみよう。

三井家は京都とその周辺の商家の子弟を丁稚として雇用した[25]。1864年の京都本店の使用人の構成をみてみると（表1-4），使用人数84人に対し職階20と

3. 商家経営

表 1-4　京都本店の使用人（1864年）

住居	属性	職階	人数	年齢	勤務年数	賞与歩合	給与（匁）
別宅		元〆	1	68	55	45	9,000
		加判名代	1	54	44	30	7,800
		元方掛名代	1	48	36	25	7,200
		勘定名代	—	—	—	21.5	5,250
		名代	1	45	33	18	4,500
		後見	1	40	28	13	3,750
住込み	手代名目役	店限通勤支配格[1]	1	39	28	11	2,710
		支配	4	35-39	24-27	9.5	1,800-3,240
		組頭	3	35	22-23	6	750-1,800
		店限組頭格	2	32-36	21-25	6	750-1,800
		役頭	5	31-35	20-22	4	450
		上座	3	31	19-20	2.5	350
		上座格	1	28	15	2.5	300
	手代平	筆頭[2]	3	25-27	14-15	—	300
		相談役	2	25-26	13-14	—	270
		平	13	20-26	9-13	—	210-250
		初元三年目	6	19-21	8-9	—	190
		初元二年目	5	17-19	7-8	—	140
		初元初年	6	17-19	6-7	—	170
	子供	角前髪	5	16-17	5-6	—	15-20
		丸額	19	13-16	1-4	—	3-15

出典）西坂（2006，65頁，1996，45-98頁，2011b，11頁）；三井文庫編（1973，414頁）；賀川（1985，330頁）。
注1）通勤支配格となったが，まだ通勤を認められていない。
2）このほか中途採用で，43歳，勤務年数9年の者がいる。
3）賞与歩合は，3年に1度の業績連動賞与への参加割合。この歩合を合計して，各人の歩合の歩合合計に対する比率を，賞与総額（利益の10％ほど）にかけて，各人の配分額とする。実際の配分率は役職在籍者の構成により変化する。これは1731年の規定でのちに改定されているが，参考のため掲出。必要に応じ補任される大元〆はこれとは異なり，先に全体の15％を取得する。筆頭以下は毎年定額の賞与を受け取る。
4）給与は，後見より上は，1790年の規則，支配以下は1766年の規則，ただし店限通勤支配格は1818年の京上之店の通勤支配の実績をあてた。このほか京本店の大元〆は12,000匁と規定され，江戸・大坂本店の大元〆の10,000匁より高額であった。
5）表中—は該当数字がないことを示す。以下同じ。

職階の数が非常に多いこと（勘定名代は該当者なし），職階の中での年齢・勤務

25）江戸の店の奉公人も京都で採用され，江戸に送られた。数年に1回，長期の休みが与えられ，実家に帰ることが許された。京都で訓練がおこなわれたわけではないが，京都出身者という文化を共有する者による管理を意図していたのかもしれない。イギリスの植民地銀行がイギリス出身者を採用し，一体性を植えつける訓練をした上で，遠隔地の支店に配置していったことと共通する点があるかもしれない（Jones, 1993, p.49）。

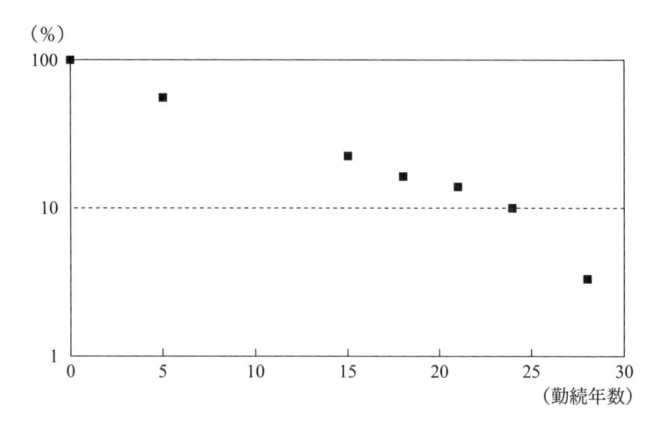

図1-8 越後屋京都本店の奉公人の残存率
出典）西坂（2006, 121-122頁）。

年数のばらつきが小さいこと，中途採用は極めて例外的であったことがわかる[26]。下の階層ほど人数が多くなるピラミッド型の構成をしており，上位の職階に上がるときに選別がおこなわれ，昇進できない者は退職しており（アップ・オア・アウト），かつ昇進のスピードに差がつけられていなかったことになる。入店者のうち元服して手代となるのが6割ほど，役付である名目役手代に昇進するのが4分の1ほど，別宅が許されるのは，4％ほどであるが，減少のスピードはほぼ一定しており，別宅となるときに選別が強化されていた（図1-8）。これは宿持手代となると，ほぼ文字通り終身雇用であったためでもある（死去前に別家手代を退いている例も少なくないが）。

　使用人の報酬は，給与は当初は小遣い程度であり，徐々に昇給していくが，職階によって決まっていた。丸額を過ぎれば1年に1回の賞与が与えられるが，これは職階により金額が決まっている。名目役手代となると三井呉服店全体の利益の10％ほどを3年間に1回分与されるが，その分配割合は職階によって決まっていた（前掲，表1-4）。手代となると退職時に元手銀（退職金）が支払われるが，勤続年数と到達した職階によって金額がほぼ決まっており，通勤となるとき（別

26）越後屋全体では，18世紀後半には1,000人を超える奉公人が雇用されており，幕末期には営業不振から700人程度に減少した。

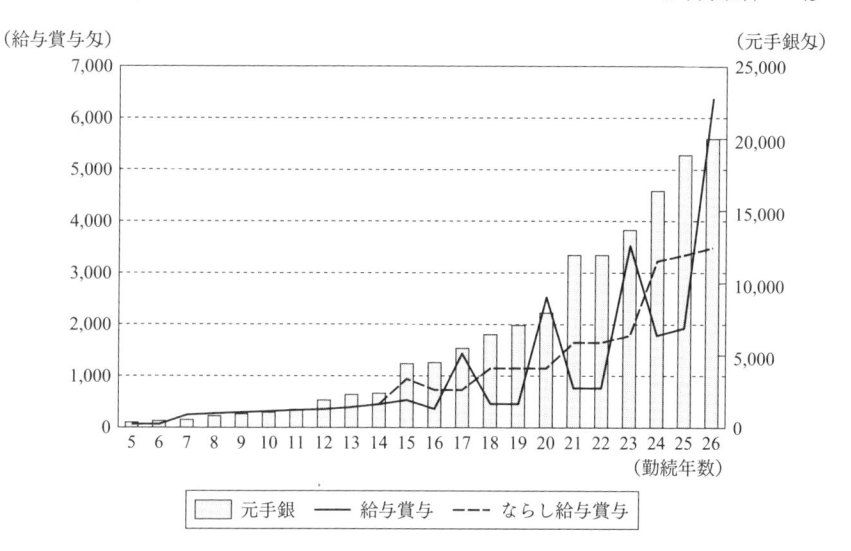

図1-9 19世紀前半三井呉服店における標準的な給与・賞与・退職金額と勤続年数

出典）西坂（1996）。

注1）これはモデルであり、実際にこの通り支給されたわけではない。また、元手銀とは、その年に退職したとして得られる金額。これらの金額を毎年もらい続けるわけではない。
2）給与賞与はその年の金額。勤務を続ければ、この金額を毎年得られる。
3）ならし給与賞与は、17年目から3年に1回の賞与をもらうようになるので、それを3等分して各年に割り振ったもの。3年の途中で退職してもほぼそれに近い金額が支給される。
4）ならし給与賞与額を説明する式は、以下のとおり（カッコ内はt値、Yは勤続年数）。
   Pay = 3.69 + 122.08(Y-5) - 14.42(Y-5)^2 + 0.81(Y-5)^3
   　　 (0.02)　 (1.82)　　　(-1.91)　　　(3.44)
   N=22, adj. R^2=0.96, F=159.8
5）元手銀額を説明する式は、以下のとおり（カッコ内はt値、Yは勤続年数）。
   SP = 410.55 + 8.63(Y-5) + 18.56(Y-5)^2 + 1.28(Y-5)^3
   　　 (1.00)　(0.05)　　　(0.95)　　　　(2.10)
   N=22, adj. R^2=0.99, F=870.5

家となるとき）もいったん退職して元手銀を受け取った（退職金は巨額であり、生涯所得の半分ほどを占めていた）。したがって勤続を長くし、上位の職階に上がることが生涯所得を増加させていくことになる。問題はその程度である。昇進スピードが各人にほぼ一定であったことから、西坂（2006, 177頁）は、標準的な昇進スピードで昇進し、19世紀前半の三井呉服店の利益水準であったときの勤続年数ごとの給与・賞与・退職金額を勤続5年目から26年目まで算出している。その結果によれば、各年の給与と賞与の合計額および各年に退職したとして、その年に支給される元手金額は勤続年数の3乗に比例しており（図1-9）、仮に将来の金額を1割利引きで現在価値に引き直しても、勤続年数と生涯稼得総額はほ

ぼ比例していた。西坂（2006）は，住込みという厳しい条件で優秀な人材を引き留めるために，こうした報酬の体系をとらざるを得なかったとしている。昇進のスピードに差がないことは，結果としてのちに昇進しない人にも（差をつけた場合に比べて）高い給与を支払うというコストがあるが，使用人にすれば，自分が選抜にもれているのか否かを明確には判断し得ないため，努力するインセンティブが失われず，店としては高いモラールが期待できる[27]。トーナメント型の競争がおこなわれていたのであるが，いったん選抜にもれると，再挑戦の機会を与えられず，退職することとなる。丁稚が多数入職して，短い間に多くが退職していく理由として，初等教育機関がなく，選抜を学校教育にゆだねられず，三井家が多数採用して，みずから選抜する必要があったという人材開発上の理由があげられるが，若林（2007，第2章）はこのほかに，通信の手段として丁稚を「使い走り」として使ったことを強調している。通信インフラがなかった時代には，安価な通信手段として少年労働が大量に必要であったことであろう。ただし退職率が初期にとくに高かったわけではなく，人材を「使い潰して」いたわけではないことには注意が必要である[28]。

　三井家を退職したあとの暮らしについては，ほとんどわからないが，実家などの家業を継ぐために退職している店員も少なからずいた。また順調に昇進した手代の中には，三井家の別家の養子となるケースも少なくなかった。三井家では30代の後半にならないと別家が許されなかったから，その後に妻帯しても跡継ぎに恵まれないことも多く，そうした別家が優秀な手代を養子にしていたのである。ただし養子になっても，三井家に勤め続ける限り，通勤はすぐに許可されないから（通勤支配に昇進する30代後半まで待たねばならない），このデモグラフィーは再生産される傾向が強かったのである[29]。

　こうした別家創出は，呉服販売に限られず，製造業でもみられた。清酒醸造では，嘉納家（白嘉納家，白鶴の前身）が材木屋という別家を創出した事例が報告

---

27) ただし西坂（2006）は，三井の使用人がさまざまな規律違反を犯しており，店の規律を守ることが容易ではなかったことを強調している。
28) 三井家が丁稚・手代の選抜をおこなっておらず，生家を相続するためおよび嫌になったためというような自主的な退職のみであったとすると，三井家は，過酷な労働条件を設定し，速いスピードで昇給する給与表を作成し，全員を同じスピードで昇進させていたことになり，人事政策はなきに等しかったことになる。こうしたことは想定できないであろう。

されている。奉公人は，原料米の購入，製品販売，蔵の管理，記帳，さらには貸金管理など酒造以外の作業に従事した（柚木，1998，第5章）。醬油の場合も手代が原料購入や製品の販売にあたっている。

次に奉公ではない日傭取の労働として，醸造業の労働について考察する。まず酒造であるが，地主が醸造家であるような場合は，小作人が醸造労働をおこなっていたが，遠隔地から杜氏を頭とする集団を雇用する場合には，請負業者（口入屋）が介在することもあった。最大の酒造地になった灘では，丹波杜氏への依存度を高めていくが，請負業者は介在していなかった。1863年の嘉納治郎右衛門（菊正宗の前身）の本店蔵の蔵人についてみると（表1-5），労働期間は11月中旬から2月中旬までの91日で（このあと火入れ労働があったはずである），14人中2人が先に帰農していた。杜氏は請負給で700匁を支給され，それ以下は役職に応じた日給率で労働日数に応じて支払われていた。寝具代は全員一律に，心付けは労働日数に応じて支払われている。杜氏の報酬は，他の蔵人から隔絶していたが，蔵所有者の所得とは比較にならない水準であった。蔵人は杜氏が率いてきたと推定され，作業の指揮は杜氏がおこなったのであり，その意味で杜氏の役割は非常に大きかった。ただし末端の蔵人への賃金の支払記録が店主側に残っており，店主は雇用の現場を把握していたと考えられる（ただし表1-5の金額が実際に蔵人各人に渡っていた保証はない）。1838年の杜氏の日給換算レートは，3.74匁であり，仮に労働日数が変わらないとすると，給金は340匁となる。1830年代頃の酒造蔵（千石蔵）の購入に50貫目，新築に100貫目を要したというから，酒造には原料購入と製品販売に流動資本が必要なことを考えると，杜氏を長く勤めても酒造業者になるのは相当困難であったといえよう（柚木，1965，131-171頁）。大規模な酒造蔵となった灘では，蔵人が別家開業した事例は報告されていない。地方の小規模酒蔵では，越後杜氏が埼玉で別家開業して酒造家となったことが指

---

29) 別家のあり方は，商家によってさまざまである。名古屋のいとう呉服店（松坂屋の前身）では，番頭のなかで傑出した人物を「日勤別家」とし，本家の経営に関与させた。ただしこの別家は，自分の子供に継がせることが認められず，本家から輩出される別家を養子としていかねばならなかった。日勤別家の子供は別の別家（日勤後代）を創出することになる。そして本家を落ち度なく勤めた番頭は，「在宅別家」となり，本家の祭祀に参加した。この家の嗣子は，在宅後代とよばれた。本家の統制が強く，別家とくに日勤別家の自立性が弱く，日勤別家は，実質的に終身重役とでもよぶべき存在となっていた（松坂屋70年史編集委員会編，1981，6頁）。

表 1-5 1863 年嘉納治郎右衛門所持の本店蔵の蔵人給銀

役職名	名前	稼動期間	労働日数	日給率(匁)	給銀(匁)	看板料(銭貫文)	心付(匁)
杜氏	馬之助	11/17-2/19	91	—	700.0	2	25.46
頭	平右衛門	11/17-2/19	91	2.3	209.3	2	25.46
衛門	亀吉	11/17-2/19	91	2.2	200.2	2	25.46
酛廻り	新助	11/17-2/19	91	2.2	200.2	2	25.46
釜屋	菊造	11/17-2/19	91	2.1	190.1	2	25.46
上人	万助	11/17-2/19	91	1.9	172.9	2	25.46
上人	長国	11/17-2/19	91	1.9	172.9	2	25.46
上人	与三郎	11/17-2/19	91	1.9	172.9	2	25.46
上人	元平	11/17-2/19	91	1.9	172.9	2	25.46
中人	磯次郎	11/17-2/19	91	1.7	154.7	2	25.46
下人	直次郎	11/17-2/2	72	1.5	111.0	2	24.94
下人	岩吉	11/17-2/19	91	1.5	136.5	2	25.46
下人	佐吉	11/17-2/2	72	1.5	111.0	2	24.94
飯焚	和吉	11/17-2/19	91	1.2	109.2	2	25.46

出典）柚木（1965, 140 頁）。
注 1 ）看板料とは寝具代。酒造家が貸与すべきものを蔵人が持参したことに対する代償。
　2 ）このほか飯代と菜代があり，前者は現物，後者は現金を杜氏に支給。
　3 ）杜氏は請負給であり，日給ではないが，日給換算すると 7.7 匁となる。
　4 ）頭は杜氏補佐，衛門は麹仕込責任者，酛廻りは酛仕込責任者，釜屋は蒸米責任者。

摘されているが，蔵人出身で別家開業したケースはそれほど一般的ではないようである（青木, 2003, 27-33 頁；吉田, 1997, 60 頁）[30]。

　醤油は通年生産であったので，冬季に作業が集中した灘とは，蔵人労働の編成が異なっていた。野田では，杜氏，頭，麦炒，釜屋，蔵人，焚屋，隠居，農方といった職務があり，頭は杜氏を補佐し，麦炒は麦を炒り，釜屋は大豆を蒸し，焚屋は炊事を行い，農方は野菜を生産した。幕末期に親分という口入業者を通じて，労働者を雇うようになったが（野田では蔵の近くから労働者を採用しなかった），労働条件は杜氏と親分の間で決定され，親分は労働者のパフォーマンスに責任をもち，給与は杜氏から支払われた。蔵人のうち家族がある者は通勤していたが，ない者は広敷とよばれる広間で共同生活をおこなっており，飯炊きや野菜作りの者がいたのは，こうした共同生活をしていたためである（荒居, 1965; Fruin, 1983, pp. 46-47; 市山編, 1940, 590 頁）。すなわち幕末期に間接雇用的色彩が強

30）青木（2003）の事例は，幕末もあるが，ほとんど明治以降である。

くなったのである。銚子では蔵人が直接雇用されたが，通年労働であったため，年季奉公契約であり，近隣から採用された。年雇いの雇用の継続期間は店の奉公人に比べて短いが，頭など上位職階に昇進する者の勤続は長かった点は共通しており，銚子にも広敷とよばれる共同生活の場が存在していた。ただし日雇いが口入業者を通じて雇用され，幕末にかけてその比率が上昇しており，麦煎などの熟練作業をおこなう者もあった（鈴木，1990；油井，1980）[31]。

醸造の蔵人は，酒造では季節性が強く，はっきりと店方の奉公人と区別される傾向が強かった。一方，醤油では通年作業であったため，年季契約でその区別は曖昧であったが，生産が増加する幕末期にかけて間接雇用の色彩が強くなり，店方奉公人との相違が際立つようになっていった。銚子では明治に入り，生産を伸ばすなかで，日雇いへの依存度を下げ，年雇いを養成し，麦煎などの熟練職種につけることを原則としていくようになったが，野田は口入業者の関与が強く，経営側の管理が遅れたのであった。

4 複式決算の萌芽——会計システムと経営管理

商家の経営が拡大するにつれ，店の販売などの情報を取得するとともに，店のパフォーマンスすなわち収益状況を把握する必要が強くなった。こうした必要にもとづいて，関西に基盤をもち，三都で活躍する商人の間で，複式決算がおこなわれるようになった。現存する最古の複式決算構造をもった帳簿は，大坂の両替商鴻池家の「算用帳」（1670 年）であり，ほぼ同じ頃に，伊勢商人川喜田家（江戸店をもつ，木綿取扱）や近江商人西川甚五郎家（江戸店をもつ，蚊帳で有名）などでも複式決算構造がみられる。18 世紀には三井家をはじめとした三都の有力商人の間でかなり広く用いられるようになっており，19 世紀には，地方の商人でも完全なものではないが，複式決算への志向をもった決算がおこなわれるようになっていった（西川，1993）。帳簿の整備によって当主は，みずからの経営の動向を正確に把握することが可能となったのである。ただし複式決算技法は，簿記書の形で体系化されることはなく，各家での秘伝とされており，各家がいかに

---

31) 浜口家（ヤマサの前身）では時代が下がると杜氏も蔵人から昇進するようになっていったが，田中家（ヒゲタの前身）では杜氏は外からスカウトされていた。また浜口家では，杜氏の下に，頭・麦煎・諸味搔が役付として存在し，蔵の三役と呼ばれた。

してこの技法を習得していったのか，については明らかではない。

このように算出された利益は，経営管理の道具として用いられていた。三井家の事例では，役付手代の賞与は，利益の 10％程度を分配するものであり，使用人に利益を上げるインセンティブを与えるものであった。利益連動賞与であっても，多人数で分けるほどそのインセンティブの効果は薄くなり，むしろ給与を業績に応じたものにするという使用人とのリスク・シェアリングの色彩が強くなってくるが（Lazear, 1998, ch. 12），三井家の場合は，この賞与の仕組みが呉服店と両替店で別々に運用されており，業績連動賞与の対象者が役付手代に限定され，しかもその配分割合が上位に傾斜されて配分されており（前掲，表 1-4），呉服店・両替店それぞれの最上位の役付手代層に強いインセンティブが与えられていた。三井同族は，大元方の利益を持分割合に応じて取得したわけではなく，大元方から規定に従った定額の賄料を支給されており，利益は大元方に蓄積され，呉服店・両替店に再投資されていった。同族各家の生活が三井の経営に直接影響するのを防止し，同族団（イエ）の営業を拡大していこうとする意図が含まれており，店の現場，本部，同族の家計が分離していた。これを「店と奥の分離」という。大規模な商人になるほど，この分離が一般的なものになっていった。また支店については，本店もしくは元方から出資や融資を受け，融資に対して利息を支払い，投資に対して利益を上げることが求められた。元方や同族は支店の情報を得るように努め，支店は本店に対し定期的また随時に営業上の報告をおこない，1 年に 1 回か 2 回の決算報告をおこなった。本店や元方は，決算時に監査をおこない，また主人や番頭クラスが支店を訪れ，業務を監査していたのであり，会計情報を軸に営業の統制がおこなわれていた。最後は店主や元方の重役手代が，支店の情報を集め，本店のそれとあわせて，商店本支店全体の決算をおこない，経営状態を把握したのである。

営業が拡大していくと，当主みずからがすべての営業状態を把握することは不可能となり，番頭・手代層へ権限を委任していく。この権限の委任が，所有者＝当主と経営者＝番頭層との所有と経営の分離といわれることも多い。しかし先の三井家の安永の持分けの例にみたように，所有者である三井同族は，最高位の番頭層の反対にもかかわらず，三井家事業の分割をおこなっており，執行権限を保持していた。また三井同族は幼少時から店に入って，営業の実際を学んでおり，情報を理解する能力を養成して，会計情報をはじめ番頭層からさまざまな情報を

集め，同族と番頭層の寄合いで意思決定していたし，同族の多くは京都に居住したが，江戸在勤の同族もおり，現場に近いところで監督していた。番頭層にフリーハンドですべてを任せていたわけではなく，監視をおこなう体制にあり，意思決定権限を保持していたのである。Fama and Jensen (1983) は，意思決定を分権化するときは，① 選択可能な代替案の提示・② その承認・③ 決定の遂行・④ 遂行状況の監視に分かれ，下位者が ①③，上位者が ②④ をうけもつとしているが，情報を理解する能力があれば，番頭層の提示する代替案を拒否し，再調査を命じることが可能である。さらに他から情報をとって，必要とあれば ① を実行可能であれば，上位者のもつ権限は実質的なものとなる（Aghion and Tirole, 1997）。これがどの程度のものであるのかは，経営の制度の問題ではなく，個々の当主と番頭の能力と状況に依存していた。たとえば，営業状態が非常によく，番頭の提示する代替案が適切であれば，あえてそれに異を唱える必要はなく，番頭の提案がすべて通るであろう。しかしこのことは，ただちにすべてを番頭に任せ切りであったことを意味するわけではないし（そうであった可能性は排除できない），逆に安永の持分けは同族が意思決定権限と執行権限をもち，みずから代替案を提示する能力もあったことを意味しているが，それが適切な決定であったことを保証するものではなかったのである。商家における所有と経営の分離を一般的な形で理解するのは困難というべきであろう。

第 *2* 章

近代企業の形成
―幕末開港から第 1 次世界大戦まで―

1.──西洋からの制度の移植と適応・定着

1 明治維新による法制度の形成

　1853年にアメリカ海軍のペリー（Matthew C. Perry）が開国を要求し，1854年に日米和親条約が締結された。同様の条約は，イギリス，ロシア，オランダとの間で締結され，下田と箱館（函館）が開港した[1]。1858年には日米修好通商条約が締結され，同様の条約が，オランダ，ロシア，イギリス，フランスとの間でも結ばれた。条約にもとづき長崎，箱館に加えて横浜が開港し，1859年に貿易が開始された（兵庫〔神戸〕開港と大阪開市は1868年，新潟開港と東京開市は1869年）。これらの通商条約は，治外法権・関税自主権の喪失・片務的最恵国条項を含む不平等条約であった。不平等条約の改正には長い時間がかかり，治外法権の撤廃は1899年，関税自主権の回復は1911年にようやく実現した。治外法権が撤廃されるまで外国人は，開港場・開市場に設置された居留地[2]に居住することを義務付けられ，旅行などにも制限が課されていた。この結果，外国との貿易は，居留地に日本商人が出向いておこなうこととなったが，輸入品を購入する商人は引取商，輸出品を販売する商人は売込商とよばれた。

　開港により政治と経済が混乱し，江戸幕府は崩壊した。薩長を中心とする政権

---

[1] 日露和親条約（1855年），樺太千島交換条約（1875年），琉球処分（1879年）および各国に小笠原諸島の領有が受け入れられたこと（1876年）で，国境線はほぼ確定をみた。この後日本は，台湾（1895年），南樺太（1905年），朝鮮（1910年）を植民地とし，関東州の租借権（1905年）と南洋群島の委任統治権（1921年）を獲得していく。

[2] 横浜居留地には，1875年までイギリスとフランスの軍隊が駐留し，居留民の保護にあたった。

が成立したが，各藩の支配権は温存されていた。1869年の版籍奉還を経て，1871年に廃藩置県がおこなわれ，各藩は廃止されるとともに新たに府県がおかれ，中央集権の体制が成立した。明治政府は，封建的な諸制限を次々と廃止していく一方，欧米諸国の制度を導入して新たな法制度を構築していった。江戸時代において，司法制度はそれなりに発達し機能していたが，経済のさらなる発展のためには不十分なものも多く，また条約改正には近代的な法制度の確立が不可欠であったからである。しかし欧米の法律や制度は日本の慣習となじまない点もあり，その間の調整が大きな争点となったことも多い。日本の商習慣と西欧法制度をもとにする商法，日本の家族制度と西洋の法制度をもとにする民法などが有名であり，民法の施行は1898年，商法の施行は1899年（1893年に旧商法が，会社，手形小切手，破産の各篇のみ部分的に施行）と大幅に遅れた。

1871年に司法省が設置されると刑事・民事の裁判事務が司法省に移され，府県の裁判権を接収し，裁判事務を統合・集中し始めた。1875年には大審院および上等裁判所，府県裁判所，裁判支庁が設置され，行政と司法の分離が不十分さを残しつつも実現し，1890年には大審院，控訴院，地方裁判所，区裁判所の仕組みが整った。江戸時代にみられた相対済令のような裁判が停止される事態もなくなり，裁判を受ける権利が保障された。さまざまな身分的制約が撤廃され，職業や結婚の法制度的障壁が取り払われていくとともに，訴訟上での尊卑，華士族平民の区別も廃止された。

債権の保護に影響する破産とその執行については，1872年にフランス民事訴訟法を参考に華士族平民身代限規則が制定され，江戸時代にさまざまな制約のあった債権取立てが容易になっていった。破産は1893年一部施行の旧商法に含まれており，制度として定着する。1882年に為替手形約束手形条例が制定されたことで，手形の裏書が法定され，債権の流動化が促進される体制が形成され始めた。手形・小切手に関する法律は，旧商法に受け継がれる。

江戸時代には，仲間事の裁判が取り上げられなかったこともあり，同族以外の共同出資企業は近江商人に広くみられていたものの，その普及は十分ではなかった。政府は会社制度の移植に力を注ぎ，1871年に『立会略則』，『会社弁』を刊行し，知識の普及に努めた。1872年の国立銀行法は，最初の有限責任の株式会社を規定した特別法であり，以後有限責任は特別法で規定されることとなった（日本銀行条例など）。ところがこうした特別な立法によらず，会社の定款などで

有限責任をとなえる企業の設立が相次ぎ，混乱が生じた。司法省は1886年に会社の社則に有限責任がうたってある場合，債権者がそれを知っていた証拠や知っていたとみなす事由がなければ，有限責任ではないとの解釈を示し，大審院も有限責任であることを公示したり契約の際に明示したりする措置をとることを求め，それを支持した（牧・藤原編，1993，303頁；利谷・水林，1973，83頁）。こうしたことから会社法の制定を求める意見が強くなり，旧商法で合名会社・合資会社・株式会社が規定された。旧商法では株式会社の設立を政府に許可される必要があったが（許可主義），1899年の新商法では，商法の規定に従って株式会社が設立されれば，有限責任が認められるようになった（準則主義）。また株式の額面金額を会社設立時にすべて払い込まず，一部分のみ払い込めば会社の設立が認められ，部分払込の株式の流通も認められるという分割払込制度が旧商法に規定され，多くの会社で採用された。

　また発明や商標などの保護も条約改正にあたり，欧米諸国が強く求めたものである。臥雲辰致はガラ紡という優れた紡績機械を発明し，広く普及したが，発明に対する保護がなかったため，臥雲が経済的に報われなかったという事例により，発明の保護に対する日本の理解も進んだ。1885年に専売特許条例が欧米の特許制度を取り入れて制定され，1888年には特許条例となった。発明者は権利として特許を取得できるようになり，審査官が審査する仕組みができた。1899年には特許法を制定し，パリ条約に加盟し，外国人も特許を取得できるようになった。商標条例（1884年）および意匠条例（1888年）も制定され，商標と意匠の保護も進んだ（1899年に商標法，意匠法となる）。

　江戸時代にも土地の売買・担保・登記の仕組みが，さまざまな限定はあれ整っていたが，年貢を確保する観点から江戸幕府は，農地にさまざまな制約を課していた。この制約を除去すべく1871年には田畑勝手作が許され，作付けの自由が認められるとともに，1872年には田畑の永代売買が許可され，農地の移動も公式に認められることとなった。さらに1873年に地所質入書入規則が制定され，公証の制度が整えられた。裁判の判例でも1880年代半ばには，江戸時代の旧慣によって質地請戻しを認める判決がほとんどなくなり，法の規定が貫徹していった（稲田，1990，160頁）。1886年には登記法が制定され，民法に引き継がれていく。

　さらに度量衡は，1871年の新貨条例とその改正で重さ（貫匁）が統一され，

1874年には折衷尺が採用されて長さ（尺）が統一された。日本は1885年にメートル条約加盟手続きを終了し，1891年の度量衡法で尺貫法がメートル法体系を基礎に定義され，両者が並存するようになった。しかしイギリス・アメリカで用いられているヤード・ポンドの影響力も強く，1909年にはこれらも公認され，3つの体系が混在することとなり，その統一が課題となった（日本計量協会編，1978，6，11，90，283頁）。また明治5年12月3日が明治6年（1873年）1月1日とされ，それまでの不定時法に代わって定時法が採用された。太陽暦の採用は学校や工場での秩序の形成に大きな影響を与えたが，農業中心の生活にはなじまないところもあり，旧暦も長く用いられ続けた。

2　財政・金融制度の形成

　明治政府にとって，近代的な財政制度を整えることは喫緊の課題であった。廃藩置県によって，旧藩に収められた租米は政府の収入となったが，旧武士（士族）の俸禄を支給する必要があり，また旧藩の債務も継承しなければならず，財政状況が極めて厳しかったからである。政府は第1に，旧藩の債務を限定的に引き継ぎ，旧公債（無利息50年賦償還）・新公債（3年据置4％利付25年賦償還）を交付し，実質的に多くの部分を切り捨てた。藩札も再評価の上，政府が引き継いだため，実質的にかなりの部分を切り捨てている。第2に，旧武士の俸禄を処理した。旧武士への俸禄の支出は，財政支出の高い割合を占めていた一方，徴兵制が施行され（1873年），俸禄を支給する根拠がなくなっていた。希望者に家禄の奉還を認め，家禄を米ではなく，金銭で表示する措置をとった後，1876年にすべての家禄を廃止し，金禄公債証書を交付した。この措置により，旧武士の収入は著しく減少し，政府の財政負担が軽減された[3]。第3に，政府は地租改正をおこない，土地所有者から地租を金銭で徴収することとした。そのためにまず全国の土地の所有者を確定し，その所有者に地券を交付し，地券所有者を納税義務者とした。江戸時代に実質的に所有者が明確になっていた土地が多かったが，そうではない土地も少なくなく，膨大な作業が必要とされた。地租は地価に税率を

---

[3] 藩主は藩の石高の10％が家禄となったため，一定程度の収入が確保され，廃藩置県にも目立った反抗を示さなかったといわれる。金禄公債を交付され，資産家としての地位を確保した。

かけて賦課されたが，地価は，面積当たり収穫高から種子肥料代を差し引いた粗利益から，さらに地価の4％（地租3％プラス地方税1％）を差し引いた純利益を年利6％で収益還元した金額とされた。地租改正は広範な農民の抵抗に直面し，1877年に税率を当初の3％から2.5％に減免し，地方税も1％から0.5％に引き下げた上で，1882年に終了した（中村，1985，第1章）[4]。

不平等条約により関税率が低く抑えられていたこともあり，当初は地租が租税収入の7割以上を占めていた。地価は5年ごとに改定されることとなっていたが，農民の抵抗を含めたコストが大きく，全面的な見直しがおこなわれず，固定される傾向にあり，のちに物価の上昇とともに，実質的な負担が低減していった。1881年に大蔵卿に就任した松方正義は，財政支出を削減する一方，酒税などの間接税を増徴していった。酒税額は1889年に地租額を超え，酒税は1918年に所得税に抜かれるまでほぼ一貫して最大の税源となった。国民は政府財政への発言権をまったくもたなかったが，1889年の大日本帝国憲法によって，帝国議会が設けられ，国民により選ばれた議員からなる衆議院が1890年から予算を審議した。1899年の第1次条約改正により，一部関税自主権が回復され，関税が引き上げられたが，協定税率がかなり残っていた。関税自主権が完全に回復するのは，1911年の第2次条約改正によってであり，ここでかなりの関税引き上げが実施された。

次に貨幣制度であるが，開港によって貨幣制度は混乱した。貿易の開始にあたり，外国通貨との交換レートを定める必要があった。当時東アジアでは，銀貨，なかでもメキシコドル銀貨が貿易通貨として機能しており，メキシコドルと日本通貨との間の交換レートを定めることとなったが，貨幣に含まれる銀量を基準として，メキシコドル1枚＝一分銀約3枚と定められた。一分銀は銀でできているが，金貨の単位がつけられており，一分銀3枚は0.75両に相当する。ところがこの0.75両に相当する金量は，メキシコドルを外国で両替して得られる金貨の金量の約3倍に相当したのである。すなわち外国で金貨をメキシコドルに両替し，日本に持ち込み，一分銀に両替し，さらに小判（金貨）に両替すると，金量が元の金量の3倍に増えることになる。その結果，日本から大量の金貨が流出した。

4）こうして導入された地券ではあったが，1880年には戸長役場に備え付けられた帳簿に土地売買を記載し，所有権の公証とすることとされ，さらに1889年に土地台帳により地租を課税することとなり，廃止された（橘川・粕谷，2007，24頁）。

1. 西洋からの制度の移植と適応・定着——59

1両に含まれる金量を約3分の1にすれば，金貨流出を回避できるので，幕府は万延改鋳を実施したが，改鋳が間に合わないので，既存金貨は額面の3倍の価値をもつこととされた[5]。一気に貨幣価値が3分の1に切り下げられたわけで，インフレーションが発生した。このインフレは幕末の経済混乱に拍車をかけ，幕府崩壊の原因のひとつとなった。

明治政府はまず1868年に秤量銀貨の単位である銀目（匁）を廃止し，貨幣の単位を両に統一するとともに，両を単位とする政府紙幣（太政官札，金札）を発行していった。大阪の両替商は，銀目を単位とする巨額の預金を預かっており，銀目廃止の措置により両替商の破綻など大阪の経済が大混乱に陥ったとされる[6]。こうした混乱に終止符を打つべく政府は，1871年に新貨条例を制定し，金1.5グラムを含む1円金貨を発行した。新しい貨幣単位である円の誕生である。ただし政府は，アジアの貿易通貨が銀貨であったことから，開港場で通用する貿易銀（1円銀貨）を発行した（銅貨は補助貨となった）。こうして円を単位とする貨幣制度が成立したのであるが，それが安定する保証はなかった。世界的に銀の価値が金に対して下落すれば，貿易銀を日本金貨に両替すれば利益が得られることから金貨は再び海外に流出し，金貨は流通から消えていく。また政府紙幣が引き続き発行されたのであるが，その発行が過剰となれば，紙幣価値が下落し，金属貨幣は額面価格で貨幣として用いられることはなくなるからである。そして実際に2つのことがおきたのである（三上，1975；山本有造，1994）。

政府は1872年にアメリカの国法銀行の制度をモデルとして，国立銀行条例を制定した。国立銀行という名前であるが，民間の銀行である。国立銀行を設立しようと思う者は，資本金を定め，その6割を政府紙幣で政府に納入する。政府は金札引換公債を発行し，銀行に交付するが，政府が保管する。残りの4割は金貨にかえ，銀行が保管する。政府は資本金の6割にあたる額の銀行券を銀行に交付

---

5) この問題は幕府の交渉担当者も理解していた。事実上の補助貨幣である一分銀に含まれる銀量を約3倍とすれば，大きな副作用なく，金貨流出を阻止できる。幕府は銀量の多い2朱銀（0.5分）を新たに鋳造することとしていた。しかし欧米諸国からみれば，メキシコドルで得られる日本金貨が突然3分の1になり，金単位で値段がついている日本商品（東日本の生糸など）は3分の1しか購入できなくなるので，強く抗議し，幕府の改鋳計画は挫折した。
6) 石井（2007）は銀目廃止令の前に大阪両替商の破綻が発生しており，銀目廃止のみが大阪の金融混乱の原因ではなかったとしている。

60──第2章　近代企業の形成

資　産	負債・資本
金札引換公債　6	資本金　10
金　貨　4	
貸出等　6	銀行券　6

国立銀行条例

資　産	負債・資本
既発国債　8	資本金　10
政府紙幣　2	
貸出等　8	銀行券　8

改正国立銀行条例

図 2-1　国立銀行の貸借対照表模式図

出典）寺西（1982, 34 頁）。
注）資本金を 10 万円と仮定。預金を発行した場合は，4 分の 1 の支払準備を保有する必要があった。

し，銀行はこれを貸出などにあてる。銀行券を金貨に兌換することを希望する者に対しては，銀行が兌換に応じる（図 2-1）。国立銀行が次々と設立されれば，流通から政府紙幣が回収され，かわりに金貨兌換の国立銀行券が市中に出回り，貨幣制度が安定することになる（政府は無利息の紙幣の代わりに公債を発行し，金利を負担する）。

　ところが実際には国際収支が赤字で，金銀比価も金高となっており（図 2-2），金貨が海外に流出する傾向にあり，国立銀行券は発行後すぐに兌換請求を受け，流通しなかったため，国立銀行の経営は思わしくなく，4 行しか設立されなかった。そこで政府は，秩禄処分で大量の国債が発行されたこともあり，1876 年に国立銀行条例を改正した。改正条例では国立銀行が資本金の 8 割にあたる国債を市中で購入して政府に預託し，残りの 2 割を政府紙幣で保有して兌換請求に備えるとともに，政府から資本金の 8 割にあたる銀行券の交付をうけて，貸出等に充てることとなった（図 2-1）。国立銀行券が金貨兌換ではなくなり，かつ資本金に対して利子をうむ資産の比率が上昇しており，改正前と比べて国立銀行は有利となった。その結果国立銀行の設立が相次ぎ，第百五十三国立銀行で設立が締め切られた。改正後では国立銀行が設立されると，政府紙幣兌換の国立銀行券の発行額だけ通貨が増加することになる。そのうえさらに 1877 年に発生した西南戦争の軍事費を支出すべく，政府紙幣が発行されたため，不換紙幣の過剰発行となり，インフレーションが発生した。このとき同時に銀の価値が金に対して下落しており，さらに 1878 年には銀貨が国内でも無制限通用することに改められた結

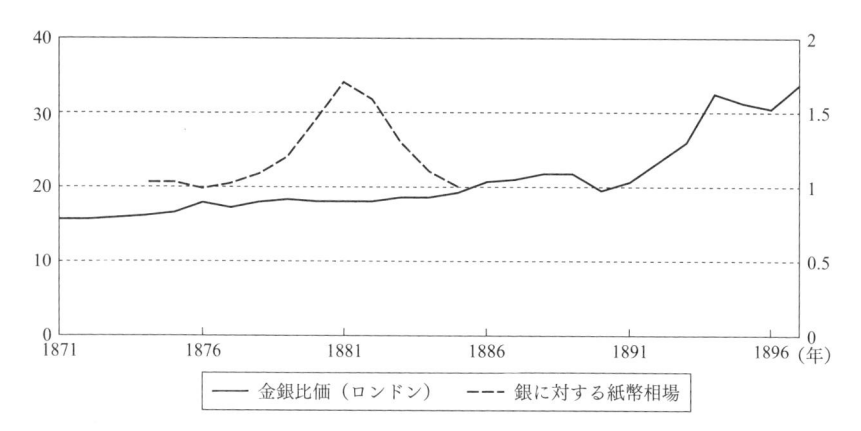

図 2-2　金銀比価（ロンドン）と紙幣相場

出典）山本有造（1994, 221-225 頁）。
注1）紙幣相場（右目盛り）は洋銀1ドル（1878年まで）もしくは円銀1円（1879年以降）に対する紙幣の毎月平均相場。
　2）金銀比価（左目盛り）は数字が増すほど金高，紙幣相場は数字が増すほど銀高となる。

果，金貨1円の価値がもっとも高くなり，銀貨1円がこれに次ぎ，紙幣1円の価値がもっとも低くなっており，市中で貨幣として流通するのは紙幣のみとなった。

　松方正義はこのように混乱した通貨制度を立て直していった。第1に財政支出を削減し，増税をおこなって財政余剰を計上し，政府紙幣を消却することによって（松方財政），紙幣価値を銀貨価値に近づけていった[7]。第2に日本銀行を1882年に設立し，紙幣価値が銀貨と等しくなった1885年から銀貨兌換の日本銀行券を発行した（実質的な銀本位制の確立）。第3に国立銀行条例を1883年に改正し，設立後20年で国立銀行券発行の特権が喪失されることとし，徐々に国立銀行券を消却していくとともに，日本銀行が政府紙幣の兌換に応じることとした（日本銀行兌換券への統一）。こうしてようやく統一的通貨制度が形成されたのであるが，世界の趨勢は金本位制であり，日本政府は日清戦争の賠償金を金貨で受領すると，1897年に貨幣法を制定し，金本位制へ移行した。このとき1円金貨が1円銀貨にほぼつりあう価値の金量で制定されたが，1871年以降銀の価値が下落し続けていたため，1円は金0.75グラムと1871年の半分となった（ただし

7）この結果デフレーションが発生したが，このデフレーションは松方デフレとよばれている。

0.75グラムの1円金貨は鋳造されず，5円金貨が鋳造された）（図2-2）。

　国立銀行は日本最初の近代的銀行であった。国立銀行の設立が締め切られた1879年以降，銀行券を発行しない「私立銀行」の設立が増加していく。私立銀行は1893年施行の銀行条例で普通銀行となったが，国立銀行の多くも営業満期を迎えるようになると，普通銀行に転換していった。また初期の銀行は，手形・小切手などの制度を共同で西洋から導入し，決済の効率を上昇させていったが，江戸時代から手形による決済の慣行のあった大阪の方が，東京より手形・小切手の使用が活発で，日本最初の手形交換所は1879年に大阪に設立された（東京は1887年）。また遠隔地間の送金は，銀行同士がコルレスポンデンス契約を結ぶことでおこなわれ，日本銀行の支店網が形成されると全国的な資金の流通がさらに盛んになり，全国的な金融市場が形成されていった（寺西，1982；靎見，1991；大貫，2006）。

　1878年には株式取引所条例にもとづき，東京と大阪に株式取引所が設立された。当初は株式会社が少なかったこともあり，国債が主な取引対象であったが，1884年以降株式が取引の主要な対象となっていった。大企業の資金調達に占める株式の比重は高く，戦前日本の金融は，株式市場優位であった。株式は株式取引所への取引集中義務がなかったので，場外市場を通じても盛んに取引された（野田，1980；志村，1969；Hoshi and Kashyap, 2001）。ただし株式発行によって資金が調達できるのは一部の企業であり（そのほとんどは大企業となる），それ以外の企業は企業家本人・親族・友人などから設立資金を調達するとともに，原料を商人から信用で調達し（掛け買い），販売に際して現金か短い期間での支払いを受けることが多く，商人が流通信用の起点に立つことが多かった。商人は商品流通のみならず，流通信用でも大きな役割を果たした。たとえば生糸については，1890年頃から有力な製糸家は横浜の生糸売込商（横浜所在の貿易商社へ生糸を売り込む）から購繭資金の融資を受け，横浜への製品の出荷にあたっては，生糸売込商が荷為替手形を立て替え払いしていた（売込商は銀行から資金を調達し，生糸代金で資金を回収）。製糸業の急成長にとって銀行と製造業者の間にある商人の果たした役割は大きかったのである（山口編，1966，第1章）。織物も機業家は原料糸商から信用で糸を購入し，織物商へ販売する際には手形を受け取り，それを裏書して原料糸代金の支払いに充てていたから，原料糸商・織物商が製造業者と銀行の間で重要な役割を果たしていた（山口編，1974，序章）。また明治

期には株式会社が珍しかった製糸業・織物業と異なり，綿紡績業は鉄道業とともに当初から株式発行で資金が調達された産業であるが，株式発行による資金はほとんど設立資金に充てられていた。紡績企業は原料購入にあたっては，当初は現金払いを余儀なくされたが，次第に手形を綿花商社に宛てて発行するようになり，製品綿糸の販売にあたっては綿糸商から現金もしくは短期の信用による支払いを受けており，やはり商人から信用を受けるようになっていったが，この場合も銀行が手形を割り引いていた。このように商人は銀行と製造業者を仲介する役割を果たしていた。ただし紡績企業の収益力が向上し，さらに初期の急成長の時代を脱する明治末期になると，紡績企業に次第に資金的な余裕が発生し，流通信用を受けることが減少して，自己金融化していった（山口編，1970，第1章）。

3 西欧からの技術と教育制度の導入

開港当初日本の技術は西洋諸国より遅れており，技術が移転された。日本の場合，集中作業場に定時に集まり，作業を指示する人の指令を受けて，（分業にもとづく）協業をおこなう工場という制度そのものが導入の対象であったともいえる。技術移転には，技術を供与する側と受容する側が存在する。後発国は最新の技術を一挙に導入できるので，先進国へのキャッチアップが容易になるが，技術は単独で存在するものではなく，周辺技術や要素賦存の状況と密接にかかわり，供与側と需要側でそれらのギャップが大きいと，技術移転には困難がともなう（末廣，2000，第2章）。先進国で成熟段階に達した商品，受容国の要素賦存状態に適した商品，先進国との直接の競争関係にない商品から工業化が始まることが現実的には多い[8]。すでに存在する製品を製造することがもっとも容易で（コピー，製造技術の獲得），不断の学習を通じて自主技術が育成されるとやがて製品に表面的な改変を加えるようになり，さらに本格的な改良を加えるようになって，最後はみずから設計までおこなうようになる（設計技術の獲得）。自主設計がひとつの目的であるが，仮にある技術の世代で設計能力を身につけたとしても，技

---

[8] 初期に外国資本が入って勃興しやすい産業として鉄道と鉱山がある。鉄道サービスは欧米から輸入することは不可能であり，鉱山は労働集約的で，鉱脈に恵まれると国際競争力があった。日本の場合，後述するとおり，双方とも外国人への厳しい制限により外資参入が実現しなかった。

術の世代が替わると，その技術は海外から導入しなければならないことが多い（ただしすべての技術を自社開発することは不可能であり，技術導入は先進国の企業にも多かれ少なかれみられる）。設計・製造にかかわる技術は，特許や書物において文字や図面の形で形式知となっているもののほか，機械の操業ノウハウのように文字にしにくい暗黙知があり，後者はヒトの移動を媒介にしないと伝わりにくい（野中・竹内，1996；ポランニー，2003）。

　供与側と受容側のギャップが大きい場合は，供与側の技術が直輸入されず，なんらかの改変を経て導入されることもある（中岡，1986, 2006）。たとえば受容側の賃金が安い場合は，機械の関与する領域を減らして，ヒトが関与する領域を増やすほうが合理的な場合もある。供与側がこの改変の必要性を認識できなかったり，既存の技術では改変できなかったりすると，受容側が改変する場合もある。たとえば製糸機械は西洋からの導入後，日本の企業家がたちどころにその機構の本質を理解し，急速に簡易化していった。それに対して，機械が一体となった複雑な装置体系をなしていると，こうした改変はより困難であり，綿糸紡績機械の国産化は戦間期まで実現しなかった。

　先進国の企業や人間が日本に現地工場を建設する場合は，建設主体に技術を移転する直接的な意図はないとしても，そこで働いた従業員に技術やノウハウが移転し，その人たちが退職して自ら企業をおこすといった形で，技術が移転される。またその工場が現地調達をおこなえば，それに関連する技術が形成される。しかし日本の場合は，条約改正までは外国人の居留地外での活動が制約されていたため，居留地に少数の工場が作られたにとどまる（造船・鉄工所の例，鈴木，1996, 50頁；茶の再製工場の例，石井，1984, 82頁）。需要側に主体性がある場合として，外国資本との合弁事業があるが，やはり条約改正までは外国人の投資に制約が大きく，合弁企業の設立が増加するのは条約改正後である。日本人が企業を設立する場合は，技術を供与する企業を探す必要があるが，どこに最適の技術が存在するのかを探索するのは容易ではない。新聞・雑誌の広告や商社を通して情報を得たり，外国に出向いて探索するのが一般的であった。機械を購入するとその機械に体化されている技術を導入することになるが，操業指導抜きでそれを操業するのは，かなりの困難をともなう。供与側が工場の建物・機械を一式として建設・設置し，操業に必要な技術者・熟練工を派遣するエンジニアリングのサービスが提供されると（ターンキー形式），工場のスタートは容易となる。綿糸紡績

業では，イギリスのプラット社（Platt Brothers & Co., ここではその前身も含める）がこのようなサービスを提供していた（和田，2007）。重要なポストに外国人がつき，ほとんど操業を委託するような当初の形態から，徐々に外国人から日本人に操業技術が移転されて，外国人の人数が減少していくこととなる。ただしある世代の製品や機械の操業に習熟しても，次の世代には再び指導を受けなければならないことも多い。ただしこの場合は，再び全面的に外国人が入ることはまずない。エンジニアリング・サービスを受けないとすると，必要な機械をみずから選択し，操業に必要な人材もみずから調達せねばならず，その探索は容易ではない。東アジアに同様な企業が設立されていれば，人材のプールが存在し，そこから調達することも可能となる。たとえば汽船の操船にあたる高級船員は，東アジアに西洋海運会社の航路網があるため，労働市場が比較的厚く存在しており，調達が相対的に容易であった。最適な機械がみつかり，購入したのちも，最適な操業方法を探索するまでに多くの時間とコストを要することになる。さらに商品を輸入して，その特徴を学び（組立式の機械なら部品に分解する），製造方法を推測して（リバースエンジニアリング），コピーすることもおこなわれるが，これは受容側に相当の技術力がないと不可能である（内田，1990）。

　こうした技術導入にあたり政府が大きな役割を果たした。政府は多くの官営事業を運営し，多数の外国人技術者を招聘した。ただし政府は，外国人に経営の実権を与えず，技術者として処遇することに努力していた（梅溪，1968）。まず政府は，幕府諸藩の経営する工場や鉱山を引き継ぐことで，多くの官営事業を入手した。これらの工場をもとに，東京と大阪の砲兵工廠，横須賀海軍工廠などの軍事工場と長崎および兵庫の造船所の基礎ができた。政府はこれらに巨額の投資をおこなって拡充していった。鉱山では，佐渡・生野などの鉱山を引き継ぎ，近代的な採掘方法を導入する一方，「鉱山心得」を発して外国人の鉱山経営を排除していった。造船や鉱山では多くの外国人技術者が雇用されている。ついで政府は郵便・電信・電話と鉄道といったインフラの整備を進めたが，鉄道と海運は，明治初期においてもっとも多数の外国人を雇用した産業であった。第3に政府は，西洋から新しい製造方法を取り入れた工場を建設していったが，その産業は機械製造（工部省所管）から農産加工（農商務省所管）まで多岐にわたっていた（表2-1）。財政支出からみると1870年から1885年までの工部省の支出は，鉱山が933万円，鉄道が1,420万円，工作（長崎・兵庫造船所を含む）が242万円，電

表 2-1　官営事業の創始と払下げ

官営事業	入手経緯	払下年	払受人	備考
尾去沢銅山	民営官収	1872	岡田平蔵	のち三菱へ
堺紡績所	藩営官収	1873	肥後孫左衛門	のち川崎正蔵へ
高島炭鉱	外資との合弁を官収	1874	後藤象二郎	のち三菱へ
広島紡績所	政府建設	1882	広島綿糸紡績	完成前県へ移管
油戸炭鉱	民営官収	1884	白勢成熙	のち三菱へ
中小坂鉄山	民営官収	1884	坂本弥八	
セメント製造所	政府建設	1884	浅野総一郎	
小坂銀山	藩営官収	1884	久原庄三郎	
深川白煉瓦	政府建設	1884	稲葉来蔵	
院内銀山	藩営官収	1884	古河市兵衛	
阿仁銅山	藩営官収	1885	古河市兵衛	
品川硝子製造所	民営官収	1885	西村勝三ほか	
大葛・真金金山	藩営官収	1885	阿部潜	のち三菱へ
愛知紡績所	政府建設	1886	篠田直方	
札幌麦酒醸造所	政府建設	1886	大倉喜八郎	
新町紡績所	政府建設	1887	三井	
長崎造船所	幕営官収	1887	三菱	
兵庫造船所	藩営と外資官収	1887	川崎正蔵	
釜石鉄山	政府建設，鉄山官収	1887	田中長兵衛	
三田農具製作所	政府建設	1888	子安峻ほか	のち東京機械製造へ
三池炭鉱	藩営官収	1888	佐々木八郎	のち三井へ
幌内炭鉱・鉄道	政府開坑建設	1889	北海道炭礦鉄道	
紋別製糖所	政府建設	1890	伊達邦成	のち札幌製糖へ
富岡製糸所	政府建設	1893	三井	
佐渡金山	幕営官収	1896	三菱	
生野銀山	幕営官収	1896	三菱	
東京砲兵工廠	幕営官収を基礎			
大阪砲兵工廠	幕営機械が基礎			
横須賀海軍工廠	幕営官収			
官営鉄道	政府建設			
電信	政府建設			
千住製絨所	政府建設			1887 陸軍省移管
赤羽製作所	藩営機械を基礎に建設			1883 海軍省移管

出典）小林（1977）など。

信が364万円と，鉄道と鉱山が圧倒的に大きい。農産奨励や農産加工（紡績所や製糸所を含む）は工部省事業ではなく，内務省事業であり，これらの支出は，1875年から1880年までの合計で265万円である（同時期の鉱山が470万円，鉄道が263万円，工作が140万円，電信が161万円）（石塚，1973，108-113頁）。官営事業は，鉄道・電信などのインフラと鉱山が中心で，製造工業の比重はそれほど大きくなかったのである[9]。

しかしこれらの官営事業は，一部の鉱山や鉄道を除くと赤字であり，政府の財政負担も大きかった。1880年に工場払下概則が制定され，1881年に松方正義が大蔵卿に就任し，財政支出を抑制する方針を本格化すると，官営事業の払下げが本格化した。しかし軍工廠とインフラの郵便・電信・鉄道は払下げの対象となっていない。1888年の三池炭鉱以前は，払下げにあたって競争入札がおこなわれておらず，事業経験のある人物に払下げられたとしても，払下価格が政府が投下した資金額をはるかに下回るものであったこともあって（払下価格は投下資金額との間には直接の関係がなく，事業の将来の収益性の予測に依存するものであるが），払受人を保護するものであったとの評価がつきまとうこととなった。また代金が低（無）利息の長年賦で支払われることも多く，支払のキャッシュフローの払下時点の現在価値が，払下価格を大きく下回っていたこともこうした評価が下される原因のひとつとなっている。さらに年賦支払は政府が払下代金の支払にローンを与えたのと同じ効果があり，払受人は第1回の年賦金さえ調達すれば，あとは事業収益から年賦金を支払うことが可能であったことも原因のひとつに加えられる。払下事業のいくつかは，日本を代表する事業所に育っていったが，払下条件と同じかそれ以上に払下げ後の経営努力が重要であったことはいうまでもない（年賦金を支払えるキャッシュフローを生むように経営を改革する必要があった）。

政府の技術導入の施策は，官営事業という直接的なものにとどまらない。政府は教育に多大の投資をおこない日本の技術吸収能力を引き上げた。江戸時代にも蘭学がおこなわれ，翻訳などを通じて知識が移転され，適塾などの私塾も存在し

9）鉄道は1873年に221万円，1874年に326万円が集中的に支出されており，その後は投資のペースが落ちている。またこれらの数字には軍工廠が含まれていないことに留意する必要がある。軍工廠には最先端の機械が多数配置され，隔絶した技術水準を誇っていた。ここで熟練をつんだ職人が退職して，民間の技術水準を引き上げていく効果も大きかった。

ていたが，技術教育が本格的な政策課題となったのは1850年代で，幕府で最初にそれを担ったのは，長崎海軍伝習所や蕃書調所(ばんしょしらべしょ)であり，佐賀藩や薩摩藩などの諸藩も技術の導入に力を入れていった。明治維新後には，お雇い外国人からの伝習による教育や官業に即して設けられた各種の技術学校も成果を生んでいたが，体系性に欠けていた。このなかで工学寮はイギリス人ダイアー（Henry Dyer）の指導の下，理論と実習を組み合わせた本格的な技術教育の場となり，1877年に工部大学校となった。

政府は1872年に学制を制定し，教育機関の整備を始めるが，制度が整うのは，1886年の小学校令・中学校令・師範学校令・帝国大学令以降である[10]。尋常小学校は3年から4年の義務教育が規定され，1900年に4年に，1908年から6年に延長された。就学率はすでに1873年に28％とかなり高く，1883年には51％と過半数を超え，1897年には67％となり，1907年には97％となって，ほぼ全員の就学が実現した。出席率も小学校令以降上昇を続け，1896年入学者の卒業率は64％であったが，1904年入学者のそれは86％に上昇し，義務教育は定着した（男女格差を含むが）。政府の就学督促，教育ニーズの高まりとともに，政府が1900年に義務教育を無償とし，進級や卒業の試験の制度を廃止したことが，こうした定着の要因のひとつであった。

実業教育では，1899年の実業学校令と1903年の専門学校令および実業学校令改正で，実業学校（工業学校，商業学校など）・（実業）専門学校（高等工業学校，高等商業学校など）の制度が明確となった。実業学校を卒業すると中学卒業者とほぼ同じ修学年数となり，（実業）専門学校を卒業すると高等学校卒業者とほぼ同じ修学年数になった[11]。工業学校出身者は下級技術者，高等工業学校出身者は，中級技術者として待遇された。帝国大学は，東京大学と工部大学校が合併して1886年に東京に設置された。これらの大学には外国人が多数配置され，当初は授業が外国語でおこなわれた。帝国大学卒業者は官庁や企業で上級技術者として待遇され，外国に留学するというルートが次第に開けていった。産業化が進展す

---

10) 工部大学校は，東京大学理学部から分かれた工芸学部とともに帝国大学工科大学となった。一方，官業に即して設けられた各種の技術学校は次第に整理されていった。工学教育にも多数のお雇い外国人が配置されたが，徐々に日本人教員に置き換えられていった。

11) ただし実業専門学校の入学者の多くは，中学校卒業者であり，実業学校から実業専門学校に入学する者は少数にとどまった（天野，1989，253頁）。

るにつれ，大学・(実業)専門学校・実業学校は，急速に拡充され，1899年に帝国大学2，工業専門学校4，工業学校12だったのが，1911年には，帝国大学3，工業専門学校10，工業学校33にまで増加し，同じ時期に卒業生数は帝国大学工科大学が110人から258人，工業専門学校が143人から752人，工業学校が85人から1,037人に増加した（天野，1997）。

こうして技術者の蓄積は徐々に進んでいった。1890年には官庁に300人，民間に182人の技術者がおり，なお官庁の方が多かったが，1900年には官庁に737人，民間に828人と民間の方が多くなり，1910年にはそれぞれ2,235人と2,843人に増加している。官庁では初期には官業が多かった工部省に多くの技術者がいたが，学校，鉄道，地方庁（府県や市の研究所や工業試験場など）等に多く配置されるようになった（軍隊も無視できない）。民間技術者の多い分野は，鉱山，鉄道，繊維，造船など当時の主要産業であった。主要な造船所では明治末頃に日本人技術者のみで詳細設計ができるまでになっている。しかし技術者は，以上の大規模に移植が試みられた産業ばかりではなく，伝統産業においても，導入技術の定着や新技術の開発に大きな役割を果たした。高等工業学校には，染織・窯業・醸造など帝国大学にはない学科があり，これらの伝統産業の発展には高等工業学校を卒業した技術者の果たした役割が大きかった（内田，1979，1988b；沢井，1995a）。織物・陶磁器などの産地には工業学校が設立され，卒業生を輩出するのみでなく，技術指導などをつうじて地場産業の発展に寄与した。こうした技術指導は工業試験場などでもおこなわれており，同業組合が関与することも多かった（橋野，2007）。江戸時代においても伝統産業の技術開発において，対照実験などの科学的態度が大きな役割を果たしていたが，科学的分析が加わることで，その発達がさらに加速された。醸造における微生物学の成果の吸収による清酒や醬油の品質改良などがその例である。そして明治期に多数開催された博覧会が，技術の成果を広く一般に示し，その普及を促進するとともに，同業組合などを通じても成果が普及した。

4　自由貿易と資本輸出のはじまり

条約改正まで外国人が居留地を出ることは制限されており，国内流通を担うことは不可能であったが，外国貿易は外国人が担うことが可能であり，日本が開港

したとき，日本の外国貿易のほとんどを担ったのは，外国人商人であった。日本が世界貿易に組み込まれたときは，海底電信の開通（1866年にロンドンとニューヨークが結ばれ，1871年には横浜まで結ばれる），汽船海運のアジアへの進出（1869年にスエズ運河が開通し，1870年代にはアジアにも汽船が進出），為替銀行の進出などにより，それまでの大資本を擁し，船舶を所有し，商品をみずからの危険で購入し，購入価格と販売価格の差で利益をあげるリスクの高い商取引から，為替銀行・汽船・電信による情報という関連サービスを利用する手数料ベースのリスクの低い商取引へと，貿易が急速に変化しているときであり，それまでの大商人に加えて多数の中小商人がアジア貿易に進出していた（石井，1984，第2章）。日本人商人にも参入の余地が生まれていたといえる。また日本にやってきたのは，欧米の商人だけではなく，中国の商人も含まれており，アジアとの交易においては，中国人商人との競争も大きな課題であった（籠谷，2000）。

日本政府は貿易を日本人がおこなう直貿易を政策的に後押しした。開港場で外国人商人に突然の解約などの不当な条件を押し付けられているという認識が一般的であったからであり，1881年には横浜に連合生糸荷預所を設立し，日本人売込商が結束して外国人商人に対抗しようとする事件が起きていた。政府は，外国貿易金融機関である横浜正金銀行（1880年開業，1887年に横浜正金銀行条例にもとづく特殊銀行に改組），東京海上保険（1879年設立，1883年から1890年の間は政府が出資するなど，特別な保護を与える），日本郵船（1886年設立，政府が補助金支給）に支援を与えるなど，関連サービスの充実に努める一方，政府購入物の輸入や官営工場製品（富岡製糸場の生糸など）の輸出には日本人商人を利用し，外貨獲得のため直輸出商人に資金を供給するなどさまざまな保護を与えた。政府との取引は，手数料ベースだと，低いリスクで確実に収益が上がる一方，政商との批判を招くもととなった。もっとも政府の保護をそれほど受けずに取扱を伸ばす商人もあった。このように最初の外国における企業活動は，商社の外国貿易と銀行の外国貿易金融であり，これらに必要な地点に外国支店・出張所などが設置されていった。

海外に設置された支店数などを包括的に知ることはできないが，海外に在住する日本人の数ならばかなり把握することができる（表2-2）。1889年にはハワイと朝鮮にもっとも多くの日本人が進出し，それに北米大陸が次いでいた。このうちハワイは労働者としての移民が中心で，北米にもかなり含まれていたものと思

1. 西洋からの制度の移植と適応・定着―― 71

われる。労働者として在住する日本人が増えると，そうした人たちを相手とする商業等を営む人々も増加していき，日本人社会が形成されていった。1897年に朝鮮に在住している人の職業調査によれば，商業が45％，工業が20％，雑業が15％となっており，工業・商業をめざして渡った人の周囲に日本人社会ができつつある様子がうかがわれる。日清・日露戦争の結果，日本の勢力圏が広がると，勢力圏内に多数の日本人が居住するようになったが，これらは1897年の朝

表2-2 在外日本人数（戦前）
(単位：人)

	1889	1914	1936
台　　湾	…	141,825	282,012
南樺太	35	54,984	312,926
朝　　鮮	5,589	291,217	608,989
関東州	…	48,909	167,054
南洋群島	…	…	55,948
満　　洲	…	49,823	376,036
満洲等を除く中国	757	23,224	59,345
その他アジア	1,199	20,755	42,349
オーストラリア	87	6,661	3,205
北米大陸	1,825	92,732	131,777
ハワイ	8,686	90,808	152,199
ブラジル	…	15,462	193,057
その他中南米	…	9,106	36,408
ヨーロッパ	504	1,231	2,629
アフリカ	…	…	210
不　　明	6	―	―
合　　計	18,688	846,737	2,424,144

出典）『日本帝国統計年鑑』，『台湾総督府統計書』，『朝鮮総督府統計年報』，『樺太庁統計書』，「海外各地本邦人職業別表」などから作成。
注）その他アジアには，香港，ロシア極東，中近東を含む。1914年には朝鮮人・台湾人を含む。表中…は不明を表す。以下同じ。

鮮とほぼ同じ職業構成をとっていた（木村，1993）。このほかアメリカ・ハワイへの移民が増加するとともに，ブラジルへの移民も始まっている。

　このように日本人が海外に渡り事業活動を営むことは多かったが，海外活動を大規模におこなう企業として設立された最初のものは，京城と釜山を結ぶ京釜鉄道であろう。同社は民間資本によって設立されたが（1901年），日露戦争により政府の関与が強まり，1906年に日本政府により買収された（台湾での鉄道経営は台湾総督府がおこなった）。朝鮮・台湾での鉄道のほか植民地その他の勢力圏での国策会社として，南満洲鉄道と東洋拓殖が設立された。南満洲鉄道株式会社は日露戦争の結果ロシアから譲渡された大連・長春間の鉄道などをもとに1906年に設立された半官半民の株式会社であり，撫順炭鉱や鞍山製鉄所（1933年昭和製鋼所となる）など多くの事業を営んだ。また東洋拓殖株式会社は1908年に設立された拓殖事業を目的とする特殊会社であり，朝鮮半島その他での土地経営や資金貸付を主要な事業とした。国策会社に加えて植民地等での資源開発とその利用

をおこなう民間企業も設立された。日清戦争の結果，日本の植民地となった台湾では，1900年設立の台湾製糖をはじめとして多数の製糖会社が設立され（久保，1997），日露戦後に植民地化された朝鮮では，三菱が兼二浦鉄山を買収し（1911年），1917年に三菱製鉄株式会社が設立された。このほか満洲では，日中合弁の本溪湖煤鉄有限公司（1910年設立の本溪湖煤礦有限公司が1911年に改称）が炭鉱業に加えて製鉄業を営んだが，経営の実権は日本の大倉財閥が掌握していた（奈倉，1984，第2章）。1914年の中国・満洲・朝鮮・台湾への民間資本輸出の割合は，それぞれ28％，49％，12％，11％となっており，南満洲鉄道を含む満洲が半分を占めていた。また満洲と中国への資本輸出を業種別にみると，運輸35％，貿易22％，鉱業15％，雑（商業）12％となっており，運輸と鉱業のほか，貿易と現地での商業が多くなっていた（村上，2000）。

　一方，外国人の日本への直接投資であるが，不平等条約の時代は，外国人は居留地の外に不動産を取得できず，居留地の中に造船所などが設立された（居留地外に工場等をもつ場合は，日本人の名義が用いられている）。政府は鉱山と電信・鉄道に外国資本が入るのを防止することに熱心であり，1872年の鉱山心得で鉱山の外資排除が明確化され，電信と一部の鉄道は官営とされ，民間鉄道の株式を外国人が所有することも禁止された。1899年に条約が改正されると外資排除の方針は撤廃されていくとともに，外国資本が日本に直接投資をおこなうようになった。初期の直接投資で有名なものとしては，日本電気（1899年設立，資本金20万円，ウェスタン・エレクトリック〔Western Electric, WE〕と日本側との合弁会社で，アメリカ側が54％を所有），村井兄弟商会（1899年設立，資本金1,000万円，アメリカン・タバコ〔American Tobacco Company〕と村井吉兵衛との合弁会社で，アメリカ側が6割を所有，タバコ専売化でアメリカ側は撤退），インターナショナル石油（1900年設立，資本金1,000万円，アメリカのスタンダード・オイル〔Standard Oil〕が設立。のちに日本石油に資産を売却），大阪瓦斯（1897年設立の会社が，1902年の400万円への増資とともにアメリカの資本家アンソニー・ブレイディ〔Anthony Brady〕などから出資を受ける。アメリカ側が5割強を保有）などがあり，その後も芝浦製作所にアメリカのジェネラル・エレクトリック（General Electric, GE）が出資したり，北海道炭礦汽船，アームストロング（Sir W. G. Armstrong Whitworth & Co.），ヴィッカース（Vickers, Sons & Maxim）の3社により日本製鋼所が設立されるなど直接投資は増加していった（堀江，1950，第2章；ラウック，

1993；村上，2000）。

5　交通・通信の発展と商人の対応

　明治期にはインフラが整備され，商品や情報の流通を促進したが，いくつかの分野では政府が大きな役割を果たした。郵便は1871年に前島密によって構想が打ち出され，1873年に全国均一料金の政府独占事業となっている。1877年には万国郵便連合に加入し，国際的ネットワークの一部となった。電信は，デンマークの大北電信会社（Det Store Nordiske Telegrafselskab A/S）の国内参入を阻止すべく政府が架設に着手し，1869年に東京・横浜間が，1873年には東京・長崎間が，1874年には東京・北海道間が開通し，全国的な電信網が形成されていった。1871年には海底ケーブルが長崎に陸揚げされており，国際的な通信網の一部となった。郵便と電信は1870年代に急速に普及しているが，電話は1890年にやはり東京と横浜において官営でスタートし，以後地域的な広がりをともないつつ急速に加入者が増加していった。政府は，海運事業にも巨額の補助金を支出し，汽船海運の導入を図った結果，日本の沿岸海運はほぼ日本の海運業者によっておこなわれるようになり，日本郵船・大阪商船などの有力な外航海運会社も生成した。沿岸海運では，在来的な海運業者が長く存続し，大きな役割を果たしたが，徐々に近代的海運業者へと転身していった。このほか鉄道では，政府は幕府がアメリカ人に与えた鉄道免許を日付が王政復古のあとであるとして否認し，みずから鉄道を敷設する方針を打ち出した。1872年に東京・横浜間，1874年に神戸・大阪間が開通し，1889年には東京・神戸間が開通した。鉄道は官営独占とならず，有力な鉄道会社が成長し，東京・青森間，神戸・下関間などで営業していたが，1906年に有力な鉄道会社が国有化され，主要な長距離路線は国有となった（石井，1994；藤井，1998；中村，1998）。鉄道は海運と比較して輸送ロットが小さく，輸送頻度が高く，高速で，定時運行に優れていたので，国内輸送のシェアを海運から奪っていった。最後に活版印刷の導入により，新聞・雑誌などが刊行され，情報が迅速に伝えられるようになるとともに，広告などに利用されたことも重要である。

　商人は複数の商品を売買することで，リスクをプールするとともに社会的な品揃えを実現し（たとえ取扱商品をたとえば織物に限定したとしても，多数の織布業

者から仕入れるので，織布業者がみずから販売することと比べれば，こうした効果がある），在庫をもつことでいつでも販売することができ，取引の時間的制約を緩和するという機能の見返りに，対価を得ている。また輸送に規模の経済が働き，一度に大量の荷物を運搬したほうが効率的であることが一般的で，在庫を集中したほうが社会的な在庫量は少なくてすむことから，卸売商人が存在することがあるが，卸売商人がどれほど必要かは，製造業者や小売商人の存在形態（分散して存在しているかなど）と密接に結びついている。商人が受け取る対価は，商人が仕入商品を買い取る場合は仕入価格と販売価格の差（売買益）であり，商品の委託を受ける場合は，手数料となるが，商人により多数の商品を販売してもらうために，リベートなど付加的な支払いがおこなわれることがある。また商品が委託される場合は，売れ残った商品は製造業者に「返品」され，リスクを負っていないようにもみえるが，手数料は売却された商品についてのみ支払われるのが一般的であり，商況不振で期待していたほど売上げが伸びず，期待していた手数料を得られないことがあるという意味では商人もリスクを負っている[12]。需要状況が判明してからでは追加生産が間に合わない雑誌のような商品では，小売商がその内容を把握して発注することが困難なため，リスクを避けて過少発注になりやすいことから，返品を認める委託契約が通常である。このようにリベート・手数料・返品などは製造業者と商人との間でのリスクシェアリングと商人の誘因形成の多様な手段といえる。

　商人の存在形態は，運輸・倉庫の状態を一定とすれば，商品の性格によって変化するし，同じ商品でも運輸・倉庫の状態が変われば，変化する[13]。日常的に必要とされ，購入頻度が高く，消費者の選好が類似していて，規格化・標準化した製品で，経験を通じて商品が選択される（購入し試してみて，継続購入するか否かを決定する）最寄品（convenience goods）では，消費者が近隣の小売商で購入することが多く，小売の商圏が狭くなり，多数の小売商が存在する。日用の食品や雑貨などがこれに該当し，小売商が拡散しているので，卸売を経由することが多

---

12) 商品の販売額にかかわらず一定の手数料を支払うという契約であれば，商人はリスクを負わないが，逆に商品を販売する誘因に欠けるため，製造業者はこういった契約を通常は結ばない。
13) 商人は当初は密接な関係のある運輸や倉庫と結びついていたが，交通や商取引の増加とともに徐々に分化していった。

くなる。これに対し購入頻度が低く，消費者の選好が拡散していて，購入前に情報を集め，必要とする商品を探索する買回り品（shopping goods）では，消費者が遠距離の小売商に出向くことをいとわないために，小売の商圏が広くなり，小売商の数は少なくなる。ファッション性の高い衣類などがこれにあたる（丸山，1988，1992；成生，1994）。江戸時代でも越後屋などの呉服商人は，大規模となり，広い商圏をもっていたことはすでに述べたとおりであるが，明治中期以降になると市電などの交通手段が発達し，商圏はさらに広がることとなった。こうした機会を捉えて，一部の呉服商はファッション志向の高い顧客に，呉服を販売するとともに，新たな生活様式を提案するような商品を併売するというデパートメントストアという業態を西洋から導入し，百貨店として独自に発達させていった。

開港のインパクトにより国内の荷動きが盛んになったが，1869年に軍事・警察的理由から設けられていた関所の撤廃が布告され，ヒトとモノの移動がさらに促進されるようになった。嘉永の問屋仲間再興令によって結成された仲間には，株仲間に認められていたような独占権が認められていなかったが，そうした仲間も1873年にかけて府県によって解散を命じられていった（酒造など仲間が残された業種も存在した）（浅田，1998）。仲間規約の消滅は，商取引に混乱をもたらし，粗製乱造などの弊害も生んだため，1884年に同業組合準則が制定され，1900年の重要物産同業組合法へと発展していった。同業組合は製品検査などを通じて，品質を維持し，産地の名声を維持するように努めた。

電信や鉄道の導入により，商取引は大きく変化していくとともに効率化していった。電信は情報の即時伝達性を高め，中間商人の地域間価格差による利得の余地を狭め，鉄道は海運と比較して荷口が小さくてすむため，荷口をまとめる集散地の大規模商人の役割を低下させた。たとえば米穀や魚肥の場合，江戸時代には，大坂（および江戸）に遠隔地からの荷物を荷受けして手数料を取得する荷受問屋とそこから商品を買い取って小売商等へ売却する仲買が分業をなしていたが（それぞれが商人仲間を結成していた），郵便・電信と鉄道の普及により，消費地の小規模な商人が生産地の商人に直接小口の注文を出すことが可能となり，集散地の大規模問屋は没落していった（江戸時代の問屋と仲買の区別は明治になると変化し，手数料商人は仲買，買取をおこなう卸売商は問屋と呼ばれるようになった）。こうした変化には，鉄道・電信の発達のほか，米穀取引所で先物取引が可能で，小規模商人でもリスクを抑えることが可能であることや倉庫業の発達により保管

を外部化することが容易になったこと，さらに銀行が発達して資金を調達できるようになったことなど，その他の商業取引の制度の変化が大きく影響しており，すべての商品についてこうした担い手商人の変化が生じたわけではない（石井寛治，1986，2005；大豆生田，2003；中村，2003，中西聡，2003）。また貿易は逆に荷口が大きく斉一であることが要求されるので，荷口単位にまとめることが重要となる。後にみるように生糸では生産者が組合を結成して，同一品質の生糸をまとめて出荷することがおこなわれた（ただし独自にその規模を達成できるようになると組合から離脱することが一般的）。さらに荷口の大小にかかわらず，製品品質を荷口でそろえることが重要で，たとえば米穀でも俵装を統一し，品質ごとに選別して商標をつけて出荷することで産地の声価が上昇した。個々の商人には商標を偽る誘因があるので，府県や同業組合が多くの商品でこうした標準化を進めるべく努力した。1898年に営業税を300円以上納める有力商人90人の分析によれば，有力商人の所在地は東京市32，大阪市24，横浜市9，京都市6，神戸市4，名古屋市2，その他13と旧三都と貿易港の横浜・神戸に集中していたが，とくに東京と大阪が主要な集散地となっていたことがうかがわれる。また取扱商品別に分類すると，織物18，綿糸17，米穀・肥料（両者を兼営する商人も多い）14，生糸10，その他31となっており，既存の織物・米穀・肥料に加えて，有力産業となった綿紡績・製糸関係の商人が多かった（石井，2003，第15章）。

　織物では眼で見て実際にさわってみることで，商品の品質をほぼ判断することができるが，酒・薬・化粧品などでは経験してみないとわからない。そこで商品をパッケージにつめ，ブランド名をつけることで，商品を認識してもらうとともに（差別化），広告でその効能をうたい，消費を促す。江戸時代でも薬や酒でブランドが用いられ，引札などの広告手法が用いられていたことは紹介した。明治になると石鹸・練り歯磨き・化粧水などの新しい商品が流入し，それを模倣した商品が製作され，ブランドをつけた商品が増加するとともに（たとえば，1890年に花王石鹸が発売された），新聞や雑誌などのマスコミュニケーションが発達し，広告の影響力が飛躍的に向上した。こうしてブランドのもつ経済価値が大きくなるとともに，商標法など法律的な保護も進んだことがそれをさらに促した。清酒はもっとも早く盛んに商標登録した商品のひとつであるが，商標が浸透していけば，メーカーと卸売商人の力関係は，メーカーに有利になっていく。こうした関係が強くみられるようになるのは戦間期以降のことである。

6 明治期の経済成長

　開港後に海外から移植された制度と技術にもとづく近代産業が成長したが，それとともに農業や中小商工業も発展しており，「均衡成長」とよばれることがある（中村，1971）。江戸時代の後期は人口が停滞的に推移していたが，開港後には人口は明確に増加に転じ，1872年の3,481万人から1913年の5,131万人へと増加した。そして人口は都市へと集中していったが，これは都市に就業機会があったためといえる。1885年からGNEの系列が整備されているが，1934-36年価格で表示すると，1885年のGNEは39億円であったが，1914年には81億円となっていた（大川・高松・山本，1974）。GNEは年率2.5％で成長していた。国際的に比較すると，日本の実質GDP成長率はアメリカより低いもののイタリア・ドイツ・イギリス・フランスより高かった。また1人当たりの実質GDPは，1885年に818ドル[14]であったのが，1914年には1,276ドルに達しており，年率1.5％で成長していた。この成長率は6ヶ国のなかで，イタリアに次いで高かったが，なお欧米との格差は大きく，1914年絶対値は，イタリア2,487ドル，フランス3,206ドル，ドイツ3,227ドル，アメリカ4,805ドル，イギリス5,038ドルであり，イギリスの4分の1に過ぎなかった（マディソン，2000）。

---

14) 長期のインフレの影響を除くための1990年ゲアリー＝ケイミスドルである。

2.──企業の定着

1 開港の影響と企業の対応

　開港によって経済を取り巻く環境は急激に変化した。しかしその影響は，商品や産業によって異なっていた。まず貿易されやすい商品と貿易されにくい商品があることに注意する必要がある。貿易されにくい商品の代表は，サービスや公益事業（運輸・郵便・電信・電話・電気・ガス・水道など）であるが，これらは物理的に輸入が不可能といえる。また商品の値段と比較して，輸送費が非常にかかる商品も貿易されにくく，セメントや硫酸などがこれにあてはまる。しかし物理的な移動に大きな制約が存在しないようにみえる商品でも，貿易されにくい商品とされやすい商品は存在する。今日においても，ラジオ・テレビなどの家電製品は地域ごとの嗜好に大きな差がなく，グローバルな市場が成立しているのに対し，食品・石鹸・タバコのようなパッケージ商品は，地域ごとの嗜好に大きな差があり，ドメスティックな市場が成立している。また輸送費によって移動が制約されているが，セメントは国際的に嗜好に大きな差がない（Bartlett, 1986; Ghoshal, 1987）。最終製品よりは素材の方が，国際的な嗜好の差が小さいと考えることができるであろう。これをもとに，その製品に国際競争力があったのか，なかったのかとあわせて図示すると，図2-3のようになる。

　食品は嗜好の違いがはっきりしている。アルコール飲料でくくれるにしても，清酒とビール・ウィスキー・ワインは異なる名前が与えられている。清酒・醬油は開港の影響を（所得効果は別にすれば）ほとんど受けていないし（輸出も輸入もほとんどない），ビールなども当初はほとんど輸入されていない。もちろんビールなどの消費に関する学習が進めば，清酒との競合が始まる。また同じ素材で

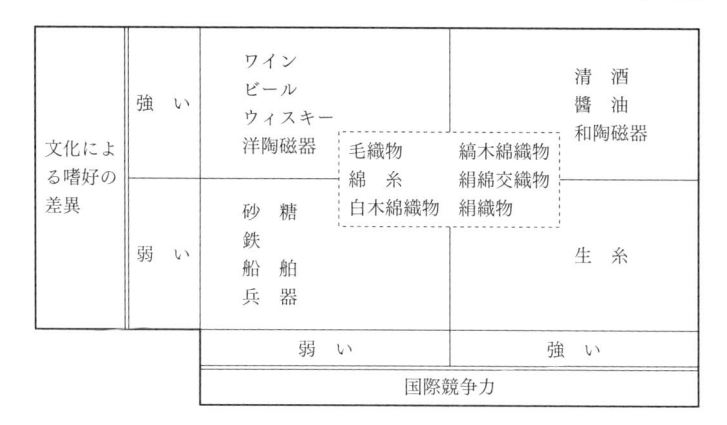

図 2-3　商品別の幕末開港の影響の相違

出典）宮本・粕谷（2009, 38 頁）をもとに筆者作成。

できている陶磁器であっても，洋陶磁器が和陶磁器にすぐに取って代わるということはなかった（食生活の違いがその背後にあり，食生活が変化しないと，食器も変化しにくい）。磁器は素材の製造技術が仮に西洋企業の方が優れていたにしても（労賃も含めたコスト比較がされているわけではないが），日本人の好む製品とは何かについての市場の知識が欠けており（あるいはそれを学習する意図がほとんどなくて），日本市場に陶磁器が大量に流入することはなかった。これに対して，下段にある商品は，国際的な嗜好の差異があまりないので，第 3 象限の商品は，日本に流入したし，第 4 象限の商品は，日本から輸出された[15]。

問題は真ん中に点線で囲まれている繊維製品である。今日では繊維製品は，食品ほどではないが，市場ごとの嗜好の差が大きい商品といえるだろう。市場によって気候や体格が異なっているからである。しかし当時は，既製服がほとんど存在しておらず，布もしくは糸が商品として取引されており，これらは素材であったから，最終製品である服よりは嗜好の差が小さく，貿易されやすかったといえる[16]。開港後の最大の輸入商品は繊維製品で，綿織物・毛織物であり，これに綿

---

[15] 生糸のほかに緑茶も開港当初の主要な輸出品であった。茶は東洋産品で，国際市場が成立していたのである。この段階では第 4 象限にあったといえる。しかし西洋人が好んだのは紅茶であり（緑茶は劣位財であった），インドでの紅茶の生産が盛んになると輸出されなくなった。この段階で緑茶は第 1 象限，紅茶が第 2 象限に入ったと解釈できる。

糸が続いていた。綿製品でいえば，日本は短繊維綿花から紡いだ太糸から製織した厚地綿布が日常衣類として好まれたのに対し，イギリスでは長繊維綿花から紡いだ細糸から製織した薄地綿布が好まれ，生産されており，日本市場では直接の競合関係になかったといえるが，中下等の絹織物さらには流行織物としての高級綿織物と競合し，盛んに輸入された（川勝，1976）。またイギリスやインドの綿糸も日本の在来綿糸とは直接競合するものではなかったが，やはり流行織物を製織するための糸として盛んに輸入された（輸入細糸綿糸と絹糸を組み合わせて，絹織物と綿織物の中間をねらう絹綿交織物の生産が増加するなど）。毛織物も洋服の需要もさることながら，それまで和装で上級綿布などが使われていたところに，その素材のしなやかさ等が評価されてとり入れられたため，盛んに輸入されていった。このように嗜好の違いはあるものの，使用に関する学習が食品よりも早いこともあり，大量の繊維製品が輸入されていたのである。19世紀の工業化を考えるときには，繊維製品のもっていた意味は極めて大きかったから，その輸入代替が大きな課題となる。日本の製造業者が，日本市場の嗜好を西洋の製造業者よりもよく理解しているということが，輸入代替を進める上で，大きなアドバンテージをなしていたといえよう。

　以下ではこうした商品の特性の違いに留意しつつ，これらの商品の生産がどのように進展し，企業が定着していったのかを考察することとする。江戸時代から存在していた伝統産業（織物・醸造・陶磁器），江戸時代から存在していたが明治期に外国技術を吸収し，急速に成長した綿紡績・生糸（製糸），江戸時代とほとんど断絶して技術が導入された素材産業（鉄鋼・ガラス），組立産業（江戸時代からの連続性が強い織機と弱い造船・時計・カメラ），および流通について考察するが，明治初期に政府が導入に多大の努力をおこなったインフラである鉄道と海運からまず考察を始める。

2　インフラ整備と保護政策——鉄道・海運

　鉄道と海運はインフラなので，政府の果たした役割が大きかったが，鉄道は官

---

16) このほか素材の農産物，綿花，羊毛，繭も商品として取引された。繭はその性質から国際貿易になじまなかったが，綿花・羊毛は国際貿易が盛んであった。ここでは単純化のため，考察の対象としない。

営,海運は民間企業への保護と政府保護の形態は異なった(のちに鉄道は民営鉄道が発達し,官営鉄道をしのぐに至ったが,1906年に国有化が決定した)。鉄道と汽船海運は江戸時代には存在していないサービスで,技術的ギャップが大きく,西洋から技術が導入され,もっとも多数の外国人を雇用した部門であったが,鉄道の方が外国人依存からの脱却が早かった。

1) 外国人からの早期自立——鉄道

　鉄道サービスは輸入が不可能であり,また政府は外国資本による鉄道建設を認めなかったから,日本人がその建設と操業をいかに円滑におこなえるか,が課題となる。一般に鉄道は在来の輸送手段と比べてはるかに輸送力とスピードがあったから,操業が安定すれば,競争力があったといえる(ただし沿岸の路線では,海運と競合した)。

　政府は1870年に東京・横浜間の鉄道建設に着手した。外国人に鉄道建設を請け負わせず,日本人が外国人を雇用するというお雇い外国人方式がとられたため,留学経験者をはじめとする外国語の堪能な人材が集められた。建設は順調に進み,1872年に開業している。おもにイギリスから機関車・車両・レールが輸入され,お雇い外国人もイギリス人が中心となった。開業時には,駅長・駅夫・改札・機関助手・信号手などは日本人であったが,運輸長・運転手・時刻看守・ポイントメンなどは外国人であり,運輸規定もイギリスのものを翻訳しており,ほぼイギリスのシステムを移植したものとなっていた。1874年には大阪・神戸間の鉄道も開業している。

　鉄道建設が進み,鉄道の営業距離が増加していくと,鉄道関係の外国人の数も増加していき,1870年には19人であったが,1874年には115人となった。外国人の給料が高かったため,外国人を日本人で代替していくことが模索された。工部大学校の卒業生や外国への留学生を雇い入れたが,これでは必要な技術者を調達しえず,鉄道技術に絞った養成施設(工技生養成所)を設けた。1878年に着工され,1880年に竣工した京都・大津間の鉄道は,日本人のみで建設されており(橋梁設計の一部はイギリス人),日本人の技術力が実証され,かつ建設費も大幅に低下した。また鉄道の運営面でも,日本人が業務に習熟するにつれて,運行管理者・時刻看守(1877年)・運転手(1879年)などが日本人に徐々に代替されていった。このように鉄道建設・運営にかかわる技術・ノウハウが日本に移植され

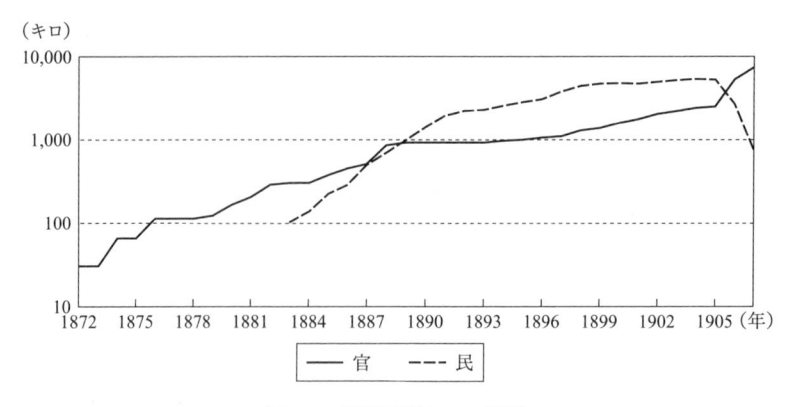

図 2-4 鉄道営業キロの推移

出典）野田ほか編（1986, 50 頁）を『鉄道局年報』で補充。

ていくと，外国人の数は1875年から減少しはじめ，1877年には70人となり，1882年には22人となっている。ただし現地化に時間のかかる分野も存在しており，運輸規程が翻訳から脱却したのは1887年制定の規程であり，ダイヤグラムの製作は1890年代半ばであった。この頃信号・保安を含めた運転技術の自立が達成されたといわれている。

鉄道営業キロ数は順調に伸びていったが（図2-4），官営鉄道の建設は政府の財政状況に強く制約されていたため，民間の鉄道建設が認可されることとなり，1881年に東京・前橋間と東京・青森間を結ぶ日本鉄道会社が設立された。同社は政府の強い監督・命令権を受け入れるとともに8％の利益保証（最長15年間）を政府から与えられ，さらに建設・保線・運転を政府に委託することとした（当初自営したのは，運輸，倉庫，会計のみ，のち保守が加わる）。さらに同社は，自営する業務については官営鉄道から幹部社員と駅務職員を採用し（もちろん官営鉄道以外の採用もおこなった），自社の人材を官営鉄道にトレイニーに出し，さらに規則も官営鉄道に準拠したものを採用しており，官営鉄道のコピーに近いものであった。同社が運転まで自営するのは，青森まで全通した1892年である。

1884年に日本鉄道が配当率を1割（政府保証より高い）と決定すると，同社の株価は上昇した。市場は鉄道業の将来性を評価したのである。1886年に株式ブームが訪れると，山陽鉄道・九州鉄道・関西鉄道といった大規模な会社が設立されたが，日本鉄道に与えられたような保護はほとんどなかった（山陽と九州に建

設費を補助)。これらの会社も政府や日本鉄道から技術者を採用したり，トレイニーを出したりしていたが，依存度は日本鉄道よりずっと低く，独自に外国人や帝国大学卒業生を盛んに採用した。日本鉄道が設立されたときより，こうした技術者の市場がはるかに大きくなっていたのである。

　民営鉄道の営業キロ数は，1889年には官営鉄道のそれを超えたが，幹線鉄道の敷設がほぼ終わった1892年頃には成長が鈍化した。官営鉄道は財政の状況によりほとんど路線が延びない時期を含みつつ緩やかに路線を拡張していった。しかし1906年に鉄道国有法が成立し，幹線鉄道が国有化されたため，民営鉄道は地方路線を残すのみとなった。大都市近郊で電鉄会社が成長するのは日露戦争以降のことであり，次章で検討する（野田ほか編，1986；原田，1989；中村，1998)。

2) 外国人からの自立の遅れ——海運

　鉄道業が国内に対応する素地がまったくなかったのに対し，海運業は江戸時代以前から存在していた。運賃を取って荷物を運搬する形態（運賃積み）と船主が荷物を買い入れて運搬し，荷物を売却する商業経営と一体となった形態（買積み）が存在していたが，なお後者が一般的であった。開港にともない貿易が開始されても，外航能力がない日本船が海外に運航されることはなく，沿岸海運に従事していたが，外国船に開港場間の荷物運送が認められていたため，外国船が国内の荷物や人の運送もおこなうようになり，国内の海運業者と競合した。開港当初は外国船舶でも郵便船が汽船，貨物船が帆船（が主流）という状態であったが，1860年代に二段膨張機関が登場したことにより燃費が向上し，スエズ運河が1869年に開通すると，貨物船も蒸気船が主流となっていった。

　明治政府は外国海運への対抗を目的とし（さらに安全保障上の理由からも），海運業の育成を図ったが，官営事業とすることなく，所有船舶を払下げるなどして民間事業を保護した。そして1875年にはこの方針をあらためて確定し，台湾出兵時の輸送などでその能力を発揮した岩崎弥太郎率いる郵便汽船三菱会社に年間25万円の補助金を交付し，船舶を譲渡する一方，上海航路の維持を命じた。三菱は1875年に上海航路から太平洋郵船（Pacific Mail Steam Ship Co.）を撤退させ（政府融資を得て船舶を三菱が買収)，さらに1876年には参入を試みたP＆O（Peninsular & Oriental Steam Navigation Co.）を撤退させ，上海航路を確保した。こうして三菱をはじめとする日本船舶が国内航路を掌握することとなったのである

が，さらに三菱は東北・北海道へも航路を拡充していった（小風，1995）。

　外国海運に対抗するには，それに匹敵する設備が必要である。海運事業を鉄道と比較すれば，機関車は船舶にあたり，機関車と同様に欧米から（新造もしくは中古で）船舶を購入した。当初は西洋型帆船も数多く購入されたが，やがて汽船が中心となっていった。信号システムは灯台に，駅は港湾施設に相当するが，これらインフラは政府が整備した。運転手は，船長・航海士・機関士などの高級船員に，火夫などは甲板員などの一般船員にあたるが，鉄道従業員と同じく，前者は外国人が，後者は日本人が雇用された[17]。鉄道業と同じく，外国人を用いて外国機材を運用することが必要だったのであり，海運業は鉄道業と並んでもっとも多くのお雇い外国人を雇用した産業であった。1876年のお雇い外国人数は，官雇（中央政府雇）469人に対し，私雇（地方政府と民間雇）453人であった。別の資料では，1875年から1876年の公私雇（地方政府と民間雇）のお雇い外国人数は471人とほぼ数字が一致し，そのうちの314人（67％）が三菱によって雇用されていたのである（梅溪，1968，236-253頁）。東アジアには外国船が多数出入りしており，船員を調達することはそれほど困難ではなかったと推測される。

　高級船員の業務は操船に限られ，積荷などに関する権限は日本人に属していたが，やはり高給の外国人船員を日本人に代替していくことが求められた。しかし鉄道業と比較して高級船員の代替はかなり遅れた。まず政府は，鉄道と異なり，公的な船員免許の仕組みを整備せねばならず，1876年以降法律を制定していった。ついで海員の養成を当初は三菱におこなわせ，三菱が商船学校を運営していたが，1882年に官立に移管した。高級船員の養成は困難であり，1876年から1886年に商船学校に入学した学生は279人で，このうち在学中の84人を除いた195人のうち卒業したのは103人であり，半分に過ぎなかったのである。日本免許取得者で，日本人の数が外国人のそれを超えたのは，航海士（運転手）や機関士（機関手）は1880年頃であったが，機関長は1897年，船長は1898年であった。当初は外国保険会社が日本免許を認めておらず，外国保険会社を利用する場

17）鉄道では機関車の修理が内部化され，海運では船舶修理を外部の造船所に委託することが多いが，三菱は1875年にボイド商会（Boyd & Co.）と共同で横浜に三菱製鉄所を設置，1879年には単独所有とした。政府は船舶検査の制度も導入した。また海運では，船舶をリースすることも一般的である点は，鉄道と異なる。もっとも近年では線路を保有する会社と鉄道を運営する会社が分離するなど，鉄道でも垂直統合は崩れている。

合には日本人が乗船できず，外国航路への日本人乗り組みは遅れた（小林，1980，17頁）。特定航路助成（1896年）は，政府の認可を受けないで外国人船員を用いると助成金が支給されないことを規定しており（高村，1980，49頁），こうした施策でようやく日本人への代替が実現したのである。

　政府は海運保護を三菱にほぼ集中していたが，景気上昇による荷動きの増加により滞貨が増加するなどして荷主が不満をもったことと明治14年の政変により政策を変更し，1882年に半官半民の共同運輸会社を設立した。三菱と共同の競争が次第に激化し，1885年両者が合併して日本郵船会社が設立された。政府は15年間の8％配当保証を与える一方（のち88万円の定額補助金に変更），船舶の償却などを義務付けた[18]。政府はこのほか瀬戸内海の小規模海運業者が合併して1884年に成立した大阪商船会社にも補助金を支給する一方で，国内航路の開設を命じ，国内海運を拡充した。

　外国船舶が入港できない港湾を結ぶ航路は，外国船の直接の影響はなく，西洋型帆船や蒸気船を三菱などの国内業者が導入することが競争圧力となった。しかし三菱は大型船がその中心であったから，小型船舶しか入港できない港湾を結ぶ航路はさらに影響が軽微であった。和船には建造費が安く，水密甲板がないので遠洋航海能力はないものの荷役が容易であるというメリットがあり，和船が明確に減少するのは1910年頃からである（牧野，1996，第3章）[19]。したがって北前船などの在来海運業者は，明治期になっても活動を続けており，徐々に西洋型帆船さらには蒸気船を導入していく者も現れた。幕末期に活動していた北前船主45人のうち，明治20年代に海運業者として活動していた者は25人にのぼり，そのうち24人が和船を，20人が西洋型帆船を，15人が汽船を運航していた（中西，1996）。半数以上が幕末維新期を生き残り，生き残った者の8割が西洋型帆船を導入し，6割が汽船を導入していたのであった。開港場間以外の航路にとっては，幕末維新期は既存の業者にも対応可能な環境であったといえる。ただし最有力の北前船主の1人であった広海二三郎家が1888年に蒸気船を購入した際に

---

18) 優秀な船隊の維持は当初からの政府の補助政策の重要な目的のひとつであった。
19) 和船の船体に西洋式の帆装をしたハイブリッド船が普及したが，これは西洋型船が1885年から船舶検査を義務付けられていたのに対し，和船が1896年の船舶検査法まで義務付けられていなかったこと，および和船には免許をもった船員の配置義務がなかったことという制度的要因が大きかった（安達，1985b）。

は，西洋人を機関士として雇用しており，かつ蒸気船は運賃積みをおこなっており，買積みという営業形態が変化する端緒をなしていた点でも大きな変革であった（佐々木，1961，第2編第1章）[20]。

こうして国内航路の整備が終わると，政府の保護は外国航路へと移行していった。1896年には航海奨励法と特定航路助成の制度が実施された。前者は一定の基準を満たす船舶が海外航海をするときに補助金を支給し，後者は特定の航路に補助金を支給するものであり，ボンベイ線，オーストラリア線，ウラジオストック線などが補助の対象となった。さらに補助の対象がヨーロッパや南北アメリカに拡充していくとともに，台湾総督府が補助金を支給する仕組みも出来上がり，保護は拡充されたが，1909年に日本政府の補助制度は，遠洋航路補助法に統一される（浅原，1958）。さまざまな補助金を受け，外国定期航路に進出したのは，日本郵船，大阪商船，1896年設立の東洋汽船にほぼ限定されたが，これら3社は補助を受けないで海外に不定期航路を拡充しており，さらに3社以外の海運業者も不定期航路で海外に進出していくようになった。1910年頃には，日本の貿易貨物の日本船積載率はほぼ50％となっており，外航航路においても外国船への依存から脱却した（高村，1980，265頁）。

3　伝統産業の対応——織物・醸造・陶磁器

農業を除けば，江戸時代に織物業・醸造業はもっとも大きな産業であり，陶磁器はそれに次ぐクラスの産業であった。開港によって，織物が大量に輸入され，非常に大きな影響を受けたのに対し，清酒・醬油は輸入がなく，また輸出もほとんどなかったから，開港の直接的な影響はほとんどなかったといえる。陶磁器は輸入はそれほどないが，輸出市場が開けていった。これらの産業が，開港と維新というショックにどのように対応したのか，検討していこう。

1）産地間競争による発展——織物

産業革命で欧米の紡織業は機械化されており，競争力があったから，幕末の開港により外国から織物が流入し，国内の織物業は再編された[21]。毛織物は江戸時

---

20) 条約改正にともない船舶法（1899年）により外国船舶の開港場間就航は禁止された。

代には日本で生産されておらず，長崎を通じて輸入されていた。開港によりこの流れが加速し，毛織物は綿織物と並んでもっとも輸入額の多い商品のひとつであった。輸入が多い理由のひとつとして，毛織物が軍服として用いられたことがあげられる。このほか明治政府ができると，さまざまな制服も毛織物で作られるようになっていく。また洋装が奨励されたが，これも毛織物の需要を高めた。しかし軍服を含め洋装は限定的であり，毛織物が巧みに和装に取り入れられていったことにこそ注目する必要がある。綿織物より高価な毛織物は，ファッションを担う流行織物として，呉呂（ごろ）・綿毛交織物・モスリン・毛繻子（けじゅす）と短期間に主要な輸入品が変化した[22]。これらは羽織，帯，襦袢（肌につけて着る衣服），半襟（はんえり）（汚れを防ぐために襦袢の襟にかけて用いる布）などとして用いられている。毛織物のもつ艶，しなやかさ，軽やかさが受け入れられたのである（田村，2004，第1章）。政府は外貨支払を節約すべく，千住製絨所を建設し（1887年陸軍省に移管），国内生産を開始した。日清戦争後に，民間企業の設立が相次ぐが，以上の経緯から軍服に用いられる紡毛織物中心で，より軽やかな梳毛（そもう）織物の生産が増加するのは，20世紀に入ってからである。それでも1909年において毛織物生産は，織物生産の6％（生産額1,573万円）を占めるに過ぎず（図2-5），輸入額がなお908万円に達していた。

綿織物も開港直後から大量に輸入された。輸入の中心は金巾（かなきん）（薄地白木綿）・更紗（さらさ）（後染）・唐桟（とうざん）（先染）などであった。これらの綿布は，在来の太糸を用いた厚地の綿織物よりは，中下級の絹織物や高級の縞木綿と競合するものであり，白木綿と競合するのは裏地に用いられる場合など極めて限定的であった（川勝，1976；谷本，1998；田村，2004；中岡，2006）。しかも日本の織物は着物にあわせた小幅（約35センチ）のものであったのに対し，輸入織物は広幅（約80センチから180センチ）であり，後染の装置が小幅向けにできていて，広幅織物はそれに向かないなど，輸入織物には制約があった（内田，1993）。それでも輸入によって綿織物価格は相対的に低落し，所得の上昇とあいまって，それまで古着・麻

---

21) 麻織物生産は綿織物の普及で減少していき，1894年において織物生産の4％を占めるに過ぎなかったので，ここでは考察しない。
22) 毛織物には，長繊維の糸からできた梳毛織物（worsted）と短繊維の糸からできた紡毛織物（woolen）があり，前者は光沢があり，なめらかで，呉呂，モスリン（呉呂より上質）などが含まれ，後者は厚い織物で，フランネル，ツイード，ラシャなどがある。毛繻子は，経糸に綿糸，緯糸に梳毛を用いた綿毛交織物の一種である。

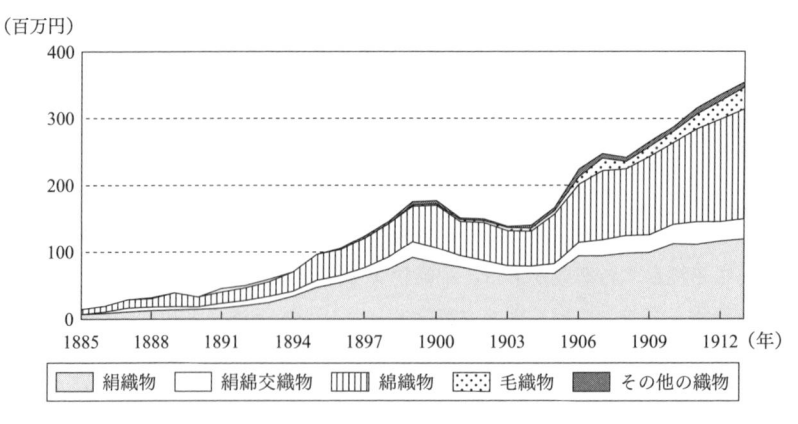

図 2-5 各種織物生産額

出典）山口編（1974, 5 頁）。

布を購入するかもしくは織物を自家生産していた階層が綿織物を購入するようになり，綿織物の消費が伸びていった。綿織物生産者は，こういった（限定的ではあるが）輸入品の脅威と市場の拡大という好機を捉えて，さまざまな革新をおこなって，生産を伸ばしていった。

第 1 は輸入綿糸の使用である。綿糸は産業革命により飛躍的に生産性が上昇したため安価であったから，開港直後から輸入されていた。ただし在来の綿糸は，国産の短繊維の綿花を用いて紡いだ太糸であり，輸入品は長繊維の綿花を用いた（相対的に）細糸であったから，性質が近い生糸を用いている絹織物の技術が流用できる産地から導入が進み，縞木綿から用いられていった。輸入糸は糸切れしにくいので，強い強度がかかる高機の経糸に用いられていったのである。そして在来の風合いを生かすために緯糸には在来糸が用いられた。先染織物である縞木綿は，綿糸を染色する必要があるため，生産者（農家副業がほとんど）が綿糸を生産せずに購入することも多く，輸入綿糸への切り替えが早く進んだ。縞木綿産地では，糸を購入し，織柄を決め，染色屋に糸を出し，整経（長さを揃えて経糸を織機にかけられるように準備する）して，生産者に委託生産（賃機という）させる問屋が重要な役割を果たしていた（もちろん白木綿の産地でも問屋商人が原料糸と製品の流通に深くかかわり，みずから製造をおこなう織元として存在していた）。

第2は輸入によって可能となった新しい漂白剤や染料の使用である。晒綿布を製造するには，灰汁を用いて天日干しにするなど膨大な手間と時間がかかっていたが，ソーダ・硫酸・晒粉などの化学薬品を用いることでコストが切り下げられ，それまで限定的であった白生地が普及していくこととなった。また当時はヨーロッパで化学染料が開発され始めた頃であり，多くの染料が輸入された[23]。いままでにない色を出せることから，生産者は化学染料を積極的に採用していった。ただしアニリン染料は木綿の染色には不向きで，発色は良いが，洗濯で色落ちしやすいなどの欠点をもっていた。化学染料の正しい使用法が周知されず，深刻な問題を引き起こした。そのため地方政府や産地は共同で染色法の研究をおこなって，改善に努めていった。京都ではお雇い外国人ワグネル（Gottfried Wagener）に指導させたほか，海外に伝習生を送り，その成果を講義させた。1890年代に入ると近代的な染工場が設立されていくが，地方には多数の染物屋が存在していた（田村，2004；渡辺編，1968，第1章）。海外から大量に流入した新しい意匠の織物は，国内の生産者を刺激し，単に色ばかりではなく，多様な糸を使用した新しい織物が次々と生み出されていった。

第3は新しい製織装置の採用である。19世紀から綿織物に高機が用いられるようになっていたが，開港後さらに高機が普及していった。また京都府からフランスに派遣された実習生が1873年にバッタン（飛杼）をもち帰った。これは経糸の間に緯糸を通すために杼を投げていたのを（片方の手で投げて，片方の手で受け取る）紐を引くことで杼が左右に動くようにした装置で，織物の生産性が上昇し，しかも既存の高機に取り付けることが可能であったため，急速に普及していった（中岡，2006）。

以上の綿織物生産は，基本的に農家副業で木製の小幅織機を用いておこなわれており，問屋商人がこれに深く関与していた。そして特定の地域に集積する傾向があった。これを産地綿織物業という。原料・製品・製造装置に関する改良により，綿織物の市場は広がっていったが，先染産地であったか白木綿産地であったか，高機・バッタンなどの採用に積極的であったかなどによって，成長する産地と衰退する産地とに分かれていった。表2-3によれば，白木綿産地に衰退産地が

---

23) インドなどから天然藍が輸入され，国内の藍生産に脅威となったが，これは従来の染色のあり方に大きな影響を与えなかった。20世紀に入ると人工藍の輸入が始まり，国産藍は姿を消していく。

表 2-3　幕末から明治前期の綿織物産地の製品と盛衰

	白木綿	縞木綿	絣木綿	その他	合　計
成　長	3	4	2	4	13
蘇　生	5	8	3	3	19
衰　退	7	1	1	—	9
合　計	15	13	6	7	41

出典）阿部（1983，311 頁）。
注）成長とは生産高が一貫して増加していった産地，蘇生とは生産高がいったん減少もしくは停滞したのち回復した産地，衰退とは生産高が減少ないし停滞し回復しない産地。

集中しているが，これは外国からの金巾などの輸入圧力によるというよりも，白木綿は縞木綿に比べて製品差別化がしにくく，特定の産地で輸入綿糸の採用・高機とバッタンの採用が進み，コストを下げて生産を伸ばすと，他の産地が対抗できずに没落したという産地間競争によると解釈されている。これに対し縞木綿産地では，意匠による差別化の余地が大きく，生産のロットも小さいので，差別化による生き残りが可能であったために，衰退する産地が少なかったと解釈されている（阿部，1983；谷本，1998）。

　産地綿織物業は小幅の高機・バッタンを用いていたが，国内で安価で能率的な小幅力織機が開発されると，1900 年代後半頃から採用されるようになっていった。もっとも早く力織機の導入が進んだ産地は，知多，遠州，泉南などであった（泉南の事例は，斎藤・阿部，1987；知多の事例は，浦長瀬，2008）。1905 年に 10％程度であった 3 つの産地における力織機の普及率は，1915 年には 80％程度に達しており，普及は極めて急速であった。この時期に普及が進んだ理由としては，優秀な小幅力織機が開発されたことのほかに，労賃の上昇，綿糸綿布相対価格の変化（糸高布安），動力源としての電力の普及（中小工場にとって電気は扱いやすい動力源であった）などがあげられている（石井正，1986；斎藤，1984）。

　力織機が導入されると，それまでの農家副業に依存した生産体系は，工場に労働者（女性が多い）がフルタイムで雇用されるという生産体系に大きく変化し，労働市場のあり方も農繁期や家族の労働の割り振りを強く考慮した（フレキシブルな）ものから工場で雇用される，されないをまず考慮するものへと変化していき，不可逆的な変化をもたらした。工場化しても原料の入手，製品の販売，さらには技術指導などで問屋商人の果たす役割は大きく，問屋からの委託加工を引き

受ける「賃織」も多数存在し，産地として集積することに変わりはなかったが，綿織物業のもっていた「在来性」は大きな変容を蒙るのである。

　産地綿織物業とは別に，広幅力織機を輸入し，大規模に工場制生産を志向する企業が1890年代に相次いで出現する。京都綿糸織物（のち天満織物と改称），大阪織布（のちに大阪紡績に合併），小名木川綿布（のち富士紡績に合併），金巾製織がそのもっとも早い例であり，大阪・東京などの大都市に立地した。これらは資金調達の必要上，株式会社制度を利用しており，原動力を保有して，数百台の織機を設置しており，産地綿織物業とはまったく異なる生産体系をなしていた。また織布専業の企業は多くなく，紡績会社に合併されるか，みずから紡績工場を設置し，垂直統合をおこなっていったので，兼営織布とよばれている。紡績会社が織布部門に進出する動きも盛んとなった。兼営織布の製品は輸入綿布と競合し，製品市場を早くから中国・朝鮮という輸出市場に求めていった（山口編，1974，第6章）。

　絹織物は外国との輸出入が多いわけではなかったが，生糸の輸出が盛んとなり，生糸価格の上昇に直面したこと，社会情勢が不安定になり，必需品ではない絹織物の需要が減少したことにより，一時不振を極めた。西陣では天皇をはじめとする上層階層の東京移転などもあり，打撃は深刻で，伝習生を海外に派遣し，積極的に技術の導入を図った。このなかでバッタンや染めの技術が導入されたのであるが，そのほかに，経糸の複雑な動きを制御し，複雑な織柄を実現するドビー（dobby）装置，紋様のパターンを型紙に記録して多数ある経糸の動きを1本ずつ制御し，ドビーよりさらに複雑な紋様を製織できるジャカード（jacquard）装置，さらに撚糸・精練などの技術も導入された。これらは社会が落ち着くと，西陣が再び高級織物の産地として成長するのに貢献した。1900年頃にはジャカードが主要な織機となっている。このことは西陣が国内市場を対象とし，力織機化が遅れることに帰結した。桐生・足利は絹綿交織物の開発に努力し，より幅広い市場を捉えようとしており，桐生は中級品，足利はより下級品が中心で，交織物が中心であった。したがってジャカードの普及は西陣に及ばなかった。桐生では羽二重の生産を復活し，両産地とも日清戦争前後に輸出の比重が増加したが，やがて国内市場に回帰していった。これらの3つの産地でも独立生産者とともに織柄を決め，生糸購入・撚り・練り・染めを手配し，整経までおこなう元機（自家製織も一部おこない，販売も担当）とその委託生産者である賃機という関係がみられ

た。これら3つの産地は，絹綿交織にみられるような新しい衣類や組織・意匠・デザインの工夫によって国内市場を開拓していったのである[24]。

これに対し福井・石川などでは，先進地である桐生から羽二重の技術を導入し，羽二重生産に特化していった。そして綿織物と機構が異なる絹織物用の力織機が開発されると，1900年代後半から力織機が急速に普及していった。羽二重は輸出が中心であり，製品の取引ロットが大きいので，産出量が大きくなる力織機に有利であった。福井・石川では1910年頃から導入が始まり，1915年には力織機率が70％に達しており，綿織物と同じく導入は急速であった。これらの産地は短期間に工場が中心的な存在となっていったのである。羽二重の流通でも商人が原料の仕入と製品の販売をおこなうことがあった。福井では工業試験場が工場の設計指導および試験場に設置してある力織機による経験職工の供給などをおこなったほか，同じ機械を導入した機業家同士が技術情報を交換しあっていた事例も報告されている（山口編，1974；石井正，1986；鈴木，1996，第9章；木村，2002）[25]。

綿織物と絹織物のいずれの産地にも，織物製造者の原料購入や製品販売にかかわる商人が存在し，資金を与えており，さらにはデザイン，準備，仕上に深くかかわり，みずから生産もおこなう織元が存在していた。またいずれにも少品種・大量生産と多品種・少量生産の産地間の対比がみられ，前者の産地における早期の力織機導入といった，共通の特徴がみられたが，原料糸こそ違え，ほぼ同じ論理で発展していたことを示唆しているといえよう。

2) 学理応用と機械化のはじまり——醸造

明治維新以降には酒造を取り巻く環境・制度が大きく変化した。第1に税制が大幅に変更されている。ごく単純化して述べれば，1880年に酒造税則が制定され，酒造免許税（1896年廃止）と酒類造石税が制定され，1882年には濁酒にも課税がおこなわれるようになり，酒は重要な課税対象となっていった。第2に

---

24) 中林（2003b）は，桐生では準備・仕上の業者に支えられつつ，多様な織物を開発し，生産していく上で，問屋制が優れた機能を発揮していたことを指摘している。
25) 橋野（2007，第2章）は，問屋制から工場制への移行の要因として，しばしば指摘される賃織業者の不正行為よりは，均一の規格品を大量に生産する必要がとくに輸出品で大きかったことを重視すべきであるとしている。

1898年には自家用酒造が禁止されたが、これは酒造家にとって市場の拡大を意味した（池上，1989）。第3に醸造に近代科学が応用されるようになったことである。東京大学教師となるアトキンソン（Robert W. Atkinson）は清酒の科学的解明に着手し、以後の分析の基礎をつくった。さらに1904年には大蔵省醸造試験所が設置され、酒造技術官が技術を開発した。また酒造業者によって酒造組合が組織され、醸造試験所が設置されて技術開発がおこなわれる一方、杜氏組合が1900年代に入ると各地で結成され、技術の研修がおこなわれるようになった。杜氏の研修では税務監督局の技師らが講師となり、科学にもとづいた技術を普及させていった（加藤編，1977）。

　幕末開港によって酒造が受けた影響は間接的なものにとどまった。外国に清酒類似の製品はなく、ビール・ウィスキーなどの酒は日本人にとって新奇で、市場に受け入れられるのに時間がかかったのと同時に、清酒が海外に受容されることもほとんどなかったからである。また清酒が日本独自な製品であったために、酒造の中心工程である発酵工程への外国技術の直接的貢献はほとんどなく、蒸気機関による精米機が用いられたり、醪の圧搾に螺旋式機械が用いられたりと、前後の準備と仕上の工程に機械が導入されたにとどまった。蒸気精米も普及は早くなく、水車精米が広く普及していったことの方が大きな意味をもっていたといえる。また地方の産地は、灘の技術を導入しようと丹波杜氏を招いたり、灘に赴いたりしていた（藤原，1999）。

　ところが1910年前後に醸造試験所が相次いで画期的な成果を発表し、発酵工程に大きな影響を与えた。画期的なものとは、速醸法（乳酸を加えることで酛仕込期間を短縮し、かつ仕込時の腐造を防止）・山卸廃止法（仕込中に酛を櫂ですりつぶす山卸作業という労働集約作業を省略可能）および純粋酵母の頒布（櫻正宗の酵母が第1号）であり（1906年設立の醸造協会、のちの日本醸造協会を通じて）、これらは特許とならず酒造業者に公開された。灘はすでに高い技術をもっており、新しい技術とくに速醸法の採用により酒の味や香りが変化してしまうと考えられたため、その採用に消極的であった。これに対し後進産地はいち早く速醸法を採用し、これらの産地の成長が促されていったが、産業全体に大きな影響を与えるようになるのは第1次世界大戦期以降である（青木，2003，118-157頁）。ただし灘においても仕込技術のインクリメンタルな革新は続いており、1回当たり仕込量が増加し、米に対する麹使用の減少と水使用の増加が実現し、生産性は上昇し

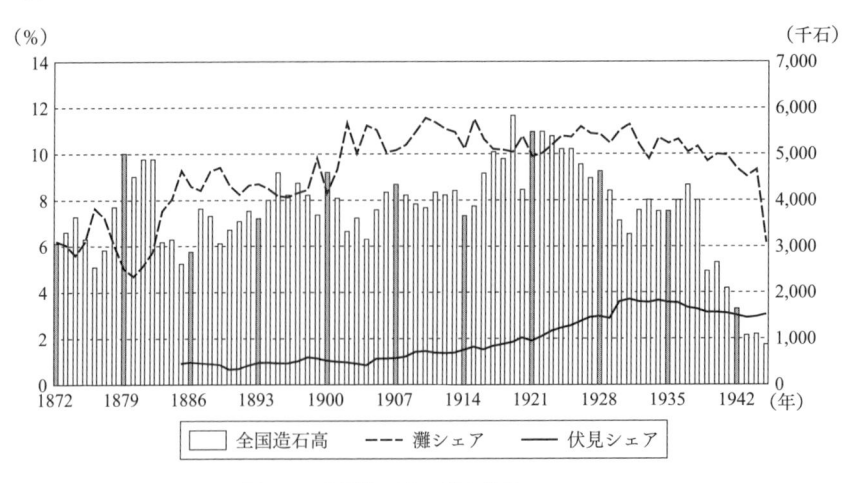

図 2-6　全国造石高と灘と伏見のシェア
出典）山片編（1977, 180, 195, 212, 248, 292, 333 頁）；石川（1989c, 59-60 頁）。

ていった。さらに酒造に好適な米の選択が厳格におこなわれるようになり，米流通の変化にともない酒造家が直接産地に出向いて米穀を購入し，また特定の産地に絞って米穀を購入するようになった（摂津・播磨産米への集中度が上昇）。ただし速醸法ですら発酵工程の根本を変革するものではなく，灘では発酵工程に不連続な技術革新が存在しなかったので，杜氏を中心とする労働の編成には大きな変化は生じなかった（新保，1962）。

　1870 年代から 1930 年頃まで，景気循環に応じた波はあったものの，全国造石量は徐々に伸びていたが，1 人当たりの清酒醸造量は安定的に推移した（中村，1989）。明治 10 年代前半のインフレ期に，所得上昇によって自家醸造が購入にシフトし，それに応じて地方とくに東北や九州での醸造が増加したが，デフレへの突入とともに急速に縮小しており，自家醸造の禁止もとくに大きなインパクトをもたらさなかった。江戸積みを中心としていた灘は，交通の発達により東京市場での競争が激化したことと，東京での代金回収に時間がかかったこともあり，出荷先を販売条件がより有利な関西，さらには全国へと広げていき（大島，2007），1870 年代後半に低下した全国シェアを上昇させていった（図 2-6）。醸造場数は 1880 年の 27,875 から 1914 年の 10,390 へと減少を続けており，その一方で巨大企業が出現していたが，灘という産地全体のシェアが 10％強と高いものではな

く，また明治の末にはその上昇が止まっていた。これは地方での醸造が競争力をつけつつあったことと灘という産地での増産に限界があったことを示唆するものといえよう[26]。

江戸時代には，問屋主導のブランドという性格が強かったが，嘉納治兵衛家の例では，明治初期には問屋ごとに卸すブランドが固定しつつあり，メーカーの主導性が高まっていた[27]。1884年に商標条例が成立すると，嘉納家は1885年に「白鶴」「旭白鶴」の商標登録をおこない，メーカーのもとに商標が統一されていった。酒造家はブランドを前面に出して，広告宣伝をおこなうようになっていった（山片編，1977，190-205頁）。1886年には商標認可のないメーカーが登録されている商標を生産している例が報告されているが，大幅にディスカウントした相場で取引されていた。知多酒造家の類印商法は商標条例によって転機を迎え，製法改良などを試みるが産地としては衰退していった（篠田，1989）。

醬油をめぐる環境変化は清酒のそれと基本的に同じであったが，それを受けた産業や企業の変化は醬油のほうがより急速であったといえる。醬油についても明治維新後に収税規則が設けられたが，1875年に醬油課税が廃止された。しかし1885年醬油税が復活し，営業税（1896年廃止）と造石税が課税され，1926年の税制改正で醬油課税が廃止されるまで続いた。ただし清酒と異なり，自家醸造が禁止されることはなく，販売用の醬油の製造には不利に働いたといえる。幕末開港による貿易の影響については，醬油もしくはそれに代替する製品が大量に流入することも醬油が大量に輸出されることもなかったが，醬油原料である大豆・小麦は輸入が徐々に増加していったので，清酒より影響が大きかったといえる。

生産現場についても清酒より醬油のほうが，大きな変化があった。技術変化が詳細に判明する野田の茂木・高梨一族の事例を中心にみていこう。醬油では中心的な工程にまで機械が導入されていったところに清酒と比べた特徴がある。まず準備工程であるが，工場にボイラーが導入されると，1900年には大豆の煮熟に利用され，1911年には定置式加圧蒸熟缶となり，翌年には回転式とされた。1900年には小麦の炒熬(しゃごう)にも攪拌器を取り付けたものが導入され，1910年には回

---

26) 同一の酒造家が遠隔地に醸造場を所有することもあったが，企業レベルでの統計は得られない。また地方で醸造された酒を灘のメーカーが購入する桶買いは明治期には一般的ではなかった。

27) ただしメーカー出荷の段階でも酒の品質は安定していなかった（大島，2008）。

転円筒式炒熬機となった。中心をなす発酵工程では，1911年に空気攪拌装置が導入され，機械化が始まった。最後の諸味の圧搾工程では，1891年に螺旋式圧搾機が，1907年にはより高度な水圧圧搾機が導入されている。このように1910年前後には原料処理に大規模な機械化が始まるとともに，中心の発酵工程にも機械が導入されていったのである（市山編，1940；キッコーマン醬油編，1968；キッコーマン編，2000)[28]。

次に発酵の技術についてみると，江戸時代の野田では，種麹が用いられていなかったが，1877年頃友麹が用いられるようになり，麹の製造が進歩した。1887年には化学試験所が設けられていたが，1904年に野田醬油醸造組合醸造試験所が設置された[29]。この研究所は1917年に野田醬油株式会社が設立されるとその研究所となり，画期的な技術を次々と開発していくが，1907年には純粋培養の麹菌による種麹の配布を開始し，さらなる醬油品質の向上・安定に貢献している[30]。また茂木・高梨一族では番水の改良も研究されており，二番醬油改良法として業界に無料で公開され（1905年頃か)，工場見学者が5,000人を超えるなど大きな影響を与えた。野田から直接の影響を受けたかは定かではないが，1910年代に小豆島において，番醬油の画期的な技術革新がおこっている（中山，1987）。こうした技術開発は，企業の中で研究と試醸を繰り返し，他企業を視察するなかから生まれてきたものである。

これらの大規模化の技術が一斉に導入されれば，醬油醸造の労働のあり方は，監視労働が多くなり，根本から変化を遂げることになるが，そうした変化にともなう労働問題は，1920年代に顕在化するので，次章で検討することとする。また大規模化の技術が業界の旺盛な設備投資に結びついていくのは，第1次世界大戦期以降であり，それまでの醬油業界全体の変化はそれほど早いものではなかっ

---

28) 銚子の浜口儀兵衛の工場（ヤマサ醬油の前身）においても野田とほぼ同じような技術が，高等工業学校を卒業した技師によって導入されている（大川，1991a，1991b)。
29) 銚子でも1901年にのちのヤマサ醬油，ヒゲタ，山十などが組合により醬油研究所を開設した。1915年には組合による運営を廃止し，浜口（ヤマサ）独自の研究所に改めた（ヤマサ醬油編，1977，162頁)。ヤマサでは明治末期には種麹を用いていなかったようであり，銚子醬油（ヒゲタ）でも大正初期にはじめて用いたようである（銚子醬油編，1972，349頁)。ヤマサ醬油で純粋培養麹菌を用いるのは，昭和期である（ヤマサ醬油編，1979，52頁)。
30) 浜口儀兵衛も1899年に醬油研究所を設立し，麹菌の改良などに取り組んだ。

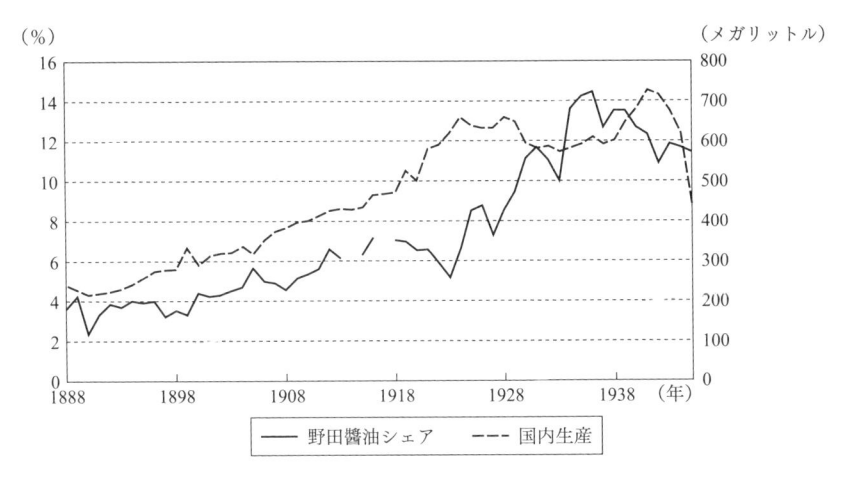

図 2-7　醬油生産と野田醬油のシェア

出典）Fruin（1983, pp. 40-41）．
注）野田醬油成立前はその前身企業を表す．

た[31]。所得の上昇とともに醬油の消費を始める階層もあり，1人当たりの醬油消費は上昇していった。こうしたなかで販売用の醬油の造石高は順調に増加していくが，醬油の自家醸造が明確に減少し始めるのは20世紀に入ってからである。大都市を市場とする野田・銚子・小豆島は生産を伸ばし，大企業も成長していったが，大企業のシェアの上昇は顕著ではなく，小規模企業が淘汰されて，中規模企業が成長し，地方での醬油の販売を伸ばしていった（谷本，1990）。最大の醸造家である野田の茂木・高梨一族の全国シェアは，1890年頃の4％程度から，第1次世界大戦直前には6％に上昇したにとどまったが，1917年に野田醬油となる一族が6％のシェアを占めていたことは，灘全体で10％強であった清酒の集中度と比較すれば高いといえ，醬油醸造で大規模化が早くから進んでいたことをあらわしている（図2-7）。

3）洋式食器と原料調合の重要性——陶磁器

明治期には磁器が産地の成長を左右することとなるので，磁器を中心に述べる

---

31) 1907年に鈴木藤三郎らによって日本醬油醸造株式会社が設立され，それまで1年以上かかっていた醸造期間を2ヶ月に短縮する速醸法を用いた大規模工場を建設した。醬油醸造の画期的な革新を狙ったものであるが，技術が未熟で，失敗に終わった。

図 2-8　陶磁器輸出比率

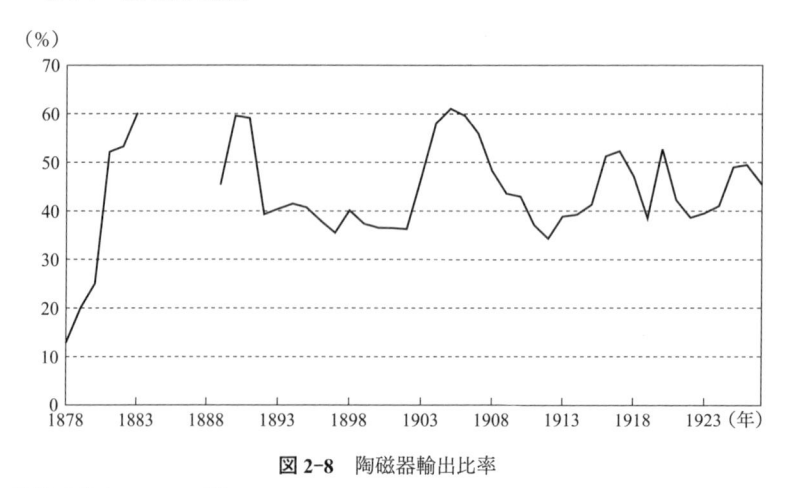

出典）宮地（2008, 48-49 頁）。

こととする。幕藩体制の崩壊により藩窯や窯株の制度は廃止され，また茶の湯の衰退にともない茶陶器の生産も減退し，それに依存していた産地が衰退していった。その一方で陶磁器は江戸時代から輸出がおこなわれていたが，幕末開港以降輸出が増加していく。生産に対する輸出の比率は，1878 年の 13％から急速に上昇し，1890 年代以降は 5 割程度で推移した（図 2-8）。初期には中国とイギリスが主要な輸出先であったが，1890 年代にはアメリカが主要な輸出先となった。陶磁器輸出総額に占めるアメリカのシェアは 1890 年が 32％，1900 年が 41％，1910 年が 49％と徐々に上昇していったが，第 1 次世界大戦中に英領インド，蘭領インド，中国など輸出先が多様化し，シェアは 3 割台へと低下していった。

磁器生産者にとって世界市場が開けたことは，大きなチャンスであった。しかし在来の日本の磁器は，西洋で使用されているものとは異なっており，皿が輸出されたといってもそれは日常に使用されるものではなく，置物などとして使用される（ファンシー）ものであった。日本趣味による狭い限界のある市場を超えていくには，欧米市場に受け入れられる形態と絵付けをする必要があったし，より純白の生地にする必要があった。こうした市場条件により磁器生産をおこなっていた産地（肥前有田，瀬戸，美濃など）が輸出に対応して成長する機会をもったが，それに成功していったのが瀬戸と新たに出現する名古屋であり，20 世紀初頭には最有力の輸出産地となっていった（表 2-4）[32]。欧米市場に受け入れられる

表 2-4　陶磁器生産額（1905 年）

(単位: 千円)

府　県	国内向け	輸出向け	合　計	全国シェア
愛　知	562	2,783	3,345	38
岐　阜	692	605	1,297	15
京　都	610	362	972	11
佐　賀	464	230	694	8
その他	1,169	1,345	2,514	28
全国合計	3,497	5,325	8,822	100

出典) 大森（2004, 293 頁）。
注) 1887 年において全国生産に占めるシェアは，佐賀 20％，岐阜 17％，愛知 16％となっており（岩下，2000, 225 頁），1905 年までに佐賀の地位が低下し，愛知の地位が上昇している。

ためには，絵付けとくに上絵付けを改善する必要があった。幕末の瀬戸での磁器生産は，上絵付けをおこなうものではなかったので，輸出商から注文を受けた商人が九谷などから画工を名古屋に呼び寄せ，瀬戸から本焼きを終えた半製品を購入して，上絵付けをおこなって輸出するビジネスが盛んになった[33]。いち早くニューヨークに駐在員を派遣し，現地で販売をおこなうなかで市場のニーズをつかみ，売れ筋商品を的確に開発して急成長したのが森村組であり，瀬戸の製造業者から半製品を購入する一方，多数の画工と専属契約を結んで現地の情報にもとづく上絵付けをおこなった。

　開港は市場を広げるばかりではなく，外国から釉薬・絵具さらにはさまざまな機械を輸入することで製品品質を高めていくことを可能とした。造形をおこなう機械式轆轤（ろくろ）や石膏型，下絵付けのコバルト顔料，銅版印刷による絵付けの技術が輸入されるとともに，石灰釉が開発され，徐々に普及していった。顔料や釉薬はとくに設備を必要としないから，小経営にも導入されていった。また石炭を燃料とする石炭窯は欧州に存在したので，輸入が可能であり，お雇い外国人ワグネルも試験築窯したが，高価なため普及が進まなかったところ，1906 年に小規模かつ安価で燃料費が節約できる石炭窯が開発され，築窯費用が安くまた開発者の松

---

32) その一方で，国内向け（陶器出荷の割合が高い）やアジア向け輸出（欧米向けより低級品で，より国内市場向け製品に近い）で成長を図っていく産地も存在した。美濃は国内市場とアジア市場に向けて出荷しており，京都は国内市場中心であった。有田を含む佐賀県はこの時点で国内市場中心になっていた。
33) 博覧会への出品や伝習生の派遣，お雇い外国人ワグネルの指導，東京職工学校での授業なども無視できない。

村八次郎が特許を申請しなかったこともあって，中小経営に普及していった。このほかにも前後して各産地で独自の石炭窯が開発されている。その一方で欧米から機械設備を輸入して西欧並の製品の大規模生産を一気におこなおうという志向は早くから存在していた。1879年に有田に設立された精磁会社と1880年に京都に設立された京都陶器会社はフランス式機械を導入したが，いずれも失敗した（山田，1995b）。京都陶器会社の失敗の理由は不明であるが，精磁会社は製土・成形機械を動力で動かすことを目指しており，絵付や素地焼成について技術導入をおこなっていなかったことが原因といわれている。

　森村組は名古屋に絵付け工場を集約し，半製品を購入する体制をとっていたところ，販路を広げるには純白の素地（釉薬をかけて本焼きしたもの）が必要であることから，1896年に東京工業学校出身の技師長を採用し，欧州で技術を学ばせて，素地の製造実験を繰り返したが，成功しなかった。こうしたなか森村組は1902年に，販売関係で得たコネクションからオーストリアの製陶工場を見学するというまたとない機会に恵まれた。そのうえでベルリンの研究所に日本の原料を持ち込んで分析を依頼し，ベストな原料の組み合わせを調整してもらうことに成功した。さらに森村組はドイツで製陶機械一式を購入し，大規模工場による素地の生産に進むこととし，1904年に森村組関係者で日本陶器合名会社を設立した。純白素地には機械のみでなく，原料の調合が重要であることを認識し，それを得た上で機械を購入し，素地生産に入っていったところが，精磁会社や京都陶器会社と決定的に異なっていたといえる。日本陶器の工場は名古屋に建設され，多数の機械と西洋式の石炭窯が導入された。こうして日本陶器は操業をはじめ，窯焚き方法の改善などインクリメンタルな改善を続けていき，素地が改良され，会社設立後6年連続の赤字を経て，ようやく1910年に黒字となった（瀬戸からの生地の調達は減少した）。しかし大皿が製作できないため当初の目標であったディナーセットの製作はできず，技師長は退職を余儀なくされた。ところが1912年かつてと同じオーストリアの工場で2名の実習が認められ，さらにベルリンの同じ研究所で助言を得ることができた。この洋行の成果にもとづき，日本陶器は釉薬を変え，機械の運用・製土・成形に細かい改良を加えるとともに，ドイツで購入してきたカオリンを原料に加えて，1913年にようやくディナーセットの完成にこぎつけたのであった。こうしてディナーセットとくに大皿は，原料の調合・釉薬・機械運用・成形などの細かいノウハウの積み重ねの上にようやく

完成した。機械メーカーに細かい運用の技術はなく，欧州で用いている釉薬を用い，欧州で一般化している原料調合に近づけることで成功したのであるが，ありふれた原料であっても研究所のスタッフからですら原料調合を教えてもらうことはできなかったのである。ちょうど第1次世界大戦の好況に際会し，日本陶器の対米輸出は以後急速に増加していく[34]。なお日本陶器を退職した技師長は帝国製陶所（のち名古屋製陶所）に加わった。同社も日本陶器についで，ディナーウェアーの製造に成功し，輸出をおこなっていくが，日本陶器からの技術のスピルオーバーがあった（宮地，2008；前田，2008；ノリタケ百年史編纂委員会編，2005；伊勢，1950，23頁）。

　もちろん陶磁器の輸出は，日本陶器・名古屋製陶所といった大企業ばかりではなく，中小企業によっても担われた。小型の石炭窯が急速に普及したように，中小業者も合理化に熱心であった。都市の問屋が絵付けを兼業しつつ輸出に従事することが多く，こうした問屋や輸出商，さらには輸出先に設けた拠点からの情報が大きな役割を果たしたことは，日本陶器の場合と変わらなかった。

4　導入技術の早期定着——綿紡績・製糸

　西洋からの技術をもっとも早く消化して，輸出産業として成長していった綿紡績業と製糸業を取り上げる。複雑な機械体系である綿紡績業は，日本の綿花を紡ぐのに適切な機械を探索して輸入し，それを据え付け，調整し，試運転してくれる外国人技術者を呼び寄せることで軌道に乗り，ファーストムーバーを模倣する企業が多数出現することで輸出産業となった。一方，製糸業では欧州の機械が輸入されたが，日本人がすぐにその機構を理解し，単純化する技術の現地化が進展し，機械が国内生産された。原料繭と安価な労働力が豊富に存在したので，開港以来の輸出産業の地位を守った。

1）エンジニアリング会社の探索による成功——**綿紡績**
　綿紡績とは，夾雑物を除いて，原綿を解き広げ，均一なシート状のラップを作

---

[34] カオリンは新しい技師がリモージュの生地の成分分析をおこなって，アルミナ分が不足していることに気付いていたため購入した。

り（混打綿），さらに解きほぐして，繊維の方向を整えてスライバーとし（梳綿），さらに夾雑物を除いて，繊維の配列を整え（コーミング），引き伸ばして（練条），さらに引き伸ばして，少々撚りをかけて粗糸とし（粗紡），さらに引き伸ばして，撚りをかけて単糸をつくる（精紡）ことである。19世紀後半には，各工程に機械が入り，さらに自動ミュールやリングなどの機械の性能向上により，労働者は原料・中間物・製品を運搬し，さらに機械を監視して糸切れなどの異常に対応するようになっており，プロセス産業としての性格を強めていた。

　機械紡績業は手紡に比べてはるかに高い生産性を実現しており，紡績をおこなうにはこれらの機械体系を導入する以外に現実的な選択肢はなかったといってよい。1877年に臥雲辰致が開発したガラ紡は，木造と輸入のブリキよりなる部品でできた機械で，手紡よりはるかに高い生産性を実現できる優れた発明であり，数々の改良をともないつつ，急速に普及していったが，製品に糸むらが多い上に切れやすく，1887年以降急速に衰退していった。綿花にはもっとも長繊維のアメリカ綿（米綿）・エジプト綿，それより短繊維のインド綿（印綿）があったが，日本や中国の綿花はそれよりさらに繊維が短かった。原料にあった機械を選択しなければならないが，日本綿向きの機械は存在せず，印綿向きの機械がより適合し，それを調整する必要があった。また精紡工程には，ミュールとよばれ細糸を紡ぐのにより適した機械とリングとよばれる太糸を紡ぐのにより適した機械があり，日本が当初紡いだ太糸については，自動ミュールの技術はほぼ成熟していたのに対し，リングは1870年代に技術革新が続いて[35]，1880年代に成熟し始め，リングのほうが優れていることが明らかとなっていった。

　日本に紡績業を導入するとき，欧米から機械体系を導入し，欧米で使い慣れている米綿・印綿を輸入して加工するという選択肢は，欧米人が日本現地工場を建設するのでなければ事実上ありえず，日本人が機械体系を導入し，日本綿を加工することから始まった。複雑な機械体系を各工程のバランスや原料との適合性を考慮しつつ選択し，きちんと据付け，日本綿にあわせて調整するのは，容易なことではなかった。体系をきちんと理解した上でないと，改変を加えれば，不都合が生じてしまう。機械にはそれまでの熟練が体化されているが，これまで扱った

---

35) 1871年のソーヤー（J. Sawyer）によるスピンドルおよび1878年のラバス（Rabbeth）によるスピンドルによって，生産性があがるとともに，より細い糸が紡げるようになった。

表 2-5 初期の紡績所

紡績所	操業開始	設立者	精紡機	メーカー	据付	動力	その他
鹿児島	1867	薩摩藩	スロッスルとミュール	プラット	プラット技師	蒸気	織布兼営
堺	1870	薩摩藩	ミュール	ヒギンス	日本人	蒸気	のち政府買収
鹿島	1873	鹿島万平（商人）	リング	ヒギンス	米人技師	水力	東京所在
愛知	1881	政府	ミュール	ヒギンス	日本人	水力	
大阪	1883	株式会社	ミュール	プラット	プラット技師	蒸気	
大阪2次増設	1889	株式会社	リング	プラット	日本人	蒸気	

出典：玉川（1995）；中岡（2006）；高村（1971）。

注1）スロッスルは生産性が低く，日本では鹿児島と渋谷紡績で極少数導入された以外導入されていない。また鹿児島のミュールはウエフトミュールという特殊なもので，日本では鹿児島以外導入されていない。
2）愛知紡績とほぼ同様のシステムが全国に17ヶ所設置（ひとつは県立，あとは民営）。設置錘数から2000錘紡績と呼ばれる。
3）プラット社は印綿向きのものが納入されているが，ヒギンス社は米綿向きのものである。米綿の繊維がもっとも長く，印綿，日本綿の順番で繊維が短くなる。

ことのない原料の投入は，改変に相当してしまうので，機械体系への正確な改変（＝調整）が必要となるのである。また日本綿を用いることは，太糸しか紡げないことを意味し，輸入の多かった英糸（細糸）や印度糸（中太糸）とは直接競合せず，在来の手紡糸やガラ紡糸と競合した。

日本最初の機械紡績工場は，鹿児島に薩摩藩が設立した（表2-5）。薩摩藩の2名がイギリスに渡り，プラット社に設計を依頼したものであった。プラット社はみずから製造していない機械も含めて工場を設計し，7名の技師・熟練工を派遣したが（絹川，1937，26-40頁），同社はこうした工場の設立と立ち上げを指導するエンジニアリングもおこなっていた。同工場は織布まで一貫生産することを狙ったが，織機に適合する糸を紡出できず，織機はすぐに遊休した。精紡機は印度綿向けのものであったが，スロッスルは綿花が適合せず遊休し，ミュールのみが活動した。操業指導にあたる外国人が薩英戦争のために1年で帰国してしまったことも大きな打撃であった。薩摩藩は堺にも鹿児島での経験をもとに紡績のみの工場を建設した。このとき機械の発注先を変えたが，精紡機が米綿向けであり，当初は工程間のバランスもとれていないものであった。機械を追加発注し，生産性が向上したが，良好な糸は紡出できなかった。これに対し木綿商売を営んだこともある鹿島万平が東京に設立した鹿島紡績は，やはり米綿向けの精紡機ではあったが，外国人技師が調整し，国内綿花の中でも長繊維のものを混ぜることで生産性をあげ，営業成績も良かったといわれる（絹川，1937）。

このように技術選択は混沌としていたが、政府は堺紡績を買収して官営とし、さらにそれをモデルに全国の紡績工場の設立を援助した。これらは工場の錘数から2000錘紡績とよばれている。しかし政府は堺で紡績技術が定着していると判断し、外国人技師を招聘せず、国産綿花の栽培を奨励するため工場を綿産地に設立し、多くの工場で水車を動力とした。しかし地方では機械の補修部品の調達すら困難であり、水車では安定した動力が得られず、2000錘紡績は不振であった。

渋沢栄一は華族や綿商人とともに大阪紡績会社を設立し、近代的紡績工場の建設に乗り出した。渋沢はイギリスにいた山辺丈夫に紡績業の研究と実習を依頼し、山辺はイギリスの工場に入って実習する一方、イギリスの工場主などから情報を収集し、プラット社に機械を発注した（精紡機は印綿向けミュール）。大阪紡績は1万500錘という大規模工場であり、水力では安定した動力が得られないことから、蒸気機関を動力源とすることとした。山辺は紡績の技術書を翻訳し、工具4名を2000錘紡績に派遣して実習させるなど周到な準備をおこなった。工場のスタートアップに際しては、プラット社から技師が1名派遣され、機械を据付け、操業指導にあたった。大阪紡績は当初から順調に稼動し、大成功を収めた。大阪紡績はすぐに2交替の24時間操業をはじめたが、これは資本コストが高く、労働コストが低い日本の現実に、西洋の工場システムを「適応」させたものといえる[36]。そして原料綿花の不足に直面すると、性質の似た中国綿花を1886年から採用した。また1886年の工場増設にあたっては、リング精紡機を一部採用している（玉川, 1995, 1997; 中岡, 1986, 2006; 高村, 1971; 阿部, 2010）。

大阪紡績のスタートアップまでのプロセスは、精紡機がミュールで、織布を兼営しないことを除くと鹿児島紡績と良く似ており、堺紡績から2000錘紡績までが回り道であったといえる。大阪紡績の導入はターンキーに近かったのであるが、鹿島紡績の成功をみれば、機械の選択とともに、その据付け、日本綿にあわせて機械を調整する正確な理解、そして原料選択もまた大きな役割を果たしていた。もちろんそれと同時に、2000錘紡績で実際の操業と書物での学習を対照させ、理解を深めた効果は大きいといえる。また大阪紡績は成功したとはいえ、原料の相違もあるが、イギリスより機械の運転スピードがかなり遅いものであったこと

---

[36] ただし交替勤務の工具、とくに女工の健康に深刻な影響をもたらしている。のちには近隣の労働力が枯渇し、遠隔地から女工を採用し、寄宿舎に収容するようになった。

には留意しておく必要がある。日本の低賃金がこれを補っていたことはいうまでもない。操業指導者が帰国すると工場の生産性が低下することが多く，指導なしでの操業でそれを引き上げていくことが技術消化のプロセスであるが，大阪紡績の場合にどの程度であったのかは明らかではない。さらに欧米に「追いつく」には，操業に熟達するなどして，生産性を引き上げていく必要があった。

　大阪紡績に続いて次々と紡績会社が設立されたが，これらの多くは1万錘規模で，蒸気機関を備え，プラットのミュールもしくはリング精紡機を採用し，据付けに外国人技師を雇用していた（岡本，1995，第3章）。大阪紡績が模索の中からビジネス・モデルを提示し，多くの企業がそれを模倣したのである。しかし紡績企業は模倣のみでなく，革新を続けた。第1に，1890年前後にはミュールを新たに設置する工場はほとんどなくなり，リングが支配的となった。これはリングの方が労働集約的であったが，資本設備の生産性はリングの方が高く，営業成績が良好だったためである（清川，1987）。第2に，1889年頃から印綿の輸入を始め，より細糸の生産を本格化させ，インド糸と直接競合し，その輸入を急速に減少させていった。これによって機械生産性も上昇することになる。印綿が輸入されると，日本綿花の生産は急速に減少し，1897年にはほとんどゼロとなった。同時に中国綿の輸入もほとんどなくなっている。第3に，紡績会社は新たな市場である中国や朝鮮に綿糸を輸出したが，これらは同地での在来の綿布生産の原料として用いられた。インドとの競争をともないながら，市場を広げていったのである。第4に，紡績会社は，工部大学校出身者などを採用し，海外に派遣するなどして技術の習得に努め，外国人技師への依存を低下させていった。最後に，力織機を導入して織布を兼営し，垂直統合をおこなっていった。これらの結果綿糸の生産は急速に上昇し，1890年には綿糸生産が綿糸輸入を上回った。同年から綿糸の輸出が始まったが，1897年には輸出が輸入を上回った。大阪紡績の開業が1883年であったから，わずか14年であり，綿紡績業の発達は急速であった。綿紡績業は日本を代表する産業となったのである（高村，1971）。

2）輸入技術の現地化による発展──製糸

　幕末の開港によって生糸は盛んに海外に輸出された。開港当初のおもな輸出先はヨーロッパとくにフランスであったが，1870年代後半からアメリカ向けの輸出が急増し，1884年に最大の輸出先となった（石井，1972）。しかし幕末・維新

期には，ヨーロッパの蚕の微粒子病の流行により大量の蚕種が輸出される反面で繭の品質が低下し，その結果生糸の質が低下したこと，在来糸は太糸が多かったが，海外市場が求めるのは細糸で，それに適合するのが困難だった上に，生糸の太さが一定せず，節も多かったことなどから日本生糸に品質改良を求める声が大きかった。幕府・諸藩の統制が緩んだことや，生産量の上昇を求めた座繰糸（とくに1つの軸で2本の生糸を取る二ツ取）が増加したこと，生糸の荷造りに不備があったことも影響していた。

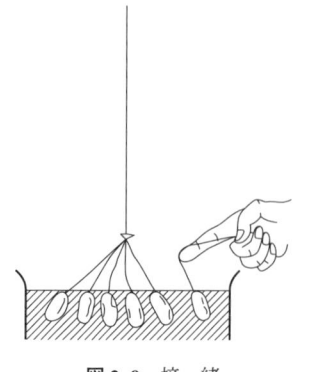

図 2-9 接 緒
出典）玉川（2002, 36 頁）。

　政府は生糸検査などの粗製濫造対策を強化するとともに，外国の生糸製造技術を紹介したが[37]，そのなかでもっとも有名なのが官営富岡製糸場であり，蒸気機関が備えられ，全国から男子工員（男工）・女子工員（女工）を集めて各地に器械製糸の技術を伝播することを目的としていた（繰糸は女工が担当）[38]。富岡製糸場はブリューナ（Paul Brunat）のほか10名のフランス人を雇用して，1872年に開業した。富岡製糸場は，蒸気で殺蛹することで繭の品質を上げる，蒸気で加熱した湯で繭を煮ることで温度管理を徹底して生糸の品質を上げる（焚火では湯温管理が困難），蒸気力により定速で生糸を巻き取ることにより，女工が両手で繭の単糸をつなぐ接緒に集中できる（それまでは片手で軸を回転させて生糸を巻き取っていた）（図 2-9），単糸の抱合装置があり均質な生糸ができるなどの点で，生産性を向上させるとともに製品の品質を引き上げられることを特徴としていた（図 2-10）。

　富岡製糸場はレンガ造りで，フランスから輸入された機械が据付けられた。富岡より早く1870年に前橋藩がスイス人ミューラー（Casper Mueller）によりイタリア式技術を導入して前橋製糸場を設立したが，前橋を去ったミューラーはさら

---

37) そのなかには養蚕技術も含まれている。良質な繭なしに良質な生糸は得られないのであるが，ここでは深く立ち入らない。養蚕について詳しくは石井（1972）および井川（1998）を参照。
38) 1873年開業の官営の勧工寮製糸場にもイタリアの技術が導入されている。また1873年には2名をオーストリア博覧会に派遣し，フランス・イタリアの技術を習得させている。

に小野組の築地製糸場などの設立にかかわった。築地製糸場では，イタリア式を模した木製機械が導入され，人力で繰糸枠を回転し，煮繭も焚火によっておこなうという簡略化されたものであった。富岡には製糸業者が見学に訪れ，その機構を理解し，全国に器械製糸場を設立していき，前橋や築地の技術も全国に普及していったが，設立された工場は必要な機構を簡略化し，両者の利点を組み合わせてい

図 2-10　器械製糸
出典）市立岡谷蚕糸博物館提供。
注）器械製糸の大正期の作業の様子。労働者は座って作業している。自分の前の繰糸鍋にある繭から単糸を取り出し，数本を合わせて生糸にしていく。後ろにみえる回転する枠に生糸が巻き取られていく。

ったものであった。富岡製糸場は 300 人繰りの工場であり，20 万円も投下されていたが，富岡を模して 1874 年に設立された六工社は，煮繭は蒸気でおこなったものの繰糸枠の回転は水車でおこない，50 人繰りで 2,950 円が投じられていた。単価は 667 円から 59 円に低下している。簡略化はさらに進み，1875 年に築地，富岡，六工社から技術を学んで設立された中山社は，蒸気煮繭・繰糸枠の水車回転ではあったが，96 人繰り工場が 1,900 円で設立されており，単価は 20 円にまで低下している。資本コストが高く，労働コストが安い日本の現実にあうように技術が改変されたのであり（いわゆる適正技術），中山社のような装備の製糸工場が，諏訪を中心に多数設立され（煮繭を焚火でおこなうものも多かった），長野県は製糸業の中心地となった。

　徐々に水車が蒸気機関に取って代わられ，煮繭の蒸気も豊富に供給されるようになり，工場が大規模化していった。1892 年に全国の器械製糸工場 2,602 のうち動力が水力のものが 80％で，蒸気力は 20％に過ぎなかったが，1910 年には水力 40％，蒸気力 58％となっている（残りは電力など）。また煮繭を蒸気でおこなう工場は 1892 年には 37％に過ぎなかったが，1910 年には 69％に上昇している。さらに木製繰糸機械は徐々に木鉄混製の器械に置き換わっていった（上山，1982；竹内，1983；大塚，1990，第 3 章；石井正，1986；小野，1968；清川，2009，

第3章)。

　プロセス産業の性格をもつ綿紡績業がほとんどこうした改変を受けなかったのに対し、製糸業で改変が進んだ理由としては、製糸業は煮繭から巻取りまでがほぼ1人でおこなわれ（熱源と〔もしくは〕回転動力を集中供給するので工場制度をとる）、機構が単純で日本人でもすぐに理解が可能で、要求される器械の精度が低かったために器械製作が比較的容易であったことと、作業が女工の能力に依存するところが多く、原料である繭の品質の差異で器械が動かなくなる、といったことがなかったことなどがあげられるであろう[39]。

　器械製糸においては、アウトプットである生糸（品質と生産高の双方）は、女工ごとに把握可能で、原料が一定とすれば、アウトプットは女工の能力と努力にほぼ依存していた。そこで器械製糸工場では、女工の努力を引き出すために、賃金をアウトプットのパフォーマンスによって決定していた。パフォーマンスは労働生産性、原料生産性、生糸繊度（太さ）の均一性、生糸の光沢など多様な要素を加味して決定されるが、各人の各項目の相対評価が評価の基礎となり、平均成績の者に与えられる標準賃金額からの増減として各人の賃金が決定された。これを等級賃金制度という。一種の出来高給であるが、綿紡績は集団作業であり、集団出来高給となったのに対し、製糸業では個々人のパフォーマンスが算定の基礎となり、強い誘因となった（裁判所も事前に時間給にせよ出来高給にせよ賃金率を明示しないことを不当とはしなかった）。しかも製糸業者がどのような製品を望むのか（品質を多少犠牲にしても繰糸量を求めるのか、その逆か、など）に応じて、各項目のウェイトを変えることで、女工の努力水準を誘導することができた。製糸業者がアウトプットの結果を偽るとか、女工が成績評価に納得しないこともありうるが、女工の能力は汎用的でどの工場でも通用したから、女工は工場を移動して対抗することが可能だった（中林，2003a，第5章）。

　このように器械製糸は発展を遂げていったのであるが、座繰製糸の生産量もそ

39）蒸気ボイラーなども地元で製作可能であった（鈴木，1996，第6章）。和田（1973，65-92頁）は、富岡で伝習を受けた横田英が、六工社に入ったときに「天と地」ほどの相違を感じ、またボイラーから十分な蒸気が供給されなかったとしている。さらに富岡の繭は厳選され、蒸気殺蛹されていたのに対し、六工社の繭は小粒な上に天日殺蛹で、繰糸しにくかったとしている。また六工社の経営者たちは、輸出用の糸に要求される煮繭の程度と国内需要の糸の煮繭の程度が異なることも理解しておらず、横田らの反発を買った。

表 2-6　主要製糸業地の動向

県名	生産量（千貫）			器械糸の比率（％）		
	1891 年	1901 年	1911 年	1891 年	1901 年	1911 年
長野	214	392	861	84	93	97
岐阜	56	74	179	86	89	75
山梨	65	78	173	70	74	82
愛知	16	68	239	69	87	93
山形	46	57	107	37	34	67
埼玉	45	80	178	11	29	72
福島	85	111	144	8	13	35
群馬	202	200	260	6	10	35
全国計	1,116	1,750	3,222	40	59	75

出典）石井（1972, 198 頁）。

の伸びが鈍化するものの 1911 年まで上昇していた。これは改良座繰という制度的改良が 1878 年に群馬でおこなわれ，普及したためである。アメリカへの輸出が伸びるにつれて，大量・斉一な荷口が求められるようになった。個々の座繰はその水準に及ばないので，座繰業者（農家がほとんど）が組合を結成し，共同揚返工場を建設し，座繰で生産した生糸を持ち寄り，大枠に巻き返し（揚返），品質を検査してその結果に応じて分類し，大量・斉一な荷口にしたのである。ばらばらに出荷したときより，高い収入が得られるし，基準に満たない生糸は出荷されないので，生産者は品質向上に努めることとなった。器械製糸も当初は工場規模が小さく，共同組合を結成したが，個々の企業の規模が荷口に求められる量を超えると組合から離脱していった（玉川, 2002, 78 頁）。江戸時代からの蚕業地域であった群馬や福島で改良座繰は盛んで，新しい技術が登場すると，古い技術もイノベーションを加速させ，それに対抗する例といえよう。しかし技術進歩は器械製糸のほうが早く，器械製糸の採用が遅れた両県は，最有力の製糸地域としての地位を長野県，愛知県などに譲っていく一方（表 2-6），長野県の有力製糸業者は，鉄道が開通すると 1890 年代後半から群馬を含む北関東から大量の繭を購入するようになった（中林, 2003a, 第 3 章）。

　こうした多様な地域からの繭を混合したことは，諏訪地方において製糸工場が密集し，労賃が高く，養蚕農家の養蚕への労働供給をも制約したこととあいまって，繭の品質を低下させた。この結果諏訪の製糸業者は，相対的に品質の低い糸を大量生産するような経営類型となった。こうした地域から離れた西日本や東北

地方では，労賃が安く，養蚕に労働を多投し，繭の品質は高かった。それに加えて労賃が安かったため，製糸経営も労働を多投できたことから，これらの地域の製糸業者は概して相対的に高品質の生糸を生産する経営類型となった（井川, 1998, 第 7 章）[40]。

5 素材産業のギャップ――鉄鋼・ガラス

　素材産業から鉄鋼とガラスを取り上げる。いずれも規模の経済が作用し，外国からの輸入圧力が強く，官営工場が設けられたが，操業はすぐには順調にいかなかった。鉄鋼ではお雇い外国人が日本の原料の性質にあわせた設備の設計と操業方法を確立しえず失敗し，外国技術を学んだ日本人技術者の指導によってようやく軌道に乗った。ガラスでは官営工場は払い下げられた後，閉鎖された。明治末期になってガラスの輸入が増加し，市場が開けてきたところで民間企業がベルギーから機械を輸入し，技術者を呼び寄せたが，操業が軌道に乗るまで数年間を要した。

1）日本の原料にあわせた操業の確立――鉄鋼

　製鉄は鉄鉱石に含まれる鉄と酸素の化合物から炭素を用いて高炉で酸素を分離し（製銑），さらに銑鉄から転炉や平炉で炭素，珪素，燐，硫黄などの成分を酸素などで除去する（製鋼）。炭素は木炭を用いていたが，森林資源の枯渇から石炭をコークス窯で蒸し焼きにして硫黄分などを除去したコークスが用いられるようになった。これが近代製鉄の始まりである。また原料により，珪素などの不純物の割合が異なり，それが鋼材の品質に影響するので，製鋼工程でこれをいかに除去するか（あるいは高炉に入れる前に事前処理するか）が課題となる。原料の品質に応じた工程の制御が必要で，西洋のある場所で成功しているプロセスを日本に直輸入しても，同じ結果が得られるわけではなく，原料処理や高炉などの設備の設計，コークスの原料となる石炭の品質（粘結炭が必要とされる）など多くのパラメータを最適なものにしていくことが必要とされ，その解決は製鉄の反応

---

40) 春蚕に加えて夏秋蚕の飼育がおこなわれるようになったことが生糸の生産拡大をもたらしたことも強調される必要がある。

が完全に科学的に解明されていたわけでもないので，外国人技術者にとっても簡単ではなかった。また製鉄プロセスは規模の経済性が働き，需要の小さい後発国で，先進国にコスト的に対抗できる製鉄業を始めることは，経済的にも困難であった。

　江戸時代にはたたら製鉄がおこなわれていたが，砂鉄を用いるのが一般的であり，鋳物用の銑鉄をつくるにはどんな砂鉄でもよく，日本全国で生産されたが，鋼鉄をつくるには山砂鉄を必要としたため，それが得られる山陰地方の一部などで生産された。ただし釜石周辺では餅鉄という鉱石を用いて銑や鋼が作られていた。たたらは3日ないし4日の操業の後に炉を壊す必要があり，原料生産性・燃料生産性ともに低いものであった。

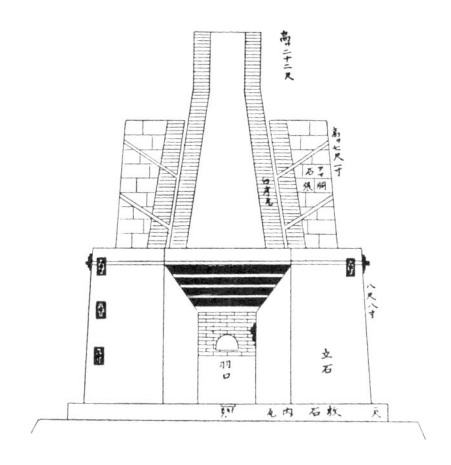

図 2-11　大島高任の設計した高炉
出典）森・板橋（1957，78頁）。
注）大島本人もしくはその弟子により設計・建設された高炉群は，現存しておらず，台座等が残るのみである。炉頂から鉄鉱石と木炭を挿入し，図の正面の羽口から送風し，右側面の下部にある湯口から出銑する。

　幕末に鋳砲を生産するために佐賀などで西洋式の反射炉が築造されたが，砂鉄を原料に旧来のたたらで製造された鉄は反射炉の原料としては不適切であった。水戸藩の反射炉の原料銑鉄を製造すべく洋式高炉が大島高任（たかとう）によって釜石に築造された。蘭学を通じて西洋の製鉄技術は吸収されており，大島も製鉄に関する蘭書を翻訳していた。盛岡出身の大島は豊富な鉄鉱石が存在する釜石に，民間の出資を得て1857年に洋式高炉を建設したのである。この高炉は，耐火煉瓦をもって築かれ，炉頂から鉱石と木炭を挿入し，炉底辺から溶銑をとりだす形式であり（高炉の一般的な姿），長期の使用に耐え，かつ製鉄操業に不可欠な送風を人力ではなく水車によっておこなう（大規模なので送風圧力も高くする必要がある）という点で，在来の製鉄法とは異なっていた（日産2トン程度，ただし頻繁な改修が必要で，年間100から150日しか操業できない）。外国人の指導がまったくなかったにもかかわらず，高炉の操業は比較的順調で（徐々に操業方法を改善し，生産を伸ばしていった），同様な形式の高炉が周辺に築造された（図2-11）[41]。

1873年に釜石鉱山は官営とされ，イギリス人技師の設計による大型高炉（日産25トン）その他が輸入され，イギリス人技師とヨーロッパで採鉱冶金を学んだ日本人の指導のもと1880年から操業を始めた。高炉ガスで熱風炉を暖め，蒸気機関で送風した。当初は燃料に木炭を使用し，操業が順調であったが，高炉の規模が大きく，すぐに近隣の木材資源が枯渇してしまった。そこでコークスに燃料転換すると，操業はうまくいかなくなり，1882年に操業中止に追い込まれた。日本の石炭の質が悪く，コークスの品質が悪かったためであるが，外国人技師もこのトラブルを解決できず，釜石は廃山となってしまったのである。

　田中長兵衛は1885年に釜石鉱山の貸下げを受け，小高炉（日産4-5トン程度，熱風炉つき）を築いて木炭製鉄を開始し，その事業が成功すると，1887年に釜石鉱山の払下げを受け，燃料の得やすい地に小高炉を分散立地させていった。製品の品質は十分でなく，田中は帝国大学の野呂景義とその弟子の香村小録の指導を受け，これらの高炉の改良を図るとともに，操業を止めていたイギリス式高炉の再稼動を図った。野呂らの診断にもとづき，田中は高炉の形状を改めて改築するとともに鉱石の焙焼設備を新設し，1894年木炭による製銑を開始，1895年にはコークスを用いた製銑に成功した。洗炭設備とコークス炉を設置し，夕張粉炭を用いてコークスの品質を上げると同時に，原料の品質にあわせた高炉の改造によって成功したのである（富士製鉄株式会社釜石製鉄所編，1955，285頁）。1909年からは中国の開平炭を混入するようになり，製品品質が上昇している。釜石の苦境は製品の販路が狭いことにもよっていたが，砲兵工廠で採用になったことが設備拡張のきっかけとなっていた。1903年には，平炉を建設して，銑鋼一貫の生産体制となり（ただし釜石の製品は鋳物が多く，銑鉄がすべて鋼材に加工されたわけではない），さらに1904年には60トン高炉が稼動を始めた。1910年頃の釜石は，機械設備や作業効率では欧米の製鉄所に劣るが，低賃金と安価な鉱石により，コスト競争力を備えていた（岡崎，1993a，12頁）。

　こうしてコークス製鉄がはじめて日本でおこなわれたのであるが，政府は1896年に官営八幡製鉄所の建設を決定した。欧米に技術者が派遣され，ドイツから技術を導入することとし，製鉄所の設計をドイツの会社に依頼し，高炉や製

41）水戸藩の反射炉が挫折すると鉄銭製造に銑鉄が用いられた。江戸時代の銭は銅のほかに，鉄・真鍮でも鋳造されていた。

鋼・圧延設備の設計をドイツ人に依頼した。そしてドイツから技術者と熟練工を招聘し，製鉄所の建設と操業の指導にあたらせたのである。建設予定の高炉は日産160トンと大規模で，国内の原料基盤は狭隘であったから，鉄鉱石は中国の大冶鉱石を購入することとし，コークスは北九州の石炭を原料とすることとされた。こうして万全の準備を整えたはずの八幡製鉄所であったが，操業開始の際にコークス炉が完成しておらず，品質の良くないコークスを購入することになり，さらに旧式のコークス炉を急造して間に合わせることとなった。官営のため予算の追加が困難な上に，大規模なプロジェクトの施行管理が十分でなかったといえよう。製鉄所は1901年2月から操業を開始したが，設計で期待された産出量を達成できず，1902年7月に休止された。原因の究明がおこなわれたが，日露戦争が勃発すると，ほとんどのドイツ人が帰国していたのにもかかわらず，1904年4月に高炉操業が再開された。しかしわずか3週間にも満たずに操業は失敗に終わってしまった。高炉操業の科学的解析は進んでおらず，熟練工の勘に頼るところが多く，ドイツ人の操業技術でなんとか高炉が動いていたのである。再び野呂景義が登用され，高炉を改築し，コークスに用いる石炭の配合を変え，新しいコークス炉を用いて（洗炭設備は4月から稼動していた），7月から操業をおこなうと，順調に稼動し始めた。生産性も向上し，1901年からの1年余りの操業では日産平均76トンに過ぎなかったが，1904年7月から1910年6月までの操業では日産平均145トンに達した。この間副産物回収式のコークス炉なども導入されている。野呂の改設計になる第2高炉も1905年に順調に稼動し始めた。また八幡製鉄所は，転炉・平炉が設置され，銑鋼一貫体制がとられていたが，1906年以降の第1次拡張がおこなわれると，高炉とともに製鋼設備が充実し，レールとともに造船用の厚板などを民間に供給するようになり，これが造船業の競争力を支えるに至った。八幡製鉄所も1912年頃には，国際的なコスト競争力をもつに至っている（飯田，1979；飯田・大橋・黒岩編，1969；下川，1989；中岡，2006，第6章；長島，1987，第2章）。

　西洋の技術を日本に移植するときに，ローカルな条件にあわせて改変をおこなう必要がある。製鉄の場合コークスにとくにそれが強く現れてきたのであるが，高炉の設計がローカルな原料事情を組み込んでおこなわれていなかった上に，コークスについては科学的な解明が十分に進んでおらず，日本での試行錯誤に頼らざるを得なかったために，西洋の技術者も十分な解を発見できなかったのである

（三枝・飯田編，1957，501頁）。それとともに製鉄所の全体構想の中で，コークスの位置づけが低かったことも，混乱に拍車をかけたといえよう。また製鉄業は規模の経済が働く産業であり，日本の高炉は国際レベルには達していなかったが，一定程度の関税と低賃金という条件に，国家資本によるバックアップ（八幡）あるいは低廉な原料（釜石）といった条件が加われば，競争力をもちえたことには注意が必要である。

　以上は銑鉄と鋼材を生産する鉄鋼企業であったが，20世紀に入ると屑鉄もしくは輸入銑鉄を原料とし平炉を用いて鋼鉄を生産する平炉メーカー（高炉をもたない）が民間で設立されるようになった。平炉メーカーは大きく2つの類型に分けられ，第1は，鋳鍛鋼品を製造するメーカーで，海軍や鉄道院などが主要な顧客であった。神戸製鋼所（海軍），住友鋳鋼場（鉄道），川崎造船所（造船用とともに鉄道用）などが主なメーカーである。第2は，一般民需の鋼管を生産する日本鋼管である。日本鋼管は浅野総一郎・渋沢栄一らが中心となって設立した株式会社で，八幡製鉄所から今泉嘉一郎を引き抜いた[42]。

2）民間による操業の確立——ガラス

　ガラス製品にはいろいろあるが，ここでは板ガラスを中心に考察する。板ガラス工業は欧米でも，珪砂，ソーダ灰などのガラス原料を溶解し，気泡などをとって（清澄），成形に適した温度にまで冷却したあと，職人が素地を吹棹にとって，息を吹いて膨らませると，それを切って再加熱して伸ばし（成形），徐々に冷却（徐冷）してゆがみをとるという手吹円筒法が用いられていたが，20世紀初頭の発明により大量生産方式が採用され，プロセス産業へと変貌していった（図2-12）。このように書くと手吹円筒法は産業革命と無縁の旧式の生産方法のようにみえるが，原料のソーダ灰は工業的に生成されるようになっていたし，1861年にガス式ジーメンス炉が発明されて熱効率が上昇し，火力のコントロールが容易になり，また1880年頃までには連続溶融タンク窯と一緒に設置され，バッチ

---

[42] このほか北海道炭礦汽船は，室蘭の輪西に高炉を建設し，北海道内の砂鉄などを用いて1909年に銑鉄製造を開始したが，コストに見合わず中止し，1913年に北海道内の鉄鉱石のほか，中国・朝鮮の鉄鉱石に原料を転換して，ようやく製鉄を再開した。また同社はイギリスのヴィッカース，アームストロング両社と合弁で日本製鋼所を1907年に設立，海軍用の鋼板の製造などを開始した。

式（回分式，原料を挿入して反応させ，反応が終了すると製品を取り出すという作業を1回ごとに繰り返す）ではなく連続式で作業できるようになっており，さらに1880年代には徐冷もトンネル徐冷窯で連続的におこなわれるに至って，生産性と品質が向上していた（アッターバック，1998，第5章）。ここでは日本が手吹円筒法をどのように

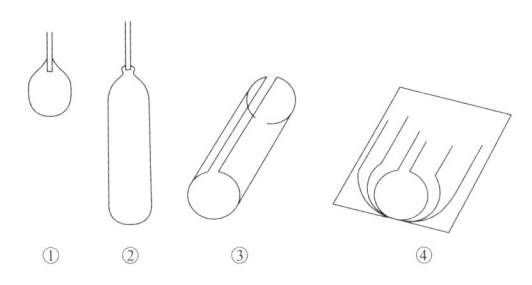

図2-12　手吹円筒法の概念図

出典）黒川（2005，208頁）。
注）①吹き竿の先端に溶融ガラスを巻き取り，空気を送り込み，小球を作る。②吹き竿を振りながら遠心力と重力により伸ばし円筒状にする。③吹き竿から切り離し，両端を切り落とし，縦方向に切り開く。④これを延べ窯に入れて，徐々にガラスを開きながら伸ばし，板にしていく。

吸収したのかを中心に簡単に考察する。なお厚板（磨きガラス）はローラー成形をおこなったのち，研削・研磨するという別の技術体系によって生産されており，第1次世界大戦前は輸入に依存していたので，ここでは考察せず，次章で考察する。

　イギリスから機械などを輸入し，イギリス人を招いて設立されたが，経営不振に陥っていた興業社の設備を政府は1876年に買収し，品川硝子製作所とした。同所はさまざまなガラス製品を製造したが採算がとれず，板ガラスの製造にも失敗し，1885年には西村勝三に払下げられた。西村は品川硝子会社を組織し，ドイツから機械を入れて，ビール瓶の製造に成功したが，板ガラスの製造には失敗し，さらに不況に際会し同社は解散してしまった。一方大阪では，伊藤契信が硝子の製造を開始し，日本硝子会社を設立したが，やはり板ガラスの製造に失敗し，同社は解散，その設備をかつて同社の職工長であった島田孫市が買収した（杉江編，1950）。

　こうして板ガラスの製造は失敗の連続であったが，20世紀に入る頃から板ガラスの輸入が急増し，国産化の市場的条件が整いつつあった。島田は1904年に板ガラスの試販にまでこぎつけ，1905年にはガラスの本場のベルギーで窓ガラス連続式タンク窯の設計図と炉材を購入し，技術者の招聘を契約してきた。島田には資金的限界があり，板ガラス工業に意欲のあった岩崎俊弥（岩崎弥之助の次男，岩崎弥太郎の甥）とともに大阪島田硝子製造合資会社を設立した。しかし板

表 2-7　ガラス製品別生産額

(単位：千円)

年	板ガラス	瓶	食器	照明用	その他
1905	95	1,074	357	463	176
1907	38	1,758	422	692	266
1910	155	2,091	676	601	335
1912	546	2,863	756	806	504
1916	5,560	5,213	1,514	1,554	2,918
1921	12,586	18,824	2,049	1,936	3,279
1926	15,504	19,568	3,081	2,500	5,233
1930	15,427	14,765	2,870	2,326	5,685
1935	26,981	23,717	6,632	1,689	9,155
1937	40,690	31,326	7,023	2,104	16,045

出典）杉江編（1950，479頁）。

　ガラス製造には大規模で臨む必要があることから，尼崎に新しい工場を建設することとし，旭硝子株式会社が設立された。旭硝子は島田の手配した製造装置を導入し，ベルギー人技師と熟練工を雇用し，国内他社から外国人や日本人の技師・熟練工を雇用して，1909年に操業を開始した。連続操業可能な窯なので，8時間3交替勤務であり，手吹作業は厳しい作業で熟練を要するものあったが，徐々に習熟していき，1911年に予定していた生産目標に到達した。1911年にはガラスの関税が引き上げられ，旭硝子はようやく1913年に単年度の黒字を達成した（旭硝子株式会社臨時社史編纂室編，1967）。

　旭硝子は比較的順調に技術を吸収し，関税の助けを借りて，競争力を獲得したといえるが，国内の珪砂が大きな問題を引き起こさず[43]，またソーダ灰は輸入であったから，技術の現地化の必要性が鉄より小さかったのであろう。20世紀初頭には欧米では大量生産方式が普及しつつあったが，日本の低賃金やガラスが割れやすい製品であることが，生産性の格差を埋め合わせていたと考えられる。それでも抜本的な収益の改善には新鋭設備の導入を必要とした。

　なおその他のガラス製品としては，瓶（薬瓶，酒瓶，ビール瓶など），食器，ホヤ類などがあったが，生産額をみると，第1次世界大戦前は瓶の占める割合が大きく，板ガラスの生産高が瓶のそれを超えるのは，昭和初期である（表2-7）。

43) ただしまったく問題がなかったわけではない。国内珪砂は純度が低く，供給にも限度があるため，朝鮮に原料を求めた。しかし朝鮮の原料も鉄分が多いため，ガラスに青みがかかるという難点があった（旭硝子株式会社臨時社史編纂室編，1967，632頁）。

ガラス素地を型に入れて,板ガラスと同じように口で吹いて成形する(人工吹き)という生産形態であった。

6 組立産業の苦闘——造船・織機・カメラ・時計

　ここでは部品を組み立てて作る製品から船舶・織機・カメラ・時計を取り上げる。このうち船舶と織機は産業財である。船舶は国防上の観点もあり,官営造船所が建設されるなど政府の保護があったが,商船については民営化された。織機は在来の小幅織機は手織織機で,国内で自給されたが,紡績兼営織布用の広幅織機は輸入された。明治期には小幅織機の国内メーカーによる力織機化が進展した。これに対し,カメラと時計は最終消費財であり,必需品でもないことから政府の保護はなかった(明治後期に関税が引き上げられた)。これらは一見したところ,なんの共通点もないが,いくつかの同じ特徴をもっている。まず修理して使用する商品なので,修理が製品に対する理解を深めることが多く,その製造を始める上で大きな役割を果たした。またどんな製品を作るのかを決定する設計の能力の獲得は困難で,正式なライセンスを取得する以外にも,西洋の製品から学ぶことが盛んで,第1次世界大戦前は,設計を模倣する段階にあったといえる。最後に,カメラと時計は,西洋からの輸入品の販売業者が生産に乗り出しており,また船舶と時計は,和船・和時計という在来の生産があったが,明治以降の発展には大きな役割を果たせなかった。

1) 設計能力の早期獲得——造船
　西洋型船舶は19世紀中葉に技術革新が続き,1880年代には遠洋航路でも帆船に対する汽船の優位が確立した。エンジンは蒸気を1回膨張させる単式機関から二段膨張機関,三段膨張機関へと進歩し,出力が上昇するとともに燃費が向上すると,船体も大型化し,木製から鉄製,鋼製へと変化していった。19世紀末にはさらに高い出力が出せるタービンも実用化されている。一方,江戸時代に日本で普及していた和船は,遠洋航海能力がなかったが,建造費が安く,日本の至るところで製造可能であった。1884年の西洋形船舶検査規則の対象外で船舶検査を義務付けられなかった上に,免状規則(1879年)の対象外で運行にあたり船長などの資格も不要であったから,運行コストが安く沿岸航路では競争力を保持

し，さらに西洋型船の船体構造や帆装を取り入れたハイブリッド船が出現した。検査などの差別的取扱いは1896年からの4年間に解消され，ハイブリッド船は西洋型船に分類されるようになり，和船は1900年代後半からようやく衰退するに至った（安達，1985b；大塚，1990，第4章）。

　西洋型船舶の建造を日本でおこなうには，西洋人が日本に直接投資する方法と日本人が西洋から技術を導入する方法がある。前者については，居留地にかなりの数の造船所が建設され，有力な造船所に成長しつつあったものも存在したが，居留地が狭隘で，明治政府も抑圧的な姿勢で臨んだことから，大工場に成長していくことはなかった。そのなかでハンター（Edward H. Hunter）は日本人と結婚し，息子名義で大阪鉄工所を設立した。大阪鉄工所は大阪商船と密接な関係をもち，有力造船所へと成長していった（鈴木，1996，第2章）。後者については，幕府・諸藩は軍事的理由もあって西洋型船の建造を学ぶことに熱心で，西欧から技術を導入して，多くの造船所を建設し，いくつかの重要な成果を残したが，ほどなく明治維新となった。幕藩営造船所の多くは明治政府が引き継いだが，横須賀海軍工廠を除くと民間に払下げられていった。長崎造船所は三菱に払下げられて三菱長崎造船所，神戸造船所は川崎正蔵に払下げられて川崎造船所，石川島造船所は平野富二に払下げられて石川島造船所（このほか平野は横浜の機械設備の払下げも受ける）となり，いずれも有力な造船所に成長していった。明治になっても和船の需要が根強く存在したことから，和船を建造する企業は多数存在したが，蒸気船を建造する有力造船企業となったものはほとんど存在せず，大阪の藤永田造船所は例外的な存在であった（金子編，1964）[44]。

　西洋型帆船は，設計と建造法を学べば，在来の木工技術で十分に対応可能であった。1854年に沈没したロシア船の代船を戸田（へだ）で建造することとなり，ロシア人の設計・建造指導を得て，武士・蘭学を学んだ技術者・船大工などが西洋型帆船を建造した。そして戸田ではこの船の同型船が建造された（山本潔，1994，前編第1章）。ここで学ばれた技術は，それに参加した人々の移動などを介して広

---

[44] 藤永田造船所は，1869年にドイツ人技師を招いて西洋型木製蒸気船を建造するなど特異な存在であった。大阪という土地が外国人技師の招聘を容易にしたし，機関も含めた技術，材料，顧客へのアクセスを容易にしていた。大阪鉄工所のハンターも技術者であったわけではなく，大阪という地域のなかから成長してきたといえる（大阪鉄工所も外国人技術者を雇用）。

く普及していった。水戸藩によって石川島で建造された旭日丸は，船体のバランスが悪かったために操縦性が悪く，設計も含めて技術としては十分なものとはいえなかったが（金子編，1964，101頁），その後技術は徐々に蓄積され，1878年には国内建造高が輸入高を超えるに至った。非常に早い段階で建造能力を獲得したといえるが，1878年に三井物産が石川島造船所から購入した帆船は，構造が堅牢ではないとの理由から1882年には売却されており（日本経営史研究所編，1985，43頁），完全に技術的に追いついたとはいえなかった。それでも帆船そのものが汽船に取って代わられるようになり，早くも1881年をピークに国内建造高が減少していった。以後は汽船の建造が課題となる。

この課題を担ったのが，軍艦建造の横須賀海軍工廠を除けば，長崎・神戸・石川島・大阪鉄工といった有力造船所であった。幕営の造船所には多数の外国人が雇用されていたが，明治10年代には，横須賀も含めて数名の外国人が雇用されている程度であった。そして外国人の指導を受け，海外から機械を購入し，木材を除けば（木材の輸入もある）海外から鉄鋼をはじめとする材料を輸入して，船舶を建造していったが，三菱を除けば明治10年代にほとんどの外国人が解雇されていった。外国人技術者に取って代わったのは，工部大学校など国内の教育機関出身者であった。国内造船所は当初においては，修船が主要な業務であった。イギリスの造船所まで回航して修理するのはコストがかかるので，修理は主として活動する地域でおこなう方が合理的だったのである。船舶を購入し，解体して構造を学ぶということはありえず，設計の役割が造船では当初から大きかったが，修理は作業量を確保するとともに，船舶への理解を現場レベルで深める契機ともなった。

当初は木造汽船の建造から始まったが，1883年に長崎造船所（当時は官営）で竣工した小菅丸（1,496トン）が国内建造最大の木造汽船となった。船体は日本人が設計したが，機関（二段膨張機関）は外国人によるという（中西，1983，367頁）。ただしこの船の建造には，6年以上も要しており，技術を学んだという性格が強いものであった。次は鉄船の時代となるが，大阪商船が発注した300トンから500トンクラスの鉄製船が1885年から1889年にかけて川崎造船所（発注は官営時代）などで数隻建造されている。しかし日本においては鉄製船の時代は短く，やはり大阪商船が発注した500から700トンクラスの鋼製船が1890年以降，大阪鉄工所・三菱長崎造船所・川崎造船所で数隻建造されている。これらのなか

には三段膨張機関を搭載するものがあり，これで「鋼製船体－三段膨張機関」という水準に達したことになる。三菱長崎造船所では，旧来の外国人技師がこれらの技術に対応できないため，新たに外国人技師を雇用して，技術を習得している。しかし船の規模は小さく，国内から近海にしか用いられないものであった。小さな船は最大の造船国であったイギリスからの回航費が割高で，かつ原価に占める工費の比重が高く，賃金の安い日本に有利であったことが，早期の国産化を可能としていた（寺谷，1979，90頁；祖父江，2008b，219頁）。

しかし本格的に外航海運を担える大型船については，もう一段のギャップが存在していた。政府は航海奨励法・特定航路助成制度を導入したが，これらは海運の効率化を目指しており，輸入船・国産船に同額の補助金を支給していたため，国内造船業に対する保護効果はなかった。1899年に航海奨励金について，輸入船の補助金が国産船の半額とされ，国内造船所への発注を促進することとなった。また1896年に造船奨励法が制定され，一定の基準を満たす船舶を建造した造船所に補助金が支給されることとなった（井上，1990）[45]。こうした状況のなか，三菱長崎造船所は，造船施設に巨額の投資をおこなった上で，日本郵船が欧州航路に用いる常陸丸（6,172トン）を受注した。日本郵船は同型船を複数発注したが，三菱はそれを受注したイギリスの造船所から設計図面（船体・機関とも）と作業方法を購入し，イギリスへ技術者を派遣するとともにイギリス人技術者を新たに雇用した。設計と作業に十分な自信をもてなかったのであるが，同船は船舶検査でリベットの打ち直しを指示された上に，大幅な赤字を計上して1898年に竣工した。三菱幹部は多少の犠牲を払っても大型船の建造経験を積むことを選択したのである。その後建造された同型船では，少しずつ改良を加えつつも，大幅な赤字を出すことなく建造している。さらに大型船の設計技術や機関製造も徐々に習得し，1911年の春洋丸は三菱がライセンスをうけて製造したタービン機関を搭載していた。1907年に完成した試験水槽（世界で15番目）が斬新な設計の前提となっており，船舶設計・製造は世界水準に到達したといわれている。この頃に三菱長崎造船所では，詳細設計の図面も日本人技術者だけで用意できるよう

---

45) また1899年にはそれまでほとんど無税であった船舶にも5％の関税が賦課されることとなったが，同時に鉄鋼の輸入関税も賦課されて，その効果は限定的であり，その後，1906年，1911年と関税率が引き上げられていったが，鉄鋼関税も同じかそれ以上に引き上げられて，やはり効果は限定的なものであった（高村，1980，74頁）。

図 2-13　汽船の輸入と製造

出典）逓信省編（1941，1000-1003 頁）。

になったのである（鈴木, 1996；井上, 1990, 第 5 章；中西洋, 2003；中岡, 2006, 第 7 章；市原, 2009）。1909 年の遠洋航路補助法では，補助金の支給には国産船が条件となったが，第 1 次世界大戦前にこのような大型船の建造が可能だったのは，三菱長崎造船所と川崎造船所のみであった[46]。両造船所では，明治末には設計部門が製造部門から独立しており，設計能力でも自立が進んでいたといえる（内田, 1977）。

ただし常陸丸などは貨客船であり，経済性が第 1 とされる貨物船とは多少異なっていた。貨物船については，航海奨励法が廃止されて以降，補助金がなくなり，イギリスの造船所との競争は厳しいものとなった。日本の造船所は，割安な官営八幡製鉄所の鋼材が得られるようになったこと，外国船を模倣しつつ経済的な船型設計能力を獲得していったこと，中古船の関税が引き上げられたことなどにより，第 1 次世界大戦の直前には，貨物船についても競争力を獲得しつつあり，生産も増加していた（図 2-13）（鈴木, 1996, 第 7 章）。

20 世紀初頭には，ドイツ・アメリカですら補助金なしではイギリスと競争ができなかったのであり，造船奨励法による補助金の支給を受けたとはいえ，日本が世界第 6 位の造船国となっていたことは，極めて早い発展であったといえる

---

46) 三菱と川崎は大型軍艦の建造も手がけるようになる。

(Pollard, 1957)。これは政策保護の枠組みを前提としてではあるが，造船業の期待収益率が高く，民間の投資が盛んであり，近代的造船所での技術進歩が早かったことによっていた（大塚，1990，第4章）。イギリスではとくに貨物船において，さまざまな装備品（巻上機，補機，発電機など）を専門に製作する関連産業が広く展開していたが，イギリスを除く他国と同じく日本には関連産業の裾野がなく，垂直統合度が高くなり，専門化による経済を発揮できなかった（Pollard, 1957）。そればかりか工事量を確保するため，陸上工事などを手がけるようになった。これが日本の造船所に独特の能力を身につけさせ，多角化の基盤となっていった。

2）木製品から木鉄混製品への加工の高度化——織機

　地機・高機は全国に散在する機大工によって製作されていた。ほとんどが木工部品であり，製作はそれほど困難ではなかった。京都からフランスに派遣された伝習生が1873年に持ち帰ったバッタンも1874年の京都博覧会に出品されると，既存の高機に取り付けることも可能であったこともあり，全国に普及していった。ところで高機は，上下2つのグループに分けた経糸を通しておいて，足でペダルを踏んでスペースを作り（開口），経糸の間に緯糸の入った杼を片方の手で投げて通して別の手で受け取り（緯入れ），通った緯糸をたたいて締めて（筬打ち），巻き取る（巻取）という動作をおこなうものであるが，バッタンは緯入れを手ではなく，紐を引いて杼を動かすようにしたものであり，生産性が向上した。さらにこれらの動作を，足でペダルを踏むことによって得られる動力によって歯車などを介しておこなえる足踏織機が日本でも1880年代の後半に開発され，普及していった。そして1890年代には，蒸気機関等から得られた動力で，これらの動作をおこなう力織機が開発されたのであるが，輸入力織機の機構が参照されたことはいうまでもない。また歯車や駆動軸などは鉄で製作されたが，小幅織物の織機ではフレームは木製で十分であり，安価に製作することができた。しかし歯車や駆動軸があらわれると機大工だけでは製作できず，鋳物業者などから鉄部品を購入する必要が出てきた。

　当初の力織機は複雑な機構を備えることができなかったので，綿織物では白木綿，絹織物では羽二重という平織織物の生産にまずは用いられるようになった。羽二重は輸出が盛んで，白木綿も輸出が始まっており，取引のロットが大きいこ

とも普及を促進した。綿織物用・絹織物用ともさまざまな様式の力織機が開発され，生産されたが，綿織物用力織機は，大阪，三重，愛知，静岡で，絹織物用力織機は，山形，福井，石川で生産が盛んで，白木綿・羽二重の産地と重なっていた。部品の外注が可能であったこともあり，小幅木鉄混製織機の生産規模は小さく，1909年には手織織機の需要19,505台に対し，力織機の需要は16,310台であり，このうち3,143台が輸入で，残りの13,167台が国産であったが，5人以上を雇用する作業場で製作された力織機は5,712台と4割にとどまり，残りの6割は4人以下しか雇用しない作業場で生産されたのであった（石井，1987，137頁）。多数の力織機が国産されていたこととともに，その生産の小規模性も印象的である。織機生産は鋳物や鉄工とともに産地をなしていたのである（ただし一部の産地では，鉄工部品を自給できず，外部から購入していた）（石井，1986；鈴木，1996，第9章）。

こうした多数の力織機工場のなかで有名なのは，豊田佐吉の工場である。それまで織機の開発をおこなっていた豊田は，1896年に豊田式の力織機の開発に成功した。そして木工・鋳物・金物を外注に出して，生産をおこなった。豊田はみずから開発した織機を用いた織物工場も経営した。豊田の機械を用いた綿布に注目した三井物産は，1899年に井桁商会を設立してその一手販売を試みたが，この共同事業は軌道に乗らず，豊田は技師長を辞任した。豊田は綿布工場の経営と織機の改良に取り組み，新しい発明により製品革新を続けていった。そして1907年に，三井物産および豊田のほか，大阪や名古屋の紡績業者を中心とする財界人が出資する豊田式織機株式会社が設立され（三井物産と豊田の出資割合はそれぞれ5％），豊田の特許と織機製造工場が譲渡された（由井，2000，2001；創立100周年記念事業委員会編，2007）。こうして大規模な織機製造会社が設立されたのであるが，主力製品は小幅織機であり，広幅力織機の製造には，大量生産方式というさらなる飛躍が必要とされるのである。

3) 販売商によるコピー（1）——カメラ

1839年に銀化合物を塗った銅板上に像を記録するダゲレオタイプが開発されたが，材料が高価な上に，日当たりの良いところでも露光に20分かかるものであった。1851年に湿板写真法が開発される。これはコロジオンが塗布されたガラス板に硝酸銀溶液を塗布するもので，安価な上に露光時間が5-15秒程度と極

めて短く，写真の実用性が高まった。幕末開港後に日本に普及したのは，湿板写真である。湿板は板が湿っているうちに撮影しなければならなかったが，1871年にゼラチン乾板が開発されると，あらかじめ工場で乾板が製造されるようになった。しかも感光度が上昇したので，露光時間はさらに短くなった。1880年代にはロールフィルム（当初は紙，すぐにセルロイドにとって替わられる）が開発され，重いガラス乾板にとって替わるようになった。日本にも開発後まもなくロールフィルムが輸入されている。当初は平面性で乾板にかなわなかったが，徐々に乾板は駆逐されていく（シートフィルムも登場する）。カメラは木製・金属製の箱にレンズと絞りを組み込んだものであったが，乾板が開発されると露光時間が短くなったので，シャッターが搭載されるようになった。当初は大きく，重たいものであったが，乾板が登場し携帯性が重視されるようになると，カメラのコンパクト化も進み，撮影時に蛇腹を伸ばす機構のものが普及していった。

　開港当初から（あるいは前から）カメラは輸入されていた。横浜の外商から日本人商人がカメラを購入し，それを写真屋などに販売していった。カメラを趣味とする個人の購入が増えてくるのは明治中期以降である。東京では浅沼藤吉，小西屋杉浦六右衛門，大阪では桑田商会，上田写真機店などがカメラ商として有名である。このうち小西本店は石版関連の商品も扱っていたが，徐々にカメラとその関連商品に集中するようになった。横浜の外商コッキング商会（外商 Samuel Cocking）との取引が多かったが，同商会の廃業をひとつの機会として，1893年にはカメラの直輸入をおこなうようになった。小西本店は繁盛し，1901年には長者番付に名を連ねるまでに成長している。

　浅沼商会，小西本店，上田写真機店などいくつかのカメラ販売商は，みずからカメラの生産にも乗り出した。のちに日本最大のカメラメーカーとなる小西本店（のちのコニカ）についてみてみよう。小西本店は1882年頃からカメラの製造を始めた。コッキング商会は新橋で材料問屋も営んでおり，そこで暗函の製造をおこなっていたが，小西本店はそこに出入りしていた職人を使って製造を開始したのである。カメラに関する知識は圧倒的に不足していたから，輸入カメラを模倣して暗函を製造し，輸入したレンズやシャッター等を取り付けて，輸入品より安価に販売するというところから始めざるをえなかった。コッキング商会が廃業するとその下請業者を引き継いで専属下請とし，1896年にはこれらの業者に資金と土地を貸与し，規模を拡張させた。1903年には初めてカメラにブランド名チ

ェリーを名づけて販売し始めたが（アマチュア向きカメラで一般向けに販売），これはイギリスのリトル・ニッパー（Little Nipper）を模したものであり，またプラノというカメラは，アメリカのロチェスター社（Rochester Optical Co.）のプレモ（Premo）を模したものであった。販売店から舶来のカメラの見本が提供され，それを分解して，見本どおりのものを作るという開発のスタイルは1920年代にも存在していたというから（小西六写真工業編，1973，251頁），この頃もそうだったのであろう。ただし小西本店はその後ネーミングの借用を避けるようになり，リリー，パールなどの独自のブランドネームを用いるようになっていった。1909年ではプレモ（カビネ版）が55円であったのに対し，アイデア（プレモ模造）は，シャッターとレンズは輸入物を用いていたが37円であり，3割ほどディスカウントしていた（日本写真工業会，1987；アッターバック，1998，第8章；小西六写真工業編，1973；日本写真機光学機器検査協会・歴史的カメラ審査委員会編，1975；菅編，1971，88頁；上田編，1909，38頁）[47]。

4）販売商によるコピー（2）——時計

　西洋の時計は16世紀に日本に伝来し，不定時法にあった改良を加えられるなど独自の進化を遂げた。時計を製作し，修理する時計職人が各地に存在し，当初は高価で大名しかもてなかったものが，徐々に普及したが，多くの人は時鐘で時間を知っており，普及には限界があった（角山，1984）。開港とともに時計の輸入も始まるが，1873年に定時法が採用されて以降，実用品となった時計の輸入が増加した。時計は横浜の外商を通じて輸入され，日本人商人がそれを引き取り，都市部を中心に販売していった。時計はかなり頻繁な調整と修理を要するものであり，時計商は時計を販売すると同時に修理した。修理のなかで時計に対する理解が進み，時計の熟練職人が養成されていったのである。和時計職人にとって輸入時計のメカニズムを理解するのは困難なことではなく，時計商や時計修理職人に転じた者も多かったとされるが，時計を輸入品に匹敵する価格で生産することは不可能であった[48]。

---

47) 小西本店はカメラのみならずフィルム・印画紙などの輸入も手がけており，のちにフィルムの製造に進出するが，ここでは詳しくふれない。
48) 時計の技術を海外で習得して，国内に伝えた人物も存在した。熟練工の養成に功績があったが，大規模な時計製造業者となった者はいない（小島，1988，228頁）。

時計には大きい順に掛時計，置時計，携帯時計があるが，この順番に部品の精度が要求され，生産とくに大量生産が困難となる。したがって国内生産が可能となり，国内市場を確保していったのもこの順番である。掛時計生産は容易に進まず，たとえば東京の1887年の年間生産数はわずか2,026個に過ぎなかったが，この頃から東京・名古屋・大阪などで掛時計生産をおこなう業者（時計商もかなり含まれる）が次々と現れ，生産が増加し，1889年には11万個もあったアメリカからの掛時計輸入が，1895年にはわずか3,000個に減少し，さらに日本製掛時計が中国等に輸出されるようになった。時計の市場はあり，機構の理解が進んでいたから，小型工作機械の入手が容易となったこと，工作機械を扱える職工が増加したこと，時計の主材料である黄銅板が国内で供給されるようになったこと，などの要因が重なったためであった（内田，1985，185-235頁）。名古屋が掛時計生産の中心地となったが，東京の有力時計商であった服部金太郎も1892年に精工舎を設立し，掛時計の生産をおこない，有数の生産者となっていった。

　ドイツで大量生産された置時計の輸入は1890年代後半から急増していた。置時計が小型安価であり，2個目あるいは所得の低い人の1個目の時計として需要されたためであった。精工舎は1899年に置時計の生産を開始した。服部が欧米に視察旅行をおこなって，時計製造機械を購入し，より小型のムーブメント（文字盤やケースを除いた機械の総体）を大量生産することが可能となった。1903年には精工舎で年間5万個もの置時計を生産するに至ったが，この頃にはムーブメントの加工に自動化された工作機械（いくつかの加工を1回の材料の投入でおこなう）がかなり導入されていた。精工舎のみならず置時計生産をおこなう業者が増加し，1905年には全国で26万個が生産される一方，輸入は置時計・掛時計合わせて12万個に過ぎなくなっていた。

　携帯時計の生産はより困難であった。部品が小さく，高い精度が求められた上に，熟練工による調整がかなり残ってはいたものの（Hoke, 1989），アメリカ・スイスで互換性部品による生産が進展し，コストも低廉となっていたためである。日本で生産するには，大量の工作機械が必要であったが，携帯時計には汎用小型工作機械では対応できないことが多く，時計用機械を導入する必要があった。しかしこれらは時計メーカーが内製していることが多いため，市場で購入するのは大変困難であった。しかも掛時計・置時計ではプロダクト・イノベーションはほとんどおきていなかったが，携帯時計では，小型化・薄型化がなお進行しており，

この流れについていけないことは、競争からの脱落を意味した。遅れて競争に入ったものが、この競争についていくのが困難であったことは明白である。

柱時計を製造していた大阪時計製造会社は、アメリカで破綻した時計会社の携帯時計製造設備を購入し、アメリカ人を中心とする外国人技師・熟練工10数名を雇用して、1895年からアメリカで生産していたのと同じ懐中時計の生産を開始した[49]。時計工作機械をまとまって購入できる数少ない機会をものにしたといえる。加工原料や内製が難しいパーツは輸入に依存し、満足できる品質の時計が生産された。外国人の給与が高かったため、外国人は1年余で解雇されたが、同社の製品は相変わらず高い評価を受けた。当初の機械の評価価格が高かったため、リストラを余儀なくされたが、1898年と1899年には利益を計上することができた。これは後述する精工舎の事例と比べるとはるかに良い成果といえるが、その後再び赤字に転じると、経営をめぐる紛争が激しくなり、1901年に解散してしまったのであった。

精工舎も1895年から携帯時計の製造に着手したが、ムーブメントを輸入し、自社製の側（ケース）に入れて販売するところから始め、ある段階からムーブメントを自作し始めたと考えられている。服部が1899年と1906年に洋行した際に、欧米で機械を購入してきたほか、そのコピーを作成し、さらに工場で工夫を重ねて機械を自製していた。吉川鶴彦技師長は、服部の洋行に同行し、アメリカのウォルサム（Waltham）工場を見学して、さまざまなヒントを得、機械を開発した。有名なのがピニオン自動旋盤である。これはそれまで3台の旋盤で3段階を経て加工していたのを1台で加工できるものであり、12時間で100個しか製造できず、しかも不良率が3割以上あったものが、200個以上製造できて不良もほとんどなくなるという画期的な発明であった（平野、1968、96頁）。複数の機械による加工では、加工材料の位置決めでずれが生じやすいなどの理由で、不良が発生しやすかったのである。

掛時計・置時計もそうであったが、携帯時計の製造では、外国のモデルをコピーすることから始まった。モデルとする時計の部品を写した原器を熟練工が作成し、それをもとに部品を製造するためのプレスの型や治具を製造する。携帯時計

---

[49] アメリカ人バトラー（A. H. Butler）は機械を大阪時計製造に現物出資し、株主となった。外国人株式所有が条約上は認められていなかったので、日本人の名義とされていた。事実上の外国合弁企業であり、そのもっとも早い例のひとつといえる。

は多数の部品からなるため，この作業は膨大なものとなる。工作機械を徐々に充実させていったが，作成された部品は互換性が保証される精度になっていないので，最終組立の際には，熟練工が部品を選んで組み合わせるという仮組をおこなう。そしてメッキなどの加工を経て，本組立がおこなわれる。二度手間となるが，仮組を省略できないのである。しかも仕上げは外国製より荒くなった。モデルチェンジのたびに，この過程をはじめからやり直す必要があり，また時計の小型化にともない，必要とされる精度が上昇し，工作機械もより高度なものが必要となるから，大きな負担となった。精工舎は当時としては旧式の加工しやすいモデルのコピーから始めたが，それでもかなりの部品を輸入に依存していた。徐々に自製部品を増やしていき，第1次世界大戦の前には鋼（ゼンマイなどに用いる）と原石（軸を受けるルビーなど）を除いてほとんどすべての部品を自製できるところまで到達した。

　1899年，1906年，1911年と関税が引き上げられたにもかかわらず，輸入品の優位は続き，携帯時計のメーカーは精工舎のほか，少数を製造するメーカーが存在したに過ぎなかった。その精工舎も携帯時計が利益を計上するのは1911年が最初であり，それまでは掛時計と置時計そして時計販売の利益が支えていたのである（内田，1985）。

7　流通の変革──デパートと商社

　ここでは江戸時代にまったく存在していなかったデパートと貿易商社について考察する。江戸時代にはすでに呉服の定価販売がおこなわれていたが，欧米のデパートを参照しつつ陳列販売と多様な商品の取扱いが旧来の店員との摩擦をともないつつ導入されて，デパートが誕生した。幕末期の貿易はそのすべてが外国商社によって取り扱われたが，日本人は外国商社に勤めたり，外国人を雇ったりしてノウハウを吸収し，貿易業を創始していった。

1）呉服商による陳列販売とフルライン化──デパート

　明治期にはデパートという新しい流通形態が創出された。小売の革新である。デパートとは，多種類の商品を整理して陳列し，定価現金販売する大規模小売商であり，陳列販売により消費者の購買意欲を刺激することで売上げを増進させ，

かつ定価現金販売により価格交渉のわずらわしさをなくして顧客の来店を誘うとともに，信用調査費用や販売員の訓練費用も低下させられるといったメリットがある。しかしこれらは陳列・定価販売する専門店でも提供可能であり，多種類の商品をおくことで顧客の買い回りの必要を減じ，来店を誘うとともに，季節によって需要の繁閑があるものを組み合わせれば必要店舗面積の削減が可能であり，さらに会計などのバックオフィス部門を部門別ではなく全部門で統合することによる規模の経済も享受できるといった専門店では発揮できないメリットも存在する。このようなメリットは，ある程度標準化した商品の出現を前提としており，世界最初のデパートは1852年にパリに誕生したボン・マルシェ（Bon Marché）といわれている（神野，1994，第2章）。また販売が増進すれば，大量仕入れによる価格交渉力が備わるが，これはチェーンストア化することで，さらに発揮できる。ただしデパートではチェーン化するのが一般的というわけではなく，都市の中心部に1店舗だけもつボン・マルシェのようなものもあれば，多数の支店をチェーン化したドイツのカウホフ（Kaufhof）のようなものもあり，ドイツでは製造まで統合することもあった（Homburg, 2002）。高級店のイメージを出そうとすればあまり多数の店を出店するわけにいかず，出店は各社の戦略によるのであろう。

　このイノベーションは日本ではまず呉服店によって導入された。呉服店は江戸時代の最大の小売店であったから，導入の素地はあったといえる。呉服店は現金正札販売をおこなっていたが，陳列販売はおこなっていなかった。もっとも江戸時代に陳列販売がなかったわけではなく，絵双紙などでおこなわれており（髙柳，1994），開港後には多様な商品を遊覧しながら購買できる勧工場が繁盛していた（初田，1993）。三井銀行の高橋義雄は三井呉服店に入り，アメリカのデパートをモデルに改革をおこなった。高橋は1895年に本店の2階を陳列式の販売に変更して，大成功を収め，1900年には1階に残してあった座売りを全廃し，全館を陳列販売とするとともに女性店員を採用した。さらに高橋は，洋式帳簿の採用，高等教育を受けた人材の採用，住込み年季奉公の廃止と通勤給料制の採用，規則の遵守などの経営管理の近代化もあわせて実施した。こうした改革に反対する従業員のストライキも発生している。さらに1904年に三井家が三井呉服店の経営を手離し，経営幹部や縁故者らが設立した三越呉服店がそれを引き継ぐと（今日のマネジドバイアウトに近い），新しい経営者の日比翁助は，翌年年初「デパート

メントストア宣言」を新聞紙上で発表して，洋服，雑貨，靴など取り扱い品目を次第に増やし，宣言を実質化していった。こうした成功をみて同業他社も同様の改革を実施していった（藤岡，2006）。

　さらにデパートは，入店者数を増加させ，売上げを向上させるため，催し物の開催，ショーウインドーの設置，斬新な広告，機関誌の発行，さらには豪華な建築や店内装飾などの施策を次々と導入し，それを他社が模倣していった。着物の流行などさまざまな流行が創出され，消費が刺激されていったのである。またデパートは子供用品・室内装飾と家具などの新しいライフスタイルを提案するとともに，それを手に届く価格で提供する商品の製造まで手がけていった（家具などはインダストリアルデザインのさきがけとしても注目される）。ただしここに「手が届く」のはかなり上層の階層であり，顧客層が次第に低下し広がりをみるのは第1次世界大戦以降である。この機会を捉え新たな参入がおこなわれる（山本・西沢，1999）。

2）外商からのノウハウ吸収──商社

　外国貿易についての知識は日本にほとんどなく，体系的な貿易に関する書物もあったわけではなかった。のちに日本最大の商社となる三井物産の社長に就任する益田孝は，幕末に使節団の一員として海外に渡ったことがあり，英語力を生かして横浜のウォルシュ・ホール商会（Walsh, Hall & Co.）に勤めていたし，機械商社として有名になる高田商会の高田慎蔵は，ドイツ人のアーレンス（H. Ahrens）やベア（M. M. Bair）のもとで働いており，彼らはOJTでノウハウを蓄積していったものと考えられる。外国人商人も引取商や売込商と折衝する日本人が必要だったのであろう。

　横浜正金銀行・東京海上保険・日本郵船などが軌道に乗るまでは（たとえば，日本郵船の最初の長距離航路は，1893年のムンバイ〔ボンベイ〕航路），日本人商人も外国の銀行・保険会社・海運会社と取引せねばならなかった。また直貿易を志向する商人は，日本で輸出業務をおこない，輸出先の業務を現地の外国人代理店に任せる（輸入の場合は，輸入先の業務を代理店に任せる）のではなく，外国に支店・出張所・出張員を配置したから，現地での取引にも習熟する必要があった。世界の貿易の中心地であったロンドンについてみれば，高田商会は，高田慎蔵が1881年にベアから独立して成立するが，当初は慎蔵・アーレンスとベア商

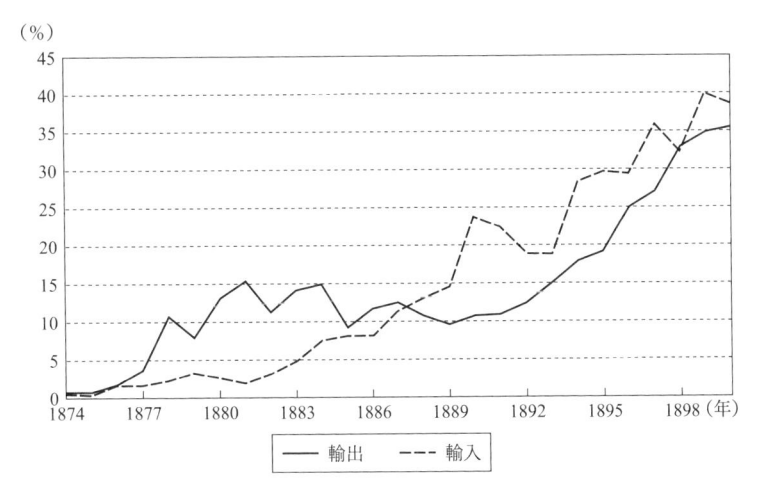

図 2-14 内商取扱比率
出典）東洋経済新報社（1925, 3-4 頁）。

会に勤めていたイギリス人の3人が出資しており，ロンドン支店もベア商会のロンドン支店員であるイギリス人2人を引き継いでいる（中川，1994）。三井物産は創立の翌年の 1877 年に，横浜の商会のパートナーで益田と知り合いのアーウィン（R. W. Irwin）をロンドンに派遣して代理店を開かせ，1879 年に日本人を送ってアーウィンの代理店を引き継いで支店としている。これら 2 社はロンドンに浸透するのに外国人を利用したのである。これに対し日本で最初に 1874 年にロンドン支店を開いた大倉喜八郎（のちに建設業や中国での製鉄業まで手がける）の大倉組は，横浜で英語を学び，ヨーロッパでの滞在経験がある横山孫一郎を送っているが，横山がどのようにロンドンでの業務をおこなったのか明らかではない（大倉財閥研究会編，1982，第 1 章）。三井物産はアーウィンが開いた銀行口座を引き継ぎ，代理店が雇用した外国人店員を 1883 年まで支店で雇用し続けて，ロンドンでの貿易ノウハウ（商習慣のみならず船舶のチャーターや為替・保険を含む）を吸収している。三井物産は，パリやニューヨークにも支店を開くが，博覧会出品物の売り捌き経験があるなど外国経験のある人材をヘッドハントして支店長とし，国内で商業教育を受けた若い人材をその下につけて，経験をつませていった。1890 年代には外国店支店長もこうした内部養成の人材でまかなわれるようになっている（木山，2009）[50]。

こうして日本人商人の貿易取扱比率は上昇していった（図 2-14）。日本人商人が貿易業に習熟していったことに加えて，日本商人が手数料率を引下げたこと，日本は小さいマーケットであるから，外国を良く知る外国人が日本市場を詳しく知ろうとする誘因が弱いのに対し，日本を良く知る日本人は，世界の中心都市であるロンドンやニューヨークのことを詳しく知ろうとしたこと，さらには条約改正まで外国人商人が居留地外で活動することに強い制約がかかっていたこと，日本の産業化が進み，貿易品の構成が変化していったが，日本人は新しい輸出入品（原料輸入，製品輸出）に積極的に進出し，これらの貿易が急速に伸びたことなどが，こうした上昇の背景にあったものと考えられている（山澤，1984a，第 6 章）。

　三井物産は手数料取引をベースに，商品を自己の危険負担で買持ちしたり，売持ちしたりするようになり，機敏な商売をおこなうとともに，1900 年頃には，ヨーロッパからの機械輸入，インドからの綿花輸入，中国への綿糸輸出，アメリカへの生糸輸出と綿花輸入など，多くの取扱品目を，世界中と取引する世界的にもユニークな総合商社へと成長していった。1910 年前後には，三井物産 1 社で日本の貿易の 2 割程度を担うまでになっている。多様な商品を取り扱うことによるリスク分散，商社にも固定費用が存在するから規模の経済が働く余地のあること，ひとつの貿易品では取引に繁閑があるので，人材をフル活用するために多角化が志向されたことなどがその背景にあると考えられているが，三井物産自身が優秀な人材を採用・育成し，コミュニケーションやリスク管理の仕組みを構築し，多角化をマネジメントしていたという内部的要因も総合商社化に不可欠であったとされている。機械では欧米メーカーと代理店契約を結び，安定的な口銭を得て（このほか石炭は三井鉱山の石炭を扱い安定的口銭が保証されていた），リスクの大きい相場商品である綿花や生糸の商売と結びつけたところが安定的な成長に貢献したといえるが，三井物産は理科系の教育を受けた人材も採用し，機械などのビジネスに活用してメーカーの信頼をつなぎとめており，安定的口銭は投資の成果でもあったのである。こうして得られた顧客との商権は，電信・電話の登場以降 IT 化まで商社に大きな技術革新がなかった以上，参入障壁を構成したのである

---

50) 三井物産ロンドン支店は順調に収益をあげ続けたわけではなく，1880 年代初頭には不良債権を累積させた。また外国人店員の給与が高く，支店の負担となっていたことも早期の解雇の理由のひとつである（粕谷，2002b）。

(ヤマムラ,1973；森川,1976；米川,1983；山崎,1987；橋本,1998)[51]。

---

51) その他の商社の経営については,宮本・栂井・三島編（1976）,宮地（2008）および木山（2009）などを参照。

3.── 会社のはじまり

1　個人企業と会社

　今日の会社法では，会社には株式会社と持分会社の2つがあり，持分会社には無限責任社員だけからなる合名会社，無限責任社員と有限責任社員の両方からなる合資会社，有限責任社員だけからなる合同会社の3つがあるが，1893年施行の旧商法では，株式会社，合名会社，合資会社が規定された[52]。しかし政府は会社制度とくに株式会社の普及を奨励し，特別法で国立銀行条例を制定して，国立銀行が会社設立のモデルとなっていたから，明治初期から会社が設立されていった。政府は会社設立を人民の相対に任せたが，設立が自由であったわけではなく，当初は政府が，1878年以降は地方官が会社設立の認可を与えていた。地方官はすべての会社の設立に許可を与えたわけではなく（届出で済ませることも多い），東京の例では，重要な業種については，発起人の身元を調べ，定款を精査していた（北浦，2009）。そのため全国的な会社数の統計が得られるのであるが，松方デフレによる減少ののち1886年の企業勃興以降，会社数は増加し，会社の平均規模も拡大していた（図2-15）。1896年の会社数は，株式会社2,585社，合資会社1,667社，合名会社344社であり，払込資本金額は同様に，3億5,752万円，

---

[52] このほか1899年商法で無限責任社員と株主からなる株式合資会社が追加されたが，あまり利用されず，1950年の商法改正で廃止された（吉田，1998，277頁）。また1938年の有限会社法で有限責任社員だけからなる有限会社が規定された（同法は2006年に廃止）。なおここで社員とは，社団を構成する出資者の意味である。今日の従業員に近い意味での「社員」の用法，および「会社」の語源については，馬場（2001）を参照。明治初期から高級職員を社員と呼ぶ例は存在していた。また幕末の商社から明治初期に会社ということばに転換した。

3. 会社のはじまり —— 135

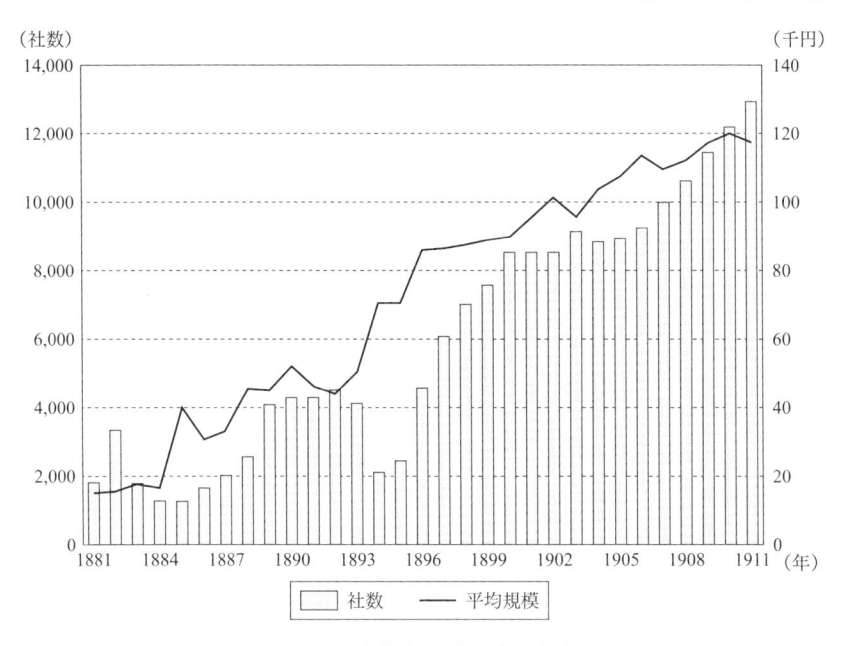

図 2-15　会社数と平均規模の推移

出典）伊牟田（1976，横 35 頁）。
注 1）資本金は 1893 年以前は公称，1894 年以降は払込高。
　2）1893 年以前には会社企業ではないものを含み，カバレッジも一定ではない。1894 年以降は商法上の会社のみ。
　3）1896 年以降には会社形態の銀行および取引所を含む。

2,757 万円，1,247 万円で，株式会社の存在が圧倒的であった（1899 年の所得税法改正により税制上のメリットから合名会社・合資会社の設立が増加したが，資本金総額に対する株式会社の比重は変わらなかった）（高村，1996，188 頁）。また 1880 年代までの会社の定款には不備が多かったが，その後は定款の整備が進んでいった。会社制度の導入に努めた渋沢栄一は，多数の民間会社の設立にかかわったが，渋沢がかかわると定款が整備される傾向にあった（チャクチェクパイヨン，1981，1982；宮本・阿部，1995；高田，2000）[53]。

図 2-15 には，1893 年以前については，のちの商法上の会社とはならなかった会社も含まれている。1889 年においては，多数が出資して資本金も巨額な鉄道・

---

[53] 日本の経営発展に大きな役割を果たした渋沢栄一については，島田（2007）を参照。

紡績・海運・電灯などの業種に属する企業のほか，出資者は少数だが資本金が巨額な鉱業・造船・外国貿易・用達などの業種に属する企業，出資者は多数だが資本金が小額な零細農民による組合に近い養蚕・竹細工・茶・開墾などの業種に属する企業，出資者が少数で資本金額も少額な煙草・石鹼・マッチ・味噌醬油・陶磁器などの業種に属する企業の類型が検出されている（伊牟田，1976）。1889年には銀行が原資料に含まれていないために脱落しているものの，多数の出資を得て，大会社を設立するのが株式会社の本来の姿とすれば，鉄道・紡績・銀行・海運・電灯といった業種から株式会社が普及していったといえる。たとえば1902年の株主数は，幹線鉄道では九州鉄道が5,355人と最大で，日本鉄道・関西鉄道で4,000人を超え，山陽鉄道も3,367人に達しており，外航海運では日本郵船が3,537人，大阪商船が2,088人であった。これらは株主数がもっとも多い企業に属し，紡績業では大阪紡績が666人で，その他の紡績会社も鐘淵紡績の2,018人を除いて1,000人に満たなかったし，東京電灯が469人，大阪電灯が468人とやはり1,000人に満たなかった。1900年代から紡績業と電灯業では集中運動が進み（鐘淵紡績は早くから合併を重ねていた），1900年代後半には1,000人を超えるようになる一方，鉄道国有化がおこなわれ，最大の株主数の民間企業が消滅した[54]。製造業の株式会社も広範な出資者を得るようになったのであるが，もちろん企業数からみれば会社企業はごく一部である。個人企業が多かったと考えられるが，その数は把握し得ない（伊牟田，1976）。

　会社の出資者となったのはいうまでもなく富裕者である。明治中期の大都市の高額所得者は金禄公債の交付を受けた華族および商人・企業家などであり（表2-8），1899年の全国の大株主の分布は，やはり東京・大阪・横浜などの産業の中心地の商人・企業家であった。これに対し新潟をはじめとする地主の証券投資は本格化しておらず，大きいものではなかった。1901年の大阪・京都・神戸・名古屋市において所得税を納入する商工業者27,496名のうち，株式・公債を所有するものは9,020人であり，そのうち2万円以上を保有する1,569人（7％）で時価総額7,496万円の77％にあたる5,766万円を保有していた（石井，1999，

---

[54] 第一国立銀行が普通銀行に転換した第一銀行の1905年末の株主数は1,923人であった。国立銀行は株式会社であったが，当時第一銀行とならぶ大銀行であった三井銀行，安田銀行，住友銀行は合名会社か合資会社であり，三菱合資銀行部はその名のとおり，三菱合資会社の一部であった。

第11章)。一般に株式は上層に所有が偏るものであるが、日本もその傾向にあるといえる。

こうした富裕者は江戸時代から富を蓄積した商人だったのか、幕末維新の動乱のなかで富を蓄積した企業家だったのか、については、江戸時代から明治期にかけて刊行された番付や商人名簿にもとづいて分析されている。ひとくちに江戸時代の商人といっても、創業時期が、17世紀、18世紀から19世紀初頭、天保改革以降、開港以降と分けられ、旧来の商人に代わって新しい流通を担う商人が台頭していること、幕末維新期には新しい商人・企業家が台頭する一方、旧来の商人が没落するが、幕末維新の混乱が収まった後も商人・企業家の新陳代謝が続くことが明らかになっている(阿部、1992;宮本、1999;谷本、2009)。商人名簿・番付に登場し、次の名簿にも続けて登場するのか、脱落するのかについて、脱落する者の比率を脱落率とし、その

表 2-8 大都市の高額所得者
(単位:千円)

氏　名	1887年	1895年	1898年
1　岩崎久弥	947	1,084	1,214
2　三井八郎右衛門	…	529	657
3　前田利嗣	146	181	266
4　住友吉左衛門	77	156	221
5　島津忠重	111	…	218
6　安田善次郎	40	94	186
7　毛利元昭	173	218	185
8　大倉喜八郎	35	65	143
9　徳川茂承	75	146	132
10　松平頼聰	57	87	126
11　浅野長勲	57	135	120
12　徳川義禮	73	117	116
13　雨宮敬次郎	…	68	110
14　松本重太郎	…	63	110
15　鍋島直大	51	90	109
16　細川護成	98	140	105
17　山内豊景	54	75	100
18　渋沢栄一	97	87	93
19　阿部彦太郎	…	52	90
20　原善三郎	51	64	88
21　黒田長成	51	79	87
22　古河市兵衛	30	62	83
23　茂木惣兵衛	53	85	76
24　尚　泰	27	40	76
25　鴻池善右衛門	60	60	76
26　渡辺福三郎	41	55	71
27　岩倉具定	42	115	70
28　原亮三郎	23	…	69
29　平沼専蔵	62	53	67
30　有馬頼萬	39	50	67

出典)石井(1999, 525頁)。
注1)名前にアンダーラインを付したのは、旧藩主ないし公卿、ゴチックは一族集計値。
2)7位の毛利元昭の1898年の数字は、1897年の数字。
3)石井(1999, 525頁)は、東京・大阪・横浜を中心に、名古屋・京都・神戸を可能な限り調査したもの。

平均年率を算出してみると(表 2-9)、以前から名簿・番付にのっている商人・企業家の方が地位が確立しているためか脱落率が低いこと、江戸時代の脱落率が低いのは、仲間などがあり後の時期に比べれば競争が激しくないと考えられることから予想と一致するとして、幕府崩壊・新政府成立を含む時期より、その後の

表 2-9 商人・企業家の商人名簿・番付からの脱落率（平均年率）

(単位：%)

	1819-1851	1851-1869	1869-1898	
1819 年名簿初登場商人	3.4	2.8	3.6	
1851 年名簿初登場商人		4.1	5.9	
1869 年名簿初登場商人			14.7	
	1849-1864	1864-1875	1875-1888	1888-1902
1849 年番付初登場企業家	5.3	2.3	7.4	3.7
1864 年番付初登場企業家		7.7	10.7	9.4
1875 年番付初登場企業家			13.4	10.9
1888 年番付初登場企業家				12.0

出典）谷本（2009, 296 頁）；宮本（1999, 9 頁）。
注 1 ）商人は繊維・油・塩商人の合計。1869 年の名簿に記載の商人はいずれも 1898 年の名簿には登場せず，脱落率を算出できないため，1898 年に 1869 年の 1 ％が残存するとみなした仮想値。
　 2 ）商人ではいったん脱落した者が再登場した場合は，脱落がなかったものとして処理されている（谷本，2009，注 12）。
　 3 ）企業家ではある年の名簿から脱落し，次の名簿に再び登場する再登場もあるが，数も多くないのでここでは一貫して登場するもののみを数えた。

時期の方が脱落率が高く，商人・企業家にとっては安定した時期ではなかったこと（維新期に登場した商人・企業家の方が環境に適合的であったわけでもないこと），などがわかる。株主は多様な出自をもつ，競争に生き残った商人・企業家からなっていたのである。

2　ファミリービジネス——財閥の形成と成長

今日においても株式所有が分散し，最大規模の株式会社に支配的な株主が存在しないのは，アメリカ・イギリス・日本などに限られ，大陸ヨーロッパやアジア・ラテンアメリカでは支配的株主（持株率 20 ％を基準とする）が存在し，しかも多くの場合それは個人であり，ファミリービジネスが大きな意味をもっている。さらにそれらの企業はピラミッド形式のグループとしてのつながりをもつことが多い。この形式をとると少額の資金で巨額の資本金の会社を支配できる（図 2-16）。

ファミリービジネスが多い理由としては，アメリカ・イギリスに巨大企業が多く存在し，そもそも所有権が分散しやすいことに加えて，少数株主の法的保護が十分ではない場合は株式の分散が進みにくく，また所有者がみずから経営するこ

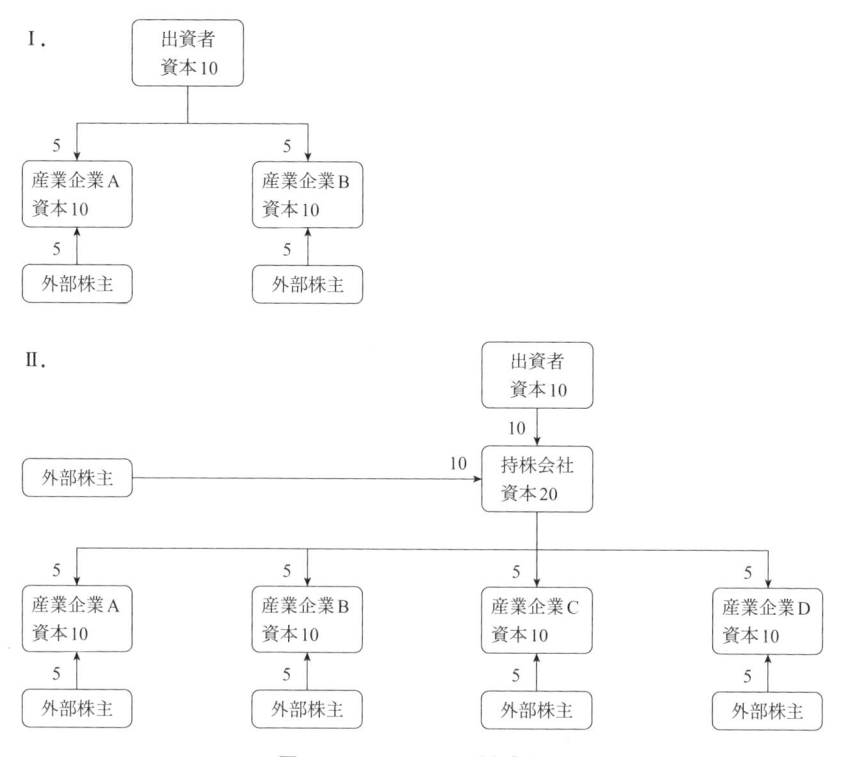

図 2-16 ピラミッド型企業支配

出典）筆者作成。
注 1 ）出資比率を 50％として企業支配を維持するとすると，出資者の資本の 2 倍の企業を支配できるが（I.），間に株式を公開している持株会社が入ると 4 倍の資本の企業を支配できる（II.）。
　　2 ）もちろん傘下企業の数はひとつでも良い。I.では産業企業 A が資本 20 でよく，II.では産業企業 A が資本 40 でよい。

とが指摘されている。またファミリービジネスがピラミッド型のグループを形成する理由としては，一般的な範囲の経済の存在のほかに，経済が発展途上にあり，経済制度が十分に整えられていない場合には，情報の不完全性が大きく，市場の失敗が起こりやすいため，企業者能力など一般的な能力でも多角化が起こりやすくかつ取引を内部化するほうが効率性が増しやすいこと，政府が開発を志向する政策をとる場合には，それに対応して保護などを引き出せることもひとつの移転困難な資源であり，多角化の理由となりうること，企業がグループをなして，その企業に支配権をもたない少数株主が存在する場合には，移転価格による取引や

債務保証を通じて少数株主から所得を移転できること（いわゆるトンネリング〔tunneling〕）などが指摘されている。また政府の政策保護や税制のあり方が企業グループの形成を促すこともある（Leff, 1978；Ghemawat and Khanna, 1998；La Porta et al., 1999；Johnson et al., 2000；Burkart et al., 2003；星野編，2004；末廣，2006）[55]。

　明治期の日本においては，企業家がさまざまな会社の取締役や監査役となり，役員の兼任を通じて，企業家が結びつくというネットワークを広範に形成しており（鈴木・小早川・和田，2009），企業が単独で存在していたわけではなく，役員になるには株式所有が必要であったから，株式所有による結びつきも存在していたことになるが，ピラミッド構造をもつ株式会社のグループはあまり知られていない。ピラミッド構造による支配は，大株主が外部株主から所得を移転することが問題となるが，明治中期以降の日本では，銀行を支配する大株主・経営者が銀行の資金を自己の関係企業に集中的に貸し付ける「機関銀行」が問題となっていた（加藤，1957）。

　明治期の日本の企業グループは，家族などが封鎖的に複数の事業を営むケースが有名であるが，傘下企業（の一部）が株式会社化し，外部株主が存在している場合も多い。これらは財閥と呼ばれる[56]。明治中期の所得額のベスト10に入る，岩崎家，三井家，住友家，安田家は4大財閥とも称される最大級の財閥である。岩崎家は海運業を興した岩崎弥太郎の一族であり，三井家は江戸時代に呉服業・両替業を営んだ三井高利の子孫である。住友家は江戸時代から別子銅山の採掘と銅鉱の精錬で財を成し，安田家は安田善次郎が幕末に両替業を興し，金融業で成功を収めた。

---

55) 少数株主保護が中程度の場合は，支配的株主が専門経営者に経営を委任し，その行動を監視し，少数株主保護が強い場合は，支配的株主は株式を売却し，専門経営者が経営にあたるというモデルもある（Burkart et al., 2003）。
56) 財閥については，多くの文献があるが，森川（1978）と法政大学産業情報センター・橋本・武田編（1992）がまとまっている。個別の財閥については，三島編（1981），作道編（1982），安岡編（1982），宇田川（1984），三島（1984），森川（1985），由井編（1986）を参照。こうした財閥化現象は日本に固有のものと考えられていたが，発展途上国が経済発展を始めると多くの国や地域でそうした現象が観察され，むしろ後進資本主義国に共通する現象と理解されるようになっている。米川編（1981），伊藤編（1983），井上（1987），小池・星野編（1993），橘川（1996），安岡（1998a，第13章），星野編（2004），末廣（2006）などを参照。

諸財閥の事業分野は多岐にわたるが，鉱山業と銀行業を主たる事業分野とするケースが多い。鉱山業は，鉱区の取得を別とすれば開業時に一度に巨額の資金を必要とせず，採掘を進めるにしたがって設備を拡充していけばよく，また優良鉱区に遭遇すればその利益を独占できることから，株式会社化して外部株主から資金を導入しなくても事業を拡大していくことが可能であった。また銀行業は，初期に大きな資金を投じずに徐々に規模を拡大していくことも可能で，みずからの系列の事業に融資して，その経営を支えることが可能であった。これらが財閥が鉱山業と銀行業を主たる事業分野とした理由と考えられる。またファミリービジネスの発展に政府との関連が大きな意味をもつことが指摘されているが，日本の財閥もとくにその初期において，政府からの保護が大きな役割を果たしたケースが多い。たとえば岩崎の海運事業には政府の補助金が投じられ，船舶購入についても保護が与えられており，三井と安田は政府の官金を取扱って資金源とした。また三井では明治初期に設立した三井物産が官営三池炭鉱産出炭の独占取扱権（一手販売権）を与えられた。このように財閥の企業成長や利益に政府の保護が大きな役割を果たしていたケースが多く，「政商から財閥へ」と表現されることもある。ただし住友の事業には政府の保護がそれほど強くないなど，程度はまちまちで，政府との関係が唯一の成長の基盤であったわけでもない[57]。

ここでは岩崎家と三井家の事業の成長と多角化について，簡単に概観しておく。1834年岩崎弥太郎は，土佐に生まれた。藩営商会に勤務すると異例の出世を遂げ，その経営を担うようになった。明治政府は藩営商会を禁止したため，九十九(つくも)商会が組織されてそれを受け継ぎ，やがて三川(みつかわ)商会，三菱商会と改称される。岩崎はこの商会の所有権を確立し，土佐藩から払下げを受けた汽船をもとに海運業を営んだ。三菱商会がやがて三菱汽船会社さらには郵便汽船三菱会社と改称し，政府の海運保護政策のもと急速に成長したことは，すでに述べたとおりである。ところがこの郵便汽船三菱会社は，岩崎の営む事業のうち海運関係のみを営業とするものであり（関連事業である製鉄所すなわち造船所，倉庫および公債の一部などは含む），それ以外の事業は，岩崎家の内部の勘定にとどめられていた。これは政府が当初郵便汽船三菱会社に国内の他の海運業者を合同させる意図をもって

---

[57] 帝国憲法が発布され，帝国議会が機能するようになると，国家予算の支出に議会の監視が入るようになり，政商的活動の余地はほとんどなくなって，存在するにしても，アンダーグラウンドなものとなっていく。

いたことと同社を監督下におき，兼業を禁止していたためであると考えられる（関口，2002；粕谷，2002a）[58]。

　岩崎は1873年に吉岡銅山を買収し，さらに1881年には高島炭鉱を買収した。高島は優良炭鉱であり，三菱の海運事業が共同運輸と対立している間，岩崎の事業の収益を下支えした。1885年に弥太郎が死去すると，弟の弥之助が岩崎家事業の指揮をとり，郵便汽船三菱会社を共同運輸と合併して，日本郵船とした（横浜の三菱製鉄所すなわち造船所も一部を除き日本郵船に引継ぎ）。岩崎は日本郵船の大株主となったが，弥之助は同株を売却しつつ，多角化を本格化した。造船業では，貸下げを受けていた長崎造船所の払下げを受けた。鉱山業では，尾去沢銅山を買収したほか，官業払下げで佐渡・生野鉱山と大阪製煉所を買収した。また炭鉱業では，筑豊炭田の新入・鯰田炭鉱を買収した。そして銅と石炭の販売機構も整備したのである。また丸の内地区の払下げを受け，長期的なビジョンのもと不動産経営にも乗り出し，さらに第百十九国立銀行を買収している。こうして19世紀末には，造船，鉱業，銀行，販売業，不動産業などからなる事業体に成長したのであるが，安定した配当が期待できる日本郵船株式を売却して，収益が見込める炭鉱・鉱山・銀行に投資するとともに，すぐには収益が見込めないが長期的視野に立って，造船業と不動産業に投資していった。造船業では近代化投資を積極的に進め，技術を蓄積していったことはすでに述べたとおりであるが，鉱業でもそれはかわらない。

　弥之助は日本郵船に譲渡した部門を除く事業を1886年に三菱社とし，商法が施行された1893年には弥之助と弥太郎の長男久弥が出資する三菱合資会社とした（のちに銀行部を設けて第百十九国立銀行の事業を継承）。こうした広範囲にわたる事業を当初は事業所ごとに管理していたが，銀行部をはじめとして部を設けて管理するようになり，さらに1908年には，独立採算の鉱業部・銀行部・造船部を設け，各部にかなりの権限を委譲して事業部制組織とした。また三菱はいずれの事業においても近代的な教育を受けた人材を積極的に採用していった。この

58）政府は全海運業者を糾合する予定の郵便汽船三菱会社を保護するため政府所有船を同社に贈与したが，岩崎は贈与された船舶の代金を支払うことで，他の海運業者との合併という問題を処理したと考えられる。1877年に船舶代価を120万円とし，無利息50ヶ年賦で返済するとしたが，1883年に6年分を納入した残額1,056,000円を6％利引きで一括上納するとし，369,190余円を納入した。この金額の算出方法については豊島（2006, 116頁）を参照。

ほか岩崎家は，三菱の事業としてではなく，個人の投資をおこなっており，山陽鉄道，九州鉄道，東京海上保険，明治生命保険などの大株主でもあった（旗手，1978；三島編，1981）。

　三井家は江戸時代最大級の豪商であったが，幕末期には呉服業・両替業ともに経営的に行き詰まっていた。幕末から幕府のさまざまな為替御用を引き受けていたが，1866年には三井の御用金の減額を仲介した三野村利左衛門を外部から通勤支配格という高いポジションで雇い入れ，官金御用を営む御用所を設置した。三井家は明治政府の為替御用も引き受け，官金取扱が主要な事業となっていった。官金事業を営む組織は，為換座三井組，三井組と名称を変更し，1876年には三井銀行が設立された。一方で三都にあった旧来の両替店はそれぞれの地の御用所に合併され，また呉服業は金融業に専念すべきとの政府の干渉を受け，1872年に三越家という架空の家を創設して形式上分離した（筆頭の重役手代が店名前を預かる）。また三井家は，井上馨がおこなっていた貿易事業を責任者の益田孝および従業員とともに譲り受け，1876年に三井物産を設立し，のちにみずからの交易事業を合併した。これらの組織変更は三野村利左衛門によって主導された。三井家は1888年に三池炭鉱を官業払下げで入手し，銀行業・貿易業・炭鉱業という三井財閥の中核的事業が成立した。

　三井銀行は官金取扱を主要業務としており，近代的な民間銀行ではなく，また人事の制度も三井家の養成制度を引き継ぐものであった。1890年代初頭には不良債権の累積で経営危機を迎え，井上馨の推薦で福沢諭吉の甥である中上川彦次郎を迎えて経営改革を実行した。中上川は政府御用を返上して民間銀行への転進を図るとともに，慶応義塾など近代的教育機関の出身者を多数採用していった[59]。また三井物産の経営は益田孝に任されたが，同社は米穀・絨・三池石炭などを主要な取扱商品とし，やはり政府の御用商人としての性格が強かった（米穀は政府米の比重が高かったし，絨は軍へ納入）。しかしイギリスのプラット社の代理店となり，日本で紡績業が勃興すると三井物産の機械取扱高は急増し，さらに綿花や生糸などの取扱も増加するとともに，三池炭鉱が三井の所有となったために，三井物産も御用商人ではなくなった。益田孝は三井物産設立当初から近代的教育を

---

59) 三井銀行の不良債権の回収の過程で芝浦製作所（東芝の前身のひとつ）が設立された。また三井銀行は鐘淵紡績・王子製紙の大株主であり，これら3つの企業は三井の有力な傍系企業となった。

受けた人材の吸収に熱心であった。

　三井銀行は設立当初は銀行従業員も出資していたが，1893 年に三井家同族が出資する合名会社に改組される際に，従業員の出資を三井家が買収した。また同年には三井物産・三井鉱山も三井家同族が出資する合名会社となり，また呉服事業も三越家から回収され，三井呉服店となった[60]。しかし三井家は，1904 年に三井呉服店の経営を手離し，重役などが出資する三越呉服店として独立している。呉服業は三井家発祥の事業であり，その近代化に努めつつあったが，三井家が営む事業としてふさわしくないと判断されたのである。1909 年には三井鉱山合名会社が三井合名会社と改称し，同時に設立された株式会社三井銀行と三井物産株式会社の全株式を保有する持株会社となり，その 2 年後には三井合名会社の鉱山部門が三井鉱山株式会社となり，ここに同族が封鎖的に所有する持株会社（合名会社）が傘下株式会社の全株式を保有する組織体制が成立した。こうした体制には，各傘下事業が有限責任となるというメリットとともに，株式会社の所得税率（今日の法人税も所得税の一部とされていた）の方が合名会社の所得税率より低いという税制上のメリットが存在しており，その後多くの財閥に取り入れられていった（安岡，1998b；三井文庫編，1980b；粕谷，2002b）。

3　企業内部の構成者——大株主役員と短期雇用

1）役員の用語法の転換——国立銀行条例から商法へ

　商法が施行される前にもさまざまな会社が存在したが，その定款は国立銀行のそれから強い影響を受けていた。国立銀行の定款雛形は，銀行の「役員」として取締役（うち 1 名が頭取）のほか，支配人，書記方，出納方，計算方，簿記方といった今日の被雇用者にあたる者まで列挙しており，国立銀行では頭取を 1 等とするランクに末端の職員まで割り当てる場合もあった。製造会社の場合，取締役と同じ「役員」は職員までであり，工員もおなじ「役員」に加わる例は少なかった。そして利益の一部が「役員賞与」として取締役のみならず，職員にまで支払われることが多かったのである。このときランクには給与が規定されることも多

---

60) 三井家の 11 家の当主は，1893 年に数名ずつ三井銀行・三井物産・三井鉱山・三井呉服店の出資社員となったが，これはリスクを分散するためであったといわれている。しかし 1898 年には 11 人全員が 4 つの企業すべての出資社員となっている。

かったが，社長（頭取）の次に（もしくはそれ以上に）給与が多かったのは支配人や技師長という職員層のトップで，取締役の給与は低かった。これは取締役が，週1回程度の取締役会に参加するのみの非常勤の取締役であったためである。

　旧商法の施行とともにこうした「役員」の使われ方はほとんどなくなり，取締役（もしくは監査役を含む）を意味するようになる。商法は1938年の改正まで，取締役と監査役を株主総会において株主から選出するように定めており，会社の定款でこれらの役員が保有すべき最低株数を規定するのが一般的であった。取締役は大株主から選任されることが多く，また監査役は会社の会計のみならず，会社の業務も監査したが，やはり大株主から選任されることが多かった。このように商法施行後に役員の用語法が激変したが，1890年頃から取締役と連続的に理解されていた支配人や技師長が取締役に登用されるケースが増加していった。紡績業を例にとれば，三重紡績では工部大学校出身で技師長の斉藤恒三が1891年に取締役にあたる委員に就任，尼崎紡績でも工部大学校出身の菊池恭三が1893年に取締役に就任している。大阪紡績の山辺丈夫が取締役に就任したのは1895年であった。

　さらに明治後期には，日常的に会社の業務執行にあたる取締役が，専務取締役や常務取締役として区別されるようになり，さらに社長に就任するようになった。山辺は1898年に，菊池は1901年に社長に就任している。職員の内部昇進のルートが次第にできていったのであり，戦間期には職員からの内部昇進者がまず取締役となり，ついで常務取締役などとなるケースも増えていった。ただしその場合でも大株主代表の非常勤の取締役がなくなることはなかった（由井，1979；森川，1996，第3章；粕谷，2006b）。

2）利益への強い誘因——専門経営者

　紡績業では斉藤恒三・菊池恭三・山辺丈夫などが，その専門的な能力が評価されて経営陣に加わっていったが，こうした専門経営者の登用は，紡績業に限られていたわけではなく，多くの産業でみられたし，また公開株式会社に限られていたわけでもなく，同族が封鎖的に企業を所有する財閥でもみられた。当然ながら専門経営者の数は，徐々に増加していった。専門経営者は，斉藤らの例にみられるとおり，高い学歴をもち，技術的な知識もしくは経済や法律に関する知識を身につけていた。明治期には40歳代までという若い時代に専門経営者に就任する

ことが一般的であった。当初は政府などから移籍して，企業の専門経営者になるケースが多く，また同業他社からの移動も珍しくなかった。ただし職員から内部昇進していく割合が増加していくと，役員就任年齢が上昇する傾向がみられた（森川，1973，1974）[61]。

専門経営者が企業所有者の意向にそって経営をおこなう必然性はない。所有者は専門経営者に所有者の価値を最大化するよう努力するような制度を作る必要がある。ただし公開株式会社の場合，専門経営者が取締役になったときには，給与や賞与によって自社の株式を購入して相当な大株主となっているケースも多く，株主の利害とまったく異なった利害をもっていたわけではないので，所有者の利害と非常に異なる利害をもつ懸念はあまり大きくなかった。大株主が取締役となり，取締役会などで専門経営者の行動をモニターしていたので，株主の利害に沿った経営方針がとられていた。しかも役員賞与も利益の動向に敏感に反応しており，役員は利益をあげるインセンティブが強かったのである。これらの事実は戦間期の分析から導かれているが，明治期にもあてはまるものと考えられている（岡崎，1993b，1994）。株式会社では株主総会で会社のパフォーマンスが報告されるが，高い配当を求める出資者の圧力が高く，しばしば会社の長期的成長を志向する専門経営者と対立したといわれている（たとえば宮本・阿部，1999）。このような現象は確かに存在したが，株主ないし資本市場は当期の配当もしくは短期的な利益のみを判断基準としているわけではなく，株価も考慮に入れており，株価は会社の長期的な成長可能性をも考慮に入れて形成されるから，会社の長期的発展と株主利益への配慮は，必然的に矛盾するわけでもないことにも注意が必要である。それを超えて株式市場が「近視眼的」であったとする実証結果は提起されていない[62]。

封鎖的に所有されている個人企業や合名会社・合資会社でも状況は変わらない。

---

61) 紡績業では合併の進行と企業成長で，会社の規模が拡大し，本社所在府県に株主が集中していたのが分散したこと，取締役が大株主によって占められていたのが，専門経営者の進出がみられるようになったことなどが，株主名簿の分析によって明らかにされている（鈴木・小早川・和田，2004a，2004b）。
62) 結城（2007）は，20世紀初頭の紡績企業で投資効率がよく生産性が高い企業は，収益性が高く，高い配当率を実現した上で高い内部留保を実現し，長期的な成長にも配慮していたことを実証している。また結城（2011）は，株主総会での発言が利益率の低落や設備投資・合併がある場合に増加したとしている。

表 2-10　三井の重役賞与と月給（1899年下期）

	所属企業	固定給 (A) (円)	賞与 (B) (円)	(B)/(A)
益田孝	三井物産	3,600	42,980	11.9
中上川彦次郎	三井銀行	3,600	42,980	11.9
団琢磨	三井鉱山	3,000	18,420	6.1
上田安三郎	三井物産	3,000	12,280	4.1
朝吹英二	三井呉服店	3,000	12,280	4.1
渡辺専次郎	三井物産	3,000	9,210	3.1
高橋義雄	三井呉服店	3,000	9,210	3.1
波多野承五郎	三井銀行	3,000	9,210	3.1

出典）粕谷（2006b）．
注1）固定給は月給を6倍して算出．
　2）死去にともないメンバーの入れ替わりはあるが，1902年にもほぼ同様の支給がおこなわれていることが確認できる．

　もちろん株価という「客観的」指標は存在しないが，重役の行動をモニターし，インセンティブを与えて，行動を制御しようとしていた．ここでは封鎖的所有の企業から財閥企業を事例として簡単に考察しよう．三井財閥は，傘下企業が合名会社化して体制が整うと，同族と傘下企業の重役が出席する会議を週2回程度開催し，重要な案件について討議した．重役の行動は細かくモニターされていたのである．持株会社が設立されても，重要案件が傘下企業の取締役会（各企業の内部昇進の経営者，三井合名からの派遣経営者，同族からなる）で審議・決定された後，最重要案件については三井合名会社の認可が必要とされており，持株会社の監視は引き続き厳格であった（ただし規模の拡大にともない，最重要案件の範囲は狭められていく）．

　三井財閥では重役に対し高額の賞与を支払っていた（表2-10）．最上層の重役の場合，固定給与（月給）は賞与の12分の1に過ぎず，最下層の重役でも3分の1に過ぎなかった．重役は傘下の1社に所属していたが，賞与は各社ごとに算出されるのではなく，各社の利益の1割をもちより，それを合計した上で，あらかじめ定められた比率で分配された．各社が自社の利益をあげるために他社に不利益なことをおこさないように配慮したといえる（たとえば三井物産は三井鉱山の石炭を取り扱っていたが，三井物産にすれば手数料率は高いほど良く，三井鉱山にすれば低いほど良く，利益が相反するのであるが，こうした対立がおこりにくいように配慮されていた）．各社の重役は利益をあげる強いインセンティブがあっ

たといえるが，この配分方法では各社が利益をあげなくても賞与がもらえるため，利益をあげる意欲をそぎかねない。しかし三井家の事業全体の調和を優先しており，また普段の業務をモニターすることでそうしたマイナス面（利益のかさ上げも含めて）は予防されていたのであろう。三井合名会社が設立され，傘下企業が株式会社となっても，三井銀行の株式が公開されて外部重役が誕生するまで，重役賞与の分配方式は維持されている。三菱財閥においては1906年に幹部クラスへの賞与が，職員とは別体系で導入されたが，三井のような明確な利益連動賞与ではなく，荘田平五郎の事例によれば固定給与とほぼ同額であった（粕谷，2006b）。

3）新卒採用と内部昇進のはじまり——職員

　職員についてはデータの制約もあり，採用と賞与について簡単に述べるにとどめる。職員の中でも高等教育機関を卒業した人材の採用であるが，鐘淵紡績（米川，1994，第8章），三井銀行（粕谷，2006a），三菱長崎造船所（中西洋，2003，449頁），芝浦製作所の技術者（沢井，1995a，207頁）の事例によれば，1900年頃から高等教育機関卒業生の新卒採用が定着している[63]。これは高等教育機関の卒業生が増加したこととこれらの企業がそれらをひきつけるに足るほど確立したものになった，ということであろう（鐘淵紡績ではやや遅い）。三井銀行の事例では，1900年代後半には新卒採用が支配的となっている。この時期に入行した慶応義塾と東京帝大卒業者は，1900年代前半以前入行者に比べて勤続が長期化しており，約半数が20年以上勤続していた[64]。1910年入行者（慶応，東京帝大，東京高等商業，京都帝大に限り考察）20名では，10名が1930年前後に支店長に昇進し，3名が1937年から1939年に役員に昇進しており（その他4名が三井系企業の役員に就任），勤続が伸び，年功的に昇進していた。また40代半ばで支店長，50歳を過ぎて役員，ということであるから，明治期よりは役員就任が遅くなっていた。

　明治前期には職員が取締役と連続的に考えられ，利益処分の賞与の支給対象と

---

63) 三井物産は急成長しており，とくに外国業務が飛躍的に拡大していた。高等教育機関卒業生の新卒採用をおこなったが，それでは不足し，小学校等を卒業して入社した優秀な人材の養成にも努力を払っていた（若林，2007，第4章）。
64) 鐘淵紡績でも1906年現在で，職員の半数が勤続15年を超えていた。

なっていたが，明治後期となると職員の賞与を費用としたほうが税制上有利になることから，こうした扱いは減少してしまう。また職員の賞与は，給与に連動することが多く，当期の業績をもとに査定して支給することは一般的とはいえなかった（粕谷，2006b）。職員の勤労意欲は，昇進を通じて刺激されていたということであろう。三井銀行の事例によれば，早く係長に昇進した者は，早く次長に昇進する傾向にあったが，といって早期に昇進組が選択されていたわけではなく，早く係長に昇進した者が，早く支店長になるという傾向は，次長に比べて弱くなっており，昇進競争の仕切り直しがおこなわれていた。興味深いのは，早く支店長に昇進した者が早く役員になるという傾向が，それ以前の昇進に比べて不明確なことであり，役員になるには，別の基準，おそらく三井同族の意向が働いていたと考えられる。賞与での役員並みの扱いはなくなるが，勤続は延びており，取締役へのルートも開かれていたのであるから，明治末には上層企業において，職員の会社への一体感がかなり高くなっていた，と考えることができよう。

4）激しい労働移動と弱いクラフト規制——工員

労働者，とくにブルーカラーの労働者（工員）の雇用のあり方については，さまざまなタイプがある。雇用のあり方を，労働者に割りあてる仕事をどのように決定するか（仕事の割当の効率性）と仕事の割当が履行される仕組み（仕事の約束の履行可能性）に応じて分類すると表 2-11 となる（詳しい分類の基準については，表の注を参照）。各国へのあてはめは，第 2 次世界大戦後の状況に応じてなされており，19 世紀からこのように分類されるわけではないが，多くの産業で明治以降の技術と江戸時代の技術にギャップが大きく，職人的伝統的技能が工業化に直接大きな役割を果たしたわけでもなく，また江戸時代の職人集団で技能養成の仕組みを確立し，入職規制を確立していた職種もそれほど多くないことから，クラフト・ユニオンによる規制が非常に弱かったため，日本では訓練アプローチをとる余地は極めて限定されていた。状況は第 1 次世界大戦前のアメリカに似ていたが[65]，さらにクラフトの規制力は弱く，企業が技術を選択し，職務を設計していく傾向が強かった。その意味で企業特殊的な熟練も形成しやすかったといえ

---

[65] アメリカに比べ，イギリスや大陸ヨーロッパでは，徒弟制度が強固に残存していた（Elbaum, 1989）。

表 2-11 雇用システムのタイプ

				仕事の割当
				生産アプローチ
				製造やサービスの供給プロセスから生まれる技術的補完性を優先し，それに訓練をあわせ，多くの場合，仕事を通じた訓練となる[1]。
仕事の約束の履行可能性	課業中心ルール	経営者が個々の労働者に割りあてる業務の性質を特定化することで，雇用取引の未決定の性格をコントロールする[3]。	ルール名	職務ルール
			あてはまる国	フランス・アメリカ
			業績の基準	それぞれの職務の要求に対するまじめさ
			労働市場の型	仕事の持ち場・テイラー式内部労働市場
			特徴1	狭い職務範囲のため OJT と問題解決行動は制約
			特徴2	労使の低信頼性に対する抵抗力
	機能・手続中心ルール	労働者と課業を異なったカテゴリーに組織する手続を明確にする[4]。	ルール名	職能ルール
			あてはまる国	日 本
			業績の基準	チームにおける協力
			労働市場の型	機能的柔軟性をもつ内部労働市場
			特徴1	OJT と問題解決行動（普段と異なることへの柔軟性）
			特徴2	労使の高い信頼を要請

出典）マースデン（2007, 46, 159, 213, 277, 321 頁）を簡略化。
注1）たとえば熟しているかなどに応じて摘むべき果実を選定する職務と実際にそれを摘む職務は，異なる技能が，2つの職務には重なるところも多く，補完性が大きいので，ひとつの職務にまとめる。
2）たとえば船舶の配管と家屋の給排水の配管が同じ職務分類としてくくられる（マースデン，2007, 26 第1章）を参照。
3）補完的課業をまとめて持ち場の職務記述書とする（職務ルール：生産アプローチ）か，ある一定の課業を（職域・職種ルール：訓練アプローチ）。
4）職務遂行能力の幅と深さで労働者をランク付けし，問題解決の複雑さに応じて課業を割り振る（職能ルー 労働者をランク付けし，仕事の要求に応じて技能に応じて課業を割り振る（資格ルール：訓練アプローチ）。
5）第2次世界大戦後の状況により各国がカテゴリーに分類されている。

る（Jacoby, 1993）。第2次世界大戦後の雇用のあり方，労使関係のあり方が形成されるのは，戦間期の移行期を経て，第2次世界大戦後のことであるが，以上を念頭にここでは，醸造業の労働形態が江戸時代のそれと大きく変化したわけではないことをすでに確認してあるので，明治期の男性を中心とする金属・機械工業と女性を中心とする繊維工業の工具について，簡単に考察しておく。

金属・機械工業においては，木工職が近世との連続性がもっとも強く，逆に近

の効率性
訓練アプローチ
生産よりも訓練が必要とする補完性に従って，職務を定義し，多くの場合，訓練の機会が別に与えられる[2]。
職域・職種ルール
イギリス
個人の専門に即した職種別の技能の基準
職人・職務の縄張り的職業別労働市場
明確に定義された技能の内部での問題解決
労使の低信頼性に対する抵抗力
資格ルール
ドイツ
専門家としての基準にもとづいた自発性
機能的柔軟性をもつ職業別労働市場
広く定義された技能の内部での問題解決
労使の高い信頼を要請

にもとづくので，別な職種とすることもありうる頁）。配管工（Plumber）については，前田（2008，おこなうための工具や材料を基準としてまとめるル：生産アプローチ）か，労働者の受けた訓練で

世にはほとんど存在しない旋盤工などが連続性がもっとも弱く，鍛冶・鋳物・製罐工などがその中間であったといえる。しかし木工などを除けば，江戸時代の職人の伝統的な技能が明治以降の工場生産にそのまま役に立ったわけではなく，むしろ官営工場で大量の機械が導入され，そこで多くの職工の訓練がおこなわれ，やがて民間工場に移っていったことを強調すべきであろう[66]。当時は特定の品種を大量生産する生産方式はまだ普及しておらず，機械の装備率も低く，職工の万能的熟練に依存するところが大きかったこともあり，鋳物・旋盤などの職場が多数形成されると，職工はよりよい条件を求めて職場を移動するようになり，とくに好景気のときは移動が激しかった[67]。これらは「渡り職工」とよばれている。

親方職工が万能的熟練をもっていたが，工場主から作業を請負い（ある製品・部品の製造を単価と数量と納期を決めて請負う），多数の職工を雇用・指揮し，職工への労賃を支払ったのちの差額をみずからの収入とするという意味での内部請負制は，19世紀末のイギリスやアメリ

---

66) 連続性をどの程度にみるかには，論者によって見解の相違がある。Pauer（1987）が断絶性をもっとも強調するが，尾高（1993a，52頁）は，鋳物や鍛冶ではそのまま通じたとし，隅谷編（1970，83頁）は，鋳物でも伝統的技能は機械鋳物とまったく技能の内容が異なっていたとしている。
67) 八幡製鉄所では，旋盤・鋳物・電機などの職工は，横断的な労働市場が存在し，職場を移ることが多かったが，高炉・平炉などの職工は，他に製鉄所ができるまでは，技能を形成しても移動の余地がなかったという（島田，1969）。

カでもそれほど一般的ではなく，また産業によって普及度に差があったが（鈴木，1985；ネルスン，1978；ジャコービィ，1989），日本でも工場の職工は工場主が直接雇用するのが一般的で（賃金を工場主が親方職工に一括して渡さず，個々に支給することが多い），職長も賃金を受けることが多く，しかも時代が下がるにつれて親方請負制は衰退していった。ただしイギリスやアメリカと同じく職工の採用や解雇，賃金の決定などについては，職長の権限が強く，実際の作業に対する影響力も強かったが（間接的管理），こうした権限も徐々に工場主・技師による管理が強まっていった[68]。

　江戸時代の職人は，親方の家に起居し，数年から10年程度の養成期間を経たのちに自立していたが，工場が普及すると，工員は工場主と直接雇用契約を結ぶのが一般的となり，熟練をもつ特定の親方職工の家に起居して，工場でも特定の親方職工の指導を受ける形態は，非常に限られたものであった。そして工場主が未熟練工を雇用し，ある職場のまとまりのなかで，複数の職工から教育を受けて（当初は使い走りから始まり，技能を「盗む」といった多様な形態がある）技能を形成するという「工場徒弟制」（それまでの「職人徒弟制」と対比して）が一般的となった。このような養成制度は，熟練工の集団による規制（クラフト規制）がないため，使用者（親方職工）からみれば，見習職工に教育を施さず，低賃金労働者として使用する誘因があり，逆に見習職工からみれば，低賃金に甘んじつつ教育を受けるが，使用者（親方職工）が養成費用を回収しないうちに転職して，高賃金を得るという誘因があり，これらの訴えはともに多くみられた。こうした状況に対して，官営工場・民間大工場では，1900年代から独自の養成工制度が徐々に始まっていった（兵藤，1971；山本潔，1994，第2章；西成田，1988，2007；Gordon, 1985）。

　繊維工業では，綿紡績業と製糸業を取り上げる。大阪紡績が操業を開始したとき，労働者は付近から集められた。大阪で紡績業が発展すると遠隔地から募集されるようになり，しかも中心的な工程である精紡を担う労働者は女工となり（若い未婚の女性が多かった），寄宿舎か契約下宿に収容された。精紡はまったく新しい職種であったが，紡績会社が増加するとともに，経験女工の引抜きが激しく

68）イギリスやアメリカでは，職長となると職工ではなく，末端の管理者である職員身分となったが，戦前日本では職工扱いされるのが一般的だったようである。

なり，労働移動が非常に多かった[69]。紡績工場は 24 時間操業で 2 交替であり，労働条件は厳しく，病気となって退社する労働者も少なくなかった（表 2-12）。紡績会社の作業管理は，職長などを通じる直轄管理であったが，これは作業のペースが機械によって基本的に決まるので，職場集団による裁量の余地が小さく，職長による間接管理とならなかったためであり，アメリカ

表 2-12　ある紡績会社の労働者移動

	男工	女工	合計
1899 年末現在数	1,112	4,524	5,636
1900 年入社数	1,323	4,762	6,085
1900 年退社数	1,877	5,824	7,701
解　雇	397	692	1,089
逃亡除名	1,475	4,846	6,321
病気帰休	5	255	260
死　亡	—	31	31
1900 年末現在数	558	3,462	4,020

出典）間（1978，277 頁）。

やイギリスでもそうであった[70]。先進的な紡績企業は，共済組合，病院，学校（学校の補習や裁縫などの家事）などの福利厚生施設を整え始めたが，なかでも鐘淵紡績はそれを体系的におこない，社内報や注意函など社内のコミュニケーションにも注意を払って，経営者が労働者を家族のように慈恵的に扱う家父長主義的管理として有名になった。これらは「日本的経営」の源流とされているが，共済組合や注意函の制度は，ドイツやアメリカの企業を模範としており，欧米にも労働組合のジョブコントロールを拒否し，仕事の内容を可変的にしつつ，さまざまなベネフィットや昇進の機会を与え，労働者の協力を得ていこうとする職能ルール（前掲，表 2-11）にもとづく大企業が少なからず存在していたのである[71]。製糸業でも繰糸作業に従事したのは女性であったが，アウトプットが女工の能力と集中力に依存しており，24 時間操業はおこなわれなかった。やはり見番とよばれる管理者に直接管理されたが，作業が集団でおこなわれていなかったので，間接管理が成立する余地がなかったといえよう[72]。

---

69) 紡績女工の移動は「渡り職工」と移動のメカニズムで共通するところもあるが，渡り職工は多様な職場で，多様な技能を身につけて，1 人前の＝万能の技能者となることが想定されており，工場システムの一部となり，中年以降では紡績女工としてとどまる確率が低く，（結果として）狭い範囲の熟練を身につける紡績女工とは異なっている。
70) イギリスの紡績での二重雇用は有名であるが，熟練紡績工が，せいぜい数名の補助労働者を雇うものである（鈴木，1985）。
71) ジャコービィ（1989，1-26 頁）は，表 2-11 の職務ルールを「ブルーカラー型」，職能ルールを「サラリーマン型」とし，アメリカでも両者が存在したが，工具レベルでは前者が多数派であったとしている。

職員は月給であったが，工員は当初は日給であった。職員と同じような等級表に格付けされ，徐々に昇進・昇給することが想定され，職員と同じような賞与が支給されることもあったが，のちには能率刺激的な出来高給が導入されるようになった。集団的な作業をおこなうところでは，集団に対し出来高給が支給され，なんらかの基準で個人に割り振られていったが，このときに従業員がもっている日給が格付けの基準として利用されることも多かった。また賞与も期末の利益分配的なものから能率刺激的な成果的な支給へと変化していくことが多かった（間，1978）。職員と工員の間には，待遇などに大きな格差があり，身分的格差と捉えられることもしばしばであった。先進的な工場では，職工の定着のためにさまざまな施策がとられ始めるが，移動が激しかったことはすでに述べたとおりである。

労働者を保護する立法として工場法が1911年に成立し（1916年施行），12歳未満の幼年労働者の使用が禁止されたが，女工の深夜業禁止は15年間の猶予が与えられることとなった。また治安警察法（1900年）により，労働運動には厳しい制約が加えられた。それでも労働組合が徐々に結成されていったが，労働のあり方に規定され，クラフト・ユニオンではなく，職場・会社などを単位とする労働組合が結成された（Gordon, 1985, p. 49）。

5）商家奉公人の変化

江戸時代の商家奉公人の雇用関係がいかに変化していったのか，簡単に考察しよう。まず確認する必要があるのは，明治以降建築された近代的ビルディングは，当然ながら止宿のスペースはなく（宿直などを除く），通勤が前提とされていた。職と住が分離されたのである。しかし旧来の構造を残す商家でも，明治中期以降，徐々に店への住込みが廃止され，通勤となり，給料が支給されるようになっていった。三井両替店の流れを汲む三井銀行では，旧来の組織を改め，新しい三井銀行としてスタートする1876年に全員が通勤を許されるという急進的な改革がおこなわれたが，これは三井銀行本店が洋風建築を使用していたことと結びついて

72）1900年に諏訪製糸同盟が結成され，前年度に雇用した女工の排他的使用権を相互に尊重することとした。この同盟は女工の移動を抑制することにその狙いがあるとされてきたが（石井，1972；東條，1990など），中林（2003a）は女工の二重雇用を防止するなど雇用にかかわる取引費用の削減を狙ったものであるとしている。女工の移動を防止する効果があまりなかったことは確認されている。

いる。実際には隣の建物に止宿する者も多く，下級職員は通勤を禁止されるなどの揺り戻しを経て，1886年には全員の通勤が最終的に実現しているが，これは早い例のひとつであろう（粕谷，2002b；千本，1989；若林，2007）。江戸時代から続く呉服店の大丸でも，会社組織を採用し，本店を陳列式に改めた1908年に，住込みをやめて通勤としているが，このときも店の裏側に寄宿舎を設置している（大丸二百五十年史編集委員会編，1967，247頁）。中等教育・高等教育を終えた人材を採用しようとすれば，住込みを強制することは不可能で，住込みの廃止は採用と人材育成の変化をも反映していたのである。ただしこうした変化は，大経営から始まっており，小経営では住込み店員がなくならなかったことは言うまでもない（小工場でも住込み工具は存続した）。

4　会計システムの導入

　さまざまな産業の技術と同じく，会計システムも西洋から積極的に導入された。江戸時代の日本の会計技法が，商家独特の秘伝として伝えられ，形式知化が遅れ，簿記書が存在していなかったのに対し，西洋の会計技法は高度に形式知化され，簿記書も多数出版されていた。簿記技術の導入は，簿記書の翻訳から始まった。福沢諭吉が *Bryant and Stratton's Common School Bookkeeping* を翻訳した『帳合之法』（初編2冊，1873，二編2冊，1874）が最初の簿記書の翻訳出版である。漢字とカタカナの縦書きで，数字は漢数字が用いられており，日本人に抵抗が少ないように工夫され，慶応義塾での授業にも用いられた。その後さまざまな簿記書が翻訳され，さまざまな学校で用いられていった。

　簿記の普及に大きな役割を果たしたのは，国立銀行である。大蔵省は全国に設立された国立銀行の財務状態を把握するため，統一的な簿記システムの導入を図り，お雇い外国人のシャンド（Alexander A. Shand）に銀行制度とともに銀行簿記の指導をおこなわせた。シャンドは銀行簿記に関する原稿を書き，大蔵省の官僚が「銀行簿記精法」（1873）として翻訳し，銀行学局での講義に用いられた。全国の国立銀行に統一的な簿記システムが普及したのである。

　商法成立前に設立された会社でも財務諸表が作成されていたが，旧商法（1890年公布，1893年一部施行）では，株式会社は株主総会において財産目録と貸借対照表などを作成して決議しなければならないとし，新商法では損益計算書の作成

も義務付けられた。会社の設立も増加していたから、簿記に対するニーズは高く、1890年には東京市だけで、公私・昼夜あわせて約50もの簿記学校が存在していた（黒澤，1990；小林編，1994）。

　江戸時代の日本にも複式簿記の原則にのっとった帳簿が作成されており、複式簿記の原理は共通していたが、表面的な技法の差は大きく、江戸時代の簿記の担当者が、西洋簿記の原理を吸収しやすかったというわけではなかった。越後屋呉服店の流れを汲む三井呉服店では、1890年代の改革に際して、近代的な簿記制度が導入されていたし（初田，1993，66頁）、近世屈指の両替商であった鴻池家では、1670年に定められた算用帳の形式が家政改革が断行された1899年まで踏襲されており、驚くべきことに明治初期に廃貨となった銀匁単位が当主が交代する1887年まで用いられていた（廣山，1993）。家政改革や当主の交代といった経営の変化が簿記システムの変更を促したといえよう。

　固定資産の規模が大きくなると減価償却が大きな課題となる。シャンドの指導により国立銀行は、建物の償却を実施しており、特許を得ないで設立された会社も実施するようになったから、減価償却についての知識は非常に早く普及したといえる。ところが実際の運用では、損失を計上するか、利益が少ないときには実施が見送られるなど、任意性が強かったが、減価償却の実施を促進したり、強制したりする制度がない以上、ある意味で当然といえる。そのなかで郵便汽船三菱会社、日本郵船、大阪商船は、減価償却を確実に実施した早い例に属しているが、政府から補助金を支給されるに際し、船舶の維持のため、減価償却を義務付けられていたことが大きく影響していた[73]。また1898年に日本勧業銀行が救済融資をおこなったが、融資を受ける条件として減価償却の実施を求めたことも影響した。さらに1899年に所得税法が改正され、法人も利益に対し所得税（今日の法人税）を納めることとなったが、1903年に船舶・建物・機械などの減価が経費として認められることが確定し、減価償却を経費として計上することが増加していった（利益処分としておこなうと課税される）。こうして減価償却は制度として定着していったが、1918年には大蔵省内規として「固定資産堪久年数表」が作成され、減価償却の基準が整備されている（高寺，1974）。

　製造企業にとっては、製品の原価を知ることも重要である。造船業は受注生産

73）日本郵船の会計については、山口（1998）が詳しい。

3. 会社のはじまり——157

であることから，事前に製品価格を決定し，納品するため，正確な見積もりをする必要があり，原価を計算し，見積価格と比較することで，次の見積もりの正確性を確保する必要があった。日本企業は外国の造船企業と厳しい受注競争をおこなっており，原価計算の必要性は高かった。日本最大の民間造船所である三菱長崎造船所では，官業の貸下げ（のち払下げ）を受けたときに，三菱が経営していた横浜の三菱製鉄所（造船業）からスタッフを移し，会計システムを整えた。外国人が担当していたため，英語で帳簿がつけられている。当初は，完成品売却額から原料費・労務費・経費などの原価を差し引き，利益を算定し，期末の仕掛品は売価で評価し，収益に計上するとともに貸借対照表に載せ，翌期に完成品として売却するときには，仕掛品を資産からはずして経費にたて，二重計上を避けていた。利益は正確に算定されるが，個別船の原価は測定できていない「商業簿記」の段階にあった。1899年にそれまでの会計担当者が死去すると，三菱は1896年に刊行されたルイス（J. S. Lewis）の *The Commercial Organization of Factories* をもとに，1900年から新しい帳簿組織を採用した。材料・労務などのさまざまな伝票・帳簿を整備し，その管理を厳格にするとともに，製品の直接材料費と直接労務費を集計し，製品勘定の資産におき，製品が販売されると，製品の原価として記帳される仕組みに変更した。ただし全体にかかわるドック・建物の減価償却に代表される間接費は，一括して費用として計上されており，製品に配賦されておらず，「工業簿記」の段階にあった。しかしルイスの著書は当時の工業会計においてスタンダードな書物であり，欧米でもそれに倣う企業が多く，三菱もその刊行後わずか4年で実施しており，欧米と比較して遅れていたわけではなかった。欧米企業との競争にさらされていた三菱は，製造技術のみならず，会計技法の導入にも積極的だったのである。その後三菱の原価計算は，1908年に会計規定が整備され，最終的に間接費を製品に配賦し，「原価計算」となるのは1918年であった（山下，1995；豊島，2006）[74]。

---

74) 日本郵船の予算統制・原価管理については，山口（2000）が詳しい。

第3章

近代企業の変容と大量生産の胎動

―戦間期―

1.——戦間期における制度の変容

1 戦間期の法と制度

　戦間期には明治期に形成された法制度が基本的に引き継がれているが，いくつかの点で大きな変化が生じている。まず第1に貨幣制度が大きく変動した。1914年に第1次世界大戦が勃発するとヨーロッパの主要国は金本位制を停止した。輸出が増加した日本は金本位制を維持していたが，アメリカが1917年に金本位制を停止すると日本もそれに追随した。1919年のアメリカを皮切りに世界各国は金本位制に復帰したが，日本は主要国でもっとも遅れて1930年1月にようやく復帰した。しかしすでに世界大恐慌が発生しており，イギリスが金本位制を離脱すると円売りドル買いの投機（＝資本逃避）がおこり，日本も1931年12月に離脱した。為替平価は100円＝49.875ドルであり，金本位制停止中の1920年代には1割から2割程度円安で推移していたが，金本位制を離脱した1932年以降は30ドル程度という大幅な円安で推移し，輸入代替・輸出伸張に有利に作用した。政府は為替の安定を図るため外国為替管理法（1933年）を施行した。1937年までは為替相場が安定していたため実施は見送られたが，政府が外国為替管理を通じて貿易管理をおこなうことが可能となっており，政府の国内経済活動への裁量範囲（統制力）は拡大した。

　次いで労働に関する法制度もかなり変化している。工場法は1911年に制定され，1916年に施行されたが，年少者および女性の深夜労働禁止は施行後15年間の猶予が与えられていた。この深夜労働禁止の規定は工場法の改正により，1929年に実施されたが，女性の深夜労働に依存するところが大きかった綿紡績業に合理化を促すこととなった。また労働者の権利については，1900年制定の治安警

察法ではその17条において労働組合の結成と争議に強い制約が課されていたが、1926年の同法改正で17条が撤廃された。また日本は国際労働機関（ILO）に1919年の設立以来加盟していたが、労働者代表の選出を労働組合からおこなうかが大きな問題となり、結局1924年に労働者代表が労働組合から選出されるに至った（鈴木文治総同盟代表）[1]。これらによって労働組合の行政的な承認がおこなわれたといえるが、内務省社会局がたびたび労働組合法案を帝国議会に提出したものの、成立することはなく、団結権は法認されなかった[2]。さらに労働者側は経営側との団体交渉権を要求する運動をおこなったが、経営側は（産業横断的もしくは全国的）労働組合の介入を拒否し、企業内の労働者代表と経営側が懇談する工場委員会制度が大企業（および官営工場）に定着していった。団体交渉権の法認もなかったが、工場委員会では労働条件についても話し合われた。最後に労働争議については、治安警察法改正と同時に労働争議調停法が制定され、罷業権が確立したわけではないが、争議そのものを取締りの対象とせず（争議の自由）、その調停の手続きが定められた（兵藤、1971、第3章；西成田、1988、第3章）。

　最後に高度成長期を特徴づける産業政策が形成され始めた。1911年に関税自主権を回復して以降、政府は国内産業を保護するために関税率を引き上げることが可能となり、しばしば関税定率法が改正された（1920年、1926年、1932年など）。関税引上げによって輸入代替が促進された例としてはレーヨンなどがあげられる。さらに政府は関税引上げにとどまらず、特定の産業の振興をめざした法律を制定するようになっていった。染料医薬品製造奨励法（1915年）、製鉄業奨励法（1917年）、軍用自動車補助法（1918年）などがその初期のものであり、商工省が農商務省から分離されて成立した1925年頃には、鉄鋼・ソーダ・染料が3大産業として商工省の育成のターゲットとされた（宮島、2004、43頁）[3]。これらの産業は関税が引き上げられたり、補助金が支給されたりしたが、1920年代には自由貿易による利益も重視されていた。1930年代には開発主義的産業政策が明確となり、輸入代替を果たした鉄鋼・ソーダ・染料にかわって新たにアル

1）日本は1938年にILO脱退を通告し、1940年に発効した。
2）組合に加入したことをもって労働者を解雇することが直ちには不法行為とならないことを意味する。
3）染料医薬品製造奨励法は1925年に染料製造奨励法となった。

ミ・自動車がターゲットとなり，自動車製造事業法が1936年に制定された（軽金属製造事業法は1939年）。同法は外資規制を明確にして，フォード（Ford Motor Co.）・GM（General Motors）の現地工場の拡張を抑制するとともに，同法にもとづく自動車工業への参入許可会社を豊田自動織機製作所（のちトヨタ自動車工業）と日産自動車に制限した（のちヂーゼル自動車工業が追加）。自動車製造事業法では軍事的な視点が重視され，陸軍も深く関与していた。

また商工省は産業に政策介入する法律も整えていった。重要輸出品工業組合法（1925年）は，工業者が工業組合を結成し，製品検査や共同設備などをおこなうとしたものであるが，必要がある場合は商工省が組合のアウトサイダーをその規制に従わせることができるようになっており，1931年には対象を重要輸出品から重要工業品に拡張し，工業組合法と改称された。工業組合は主に中小企業が中心の業種を対象としており，大企業が中心の産業には重要産業統制法（1931年）が制定された。同法もカルテル協定をアウトサイダーにも強制しうるようになっていたが，商工省は恐慌期のカルテル助成（および中小工業者の保護）から景気回復期にはカルテル規制に重点を移していた。こうした政策のなかで1934年には，官営八幡製鉄所と民間製鉄会社が合同して日本製鉄株式会社が成立した（橋本，1984，345-366頁；平沢，2001；宮島，2004，第1章）。

2　自主技術開発のはじまりと教育の拡充

戦間期においては外国からの技術が導入されるとともに，国内での自主技術開発も進んだことが明治期との大きな相違である。まずは技術導入についてみよう。技術の導入をするときに個々の特許の実施契約を個別に結んで技術を導入する場合と資本提携などをおこなった上で包括的に技術を導入する場合とに分けられる。技術をもっている企業にとって，製品の輸出が相手国の国産奨励政策等の理由で困難な場合，特許の代替性が強い場合（ほぼ同じ製品を異なる特許で製造できるなど），および特許の有効な範囲が狭い場合は，特許実施を許可することが多く，電線，化学，産業機械（エンジン，タービンなどを含む）などの製品にあてはまる。これに対して特許権の制約が強い電気機械では，資本提携をおこなって技術を導入するケースが多かった。しかし電気機械においても，国産材料の試験から始まって，徐々に自主開発を本国企業の反対を抑えながら進めており，技術が蓄

積されていった（長谷川，1995a；内田，1977）。もちろん明治期に盛んにみられた，リバースエンジニアリングによる技術習得もおこなわれており，製品の模倣は重要な技術習得の方法であり続けた。

　国内の技術開発は，もちろん明治期からおこなわれていたが，技術開発をおこなう国立の機関としては，工業試験所（一般分析，化学，窯業，染色など），電気試験所，醸造試験所，鉄道大臣官房研究所などがあった。また地方が設立する工業試験場および民間企業や同業組合による試験場や講習所なども設立され，地域の産業に密着した試験をおこなったが，染織，醸造，窯業などの伝統産業に関するものが多かった。

　第1次世界大戦期に外国機械や情報の輸入が途絶し，自主技術開発をおこなう必要性が痛感された。また第1次世界大戦が総力戦であったことから，軍部を中心に総力戦体制の構築が目指され，軍需工業動員法やさらには染料医薬品製造奨励法，軍用自動車補助法などの補助法が制定されるとともに，軍（航空機など）や官（機関車，電気機関車，電話交換機など）の国産品優先調達政策がとられた。これらは補助金や市場を確保することで，産業の発達を促すものである。さらに官立の試験研究機関としては，陸海軍のそれを別とすれば，既存研究所の拡充がおこなわれるとともに，大阪工業試験所，臨時窒素研究所，燃料研究所などが設立され，大学の附置研究所として，東京帝大航空研究所や東北帝大金属材料研究所などが設立された。また政府からの補助金などにより財団法人の理化学研究所が設立された。さらに府県の試験研究所も増加し，1934年にはほとんどの府県で工業試験研究機関が存在しており，その数は87にのぼった。地場産業・伝統産業を対象とするものが相変わらず多く，小規模なものがほとんどであるが，東京市電気研究所，大阪市立工業研究所，東京商工奨励館，大阪府工業奨励館の規模が大きかった。地方の試験研究機関は，試験研究とともに地場の中小企業の出張指導や巡回指導をおこなっていた。また民間とくに大企業が研究所を設立するようになっており，その数は1920年に312に達した。不況とともに減少し，1923年には162となったが，1931年には193にまで回復している。当初は化学や染織を研究対象とするものが多かったが，機械器具や金属を対象とするものが増加しており，産業構成の変化を反映していた。このような技術導入と自主技術開発によって，染料，ソーダ，特殊鋼など多くの製品で国産品による輸入代替が進展していった（鎌谷，1988；内田，1983a，1986；沢井，2005，2008；青木，

2011)。これらの試験機関や企業で製品開発や技術開発を担ったのは，大学や高等工業学校を卒業した技術者であった（戦間期に急成長したレーヨンの事例は，王，2004 を参照）。

　1910 年の技術者数は，官庁に 2,235 人，民間に 2,843 人であったが，1920 年にはそれぞれ 3,794 人，10,368 人となり，民間技術者が急増していた。技術者の多い産業は鉱山，繊維，造船であり，産業の構成を反映していたが，金属で 13.5 倍，電気機械で 7.4 倍，化学で 6.1 倍，機械で 5.2 倍など，新興の重化学工業での増加が著しかった（内田，1988a）。明治末には造船業で詳細設計図面を日本人技術者のみで書くことができたが，工作方法を具体的に指示する工作図は作成されず，現場の熟練工任せであり，熟練工の裁量の余地は大きく，現場で熟練を積んだ工具の技術者への登用を進めざるをえなかった。電気機械工業でも，こうした状況は共通しており，熟練工が請負単価を実質的に決定していたが，戦間期に高等教育・中等教育を受けた技術者の採用を増やし，工程管理を進めるとともに，請負単価の決定も技術者が握るようになっていった。これにともなって日立製作所では，工具から職員への登用も減少していった。電気機械では基礎的な学理に負うところが大きく，こうした傾向が強かったようである。また三菱電機では外国資本との提携により設計部門の強化が図られている（菅山，1987，1989；市原，2007，2009）。

　そこで最後に科学技術の基盤となる教育についてふれておこう。1908 年から義務教育が 6 年に延長されたが，中等・高等教育へのニーズは高く，これらの教育機関が増設されていった。中等教育機関についてみれば，中学校・実業学校・高等女学校の合計数は，1905 年には 641 であったが，1915 年には 1,228，1925 年には 2,104，1935 年には 2,784 と増加していった。高等教育機関では政府は，（実業）専門学校を主に地方に設置していき，東京など大都市には私立の専門学校が設立されていった。また明治期の制度では大学は帝国大学のみであったが，一部の私立・公立の専門学校が独自の課程を追加して，大学の名称を取得するか（1902 年の早稲田大学が最初），東京高等商業学校のように学士の学位を授与していった。こうした流れを受けて，1918 年に大学令が制定され，官立単科大学や公私立大学の設立が認められるようになり（帝国大学の制度は残された），教育課程を整備した（実業）専門学校が大学に昇格していった。しかしその一方で（実業）専門学校の設立も進んでおり，高等学校・（実業）専門学校・大学の合計数

(%)

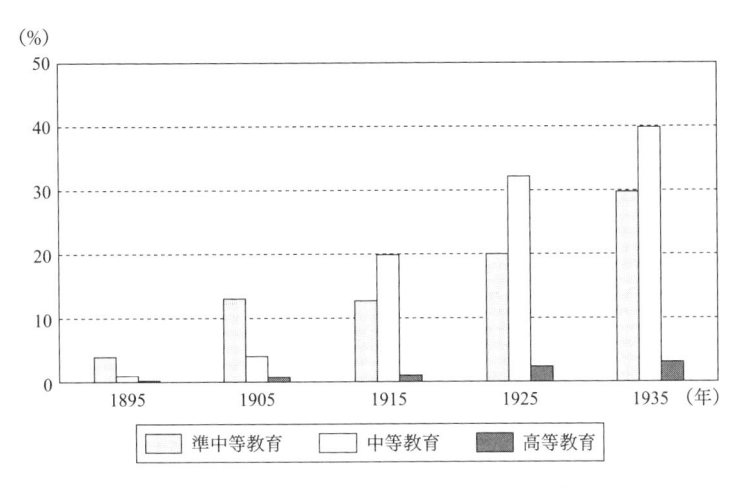

図 3-1 在学者の該当年齢人口に占める比率

出典）文部省調査局（1962, 40, 50, 178 頁）。
注）準中等教育とは，実業補習学校（青年学校），徒弟学校など，中等教育とは，高等小学校（1908 年以降），中学校，高等女学校，実業学校（甲，乙）など，高等教育とは，高等学校，専門学校，実業専門学校，大学など。

は，1905 年 73，1915 年 100，1925 年 198，1935 年 254 と増加していた。

これらの結果，在学年齢にしめる在学者の比率は，中等・高等教育で着実に増加していた（図 3-1）。そして生産年齢人口の学歴別構成では，1905 年でも不就学者がなお 57％存在していたのが 1935 年には 7％となる一方で，初等教育卒業者が 42％から 82％に，中等教育卒業者が 0.9％から 9.2％に，高等教育卒業者が 0.2％から 1.6％に増加していた。さまざまなレベルの技術者や事務職員が供給され，厚みをもつようになったのであるが，1920 年代から昭和恐慌期にかけては不況基調で推移したため，高等教育を受けた人材の就職難が社会問題となった（文部省調査局，1962；天野，1989）。また尋常小学校を卒業後，働きながら学ぶ人には実業補習学校が存在していたが（農業が中心），1926 年には青年訓練所が設置された。1935 年には両者が統合され，青年学校となるが（普通科 2 年，その後本科は男子 5 年，女子 3 年），1939 年には青年学校が男子について義務化され，企業が青年学校を設置することが増加した。

3　産業合理化の進展

　度量衡については，1921年に度量衡法が改正され，メートル法が専用されることになり，メートル法の普及運動もおこなわれたが，尺貫法・ヤードポンド法も根強く定着しており，たびたび実施が延期された（日本計量協会編，1978）。この統一の遅れは工業製品の規格統一にも影響した。工業製品の規格化が進めば，品目数が減少し，生産・流通・在庫・使用にかかわるさまざまなコストを削減できる。たとえばネジの寸法が規格化されていることのメリットは明らかであろう[4]。日本でも先駆的に規格を統一する動きがあったが，欧米で第1次世界大戦期に規格統一の運動が進められたのを受けて，1921年に工業品規格統一調査会が設けられ，その答申を受けて政府はさまざまな分野の規格を日本標準規格（JES）として制定していった。規格統一は1930年に設置された商工省の臨時産業合理局が担当することとなったが，1937年末までに告示公布された規格数は317に及んだ。鋼材，ボルト，限界（リミット）ゲージなど広範な影響を与えるものであった。JESはメートル法によることとされ，メートル法普及に大きな役割を果たしたが，さまざまな業界・団体で制定される規格のすべてをメートル法で統一することはできなかった。規格化はさらに用語の標準化，さらには商品規格の単純化（一例として，毛布の寸法が200種類以上あったのを素材ごとに分けても37種類に工業組合の協力を得て削減）へと広がっていった（通商産業省編，1961，第6章；工業技術院標準部編，1959，第2章）。

　組立産業において製品品質の向上と製造コストの引下げに効果があるのが，互換性部品による生産である。アメリカではフォード自動車が1910年代の前半にほぼ完全な形で導入し，製品の信頼性向上とコスト低減を実現していったことは有名である（和田，2009，22頁）。互換性部品による生産をおこなうには，部品寸法に許容される誤差である公差があらかじめ定められていることとすべての部品の誤差がその公差のなかにおさまっていることを必要とする。前者には高度な設計能力が，後者には正確な加工をおこなうための多数の（専用の）工作機械，

　4）ネジを自社規格としておけば，修理などは自動的に自社に来るので，自社規格にメリットがないわけではないが，社会的にはコストがかかる。ただしあまりに規格が煩雑であれば，イノベーションを阻害する。

加工対象の正確な位置決めのための治工具・取付具，加工した部品を検査する計測具，ゲージなどが必要とされる。公差は小さいほど製品の性能が高くなるが，製品コストは上昇するから，必要とされる性能と販売価格の双方を考慮に入れて決定される必要があるという意味で，純粋に技術的なものではない。互換性部品による生産がおこなわれれば，熟練工による部品のすり合わせ（ヤスリ掛け）が必要なくなり，熟練工による職場のコントロールから技術者による職場のコントロールへと変化していくことになるが，設計部門の拡充や工作機械の導入に多額の投資が必要とされ，固定費が上昇するから，大量の需要がある製品でないとコスト低減は実現しない。互換性部品による生産は，機械工業でも同一品を多数生産する自動車や大量生産向けの電気製品に適合的である。互換性部品ならば組立は指示されたとおりに組み付けるという作業になり，アセンブリーラインが登場することとなる。こうなると生産のノウハウの多くは，設備に体化されてくることになり，その意味でプロセス産業に似てくるが，生産の柔軟性は失われることになる[5]。

　互換性部品による生産の前提となる限界ゲージが採用されていた企業は，1930年に民間で 21 あったことが報告されており（表 3-1），東京・大阪・名古屋で工作機械・内燃および外燃機関・紡織機などの分野で集積しつつあったといえる。もちろんこれは限界ゲージ採用企業の一部に過ぎないし[6]，また逆に限界ゲージの採用が互換性部品による生産の全面的な実施を意味するものではないが，たとえば豊田自動織機製作所においては，公差にもとづいた設計のもとにほぼヤスリ掛けが排除され，アセンブリーラインによって組み立てられていた（和田，2009，207 頁）。

　互換性部品にもとづく生産とは別に，生産の合理化に大きな進展をもたらしたものに科学的管理法の導入があげられる。テーラー（F. W. Taylor）は 19 世紀末から科学的管理に関する文献を刊行していたが，1911 年にその集大成ともいうべき *The Principles of Scientific Management*（邦訳，テーラー，1969）を刊行した。

---

[5] ただしどうラインを編成するかは大きな問題である。たとえば 1 人の作業員が多数の作業をおこなえて（多能工），少ない人手で，フレキシブルな生産ができると高い競争力をもつ。多能工などの仕組みは，戦後の発展に大きな役割を果たす。

[6] たとえば 1931 年頃に登場した金沢の津田駒次郎工場の K 型力織機は，メートル法にもとづき，リミットゲージを採用していた（津田駒工業，1969，28 頁）。

表 3-1　限界ゲージ導入企業

属　性	1925（大正 14）年	1930（昭和 5）年	業種・製品
官　営		陸海軍諸工廠 鉄道省各工場	軍需品 機関車
関東地方	芝浦製作所 東京石川島造船所 東京瓦斯電気工業 池貝鉄工所 新潟鉄工所 明電舎 園池製作所	芝浦製作所 東京石川島造船所 東京瓦斯電気工業 池貝鉄工所 新潟鉄工所 明電舎 園池製作所 富士電機製造	電気機械 船舶・自動車 自動車 工作機械 工作機械 電気機械 工具・計器 電気機械
中部地方		遠州織機 豊田織機製造 大隈鉄工所	織　機 織　機 工作機械
関西地方	汽車製造 発動機製造 大阪機械工作所 久保田鉄工所 木津川製作所 澤竹機械研究所 川崎造船所 三菱造船所 神戸製鋼所	汽車製造 発動機製造 大阪機械工作所 久保田鉄工所 木津川製作所 澤竹機械研究所 川崎造船所 三菱造船所 神戸製鋼所 阪神鉄工所	機関車 内燃機関・三輪自動車 紡織機・量水器・兵器 鋳鉄管・石油発動機 継　手 鉄工・機械 船舶・機関車・飛行機 船舶・機関車・内燃機 鉄鋼・船舶・電気機械 内燃機関

出典）工学会編（1925, 712-713 頁；1930, 347-348 頁）など。
注）会社，株式会社などは省略。「豊田織機製造」は原表記のまま。

　日本ではその翌年に翻訳が出版されており，科学的管理が非常に注目されていたことを示しているが，その他の著者による科学的管理法に関する刊行物も次々と翻訳・出版されるとともに，大学など高等教育機関でも科学的管理法が教授された。1925 年には日本能率研究所が上野陽一を所長として設立され，1927 年には日本能率連合会が発足している。上野をはじめとするコンサルタントも多数存在し，工場の指導にあたった。これに対し，臨時産業合理局に結実する政府の合理化運動は，企業合同と産業統制を重視するドイツ流の合理化運動に傾斜していたが，臨時産業合理局の提言を普及する組織として，日本工業協会が設立され（1931 年），実際的な管理技術の普及に努めた。

　官営工場を含むさまざまな産業において科学的管理法が導入され，成果をあげ

ていたが、もっとも早い導入の事例は鐘淵紡績であった。鐘淵紡績は多数の紡績会社を合併していったが、合併会社の製品品質がばらつくという問題に直面し、工程を調査・分析することにより品質上の問題を解決していった（桑原、1996）。また大阪紡績と三重紡績が合併して成立した東洋紡績でも製品品質の不均一に直面し、大規模に動作研究などを実施し、標準動作を確立してそれを全社に広めていくことにより、生産性を向上させていった。こうした導入のタイプのほかに、外国資本と提携している会社では、外国の提携先から科学的管理が導入された。日本電気はウェスタン・エレクトリックから、芝浦製作所はGEから、三菱電機はウェスティングハウス（Westinghouse）から、それぞれ管理方法を導入し、顕著な成果をあげている（高橋、1994；佐々木、1998）。こうした科学的管理は、技術者が設計によって現場をコントロールするようになって、初めて可能となったのであり、技術者の大量採用とその能力向上が前提となっていた。なお、現場を実質的にコントロールしていた熟練工から単価決定権を経営側に移すなど、熟練工との摩擦をともなうものでもあったことには注意が必要である。

4 海外生産の端緒

　台湾・朝鮮が植民地化されるとこれらの地域の資源を採取し、さらにそれを利用する企業が設立されたが、第1次世界大戦以降は、これらの地域に加えて、南方での資源開発も本格化する。フィリピンでのマニラ麻、マレーでのゴムなどの栽培事業をおこなう企業が多数設立されたほか、石原広一郎はマレーで鉄鉱石の開発をおこない、鉱石を日本に輸入して鉄鋼業の生産拡大に寄与した。石原はマレーに渡り、弟とともにゴム園を経営していたが、1919年にスリメダン鉱山を発見すると、1920年に南洋鉱業公司を設立し、八幡製鉄所に鉱石を供給した。のちには鉱石を輸送する海運業も営み、1929年石原産業海運合資会社と改称した（1934年には株式会社となる）。石原はマレーその他でさらに鉄鉱石の開発を進めるとともに、マレーでボーキサイトの開発もおこなった（奈倉、1984、126頁；安場、1980）。

　戦間期にはこうした資源開発以外の海外直接投資も進んだ。綿紡績業では第1次世界大戦前に上海紡績（三井物産系）と内外綿の上海現地工場が設立されていたが、第1次世界大戦中から中国の民族紡績が急速に発達したこと、1919年に

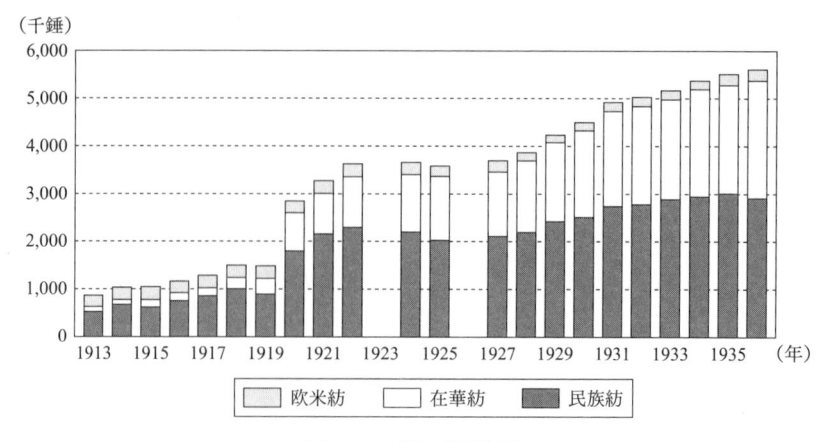

(千錘)
　　　　　　　　　　　　　図 3-2　中国の紡績錘数
凡例：欧米紡　在華紡　民族紡

出典）髙村（1982, 98頁）。

関税引上があったこと，1920年代は高賃金で推移したことなどから，日本の輸出綿糸は主要輸出市場であった中国での競争力を失った。このため日本の有力な紡績企業は上海，青島などに現地工場・現地法人を設立していったが，これらは在華紡と呼ばれる。在華紡は中国民族紡の3分の2ほどの錘数規模となったが（図3-2），日本の中国への政治的・軍事的進出により労使関係が動揺することも多かった。在華紡は紡績のみならず織布も兼営し，低級品の太糸に加えて中細糸を生産するなど製品の高付加価値化を進めるとともに，最新鋭のハイドラフト紡機を導入していった（髙村，1982；桑原，1990；森編，2005）。

　在華紡の運営について内外綿を事例にみていこう。内外綿は1911年に上海工場の運転を開始したが，中国人女工を日本の西宮工場で教育訓練するとともに，多数の日本人技術者・熟練工を上海に派遣して，上海工場の立ち上げをおこなった。上海工場は直接管理されたのである。その後も内外綿は中国で規模を拡大していき，1921年には総資産の9割以上が中国に存在していた。内外綿は中国民族紡績が太糸での競争力を蓄えるのに対応し，中糸の生産を増やすとともに，中国工場からインドなどへも輸出するというグローバル・オペレーションをおこなっていた。また内外綿では1920年代後半という早いタイミングで中国にハイドラフト紡績機を導入している。さらに内外綿は織布をおこなったが，薄地の生産を増やすとともに加工綿布の生産も増やすなど製品の高付加価値化を進めた。こ

れらは日本の西宮工場で実習を受けた人員を中国に派遣するなど西宮工場の生産ノウハウを組織的に移植したものであり，1929年には最新鋭の工場を愛知県安城に設置し，老朽化した西宮に替わって最新鋭工場での生産ノウハウを移転する工場とした。日本国内の工場がマザー工場の機能を果たしていたのである（桑原，2004）。

さらに朝鮮では日窒（日本窒素肥料）コンツェルンが1920年代半ば以降，朝鮮窒素肥料などの子会社を設立して，大規模な電源開発と硫安をはじめとする肥料製造に乗り出した。朝鮮北部で開発した電源は150万キロワットを超え，一般への電源供給のほか，水の電気分解によって水素を得て，アンモニア合成をおこない，硫安を製造するというもので，さらに油脂事業（グリセリン・石鹸等）などへと多角化していった。日本窒素肥料は日本で電源開発と硫安製造をおこなっており，それを朝鮮でさらに大規模に展開したのであった（大塩，1989，第3章）。

以上を日本人の海外への進出という観点からみてみると，増加のスピードは衰えたが，植民地等の勢力圏を中心に日本人の海外への進出が継続していた（前掲，表2-2）。戦間期には，台湾・朝鮮より南樺太・関東州および満洲での増加が著しい（南洋群島も増加率は算出できないがかなり増加）。移民制限により北米やハワイでの増加は鈍化したが，ブラジルへの移民の増加は著しかった。戦間期になってもヨーロッパでの在住者は多くはなかったこと，ようやくアフリカに少数の日本人が居住し始めたことも注目される。

外国企業の日本進出という点では，電気機械・機械器具・自動車・石油・タイヤなどで外資系企業が設立された。1931年1月現在で外資系企業は88社あり，外国企業の支社が29，外国人が完全所有し経営する日本法人が13，外国人がマジョリティーをもち経営する日本法人が10，日本と外国の合弁で日本人が経営する日本法人が36であった（外国企業の国籍はアメリカ36，イギリス21，ドイツ17，その他14）。このなかにはフォードとGMの日本工場も含まれ，アセンブリーラインによる自動車の組立を開始した（部品はアメリカより輸入）。外資系企業から狭義の生産技術のみならず，経営管理などの技法も日本に移転され，人の移動などを介して日本企業へと伝播していった（宇田川，1987a，1987b）。

5　デパートの発展とメーカーの流通への関与

　戦間期に都市人口が増加するが，工業とともに商業に就業する者が多く，その多くは中小の小売業者となっていき，都市の商業が発展する（表3-2）。第1次世界大戦期の米騒動に象徴されるように，米をはじめとする日用品の安定的な供給が重要な課題となった。大阪市が1918年4月（米騒動の直前）から開始した公設市場は，こうした問題への対処として注目され，大阪・京都・名古屋・神戸など関西を中心に普及していき，物価の抑制とともに，正札販売・現金持帰り制などの新しい消費慣行の定着にも大きな役割を果たした（石原，2004）。また戦間期には自動車による物資輸送が始まったが，自動車による輸送は短距離が中心で，長距離輸送を鉄道でおこない，最寄り駅からトラックで輸送する，といったパターンをとることが多かった。

　明治末に誕生した百貨店は都市化とともに急速に成長し，さらに大衆化を進めて顧客の裾野を広げていったため，東京市では1932年において小売に占める百貨店の売上げの比率が25％に達した[7]。売上げを奪われた中小小売商店は1920年代に反百貨店運動を組織するようになった。こうした動きを受けて日本百貨店協会は，1932年に出張売出し・支店等の新設・おとり販売をおこなわず，毎月3日間休業するなどの自制協定を結び，ほぼ同じ内容が商業組合法にもとづく統制規定となった。しかしこの措置によっても百貨店と中小商人の対立はおさまらず，1937年に百貨店法が制定された。同法等では，大都市で3,000平方メートル，その他で1,500平方メートル以上の売場面積をもち，衣食住に関する多種類の商品の小売をなす営業者が百貨店と定義され，百貨店の営業が許可制とされたほか，支店等の設置・売場の拡大・出張販売について商工大臣の許可が必要とされ，さらに閉店時間や休業日が規制された。このほか日本百貨店組合の統制規定で，無料配達地域や顧客の送迎なども統制されることになった。（鈴木安昭，1980，116，326頁）。百貨店法が施行されたときには日中戦争が勃発しており，戦時の消費統制も重なっていくが，百貨店は成長の重い代償を払うこととなったのである。

7）1974年の東京都区部における同様の比率は29％であり，ほとんど変わらない。また1930年代の同様の調査では，この比率が名古屋で16％，大阪で14％となっており，東京の比率が高かった。

表3-2 都市化の進展

(単位: 千人, %)

	1920	1925	1930	1935	1940
全国人口（A）	55,963	59,737	64,450	69,254	71,933
都市人口（B）	18,501	20,674	23,470	26,688	29,248
京浜・京阪神都市人口（C）	8,584	9,549	11,251	13,311	15,061
4大工業圏都市人口（D）	10,387	11,636	13,675	16,117	18,311
（B）／（A）	33	35	36	39	41
（C）／（A）	15	16	17	19	21
（D）／（A）	19	19	21	23	25

出典）中村・尾高（1989，46頁）。
注）都市とは1925年市制施行地域（ただし北九州市が加えられている）だが，市域は1980年現在のもの。京浜は東京都・神奈川県，京阪神は京都・大阪・兵庫の3府県の都市人口。4大工業圏とは，これに愛知・福岡両県の都市人口を加えたもの。

　百貨店の規制は戦時体制期にとどまらず戦後も続き，百貨店の成長を抑えていくことになる。

　このほか戦間期には，メーカーの流通への関与が強まったことも特徴であるが，これはメーカーによる製品差別化の進展，修理などのサービスを必要とする耐久消費財の消費が始まったことなどによっている。製品差別化のおこなわれている買回り品で，小売業者の販売促進・品質保証・修理サービスなどの提供が販売促進に有効で，ブランドロイヤリティーが高い消費者が多い場合は，商品を提供する小売業者を絞り込む選択的チャネル政策が有効であるが，同じく小売業者による販売促進が有効でも，日常品で経験をもとに消費され，スイッチングコストの低い（ブランドロイヤリティーが高い消費者が多くない）商品の場合には，開放的なチャネル政策がとられる（丸山，1992，第9章）。前者の例としてはミシンが，後者の例としては練り歯磨きがあげられる。製品を差別化したメーカーは広告を通じてブランドロイヤリティーを高めようとするが，広告をみた消費者がその商品を買いにいったとき，小売業者に（広告をしていない分だけマージンの高い）類似の商品を推奨されてしまうと，売上げが落ち，広告費を回収できないし，修理などさまざまなサービスを提供しない小売業者が同じ製品を安く販売すると，サービスを供給する小売業者は小売価格が高い分，売上げが減ってしまいやはりサービスを提供できなくなる（流通の垂直的・水平的外部性）。こうした場合には，専売店などの選択的流通チャネルが有効である。専売店制度をとれば，小売の情報も取得しやすくなるし，小売店への指導や投資などをおこない，流通を効率化

することが期待され，また価格の支持効果も期待できる。再販売価格維持の契約が用いられることも多いが，再販売価格維持がそれゆえに非効率をもたらすわけではない（丸山，1992，第3，6，9章；柳川，2009）。ただし最寄品では，わざわざそのブランドの専売店を探すことはあまり期待できないし，店頭で選択することも多いから品揃えをした方が有利となり，専売店とはなりにくい。こうなるとブランドの確立した商品が，「おとり商品」として小売業者に使われ（安い価格で消費者を呼び，他の商品で利益を出す），ブランドイメージが毀損することもある。メーカーは多数の小売店をみずからは監視できないので，卸問屋に監視を委任し，価格の支持やおとり商品として使われることを抑制することを志向していった。小売の段階で専売とならなくても，卸問屋の段階でメーカーへの専属化をおこない，小売店が取引できる問屋をひとつに限定することで（1店1帳合制度），問屋の小売店へのモニタリング能力を高めることができるのである（三輪，1982，第7章）。こうした場合，既存の問屋に依存していた流通をみずからの代理店網に再編成していくケースもみられたが（メーカーが問屋に出資することも多い），その場合は長い時間と少なからざる摩擦をともなうこともあった。

戦間期にはこうしたマーケティングの萌芽がみられた。第1次世界大戦前の流通は問屋商人に依存するところが大きかったが，製造企業の集中が進み前方統合を志向した（洋紙など），開発された新製品の流通をみずからおこなった（新薬，調味料の味の素など），包装された商品として最終消費者に届くので製品差別化をおこないブランド力をつけていく必要があった（森永のキャンディーをはじめとする洋菓子，資生堂の化粧品，ライオン・花王の石鹸や歯磨，ビール・ウィスキー・日本酒など），機械の操作が複雑で消費者を教育しながら販売し，修理をおこなう必要があった（シンガー〔Singer〕や蛇の目のミシン，GMの自動車など），といった要因により，マーケティングがおこなわれ始めたのである[8]。

シンガーやGMなどの進んだマーケティングの技法は，日本企業も参考とし，

8）米穀の流通には産業組合の関与が強まり，その全国組織を設けるようになると，産地の商人ではなく消費地の商人と直接取引するようになったが，これは組合結成により生産者の機能が産地商人に対して向上した例といえる。また肥料は，それまでの魚肥に代わって大豆粕や化学肥料が用いられるようになったが，化学肥料は肥料メーカーの流通統合が進展していった（洋紙とほぼ同じロジック）。また政府は助成金を支出して，全国購買組合連合会を中心とした産業組合による肥料の流通を促していった。このように米穀・肥料分野での商人の役割は低下していった（石井，2003，第18章）。

積極的に吸収していった。マーケティングをおこなうメーカーは，新聞・雑誌などさまざまな媒体で広告をおこなって自社製品の販売を促進しようとした。戦前期で新聞広告の多い業種は，売薬，化粧品，図書であり，いずれも最終消費者に商品名とともにアピールする必要のあった商品である。1930年にはこの3業種で新聞広告の行数の53％を占めるほどであった。今日たくさんの広告をみかける家庭電化製品や自動車といった耐久消費財はほとんど出現しておらず，広告もそれほど存在しなかったのである（前田，1977；大東，1995）。なおラジオ放送が1925年から開始されたが，民間放送は許可されておらず，広告等に使われるようになるのは戦後のことである（民間放送は1951年開始）。

　いくつかの実例を簡単に紹介しよう。化粧品では定価がついていたものの，「おとり商品」に使われる状況であった。資生堂では1916年に意匠部を設置し，広告デザインの基礎作りをおこない，1923年には連鎖店（チェーン・ストア）制度の導入を開始した。これは資生堂が問屋（取次店）と契約し，小売店の定価販売と他の化粧品の販売の禁止を徹底させようとするものであった。さらに資生堂は各地の代理店と共同で資生堂製品の販売会社を設立し，小売店舗で美容実演というサービスを提供するとともに，消費者を組織するために花椿会という組織を発足させていった。資生堂は化粧品の中でももっとも積極的に前方統合を進めた企業であった（小原，1994，第1, 2章；小島，2004）。ブランドの確立した日用商品でも「おとり廉売」のアイテムとされることが多く，ライオン・花王といった石鹸・歯磨などのメーカーは，価格を維持するために複数あった代理店（複数メーカーの商品を取り扱っている）の取引ルートの単一化をすすめていった（佐々木，2007，第1-3章）。家庭電化製品では，電球，電池，アイロン，ラジオなどの普及が始まっていた。松下電気器具製作所（のちに松下電器産業となる，今日のパナソニック）もこれらの製品を製造していたが，全国に営業所を配置し，代理店との販売契約を結んでいた。1932年には代理店契約を製品別に切り替え，製品別に専売代理店を設置し，販売額によるリベートを提供していたが，1935年にはこれに仕入系統を整備した連盟店制度を創設し，宣伝で周知した定価による販売を推進していった（下谷，1998，第2章；尾崎，1989）。また清酒では，灘のメーカーは新しい市場である地方ではみずからのブランドで販売することができていたが，東京では問屋に依存した流通をおこなっていた。しかし関東大震災で東京の問屋が打撃を受けたこともあり，東京でもみずからのブランドを確立し，

瓶詰めなど新たな商品を投入し，流通への関与を強めていった（大島，2008）。

6　戦間期の経済成長

　第1次世界大戦が勃発すると当初は経済が沈滞したが，やがて経済は輸出を中心とするブームが発生し，さらにそれが内需を刺激した。とくに船腹不足により海運運賃が暴騰して造船ブームとなり，鉄鋼業の発展を刺激した。さらに化学工業でも輸入圧力の強かった染料・ソーダ・アンモニアなどの生産が急増した。重化学工業が伸張したのである[9]。しかしこうした活況も1920年恐慌で終わりを告げ，1920年代は不況基調で推移した。とくに金融部門は不良債権の処理に苦しみ，1927年には金融恐慌が発生した。しかしその一方で1920年代は都市化が進展し，ビル建設や都市化に対応した公共投資が増加した。都市化や大正デモクラシーのなかでモボ・モガに代表される華やかな都市文化が栄えた。また電力関連の投資も増大し，日本アルプスの電源開発が進んだ。電力は蒸気機関が普及しなかった中小工場にも動力として用いられ，工場の動力導入にも貢献した（中村，1971，第5章）。昭和恐慌により日本経済も沈滞したが，金本位制を離脱し為替が低落したことにより，輸出が増加し，さらに財政支出がおこなわれ，関税が引き上げられたことで国内生産が増加し，経済は再び成長を始めた。1920年代は賃金が高い水準を保っていたが，昭和恐慌を経て修正されたことも国際競争力を得た原因のひとつであった。

　好況と不況を繰り返しつつ日本経済は着実に成長した。1934-36年価格で表示すると，1914年のGNEは80億円であったが，1936年には188億円となっていた（大川・高松・山本，1974）。GNEは年率3.7％で成長していたのである。日本の実質GDP成長率は，アメリカ・イタリア・ドイツ・イギリス・フランスのいずれよりも高かった。また1人当たりの実質GDPは，1914年に1,276ドル[10]であったのが，1936年には2,159ドルに達しており，年率2.3％で成長していた。この成長率は6ヶ国のなかでもっとも高く，欧米に追いつきつつあったが，

9）ただしヨーロッパからの輸入が停止したことで，国内生産が不可能な製品の供給が不足し，投資の制約となった。たとえば紡績機械は第1次世界大戦中に国内で生産できず，紡績業の拡張が制約された（橋本，1984，53頁）。

10）長期のインフレの影響を除くための1990年ゲアリー＝ケイミスドルである。

なお格差は大きかった。1936年絶対値は，イタリア3,061ドル，フランス4,204ドル，ドイツ4,571ドル，イギリス5,762ドル，アメリカ6,211ドルであり，アメリカの3分の1となっていた（マディソン，2000）。

2.——大量生産の模索

　ここでは第2章で取り上げた産業が，その後どのように変遷していったのかを考察することとする。ただしインフラについては，鉄道と海運の代わりに，1910年代以降に新たに勃興した電力と電気鉄道を取り上げることとする。

1 新しいインフラ——電力・電鉄

　電気は当初は火力発電中心で電灯用であったが，遠距離送電が可能になることで，アルプス地帯の電源開発が進み，水力発電中心で動力に用いられるようになった。電力は工場，とくに中小工場の動力化に大きな役割を果たした。電鉄は東京・大阪とその郊外を結ぶ路線が発達したが，単なる輸送のみならず，沿線の不動産開発と結びついて発達したところに特徴があった。

1）電化と電源開発の進展——電力

　日本で最初の電灯会社である東京電灯は，ロンドンで世界初の一般供給用電灯事業が開業してから5年後の1887年に一般電気供給を開始した。最初の発電所は火力で直流25キロワット，210ボルトというものであった。この発電所の建設・運営は東京帝大から東京電灯の技師長となった藤岡市助を中心におこなわれており，外国人技術者には依存していなかった。発足当初は電灯のみの供給であったが，1890年には電力の供給も開始している。また当初は小規模の発電所を市内に分散配置していったが，非効率なため，1895年に浅草に集中式の発電所を開業し，交流3,000ボルト（出力合計2,920キロワット）の市内送電を開始した[11]。

2. 大量生産の模索 —— 179

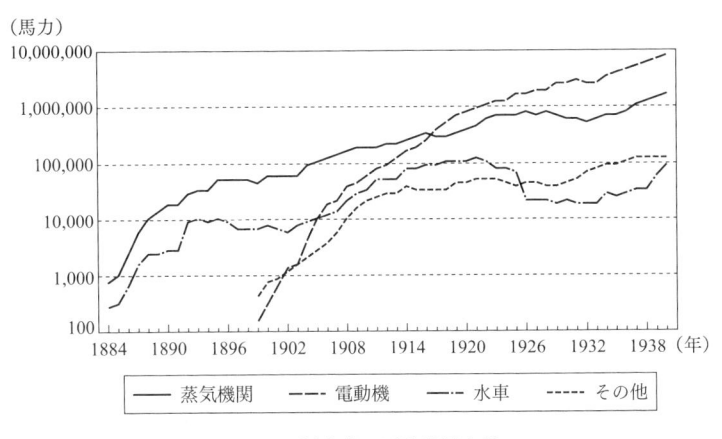

(馬力)

図 3-3 製造業の原動機馬力数

出典) 南 (1965, 223 頁)。

　大阪をはじめとする大都市を中心に電気事業の会社が次々と設立されていったが，東京電灯は初期には，さまざまな機関の自家発電設備や他の電力会社の発電設備の据付をおこなうエンジニアリングのサービスも提供した。電灯が広く普及するきっかけとなったのは，耐久性のあるタングステン・フィラメントの電球（1910年に引線タングステン電球が発明された）が普及したことと1907年の東京電灯の駒橋発電所（山梨県）以降，大容量の発電所が高電圧で長距離送電をおこなうことで電気料金が低下したことである（駒橋発電所は出力15,000キロワット，55,000ボルト送電，東京まで76キロ送電）。1910年代以降さらに大容量の発電所が日本アルプスなどに次々と建設され，さらに高電圧で長距離の送電が実施されていくが，水力発電が主流となるにつれ，夜間の照明用のほか，昼間の動力用の需要が開発されていった（橘川，2004，第1, 2章；新田編，1936）。

　1920年代の半ばには電灯の普及率が80％を超え，普及は一段落しているが，動力用の電気の需要は引き続き成長した。製造業の動力としては明治期には蒸気機関が主力であったが，電動機が急速に普及し，第1次世界大戦中に蒸気機関馬力数を追い越した（図3-3）。蒸気機関が設置と運転にコストがかかり，大規模

---

11) 東京ではドイツのAEG製発電機（50サイクル）を導入したのに対し，大阪ではアメリカのGE製発電機（60サイクル）を導入したことが，東西で周波数が異なる淵源となった。

工場にしか設置できなかったのに対し、電動機はそれが容易で、中小規模工場にも普及していったのであり、大きな変化であった。電動機が小型化すると作業機ごとに電動機がつけられるようになり、さらに取扱が容易になるとともに、工場の中の機械の移動も動力取り入れに制約されることなくおこなうことが可能となって、工場のレイアウトの自由度が増加するという効果もあった。

送電範囲が広がるにつれ、電力業者の合併が進んでいったが、戦前期の電力業では、発送電と配電を別々の企業がおこなっており、いわゆる卸売電力業者も存在するとともに、地域別の独占もなく、大口需要家への低価格での余剰電力の供給競争がおこなわれた。1932年に改正電気事業法が施行され、地域独占が公益規制とセットで認められ、カルテルである電力連盟が成立すると激しい競争に終止符が打たれた。さらに戦時中に電力国家管理がおこなわれ、戦後の電力再編成によって1951年に発送電一貫で地域独占の9電力体制が成立した（橘川、2004、第3章）。

2）輸送と不動産開発の結合——電鉄

電力の普及とともに電力を多消費する化学産業などが勃興したが、電気鉄道も1910年代以降に発展した。電車は1895年の京都電気鉄道をはじめとして路面電車として普及し始めたが、電車の性能向上とともに、小単位頻発運転をするのに適していたことから、都市高速鉄道として用いられるようになっていった。既設蒸気鉄道の電化が進められるとともに、新たに電気鉄道が敷設され、この流れは大都市から地方都市へと広がっていった。

いくつかの私鉄では、都心から郊外に延びる路線を敷設し、通勤客を取り込むとともに、郊外に娯楽施設を設置したり、学校を誘致したりして、通勤と逆方向の旅客を取り込んだ。また同時に沿線の不動産開発を進め、電気供給をおこない、さらにターミナルにデパートを設けて、旅客を取り込むなど、鉄道の外部経済効果を内部化するビジネスモデルを作り上げた（野田他、1986、第6章）。

こうしたビジネスは、南海鉄道・阪神電鉄などで先駆的に実施されていたが、意識的に大規模に実施したのは、1907年設立で小林一三（いちぞう）が専務に就任した箕面有馬電気軌道（のちに阪神急行電鉄と改称し、神戸線を開通、ここでは阪急とする）であった。阪急は30万坪を超える用地を先行取得し、鉄道を敷設して宅地として販売するとともに、住宅を建設して販売し、さらに電気を供給した。不動

産業は好不況の波が大きかったが,安定的な鉄道の収益がそれを支えていた。また宝塚新温泉を開発し,三越の少年音楽隊を参考に少女歌唱隊を結成,歌劇を始めた。当初は観劇無料であったが,人気をよぶと帝国劇場に進出し,1924年には宝塚大劇場を竣工させるほどとなった[12]。さらにターミナルである梅田の阪急ビル2階に食堂を開設し,その1階に百貨店の白木屋を入れてマーケットを開店した。この店舗が成功すると白木屋との契約を打ち切り,1925年に拡張して直営の阪急マーケットとして開店し,1929年に阪急百貨店としたのであった。高級呉服を扱わず,日用品中心の品揃えとし,呉服店からスタートした既存の百貨店との差別化を図っている(松本,2007;中村,2007;初田,1993,第7章)。

東京でこのビジネスモデルを大規模に採用したのは,目黒蒲田電鉄であった。渋沢栄一らは田園調布の開発分譲をおこなうために田園都市株式会社を設立し,電力の供給事業を兼営した。都心への通勤の足を確保するため1922年に目黒蒲田電鉄が設立され,鉄道院から五島慶太を招いた。大株主の第一生命の矢野恒太は小林一三に経営をゆだねようとしたが,多忙であったため五島が紹介されたのであった。目黒蒲田電鉄は分譲をほぼ終えた田園都市を合併し,さらに池上電気鉄道を買収した。一方,矢野・五島らは武蔵電気鉄道の経営権を取得して東京横浜電鉄と改称し,渋谷と横浜を結ぶ路線を開通させた[13]。目黒蒲田・東京横浜の両社は,沿線の不動産開発をおこない,遊楽施設を経営したが,とくに沿線に学校(東京高等工業,慶応義塾など)を誘致して,不動産価値を高めた。また渋谷に東横食堂のあと東横百貨店を開業したが,開業にあたって阪急百貨店を徹底的に調査した。こうして東京に最初のターミナルデパートが誕生したのである(松本,2004)[14]。

---

12) 宝塚の歌劇はさらに発展し,東京宝塚劇場が1934年に開場した。株式会社東京宝塚劇場は,1937年に帝国劇場を合併し,さらに1943年に東宝映画を合併して,東宝と改称した。東宝がゴジラなどの映画を通じて戦後の娯楽に大きな役割を果たしたことは周知の通りである。
13) 1939年に目黒蒲田電鉄と東京横浜電鉄は合併し,(新)京京横浜電鉄となった。戦時中にさらに京浜電気鉄道・小田急電鉄・京王電気軌道と合併し,東京急行電鉄となったが(大東急),戦後に京浜急行・小田急・京王を分離した。
14) 戦間期の東京の私鉄では,鉄道輸送業務の比率の高いもの(東武鉄道など),電力事業の兼営比率が高いもの(京成電気軌道など),さらに広範な多角化をおこなっているもの(目黒蒲田電鉄など),の3つの類型が存在しており(松本,1998),すべての会社がこのような戦略をとったわけではない。

2　伝統産業の変容——織物・醸造・陶磁器

　織物業では力織機が多くの産地に行き渡り，農家副業としての性格がほとんど消滅した点で，伝統産業のあり方に断絶があった。兼営織布では自動織機の導入が進み，労働生産性の向上が図られているが，これは中国での紡織業の発展への対応の側面もあり，低賃金を利用した産業発展という図式が変化し始めた。醸造業では醬油において大規模な装置産業化が進展し，これに対応して労働編成が大きく変化しており，伝統産業の性格に断絶が発生したが，清酒においてはそこまで大きな変化は起こらなかった。最後に陶磁器であるが，食器に加えて都市化に対応した新製品である衛生陶器・碍子の生産が伸びるとともに，大工場では連続式の窯や流れ生産が導入され，やはり伝統産業としての性格に大きな変化があった。

1）農家副業から工場生産への転換——織物

　1910年前後に先進的な産地に力織機が導入されたが，緯糸に複数の色の糸を用いて複雑な柄が製織可能な多挺杼力織機が実用化され，力織機にドビーやジャカードが装着されるようになると，1920年代には先染綿布・国内向け絹織物の産地にも広く力織機が普及していった（綿織物での普及の方が早い）。さらに電力の普及がこうした力織機化を促進した（石井正，1986）。戦間期にも綿織物・絹織物が織物の大半を占めていたが，毛織物さらには新しい素材である人絹（レーヨン）織物も増加していた（図3-4）。

　綿織物では国内消費の伸びは大きくなく，輸出が拡大することによって生産が拡大した。紡績会社の兼営織布と産地綿織物はともに生産を伸ばしており，その相対シェアに大きな変動はなかったが，すべての産地が成長したわけではなく，特定の産地への集中が進んだ。そのなかでも国内向けの小幅織物から輸出用の広幅織物に転換し，白木綿に特化した大企業（兼営織布の平均規模である織機1,000台を超える規模をもつ）が出現した泉南・知多などの産地と先染加工綿布を生産し，織物の種類が多いために数百台程度の織機をもつ中小規模企業が集積した遠州・播州などの産地が存在した。

　泉南では第1次世界大戦前に力織機が導入されたが，製織業者はなお多数の賃

(百万円)

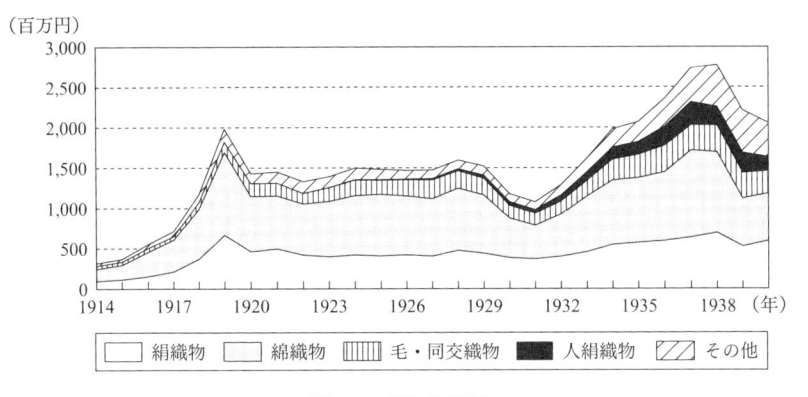

図 3-4　織物生産額

凡例：絹織物　綿織物　毛・同交織物　人絹織物　その他

出典）篠原（1972, 195 頁）。

織業者と取引があった。しかし工場生産が進展すると，賃織業者は整理され，さらに賃織工場の買収がおこなわれて，内製比率が上昇していった。有力業者は輸出に有望な少品種の綿布の大量製織をおこない[15]，さらに地元の商人を経由することなく大阪の有力綿糸商・綿布輸出商と直接取引して，流通コストを削減していった。播州や遠州では多様な織柄の綿布を開発する必要があり，同業組合・工業組合や地元の工業試験場が，製品検査に加えて，技術開発，原料の共同購入，市場動向の調査，製品輸出の統制などに大きな役割を果たした。製織工程だけではなく，染色・糊付け（sizing）・整経などの前工程，仕上（整理）・加工（繊維に艶や強度を与えるためさまざまな薬品等で加工する）などの後工程も白木綿に比べてより大きな意味をもつが，こうした工程も内職や大阪などに出されていたものが，産地での企業形成が進み，そこに組合や試験場が関与することも多かった。たとえば1930年代には糊付けにサイジングマシンの導入が進んだが，1台で織機300台分に相当する能力をもっており，単独の工場での導入は困難で，共同利用が進んでいった（阿部, 1989; 山崎, 1969, 108 頁）。

　絹織物は戦間期に国内市場が拡大したが，それは紡績絹糸，節の多い玉糸，屑糸から作った熨斗糸（のしいと）などから作られる大衆向けの銘仙の消費が増加したことによ

---

[15] 白木綿であるが，平織から朱子織・綾織さらにより複雑な織物（織柄を出す）に進んでいった。

る[16]。デパートは銘仙の特売会などを盛んに開催したが，製品陳列会や雑誌を通じて流行の情報が産地に伝えられていった。銘仙の有力産地は，伊勢崎・足利・秩父・八王子など関東に多かった（山内，2009）。伊勢崎では伊勢崎図案調整所がおかれ，図案の研究を進めるとともに（もちろん機屋も独自に図案を研究した），図案の流行情報をデパートや問屋などから入手し，さらに力織機の導入を進めていったが，織元（機屋）の指示にもとづいて賃加工をおこなう賃機業者も存在していた。製織のみならず，染色・撚糸などの前工程や仕上・加工などに新たな技術を導入して，新製品が開発されていった。このなかでより安価なレーヨン糸の導入も1930年代に進められていった（松嵜，2001）。桐生でも1920年代に力織機化が急速に進み，やはりレーヨン糸が採用されていったが，織機の改造などは必要なく，まずは帯地から導入されていった。桐生でも新しい織物が次々と開発され，製織業者も生産品目を流行にあわせて柔軟に変化させていったが，前工程と後工程に専門業者が多数集積している産地であることが，こうした転換を容易にさせたといえる（橋野，2005）。伊勢崎では50台以上の織機をもつ業者はまれで，大半は10台未満であり，桐生での力織機工場も，織機数十台の規模であった。流行に敏感なだけに柔軟性のある中小工場の方が適しており，大規模工場は出現していない。

　すでに羽二重生産に力織機を採用していた福井や石川では，羽二重の売れ行き鈍化に対応して，1920年代からレーヨン糸の導入を進めていった。福井では50台以上の織機をもつ業者が全業者の1割程度存在しており，製織品種が単純なために，伊勢崎や桐生より大規模化が進んでいた。羽二重の染色加工は京阪神の染色業者に委託することが多かったのに対し，レーヨンの染色加工は，新しい繊維であるだけに産地内でおこなわれるようになったが，それには工業試験場が大きな役割を果たしており，工業試験場の技師が起業することもあった（木村，2005）。福井・石川・桐生という輸出絹織物の大産地では，1930年前後にはレーヨンの使用量が絹糸の使用量を上回ったのであり，国内向けに比べて輸出へのレーヨンの普及は早かった（山崎，1975，180頁）。

---

16) 経糸にのみ柄をつけ，緯糸に無地糸を用いて，力織機で製織される模様銘仙が1909年頃開発され，流行にあわせてさまざまな改良が加えられていった（伊勢崎織物協同組合編，1966，30頁）。

2) 醬油における大規模装置産業化——醸造

　清酒造石高は農村不況の影響，酒税増徴のほか，ビール・焼酎の消費の増加などによって 1920 年代から減少していった（前掲，図 2-6）。その結果，醸造場数も 1919 年の 9,552 から 1936 年には 7,077 へと減少しているが，とりわけ小規模醸造家が減少していた（中村，1989）。戦間期には醸造工程に大きな技術革新は起きなかったが，精米・洗米および圧搾などの前後の工程には機械が導入されていった。醸造工程の変化は新式機械の導入ではなく，醸造法の変化が中心であった。各地に醸造に関する研究機関が設立され，技術指導が進むとともに，1910 年頃に醸造試験所で開発された画期的技術である山廃法や速醸法が普及したが，灘など先進地はその導入に消極的であったことから，同一量の米から産出される清酒量を表す白米 1 石に対する醸造用水使用量の全国格差は縮小し，酒造の過程で変敗である腐造や貯蔵中の変敗である腐敗（火落ち）の全国格差も縮小していた。全国的な酒造技術の平準化が進んだのである[17]。このなかで産地間の競争も激化し，全国シェアが変動した（青木，2003，第Ⅱ部第 2 章）。

　酒の腐敗は大きな問題であった。腐敗を抑えるために，製造過程では樽に替わって琺瑯タンクが用いられるようになっていったが，流通過程では瓶詰めが普及し，瓶詰め工場が設置されていった。樽で出荷すると杉の香りが酒に移るなどのメリットもあるが，酒の腐敗が起きやすいというデメリットもある一方，瓶詰めには，メリットもないかわりに，密封したあとで火入れをするので，雑菌の繁殖が抑えられるためである。清酒の販売は 1910 年頃まで樽詰めで販売されるのがほとんどであったが，戦間期には瓶詰めの比率が上昇していった。たとえば灘の白鶴では 1910 年には瓶詰めの比率が 10％ であったが，ほぼ一直線に上昇し，1930 年には 70％ となった（山片編，1977，253，298 頁）。また伏見の月桂冠では，学卒技術者を雇用し，衛生管理を徹底し，健康に懸念のある防腐剤のサリチル酸を使用しない瓶詰め清酒を新しいチャネルである明治屋を通して販売し，シェア

17）1907 年から全国酒類醬油品評会が開催されるようになった。灘ではなるべく発酵を進め，エキスと糖分を少なくし，アルコール分を多くし，腐敗の起きにくい辛口の酒を醸造していた。しかし品評会では甘口の濃醇な酒に高い点数を与えたため，甘口でアルコール分の高い酒を開発していた広島の酒が上位にランクされ，これが全国に広まった。灘は必ずしも高いランクを得られないこととなり，甘口酒へと転換していった。さらにあまり大量に酒を飲まない消費者に訴えるため，アルコール分を抑えた甘口酒が開発されていった。

を急速に伸ばしていった（前掲，図2-6）（石川，1989a）[18]。

　瓶詰めは消費者に届く形態でメーカーが商品を生産するので，メーカーが酒の流通に大きく関与するきっかけともなる。江戸時代以来，灘のメーカーは東京の問屋に依存した流通体制をとっていたが，東京に直営の支店を設けるなど，卸流通への関与を深めていった（新保，1962，466頁）。関東大震災によって東京の問屋が打撃を受けたため，この傾向はさらに強められ，東京以外の地域にも支店や特約店を設置していった。このように販売力をつけたメーカーが存在する一方，独自のブランドでは販売できない中小メーカーが存在しており，こうしたメーカーはノンブランドで酒を販売した。これは桶売りといわれるが，問屋に売却し，問屋のブランドで販売される場合と，メーカーに売却し，メーカーのブランドで販売される場合があった。酒の腐造・腐敗が珍しくないことがこうした桶売りを促進したと考えられるが，問屋の力量が落ちれば，問屋ブランドが衰退し，前者の比率は低下することになろう。灘の白鶴では自社販売の酒のうち自社醸造の占める比率は4割程度であり，1930年代に自社醸造を強化し，6割程度に引き上げていった（大島，2009；山片編，1977，252，297頁）。

　インクリメンタルな技術革新は進んだものの醸造工程でラディカルな技術革新が発生しなかったため，酒造労働者の労働慣行はほとんど変化しなかった。灘と伏見では，杜氏の報酬は酒造業者との交渉で，酒の出来具合などに応じて決定され，それ以下の蔵人の賃金は酒造組合が協定賃金を決定した（新保，1962，460頁；石川，1989b）。引き続き杜氏集団が大きな役割を果たしたのであったが，とはいえ醸造工程でも技師の開発した技術が大きな役割を果たしつつあり，杜氏が江戸時代から受け継いできた技術がそのまま醸造に用いられていたわけではない。灘の酒造技術を支えた丹波杜氏は，地方からの技術導入の要請にこたえる意味もあって，組合を結成し，それまでの秘伝と師弟関係による技術伝承から相互の技術交流にもとづく技術者集団を形成するようになった。1900年には日本酒醸造伝習所が設立されているが，ここでも税務監督局から技術官の派遣を受け，学理応用の酒造講話会が開催され，酒造技術の改良が図られている。さらにこうした伝統をもたない地方では，酒造家の団体である酒造組合が酒造技術改良のイニシ

---

18) 自動製瓶機の導入による壜の大量生産が瓶詰めの普及を促進したが，ガラス産業については後述する。

アチブをとり，学理応用の技術を酒造講習会などを通じて吸収していった。ここでは理化学，微生物学なども教授されている（藤原，1999，補論）。酒の評価に比重，アルコール分，エキス，糖分，総酸などの科学的な基準が用いられるようになったとはいえ，なお大きな部分を利き酒によらざるをえず，また科学により酒の品質をコントロールできるようになったわけでもないので，近代科学が杜氏の暗黙知の領域を消滅させたわけではないことはもちろんである。この意味で杜氏の力量は，酒の品質に非常に大きな影響力を持ち続けたのである。

　一方醬油であるが，それまで増加し続けていた醬油の製造高が，1920年代の半ばからはほとんど増加しなくなった。これは醬油の消費が1920年代に頭打ちになったことに加えて，1900年頃から減少していた自家醸造醬油の減少が1920年代から下げ止まったことによってもたらされていた（篠原，1967，204-205頁）。清酒と同じく醬油の市場も成熟化しつつあったのであるが，トップ企業である野田醬油（野田の茂木・高梨一族が1917年に統合して会社設立，のちキッコーマンと改称）のシェアは上昇しており，集中化が急速に進展していた（前掲，図2-7）。これは野田醬油やそれにつぐ浜口儀兵衛（1928年にヤマサ醬油株式会社を設立）などが大規模な工場を建設し，生産量を伸ばしていったためである。

　1910年頃までに醬油醸造の各工程に機械が導入され，種麹の研究が進むなど，醬油生産は近代的なものへと変化していたが，野田醬油では1919年に仕込桶にコンクリートタンクが用いられるようになり，大規模化が進んだ。1926年竣工の第17工場はこれらを集大成する大規模なもので，出荷量を60％も増加させる能力をもっていた。鉄筋コンクリート3階建てで，大規模なコンクリートのタンクをもち，その後，新式の多管式ヒーター（火入れ用），原料穀物の真空輸送装置，円筒式麦煎機（小麦を挿入すると煎られてでてくる）などが配備され，醬油醸造が装置産業（原料搬入から製品産出まで機械体系によっておこなわれ，労働者は監視労働が中心となる）化していくきっかけとなった新鋭工場であった。さらに野田醬油は，兵庫県に第17工場をさらに近代化した関西工場を1931年に竣工させ，全国展開を強力に進めていった（キッコーマン編，2000，89-96頁）。ライバルである浜口儀兵衛もほぼ同様の設備をもった工場を建設していた（大川，1991b）。

　このように機械を中心とした体系になると労働のあり方も変化を要請される。野田醬油では親分と呼ばれる口入業者を介して労働者を雇用していた。勤務時間

を決めた「日一杯」という雇用形態であった労働者は20％ほどで，残りは「請取制」という形態であった。これは麦煎20石，古樽内洗400樽といったあらかじめ決められた作業量をこなせば，自由に退社できるというもので，作業が早く終わることが多かったので，多くの労働者は副業をもっていた。また通勤ではない労働者は工場内の広敷というところで寝泊りし，食事を供されていた。これらはほぼ江戸時代後期から続いていたが，野田醬油は1923年1月から口入業者を介さず，直接雇用することとし，請取制を廃止し，実働8時間労働の日給とした。さらに広敷を廃止して通勤を認め，通勤困難な者は寄宿舎に収容することとしたのである。旧来の労働慣行を廃止するもので，極めてドラスチックな変化であったから，労働者は反発し，1927年から翌年にかけて218日にも及ぶ大争議が発生した。しかし会社の提案はほぼ実現し，日給・賞与・手当・福利厚生などの制度が整えられたのであった。野田醬油における労働のあり方は，根本的に変化を遂げたが，それは杜氏などの名称がなくなり，組長・伍長などの職制が設けられたことに象徴されるといえよう（キッコーマン編，2000，98-109頁；Fruin, 1983, ch. 4, 5, and 6）[19]。

野田醬油が設立されたときには，211もの銘柄があったが，最上級の製品のみを製造する方針を採り（1927年に番水製造廃止）[20]，最上級の中でも亀甲萬のブランドに集中していくこととし，それまで別の銘柄を製造していた工場も亀甲萬の製造方法を導入していった。一方，ライバルである浜口儀兵衛やヤマサ，銚子醬油もヒゲタという最上級の主力ブランドに集中していった。このことはメーカーのブランド力が強化されたことを示唆するが，メーカーの流通への影響力も増していった。野田醬油ではまず1920年に東京以外の地方に対しては，東京の問屋を介さず，直取引することとした。そして1926年に浜口儀兵衛，銚子醬油との間に協定が成立し，東京市場について問屋委託販売制度（問屋に委託し，販売価格は問屋が決定）から値極制度（卸売建値を3者が決定）に移行することとし，1927年には東京とその周辺地域の小売店に3者共同の荷扱所から直接配送する

---

19) 浜口儀兵衛の工場では，口入業者は存在したものの，それを介さなければ雇用できないというわけではなかった。1920年代にやはり広敷が廃止されている。1920年代半ばの醸造工には「入手間」（時間を拘束される）「請取」という賃金形態が存在していたが（大川，1991a, 1991b），この賃金制度がその後どう変化したかは明らかではない。

20) 銚子醬油でも番水を製造していたが，いつからなのかははっきりしない。太平洋戦争の頃に製造を停止したようである（銚子醬油編，1972, 362頁）。

2. 大量生産の模索——189

こととした。問屋への建値により市場への影響力が強化されたが,さらに1930年には卸売建値を廃止し,3者から小売店に配送する際に,問屋組合振出の為替手形を小売店に引き受けてもらうこととした(直配手形)。この手形面金額は3者の定める定価にもとづいていたから,3者は小売価格への影響力を強化したことになる[21]。3者の競争とくに東京以外の地方での競争は激しく[22],1933年に協定が破棄されたが,野田醬油は単独で直配手形の制度を維持することとした。メーカーからリベートを出して販売増加のインセンティブを与えるようになっており,メーカーの流通への影響力は強化されたのであったが,こうしたなかで東京の醬油問屋は,1920年代の後半に合併や清酒・ビール・缶詰などの商品を扱うことによって体質を強化していかざるをえなくなった。景品付の販売が廃止されるのは,戦時統制の実施された1938年である(キッコーマン編,2000,110-122頁;花井,1990)。

　醬油においても瓶詰めの比率は上昇し,野田醬油でもそれまで瓶詰めを分散的におこなってきたが,瓶詰工場を1930年に稼動させ,関西工場でも翌年から稼動させた。野田醬油での瓶詰めの比率は1935年でも40％程度であり(缶入りを加えると50％程度),白鶴と比べると低いが,これは清酒と醬油に要求される管理のレベルの違いを示しているのであろう(野田醬油株式会社社史編纂室,1955,統計図9)。

3) トンネル窯による大量生産のはじまり——陶磁器

　陶磁器の生産額は,1914年の1,566万円から1937年の1億1,519万円へと昭和恐慌期の落ち込みを除けば,ほぼ順調に増加した。この間,輸出は591万円から5,397万円へと増加し,生産額に占める輸出の比率が上昇した。最大の輸出先がアメリカであることは変わりがなかったが,インドなどへと輸出先が多様化していった。1937年でも輸出品の4分の3は食器が占めていたが,主要な産地の生産額では食器は2分の1程度であった。国内消費では,食器以外の陶磁器が多

---

21) 手形が小売店によって支払われるとその翌日に問屋組合から3者に問屋手数料を差し引いた金額が入金される。
22) 野田醬油は1937年に銚子醬油の株式の81％を取得し,経営権を取得した。ヒゲタのブランドは存続しており,1947年に銚子醬油(のちにヒゲタ醬油と改称)の経営を分離したが,2004年に再び資本提携をおこなった(製品の販売もおこなっている)。

かったのである（大森，1996）。

　食器以外に生産が増加したものとして，碍子，衛生陶器，タイル，さらにはスパークプラグなどがあげられる。電信業と電力業の成立とともに絶縁用の碍子が必要となったが，低圧碍子は比較的製造が容易で，香蘭社をはじめ多くの企業が製造をおこなった。しかし送電電圧が上昇し，高圧碍子が必要となると，その製造には電気知識が必要となった。電気機械メーカーの芝浦製作所は，発電機などを納入するとともに，送電線などの供給もおこなっており，日本陶器に碍子の国産化をすすめた。日本陶器はこれに応じ，芝浦製作所の指導を受けて，碍子生産に乗り出し，1909年頃には高圧碍子を出荷するようになった。ディナーウェアの製造に苦心していた日本陶器にとって，碍子生産はそれを支える役割を果たした。当初は芝浦製作所と共同で開発をおこなっており，その影響は後々まで続くが，1911年には電気試験をおこなう体制が整い，研究開発体制も整備され始めた。また当初は陶磁器と共通の素地を用いており，これが日本陶器の苦境を支えていたのであるが，1915年には碍子独自の素地が開発された。

　電力業の成長とともに参入も増加し，松風陶器・大阪陶業など有力メーカーが成立したが，日本陶器の碍子生産部門も1919年に日本碍子として独立した。1920年代の初頭にはアメリカの碍子と遜色ないことが比較試験の結果確かめられていたが，日本碍子は需要の増加と競争の激化に応じるため，その後も生産体制の強化をおこなった。新しい素地の調合を開発し，機械轆轤を用いていた成形に自動成形機を用いることとし，さらに1927年には重油燃焼のトンネル窯を導入している。トンネル窯とは，温度分布のついたトンネル状の部屋の中を，台車に積まれた成形済み素地が少しずつ移動しながら徐々に加熱され，焼成され，徐々に冷却されていく連続焼成の窯であり，これまでの窯に成形された素地をつめて焼成し，取り出すバッチ式の窯と比べると，焼成時間が短縮し，燃料が節約され，窯詰め・窯出し作業が不要となるなど生産性が高いうえに，焼成が安定し，製品が均一化するなどの品質の向上が実現した（図3-5）。これらの施策により生産性や燃料効率は飛躍的に改善された。日本碍子では，生産体制にとどまらず1929年には高電圧の試験装置が導入されるなど研究開発体制も強化された（日本経営史研究所編，1995）。

　ビル建設の増加と水洗トイレの普及により，衛生陶器の需要が増加したが，当初は輸入に依存した。瀬戸などで陶磁器製の便器も製造されたが，水洗トイレで

2. 大量生産の模索——191

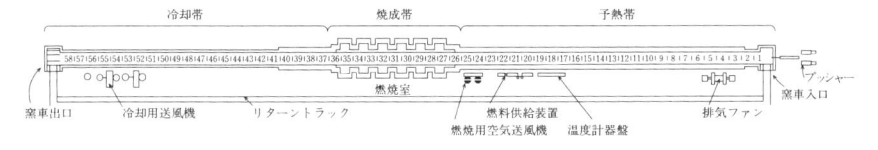

図 3-5　トンネル窯の概念図

出典）日本経営史研究所編（1995，88 頁）。
注）1928 年に操業を開始した日本碍子のハロップ式トンネル窯。右側から生地が窯車に乗せられ，挿入される。焼成帯に近づくにつれて温度が上昇し，焼成された後，焼成帯から離れるにつれて徐々に温度が下がり，徐冷されていく。

は水管と接続し，金具を取り付ける必要があることから，ゆがみが制御されている必要があり，しかも食器に比べてはるかに大型であり，製造が困難であった。こうした条件を満たすために西洋では硬質陶器が選ばれていたが，硬質陶器特有の貫入が生ずるという問題があった。日本でも石炭窯を開発した松村八次郎らによって，硬質陶器製の食器やタイルが製造されていたが，大型物は製造されておらず，日本陶器は 1912 年に製陶研究所を設け，研究に着手した。日本陶器では素地の調合や成形という製造上の問題を，イギリスとドイツの製陶試験所に分析調合を委託しつつ，解決していった。1914 年にはサンプルの出荷がおこなわれるまでになり，1915 年にこれまでのコネクションを生かして欧米を調査して，主要な製陶機械を衛生陶器でヨーロッパをリードしていたイギリスのボルトン社（William Boulton のことか）に発注するとともに，焼成窯の設計も契約した。こうして日本陶器は九州の小倉に工場を建設し，1917 年に衛生陶器部門を東洋陶器として独立させた。東洋陶器で注目されるのはイギリスのドレスラー式トンネル窯を 1918 年に導入したことである。トンネル窯は欧米でもまだ導入期であり，日本では東洋陶器が最初に導入した。特許使用料 1 万ポンドは社長の大倉和親の私財から拠出されている。トンネル窯の生産力は巨大であり，第 1 次世界大戦後の不況に際会し，一時休止を余儀なくされるなどの不運に見舞われたが，化粧素地の調製を完成し，アメリカから輸入した便器の石膏型で構造を学び，型の技術を習得するなど，技術力を高めていった。

　都市化の進展により，衛生陶器の需要は成長していたが，関東大震災の復興建築と下水道の普及開始により，その成長は加速された。このため多くの業者の参入をみたが，日本陶器・東洋陶器で経験を積んだ技術者が大きな役割を果たしたといわれている。東洋陶器でもトンネル窯を増設してこれに対応していったが，

さらに硬質陶器には吸水性が大きいという欠点があり，アメリカでは熔化質素地（磁器に近く，吸水性が小さい）の衛生陶器が主流となりつつあったので，1928年には熔化質素地を開発した。しかし名古屋製陶所もすぐにこれに追随し，さらに東洋陶器がアメリカにならって2度焼成する方法を採用していたのに対し，1度で焼成する技術を開発し，コスト上の優位を獲得するなど，競争は激烈となっていった。東洋陶器では当初トンネル窯に石炭ガスを採用していたが，燃焼管理が容易な重油燃焼を採用していった（東陶機器編，1988；前田，2008）。

ビル建築の進展という点では，明治期から建築材料として煉瓦が製造されていたが，第1次世界大戦期から鉄筋コンクリート建築が登場し，煉瓦から外装タイルへと需要が変化していった[23]。また屋内にも装飾用や水周りの内装タイルが用いられるようになっていった。1910年前後に粉末圧搾の乾式成形法が開発され，厳格な寸法を出せるようになり，硬質陶器製のタイルの生産が増加し，たとえば大正中期に銭湯に白色タイル張りが出始めた。タイル生産にも多数の企業が参入し，1930年代からトンネル窯が用いられるようになっている（INAX・日本のタイル工業史編集委員会編，1991）。

陶磁器の工業製品への応用としてはスパークプラグがあげられる。内燃機関の点火には欠かせないものであり，自動車や航空機の生産や使用が拡大すれば，スパークプラグの需要も飛躍的に拡大する。日本碍子では1920年代からスパークプラグの研究に着手し，製品の均質性を確保するため，1928年にアメリカのハロップ式のトンネル窯を導入するとともに素地の改良を続けた。こうして1930年に国産初のスパークプラグの販売を開始し，陸海軍に採用されることで，その販売が増加していった。日本碍子はスパークプラグ専用工場を建設するとともに，スパークプラグ部門を1936年に日本特殊陶業として独立させた（70年史編集委員会編，2007）。

以上の新しい製品が成長著しい内需によって支えられていたのに対し，食器部門は輸出の比重が高かった。ディナーセットの開発に成功した日本陶器は，アメリカ向けの輸出を拡大していった。ヨーロッパからアメリカへの輸出が第1次世界大戦により減少したことも幸運であったが，輸入資材の調達難にも悩まされることとなり，整形用石膏や絵付けの転写紙の内製などに取り組んだ。日本陶器も

---

23) このほか瓦や土管なども見逃せない。

2. 大量生産の模索 —— 193

業容の拡大にともない 1917年に株式会社に改組されている。日本陶器では科学的管理法を導入，さらに自動轆轤，土練機，吸引式回転篩（ふるい）など新鋭機械を導入し，生産の合理化に努めていった。そして需要が回復した 1934 年にドイツのケラベダルフ式のトンネル窯を導入するとともに，生地作業と絵付作業を流れ作業化した。生地作業では自社開発の自動成形機と米国特許を導入した機械が導入され，さらに絵付け工場でも生地工場の作業にあわせてコンベアを配置し，直通式の画付窯を配置した。工場の面目は一新し，大量生産体制の工場となったのである（図 3-6）。トンネル窯の増設が進んだ 1940 年に単独窯は全廃されている（ノリタケ百年史編纂委員会編，2005）。

トンネル窯はこのように陶磁器工場の生産体制を大きく変革するものであったが，日本陶器とそこから派生した工場のみに突出して採用されたものではなく，戦前期において 20 社に 53 基も導入されて

図 3-6　日本陶器における画付工場の変化
出典）ノリタケ百年史編纂委員会編（2005）口絵。
　　　上：専属画付工場，錦窯組の画付け風景（1909 年）。
　　　中：昭和初期の画工場。
　　　下：1937-38 年の画工場。
注）熟練した職人が若年工とともに雑然と画付けする体制から女性が大量に採用され整然と画付けする体制となり，さらにコンベアが導入された。

おり，食器（日本陶器・名古屋製陶所など），衛生陶器（東洋陶器），碍子（日本碍子・大阪陶業・松風工業），スパークプラグ（日本特殊陶業），タイル（伊奈製陶・淡陶など），珪石煉瓦（日本製鉄・品川白煉瓦）など広範な品種の主要企業に導入されていた（INAX・日本のタイル工業史編集委員会編，1991，250 頁）。名古屋製陶所が 1936 年にドイツのドレスラー式トンネル窯を導入した際には，ドイツ側の提案図面に対し，日本人技師が検討を加え，ドイツ基準の過剰な設計を省くなど自主的な技術の導入に努めており，日本側の技術導入能力はかなり高かったといえる（盛岡，2009）。

1937 年の陶磁器生産額 1 億 1,519 万円に対して，主要産地の飲食用器物のそれは 5,668 万円であり，このうち日本陶器が 500 万円，名古屋製陶が 460 万円であったから，最大の日本陶器でも 10％程度のシェアでしかなく，陶磁器業は多くの中小企業から構成されていた。これらの企業は重要物産同業組合法，工業組合法などにもとづき組合を結成し，製品検査を実施し，産地の声価を維持し，高めるべく努力したが，1931 年には日本陶磁器工業組合連合会が組織された。工業組合法では製品検査のほか，共同組織をおこなうことも可能となり，補助金を得て組合で共同の事業をおこなう（製土工場などを共同で設置するなど）こともあった（大森，1996，2003；三井，1979）。

3　早期定着産業の成熟化──綿紡績・製糸

紡績業では革新的な紡績機械であるハイドラフトが相当程度国内技術にもとづいて導入されるとともに，労働者の作業解析が進み，技術者の果たす役割が大きくなっていった。また中国現地工場への多額の投資という成熟化への大規模な対応がおこなわれた。製糸業では多条繰糸機が導入され，女工の熟練への依存度が低下していった点で大きな変化があったが，レーヨンという新素材の脅威への対応であり，やはり産業の成熟への対応であった。

1）海外工場とハイドラフトの導入──綿紡績

綿糸の輸出量が 1897 年に輸入量を超え，紡績業は輸出産業となっていた。その後も綿糸の輸出高は増加していったが，1915 年をピークに減少に転じた（図 3-7）。日本の賃金が上昇したことと主要輸出市場であった中国で関税が引き上げ

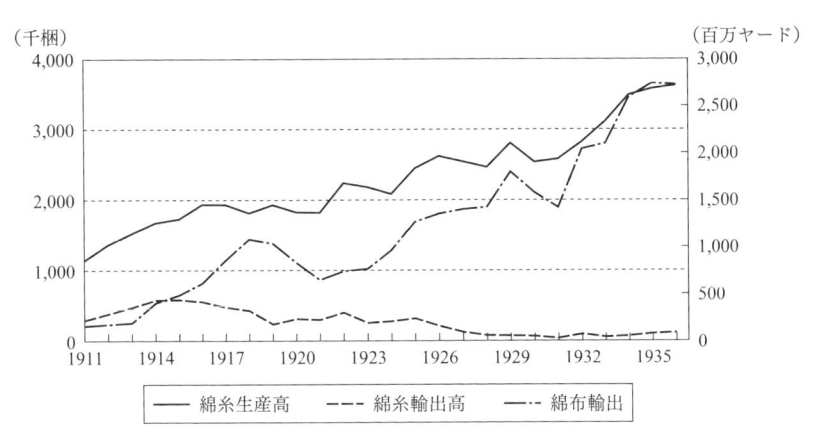

図 3-7 綿糸・綿布の生産と輸出

出典）長岡編（1988, 25頁）。
注）綿糸の単位は梱, 織物の単位はヤード。

られ，綿糸生産が増加したためであり，日本は1920年代には関税によって中国からの綿糸の流入が抑止されるという状態となった。綿糸は国際競争力を喪失したのである。こうした状況に直面した綿紡績各社は戦間期に，(1) 綿糸部門では付加価値の高い中細糸生産を拡大するとともに，合理化を実施する，(2) 兼営綿布生産を拡大するとともに付加価値の高い加工・染色された綿布の比率を上昇させる，(3) 中国に現地工場を建設する，(4) 成長が見込まれるレーヨン生産に参入し多角化する，などの成熟化への対応策をとっていった（高村, 1982, 112頁）。(3) についてはすでに述べてあり，(4) についてはレーヨンのところで述べるので，ここでは (1) と (2) について述べることとするが，こうした合理化は改正工場法によって女工の深夜労働が禁止されることになり（1929年），生産性の向上が急務となったことにも促されていた。

綿糸部門においては，まずは標準動作の導入による生産性向上がおこなわれた。鐘淵紡績では1912年末に専務取締役の武藤山治が科学的管理を実施するよう命令し，動作研究・時間研究によって，作業の標準化が進められた。従来，職工の自由裁量に任され，慣習的な作業動作がおこなわれていた現場は，管理者のコントロール下におかれ，組織的な改善の積み重ねが実現していったという。その結果1912年に労働者1人当たり綿糸1梱（約181キログラム）を生産するのに209時間を要していたのに，1915年には189時間で済むこととなった（桑原, 1995）。

大阪紡績と三重紡績が合併して1914年に成立した東洋紡績では，旧来の会社での作業が異なっており，統一的に各工場を管理する必要に迫られていた。そこで同社は1916年から1917年にかけて鐘淵紡績会社から技術者を雇い入れ，科学的管理法を導入していった。やはり動作研究・時間研究により標準動作が定められ，各工場から主力の四貫島工場に指導工クラスが集められて講習会が実施され，その成果が指導工によって各工場で普及されていった。こうして女工の受持ち台数は2-3割増加したという（東洋紡績株式会社社史編纂室，1986，231頁）。こうした標準化は，その後各社に広まっていった。

　機械設備の導入をともなうものとしては，ハイドラフト精紡機とシンプレックス粗紡機の導入があげられる。ハイドラフトとは高い牽引力で粗紡糸を引っ張るもので，ハイドラフト精紡機はその前工程である粗紡工程の一部を省略できるという画期的なものであった。さまざまな方式のハイドラフトの技術が欧米から1920年代に導入されたが，それらをもとに国内紡績会社と国内紡績機械メーカーが独自の改良を加えたハイドラフト精紡機を共同で開発し，国内メーカーの手によって生産され，1930年代前半に急速に普及していった。大日本紡績の今村奇男が豊田式織機と共同で開発した栄光式は有名で，今村はさらにハイドラフトの機構で粗紡工程の一部を省略できるシンプレックス粗紡機を開発した（石井正，1986）[24]。これらを導入すると機械の台数で3割，人員で4割が削減できるという画期的な革新であった（表3-3）。工程を減らすというラディカルな革新に加え，スピンドル回転数を引上げたり，工場内の温度・湿度を管理したりする（糸切れが減少する）などのインクリメンタルな生産性向上の努力も続けられたが，高張力や高回転数に耐えるには，優良な綿花を必要とするなど原料面の向上も不可欠であった。また電力の普及によってモーターが機械ごとに装着され，それまでの集合運転から単独運転に変わったことも生産性の向上に貢献した。

　ハイドラフト精紡機は新設工場に導入された場合の生産性の引上げ効果が改造に比べて大きかった。鐘淵紡績・東洋紡績・大日本紡績など大紡績会社は，すでに巨大な設備をもち，更新投資には消極的であったのに対し，中堅紡績会社は積極的に投資をおこなったため，1930年代前半には大紡績会社の生産性の優位が

---

24) さらに強い牽引力で引っ張り，スライバーから直接精紡糸を生産できる（すなわち粗紡を全廃できる）スーパー・ハイドラフトも開発されたが，戦時体制に突入したため，普及は戦後のこととなった。

縮小した（高村, 1987）。既存の技術で優位を占めていた企業が, 革新と投資のタイミングのずれから, 優位を喪失する例といえよう。

織布部門の生産性向上に効果があったのは, 自動織機の導入である。力織機に経糸が切断したときに自動停止する機構とシャトルの緯糸がなくなったときに自動的に補給される機構が加えられたものであり, 女工1人当たりの機械の持ち台数を増やすことができる。1926年の豊田自動織機製作所のデータによれば, 織機を1,000台設置したときの所要人員は, 力織機の場合が851人であるのに対し, 自動織機では193人で済むとされ, 8割近い労働者の削減が可能であった（豊田自動織機製作所社史編集委員会, 1967, 119頁）[25]。先進的紡績会社が明治期に輸入していたが, 使いこなせずにいたところ, 本格的に研究が進み1920年代に普及していった。当初は輸入されていたが, 国内メーカーによって自動織機が供給されるようになったことも普及を促進しており, 1935年には設置されている自動織機のうち85％が国内メーカー製となっていた（大塚, 1987, 120頁）。

さらに製織された綿布は生地綿布と呼ばれるが, これに漂白加工を加えた晒綿布, さらに染色・捺染をおこなった加工綿布の生産が増加していった。紡績会社

表3-3 ハイドラフト・シンプレックス導入の効果

	旧様式		新様式	
	機械	人員	機械	人員
混棉・開棉	2	4	2	4
（落棉整理）		2		2
打棉	8	6	—	2
梳綿	116	7	96	5
（掃除・運搬）		6		6
練篠	10	10	9	9
（見廻り・注油）		2		2
始紡	10	7	20	5
間紡	24	24	—	—
（見廻り）		3		1
練紡	72	36	—	—
精紡	92	80	92	80
（管揚）		37		37
（養成）		15		15
（運搬）		4		4
各部修理		18		12
計	334	261	219	184

出典）西川（1987, 193頁）をもとに作成。
注）新様式には, ハイドラフト精紡機・シンプレックス粗紡機が導入され, 間紡と練紡が省略されているほか, 混棉・開棉・打棉がワンプロセス化され, シャレー式梳綿機が導入されている。

---

25) もちろん自動織機のほうが力織機より高価であったから（豊田自動織機製作所のデータでは約3倍）, 償却費を含めたコスト削減効果はこれよりかなり小さくなる。ただし力織機は杼換のときに停止するのに, 自動織機は停止しないので, 織物の製織量が増加するというメリットが存在した。

が織布に加えて，晒・染色・捺染の工程を垂直統合する場合もあったが，外部の業者に委託加工に出す場合も存在した。1928年には輸出される綿布の43％が生地綿布，8％が晒綿布，49％が加工綿布であったが，1934年にはその数値がそれぞれ30％，20％，50％となり，未加工で輸出される綿布の割合が減少していた（西川，1987，190頁）[26]。

2）多条繰糸機と女工の熟練への依存の低下――製糸

製糸業では1910年代以降も技術革新が続いた。まずは煮繰分業の採用である。繭を煮る作業とそれを繰鍋に入れて繰糸する作業を繰糸女工が1人でおこなっていたのを煮繭工と繰糸工とに分けるものであり，山形県でおこなわれていた方式を郡是製糸が1911年に採用し，全国に普及した[27]。それぞれの作業に集中することで生糸の品質が向上し，生産性も向上したが，煮繭にはやがて煮繭機が普及していくこととなる。これとともに湯を繭層内に浸透させて重くして繰鍋水中で沈ませて繰糸する沈繰法も導入されたが，繭の煮熟の程度が一定となり，やはり生産性と品質が向上した。さらに繭糸の先端を刷毛状の用具で引き出す索緒作業を分業する索緒分業が1922年に郡是でおこなわれ，1925年には自動索緒機が導入されている。工程の分業とそれにともなう機械化が進んだのである。第2は一代交雑種の普及であり，純系原種の間で交雑をおこなうと親種双方の優れた形質が第1代に均一に発現することを利用して（第2代以降は劣性形質が発現してしまう），蚕種を作るものである。優れた純系原種を選んで作った一代交雑種の繭は優れたものとなり，繭糸の太さが斉一となり，生糸の太さの管理が容易となるとともに，光沢などもよくなった。有力製糸業者は独自の蚕種製造体制を整え，養蚕農民と契約し，蚕種を配布し，指導をおこなうとともに，産出された繭を全量引き取る特約取引を始めた。第3に製糸について，専門教育を受けた教婦を管理者として配置し，技術指導や操業指導をおこなうとともに，女工の養成制度を整備し，熟練工の定着を図るようになった。こうした革新に支えられ，器械製糸では1人の繰糸女工が明治初期は2本の生糸を製造していたが（2口繰），その数は徐々に増加していき，1920年代には4口繰から5口繰が標準となり，郡是

26）翌年には生地綿布の比率が35％に増加し，晒が19％，加工が47％に減少している。
27）ミューラーが最初に日本に紹介したのは煮繰分業であったが，日本では品質より繰糸量の増大を求めたため煮繰兼業となっていった（清川，2009，83頁）。

製糸では1人当たりの繰糸量が1910年頃から1930年頃の間に2倍になっていた(生糸の品質も同時に向上)(東條, 1990, 197頁)。

しかし1910年代以降レーヨンの品質が向上し,織物でも生糸と代替するようになっていった。製糸業者は,レーヨンが代替できない靴下(ストッキング)用の生糸を製造することに活路を見出すしかなかったが,靴下用には糸の

図3-8 多条繰糸機
出典)市立岡谷蚕糸博物館提供。
注)昭和初期の御法川式多条繰糸機による作業の様子(20条取り)。器械製糸と異なり労働者は立って作業する。

ムラやよじれを極力少なくすることが求められ,これらを検査するセリプレーン検査機が導入された。糸のよじれは繭の品質向上により,糸のムラは繰糸工程で均質な繭糸を同じ数だけ機敏に接緒していくことで,解決するしかなかった(小野, 1979, 99頁)。しかし糸のムラを既存の普通機でコントロールすることは困難であり,そこで導入されたのが多条繰糸機であった。多条繰糸機は繰枠の回転を遅くし,繭糸が繰り終わったり,切れたりしたときに,次の繭糸をつなぐ(接緒)までに巻き取られる生糸の長さを短くし,ムラを生じにくくしようとするものである。巻取りが遅いため繰糸の撚りで新しい繭糸をつなぐことはできず,接緒器の導入が不可欠となった。しかしこのままでは労働生産性が低下するので,繰糸女工1人当たりが担当する口数を増加(多条)させたのである(清川, 1995, 第4章; 2009, 108頁)(図3-8)。御法川直三郎によって多条繰糸機は1903年に発明され,新方式の接緒器も1919年に発明されていたが(接緒器自体は欧州にあり,19世紀に日本に紹介されていたが普及しなかった),トップメーカーであった片倉製糸紡績はそれに注目し,研究と改良を進め,御法川からの独占提供権を取得して,1928年から導入を開始した。多条繰糸機による生糸は,ミノリカワ・ロウ・シルクとして高い評価を受け,片倉は多条繰糸機を急速に導入していった。ただし多条繰糸機によって高い品質の生糸を生産するには,高い品質の均質な繭が必要であり,片倉は養蚕農家との特約取引を急速に拡大していった。さらに多

条繰糸機には，性能の高い煮繭機などの周辺機械も不可欠であった（松村，1992，238頁）。それまで優等糸を生産していた郡是製糸は多条繰糸機の導入が片倉に遅れたが，自社開発の多条繰糸機を1931年から急速に設置していった（榎，2008，194頁）。このほかにも多様な多条繰糸機が全国で開発されたが，靴下向けの高級糸は片倉と郡是が圧倒的なシェアを占めた。レーヨンという競合財の出現により，生糸の生産方法は急速に変化し，資本装備率も上昇していったが，ちょうど昭和恐慌に遭遇したこともあり，高級糸に転換できない中小の製糸経営のなかには破綻・廃業するものが続出した。生糸の価格は下落し，生糸の生産量そのものも1930年代には横ばいとなった。製糸業は成熟段階に入ったのである。

多条繰糸機により女工の熟練と集中力に依存する度合いは低下した。養成期間が短縮され，一人前の熟練工になるまでに要する期間も5年程度から3年程度に短縮されたのである（清川，2009，188頁）。また工場法施行細則や地方政府の規制により，賃金計算法を明示することや最低賃金を保証することが求められたこともあり（松村，1992，255頁；榎，2008，210頁），等級賃金制度は改変され，最低賃金を保証した上で，勤続により上昇する年功給と作業成績（繰糸量・原料生産性・品位などを加味）による加給とが組み合わされるようになっていった。点数が平均点ベースで評価されることや一部の高給を取得する女工が存在したことに変わりはなかったが，賃金の分布は分散の小さいものになり，年功により確実に上昇するものへと変化していった。郡是の養成過程では，糸の結び方などひとつひとつ細分化された作業を練習し，さらに総合した訓練をおこない，手・足・身体の動きまで教婦から指導を受けたというから，熟練も分解され，客観化されつつ伝授されていったといえ，このことが上記の変化を可能にしていったといえよう。さらに専門実業教育をうけた教婦が女工を指導する体制が整えられ，品質の向上と均一化に貢献した。政府の規制がきっかけになったとはいえ（これ自体が明治期からの大きな変化である），製糸業の特徴であった等級賃金制はその性格を大きく変えた。これは訓練とOJTにより熟練が上昇するようになっていった結果でもあったのであり，多条繰糸機の登場により突然生じたものではなかった（東條，1990，第3章および補論I；松村，1992，第2章；榎，2008，第4章；清川，2009，145頁）。

4 素材産業の自立化——鉄鋼・ガラス・レーヨン

ここでは前章で考察した鉄鋼とガラスに加えて，戦間期に勃興したレーヨンを素材産業として取り上げる。レーヨンは繊維であるが，工程に化学産業の性格を含んでおり，また前節が成熟への対応を課題としているので，ここで扱うこととする。鉄鋼業では高炉技術の習得が進み，八幡で世界規模の高炉が日本独自の技術で建設されるとともに，日本鋼管など平炉企業の高炉建設も始まり，技術的な自立が達成され，生産も増加した。ガラスでは欧米で開発された新技術が導入され，やはり世界市場での地位を高めた。さらにレーヨンでは技術習得に困難を極めたが，1920年代には導入技術の改良が始まり，1930年代半ばには世界水準に達した。規模の経済が作用し，自立が困難であった素材産業が自立を始めたといえる。

1）高炉の設計自立——鉄鋼

第1次世界大戦期には鉄鋼不足が深刻となり，鉄鋼の価格が暴騰したため，鉄鋼業者の数が増加し，生産も急増した。1920年恐慌のあとは鉄鋼価格が暴落し，第1次世界大戦中に参入した小規模業者の淘汰が進んだが，鉄鋼の生産額は拡大し続けた。1920年代には実質賃金が高い状態で推移したので，鉄鋼企業は合理化を進めたのである。政府は鉄鋼業を奨励するため1917年に製鉄業奨励法を制定し，一定規模以上の製鉄所に免税の特典を与えた。1926年には鋼の関税を引き上げるとともに，製鉄業奨励法を改正し，銑鉄奨励金を交付することとした（安井，1994，第1章）。さらに昭和恐慌後には，円為替が暴落したことと1932年に鉄鋼関税が引き上げられたことにより，鋼では輸移出が輸移入を超え，輸出産業化した（図3-9）。しかし銑鉄については，生産は輸移入を超えていたが，輸移出はほとんどおこなわれないままであった（図3-10）。インドを中心とする国外，外地から銑鉄を輸入して，屑鉄などとともに平炉で鋼を生産する平炉企業が存在していたためである。高炉を所有していたのは，官営の八幡製鉄所のほか，民間では内地の釜石・輪西，朝鮮の兼二浦，および満洲の本溪湖・鞍山などの製鉄所であり，いずれも鉄鉱石資源を所有していた。これに対し日本鋼管・川崎造船所・神戸製鋼所・住友製鋼所などは平炉企業であった。政府は製鉄業の合理化

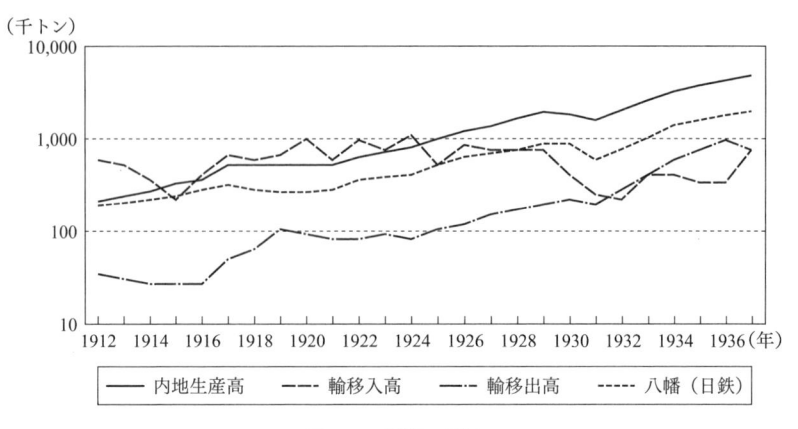

図 3-9　鋼材の需給

出典）飯田・大橋・黒岩編（1969, 巻末 20 頁）。
注）八幡（日鉄）は，1933 年までは八幡製鉄所，1934 年以降は日本製鉄の生産高。

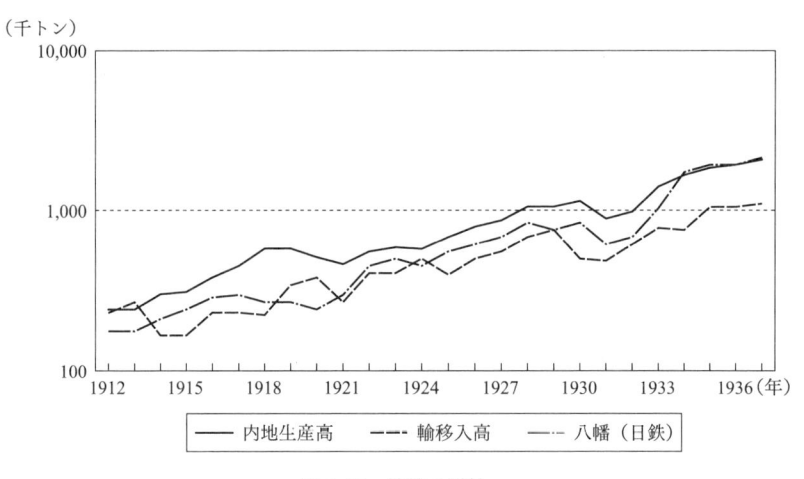

図 3-10　銑鉄の需給

出典）飯田・大橋・黒岩編（1969, 巻末 18 頁）。
注）八幡（日鉄）は，1933 年までは八幡製鉄所，1934 年以降は日本製鉄の生産高。

のため，1934 年に八幡製鉄所と民間製鉄会社を合併させて半官半民の日本製鉄株式会社を成立させたが，主たる合同参加企業は，釜石・輪西・兼二浦などの高炉をもつ製銑中心の企業であり，日本鋼管・川崎・神戸・住友などは不参加となった[28]。日本製鉄成立後，日本鋼管ほかいくつかの平炉企業が高炉を建設し，銑

鋼一貫企業となったが，川崎・神戸・住友は戦前期には高炉をもたなかった[29]。

戦間期には銑鉄の輸入が続いていたが，鉄鋼業は欧米に匹敵する水準にほぼ到達した。すなわち鉄鋼の品質が上昇し（珪素・燐などの成分を目標とする範囲にコントロールできるようになった），生産コストも為替低落，関税引上げ，銑鉄奨励金の交付などを前提とすれば，市場競争に耐える水準まで低下したのである。こうした技術開発には，金属冶金工学が発展し，高炉や平炉の設計理論が形成されていったことが大きく貢献したし，1915年に結成された日本鉄鋼協会は技術情報の交流に大きな役割を果たした（もちろんアメリカやドイツからの技術情報も重要であった）。製銑部門からみていこう。第1に高炉の改修が進み，原料条件に適合的な高炉の形状が模索されていった。それとともに鉄鉱石やコークスの挿入が機械化され，コスト低減が図られた。第2に送風量の増加など操業方法の改善が図られたことである。第3は原料品位の向上（八幡製鉄所はマレー鉱石を大量に使用）とともにその事前処理が大規模におこなわれるようになったことである[30]。第4にコークス炉もタールなどの副産物の回収をおこなうとともにコークスガスを高炉ガスと一緒に鉄鋼の製造に用いるコークス炉が開発され，コークス歩留まりが向上するとともに，エネルギー効率が向上していった（岡崎，1993a，109頁；堀切，1987，第3章；小堀，2008a，2008b）。

高炉は改修のたびに大型化していったが，八幡製鉄所洞岡（くきおか）工場の日産500トンの第1高炉は，山岡武の設計になり，1930年から作業を開始した。やはり山岡による設計で1938年操業開始の第3高炉は日産1,000トンで，ほぼ世界水準に匹敵する規模となり，しかも送風機を除き国内メーカーが製造した。高炉を大型化するには，コークスの品質や高炉操業の問題なども解決されている必要があるが，それらも解決されており，狙った品位の銑鉄の製造に成功していた。さらに平炉企業であった日本鋼管が製銑部門に進出する際には，釜石鉱山から技術者を

---

28) 鞍山製鉄所は南満洲鉄道株式会社の一部門として製銑をおこなっていたが，1933年に同社より分離され，昭和製鋼所の鞍山製鉄所となり，同社は1935年に鋼材生産を開始して銑鋼一貫企業となった（奈倉，1984，280頁）。本溪湖煤鉄公司は日中合弁の大倉系企業であり，やはり合同に参加しなかった（1935年に出資構成が改められ，大倉と満洲国政府が出資者となった）（大倉財閥研究会編，1982，402頁）。
29) 住友製鋼所と住友伸銅鋼管は1935年に合併して住友金属工業となった。
30) 鞍山製鉄所では貧鉱の処理技術を確立し，それまで製鉄が不可能とされていた鉱石による製銑に成功した。

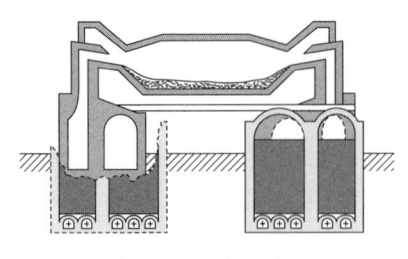

図3-11　平炉の概念図

出典）シンガーほか編（1964, 47頁）。
注）送風機からの風は，下部の熱風炉を通る間に高温になり，上部の溶解室に流されて銑鉄を脱炭し，排風される。熱風炉は高炉の廃気で暖められる。左右の熱風炉を交互に使用する。

引き抜き，外国視察をおこなわせた上で，国内設計・完全国産の高炉を建設し，順調に操業することに成功している。日本は高炉の設計と操業をマスターしたのである（長島，2000，第2章；小島編，1942，310頁；下川，1989，第2章）。

製鋼工程では，平炉企業は平炉規模の拡張よりは，操業方法の改善によって，品質と生産性を向上させていく方法をとった（図3-11）[31]。これに対して八幡製鉄所では，屑鉄の挿入割合を減らし，熱効率上有利な銑鋼一貫化を推し進めるために，大型の傾注式平炉を導入した[32]。新しい形式である傾注式平炉について，アメリカやドイツから技術を導入しているのはもちろんであるが，固定式平炉でも新式炉がいくつかドイツなどから導入されている。川崎造船所が導入した方式（メルツ式）は優秀な技術者である西山弥太郎がそれに深くかかわり，効率がよかったため，従来の平炉の改造が進んだ。富士製鋼ではこれを独自に改良した形式を開発している（下川，1989，第3章；堀切，1987，第3章）[33]。製鋼工程でも外国技術の吸収が進みつつあったといえる。さまざまな鋼材を作り出す圧延工程ではドイツやアメリカから圧延機を導入するのが一般的であり，圧延機械の設計の自立は遅れていた。これは機械や建設その他の産業が発展し，必要とされる鋼の種類が拡大していったためである。とくに

---

31) なお製鋼工程には転炉と平炉が用いられるが，転炉はほとんど用いられていなかった。また平炉には酸性平炉と塩基性平炉があるが，戦間期の日本では後者が主流である。よってここでの記述は塩基性平炉に関するものに限定している。

32) それまでの固定式が燃焼費・設備費が安価で，構造的にも強固であるのに対し，傾注式は，多品種少量生産に向いており，粗悪な原料や溶銑を高い割合で使用するのに好適であった。戦後には固定式が主流となった（日本鉄鋼協会編，1962，563頁）。

33) 日本鋼管では屑鉄の供給不安から，屑鉄に依存する度合いが低く，ドイツでの主流技術であったトーマス転炉をドイツから導入した（機械をドイツに発注し，日本人技師を派遣し，さらにドイツ人技師の派遣を受けた）。トーマス転炉は燐分の高い銑鉄を必要とするため，銑鉄製造過程で高炉に燐鉱を添加し，製鋼かす（スラグ）を燐酸肥料として販売した。トーマス転炉で製造される鋼は，衝撃に弱く，脆いという欠点があって，用途に制約があり，それまで日本では導入されていなかった。

自動車などで多用される薄鋼板（strip）を大量安価に（人員を省いて）製造するストリップミルは，第2次世界大戦が勃発する直前にアメリカからかろうじて導入できたにとどまった。これは日本の薄鋼板の需要がそれほど多くなかったことに規定されていたが，アメリカ以外では，ヨーロッパでもようやく導入が始まるところであり，日本がとくに遅れていたわけではなかった（飯田，1979，333頁）。

　最後に製鉄所の立地について述べておく。日本の高炉は原料（石炭もしくは鉄鉱石）に近いところに立地していた（内地の八幡，釜石，輪西，朝鮮や満洲も同様）。ところが1937年に建設に着手し，1939年から一部の操業が開始された日本製鉄の広畑製鉄所は，大型の高炉・平炉を設置し，ストリップミルを備える最新鋭の製鉄所であるばかりか，現在の姫路市という消費地に近いところに立地する臨海型の製鉄所であった。平炉企業から高炉をもつ企業となり，独自の原料基盤をほとんどもたない（マレーに鉱区所有）日本鋼管も川崎の沿岸部に工場があった。日本の製鉄所の立地が変化し始めたことも注目しておく必要があろう。

2）連続式成形の導入──ガラス

　第1次世界大戦によりガラスの輸入も減少し，ガラス産業にとっては大きな機会が到来した。しかし1920年代には輸入が再び増加したため，第1次世界大戦期に新規参入した企業で，存続しえたのは日米板硝子（のち日本板硝子）のみであった。旭硝子は1910年代初頭に手吹円筒法で板ガラス生産に成功していたが，欧米ではすでにより優れた技術が普及し始めていた。ベルギー人技師がラバース式製法の情報を伝えると同社は技師を欧米に派遣し，アメリカで高い生産効率を実現していることを確認した。そして特許を保有していたエンパイア・マシン（Empire Machine）社と特許実施契約を結び，北九州の牧山に新工場を建設した。工場建設にあたっては，技師をアメリカに派遣して実地研究をおこない，高い効率を実現していたアメリカ窓ガラス（American Window Glass）社から技師を招聘した。新工場は1914年に操業を開始したが，順調に推移し，外国人技師もすぐに帰国した。ラバース式製法はそれまで人の口で吹いていたのに替わって，圧搾空気を送り込むもので，それまで直径30センチ，長さ1.5メートル程度であった円筒が，直径75センチ，長さ10メートル程度となり，しかも均質な円筒が得られたので，生産性と品質が向上した。第1次世界大戦に際会し，旭硝子の業績は急上昇し，ラバース式製法の工場を増設していった。それとともに手吹円筒法

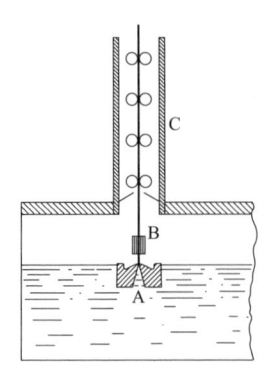

図 3-12　フルコール法の原理
出典：黒川（2005, 231 頁）。
注）耐火物(A)を溶融ガラス面に押し入れると、その間にあるスリットから溶融ガラスが盛り上がるので、それを冷却(B)しながら垂直に引き上げ(C)、板ガラスに成形していく。

は 1920 年に廃止されている。

ラバース式製法により生産効率が上昇したが、なお円筒形に吹いて、それを切り、再加熱して延ばす、という工程を必要としていたことには変わりがなかった。溶融ガラス素地を垂直に引き上げ、徐冷すれば、連続工程で板ガラスが生産できるので、20 世紀初頭にフルコール法（垂直に引き上げ、徐冷する）（図 3-12）およびコルバーン法（垂直に引き上げ、水平に曲げて、水平にして徐冷する）が発明された。しかしこれらの技術が熟成されて実用化されたのは、1910 年代であった。さらに 1920 年代にはやはり垂直引き上げのピッツバーグ法も実用化されている[34]。これら 3 つは自動平板引上法と総称される。

日本で自動平板引上法をもっとも早く採用したのは、1919 年に設立された日米板硝子であった。同社はアメリカのリビー・オーエンス・シートグラス（Libbey-Owens Sheet Glass）社がコルバーン法の特許と引き換えに 3 分の 1 の出資をおこなう日米合弁企業であった。技師が来日し、工場建設を指導し、1920 年には操業を開始した。アメリカ人技師は操業の指導にもあたり、1921 年に帰国した。しかしアメリカで天然ガスを用いていたのを日本では石炭ガスにしたところ、不純物によって製品品質に問題が発生し（くもり）、のちに窯を拡張したときにガス発生装置は拡張しなかったため、素地の温度低下を防ぐために原料の調合を変えソーダを増やしたところ、やはり品質に欠陥が生じるなど（焼け）、日米の燃料事情の相違が操業に少なからぬ影響を与えていた。焼けは水滴がガラスについてアルカリと反応しておきるもので、焼けのガラスを薄い酢酸をもちいて人力で洗浄し、製品の間に紙をはさむなど、低賃金にもとづく対応もおこなっていたが、重油燃焼による原料調合の変更、さらには表面処理によって完全に解決されたのは 1960 年であった（日本板硝子編、1968,

---

34) フルコール法が薄板の製造に適していたのに対し、ピッツバーグ法は厚板の製造に適していた。コルバーン法は水平方向で徐冷するので、徐冷区間が長くとれ、切断しやすいガラスとなる。

92, 131, 346 頁)。

　旭硝子は1920年にフルコール法の特許を取得していたが，製品の品質への懸念があり，実施を見送っていた。しかし世界的にフルコール法が普及してきたため，工場建設に着手し，外国人技師と職工を招聘して，1928年に操業を開始した。ところが操業状態は不良で，外国人も問題を解決できないまま1929年に帰国した。旭硝子は欧米への技師の出張で情報を収集し，原料調合の変更，耐火煉瓦の変更，その他の細かい改良手段を積み重ねて，ようやく1931年に所期の成果をあげるに至った。フルコール法は欧米でも技術が完全に成熟しておらず，旭硝子の技師も手探りでその操業方法を習得しなければならなかったのである。旭硝子はフルコール法の問題が完全には解決されていなかった1930年にピッツバーグ法を導入した。技師と工具をアメリカで実習させたのち，1931年に操業を開始した。やはり当初の成績は悪く，ピッツバーグ（Pittsburgh Plate Glass）社に技師を派遣し，同社の設備の構造と原料調合に近づけ，技師の派遣を受けて素地の温度の指導を受けるなどして，1932年に成績を向上させていった。そして1933年に独自に原料調合を変えると，さらに成績が向上した。ピッツバーグ社も操業の細部まで科学的に解析できていなかったのである。こうして新しい生産方式が軌道に乗るとラバース式製法は1933年に操業を停止した（旭硝子株式会社臨時社史編纂室編，1967）。

　新世代の技術が出現したガラスでは日本は世界最先端の技術を導入していった。燃料や原料の相違による不具合で苦しんだものの外国からの技術導入は比較的順調であったといえる。1926年における日本の板ガラス生産量は175万函で，ベルギー（550万函）・アメリカ（530万函）の3割ほどに過ぎなかったものの，ドイツ（180万函）とほぼ同じで世界4位であり，フランス（125万函）・イギリス（80万函）の生産量を超えていた（日本板硝子編，1968，124頁）。

　以上は普通板ガラスであるが，戦間期には磨きガラス生産が本格的に始まった。磨きガラスはガラス表面を研削・研磨するもので，ガラスを通る像のゆがみがなくなるため，自動車のガラスや高層ビルの厚い窓ガラスなどに用いられ，日本では輸入に頼っていたが，1930年代から需要が見込まれるようになり，国内メーカーが参入した。旭硝子は磨きガラスの生産を1935年から開始し（連続研磨機の設計図・付属設備を購入），日本板硝子も1942年から本格的に製造を開始した（自社設計の連続研磨機）。旭硝子は当初はフルコール法の板を磨いていたが，磨

き素板にはロールアウト法によって生産されたものを用いるのが一般的であり[35]，旭硝子もロールアウト法の諸機械や熔解窯の設計図を購入し，1936年からロールアウト法による素板の研磨を開始した。

また昭和初期まで，ガラス製品で最大の比重を占めていた瓶であるが，板ガラスと同様の機械化が実現した。製瓶機械とその特許を買収した大日本麦酒が，1913年に型に入れたガラス素地を圧搾空気で吹く機械吹きに成功し，1914年にはガラス素地を連続して供給できる連続タンク窯に改良された。これは型にガラス素地を入れる作業は人手でおこなう半自動機械であったが，1916年に日本硝子工業がガラス素地の型への供給も機械でおこなう全自動のオーエンス式機械を導入した。その後，同業各社がさまざまな形式の機械を導入し，1920年代に製瓶が大量生産に移行したことで，瓶の製造効率が飛躍的に向上するとともに，製品品質のばらつきが小さくなっていった。外国機械を参照しつつも国内でさまざまな形式の製瓶機械が開発されていることも注目される（日本山村硝子株式会社コーポレート室・社史編纂室編，2004，12-14頁；黒川，2005，第7章）。

なお1917年に旭硝子はガラスの原料であるソーダ灰の生産を開始した。欧州でソルベー法による大規模な生産がおこなわれ，日本には参入の余地が乏しかったが，第1次世界大戦中のソーダ価格の高騰を機に技術を購入することなく参入した。第1次世界大戦が終了するとダンピングがおこなわれ，生産は苦境に立ったが，プラント規模を拡大し，アメリカのソルベー法の技師から技術を購入して，生産性を向上させたこと（ソーダ灰の外販もおこなった），1930年から補助金が支給されたこと，1932年以降為替が下落したこと，などにより生産が伸びた。その結果1931年には国内生産（旭硝子のほか日本曹達工業も参入していた）が輸入を超えるに至っている（図3-13）（鈴木恒夫，1980，1989）。

35）磨きガラスには厚板が適しており，板ガラスと異なってロールによって磨き素板が成形されていた。ゆがみがないため，鏡などの製造に用いられていたが，自動車の窓ガラスや高層ビルの窓ガラスに用いられたため，1910年代に需要が急増していた。ロールアウト法はピルキントン（Pilkington）社とフォード自動車の共同で1923年に開発された。2本のロールの間にガラス素地を通して連続的に成形するもので，厚板を成形できるが，ロールの跡が残り表面が平滑ではないので磨きガラスとするか，ロールに模様をつけておいてガラスに転写する型板ガラスやガラスの中に金網を入れて強化する網入板の製造に用いられる。ピルキントン社は，連続的な研削・研磨のプロセスも1920年代に開発していた。磨きガラスも1920年代に連続的なプロセスとなったのである（黒川，2005，第6章）。

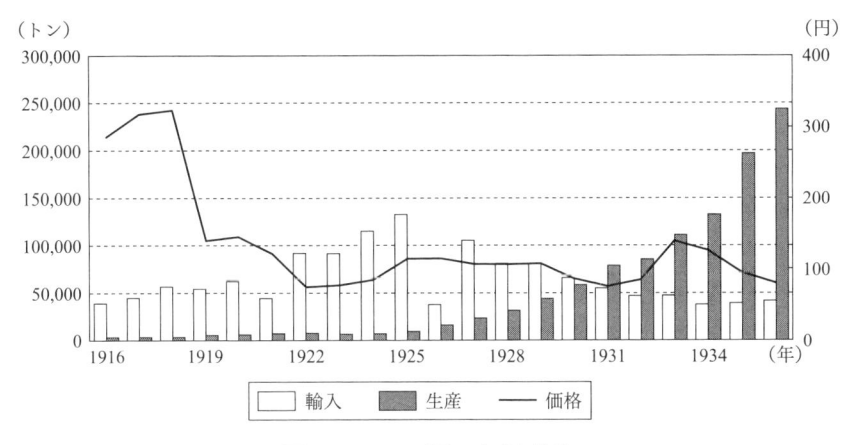

図 3-13 ソーダ灰の生産と輸入

出典）鈴木恒夫（1980, 1989）など。

3）急速な技術吸収と開発――レーヨン

　レーヨン（人絹）とは，木綿や木材パルプなどの成分である繊維素を化学的に溶かして，細い孔から引き出して再凝固させ，細長い糸にしたものであり，絹に似た光沢をもっている（図 3-14）。繊維素を溶解させる薬品に応じて硝化法，銅アンモニア法，アセテート法，ビスコース法という 4 つの製法が開発されたが，木材パルプ・苛性ソーダ・二硫化炭素という比較的安価な原料を用いるビスコース人絹のコストが安く，もっとも普及した製法となったので，ここではビスコース法に限定して考察する。ビスコースの基本特許（ビスコースの製造原理）が取得されたのは 1892 年であったが，ビスコースを孔から溶液中に圧出し，再生セルロースを凝固させてレーヨン糸を製造する特許が取得されたのが 1898 年であり，このときビスコース・スピニング・シンジケートが結成され，特許を管理した。このあと紡糸するのに必要なさまざまな技術が開発されて特許が取得され，製造方法がほぼ完成し，ビスコースレーヨン糸の最初の製造工場がコートルズ（Courtaulds）社によってイギリスに建設されたのが，1904 年であった。ビスコースの製造から紡糸までの前工程は反応装置を用いる化学産業の性格が強いが，紡糸以降の後工程は繊維産業の性格が強く，労働集約的であり，性格が異なっている（内田，1960, 209-231 頁，1983b; 山崎，1975）。

　日本にもレーヨン糸が輸入されていたが，第 1 次世界大戦中に輸入が減少し，

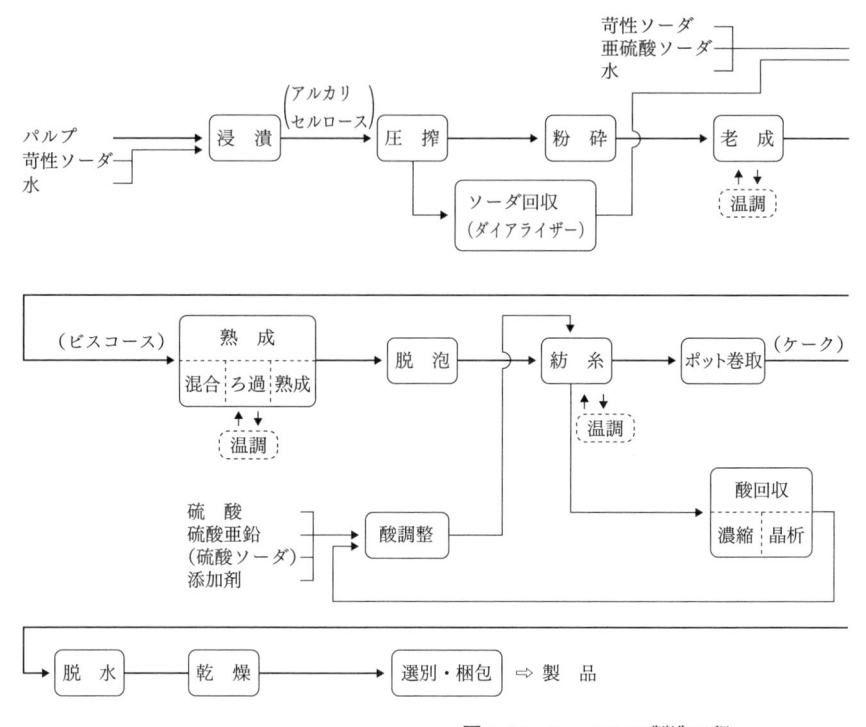

210──第3章　近代企業の変容と大量生産の胎動

図 3-14　レーヨンの製造工程

出典）日本経営史研究所編（1997a，71頁）。
注）東洋レーヨン滋賀第2工場の1933年における工程である。浸漬は浸潰と思われるが原表記のまま。

価格が上昇したことから，国内での製造を試みるものが増加した。特許は厳格にシンジケートによって管理され，参入は非常に困難であったが，1918年に基本特許が切れたことによって，参入が容易となった。しかし基本的な技術は外国から導入するしかなく，その方法は3つに分かれた[36]。第1は帝国人造絹糸（のち帝人）による技術導入契約を結ばないやや例外的な方法である。久村清太らは鈴木商店のもとで1915年から外国からの技術導入をおこなわずにレーヨン製造を試みていたが，満足な糸ができなかった。久村は渡米し，倒産しかけた人絹工場の中に入ることに成功して，そこの技師に帝国人造絹糸（1918年設立）の新工場

---

36) 第1次世界大戦期に参入した企業は，技術導入をおこなわなかったものも多かったが，その多くは消滅していった。

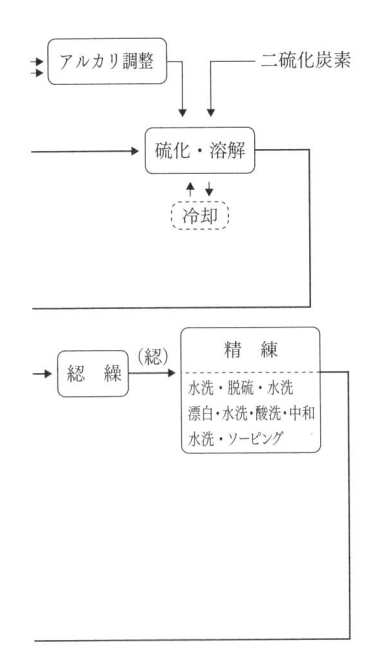

の配置図や機械の設計図などを製作させて帰国した。これによって前工程はかなり進歩したが，紡糸工程はトラブルの連続で，久村は1921年に再び欧米に出張し，ドイツで紡糸機械を購入して帰国した。基本特許が切れていたので，ドイツでは人絹機械メーカーが機械を販売するようになっていたのである。購入機械を改良し，紡糸工程が軌道に乗り，帝国人造絹糸の経営は危機を脱したのであった。

第2は外国の人絹メーカーと技術導入契約を結ぶという方法で，旭絹織（日本窒素肥料の野口 遵らがかかわる）がドイツのグランツシュトフ（Vereinigte Glanzstoff-Fabriken）社から資本提携をおこなって技術を導入し（1922年），倉敷絹織（倉敷紡績系）がフランスのランポーズ式の特許実施権を得た（1926年）。もっともオーソドックスな方法といえるが，この2社にとどまっている。それは1918年に基本特許が切れており，帝国人造絹糸の例にみられるように，機械を購入することが可能となっていたためである。第3は1926年のレーヨン関税引上げを見越して参入した東洋レーヨン（のち東レ）（三井物産系），日本レイヨン（大日本紡績系），昭和レーヨン（東洋紡績系）が採用した方法で，ドイツのオスカーコーホン（Oscar Kohorn）社から機械を購入した[37]。オスカーコーホン社は，紡糸機・精練機などを設計し，これを関連の機械工場に製作させるとともに，前工程の浸漬機などは専門メーカーの機械を集めてレーヨン製造設備一式を受注していた会社で，技術者・熟練工の日本への派遣の斡旋をおこない，さらに日本の技師らの操業実習を自社の試験工場で引き受

---

37) このほか東京人絹が1920年代前半に，日清レーヨン（日清紡績系）が1930年代にオスカーコーホン社から技術を導入した。

けてもいたエンジニアリング会社であった（山崎，1975，158，245頁）。明治期の綿紡績業におけるプラット社とほぼ同じ役割を果たしていたといえるだろう。この会社にアクセスすることで，綿紡績においてイギリスの綿紡績企業から（山辺丈夫の短い実習を除けば）教えを受けることなく紡績企業が立ち上がったのと同様に，人絹メーカーから技術を導入することなく企業を立ち上げることが可能となったのである。機械にノウハウが体化されつつあり，各社は外国人から操業の技術も含めて吸収したのであるが，1920年代も技術は進歩しつつあり，外国人が帰国すると，日本人技師によって外国の技術情報をもとに独自の技術開発がおこなわれるようになっていく。

　こうして1920年代半ばまでに主要6社が参入し，レーヨン生産は軌道に乗ったのであるが，設備導入の時期を過ぎると，綿糸紡績と同じように製品・製法の改良をめぐる競争が展開した。人絹糸の製品改良の方向は比較的明確であり，糸強度を増し，細糸化を進めることで，組紐など周辺需要にとどまっていたものを織物に利用してもらうということであった。そして細糸化とともに，1本の人絹糸を構成している多数の単糸をより細くし，その数を増やすことで，糸の風合いを増したマルチ（フィラメント）糸が求められた。さらに糸の光沢は絹に近い風合いを出す上で重要であったが，それが過ぎるということで，艶消し糸が求められるようになった（さらにこれらを組み合わせた艶消しマルチ糸も出現）。これらは1930年に帝国人造絹糸によって開発され，各社が追随していった。これらの改良によって人絹織物は，海外から国内にも市場が広がり，人絹糸生産の急増をもたらした。

　製品コストの引下げも重要な課題であった。まずは前工程で，原料である苛性ソーダや硫酸の回収をおこなうようになったことと前工程における各工程の装置の規模が拡大し，複数の工程を1工程にすることで（図3-14の硫化と溶解，浸漬と圧搾はもともと2工程であったものが1工程にされた），コストの低減が図られた。紡糸工程では，圧出糸を高速で回転するポットに巻き取ることで撚りをかけるが，このポットをより高速に回転させることで，紡糸速度を引き上げ，生産性を向上させた（山崎，1975，255頁）。また製品の改良には設備の改善が必要で，マルチ糸にはビスコースを溶液に圧出する際のノズルの孔を小さく，その数を多くすることで基本的に解決された。また艶消しは酸化チタンという薬剤を投与することで解決されたが，これはコートルズ社の情報をもとにしていた（福島，

1969，44 頁)。

　レーヨン製造用の機械は，初期には輸入されていたが，やがてレーヨン企業の指導のもと日本国内のメーカーが製造するようになっていった。製造技術の近い綿・絹の紡織機メーカーのほか，モーターや反応装置には電気機械メーカーや造船所も参入した。帝国人造絹糸と同じ鈴木商店系列の神戸製鋼所は，紡糸機の生産を伸ばし，1925年に紡機製造として独立させた。同社は多数の特許をもつトップメーカーとなった（東洋機械金属株式会社60年史編集委員会編，1985，11頁）。このほか部品レベルでいえば，ポットを回転させるモーターは高速回転が必要で，製作が困難であったが，神戸製鋼所が特許十数件を取得して製造に成功し，ついには海外に輸出されるまでになった（高橋編，1938，122頁）。また溶液中に圧出するビスコースを制御するには，高性能の紡糸ポンプや高精度のノズルが必要であり，それらが糸の品質を左右するのであるが，島津製作所が腐食に耐える特殊鋳鉄を用いたギヤポンプ（ピストンではなく，ギヤの噛みあわせで流量を制御する）と白金を用いたノズルの製造に成功し，トップメーカーとなった（島津製作所，1967，422頁）。レーヨン工業の発展は，機械産業の発展を促したのである（山崎，1975，290頁)[38]。

　傾向的に製品価格が低下したにもかかわらず，人絹企業が昭和恐慌期も高い利益をあげ続けたため，景気の回復した1932年以降，既存メーカーの拡張とともに新規参入が相次いだ。1920年代の参入にも紡績会社が多かったが，このときの参入にも紡績会社が多かった。資金的な余裕があったことと後工程の関連技術をもっていたためであろう。1930年代の新規参入企業は，日清レーヨンを除くと，外国から技術を導入せずに参入できた。それは紡機製造などの機械メーカーが，人絹製造に関する一切の機械器具類を1プラントとして揃えて納入し，製品を市販できるまで請け負うというエンジニアリング会社の役割を果たすようになっていたためであった。しかもレーヨンに関する化学技術者や熟練工も国内に蓄積されてきており，そうした人材も斡旋したし，他社からの引き抜きも可能となっていた（山崎，1975，289頁）。オスカーコーホン社に匹敵するような企業が，1930年代半ばには日本に出現していたことになり，機械技術の進歩も早かったといえ，機械産業がレーヨン工業の発展を促すようにもなっていたといえる。こ

---

[38] このほか苛性ソーダの生産など化学産業の発展も促した。

れらの結果，1937年には日本がレーヨン生産高で世界一となるに至った。後工程が労働集約的で，賃金の安い日本に有利な点があったことは確かであるが，職工1人当たりの生産量（重量ベース）でみても1930年代には日本はコートルズに決して劣っておらず，技術的にも世界的なレベルに達していたのである（山崎，1975，258頁）。

綿布生産を兼営する紡績会社が多数参入したにもかかわらず，レーヨンメーカーは製品を織物産地に販売するにとどめ，レーヨン織布をおこなわなかった。レーヨンは絹織物産地に入っており，絹織物との関連が深く，綿布しか生産していなかった綿紡績会社にはそれほどシナジーがはたらかなかったことと，輸入レーヨン糸をもちいて産地が染色なども含めた製織技術を蓄積していったので，レーヨン糸メーカーには競争優位がなかったことが影響しているのであろう。ナイロンのときにみられる糸メーカーと織布メーカーとの共同開発や製織指導もみられなかった。

5　組立産業の興隆──造船・紡織機・自動車・時計・カメラ・ラジオ

ここでは組立産業を取り上げるが，前章で扱った造船・織機・カメラ・時計に加えて，戦間期に製造が始まり，高度成長期の花形産業となる自動車と家電を取り上げる。家電にもいろいろな製品があるが，戦間期にもっとも普及したラジオを中心に考察する。造船と織機は明治期にほぼ国内生産が可能な水準まで達していた。戦間期には造船はディーゼル機関（ライセンスを導入），織機は自動織機さらには紡績機械の国内製造がおこなえるようになり，世界的なレベルでの製造能力をもつに至ったが，さらに造船では経済船型，織機でも自動織機や紡績機械について，外国の技術をもとにしつつも独自の機構をうみだせるようになり，設計能力でも世界的なレベルに達した。時計では腕時計への小型化が進んだが，その進歩に追随していったばかりか，精工舎のほかに新規参入者が現れた。ただし外国のモデルを参考にするところからは脱していない。カメラについては，レンズ，シャッターなどの基幹部品の国内生産が始まり，さらにカメラのボディが金属製になり，カメラの需要が増加して，「大量生産」とも称されるようなレベルに達した。設計にも独自の機構が組み込まれるようになっている。自動車はアメリカの生産力が圧倒的に優れており，国内生産はほとんどないに等しい状態であ

り，陸軍を中心に強力な保護政策がとられ，アメリカから中古工場を購入したり，リバースエンジニアリングをおこなったりして，生産が始まったというところであった。ただしアメリカと競合しない小型車の分野では，かなり生産が増加した。ラジオは基幹部品である真空管を外資系企業が供給したこともあり，生産は比較的順調に増加した。欧米の模倣から始まったが，高級機が普及しない市場条件で，低価格機が需要の中心であったことも日本の生産増加に寄与していた。

1）世界的な造船国へ──造船

　造船業は明治末にかなりのレベルに達していたが，第1次世界大戦の勃発にともなう船腹の不足と荷動きの増加により海運運賃が暴騰し，船舶価格が急騰したことから，ブームを迎えた。既存の造船所が設備拡張と増産をおこなうほか，新たに造船業に参入する企業も多かった。新規参入者は既存企業から技術者や労働者を引き抜いていった。大戦中は船舶を造れば売れる状態であったので，多くの船舶を製造することが課題となり，同型船の建造によって設計の時間を節約し，生産に習熟することで，工期を短縮することが多かった。建造着手から航海や荷役に必要な装備品を装着する艤装の完了まで30日という驚異的な例もみられ，アメリカの記録をしのいだという。さらには注文を待たずに着工し，製造中に買い手をみつけるというストック・ボートの生産がおこなわれるようになった。とくに川崎造船所は，ストック・ボートの生産を大規模におこない，生産量を急増させていった。こうしたなか1917年に造船奨励金の下付を停止する法律が施行された。

　ところが1920年代に入ると，船腹過剰による海運不況によって船舶の需要は減少し，船舶建造は急減，ピーク時の1919年に64万トンあった国内建造量が，1927年にはわずか5万トンとなった（井上，1990，147，179頁）[39]。しかし1928年から30年は，政府から補助金を受けている航路に就航している船舶の代替船の建造により，また1932年以降1937年までおこなわれた船舶改善助成施設（老朽船を解体し，新船を建造する船主に補助金を支給するが，材料，機関，艤装品を国内で調達し，国内で建造することを義務付ける）により，建造量は増加した（図3-15）。

---

39) 海軍軍縮が実現したことから，商船に加えて艦艇の建造量も減少した。

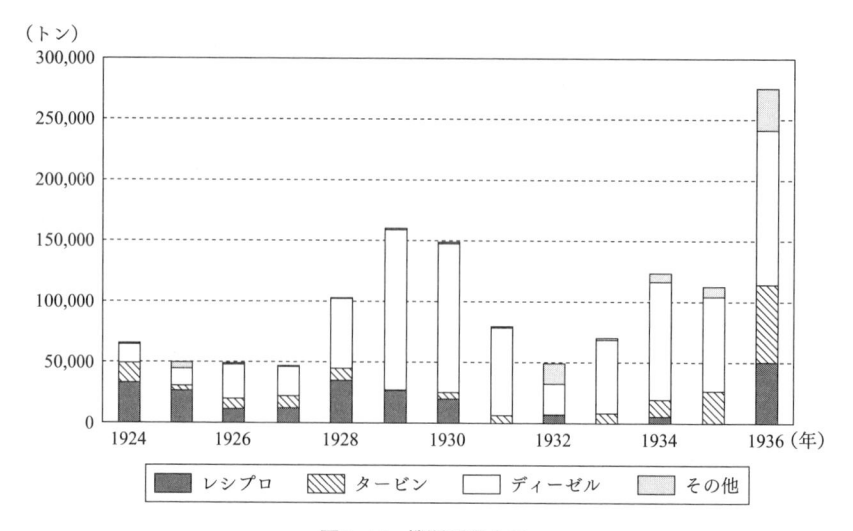

図 3-15 機関別進水量

出典）金子編（1964, 180 頁）。

　戦間期には船舶建造に大きな変化が生じた。ディーゼル船の普及である。ディーゼル機関は熱効率が良く，燃料庫が小さくて済み，蒸気機関と異なりボイラーが不要で，機関も小型で済み，火夫が不要であることから，運行コストが安くなる上に，発動・停止・逆回転が容易で，運行上も便利であるというメリットをもっており，建造費が上昇するというデメリットを上回っていたので，海運会社は相次いでディーゼル船の建造を進めていった[40]。ディーゼル機関は内燃機関であり，レシプロ・タービンといった蒸気機関とは技術的に断絶していたため，当初はディーゼル機関を輸入して日本で建造船に搭載していたが，やがて国内のメーカーが海外メーカーから技術導入をおこない，機関も製造するようになった。とくに船舶改善助成施設が機関の国産化を義務付け，この期間もディーゼル船が建造の中心であったことから（図3-15），ディーゼル機関の製造能力の有無が，造船会社の建造実績を左右した。すなわち1914年から1919年の商船建造量は，第1位の川崎造船所が49万トン，第2位の大阪鉄工所32万トン，第3位の三菱造

---

40) ガソリンエンジンは燃焼室が大きくなるとノッキングを起こしやすくなるので，燃焼室の大きさに制約があり，船舶用の大型エンジンとしては用いられない。

船が26万トンで，第4位の浦賀船渠が15万トンと，上位3社が有力であった。ところが大阪鉄工所がディーゼル機関の技術導入をおこなわず建造量が減少する一方，技術導入をおこなった三井物産造船部と播磨造船所（親会社の神戸製鋼所が導入）が生産を伸ばした結果，1931年から1937年の建造量は，第1位の三菱造船（1934年に三菱重工業となる）43万トン，第2位の三井物産造船部20万トン，第3位の川崎造船所18万トン，第4位の播磨造船所8万トン，第5位の大阪鉄工所7万トン，第6位の浦賀船渠7万トンとなり，順位が大きく入れ替わった（橋本，2004，10，205頁）[41]。

　船体建造では抵抗が少なく，燃料消費の少ない船体の研究が進んだ。明治末から試験用の水槽が設置され始め，三菱長崎造船所と海軍工廠の水槽が大規模であったが，逓信省の試験水槽が1930年に完成し，委託試験を受け付けるようになったことと船舶改善助成施設が水槽試験を義務付けていたことから，船体研究の全般的なレベルが上昇した。とくに逓信省技師の山県昌夫の開発したシングル・スクリュー・システムは15％以上の効率化をもたらしたといわれており，1931年以降多くの船舶で採用された。このほか船首を球状にして効率を上昇させるという球状船首も開発されており，日本の船体設計のレベルは世界水準に到達したのである。

　船舶の建造方法については，第1次大戦期に同型船の建造による効率化が実現されたが，1920年代には発注を受けて設計・建造をおこなうというスタイルに戻っている。一部で電気溶接が採用され，船舶建造でもっとも労働集約的な鋲接に代替し始めたが，強度上の問題がなお存在し，部分的な採用にとどまった。ただし鋲接に空気式のハンマーが用いられるようになり，労働生産性が上昇している（金子編，1964，第3章；高柳，1982）。

　すでに1913年においても日本の船舶建造量は6万トンで世界4位であったが，イギリス193万トン，ドイツ47万トン，アメリカ23万トンと比べるとはるかに劣っていた。しかし1936年には，イギリス86万トン，ドイツ38万トンについ

---

41) ストック・ボートに集中した川崎造船所は，有力海運会社との関係が断絶したため，1920年代に受注難に陥り，1932年には和議により整理を受けたが，その後立ち直った。三菱と神戸はズルツァー（Sulzer），三井はバーマイスター・アンド・ウエイン（Burmeister & Wain, B&W），川崎はマン（MAN）から技術を導入した。いずれも世界的メーカーである。なお横浜船渠もマンから技術を導入したが，1935年に三菱に合併された。

で29万トンとなっており，建造量からみても世界的な造船国となった。

2）自動織機・紡績機械の国産化──紡織機

　1907年に設立された豊田式織機株式会社は，豊田佐吉の開発した織機を生産した。当初は木鉄混製の小幅織機を生産していたが，1908年には鉄製広幅力織機を開発し，翌年から本格的な製造を開始した。広幅織機は機械に働く力が強く，木製のフレームでは耐えられないため，金属製のフレームを必要とするのであるが，このフレームを高い精度で製造するとともに，金属部品の工作のレベルを引き上げる必要があった。豊田式織機は，外注依存をやめて鋳物工場や鉄工工場を新設し，多数の工作機械を導入するとともに，大学や高等工業の卒業生を採用し，さらに東京高等工業雇で池貝鉄工所（日本を代表する工作機械メーカー）での技術指導の経験もあるチャールズ・フランシス（Charles A. Francis）を招聘し，指導を仰いだ。フランシスはゲージシステムを導入し，治工具の使用を進めるなど互換性部品にもとづく生産を指導した。フランシスは池貝鉄工所でもこうした仕組みを導入しているが（山下，2002，71頁），豊田式織機は日本でもっとも早く互換性部品の生産を志向した工場のひとつであったことになる。豊田式織機の最初の広幅織機は，プラット社のモデルを模造したといわれているが，紡績会社のテストの結果，まったく遜色ないとされ，プラットの織機に対するディスカウントもないという極めて優秀なものであった。豊田式織機は広幅織機の生産にシフトするとともに，モデルの改良を進めていくこととなる（鈴木，1996，第11章；石井正，1986，1987）。

　1910年代には手織機の生産が減少し，力織機の生産が増加するとともに，生産の大規模化が進展した。すなわち1909年には，手織機の生産が19,505台であったのに対し，力織機の生産は，13,167台に過ぎず，そのうち職工5人以上の作業所で生産されたものは5,712台に過ぎなかったが，1920年には，手織機の生産が4,799台に減少する一方，力織機の生産は52,654台に増加し，そのうち職工5人以上の作業所で生産されたものが，48,879台に達していた。部品を購入して，組み立てるだけの作業所が減少したのであろう。また1909年には2,037台の力織機を輸出する一方，3,142台の力織機が輸入されていたが，1920年には輸出9,862台，輸入4,585台と輸出が輸入を上回るに至った（石井，1987，138頁）。

2. 大量生産の模索 219

　力織機では，シャトル（杼）に入っている緯糸がなくなると機械が停止し，作業者が緯糸を補充する必要があり，これが生産性向上のネックとなる。緯糸を自動的に補充する機構をもつのが自動織機であり，1894 年にアメリカのノースロップ（James H. Northrop）によって開発された。日本では豊田佐吉とその息子の喜一郎によって開発が進められ，1924 年に G 型自動織機の開発に成功した。豊田佐吉は豊田式織機の常務取締役技師長に就任していたが，会社の方針と対立し，1913 年に常務を退任した（1916 年取締役も退任）。佐吉は退職時に得た資金で織機の開発・実験を進めるため，紡織工場を経営し，1918 年に豊田紡織株式会社とした。そして完成した自動織機 520 台を豊田紡織の工場に設置したところ，順調に稼動し，自動織機を製作する会社である豊田自動織機製作所が，1926 年に設立された。豊田紡織は自動織機の稼動状態を公開して，織布業者への売込みを図り，紡織業が工場法の施行により深夜業が廃止されるという状況で，紡織企業が生産性を引き上げる必要に迫られていたこともあって大成功を収めた。豊田紡織の実験では，力織機では工員 1 人当たり 3.3 台しか担当できなかったが，自動織機は 25 台も担当でき，しかも糸切れなどのトラブルが減少し，機械当たりの生産も上昇したから，生産性の格差は歴然としており，機械価格の上昇を補って余りあったのである。

　G 型織機は当初月産 300 台で始まり，1937 年には月産 1,000 台という量産規模に達した。豊田自動織機製作所は，鋳物工場・鉄工場を備えたのはもちろん[42]，互換性部品による生産を志向し，専用工作機械や治工具を導入し，部品の精度と生産性をあげるとともに，チェーン・コンベアによる組立ラインを導入した。これは日本最初の量産コンベアラインといわれている（図 3-16）。さらに G 型織機の特許は織機の世界最高峰のメーカーであったプラット社が購入するに至り，日英の織機開発・製造能力の逆転を象徴する事例ともなったのであった（豊田自動織機製作所社史編集委員会，1967；和田・由井，2001；産業技術記念館，2007；和田，2009，第 3 章）[43]。

　豊田自動織機製作所の成功は，唯一の突出した事例ではない。足踏織機を製造していた鈴木政次郎は 1908 年に力織機の開発に成功，1920 年には鈴政式織機株

---

[42] 絹織物力織機では，金沢の津田駒次郎工場，津田製作所（津田米次郎）などでも工場の整備が進んだが，生産規模が拡大し，精度が上昇するにつれて，1930 年代にそれまで外注に出していた鋳物を内製するようになっている（津田駒工業，1969，31 頁）。

図3-16 豊田自動織機製作所での織機の組立
出典）豊田自動織機編（2007, 17頁）。

式会社（1923年遠州織機と改称）とした。社長は日本綿花の喜多又蔵が就任したが，不況に際会し，大阪の繊維機械メーカー木本鉄工に勤務経験のある大阪高等工業出身の阪本久五郎を招聘して改革をゆだねた。阪本は広幅織機へのシフトと互換性部品による生産体制の構築を目指し，リミットゲージ，治工具を導入，金型の製作も改善した。そして1929年に阪本式自働織機の開発に成功した。同社の自動織機の出荷は1929年に2,603台であり，1937年には9,692台（月産換算805台）に達したから，豊田自動織機製作所にほぼ匹敵していた（遠州製作社史編集委員会，1971，223頁）。自動織機製作に成功した両社が，互換性部品による生産を志向していたことは，力織機に比べて高い精度が要求されたことと量産規模が大きかったことから，偶然ではない。このほか名古屋でも野上式自動織機が開発されている。

複雑な織柄を出すには，複数の色の緯糸を通す必要があり，複数の杼を決まったパターンにしたがって使い分ける必要がある。これは複数の杼をカードを使って制御したりすることで実現された（多挺杼）[44]。綿織物では1912年に鈴木式が，

---

43) ただしプラットは特許を購入したもののG型織機を製造しなかった。また特許料の支払ものちに減額されている。この経緯については，和田・由井（2001，第6章）を参照のこと。同書ではイギリスが互換性部品による生産の仕組みに遅れていることが明らかにされている。また産業技術記念館（2007）は，織機と自動車の仕組みと製造について平易に解説している。G型自動織機が20年以上にわたって蓄積された技術の集大成であること，そのなかで1925年に特許取得された無停止自動杼換装置（1909年特許の改良）が傑出した技術であることが解説されている。その後もさまざまな改良のための特許が取得された。

44) ジャカード装置やドビー装置により経糸を複雑に制御することでさらに複雑な織柄を出せるが，これらの装置も力織機に装着されるようになっていった。複雑で高級な絹織物を生産していた桐生では，ジャカードを装着した力織機の力織機総数に占める割合が，1921年の30％から1934年には50％程度にまで上昇していた（亀田，2003）。

絹織物では1920年に松川式，寿式などが開発され，縞織物産地に普及していった（清川，1995，第5章）。ここでは鈴木式織機について簡単に述べておく。足踏織機を製作していた鈴木道雄は，1912年に杼箱上下器という2つの杼を制御する技術で実用新案を取得，鈴木式織機を開発し，全国に販路を広げていった。鈴木は工場を拡張していくとともに，力織機にも取り組み，鋳物や金物の自製を開始し，1920年に鈴木式織機株式会社を設立した。その後も鉄工を改善し，工作機械を導入し，広幅織機の製作に進んでいった。鈴木の画期的技術は，1930年の四挺杼織機カード節約装置である。これまで杼換カードは緯糸本数の半分を必要としていたが，カードの数を10分の1以下に節約することに成功し，カード製造コストを劇的に引き下げたのである。これによってインドネシアなどで用いられるサロンという織物を安価に製織することが可能となり，鈴木の織機はサロン織機と呼ばれ，売上げが急速に増加した。サロン織機は日本の織布業者向けに加えて，インドネシアなどに向けて大量に輸出されるようになったのである（鈴木自動車工業社史編集委員会編，1970；長谷川，2005）。

　最後に紡績機械の生産である。紡績機械は明治初期に模造が試みられたほかは，輸入に依存していた。それでも修理などのために大阪を中心に紡績機械の部品工業が成長し，第1次世界大戦中に輸入がなくなったことで，急速に成長した。たとえばアメリカの大学を卒業した桑田権平は，紡績機械の中心的な部品であるスピンドルを製造すべく1917年に独立し，1920年に日本スピンドル製造所としたが，強度を出すための鋼の焼き入れなどに苦労した。桑田はその後，スウェーデンから特許を導入してやはり基幹部品であるリングの生産もおこなうようになるが，それまで使っていたイギリス製からスウェーデン製の鋼に切り替えている。日本では満足できる鋼が調達できなかったのである。しかし桑田は互換性の部品生産を志向し，公差を設定し，リミットゲージによる検査をおこなった（70年史編集会議編，1988）。このほかにも大阪には紡績部品を手がけるメーカーは多数存在したが，そうしたメーカーの中に木本鉄工があった。木本鉄工はさまざまな紡績機械の製造をおこない，豊田式織機の下請もおこなっていたが，豊田式織機は1916年に同社を買収し，紡績機械の生産に乗り出した。豊田式織機の互換性生産システムが買収工場に移植され，大阪合同紡績の指導を受けて，合併後1年ほどで紡績の中心的な工程である精紡をおこなう精紡機の製作に成功し，紡績システムすべての国産化に成功した。これはプラット式を完全に模倣したもので

あったが，当初は外国製の機械に比べて低価格をつけなければ，競争に勝てないレベルであったという（鈴木，1996，338頁；石井正，1986，139頁；創立100周年記念事業委員会編，2007，40頁；『本田菊太郎伝』，1962，68頁）。また豊田自動織機製作所も1928年から精紡機の生産に着手した。まずは精紡機の一部を製造し，輸入機械に取り付けるところから始め，ついでプラット社の精紡機を原型に，独自の精紡機を設計した。同社の製品はまず豊田紡織の工場に据付けられ，テストがおこなわれた（豊田自動織機製作所社史編集委員会編，1967，153頁）[45]。

　紡績業の合理化に決定的ともいえる役割を果たしたのは，ハイドラフト紡績機であった。さまざまな方式が存在していたが，豊田式織機はスイスから寿工業が導入したカサブランカ式を大日本紡績の今村奇男が改良した栄光式のハイドラフトを大量生産したし（豊和工業編，1967，35頁），豊田自動織機製作所でも当初は，プラット社の機台のうえに別の既存のハイドラフト機構を装着したものであったが，やがて栄光式を導入していった（豊田自動織機製作所社史編集委員会編，1967，158頁）。豊田自動織機製作所はさらに進んで粗紡と精紡を1工程でできるスーパー・ハイドラフトを製作したが，すでに述べたとおり戦時経済に直面し，普及は戦後のこととなった。

　織機や紡績機械については，独自のモデルが開発され，開発のレベルでも欧米にキャッチアップしたといえるが，紡績会社の果たした役割が大きかった。これは紡績会社が長年にわたり，紡績機械を使用し，修理などを通じて，紡績機械への深い知識をもっており，性能評価などの能力も高かったためであり，ヒッペルのいうユーザー起点のイノベーションに近いといえる（フォン・ヒッペル，1991）。そして豊田式織機，豊田自動織機製作所などは，多数ある紡績工程の機械を製造し，プラントレベルで機械を供給できる企業に育っていった。力織機は1910年代半ば，自動織機は1920年代半ば，そして精紡機でも1930年代初頭に国内生産が輸入を上回り，少なからざる織機・紡機が輸出されたのであり，紡績・織布業は国産機械による生産がようやく可能となったのである（大塚，1987）。

　高機は全国で多数の機大工によって生産されていたが，バッタン，足踏織機，力織機を経て自動織機にまで至った会社はほんの数社となった。木工から鉄工へ

45）このほか大阪機械工作所，大阪機械製作所などが大阪で設立された。豊田式織機（とくに大阪工場）からの人材の移動がこれらの設立に大きな役割を果たしていた（大阪機工五十年史編纂委員会編，1966；『本田菊太郎伝』，1962）。

の技術変化が障壁となり，高い精度で量産が要求され，メーカーの数は限られざるを得なかったのである。織機・紡機は機械工業の中でももっとも早く定着したのであるが，それは下流産業である繊維産業が早くに成長し，需要に恵まれていたことと，繊維機械が主として鋳鉄を材料とし，鋼を使用する場合に比して高度な技術を必要としないという，上流産業の制約が弱かったことが理由としてあげられよう（丸山ほか，1960，152頁）。紡織機メーカーの中には，互換性部品による生産に早くから取り組むものも多く，のちに自動車，工作機械，オートバイなど多様な製品に取り組む基盤も形成されていたのである。

3）政策保護による「大衆車」生産の開始——自動車

1885年および1886年にドイツのダイムラー（Gottlieb Daimler）とベンツ（Karl Benz）によってガソリン機関による自動車が開発されるとヨーロッパ・アメリカで次々と改良が加えられ，1908年にフォード（Henry Ford）によってT型フォード車が発売された。フォードはコンベアを用いて，互換性部品を移動式組立ラインで組み立てることによって（フォード生産方式），T型車を大量生産するとともに価格を引下げ，シェアを伸ばしていった[46]。こうしてアメリカでは大量生産方式が普及し，GM，フォード，クライスラー（Chrysler）のビッグ・スリーを中心とする体制が1920年代末に成立した。GMとフォードは世界各国に輸出するとともに，現地工場を設立するか，現地企業を買収したため，ヨーロッパも強い競争圧力にさらされ，フォード生産方式を取り入れる企業が現れ始めたが，アメリカの「大衆車」であるT型車（2,900cc，20馬力）やシボレー（Chevrolet）より小型の1,000cc前後の自動車の生産が増加した。

日本へもアメリカ車を中心に外国車が輸入されたが，1923年の関東大震災で東京市の交通が麻痺したときに，急遽輸入されたフォードのバスが威力を発揮したため，自動車の普及が進んだ。乗用車は主にタクシーとして用いられており，マイカーは多くない。この機会を捉えてフォードは日本法人を設立し，横浜で輸入部品の組立（ノックダウン）生産を1925年から開始し，GMも日本法人を設立，大阪で1927年からノックダウン生産を開始した。両社はコンベアによる組

---

46) フォードが流れ生産方式を確立していく過程については，和田（2009，第1章）を参照のこと。

(台)

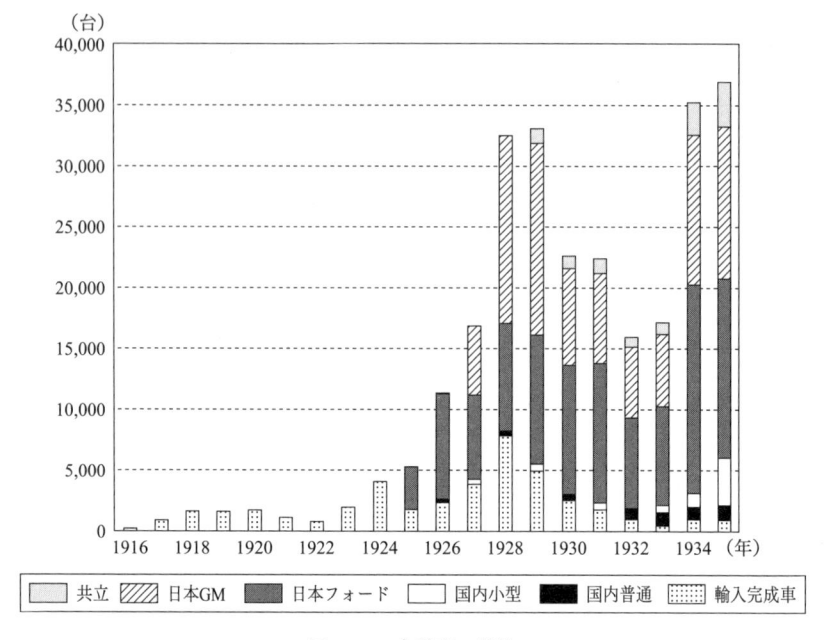

図3-17 自動車の供給

凡例:共立／日本GM／日本フォード／国内小型／国内普通／輸入完成車

出典）四宮（1998, 21頁）。

立をおこなっており，日本市場で圧倒的なシェアを占めた（図3-17）。

日本陸軍は第1次世界大戦の経験から自動車とくにトラックの軍事的重要性を認識し，1918年には軍用自動車補助法が制定され，軍の承認を受けた自動車の生産者やその所有者に補助金が支給されることとなり，快進社（のち実用自動車製造と合同し，ダット自動車製造となる），東京石川島造船所（のち石川島自動車製作所として分離），東京瓦斯電気工業の3社が承認を受けたが，ほとんど実績があがらなかった。そこで政府は，フォード・シボレーの大衆車より大型のトラック・バスを保護・育成する方針をとり，1932年に商工省標準形式自動車（エンジンは4,391cc, 45馬力）を上記3社とともに制定したが（「いすゞ」と命名された），軍や鉄道省営バスなどしか需要がなく，生産台数は伸びなかった[47]。ア

---

[47] 三菱造船と川崎造船所という有力造船所もバス・トラックを製造したが，事情は似たようなものであった。

メリカの「大衆車」かそれより大きいクラスの自動車の保護は十分な成果をみなかったが、これに加えて導入されたのが、小型車規格の制定であり、全長・全幅・エンジン排気量などからなる基準以下の小型車は税金が軽減され、無試験で小型免許が取得できるというものである。小型車の基準は徐々に拡大され、1933年にはエンジン排気量750ccとなったが、四輪のみならず、三輪車も多く、1930年代には生産が増加した[48]。小型車の特典は外国車にも適用されるので、小型車の発達したヨーロッパ車、とくにイギリスのオースチン（Austin）の輸入を招かないぎりぎりのところに基準が定められていたという（大島・山岡、1987；四宮、1998）。

　陸軍は自動車工業の確立にはさらに進んだ手段をとる必要があるとして、1936年に自動車製造事業法が制定された。この法律は年間3,000台以上自動車を生産する会社は、政府の許可が必要で、議決権や取締役の過半数を日本人が握ることを必要とする一方で、免税や資金調達上の特典を与えるとともに政府が命令監督権をもつというものである（フォードとGMの日本法人は3,000台の基準を超えていたが、現行の生産台数までの生産を認められた）。ここで目指されたのは、フォード・シボレークラスの「大衆車」であるが、1930年代半ばには「大衆車」の性能が1920年代より向上しており、それをエンジンの排気量と馬力で代表すると、1934年モデルでは、フォードが3,600cc、85馬力、シボレーが3,956cc、80馬力となっていた[49]。シボレーもほぼ同様であったが、フォードについてみれば、T型と比べて排気量が24％しか拡大していないのに、馬力は4.25倍とな

---

48) 三輪車は荷物の運搬が主たる用途であった。1920年代には輸入エンジンを国産フレームに取り付けることが多かったが、1930年代には円為替レートの下落と関税引上げにより輸入部品への依存が低下するとともに、国産エンジンが主力となり、自動車の性能が向上して、生産規模も拡大していった。当初は部品を買い集めて組み立てるという生産形態であったが、大規模なものは、エンジンのみならず、主要部品の生産までおこなう一貫メーカーになっていった。二輪メーカーが三輪メーカーをかねることも多かったが、三輪メーカーには、発動機製造（のちのダイハツ工業）、東洋工業（のちのマツダ）という戦後の有力な軽自動車メーカーも含まれている。発動機製造の1937年の生産台数は5,793台で、後に述べる日産のダットサンの8,353台に匹敵する規模に達していた（呂、2011、第3、4章）。

49) エンジンでは低速域のトルクをとるか、最高馬力をとるかのトレードオフもあり、馬力で性能を代表することには大きな限界がある。まして自動車の性能をエンジンの馬力で代表できるものではない。さらに馬力のデータそのものも出典によって異なっていることがある。あくまで自動車の性能をイメージするのに参考となる程度である。

っており，格段に性能が向上していた。このレベルの自動車を大量生産することが目標となったのであるが，ヨーロッパでも実現していないことであり，日本の所得レベルや貧困な道路事情を考えれば非常に高い目標であった。

　1936年にこの法律上の許可会社となったのが，日産自動車と豊田自動織機製作所であり，1941年にダット自動車製造・石川島自動車製作所・東京瓦斯電気工業を母体とした東京自動車工業（のちヂーゼル自動車工業と改称）が第3の許可会社となった。ヂーゼル自動車工業はディーゼルエンジンのトラックを中心とすることとされたので，ここでは前2社について考察する。まずは日産自動車である。鮎川義介は戸畑鋳物で可鍛鋳鉄や鋳鋼品を製造する一方，グループ企業を拡大し，電装品，特殊鋼，塗料など自動車製造に必要な製品の生産を手がけていた。戸畑鋳物は1931年にダット自動車製造の株式の大半を取得して，自動車製造業に本格的に参入したが，ダット自動車製造は新しい小型四輪自動車を開発し，翌年にDATSUNという名称をつけた。ところが当局の勧奨もあり，1933年にダット自動車製造と石川島自動車製作所が合併して自動車工業となったが（1937年に東京瓦斯電気工業と合併して東京自動車工業となる），軍用保護自動車の生産を中心とする方針であったので，戸畑鋳物は自動車部を設けるとともに，ダットサンの製造工場と製造権を譲り受けた。そして戸畑鋳物は，1933年末に自動車部を独立させて自動車製造を設立し，翌年自動車製造が日産自動車と改称したのであった（以後は単純化のために，戸畑鋳物時代も含めて日産自動車とすることがある）。鮎川は軍用保護自動車を捨て，小型車に注力したことになるが，この年に小型車の規格が500ccから750ccに拡大された（やがて1名であった乗員数の制限も撤廃された）ことが影響しているであろう。

　日産自動車はアメリカ人技師数名を雇用して横浜に新工場を建設し，アメリカから工作機械を多数購入，体制が整うとシャシーからボディまでの一貫生産でコンベアを用いてダットサンの大量生産をおこなった（このほかフォード・シボレーの部品なども製造）。こうしてダットサンの製造は順調に増加し，1936年には年産6,163台（月25日操業とすれば，1日20台となり，20分から30分に1台の割合）となったが，その内訳はトラック3,601台，乗用車2,562台とトラックの方が多く，小型車でも運送需要が大きかったことがわかる[50]。ダットサンは年毎に改良を受け，性能が向上していっているが，これは当時，欧米でも一般的なことであった。

こうして狙いであったヨーロッパタイプの小型車事業が軌道に乗ったのであるが，日産自動車では「大衆車」クラスの自動車製造もおこなうことに決定し，1936年にグラハム・ペイジ（Graham-Paige）社から自動車の製造設備その他を買入れたほか，工作機械などを購入した。アメリカ人技師が来日し，機械の据付けや初期の操業指導をおこない，1937年にトラックと乗用車の発売にこぎつけた（エンジンは共通で3,670cc, 85馬力）。日産自動車は，一挙に自動車製造に関する設備やノウハウ，すなわち製造技術を手に入れたのであり，明治期の大阪時計製造会社と同じパターンをとったことになる。圧倒的な技術格差があるときに，合理的な手段のひとつといえ，その導入もスムーズで，ダットサンの経験が生きているといえる。もっとも日産の導入したトラックはキャブオーバー型というエンジンの上に運転席があるタイプで，荷台が広くとれるという特徴をもっており，新しいタイプであった。これはアメリカのような良好な道路では問題がなかったが，悪路を進むには不利である。このことは予想され，トラックには改良が加えられていたがなお不十分で，のちにボンネットタイプに改造されている[51]。外国モデルの直輸入の難しさを示す一例といえよう（日産自動車株式会社総務部調査課編，1965；宇田川，1983）。

　互換性部品にもとづき紡織機を大量生産することに成功していた豊田自動織機製作所は，自動車工業への参入を考えていた。機械工業の能力の高まりという点では，ある意味自然な発展のルートであったが，豊田自動織機製作所が紡織機で飛び抜けた存在ではなかったように，他にも参入を計画したものもあった。1930年に名古屋市長が自動車工業の振興を図ったときには，豊田式織機などの4社が共同で試作車を完成するところまでいっている（「中京デトロイト計画」）。豊田喜一郎はバイクモーターを購入して模造するなど準備を整えた上で，1933年に豊田自動織機製作所に自動車部を設置したが，自動車の開発・製造に至る方法は日産自動車と異なり，リバースエンジニアリングが中心であった。豊田は先行メーカーや中京デトロイト計画の経験者など自動車製造の経験のある人材を集め，いろいろな大学の教員から技術上のアドバイスを受けるなどの体制を整えた。そ

---

50) 1933年に乗用車だけで，GMが65万台，フォードが33万台，クライスラーが40万台の売り上げがあったので，規模の格差は圧倒的である。ただし複数工場で，多数のモデルを生産していたことには注意が必要である。

51) 中国など外国戦線での使用でこの問題はとくに深刻であった。

して小型車ではなく,「大衆車」を製造することに決め,アメリカの GM(シボレー)・クライスラー(デソート,DeSoto)・フォードの実車を購入,分解,スケッチして研究した上で,エンジンはシボレー,乗用車のボディスタイルはデソート,シャシーや駆動関係はフォード,トラックのフレームはフォード,足回りはフォードとシボレーと,選択的に導入した。個々には模造であるが,それを纏め上げるところは自社技術でおこなったわけである。選択には日本の道路事情なども当然考慮に入れられている。紡織機の製造で鋳造にはかなりの技術力があったが,エンジンブロックには中空部分があり,紡織機では経験したことがなく,その鋳造には試行錯誤を重ねなければならなかった。さらに出来上がったエンジンが,シボレーなみの馬力を出せるようになるには,情報を収集して再設計しなければならず,時間がかかった。高性能の工作機械はアメリカから購入したが,材料の品質が悪いと,機械が高性能を発揮できず,製品の品質も悪くなるので,材料の選択も重要であった。シボレーやフォードの純正品が修理に使用できることも考慮されていたが,当時出回っていたフォードやシボレーのイミテーションパーツは品質が不十分で,豊田は内製をかなりおこなわねばならなかった[52]。特殊鋼は特注で調達するにはロットが小さいこともあり,製鋼所を建設した(日産自動車ものちに製鋼所を建設)。こうして 1935 年に乗用車の試作車が完成したが,乗用車のボディのプレス型を製造するのに時間がかかったため,1935 年にトラックを先に発表し,乗用車は試作車に設計改良を加えて,1936 年から生産が開始された(3,389cc,65 馬力)。電気関係部品,気化器,オイル・ブレーキ,ボールベアリング,高級仕上鋼板を除き,国産品であった。試作車はアメリカの純正部品に頼るところが大きかったから,大きな進歩といえる。1937 年に豊田自動織機製作所の自動車部は,トヨタ自動車工業として独立,1938 年には広大な敷地をもち月産 2,000 台を目標とする挙母(ころも)工場が完成した(和田,2009,第 3 章:和田・由井,2001,第 7,8 章;トヨタ自動車工業株式会社社史編集委員会編,1958,1967)。

　小型車規格という政策保護があったにせよ,小型車が順調に成長を始めようとしていたときに,軍事的な理由から自動車製造事業法にもとづく強力な保護・統

---

52) 当時の自動車部品工業については,植田(2004,補章)を参照。日本の部品製造業者の製造したものでも試験に合格すれば,純正品となったので,国産の純正品と試験に合格しないイミテーションパーツがあった。

制措置が実施され，トヨタと日産自動車の間に技術開発の方法にかなりの差があったが，ともかくアメリカの「大衆車」なみの自動車を製造するに至った。しかしその性能は不十分で，さまざまな改良が部品の材料の品質までさかのぼって加えられねばならなかった。また量産の規模もアメリカとは比較にならず，コストの低下も大きな課題となった。1937年に日中戦争が勃発し，乗用車の製造が制限され，トラック製造が中心となり，それも中国はじめ外国で使用されることが多くなると，ますます悪路での性能を重視されることになり，その方向への改良が要請されることになる。戦後の乗用車生産は，こうした経験を前提にするとはいえ，アメリカよりもずっと小型の自動車生産から始まるのである。

4）精工舎が世界的な時計メーカーとなる──時計

　第1次世界大戦が始まると置時計の輸出が急増した。1921年には掛時計・置時計の輸入がなくなり，国内生産の2割を輸出するに至ったので，国際競争力を獲得したといえよう。携帯時計ではなおしばらく輸入が続いたが，関税の引き上げもあり，次第に生産が増加し，1930年代には輸入がほとんどなくなっている（図3-18）。ムーブメントや部品の輸入が増加し，国内でそれらを完成品に組み立てる企業が発展したが，1926年と1932年の関税改正で部品輸入も減少に転じた。この間携帯時計の小型化が進み，徐々に腕時計の割合が上がっていった。こうした市場条件のなか，それまでほとんど精工舎しか生産をおこなっていなかったが，新規参入が増加した。ただし腕時計への対応が早く，世界市場でのシェアを上げつつあったスイスで，1920年代後半から連邦政府が規制を強め，1930年代初頭には，外国への部品や時計機械の輸出を厳しく制限したために（Glasmeier, 2000, p. 150），時計専用でない機械は輸入できたとはいえ，日本企業はこの条件を克服しなければならなくなった。腕時計は小型なので，部品精度の要求水準が高く，高性能の工作機械の導入が決定的に重要であった。

　東京の時計商山崎亀吉は1918年尚工舎時計研究所を設立，スイス・アメリカの工作機械を導入する一方，工業学校を設立し職工の養成をおこない，1924年には独自設計にもとづく懐中時計の開発に成功した。しかし尚工舎の経営は思わしくなく破綻し，1930年に外国からムーブメントなどを輸入して時計を組み立てていたシュミッド時計工場につとめていた中島与三郎らによってシチズン時計株式会社が設立され，尚工舎の設備を引き継いだ。当初は尚工舎の時計を組み立

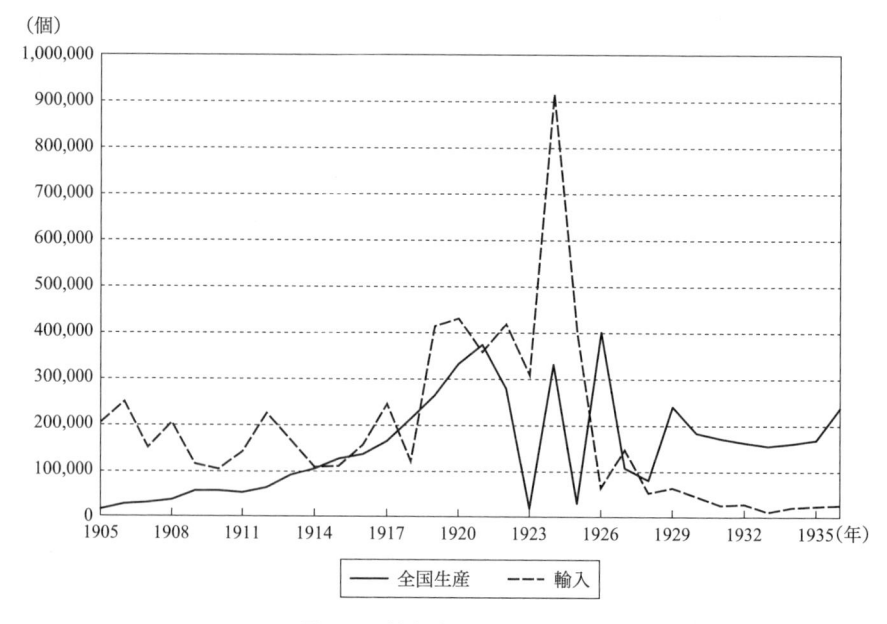

230──第3章　近代企業の変容と大量生産の胎動

図 3-18　懐中時計の生産と輸入

出典）平野（1968，巻末 1-31 頁）。
注）1919 年より懐中時計および腕時計となる。

てていたが，1931 年にはスイスの時計を参考にして腕時計を開発，生産に入った（シチズンライフ編集室編，2002a）。その後もスイスから工作機械を輸入したほか，スイスの技術者に時計の設計の一部を依頼している（ドンゼ，2010）。このほか時計商吉田庄五郎は東洋時計製作所を設立し，1920 年から置時計の生産をおこなっていたが，1934 年から腕時計の生産を開始したし（オリエント時計の前身），鶴巻時計店も 1924 年鶴巻時計店英工舎を設立，掛時計ついで置時計の生産を始め，1935 年から腕時計の生産を始めた。さらに時計商村松恵一も 1920 年甲野時計製作所を買収して，時計生産を開始し，1935 年から腕時計の生産を開始した。時計商が掛・置時計の生産から始め，携帯時計の生産に入るという精工舎とほぼ同じ参入のパターンがみられ，1930 年代に腕時計が活況を迎えたことを反映しているのであるが，東洋時計以下のメーカーがいかに工作機械を調達したのかは明らかでない（精工舎からの人材の引抜きがあったという）。

　精工舎は明治期に国内で抜きんでた存在となっていたが，なお既存モデルをス

ケッチして原器を作るという方法に依存していた。1913年に工業学校出身の布施義尚が入社し、1918年に初めて部品の製造図を作り、現場に配布し、このときから図面によって工作するようになったという。そして治具の製作も新鋭測定器によって改良された（内田，1985，422頁）。さらに関東大震災で工場が被災した後では、新しいスイス製機械・器具が導入され、新製品の製作にあたっては、新しい計器にもとづく設計図が作られ、それをもとに生産されるようになった（平野，1968，191頁）[53]。その後も精工舎の腕時計は外国モデルを参考に設計されているが、図面を作成するようになって効率が上昇し、モデルの発売もスイスに追随することができた[54]。ただし部品は互換性のレベルまで達しておらず、熟練工が部品を選んで組み立てる「できなり」組立は続いており、職工の養成も熟練工によっておこなわれていた。こうした方法はシチズンでも共通している（シチズンライフ編集室編，2002b，69頁）が、精工舎では一部の組立には女性労働者や外注組立も用いられるようになっており、「できなり」組立が存続していたとはいえ、部品のレベルが向上していたことがうかがえる。こうして戦間期において精工舎の携帯時計は性能が向上し、生産量でも世界的なレベルに到達した。精工舎の懐中時計は、外国時計に代わって1907年に恩賜の時計に指定されていたが、1929年には鉄道時計に採用されるに至った。恩賜の時計は象徴的意味が強かったが、鉄道時計に採用されたということは、精度が外国時計に追いつきつつあったことを示すものといえる。精工舎の腕時計には、セイコーシャのブランドが入れられるようになったが、これは精工舎が信頼を得られるようになったことを象徴的に示すといえよう。そして精工舎の携帯時計の生産量は、1930年代半ばにはウォルサムの生産量より遙かに多く、世界最大の生産量を誇るに至った（大東，1990，1991；Donzé，2011）。

5）レンズ・シャッターの国産化——カメラ

　20世紀へと転換する頃には、カメラ産業の中心が、イギリス・フランスからアメリカ・ドイツへとシフトしていったのであるが、第1次世界大戦中にドイツ

---

53) 平野（1968，191頁）は、震災前は図面が書かれなかったとしているが、内田の説に従った。
54) 独自の機構が付け加えられたりしている。なお1914年発売のウォルドは独自の設計といわれている。

からの輸入が停止し，カメラ産業も活況を迎えた。しかし第1次世界大戦が終了すると，ふたたびドイツ製カメラが流入し，カメラ産業は競争圧力に直面した。こうしたなかで小西本店もカメラ製造部門が赤字となった。小西本店の工場である六桜社は戦間期に，カメラ生産のあり方を変革していった。まずはフィルムの性能の向上により，フィルムのサイズが次第に小型化し，それにともなってカメラが小型化していったことである。小型化によって，カメラの構造が木工から金属へと変化していき，プレスなどの工場生産の色彩が強くなった。1912年のコダックのベストポケットコダック（Vest Pocket Kodak）は，ポケットに入るサイズのカメラとして，この方向を示すものとなった。カメラの価格が低下して大衆への普及が始まり，生産台数が増加した。1919年頃大衆向けのリリーなどの生産台数が月産200台程度であったが，1925年発売のパーレットは，月産300台から始まり，1,000台を超えるようになった（小西六写真工業編，1973，251，322頁）。これにともなって部品等の加工も多様な工作機械が用いられるようになり，たとえば歯車ですら旋盤で加工していたところに，関東大震災後に歯切盤が導入された。1934年には，能率技師として有名な荒木東一郎の指導を受け，能率向上に取り組んだ。1918年に小西本店は，乾板製造を目的に1902年に創設していた六桜社内に，専属工場を集中させるなど工場生産へと進み始めたが，それでもなお下請生産に大幅に依存していた。

第2は，カメラの重要部品であるシャッター，レンズの国内生産を始めたことである[55]。1921年小西六本店[56]は技術者として初めて東京高等工業出身の毛利広雄を入社させ，徐々に技術者の採用を増やしていった。その毛利が中心となり，1925年に海軍からガンカメラのコピーを命じられたのをきっかけに，国産化の観点からレンズの製作を始めた。レンズの設計には膨大な計算を必要とするため，その研究から入り，1931年ついにドイツのエナガラスを原料とする国産レンズであるヘキサーの開発に成功し，六桜社のカメラに搭載していった。ドイツのレンズに遜色がないといわれるが，それでも国産レンズは輸入レンズよりはるかに安い値段がついていた。シャッターも1932年頃に開発に成功している。これによってすべて国産の部品によるカメラが誕生したのである（小西六写真工業編，

---

55) 1929年にはさくらフィルムの開発にも成功している。
56) 小西本店は1921年に小西六本店となった。

1973, 395-404頁)。第3に次第に乾板が衰退し、ロールフィルム専用のカメラが中心となり、新しいモデルが投入された。パーレットもフィルムカメラであった。第4に、技術者の採用が始まっても、外国モデルのコピーが開発の主流であったが、パーレットは、小型カメラとして日本でも人気のあったベストポケットコダックとドイツのコンテッサ・ネッテル (Contessa-Nettel) のピコレット (Piccolette) の長所を取り入れたものであり (ただしピコレットがコダックに改良を加えたものといえる)、独自の機構も組み込まれ、単なるコピーを脱しはじめていたが、まだ先行モデルの影響は明らかであった。発売当初はアメリカ製のレンズとシャッターを搭載していたが、1932年から国内 (小西六もしくは他社) 製のレンズとシャッターを搭載し始めた。パーレットは1925年の発売から1947年まで販売されたが、その間多くのマイナーチェンジが加えられ、独自の進化をとげていった。パーレットは、「国産初の大量生産カメラ」といわれている (小西六写真工業編、1973、321頁；日本写真機光学機器検査協会・歴史的カメラ審査委員会編、1975)。

戦間期には小西六とならぶ販売店である浅沼商会や上田写真機店などがカメラ製造に進出するとともに、小西六とならんで戦後のカメラ産業の成長を担う企業が多数参入した。旭光学 (のちのペンタックス) は、眼鏡レンズなどを製作していたが、六桜社などのレンズを生産し、納入するようになった。日独写真機商会 (のちのミノルタ) は1929年にドイツ人技師を招いてカメラを開発、生産し始めた。当初はシャッター・レンズをドイツから輸入していたが、シャッターは1931年 (リデックス、国産初)、レンズは1937年から生産を開始している。顕微鏡を製作していた高千穂製作所 (のちのオリンパス) は、1936年にカメラレンズの製作に成功し、ボディはドイツのバルダックス (Baldax) をコピーして、セミオリンパスを発売し、1938年にはそれを改良して、自社製のシャッターを組み込んだセミオリンパスⅡを発売している。また軍用のレンズを生産していた日本光学工業 (のちのニコン) は、1933年にカメラ用レンズを開発した。日本光学工業のレンズは、1936年に精機光学研究所 (のちのキヤノン) が発売したハンザキヤノンにも搭載されていた (日本写真工業会、1987)。さらに時計の精工舎も1933年からシャッターの生産を開始した。レンズやシャッターの生産が盛んとなって、顕微鏡・眼鏡・時計といった周辺産業からの参入も進み、戦後のカメラ産業をささえる有力企業がほぼそろったのであるが、これらもとくに初期は外国

製品の影響を強く受け，コピーから始まったものも多かった。

　精機光学が追いつこうと求めていたカメラは，ドイツの顕微鏡メーカーであるライツ社（Ernst Leitz Optische Werke）のライカ（Leica）である。ライカは1925年に発売されたが，35ミリという小さなフィルムを用いる（レンズがシャープであることを要求される）小型カメラで，レンズ交換が可能で（そのためシャッターの機構が複雑となる），レンズのピントリングと距離計が連動する連動距離計を搭載した1932年のライカIIで不動の名声を確立した。ドイツのツァイス・イコン（Zeiss Ikon）社も1932年にコンタックス（Contax）を発売した。これらは最高級カメラで，普及型のカメラである1933年型のパーレットが17円であったのに対し，ライカIIは570円，それに対抗するハンザキヤノンは275円であった。ライカの存在は圧倒的で，ドイツとの技術力の格差を象徴的に示しており，日本は第2次世界大戦後にそのギャップを埋めていくのである。

6）コンベアによる生産——ラジオ

　戦間期には電気製品が家庭に普及し始めた。1937年の世帯普及台数はアイロンが300万台，ラジオの聴取者数が358万人であり（1935年の世帯数は1,338万），この2つがもっとも普及していたが，冷蔵庫は1万台，洗濯機は数千台にとどまっていた（ラジオ以外の調査は限定的）。1930年代の半ばには電気冷蔵庫の価格が700円から800円と中堅サラリーマンの年収の水準になっており，普及が始まるところに差し掛かっていたが，日中戦争が勃発すると，家電製品の生産は抑圧された。そのなかで政治的な意図もあり，ラジオの生産は続けられ，1944年には普及率が50％を超えた（青山，1991，第1章）。ここでは戦前にもっとも普及した家電製品として，ラジオの生産について考察するが，その前に明治以降の電気機械の生産について，簡単に振り返っておく。

　日本で電灯が点灯されたときには，発電機・電球ともに海外から輸入されていた。電球については，東京電気の技師長の藤岡市助が電球製造の研究を進め，1890年に白熱舎を設立した。同社は1899年に東京電気となるが，この頃でヨーロッパの電球工場に10年ほど遅れた規模となっていた。技術的な遅れを独力で回復していくことは困難で，同社は1905年にアメリカのGEが同社の役員の多数を占め，過半数の株式を握ることと引き換えにGEと技術提携をおこなうに至った。1910年にGEにより引線タングステン電球が発明されると，東京電気は

その特許を用いた電球が製造できることとなり，圧倒的に有利となった。白熱舎に次いで多数の電球製造企業が設立されたが，タングステン電球の特許は強力であり，多くは東京電気に合併されたり，系列下に収められたりしていった。1926年にこの特許が期限満了を迎え，その他の重要な特許も無効を宣告されたりする中で，1934年に東京電気は国内メーカーに重要特許を許諾する特許プールを形成するに至った。1920年に70％あった東京電気のシェアは，1935年には45％に低下している（長谷川，1995a；西村，2002, 2005；菊池，2007）。

　発電機などの重電機械については，アメリカのGE，ウェスティングハウス，ドイツのジーメンス（Siemens），AEGによる寡占的支配が成立しており，これらの企業からの輸入が多かった。電機機械製造をおこなっていた芝浦製作所は1909年にGEとの技術提携をおこなった（GEの持株は半数未満）。第1次世界大戦期に輸入が途絶すると国内生産が増加し，発展の契機をつかんだ。とくに日立製作所は外国企業と資本提携をせず，自主技術を中心に開発をおこなった。1920年代には，三菱電機がウェスティングハウスと技術提携をおこない，古河電気工業がジーメンスと技術提携をおこなって富士電機製造を設立している。こうして日立製作所，芝浦製作所，三菱電機，富士電機製造が有力重電メーカーに成長した。戦間期は相次いで電源開発がおこなわれ，大容量の発電機が設置されたが，最先端の発電機は輸入に依存したものの，その下のクラスの発電機の国内生産は増加していった。似たような状況はモーターなどでもみられる。提携先の企業から標準化した生産をおこなうノウハウが提供され，一部の量産品には流れ作業が導入されて生産性が上昇したし，電球にもみられることであるが，国内企業が独自の技術開発をおこなって，とくに生産技術を蓄積していったことも見逃せない（長谷川，1979, 1980）[57]。

　こうした重電機のほかに通信機も重要な電気機械の分野である。電話事業は官営であったが，電話が成長するとともに電信機，電話機，交換機などの需要が発生した。当初はこれらの機械は輸入されたが，沖牙太郎は輸入品を修理する中で，電話機や交換機の製造に乗り出していき，1912年に沖電気を設立した。1926年にはイギリスのGECから自動交換機の技術導入をおこない，1930年には逓信省

---

[57] なお東京電気に対するIGE（International General Electric）の持株比率は，1931年に50％を割った。東京電気と芝浦製作所は1939年に合併し，東京芝浦電気となった。

への納入に成功している。一方アメリカの通信機メーカーであるWEは沖との合弁を模索したが実現せず，1899年に工部大学校で電気を学んだ岩垂邦彦とともに日本電気を設立した（WEが過半数を所有）。日本電気はWEの中古機械を導入して工場を建設し，アメリカ式の工場管理を導入していった。日本電気はWEの輸入品も取り扱ったが，やがて自社製造品が中心となっていった。1927年には自動交換機，1931年にはラジオ放送機の国産化を始めている（日本経営史研究所編，1981；日本電気社史編纂室編，2001）[58]。

最後にラジオにとって欠くべからざる部品となる真空管について述べておく。真空管は電子流の人為的な整流，増幅，発振を可能とするものであり，1900年代に基本的な発明がおこなわれたが，1915年に真空度の高い硬真空管の特許がGEによって取得された。この特許は真空管製造にとって基本的なもので，1918年に東京電気にライセンスされており，日本では1935年まで特許が5年間延長された。日本でも1910年代から海軍や電気試験所で研究がおこなわれ，いくつかの企業でも研究が進んでおり，真空管の製造を手がけるものが出てきた。1920年代半ばにラジオ生産が増加し，真空管の需要が増加したため，多数の企業が真空管製造に参入した。東京電気は1925年以降アメリカから製造機械を導入し，生産を増加させていったので，真空管の年間製造個数は，1927年の11万個から1931年には142万個に増加している。それでも真空管の需要に追いつかず，多数の企業が生産を増加させたが，生産の増加とともに1925年に6円であった真空管（201A型）価格は1929年には1円に低下している。東京電気は硬真空管の基本特許によって交渉をおこない，真空管に参入した企業のいくつかを傘下に収めるとともに，提携企業の特許実施権をもつ日本電気や富士電機製造とはクロスライセンスをおこなって，ラジオ用真空管への参入を断念させた[59]。電球とほぼ同じパターンが出現したのである（平本，2007；西村，2007）[60]。

---

58) 日本電気の親会社は，IWE（International Western Electric），ISE（International Standard Electric）と変化していったが，国産奨励の圧力とともに1938年にISEの持株比率は50％を下回った。

59) 日本電気は協定があったが，硬真空管特許が期限切れとなった1935年に真空管製造に参入した。

60) 日本企業も独自の真空管特許をかなり取得した。とくに安藤博は多数の特許を取得し，東京電気，芝浦製作所，松下幸之助などに譲渡している。このように日本の開発力も一定のレベルに達していた。

2. 大量生産の模索 237

　ラジオのシステムは，放送局の発する放送電波をラジオ受信機（ラジオ）で受信するものである。アメリカで世界最初のラジオ放送が始まったのが1920年であり，日本でも1925年から放送が始まったが，1926年には日本放送協会が設立され，全国画一的な放送となっていった。ラジオは放送電波をアンテナで受信して微弱な高周波電流に変換し，コイルやコンデンサーによる共振回路である同調回路で，さまざまな周波数の電波の中から自分の希望する放送局の周波数の電波のみを選択し，半導体を通して整流した上で抵抗器やコンデンサーなどによって音声信号に変換し（検波），音声を取り出すものである。当初は検波を鉱石でおこない，電波に含まれる電流のみで作動するため，小さな音をイヤホーンを通じて聞き取る鉱石式ラジオであったが，やがて外部から電気を供給し，真空管で検波をおこなうとともに，スピーカーを通じて音声を取り出して，複数人でラジオ放送を楽しむように製品が改良された。直流でないと作動しない部分もあるため，直流電池をつうじて電気を供給していたが，取扱が不便なため，交流電源から電気を供給し，ラジオ内部で整流する形式に改良され，取扱が便利となった。さらに受信状態を良くする必要から，ラジオ内部の電流を増幅するため真空管の数が増やされたり，3極真空管が4極，5極の高級な真空管に置き換えられたりして，製品改良が進んだ。さらに雑音を減らし，受信状態を良くするために，ニュートロダイン式，再生式，スーパーヘテロダイン式などの方式が開発された。日本はアメリカでの製品革新に遅れて製品が進歩していったが，アメリカでは5極真空管が安価に供給されるようになって，スーパーヘテロダイン式が普及したのに対し，戦前日本では，放送は日本放送協会の独占で，放送局を地方に配置していったので，遠距離の多数の電波を音質よく再現する必要が乏しいため，スーパーヘテロダイン式はほとんど普及せず，安価な再生式がもっとも普及した（平本，2005，2006a）[61]。

　ラジオの部品が市販されていることから，当初は市販の部品を販売商が組立てるといったものも含めて小規模な生産者が多く，ラジオ放送開始翌年の1926年には東京だけで211もの製造業者が存在した（大阪は34）。製品はアメリカを中心とした外国製品の模倣が多く，テレホンケン（ドイツのジーメンスとAEGの合

---

61) 再生式は検波した電流を同調回路に戻すもので，受信状態が良くなるが，意図しない電波を発信することも多く，戦後，占領軍によって禁止され，スーパーヘテロダイン方式が普及した。

弁の Telefunken をもじった）などの怪しげな商標をつけるラジオも存在した。早川徳次は，1925 年にみようみまねで部品からアメリカの鉱石ラジオのコピーに成功し，ラジオの販売を始めたが，同時に部品の製造・販売も手がけていった。そして初歩的なコンベア装置を導入して大量生産にのりだしていった。同社は電気工学の知識は乏しかったが，部品の加工の技術は高く，同社のシャープというブランドのラジオは評判をよんだ[62]。こうした大量のセット生産をおこなうものが軌道に乗ると 1931 年頃には小売店が部品を仕入れてセットにして販売することが割にあわなくなっていった。こうしたセットメーカーで有力なのは，早川の早川金属工業（のちのシャープ）のほか山中電機，松下電気器具製作所などであった。真空管で圧倒的なシェアをもつ東京電気，無線機器で実績のあった安中電機製作所，日本無線電信電話，日本電気，沖電気など有力メーカーも受信機のセット生産に参入したが，競争に敗退した（真空管や送信機などは手がける）。3 極真空管を 4 つ使う「並四球」とよばれたラジオの価格は，1930 年に 45 円であったが，1934 年には 24 円にまで低下し，その後も物価上昇のなかあまり上昇しなかったので，小売物価指数で調整した実質価格は低下を続けたことに競争の激しさがうかがわれる。大量安価のラジオセット生産は，少数の受注生産や特許に保護された生産とは異なるノウハウが必要だったのであろう。この点，アメリカでも多数の企業がラジオ組立てに参入し，多くが敗退していったところまでは共通であるが，スタートアップスがほとんど生き残れなかったのとは異なっていたようである（Chandler, 2001, p. 18）。

　早川のラジオは好評を博したが，真空管ラジオが市場に出るようになるとそれらを分解して，新しい部品を作ってコピーし，交流式のラジオを作り上げていった。早川はさらに技術者を雇用し始め，1930 年代前半には実用新案さらには特許を取得できるようになり，独自の設計がおこなえるに至って，幼稚な模倣時代を脱した。早川は部品工場，メッキ・塗装工場などを増設し，1936 年にはタクトタイム（1 製品を製造するのに必要な時間，この間隔で次の工程に仕掛品が送られる）56 秒の間歇式コンベア生産をおこなうなど大量生産体制を充実していった。1931 年に直営のラジオ生産を開始した松下は，トランス（変圧器）とコイ

62）シャシーにコンデンサーや真空管などの部品を組み付け，スピーカーなどとともにキャビネットに組みつけられるようになった。

ルのみを内製していたに過ぎなかったが，購入部品の品質に問題があったこともあり，購入する部材についてスペックや製造方法に細かい指定をおこない，品質管理をおこなうとともに，抵抗器，コンデンサー（蓄電器），キャビネット，スピーカー，さらにはビスやナットまで内製するようになり（真空管は東京電気より購入），1936年からコンベアによる組立を開始した。こうして松下は低価格で製品を販売し，生産を伸ばすとともに，すでに述べたとおり販売店網を構築していったのである。1941年のシェアは，松下23％，山中17％，早川12％であり，トップメーカーへの集中度は高まっていた（平本，2000，2005，2006a，2006b，2006c，2010；早川，1958）。

6　増大する消費への対応——デパート

すでに明治期においてデパートは，単に多種類の商品を1ヶ所で販売するだけではなく，新しいライフスタイルを提案し，それにみあった製品の製造に関与することもあわせておこなっていた。戦間期はこうしたデパートという革新が，地域的に，また高所得者から中産層へと普及していった時期にあたる。第1次世界大戦のブーム期に次ぐ1920年代は不況期であったが，実質賃金は高位にとどまり，さらに高橋財政期以降もブームとなったので，消費の裾野は広がっていった。とくに俸給生活者が増え，新中間層という新たな消費階層が成長していた。また都市から地方へと消費様式の変化が伝播していった。さらに戦間期には都市問題が発生し，都市計画が実施されるとともに（とくに東京と横浜は関東大震災により大規模に実施された），電気鉄道が大都市に普及し，交通運輸環境も変化して，新たな商業機会が出現した。東京でいえば，銀座や新宿が新たな繁華街として成長したし，私鉄のターミナルが新たな集客の場所として注目されるようになったのである。戦間期にはこうした消費の裾野の広がり（大衆化）や商業立地の変化に対応することが必要となったのであるが，ここではそうした対応についてデパートを中心に検討していく。

まずは大衆化への対応である。ライフスタイルの提案は以前からおこなわれていたが，戦間期に百貨店が熨斗糸などから作られる大衆向けの銘仙について流行を産地に伝達するなど大きな役割を果たしたことはすでに述べた（山内，2009）。さらに松屋では1908年からバーゲンセールがおこなわれ，三越でも1919年に木

綿デーとして，綿織物に加えて，日用雑貨，食器，食料品などの安売りがおこなわれ，大人気を博した。関東大震災で東京のデパートの店舗が被災し，人々も日常品に欠乏するようになると，日用品を安く販売する小型の店舗が設置されていった。こうした取扱品目の変化もあり，戦間期には呉服店から発展したデパートは社名から呉服店をとっていった（たとえば三越呉服店は，1928年に三越と改称）。また来店客数の増加に対応するために，下足預かりを廃止したが（たとえば，三越本店は1925年に廃止），この措置は気軽にデパートに入れるという効果も狙ったものであり，また都市化の進展による舗装路の増加がそれを可能にしたという側面もあった。さらに各百貨店はこうした顧客の増加に対応し，大規模な建築をおこなって規模を拡大していった（初田，1993，第7章）。

　こうした大衆化の傾向は，新しい業態を生む。髙島屋は1926年に10銭均一の売場をデパートの中に新設し，翌年には，10銭から3円までの9種類の均一値の売場に拡張した。10銭均一の試みを東京でもおこない，それに成功すると，1931年から大阪，京都，東京でデパート外の均一店をチェーン展開していった。1932年には57店となっている。1938年には後述する百貨店法の規制を回避するため，丸高均一店として分社化し，1941年には106店となった。1938年には東京で4,178品目，大阪で3,492品目もの多数の品目が扱われているが，品目数がカウントされていることは，単品目が管理されていることを示唆する。チェーンストアは，標準化・規格化した仕入を大量におこなうので，安価な仕入れが可能で，それが大量販売に結びつくのであり，髙島屋の場合，チェーンストア向けの商品の開発もおこなわれていた。メーカー主導のチェーンストア化が，資生堂の化粧品などでみられたことはすでに述べたが，髙島屋のような流通主導のチェーン化もみられたのである[63]。髙島屋の場合は本部が統制を図っていたが，小売店が組合等を作って共同仕入をおこない，安価に仕入れるボランタリー・チェーンもみられるようになった。しかし共同仕入にともなう連帯責任など組合の運営が困難なことも多く，うまくいかない例が多かった。メーカー主導・流通主導のチェーンストアが本格的に発展するのは，高度成長期を待たねばならないが，チェーンストアに適合的な瓶詰・缶詰食品があまり普及していなかったこともその一

---

63) 流通主導のチェーン展開は髙島屋が最初ではなく，藤屋モスリン店が1922年に設立されていることなどが知られている。髙島屋は大規模におこなって成功した数少ない例である。

因として指摘されている（鈴木安昭，1980，第 7 章；平野，2008）。

　交通の変化などによる都市の変化への対応は，基本的には新たな立地を求めることになる。東京でいえば，銀座には松坂屋，松屋，三越が出店しているし，新宿には三越，伊勢丹が出店している。松屋は銀座に，伊勢丹は新宿に，ともに神田から本店を移しており，商業立地の変化がいかに大きかったかがうかがえる。もうひとつの新しい商業立地として，私鉄のターミナルがある。多くの私鉄がターミナルにビルディングを建設し，不動産開発をおこなったが，そのキー・テナントになったのがデパートであり，大手私鉄はその多くが戦間期にデパートとのかかわりをもつようになった（表 3-4）。すでに述べたとおり，最初のターミナルデパートとなった阪急百貨店は，1920 年に阪急ビルディングができると市場調査を兼ねて白木屋を入居させ，1925 年には自社で阪急マーケットの営業を開始した。鉄道会社には営業ノウハウがないので，欧米の調査をおこなうなど準備を進めている。マーケットでは食料品・小間物・書籍・売薬・簡単な家庭用品などを扱ったが，自社製造の洋菓子もよく売れたという。阪急マーケットは大成功で，新しいビルディングを建設して，阪急百貨店となった。1931 年には増築で呉服売場を大拡張し，三越など呉服店を系譜とするデパートと並ぶものとなり，またマーケットから百貨店に至るまで食堂経営が大きな意味をもった点も三越などと同じである。阪急の成功をみて，いくつかの鉄道会社がデパートの直営を始めたが，東横百貨店は，阪急の研究を徹底的におこなった。また子会社で参入した大鉄百貨店は，開業にあたり幹部店員を養成するため 40 名もの専門学校卒業程度以上の人材を採用し，阪急，そごう，高島屋南海店などに委託して業務を修得させ，さらに外部から講師をよんで講義をおこなった（菱田編，1939，380 頁）。当然ながらデパート間の人材の移動もおこなわれている。しかし鉄道会社にとって，デパート事業は非関連多角化であるからリスクも大きく，それを軽減するために，既存のデパートを買収することによって，もしくは既存デパートと共同出資で別会社を設立し，デパート運営は人材も含めて既存デパートにかなり依存するタイプの参入もおこなわれている。後者については，参加するデパートはみずからの取引先などを活用できるメリットもあり，白木屋が積極的であった[64]。さらにリスクを回避すれば，自社ビルを建設して，テナントとしてデパートを入居させ，自らは賃貸料を取得するケースもあるが，もちろんこれはデパートへの参入とはいえない（初田，1993，第 7 章）。表 3-4 にあげたデパートの規模はさま

表 3-4 戦前期における大手私鉄会社のデパートへの関与

百貨店への関与	鉄道名	ターミナル	備考
直営	阪急	梅田	1920年白木屋に賃貸，1925年阪急マーケット，1929年阪急百貨店
	阪神	梅田	1933年阪神マート開店，阪神百貨店となるのは1951年
	東京横浜（東急）	渋谷	1934年，東横百貨店開店
	大阪電軌（近鉄）	上本町	1936年大軌百貨店開店，1926-35年に三笠屋百貨店が入居していた
別会社	大阪鉄道（近鉄）	阿倍野	大鉄百貨店，資金調達のため株式公募，1937年開店
買収	九州電軌（西鉄）	小倉3)	1932年九軌デパート開店，1937年井筒屋と合併し，九軌が井筒屋の経営権取得
	武蔵野（西武）	池袋	京浜デパート池袋分店菊屋デパート（1935年開店）を1940年に買収，武蔵野デパート
デパートと合弁	京阪	天満橋	1932年，京阪デパートを白木屋ほかと設立
	京急	品川	1933年，京浜デパートを白木屋ほかと設立
テナント	東武	浅草	自社駅ビルに1931年に松屋が入居
	南海	難波	自社駅ビルに1932年に高島屋が入居
	京王	新宿	自社駅ビルに1929-33年に新宿松屋デパートが入居
関与なし	小田急	新宿	
	京成	上野	
	名鉄	名古屋4)	

出典）各社社史，ホームページなどをもとに作成。
注1）このほか高田馬場（西武鉄道のターミナル）のガード下に京浜デパート高田馬場分店菊屋デパートが1935年に開店。
2）鉄道名（カッコ内は今日の会社名），ターミナル名，百貨店名などは簡略化のため略称を用いている。
3）九州電軌は北九州で路面電車を経営していたが，博多の遊休地に九軌デパートを開業。戸畑店も開店。小倉の井筒屋と合併すると，博多・戸畑店は閉店。
4）西は押切町・柳橋（旧名岐鉄道），東は神宮前（旧愛知電気鉄道）がターミナルであったが，1941年新名古屋駅が完成，1944年東西の線路が連結された。

ざまであり，食料品・雑貨などの品揃えが中心の阪急マーケットに近いものから大規模なものまで含まれている。前者のタイプのなかには多店舗展開するものも現れており，チェーンストア（戦後のスーパー）の展開に近いもの（京浜デパートなど，京浜デパートに参加した白木屋も小規模な店を多数出した）もみられたが，

64）京浜デパートと京阪デパートには当然ながら白木屋の人材がかなり参加している。大軌百貨店の営業部長は京浜デパートと白木屋から人材を招いている（小松，1938，157頁；菱田編，1939，付録80頁）。また菊屋デパートを買収した武蔵野デパートは菊屋の人材を受け継いでいる（由井編，1991，27頁）。

後述する統制により発展は抑制された。

　同一都市に複数店舗をもつばかりでなく，複数の大都市に店舗をもち，さらには地方都市に店舗をもつものも現れ，チェーン的な展開を示すことになる。地域特性への対応による増収と統一的管理によるコスト削減のあいだでどのようにバランスをとろうとしたのか興味のあるところであるが，各店のオペレーションがどれほど統一されていたのかは明らかになっていない。また大都市のデパートは，地方へ出張販売をおこない，さらに通信販売もおこなって，売上げを増やしていった（満薗，2009）。それとともに地元資本によるデパートが地方都市で多数設立されている[65]。

　百貨店が大規模化し，取扱商品が増加し，支店が増加していろいろな地域の人々を相手にするようになり，さらに上層から中間層へとターゲットとする顧客の階層が広がっていくと，どんな人を相手に，どんなものを，どのように売るのか，という点を明確にしていくマーチャンダイジングの能力を向上していく必要がある[66]。売場の分類を細分化し，さらには顧客の性別・年齢別に商品用途を考えた上で，商品の所属がわかるように商品に品番をつけるシステムが高島屋では採用されていた。部門内の管理は店舗全体の管理とも連動していたのである（藤岡，2006，第6章）。こうしたシステムが高島屋の均一店の多数のアイテム管理と結びついていたことは容易に想定できる。しかしマーチャンダイジングの技法がアメリカからの影響を受けて本格的に発展していくのは戦後のことである。

---

65) 百貨店は戦間期に女性の雇用を増やしたが，そのなかには高等女学校出身者も含まれていた。バックオフィスから次第に売場に配属されるようになったが，結婚までの数年間勤続する安価な労働力として捉えられていた（近藤，2005）。
66) Merchandise とは本来，商店の販売するための商品を意味する。マーチャンダイジングとは，小売業者が商品やサービスを調達して，適時・適量・適所に，適切な品質と価格で消費者に届ける活動のことである。

3.──会社の成熟と進化

1　戦間期の企業とグループ化

　第1次世界大戦のブーム期に企業規模は拡大した。また戦間期には，電力業が発達し，重化学工業化が進展したことから，これらの産業にも大企業が出現するようになった。1930年頃について，鉱工業に属する企業の総資産額によるランキング（産業政策史研究所編，1976；由井／フルーエン，1983），利益金額による全産業企業のランキング（山崎，1991），従業者数による全産業企業のランキング（阿部，1999）などが作成されている[67]。由井／フルーエン（1983）の1930年における最大工業10社は，川崎造船所，富士製紙，王子製紙，鐘淵紡績，樺太工業（製紙），日本窒素肥料，大日本紡績，大日本製糖，日本石油，東洋紡績であり，ついで1931年の従業者数の最大10社は（阿部，1999），国有鉄道，東洋紡績，鐘淵紡績，三井鉱山，専売局（煙草など），片倉製糸紡績，三菱鉱業，大日本紡績，商工省製鉄所（八幡），呉海軍工廠であり，最後に1929年下期の最大利益10社は，南満洲鉄道，東京電灯，三井物産，大阪合同紡績，大同電力，横浜正金銀行，東邦電力，東洋紡績，鐘淵紡績，日本勧業銀行であった。総資産では製紙や製糖という装置産業の企業の順位が，従業者数では他のランキングに含まれない国営事業のほか，繊維・鉱業という労働集約産業の順位が，利益金額では電力や特殊銀行という規制産業の企業の順位があがるといった特徴があるが，紡績・製糸・鉱業という明治期以来の産業に加えて，電力業や重化学工業（とく

　67）なお産業政策史研究所編（1976）は，特性の違いを考慮して，運輸・電気・ガスについては別のランキングを作成している。

に造船業）でも大企業が出現していたことが明らかにされている。戦前期の大企業は株式中心の資金調達をおこなっており（中小企業は借入金の比率が高い）（寺西，2003，78頁），企業成長や合併による大企業化にともなって株主数も増加し，1930年において株主数が5,000以上の会社数は84，1万以上のそれは26となっていた。最大の株主数をもつ会社は，東京電灯(58,553)であり，これに日本勧業銀行(37,916)，大阪商船(29,952)，東邦電力(25,376)，日本郵船(23,998)が続いている（大阪屋商店調査部編，1931）。株主数が多い企業から，鉄道国有化により鉄道が姿を消したが，海運が残り，新たに電力が大衆から広く資金を集める会社として出現した。

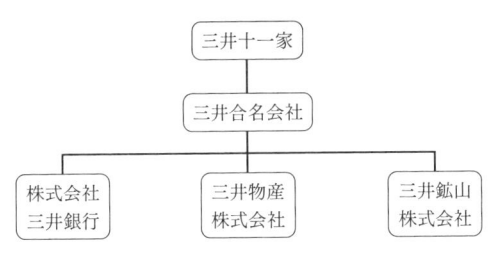

図 3-19 三井財閥の企業支配体制（1911年）
出典）安岡編（1982，第5章）をもとに筆者作成。
注1）三井合名会社は1909年に持株会社とされ，三井物産，三井銀行の株式を保有するほか，鉱山部を直営していたが，1911年に三井合名会社鉱山部が独立して三井鉱山株式会社となった。
　2）三井合名会社は，図示した3社のほか東神倉庫（三井銀行・三井物産なども出資），芝浦製作所，王子製紙，小野田セメント，堺セルロイドなどの株式と不動産なども所有しているが，単純化のため省略している。

さらに戦間期には企業のグループ化が進展した。企業のグループ化に大きな影響を与えたのは，三井財閥による持株会社の設立とそれによる傘下企業の支配である。すでに述べたとおり，三井財閥は1909年と1911年に組織改革をおこない，三井十一家が持株会社である三井合名会社に出資し，三井合名会社が三井銀行・三井物産・三井鉱山の株式をすべて所有する体制を構築した（図3-19）。株式会社となったことで傘下事業が有限責任となるメリットがあるが，その株式を同族各家が保有すると，売却されて三井家ではない人が三井各社の株主になることがありうる。三井家は同族共有財産を前提としていたので，この事態は好ましくなく，持株会社が全株式を保有することで，同族個人の意思で株式を売却できないようにした。しかも合名会社・合資会社は持分の譲渡に他の社員の同意が必要なため，社員が望まない人物が出資者になることは困難で，かつ株式会社に義務付けられている貸借対照表の公示義務もないので，三井家の財産状態が外に知られる恐れもなく，またこうした持株会社体制は税金を軽減することができた（武田，1985）[68]。こうしたメリットがあったので，三井に続いて安田・岩崎など多くの

資産家が1910年代にほぼ同様の組織改革をおこなった。こうして持株会社を頂点とした企業グループが多数生まれたのである。財産状態を秘匿する必要がなく、また出資者について強い制約を必要としなければ、持株会社は株式会社でもかまわないし、株式を外部に売却すれば資金を調達することが可能となる。こうして戦間期には公開会社による企業グループも多数出現した（図3-20）。

第1次世界大戦のブーム期には、重化学工業のほか貿易業も発展し、多くの企業が参入した。そのなかには多角化によってグループを形成するものも多かった（橘川，1996，第2章）。明治期にセメントと海運を基盤として成長していた浅野総一郎の事業は、銀行、造船、鉄鋼、商社、埋立などへと多角化していった。第1次世界大戦後、銀行を手離し、海運の主要航路を売却したものの、安田銀行との密接な関係に助けられ、打撃を受けた商社がいち早く回復したため、企業グループを解体することなく不況期を乗り切っている（小早川，1981；斎藤，1998）。これに対し、明治期から商社活動を開始し、第1次世界大戦期に三井物産をしのぐ取引高を誇った鈴木商店が、金融恐慌で破綻したのは有名である。鈴木商店は帝国人造絹糸、神戸製鋼所、クロード式窒素工業・第一窒素工業（肥料），日本製粉など多くの関係事業を手がけていたが、企業集団は解体され、クロード式窒素工業・第一窒素工業・日本製粉は三井の経営に移っている（桂，1977）。明治期に足尾銅山を基盤にしていた古河は、第1次世界大戦期に東京古河銀行・古河商事を設立したが、古河商事が大豆投機に失敗して、銀行の資産も悪化し、第1次世界大戦後には銅価の低落で古河鉱業の業績も悪化したことから、銀行・商社からの撤退を余儀なくされた（武田，1980；日向，2006）。しかし古河電気工業（電線）やジーメンスとの合弁会社である富士電機製造は戦間期にも成長を続けている。古河と同様に日立鉱山（銅山）を経営していた久原房之助は、ブーム期

68）当時の税制では、利益額が大きい企業の場合、21人以上の株主をもつ株式会社のほうが合名会社より法人税（第1種所得税といわれた、法人税は1940年に創設）の負担が小さく、しかも法人税を支払った企業の配当金は非課税となったので、配当の二重課税を免れることができた（三井銀行などは実質的には三井合名が全株式を保有したが、名義上は21人以上の株主が存在した）。1920年の税制改正で21人以上の株式会社への優遇や法人税を支払った企業の配当金の非課税の制度は廃止（法人擬制説から法人実在説へ）されたが、法人が受け取った配当金は、一部控除があり、かつ配当金を法人内に留保した場合は、税率が軽減されたため、持株会社が傘下会社から受け取った配当金を再投資する場合には有利であり、持株会社はその後も増加していった。

3. 会社の成熟と進化 247

所有関係	公開	日産	日窒・森・日曹・理研
	封鎖的	総合財閥 （三井・三菱・住友）	松下・豊田・中島
		広い	狭い
		グループの業種の広がり	

子会社の所有関係	公開	II 総合財閥（1930年代半ば）	I 総合財閥（戦時） 日産（1930年代前半）
	封鎖的	III 総合財閥（1910年代） 松下（1930年代半ば）	IV 日窒（1930年代前半）
		封鎖的	公開
		持株会社の所有関係	

図 3-20　戦間期の企業グループ

出典）上図は下谷（2008, 52 頁）をもとに筆者作成（ただし二流財閥を除いた）。
　　　下図は大塩（1989, 第 6, 7 章），宇田川（1984, 第 1 章），下谷（1998, 66 頁）をもとに筆者作成。
注 1 ）下図は，グループのあり方やその変化を示すため，上図にあげられているグループのうちから 4 つのグループを選択したものである。

に久原鉱業の株式を公開して資金を調達し，日立製作所，久原商事，日本汽船，大阪鉄工所などを傘下にもつ企業グループを形成した。しかし 1920 年代になると古河と同じく，久原商事が破綻，銅価の低落により久原鉱業の業績も悪化した。久原房之助の義兄で戸畑鋳物を経営していた鮎川義介は，親族から巨額の資金援助を受けつつ，久原鉱業の整理を引受け，1928 年に久原鉱業を日本産業と改称，翌年鉱山事業を日本鉱業として分社化した。そして満洲事変後に鉱業がブームとなって日本鉱業の株価が上昇するとそれらを売却し，日産自動車，共同漁業などに投下していった。こうして日産コンツェルンは，鉱業，水産業，自動車工業，化学工業，電気機械工業，造船業など広範な事業範囲をもつ公開された日産コン

ツェルンとなったのである（宇田川，1984，第1章）。

　明治期に事業を始めた浅野・鈴木・古河・久原は，重化学工業を拡充するとともに，第1次世界大戦期に流通や金融に進出したが（鈴木商店は商社が源流であった），ブームが終焉して流通で大きな打撃を受けると，破綻するかコアの事業に集中せざるをえなくなっている。資金援助を受けて不況期を乗り切った浅野と久原であるが，久原の事業を受け継ぎ，株式ブームに乗って株式を公開しつつ1930年代に事業領域を再拡大した日産は例外的な存在である。これに対し重化学工業を基盤とする企業が，関連多角化・垂直統合によって隣接した事業領域の子会社を設立し，企業グループを形成する動きも戦間期に顕著となった。アンモニア合成による合成硫安製造の日本窒素肥料を基盤に，発電，レーヨン，火薬などに多角化し，朝鮮に進出していった日窒コンツェルン，森矗昶（のぶてる）が，東信電気の余剰電力を用いて硫安を製造する昭和肥料とアルミニウムを製造する日本電気工業などを設立していった森コンツェルン（のちに昭和肥料と日本電気工業は合併して昭和電工となる），中野友礼（とものり）が電解法ソーダの日本曹達を起点に，冶金工業やソーダの自家消費のための人絹・パルプ工業に進出していった日曹コンツェルン，理化学研究所の発明を事業化する目的で設立された理化学興業を起点に，ピストンリングや感光紙などへと多角化していった理研コンツェルンなどが有名である。これらは株式を公開しており，重化学工業を基盤とするので，明治期以来の総合財閥と区別されて，新興コンツェルンと呼ばれている（宇田川，1984；麻島・大塩，1997；斎藤，1987）。このほか図3-20に掲げられている松下は，松下幸之助が電気製品を中心に多品種を生産するようになり，事業部制組織を採用したあと持株会社による企業グループを形成したものであり（下谷，1998），豊田は豊田佐吉・喜一郎父子が，豊田紡織を起点に，豊田自動織機製作所，トヨタ自動車工業を設立していったものである。最後の中島は，海軍を退官し，個人経営で飛行機を製造していた中島知久平（ちくへい）が1931年に中島飛行機を設立したものである。戦時期に急拡大しているが，飛行機の生産にほぼ集中し，それに密接に関連する関係会社を設立していった（麻島，1985）。

　一方，三井・三菱・住友の3大財閥は，明治期から流通・鉱業・銀行業・製造業など事業範囲が広範にわたっていたが，第2章で述べた市場経済の発展の不完全性や政府との関連から生じた多角化といえる。これらの財閥は1910年代に持株会社体制を整えたが[69]，第1次大戦期のブームに急拡大を志向せず（住友は商

社への進出を断念している），反動恐慌の打撃も比較的軽微であった。その結果，新規投資や破綻した企業の買収によって重化学工業の新事業にも進出している。新興コンツェルンの形成に似た動きは3大財閥にもみられる。三菱は本社の関与により朝鮮に製鉄所を建設し，三菱製鉄を設立したが，このほか持株会社傘下の直系会社が子会社をもつことが増加しており，三井物産による東洋レーヨン，玉造船所（造船部を分社化）の設立，三井鉱山による東洋高圧（肥料）の設立，三菱造船による三菱電機・三菱内燃機の設立（三菱造船は三菱内燃機が改称した三菱航空機と合併して三菱重工業となる），三菱鉱業による日本タール工業の設立，住友別子鉱山による住友機械製作の設立（麻島，1983，238，493，533頁）などが，その例としてあげられる。商社である三井物産を除けば，関連多角化といえるものである（下谷，2008，第5章）。子会社の子会社（持株会社＝財閥本社からみれば孫会社）が，本社からの出資に改められ（子会社による出資を残すことも多い），直系会社となるケースもあり，三菱と住友はこうした直系会社の増加をかなり積極的におこなったが，三井は消極的であった。財閥でも新興コンツェルンや松下・豊田・中島と同じく，産業化とくに重化学工業化の進展で，関連多角化がおきるようになったことが，企業グループ発展の重要な要因となった。

　前掲図3-20のⅢは事業部制組織と比較すると，別法人になり1部門の破綻が他に及びにくいなどのリスク管理上の相違や税制上の相違があるが，経営管理や資金調達の上では大きな相違はない。重化学工業化が進展すると必要資本額が大きくなり，内部資金形成を超えるようになると外部資金が必要となり，ⅡかⅣの形態に移行する。Ⅱは持株会社の経営に他の株主を考慮する必要はないが，傘下会社の経営には考慮する必要があり，傘下会社間の調整が困難になるかもしれない。Ⅳはその逆で，親会社での決定に他の株主を考慮する必要はあるが，傘下会社の統制は容易である。日本のファミリービジネスはⅡを選ぶことが多かったが，これは本社が合名会社・合資会社であり，他からの制約を受けないようにしていたことからして当然であろう。3大財閥においては，公益性があると考えられた銀行・信託会社などを別にすれば，1920年の三菱鉱業が株式公開のもっとも早い例であるが，不況基調に推移して資金需要の少ない1920年代には公開が進ま

---

69) 住友は住友総本店を法人化して住友合資会社としたのが1921年であり，傘下事業がすべて株式会社となるのはさらに遅れる（1928年の住友九州炭礦設立で完了）。

ず，景気が回復し資金需要が増加した1930年代半ばに進んだ[70]。三菱と住友は直系会社の株式公開をおこなったが，三井は1930年代には三井鉱山・三井物産の株式を公開せず，その傘下の孫会社の株式を公開した。これには直系会社の封鎖的出資を守ろうという三井同族の意向が働いていたようである[71]。資金需要がさらに大きくなると子会社の支配権を失いたくなければⅠの形態となる。戦時期には財閥本社も株式会社に改組され，三井と三菱では本社の株式が公開された。この形態は少ない資本で多くの資本を支配できるメリットがあるが，持株率が下がると統制は曖昧になり，傘下会社の「支配」を問題としなければ，Ⅰの持株会社は，会社型の投資信託と変わらなくなる。日産の鮎川義介は「事業より収得した利益を常に安定して投資大衆に還元して国民の産業投資信託」となることを構想していた（宇田川，1984，45頁）。また傘下会社の経営に関与するといっても，経営不振の会社の株式を買収して，経営に関与して改善し，株式を売り抜けると投資ファンドということになるが，鮎川は「日産の仕事は，丁度植木屋稼業と似通っている。……枯れかかった珍木や，日陰で伸びない佳草が見つかれば，これを安価に仕入れて，土を変へ，手入れを施して培養する」「美花や良果を得るに至った卉木そのものを，根こそぎ売り放つ」こともおこなうとしていた（岡崎，1996，177頁）。しかし日産は，グループが拡大するにつれて，傘下企業の統制を維持することが困難となり（橋本，1992，131頁），株価の不振，二重課税の問題などから1937年に満洲へ移駐してしまった。

---

70) 昭和恐慌期に財閥批判が高まり，それを回避するために株式が公開されたという面もある。

71) 三井合名は1939年12月に縁故者に三井鉱山株式を譲渡したが，縁故者による三井鉱山株式の譲渡には三井合名の承認が必要であった。ある三井同族は，鉱山株式の譲渡制限の撤廃に強く反対していた。この同族は，鉱山株式の公開に反対し，資金調達が必要ならば事業部門の分離独立を優先すべきとの考えをもっていた（結局は撤廃に同意）（三井文庫編，2001，48頁）。1919年に三井銀行の株式を公開したときにも，三井同族の承認を得るのは困難であったが，その理由として，将来三井の名前を残して三井物産の株式を公開したくないので，その先例となるのを三井同族が嫌ったことが指摘されている（柳沢，1949，130頁）。三井では本社が株式を所有するが買収による傍系企業（芝浦製作所，王子製紙など）や孫会社（東洋レーヨン，玉造船所など）には三井の名は与えられなかった。三井同族は三井の名を残す限り，直系会社の封鎖的出資にこだわっており，このことが直系会社の拡大を制約したと考えられる。この志向が変化するのは，本社が統制力の不足に悩むようになる戦時期である（1942年に玉造船所が三井造船と改称し，東神倉庫が三井倉庫と改称）。

ところで日本窒素肥料の野口遵は，自己の資産管理の持株会社（野口合資会社，興南殖産合資会社）を組織し，日本窒素肥料株を所有していた。資産管理会社の社長である野口が日本窒素肥料の経営をおこなったことを重視すれば，日窒はⅣではなくⅡとなる。持株会社にどの程度の実態があるかが問題であるということになろう。3大財閥の本社は，株式を保有し，本社の人材を傘下会社の役員としたほか，傘下会社の内部昇進の役員を本社の在籍とした。こうした株式と役員人事による統制のほか，課長クラスの重要な人事は本社の承認とされ，さらに三菱と住友では，本社が一括して職員を採用し，傘下会社に配置していった[72]。しかし三菱財閥でも1932年に三菱合資での職員の一括採用が廃止され，各社採用となっており，分権化が進展している。さらに本社は，傘下企業の重要な投資，予算・決算などの財務事項も本社の承認事項とし，傘下企業の行動を監視・制約した。傘下企業が起案したものを本社が承認し，傘下企業が実行し，本社がその状況を監視したわけである。ところが財務面においても本社の承認を必要とする事項の範囲は狭められ，事後報告ですむようになり，分権化が進行していった。住友財閥では非常に詳細な財務的管理を本社が実行していたが，三菱財閥では1929年に規制が弱められており（麻島，1983，第2章；三島編，1981，95頁），三井財閥でも1933年に本社にあげるべき議案を整理し，重要なものに限定している。三井財閥においては，傘下会社が本社に上げた議案が撤回・取り消されたのは，1923年から1940年の17年余の間に，三井物産・三井鉱山・東神倉庫・三井生命の4社でわずか36件に過ぎないが（吉川，2003，159頁），これは正式に提案される前に事前のすり合わせがおこなわれていたためであろう[73]。持株会社は不動産業などを直営することも多かったが，それを除いても100名程度の職員が傘下企業の管理に従事していた（表3-5）。直系会社の数の少ない三井では

---

72) もっとも一括採用されていても，三菱では各社間の人事交流はほとんどおこなわれておらず，各社別の人事がおこなわれていた（岡崎，2005）。これに対して住友は人事の集権性が強く，本社一括採用は少なくとも1941年まで維持されており，給与規定も敗戦時まで直系会社（住友では連系会社）で統一されていて，各社間の人事交流も存在していた（山本，2010上，464，657，879頁，2010下，839頁）。そのためもあって，住友財閥内部では職員の席次も確立していたようであるが，どのような基準で席次が決まったのかは定かではない。

73) 三井物産が東洋レーヨンを設立するときには，三井合名会社（同族）を説得するのが困難で，東洋レーヨン創立総会の翌日にようやく承認が取れている（三井文庫編，1994，141頁）。

表 3-5 持株会社の規模

持株会社名	年	所有有価証券額（千円）	直系会社数	持株会社人員			1 直系会社当たり非現業員数
				総 数	非現業	現 業	
三井合名	1930	310,051	4	217	69	148	17
三菱合資	1931	143,019	10	353	168	185	17
住友合資	1930	159,122	13	460	160	300	12

出典）三井文庫編（1994, 7-9 頁）；三島編（1981, 146 頁）；『三菱合資会社分系会社名簿 昭和 6 年 9 月 30 日現在』；山本（2010 上，654，664，718 頁）。
注 1 ）人員数に理事などは含まない。三井の現業とは，不動産課や山林課を含む事業部と農林業を営む台湾出張所の合計，三菱の現業とは，地所部，住友の現業とは，東京支店，鴻之舞・大萱生・高根の各鉱業所，林業所，東京・横須賀・名古屋・神戸・呉・博多・上海の各販売店，上海洋行，地所課，工作部の合計。総数には大阪住友病院の 60 人を含めていない。
 2 ）三井の直系会社は，三井合名に議案を提出している三井物産，三井鉱山，三井生命，東神倉庫とした。三井合名はこのほか三井銀行と三井信託の株式の過半数を所有している。

人数が少なく，直系会社の数の多い三菱と住友では規模が大きくなっているが，直系 1 社当たりでみると住友がやや少なめである。とはいえ，全体として大きな相違はない。

　三井・三菱・住友・安田・古河・日産・大倉・野村・浅野の 9 つの企業グループに属する会社は，1922 年から 1936 年の間において，これらの企業グループに属さない会社と比べて，利益率が高かったことが統計的に確認されており（産業の違いによる利益率の相違は，産業別のダミーを入れて調整），持株会社の傘下企業への監視は有効で，効果のあるものであったとされている（岡崎，1999，第 5 章；Okazaki, 2001）[74]。3 大財閥の本社は，実態をともなっていたのである。

　こうした企業グループの形成は，株主構成にも大きな影響を与えた。企業新設の際にどのように資本が調達されたのかに関する調査では，1915 年から 19 年においては，発起人・賛成人・縁故募集によって調達された金額が 78％を占め，会社によって払い込まれた金額と公募によって調達された金額はそれぞれ 15％と 4％に過ぎなかった。こうした構成は，個人株主が中心であった明治期とほぼ同じである。ところが 1933 年から 37 年においては，発起人・賛成人・縁故募集による金額の比率が 20％に低下する一方で，会社による金額の比率が 49％に上昇し，政府による金額の比率も 20％となり（公募は 4％と変わらず），企業の新

74）大倉は大倉喜八郎が創始したもので，大倉商事，大倉土木，大倉鉱業や本溪湖煤鉄公司を傘下にもった。野村は野村徳七が創始したもので，野村証券，野村銀行，野村信託，野村生命保険など金融業のほか南方での事業をおこなっていた。

表 3-6 主要業種における大株主（12名前後）の種類別構成

(単位：%)

年	個人	銀行	保険会社	法人会社	その他
1919	74.4	3.6	0.9	15.1	6.0
1936	16.2	5.8	10.2	56.4	11.5

出典）志村（1969, 408-409頁）。

設時の資金調達の方法が一変した。また1919年と36年の主要企業の大株主の構成を比較すれば，個人株主が激減し，会社・政府・生命保険が新たに大株主として登場したことが明らかである（表3-6）。さらに1936年について，法人大株主の内訳を株数でみると，持株会社が54％，事業会社が46％と持株会社の割合が高く，持株会社の内訳は，4大財閥本社が15％，新興コンツェルンが8％，証券保有会社が14％，その他が16％であり，事業会社の内訳は，4大財閥系会社が13％，新興コンツェルン系会社が7％，その他事業会社が27％となっていた（志村，1969, 185, 413頁）。証券保有会社には節税目的のペーパーカンパニーに近いものや自社株式を保有することが多かったもの（たとえば東電証券は親会社である東京電灯の株式を保有）が含まれているし（武田，1995a, 107頁），財閥企業の株式公開がおこなわれて，それらが株式会社年鑑などにのるようになったので，持株会社（子会社の公開）や財閥系事業会社（孫会社の公開）の比率が上昇するという効果を割り引く必要があるが，グループ形成が株主構造を変えたことは間違いないといえよう。また1930年代は生命保険会社が株式投資を増加させ，機関投資家として成長を始めたときにあたる。財閥の株式公開に際しても生命保険会社の引き受けは重要な役割を果たしていた（横山，2000；武田，2009）。

　このように多数の株主が存在して所有が分散し，専門経営者が経営をになう企業ばかりではなく，三井・三菱・住友財閥のように，所有が集中し，専門経営者の行動を監視し，その決定を変更しうるようなタイプの企業や，創業者などが比較的大きな持株比率をもつ企業者タイプの企業も存在した。3大財閥企業は本社が無限責任であったこともあり，負債を増やすことに消極的で，内部資金の範囲での投資に限定する傾向が強かったが，長期的な視野から経営者の行動を監視していた。新興コンツェルンなどの企業者企業は，負債を増やすことをいとわず，ビジネスチャンスに積極的に反応していった。所有が分散した経営者企業では，株主が高配当を要求し，投資を押し下げる要因となった。このようにガバナンス

の相違が，企業投資のあり方にも大きな影響を与えていることが実証されている。また外部に大株主がいると，モニタリングが強化され，企業のパフォーマンスが向上するという効果も報告されている（宮島，2004，第 5 章；宮島ほか，2008，298 頁）[75]。

2　企業内部の構成者——専門経営者の進出と雇用長期化の端緒

1）専門経営者の増加と株主による監視

　明治期にも専務取締役・常務取締役などの名称は存在していたが，戦間期には取締役－常務もしくは専務取締役－社長もしくは会長といった取締役の中での階層性が一般的となり，階層の数も増加していった（武田，1995a）。取締役が大株主のなかから選ばれた者と株式をほとんど所有しないフルタイムの専門経営者から構成されていたことも明治期と変わりがないが，専門経営者が徐々に進出し，複数の専門経営者をもつ大会社も珍しくなくなった（表 3-7）。専門経営者が高い学歴をもっていたことも明治期と変わらない。専門経営者の外部市場は存在していたが，内部昇進による専門経営者の数も増加していた（森川，1996，90 頁）。また専門経営者の中には，自己が経営する会社の株式を買い集め，大株主になる者もあり，そうなると大株主がみずから経営をおこなっているのと変わらなくなる。藤山雷太（大日本製糖），武藤山治（鐘淵紡績），斉藤恒三（東洋紡績），馬越恭平（大日本麦酒），藤原銀次郎（王子製紙）などが有名である。なお会社の業績が悪化すると経営者の交代頻度が高まることが，計量的に確認されている（川本・宮島，2008，328 頁）。

　役員には役員賞与が支払われたが，戦時期・戦後期と比較して利益との感応度が高く，経営者には役員賞与の面から利益をあげることが強く動機付けられていた（表 3-8）。しかも経営者へのモニターを強力におこなっていた財閥系企業やみずから経営者の行動を監視するインセンティブが強い持株率の高い株主がいる

---

75) 戦前期大企業の平均的な株式集中度の水準は，20 世紀前半のイギリス・ドイツより低く，株式の分散が進んでいた。また経営者の持株比率が上昇すると，経営をよくするインセンティブが強まり経営のパフォーマンスが上昇するが，ある点を超えると経営の規律が失われ，低下することも報告されている（宮島ほか，2008，291-299 頁）。これは支配的株主である経営者に対する外部からの干渉が機能しなくなるためで，エントレンチメント（entrenchment）とよばれる。

表 3-7 大企業の専門経営者数の分布

年	大企業数	天下り官僚を含めない				天下り官僚を含める			
		0名	1名	2名以上	不明	0名	1名	2名以上	不明
1905	75	47	22	5	1	33	32	9	1
1913	115	48	38	29	—	39	39	37	—
1930	158	15	27	113	3	11	17	127	3

出典）森川（1996, 75 頁）。
注）大企業の定義は，払込資本金による。1905 年は 100 万円以上（銀行は 200 万円以上），1913 年は 150 万円以上（銀行・電力・鉱山は 300 万円以上），1930 年は 1,000 万円以上（銀行・電力は 2,000 万円以上）。対象は株式会社に限らないが，取締役会の構成員である専門経営者の数とされている。

会社では，役員賞与が利益とあまり感応的ではなく，非財閥系企業や株式が分散している会社では，感応的であるという計測結果も報告されており（横山，2003），ガバナンスのあり方が，役員賞与のあり方に影響していたといえる[76]。財閥系では役員が短期的利益をあげることより，長期的な視点に立った経営の選択がとりやすくなっていることになるが，財閥系企業では配当も利益との感応度が低く，経営者の交替も財閥系の方が経営者企業に比べて利益に感応していなかった。長期的な視点は大株主である本社がもつものであった（宮島，1995a）。

財閥直系企業の役員賞与について具体的にみてみよう。三井銀行が 1919 年に株式を公開し，外部の取締役・監査役が誕生した。このときに三井銀行の取締役会は，重要な案件について決定するときに，三井銀行取締役会で仮決議し，三井合名の承認を得た上で，三井銀行取締役会で本決議するという手続きを踏まなくなり，三井銀行取締役会限りで決議できるようになった（すでに述べたとおり三井物産・三井鉱山などは仮決議・本決議の仕組みを続けた）（粕谷，1990）。また同時に三井直系各社の重役賞与共通計算（利益の 10％を各社が持ち寄りプールし，あらかじめ定められた割合で各人に割り振る）も終了し，各社が役員賞与を支給するようになった（小倉，1990, 145 頁）[77]。金額の決定に三井合名がどの程度関与したかは明らかではないが，賞与の面からも各社の独立性は高まったのである。

---

76) モニターをきちんとしている会社では，役員の行動を監視して，報酬を与えるのに対し，コストを払って監視をすることが自己の株式の配当の増加として報われるほどの大株主が存在しない会社では，事後的な成果に応じて賞与を与えることで，役員の努力を引き出そうとしている，と解釈できる。

表3-8 役員賞与の支払性向

年	役員賞与/当期利益	役員賞与を当期利益に回帰させた係数	t値
1921-1936	0.0385	0.0248	15.28
1937-1943	0.0199	0.0035	6.14
1961-1970	0.0078	0.0057	10.46

出典）岡崎（1994, 71頁）。

三菱においても事業部門が株式会社として独立し，三菱鉱業が株式を公開すると，1920年から直系会社の取締役・監査役は年俸制の重役報酬を受け（その金額は頻繁に変更されるわけではない），各社の役員賞与を受け取るようになった。ただし1936年までは三菱合資会社を通じて役員賞与が分配されており，その後も役員賞与総額は三菱合資社長の承認が必要とされ，各社が独自に決定することはできなかった（粕谷，2006b）[78]。

公開会社が多い紡績業における実証分析によれば，工場数が多いほど，また織布を兼営する方がしないより，専門経営者の数が多くなるが，これは経営がより複雑になり，専門経営者の必要が増加するためであると考えられている。さらに会社の操業年数が増加するほど，また株式が分散するほど専門経営者の数が増加するが，これは会社が古くなるほど創業者たちが引退し，また株式が集中するほどみずから大株主が経営をおこなうようになるためであると考えられている。ただし専門経営者が多い方が利益率が高くなる，という関係は検出されていない。これは仮に専門経営者が有能で，経営の能力が高いにしても，エージェンシー問題が存在し，経営者の行動が株主に有利なように十分に規律付けられるとは限らないため，はっきりとした効果が検出されなかったのではないかとされている（岡崎，2004）。

---

[77] 三井銀行の内部昇進の取締役・監査役は三井合名の重役待遇となっており，合名会社からまったく自由ではなかった。1920年の定款の改定により，重役賞与金は利益の10％から10％以内とされ，利益に対する比率が引き下げられた（小倉，1990, 145頁）。三井物産でも1918年まではほぼ明治期の仕組みで重役賞与額が決定されていたことが確認できるが，1921年には仕組みが変更されており，利益の定率ではなくなったようである（「概算 Jan. 9th 1919」「元帳」三井文庫所蔵史料 物産320-6；物産1139）。

[78] ただし各人への分配額は事後報告となった（「内規類纂」三菱史料館所蔵史料 MA-1153）。本社の役員にも賞与が支給されたことはいうまでもない。

2）新卒採用・内部昇進・長期勤続・年功的賃金の形成——職員・技術者

　20世紀の初頭に三井銀行や鐘淵紡績で，新卒採用がおこなわれるようになったが，戦間期には大日本紡績と日立製作所でも職員の定期的新卒採用と内部昇進が実施され，企業への定着が進むとともに，年功的な賃金制度であったことが確認されている。職員から取締役への昇進もかなりみられたことはすでに述べたとおりである。1920年代に企業成長が鈍化した紡績業においては，上位企業で大量に採用されていた職員層の昇進の機会が限定されてしまったため，上位企業から下位企業への職員（技術者）の移動がかなりみられた（移動にあたり工務主任だったものが工場長として迎えられるなど，地位が上がって移動するケースが一般的であった）。こうした技術者の移動が，技術の伝播に果たした役割は大きく，鐘淵紡績から東洋紡績へ工程管理のノウハウが移転したことはすでに述べた。日立製作所では，実業学校卒業生は下級技術者，高等工業学校・大学卒業者は上級技術者という学歴別の編成がおこなわれ，工員から技術者への登用のルートは極めて限定されたものになっていった。ただしこうして定着していた技術者を中心とする職員層でも昭和恐慌期には，日立製作所・三菱電機で人員整理がおこなわれたことが確認されている（米川，1998，第6章；菅山，1989；市原，2007）。

　以上は技術者を中心とした分析なので，三井銀行の事例によって事務系職員について考察しておこう。三井銀行は高等商業学校・大学等卒業生，商業学校等卒業生，高等小学校等卒業生という学歴別のランクの採用を20世紀の初頭に確立していた（1934年に高等小学校等卒業生の採用を停止）。数年の実務で上のランクに昇格していったが，役職者への昇進の道は厳しく，商業学校等出身者で支店次長級のポストに昇進できたのは1％に過ぎなかった。高等商業学校・大学等出身者で，1911年から1922年の間に入行した者で，20年以上在籍した者のうち，次長以上に昇進した121名の次長昇進までにかかった年数は15.7年で，標準偏差は3.5年，また支店長まで昇進した68名の支店長昇進までにかかった年数は，19.6年で，標準偏差は3.7年となっており，昇進にかかる年数に差はあるもののかなり年功的な昇進となっていた。1910年から1932年に採用された者について，採用後10年間勤続した者の比率が，どのランクでもおおむね8割程度，1910年から1922年に採用された者について，採用後20年間勤続した者の比率が，ランクにかかわらず5割程度であり，終身雇用とまではいえないが，かなりの長期勤続となっており，学歴別の格差もほとんどなかった。ところで三井銀行

は1933年に長崎支店・下関支店を閉鎖したが、この両店に勤務する者は55名であった。このとき全店から56名が1年間無給もしくは2年間給与の一部を支給され、満期となれば退職となる身分に移されており、人員整理がおこなわれている。三井銀行には雇用を何とかして守ろうという意図はなく、また勤続が長い者も整理の対象となったが、勤続が長く役職者に昇進していない者が高い割合で整理されていた（粕谷、2006a）。

以上の通り、職員については、新卒採用・内部昇進・長期勤続・年功的給与（昇進）がみられるようになり、学歴別の編成がおこなわれていたが、恐慌に際しては人員整理もおこなわれていたことは、ほぼ共通していた。

3）「渡り職工」の減少と勤続長期化の端緒──工員

20世紀の初頭頃から、三菱長崎造船所・日立製作所などのいくつかの大事業所（企業）では進んだ技術が取り入れられ、技術者の関与のもと作業の専門化が進みはじめ、同業の他の事業所とは技術体系が異なる（企業特殊的）度合いが増加していった（尾高、1984、1993b；隅谷編、1971）[79]。これと同時に、こうした先駆的事業所のいくつかでは、尋常小学校卒業者や高等小学校卒業者を試験の上で採用し、実技と学理を教える養成工の制度を採用していった。実技と学理の相互作用が能力の形成に必要とされたのである。企業みずから訓練費用を負担するのであるから、教育を与えた労働者が移動しないことが期待されており、数年間の就業義務が課されるのが一般的であったが、より本質的には、将来の展望を与え、みずから移動しないインセンティブを与えることが重視されたのはいうまでもなく、将来の幹部工員としていった[80]。さらに養成工に限らず、戦間期には大

---

79) 欧米からの輸入技術であればだれでもアクセス可能で、企業特殊とはいえないが、他企業が輸入しておらず、その習得に時間と費用がかかり、なかなか模倣ができないなら、その間は企業特殊技術とほぼ同じ効果をもつ（尾高、1984、228頁）。他企業が同じように外国から技術を導入しなくても、技術者や労働者の移動などを通じて、技術が伝播していくであろうが、大規模な生産組織をとって初めて実現可能であるとすれば、中小企業にとって同じ形での模倣は不可能であろう。

80) そのなかには職員への登用も含まれており、家庭の事情で進学を断念した優秀な者には魅力的な制度であった。日立製作所では大企業としての名声が確立して、工業学校卒業者を下級技術者として大量に雇用できるようになると、養成工からの登用を絞っていったが、それでも養成工の希望者が多数現れるようになった（菅山、1985、1987）。

企業と中小企業の間で，技術体系の相違に加えて，賃金格差が明確に認められるようになり，大企業では定期採用がおこなわれ，勤続期間に応じて給与が上昇するようになるとともに，工員にも賞与や退職金が支給され，定年退職の制度が設けられるようになった。年齢や勤続とともに賃金が上昇するのは，それほど珍しいことではなかったが，三菱造船の場合，1933年から基本賃金が技能のいかんにかかわらず年齢（勤続）とリンクするようになっており（技能その他の要因が考慮に入れられるのは当然として），しかも自動的ではないが，年2回昇給する機会が設けられており，年功的性格をもち始めていた。また賞与は給料のせいぜい数％にとどまっていたが，退職金は30年勤続すると最終給与の860日分となり，かなりのものとなった。さらに労使拠出の共済組合などさまざまな福利厚生施設も拡充されていった。

　空前の好況となった第1次世界大戦期には，労働移動が激しくこうした養成システムは弛緩したが，不況となった1920年代には労働移動が減少した。移動率はサイクリカルな変動とともに，トレンドとして低下する傾向にあった。また養成制度も広がっていき，さらに大企業の名声が高まると，養成工の中にも企業にとどまろうとする意識が芽生えていった。「渡り職工」の存在は小さくなったのである。しかし三菱造船において，定年は55歳であったが，1934年でも定年退職する者は1％にも満たなかったというから，工員の定着率が上昇したとはいえ，戦後とは大きな相違があった（尾高，1984，第3，7章）。日立製作所でも1920年代半ばに採用された工員で10年間勤続した者の比率は30％程度であり，昭和恐慌期には賃金の低い女子や徒弟の解雇が少数にとどまったのに対し，工員の解雇は4割にも及んでいた。職員とは異なる扱いをされていたのである（菅山，1989）。工員の勤続年数が上昇していたものの職員（職員も昭和恐慌期に人員整理がおこなわれたが）や戦後の状況と比べれば，大きな限界があったことは，多くの研究によって確かめられている（兵藤，1971；Gordon，1985 など）。

　確かに（職員も含めて）工員の解雇は珍しいものではなく，労働者側の事由による退職も多かったから，戦間期は戦後と比べて，賃金の調整速度が遅い一方で，雇用の調整速度が速かった（表3-9）。しかし戦間期には，解雇反対の争議がおこなわれるようになり，勤続が短かったこともあり退職金が解雇手当の意味をもつようになって，徐々に退職金制度が大企業を中心に普及し，1935年において常時100人以上を雇用する工場では，36％に退職手当の規定があり，17％の工

表3-9 賃金・雇用の変化率
(単位:%)

	名目賃金	実質賃金	雇用
平均年間変化率			
1900-1937	4.98	2.20	5.36
1953-1988	9.35	4.04	3.38
変化率の標準偏差			
1900-1937	10.67	7.15	4.13
1953-1988	5.77	3.19	2.60

出典:尾高(1993c,177頁)。

場に規定はないが退職手当を支払う慣行があった。ただし工場規模が小さいとこうした比率は低く,常時雇用が10人から30人の工場では,2%の工場に規定があり,8%の工場で規定はないが支払いの慣行があるに過ぎなかった(山崎,1988,22頁)。1936年には常時50人以上の労働者を雇用する事業者に労使負担による退職金制度の整備を義務付ける退職積立金及退職手当法が成立している[81]。また1930年代に景気が回復し,雇用が増加し始めると,企業は正規雇用の増加を抑え,臨時工の採用を増やしていった。雇用調整のコストを意識し始めた行動といえよう(1936年の法律では退職手当に正規・臨時の区別はない)。

以上は主に男工についてであるが,紡績女工についても,1920年代には勤続期間が長期化しており,3年以上勤続する女工は,1910年末には18%に過ぎず,1919年9月にも19%と変わらなかったが,1927年10月には40%に増加している一方,1年未満の勤続者は,1910年の42%から1927年の20%へと半減している(荻山,2008)[82]。紡績会社は女工の待遇改善に取り組み,福利厚生にも多額の支出をおこなっており(西成田,1988,64頁),義務教育が普及する以前は補習教育,普及後は裁縫などの教育を(1920年には13歳以下の女工がなお16%存在していたが,1927年には2%となった)工場内でおこなったほか,共済組合を設置するなどしていた。こうした支出は,工程管理をおこない付加価値生産性を高めた鐘淵紡績などの大紡績会社にしてはじめて可能であり,それによってさらに優秀な女工を獲得することが可能となっていった。製糸業においてもすでに述べたとおり,女工の熟練に依存する度合いが低下する一方,片倉製糸紡績や郡是製糸などの大経営では,女工や指導にあたる教婦の養成がおこなわれるようになった。片倉では養成工の方が他の工場からやってきた女工(転来工)に比べて

---

81) 1922年には労使双方の拠出による健康保険組合について定めた健康保険法が成立し,1926年から施行されている。
82) 女性の就労先としては,農業がもっとも大きかったのは当然として,紡績・製糸などの繊維工業とならんで,家事サービス(女中)や商業も大きかった。

勤続が長く，1920年に雇用された者が1926年になお勤務している比率は，転来工で19％であったのに対し，養成工では30％に達していた（全体で21％）。また1926年11月現在で3年以上勤務する者の比率は51％に達していた（松村，1992, 247頁）。郡是でも1927年に入社した職工は1931年に66％もなお勤務していた（榎, 2008, 164頁）[83]。有力製糸会社でも紡績工場並みの勤続となっていたといえる。大企業では女工でも勤続が長期化し始めていたといえるが，結婚前の数年のレベルであったことは，デパートなどでの教育の高い女性の就労とも共通しており，改めて注意しておく必要がある[84]。

4）経営家族主義

労働運動が本格的に展開するなかで，経営側は「経営家族主義」を強調した。これは経営者と労働者の関係を親子になぞらえ，両者の利害は必ずしも対立するものではないとするもので，欧米でも一部の企業にみられるパターナリズムの一種であるといえる。共済組合や企業内教育などの福利厚生施設を充実するという「恩」に対して，労働者は報いるといったものであり，国有鉄道・鐘淵紡績・王子製紙などでの取り組みが有名である（間, 1989）。ただしこれらがどれほど日本の伝統的なものと結びついているのかについては，慎重に検討される必要がある。すでに第2章で述べたとおり，鐘淵紡績は武藤山治によって，経営家族主義が早期に，大規模に実施されており，工員からの注意函，社内報，共済組合，幸福増進係などの制度が導入されているが，これらは欧米の事例（パターナリズムの企業での施策）をもとに導入されたものである。注意函や社内報は工員と経営者の意思疎通を増すこと，補習や裁縫などの企業内教育や共済組合などの福利厚生施設は工員の定着を促し，優秀な人材を採用できることを通じて，生産性を向上させることが期待できた。こうした施策の財源は，テーラー主義に早く取り組んだことによる高い生産性にもとづいていたのである。経営家族主義が人道主義や伝統のみから発していたわけではなく，生産性の向上等を意図したものである

---

83) 工場法の改正や健康保険法の制定により，労働時間は短縮され，医療の水準も向上しつつあったが，紡績女工には結核が多いなどなお解決すべき問題が多数あった（Hunter, 2003, ch. 5 and 7）。

84) 結婚後は別の形で就労していたこと，その比率や形態は家計の所得に応じて異なっていたことにも注意が必要である。

ことは，営利企業である以上，当然であろう．

5）商家奉公人の減少

住込みによる労働は徐々に減少していったと考えられるが，1935年の東京旧市域15区において18歳以下の住込み店員をもつ商店の調査によれば，そうした商店の数は5,987であった（東京市役所編，1937）。1933年の東京旧市域の個人経営の小売営業所数は57,520であったから（鈴木安昭，1980，258頁），年少の住込み労働者は小規模小売商の約1割に存在していたことになる。住込みは小商店でもすでに多数派ではなくなっていたのである．これらの住込み店員は，知人の紹介により，何の選考も受けないか，身元調査のみで採用され，1日12時間以上の労働に従事し，毎月1-2日の休みと少額の給料を与えられ，年季明けにまとまった金額を与えられるのが一般的であった．

3 会計システムの進化

明治期において簿記や会計に関する制度が整備されていったことはすでに述べた．戦間期には財務諸表の信頼度をいかに高めるかが問題となり，いくつかの改革がおこなわれた．商法や固定資産の耐久年数に関する税務上の規則など企業会計にかかわる共通のルールは存在していたが，なお不十分であり，企業間の会計ルールの統一がおこなわれていなかった．そのため銀行などのいくつかの特別法制で定められた規制産業を除けば，同一産業内ですら企業間の業績を比較することは厳密にいえば困難な状態であった．また企業ブームが終息したあとの不況期には企業破綻が増加するが，その際には決算情報が歪められていたことが暴露されることが多く，明治期から監査役による監査だけでは不十分であるとの意見が多数みられた．

企業の会計情報の信頼度を上げるために導入された制度のひとつが1927年の計理士法である．計理士は決算の証明などをおこなうことになったが，計理士による監査が義務付けられなかったため，効果には限界があった（原，1989，第4章）[85]。また各社でまちまちな会計ルールを統一するため商工省によって，「財務諸表準則」（1934年），「財産評価準則」（1936年），「製造原価計算準則」（1937年）が発表された．これらも強制法規ではなく，効果には限界があったが，多く

の企業に影響を与えたことは間違いない。会計規則が強制的性格をもつようになるのは，戦時期に陸海軍への納入物品の単価決定という問題に直面したときからである（黒澤，1990，第2編；千葉，1998，第2章）。以上のように戦間期の改革は不十分なものであった。

明治期には三菱長崎造船所において，欧米から知識を導入しつつ欧米とほぼ同じレベルの原価計算がおこなわれていたことを紹介した。戦間期にはアメリカの学説を受容して，多くの工業簿記・原価計算・予算統制・管理会計に関する著作が発表され，多くの企業に普及していった（柳田，2006）。1934年におこなわれたアンケート調査によれば（アンケート発送数843，回答425），予算制度を採用している企業（若干の公企業と産業組合を含む）は326であり，回答の77％にも及んでいた。予算制度を採用した時期は，明治期が51，大正期が112，昭和期が87（不明が76）であり，時期が遅いほど採用が多くなっていた。当然ながら企業の規模が大きいほど採用の比率が高くなっている。また原価計算の採用・非採用について回答のあった293社についてみると，採用183社，非採用110社と，採用が62％を占め，原価計算もかなり普及していたことがうかがえる。原価計算を採用している企業の方が，予算制度を採用している企業の比率が高いのも自然な結果である。このように原価計算・予算統制は，程度の差はあれ，かなりの企業に普及していたのである（長谷川，1936；武田，1995a）。

原価計算の導入について，2つの企業の例を挙げておこう。日立製作所は創業者の小平浪平が原価計算とそれに結びついた営業体制の構築に熱心で，1908年の創業当初から原価計算が導入されていた。1914年には設計から人員を割いて見積もりをおこなわせ，営業にも技術者を配置した。発電機など受注生産が多かったので，技術的知識がとくに求められたのであろう。1937年には国産工業（戸畑鋳物が改称）を合併するに際し，会計事務取扱綱要を制定しているが，財務諸表準則は参考にされなかったという。日立製作所に独自の会計手続きが定着していたのである（森田，1987；日立製作所臨時五十周年事業部社史編纂部編，1960，46頁）。1910年代は作業の割当・請負単価の決定は，熟練工が握っており，1920年代に経営側の作業管理が強化されていくのであるが（菅山，1987），1910

---

85) 1929年の信託業法の改正により，信託会社も会計検査をおこなえるようになったが，その検査数は多いものではなかった。

年代の原価計算は経営管理に果たす役割に大きな限界があったといえる。しかし逆にいえば，経営側の管理に対する志向が強く，1920年代の作業管理に結びついていったといえよう。また受注生産ではなく見込生産をおこなう企業の例では，帝国人造絹糸が創業直後の1919年頃から原価計算を試み始めた。テーラーの著作に原価計算があったのを翻訳して研究を始めたという。東京高等商業学校の吉田良三（日本の原価計算研究の創始者の1人）を紹介してもらい，その指導も受けて軌道に乗せていったが，社内の理解を得るのは大変だったようである（福島，1968，153頁）。

第4章

日本的経営の形成と展開

―日中戦争からバブル期まで―

1.──日本的経営を支える制度

1 制度の再設計──戦時経済と戦後改革

　1937年7月に日中戦争が発生すると9月には輸出入品等臨時措置法，臨時資金調整法が制定された。輸出入品等臨時措置法は，輸出入品のみならずそれを原料とする製品について生産・配給・価格・消費などの統制をおこなうことを定めたものであり，臨時資金調整法は，一定金額以上の設備資金融資と有価証券の応募・引受・募集業務を規制するもので，経済統制へと道を開くものであった。日中戦争の進展にともない1938年には経済統制に関する全面的な授権法である国家総動員法が制定され，さまざまな統制措置がとられるとともに，物資動員計画が開始され，経済は全面的に統制された。1941年の日米開戦以後は，戦争への動員がさらに強化されている。民需産業が抑圧され，紡績機械がスクラップにされる一方で，軍需産業とその関連産業が拡大した。金属・機械・化学工業の生産金額の製造工業生産額に占める比率は1936年には50％であったが，1942年には70％に達し，重化学工業化が進展したが（紡織業は27％から11％へと縮小），とくに機械工業の発展は著しく，機械工業の生産金額の比率は17％から38％へと急上昇していた（沢井，1992，151頁）。

　戦時統制が影響を与えたのは，こうしたマクロ面のみではない。戦前期の大企業は，株式による資金調達の比率が高かったが，社債の発行が規制され，配当が制限されると，金融機関からの借入金への依存度が上昇していった。このなかで日本興業銀行や都市銀行などがシンジケート・ローンを組成するなど，戦後のメインバンクの源流が戦時期に形作られたといわれている。また労働についても，賃金と労働者の移動が規制され，賃金の構造が勤続にパフォーマンスを加味して

決定される形式になっていき，戦後の年功的賃金制度が形作られていく一方で，経営者も職員からの内部昇進の割合が上昇していった。こうして戦時期に戦後の制度の源流が形作られたが，戦時統制は，企業を長期的な企業価値の最大化という目的からはずれて，最大限の軍需生産という目的に集中させるために，企業のガバナンスを変化させていくためのものであったことは留意が必要である（岡崎・奥野，1993）。

　第2次世界大戦は1945年8月の日本のポツダム宣言受諾をもって終結し，日本はすべての海外領土を喪失した。日本の占領政策は極東委員会が決定することになっていたが，アメリカが決定的な力をもち，かつ占領政策の執行責任者である連合国最高司令官（Supreme Commander for the Allied Powers, SCAP，その総司令部が General Headquarters, GHQ）はアメリカ政府の指揮を受けた（連合国最高司令官の協議・諮問機関として対日理事会が設置された）。1952年4月28日のサンフランシスコ条約発効まで日本の統治権は連合国最高司令官に隷属していたのであり，日本の非軍事化と民主化が実施されたが，米ソ冷戦が激化すると，次第に日本経済の復興が重視されるようになっていった（三和，2002，第3章）[1]。企業経営に大きな影響を与えた制度変革は，以下の通りである。まずは国民主権と基本的人権の尊重を定めた日本国憲法が1946年11月に公布され，1947年5月より施行された。また改正刑法・民法が公布され，家族や相続の制度などが改められた。第2に商法が改正され（1950年），戦前期を特徴付ける株式の部分払込の制度が廃止された。かわりに株主総会で定めた授権資本の金額以内の増資は取締役会で決定できる授権資本制度が採用され，また株主総会の決議事項が縮小されて，かわりに取締役会の機能が強化された。さらに代表取締役が取締役会の決議を実行し，会社を代表することとした（北沢，1966）[2]。また証券取引法（1947年制定，1948年全面改正）および公認会計士法の制定により，上場会社については，有価証券報告書の作成と公認会計士による監査証明の取得が義務付けられた（千葉，1998，第5章）。第3に憲法，労働組合法（1945年公布，1949年全面改正），労働関係調整法により，団結権・団体交渉権・争議権が法認され，団体交渉を通

---

[1] ただし沖縄占領は別の枠組みでおこなわれ，1972年5月に日本に復帰した。また小笠原諸島は，1968年に返還された。

[2] 1938年の商法改正で，取締役は株主ではない人でも就任できるようになったが，1950年の改正で，取締役を株主から選任する旨を定款で規定できないこととされた。

じて労働に関する問題を処理するという枠組みが形成された（遠藤，1989）[3]。また労働基準法が制定され，基準となる労働条件が定められた。

第4には財閥解体と独占禁止政策が実施された。アメリカは1945年9月の「降伏後における米国の初期の対日方針」において財閥解体を明示していたが，財閥解体が次第に独占禁止と結びついていった。持株会社整理委員会が設立され，指定した持株会社を解散することで株式所有による結合が解消され，さらに指定した財閥の同族と主要役員が財閥関係の役職につくことを禁止することで役員兼任による結合が解消された。持株会社は家族が支配する三井・三菱などの財閥本社（純粋持株会社）に加えて，巨大な現業持株会社（日本窒素肥料や日本曹達など）も解体の対象となったが，後者については，証券を処分し，事業は存続するケースが多かった。ただし巨大企業については，独占を抑制する観点から過度経済力集中排除法によって1948年に325社が指定され，処分の対象となった。ところが日本経済の復興を優先する方針への転換によって指定が解除されていき，最終的に処分がおこなわれたのは18社にとどまった[4]。役員兼任の解消については，財閥本社の役員の退任に加えて，財界人の財界追放がおこなわれ，さらに財閥同族支配力排除法が制定されたことにより，財閥の直系企業の取締役であった者も，その職にとどまれなくなり，より徹底された。最後に戦前はカルテルそのものが違法とされることはなかったが，アメリカより独占禁止の考え方が導入され，1947年に独占禁止法が制定された。カルテルなど不当な取引制限や純粋持株会社が禁止されるとともに，金融機関の株式所有に制限が課され，独占禁止政策の実施機関として公正取引委員会が設置された（ハードレー，1973，第1部；浅井，2001，第2章）[5]。

戦時中の統制政策は，物価統制令および臨時物資需給統制法（1946年）によ

3）ただし公務員や公共企業体（日本電信電話公社，日本国有鉄道など）職員は，別の枠組みに置かれた。

4）持株会社整理委員会は83社を持株会社に指定し，これらは解散などの処分の対象となった。また過度経済力集中排除法で指定された325社には，持株会社に指定された83社と重複しているものがある（三菱重工業など）。なお18社の処分内容は，同種事業部門の分割7社（王子製紙・日本製鉄・三菱重工業など），異種事業部門の分離4社，工場・施設等の処分4社，株式処分3社であり，旧会社が解散したのは6社にとどまった（大蔵省財政史室編，1981，553頁）。

5）独占禁止法の1953年の改正により，不況カルテル・合理化カルテルが認められた。持株制限について詳しくは第3節で述べる。

り戦後も継続されたが，生産の低下や財政赤字を日本銀行券の発行増でまかなったため，インフレーションが発生した[6]。戦時中に大量に発行された国債の価値は大幅に切り下げられ，さらに政府は戦時補償債務も打ち切ったため，企業も銀行も打撃を受け，戦時期の不良資産を整理する企業再建整備（394 頁参照）を実施することで，戦後の再出発をおこなうこととなった。1949 年に来日したドッジ（J. M. Dodge）により，財政赤字を解消し，1 ドル＝ 360 円のレートで国際経済とリンクすることによって（ドッジ・ライン），インフレーションはようやく収束した。また 1949 年から商品ごとに流通統制解除が本格的に進み，1951 年までに配給統制実施のための公団がすべて廃止されるなど市場経済へ移行していった。ここで貿易についてみてみると，日中戦争時から貿易統制がおこなわれていたが，日米開戦とともに交戦国との貿易は途絶し，日本の支配下にある地域との交易は，軍の直営貿易がおこなわれるか（南方），交易営団（1943 年設立）の一元的管理のもとにおかれ（中国・フランス領インドシナなど），貿易業者は受託者という資格で交易に参加するのみとなっていた（山本，2008）。「降伏後における米国の初期の対日方針」においてアメリカは，当面日本側に貿易も対外金融取引もおこなわせない方針をもっており，新たに設置された貿易庁が，SCAP と貿易品を取引し（SCAP が外国の業者と取引する），円決済は貿易庁特別会計で，ドル決済は SCAP の特別勘定でおこなうこととされたが，両者が分離されており，円とドルの換算率は事後的に個々の取引ごとに決まるという仕組みで貿易がおこなわれた。このとき換算率は輸出に円安，輸入に円高に設定されており，実質的に補助金が支出されているような状態だった[7]。こうした不正常な状態は，1 ドル＝ 360 円の単一レート設定と民間業者による貿易再開により解消された。

しかし円とドルが自由に交換できたわけではなかった。1949 年の外国為替管理法と 1950 年の外資法により，輸入や外国からの投資については厳しい規制が残り，外貨を政府に集中する外貨集中制度と外貨を割り当てる外貨予算制度が採用されたのである。外貨予算制度は日本が IMF8 条国となる 1964 年に廃止されたが（外貨集中制度は 1972 年まで残存），輸入制限は輸入割当制度として残され

6）1946 年の金融緊急措置により，新円が発行され，マネーサプライが削減されて，一時沈静化したが，再び激しいインフレとなった。
7）1947 年には 4 つの貿易公団が設立され，制限つきながら民間貿易が始まり，1948 年には輸出について日本の輸出業者が外国業者と直接契約を結ぶようになった。

表 4-1 対内直接投資の自由化の経緯

日付	企業新設の場合の自由化業種		既存企業への経営参加のための株式等の取得の自由化（自動認可）		
	外資比率 50％まで株式取得を自動認可する業種数累計	外資比率 100％までの株式等の取得を自動認可する業種数累計	外国人投資家1人当たり株式比率(％)	外国人投資家全体の株式比率（外資比率）	
				制限業種以外(％)	制限業種(％)
1967/7/1 以前			5 以下	15 以下	10 以下
1967/7/1（第1次）	33	17	7 以下	20 以下	15 以下
1969/3/1（第2次）	160	44	7 以下	20 以下	15 以下
1970/9/1（第3次）	447	77	7 以下	25 未満	15 以下
1971/4/1（自動車産業）	445	77	7 以下	25 未満	15 以下
1971/8/4（第4次）	原則 50％自由化	228	10 未満	25 未満	15 以下
1973/5/1（原則 100％）[2]		原則 100％自由	10 未満	25 未満	15 以下
1980/12/1 以降（外為法改正）	農林水産業，鉱業（外資比率 50％までは自由化），石油業，皮革または皮革製品製造業を除く全業種				

出典：伊藤・清野（1984，143 頁）。
注1）1973 年以降の主要な自由化業種と 100％自由化の時期は，以下の通り。集積回路製造業（1974/12/1，左の時期までは 50％自由化），医薬品または農薬製造業・電子式精密機械（医療または電気計測用）製造業（1975/5/1，左の時期までは 50％自由化），電子計算機または同制御自動機構の製造・販売または賃貸業（1975/12/1，1974/8/3 までは個別審査，以後左の時期までは 50％自由化），情報処理業（1976/4/1，1974/11/30 までは個別審査，以後左の時期までは 50％自由化），写真感光材料製造業（1976/5/1，左の時期までは 50％自由化）。
2）既存企業への経営参加のための株式取得は，企業の同意のある場合には，原則 100％自由化。

た。ただし日本は貿易の自由化を進めつつあり，輸入自由化品目が増加し（あるいは輸入制限品目が減少し），1960 年に 41％であった自由化率は 1963 年に 92％となった[8]。輸入自由化にあわせて関税率が上昇したが，1967 年のケネディラウンド合意により，（世界と足並みを揃えて）引き下げられていった。また対内直接投資については，1967 年から自由化が進められ，1973 年には原則 100％の自由化が実現した（表 4-1）。日本経済の成長により 1 ドル＝ 360 円の固定為替

8）1962 年に自由化品目を列挙するポジティブリスト方式から，輸入制限品目を列挙するネガティブリスト方式に移行した。主な工業製品が輸入自由化された年は以下の通りである（通商産業省貿易局編，1992，134 頁）。陶磁器（1960 年），銑鉄・ラジオ・オートバイ・普通鉄鋼材・バス・トラック（1961 年），普通板ガラス（1962 年），カラーテレビ（1964 年），乗用車（1965 年），高級電卓（1973 年），電子計算機およびその周辺装置（1975 年），民間航空機（1982 年）。

レートは1971年に崩壊，1973年には変動相場制に移行し，円の対ドルレートは円高になっていった。また1980年に外国為替管理法が改正され，対外取引は原則自由となった。こうして長く続いた貿易・為替管理の制度は終焉を迎えた（伊藤・清野，1984；深尾・大海・衛藤，1993；伊藤，2009）。

国外との資金の流通を制限していることを前提に，国内金融市場も強い規制下におかれた。金融機関は，臨時金利調整法（1947年）により金利を規制されたうえに，店舗の設置なども規制された。さらに社債の発行も規制されており，戦前期は高かった大企業の自己資本比率は低下し，企業の主たる資金源泉は銀行貸出となったが，郵便貯金などを原資とする日本開発銀行（復興金融金庫の権利義務を承継して設立）など政府系金融機関が設立され，民間金融機関を補完した。1980年の外国為替管理法の改正により海外での起債が自由におこなえるようになると，それまで進度の遅かった金融の自由化も本格的に進展するようになった（定期預金金利の完全自由化は1993年）。

通商産業省（1949年に商工省などをもとに設立）により産業政策が実行されたことも見落とすことができない（香西，1989；鈴木，1995）[9]。産業政策とは市場の失敗によって自由競争のもとでは資源配分・所得配分などで問題が発生するときに実施される政策とされ（小宮・奥野・鈴村，1984；伊藤ほか，1988），鉄鋼などの川上産業が成長しないために，造船などの川下産業が高い原料価格に悩まされ，成長できず，その結果製品需要が少ないために，鉄鋼が大規模な投資に踏み込めず，その結果成長できないというような，補完性と規模の経済性による悪循環を断ち切って成長に貢献したとされている（岡崎，1996；青木／Murdock／奥野〔藤原〕，1997）。適切な政策がとれれば成長が見込まれる産業に，補助金，輸入制限，低利融資，特別償却などの特典を与えて，保護・育成していった[10]。外国為替や金利が規制されていたことが，産業政策が有効に機能する重要な前提となっていたといえる。しかし市場の失敗とともに政府の失敗も存在するわけで，

9）「日本株式会社論」のように高度成長を政府主導のものとする考え方もあるが少数派であり，市場の役割を重視することでは一致し，通産省の果たした役割の程度について論争があるといえる。ジョンソン（1982）は産業政策における戦前と戦後の連続性を強調している。

10）たとえば，発電所の建設にあたり，重電機の1号機は海外から輸入されたが，2号機は海外メーカーから国内の重電機メーカーが図面を買いとって製作することで，技術レベルを引き上げていった。

政府の失敗が顕在化しなかった要因として，とくに戦後初期には政策介入すべき問題が明確であったこと，民間の情報を吸い上げる審議会などの仕組みが整えられたこと，1960年頃には貿易の自由化などのスケジュールがみえていて，保護打切りの見込が確かで，保護を受ける企業に生産性向上への志向が強かったこと，保護の基準が明確で，特殊な操作の余地が少なく，汚職に至ることが少なかったこと，などがあげられている[11]。

2 製品開発の自立と中等・高等教育の普及

戦争が進展するとともに，科学技術開発のニーズは飛躍的に高まり，陸海軍・官公立・民間の試験研究機関は，人員と予算が増加していった。1942年の試験研究機関では，研究機関数，1機関当たり研究人員数，1機関当たり経費の順に，官立（204，123人，26万円），公立（367，18人，8万円），民間（711，34人，25万円）と民間機関が優位に立っていた（陸海軍は不明）。大幅に拡充されたのは，機械なかでも航空機・電気機械と化学関係の機関であったが，航空機と電波兵器の開発が重視されたためであった。1942年において研究者数がもっとも多い民間企業の10社には，航空機3社（中島飛行機，川崎航空機，三菱重工業），電気機械3社（東京芝浦電気，沖電気，日立製作所），化学2社（日本化成工業，三井化学工業）が含まれている（残りは半政府系の南満洲鉄道と日本製鉄）。多数の研究者による効率的な開発の必要性から，共同研究が重視され，従来の機関の枠組みを超えた研究隣組が研究テーマごとに組織された。学術振興会の資金も共同研究に重点的に投下され，各省の枠組みを超えるために技術院が組織される（1942年）などしたが，交戦国からの技術情報の流入が止まったこともあって，期待された成果を出せずに敗戦を迎えた。アメリカとの格差は圧倒的だったのであるが，戦時期の技術開発が戦後の技術発展の基礎となった事例もまた少なくない（沢井，1991，2004）。

---

11) 汚職が皆無だったわけではなく（造船疑獄など），また一律の基準と保護の打ち切りの見込が過剰な参入を招いた（石油化学など）とされることもあり，産業政策のコストも小さくはなかった。また自動車・石油化学などの振興を狙った特定産業振興臨時措置法案（1963年提出）が廃案となるなど，産業政策が常に支持されていたわけでもない。

日本の技術は戦時期に多くの分野で欧米からかなり後れをとってしまったため，戦後は欧米からの技術導入が進んだ。政府が製品の輸入と外資の参入を強く制約していたため，外国企業にとってライセンスの供与によって特許収入を得ることが現実的な手段であったが，技術導入についても政府による規制があり，1961年以降徐々に制限が緩和されていったものの，全面的に自由化されたのは1974年であった[12]。当初は欧米では古くなっていた技術が導入されたが，やがて最新の技術が導入されるようになり，外資導入規制の緩和によって，外国企業の出資をともなうものが増加していった。戦前期に多くの企業が外資と提携した電気機械産業では，早い時期から資本関係が復活したが，出資比率は戦前より小さかった（仙波，1977，第1章）。産業規模の拡大と規制の緩和は技術導入を増加させるが，その一方で自主技術開発の進展は技術導入を減少させる。技術導入を増加させる要因と減少させる要因の2つが作用したが，現実には多くの産業で1960年代後半から1970年代前半をピークに技術導入件数は減少していった。ただし電気機械は1990年代まで一貫して増加していったが，これは電子応用装置など最先端の分野での技術導入が続いたためである（三和・原編，2010，160頁）。発電機，テレビ，造船の自動溶接，鉄鋼のストリップミル・純酸素上吹転炉・連続鋳造法，ナイロン・ポリエステルなど合成繊維，石油化学など高度成長期に躍進する産業は，その出発点において導入技術に大きく依存していた。

　ただしこれらの導入技術を消化するのには一定の技術レベルが必要であったし，日本企業は導入した技術に改良を加えていくことにも長けていた。そこで日本国内の技術開発について概観しておこう。科学技術開発は，文部省所管の大学，原子力開発と航空宇宙開発を重点とする科学技術庁（1956年発足），さまざまな省庁が所管する国立の試験研究機関（日本電信電話公社の電気通信研究所，電気試験所，日本国有鉄道の鉄道技術研究所，国立予防衛生研究所，東京工業試験所など），公立の試験研究機関および民間企業でおこなわれたが，科学者数，予算規模ともに民間企業が圧倒的に多かった。ただし政府は試験機関等でみずから研究開発をおこなうほか，研究補助金を支出したが，産官学の研究連携を進めるため，理化

---

12) こうした規制が，国際収支の改善・重要産業の発展・公益事業の発展という目的に対し，どの程度有効だったのかなどについては，通産省の産業政策の有効性の評価と同じく賛否両論がある。ただし規制がない場合に比べて，技術導入競争が抑制された結果，支払特許料が抑制されたといわれている（後藤，1993，15頁）。

学研究所の開発部が独立した新技術開発事業団を1961年に設立したほか、鉱工業技術研究組合制度を発足させた（1961年）。研究組合は中小企業の技術開発を促進することを狙っていたが、1970年代には大型政府プロジェクトの受け皿としても用いられ、より長期的でリスクの大きいテーマが取り上げられるようになった（沢井，2006，2010；後藤，1993，第5章）。

　自然科学の研究者数は、1953年26,633、1963年117,567、1973年257,999、1983年365,680であり、戦後直後の伸びが著しかった。1983年の研究者の在籍の内訳は、会社等が202,458、研究機関が42,705、大学等が120,517と、企業在籍の研究者が圧倒的に多かった[13]。研究者数の多い企業を上位20位までみてみると、電気機械・自動車・製薬を含む化学などの大企業からなっており、企業規模と研究集約度を反映している。戦時期と比較すると飛行機が脱落し、自動車が加わっているが、電気機械と化学の地位は大きな相違がなかった（表4-2）。飛行機メーカーに勤務していた優秀な技術者が、自動車その他の企業に転職し（あるいは企業そのものが事業内容を変換し）、戦後の急成長を支えたことは周知の通りである。民間企業では、先行業者（欧米企業）の製品を徹底して研究・模倣製作し、保護された市場で商品化をおこなってその経験から学習し、段階的に進行する自由化のスケジュールにあわせて欧米製品に対抗できる製品を開発し、どうしても埋められないギャップは新技術を導入するというパターンがみられた[14]。保護の程度は異なるが、戦間期あたりから自主技術開発がおこなわれるようになると、みられるようになったパターンであった（中岡，2002，15頁）。しかしその後、日本の研究開発が、製品開発に直結する応用研究に偏り、基礎研究が十分ではないことが、独創的技術が生まれない原因であると指摘されるようになり、官民あげて基礎研究の重要性が指摘され、民間企業でも基礎研究所が多数設立されるに至った[15]。ただし基礎研究はすぐには画期的な成果を生まないので、研究開発投資の効率性という観点から批判を受けることになり、企業が研究を囲い込むことの限界が認識され、産学連携が模索されるようになった。なお技術導入は

13）総務省統計局ホームページ、日本の長期統計系列、第17章1「研究主体別研究者数及研究費」による（〈http://www.stat.go.jp/data/chouki/17.htm〉閲覧2011年11月15日）。
14）昭和期の技術開発の成果については、森谷（1986）が簡便な解説をおこなっている。
15）1960年代には中央研究所の設立ブームが起きているが、オイルショックとともに下火となった。1980年代には基礎研究所の設立ブームが起こっている。

表 4-2　民間企業の研究者数ランキング

順位	1952-55 年		1966 年		1972 年	
	企業名	研究者数	企業名	研究者数	企業名	研究者数
1	三井化学工業	356	日立製作所	1,132	日立製作所	1,811
2	東京芝浦電気	333	富士通信機製造	715	富士通	1,380
3	三井鉱山	261	松下電器産業	557	松下電器産業	886
4	科学研究所	205	武田薬品工業	503	新日本製鉄	875
5	日立製作所	193	三菱重工業	489	東京芝浦電気	846
6	住友化学工業	182	住友化学工業	365	住友化学工業	785
7	三菱電機	139	三菱電機	364	トヨタ自動車工業	620
8	武田薬品工業	124	東京芝浦電気	360	三菱重工業	609
9	塩野義製薬	116	トヨタ自動車工業	300	いすゞ自動車	588
10	三菱化成工業	114	プリンス自動車工業	288	ブリヂストンタイヤ	565
11	いすゞ自動車	109	立石電機	273	旭化成工業	520
12	三共	100	味の素	272	三菱電機	506
13	東急車輛製造	96	東洋紡績	271	石川島播磨重工	505
14	旭硝子	89	塩野義製薬	270	味の素	500
15	三菱レーヨン	89	三共	267	三菱化成工業	431
16	三井金属鉱業	84	田辺製薬	259	武田薬品工業	410
17	日本無線	83	いすゞ自動車	256	大日本インキ化学工業	373
18	日本油脂	83	島津製作所	253	三井東圧化学	372
19	新三菱重工業	80	日本無線	250	日本電気	336
20	三菱金属鉱業	75	八幡製鉄	250	日野自動車工業	330

出典）沢井（2006, 416 頁）。
注）科学研究所とは理化学研究所が株式会社に改組されていたときのものである。

特許使用料を支払うが，自主開発した技術を外国にライセンスすれば特許使用料が得られる。特許料の支払と受取をみると，当然ながら当初は圧倒的に支払超過であるが，技術の累積的性格を反映して技術収支の逆転には貿易収支と比べてはるかに長い時間がかかり，受取額が支払額を超えたのは 2002 年であった（図4-1）。

　次節で詳しく検討するが，産業や企業によって遅速の差はあれ，多くの産業で高度成長期に模倣を脱して自主設計による製品開発がおこなわれるようになった。日本企業の製品開発パフォーマンスは，1980 年代の自動車産業の実証研究によれば，開発工数が少なく，リードタイムが短く，品質が高いなど，欧米企業より優れていた。リードタイムが短い理由のひとつに，開発ステージのオーバーラップがあった。たとえば上流ステージのボディの設計と下流ステージの金型開発が並行しておこなわれる。並行しているのでボディ設計が終わってから金型開発に

(億円)

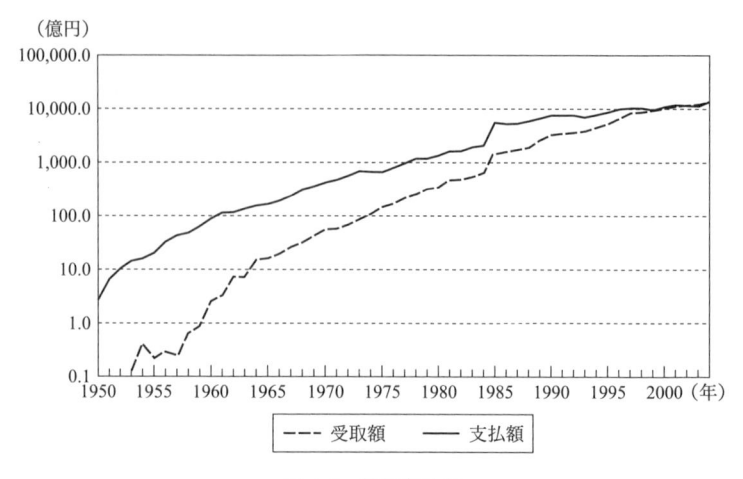

図 4-1　技術貿易額

出典）総務省統計局ホームページ，日本の長期統計系列，第18章7「技術貿易状況」による
（〈http://www.stat.go.jp/data/chouki/18.htm〉閲覧2009年12月14日）。

入るより期間は短縮するが，設計変更によりせっかく開発された金型が無駄になるリスクが大きくなる。日本企業は2つのステージの間で濃密に情報をやりとりすることによって，そうしたリスクが顕在化することが少なかったのである。また開発のより早い段階から製品のエンジニアリングと工程のエンジニアリングがオーバーラップして，作りやすい設計になるようにしており，これによって再設計が少なくなるという効果も得られた（藤本／クラーク，1993）。こうした手法はコンカレント・エンジニアリングとして欧米でも注目を浴びたが，もちろん自動車のほかオートバイなどいろいろな産業でみられた。

　製品開発に密接に関連する産業デザインであるが，明治期以降，先進国の製品を模倣するなかで技術が磨かれてきたケースが多かったことを紹介してきた。技術が向上し，独自の技術による製品が開発されるとともに，家電・自動車などの消費財産業が発達するとデザインの重要性が増していったが，それと同時に，外国からの批判もあり，コピーに対する考え方も次第に厳しいものとなっていった。戦後にはインダストリアル・デザインという言葉が紹介されるとともに，アメリカ視察から帰国した松下幸之助は，工業デザインの重要性を強調し，松下電器産業に1951年に宣伝部意匠課を設置した。これが企業に設置された最初のデザイン部門といわれている。また教育に関しては，戦前に京都と東京の高等工芸学校

や東京美術学校に図案に関する学科が存在していたが，それぞれを引き継いだ新制大学にデザイン関係の学科が設置され，さらにデザインに関する大学が増加していった。また（旧）商工省工芸指導所（1928年設立）が産業工芸試験所となり，毎日新聞社と共催で新日本工業デザイン展（のちの毎日工業デザインコンペ）が始まるなど，デザインをめぐる環境が整っていった。外国のデザイナーの招聘，外国へのデザイナーの派遣もおこなわれた。デザインの良しあしが売上げを左右したので，最終消費者を相手とする自動車・家電などのメーカーをはじめとして，デザイナーを交えて製品デザインを検討することがごく当たり前のこととなっていった。また通産省は，デザインの向上を目指して，1957年にグッドデザイン制度（Gマーク）を発足させ，1958年にはデザイン課を設置し，1959年には輸出品デザイン法を制定するとともに（すでに1949年の輸出貿易管理令，1952年の輸出入取引法により，意匠盗用などの問題がある製品の輸出停止などがおこなわれていた），1958年には特許庁と共同で「デザインを護る展示会」を開催するなど啓発に努めた[16]。この展示会は，フィンランド・デンマーク両国からの抗議を受けて開催されたが，デザイン盗用に関する社会へのアピールも課題とされており，ドイツのBMW社のものとそっくりのオートバイ，アメリカのベル・ハウエル（Bell & Howell）社のものとそっくりの映写機，オランダのフィリップス（Philips）社のものとそっくりの電気かみそりなどが，企業名が伏せられていたとはいえ展示された（日本インダストリアルデザイナー協会編，1990；特許庁意匠課編，2009，157，172頁）。

最後に技術開発を支えた教育制度について述べておこう。戦争中の1941年に国民学校令が実施された。国民学校は初等科（6年）と高等科（2年）からなり，8年間の義務教育となって，男女共通に義務教育が2年延長されることとなったが，その実施が延期されている間に敗戦を迎えた。1947年に教育基本法と学校教育法が制定され，戦前の複線的な教育制度が改められ，小学校（6年）・中学校（3年）・高等学校（3年）・大学（4年）の単線的な教育制度となった[17]。また

16）このほか盗用意匠の製品輸出を防止するように，日本繊維意匠センター，日本陶磁器意匠センター，日本雑貨意匠センター，日本機械デザインセンターが設立された。
17）おおまかにいって，国民学校初等科が小学校に，国民学校高等科や青年学校などが中学校に，旧制の中学校・高等女学校・実業学校などが高等学校に，旧制の大学・高等学校・専門学校などが大学となった。すでに述べたとおり，青年学校は勤労青年に教育を与えるもので，男子のみ義務となっていた。

大学院については，戦前は修学年限が定められていなかったが，戦後は修士（2年）・博士（3年）と定められた[18]。男女ともに義務教育が9年となったが，当初から就学率はほぼ100％であり，広く受け入れられた。高等学校進学率は1950年には43％であったが，その後徐々に上昇し，1974年には90％を超え，1992年には95％となった。高等学校は後期中等教育と位置づけられているが，中等教育が広く国民にいきわたったといえる。大学進学率は1954年には8％であったが，やはりその後男女間の格差をともないつつ上昇し，1974年には25％となった（短大を含めると1980年代後半には男女の差がほとんどなくなる）。全国の大学で理工系学部の新設・拡充が相次ぎ，技術者を企業等に供給した。

大学進学率の上昇と比較すると大学院進学率の上昇ペースは遅い。1976年において工学系学部学生数が339,713人であったのに対し，工学系修士課程の学生数は15,309人であり，およそ9％の学生が大学院に進学していた。その一方で社会科学系学部学生数が707,314人であったのに対し，社会科学系修士課程の学生数は4,647人に過ぎず，1％しか進学していなかった。工学系では修士号を取得して，企業等に入るという道が開けつつあったといえるが，社会科学系は大学教員等になることにほぼ限られていたといえる。同じ比率は2000年には工学系25％，社会科学系4％となり，双方とも上昇しているが，企業等での工学技術者の需要が増加したこととともに，日本企業では事務系といわれる職種では，学部卒業生を企業内教育して内部昇進させることが一般的であることが，こうした数字の格差をもたらしているといえる[19]。

3　生産管理の進展

戦時体制になると航空機の増産が至上命題とされ，これまでに経験したことのない大量の製品を製造することとなったが，このことは生産体制の変革を要請し

---

18) このほか高等学校卒業後2年の教育をおこなう短期大学（1950年），中学校卒業後5年の教育をおこなう高等専門学校（1962年）が発足した。
19) 総務省統計局ホームページ，日本の長期統計系列，第25章教育の「設置者，大学の専攻分野別学部学生数」および「設置者，大学院の専攻分野別学生数（修士課程）」による（〈http://www.stat.go.jp/data/chouki/25.htm〉閲覧2010年4月24日）。比率は，学部が4年，修士が2年なので，修士学生数を2倍して学部学生数で除したラフなものである。

た。航空機は多数の部品を組み立てるものであり，必要な性能を発揮できるよう設計する必要があるとともに，組み立てやすく設計することがひときわ必要であったし，大量に生産するには互換性部品によることが必要であったから，効率よく生産するには，親方熟練工の影響力を排除して，技術者による作業管理をおこなうことが不可欠となった。膨大な数の作業指示書などが作成され，部品の検査も厳格におこなわれた[20]。しかし日本では多数の専用工作機械を導入することは不可能であり，類似の部品加工をまとめておこなう方式を採用したが，このことは部品の在庫を増加させ，生産効率を低下させた。部品の組立工程には，ベルトコンベアによる移動式組立方式が用いられた例もあるが，一定時間で部品を組み付け，一定時間経過後に作業対象をいっせいに次の工程に送り出すタクト・システムも採用された（山本潔，1994，第4章；和田，2009，第2章）。

日本最大の航空機メーカーのひとつであった中島飛行機の武蔵野製作所は，エンジンの専門工場であったが，ベルトコンベアによる流れ作業がいくつかの部品製造に導入され，たとえばピストンの製造では，流れ作業の導入により作業時間が7分の1程度に短縮された。実際の作業時間の短縮は30％弱に過ぎなかったが，手待ち時間が97％も削減されたためである。流れ作業の導入による効率の改善は著しかったといえる。また中島飛行機と並ぶ巨大メーカーであった三菱重工業の飛龍という爆撃機は，翼と胴体を別々に生産し，配管・配線などの艤装をおこなってから，両者を組み合わせることで，艤装作業の交錯を防ぐような設計がなされた。このことにより工数が減少し，生産期間も短縮されたという（佐々木，1998，228，247頁）。組み立てやすい設計がおこなわれたのである[21]。また大量に生産された戦闘機である「零戦」「隼」などの中島飛行機における最終組立では，タクト・システムが採用されている。これも流れ生産を意識した仕組みである。しかしタクト・タイムは4.5時間と推定されており，ドイツの戦闘機の1時間と比べて長く，それすらも正確に維持するのは困難であり，管理のレベルが劣っていたことがうかがえる（山本潔，1994，270頁）。それでも効率的な生産

---

20) 部品の加工が請負でおこなわれている場合は，請負単価の高い部品の製造が優先され，部品確保が困難であったという。熟練工の影響力を排除しきることは不可能であった。
21) 飛龍では翼と胴体を組み立てたあとで，いったん結合し，それを再び分離して，翼と胴体の艤装を別々におこなって，再度結合しており，翼と胴体に完全な互換性がなく，最初の結合の際に擦り合わせをおこなって，それ以後では翼と胴体の組合わせを固定していたことがうかがえる。

を実現すべく，日本能率協会（1942年に日本工業協会と日本能率連合会が一本化されて成立）は，コンサルティングをおこない，効率的な生産と部品在庫の仕組みを考案していった。

　第2次世界大戦中にこれまでにない大量生産を要請されると，それまでに導入されていた技術が動員され，飛躍的に生産体制は整えられたが，なお不十分であったことは明らかであった。戦後になると日本は生産管理の改良に取り組むとともに，アメリカの進んだ思想と手法を積極的に導入していった。ここでは品質管理，生産性向上運動について簡単に考察する。まず品質管理であるが，その前提となる規格について述べておこう。戦前期に日本標準規格（JES）が設けられていたが，戦時期には，軍需品に対応するため，急速に多数の規格を決定する必要があり，1939年から臨時日本標準規格（臨JES）が制定されたほか，航空機には独自の規格が定められた。その水準はともかくとして，戦時統制により規格化が進展したという側面もあったのである。敗戦後は工業標準調査会が新たな日本規格を制定したが，1949年に工業標準化法が制定され，日本工業規格（JIS）が新たな規格となった[22]。また規格普及の組織としては，日本能率協会と大日本航空技術協会の規格部門を合併して，1945年12月に日本規格協会が設立されている。敗戦直後の混乱期にも規格化の努力は続いていたのである。ある製品がJISマークを表示することを認められるには，単にその製品がJISに適合しているのみでなく，社内で標準化をおこない，統計的品質管理を実施している工場であると政府に認められる必要がある。しかもJISマーク表示許可工場のなかで標準化と品質管理に優れている工場が表彰される制度もあり，日本工業規格は，統計的品質管理が普及するきっかけのひとつとなった（工業技術院標準部編，1959，第2，3，5章）。

　統計的品質管理は1920年代にアメリカで開始されたが，第2次世界大戦中にアメリカのみならずイギリスなどにも普及した。戦前の日本でも統計的品質管理をおこなった例があるが，ほとんど普及しておらず[23]，GHQの指導などアメリ

---

[22] JISは主務大臣（通産大臣など）が日本工業標準調査会の審議を経て定める国家規格であり，ISO（International Organization for Standardization）などの国際規格や外国規格との関連にも留意されている。

[23] 戦時期の電波兵器の性能の低さは，全般的な技術レベルの低さとともに，部品の信頼性の低さにも起因していた（ひとつの部品に不具合があれば，機能しないか期待された性能が発揮されず，稼働率も低くなる）。

カからの導入により普及していった。日本の通信機器に故障が頻発していたため，GHQの民間通信局（Civil Communications Section）は，日本の通信機器メーカーを調査し，品質管理の指導をおこなうとともに，1949年から1950年にかけて，電気通信会社のトップマネジメント20名ほどを集めて経営講座をおこなった。この講座では会社経営の方針や組織とともに，品質管理についても講義された。その内容は1952年に出版され，それをもとに日本人によって講座が続けられ，1955年に発足した日本産業訓練協会の事業として1974年まで続けられた[74]。一方戦前の技術関係の団体を統合して1946年に発足した日本科学技術連盟（日科技連）は，1950年にアメリカから来日したデミング（W. E. Deming）による品質管理に関する講座を開催した。そしてこの講座の内容を出版したが，デミングがその印税を寄付したため，1951年から品質管理に貢献した人物や優れた品質管理を実施している企業を表彰するデミング賞を創設した。さらに1949年には能率団体の総合機関として全日本能率連盟が創設された（佐々木・野中，1990; 野中，1995; 壽永・野中，1995; 佐々木，1998，第5章）。

統計的品質管理は，生産工程の品質管理に統計的方法を応用し，品質の分布を管理しようとするものであり，管理図などを用いて工程の異常を検知したり，抜取り検査をおこなったりする。当初は検査を重視していたが，やがて経営者・管理者・作業者が，製造のみならずR&Dや販売・サービスまで含めて全社をあげて品質を管理していく全社的品質管理（total quality control, TQC）の考え方が有力となり，「品質を工程で作り込む」という工程管理を重視したものから，さらに生産に入る前に品質解析をおこない，試験をおこなって，品質保証を実現していくという「品質を設計と工程で作り込む」考え方へと発展していった。そして

24）アメリカ極東空軍は，空軍基地で働く日本人監督者向けの訓練の講習をおこなったが，これをもとに通産省はインストラクター講座を実施した。その際中間管理者の講習に改変されて，MTP（management training program）とよばれた。MTPは1955年の日本産業訓練協会の発足とともに，同協会の事業とされた。現場の監督の訓練としては，TWI（training within industry）が導入された。TWIはアメリカで戦時動員された新人を職場で訓練するために，職長クラスに仕事を教えさせるために開発されたプログラムであり，仕事の教え方（job instruction），改善の仕方（job methods），人の扱い方（job relations）からなっていた。GHQは資料を渡したが，テキストを練り上げたのは日本であり，職業安定法を改正し，労働省が深くかかわった。のちには安全作業のやり方（job safety）が加えられている（産業訓練白書編集委員会編，1971, 332-345頁）。

品質とともに原価と納期を管理することが目指されたのである。欧米では品質管理の専門家が品質管理をおこなうことが多いが，日本では作業者まで品質管理の手法を理解して適用し，品質向上に努めていった。その際にはQCサークルが広範に組織され，小集団で改善活動をおこない，品質向上に大きな役割を果たした（石川，1984）[25]。

ところで品質管理は，個々の品質が想定した基準を中心に，想定した範囲内に（たとえば）正規分布しているような状態を理想とするが，担当する技術者や作業者が交代してもそうした状態が変化しないためには，品質に影響する要因が科学的に特定され，コントロールされていることが必要で，このことはIE（industrial engineering）などによって作業が標準化されていることを意味する（検査で品質をチェックし，理想的な状態になっていない場合には，悪影響を及ぼしている要因を特定し，改善する）。たとえば日本鋼管川崎製鉄所では，鋼鉄の炭素含有量をコントロールするために，技術者がそれに影響する要因を解析し，現場作業者が利用できるように図表化することで，経験とカンによる作業を標準化した作業に置き換えていった（中村，1996，183頁）。またトヨタ自動車工業では，切削工具の集中研磨が1949年に始まり，作業員に任されていた作業に管理が及ぶようになり，その後さらに部品別・工程別の作業内容の調査・研究が進み，各作業者のおこなう標準作業の組み合わせが決定されていった（1作業者は複数の標準作業をおこなう）。テイラー的な作業標準化が浸透し，職人的熟練が比較的単純な課業（task）に分解されていったのである。トヨタはそれを土台に1960年代にTQCを導入していった（藤本，1997，59頁；佐武，1998，第1章；和田，2009，第4，5章）。

ついで生産性向上であるが，ヨーロッパと同じく日本も生産性の向上が急務であり，アメリカも冷戦のなかでそれを援助した。1955年に日本生産性本部が発足し，失業の防止・労使の協力・公正な成果の分配からなる生産性三原則を決定して，労働組合に生産性向上運動への参加を働きかけ，一部が参加した。日本生産性本部の事業の中で大きな影響を与えたものに海外視察団の派遣がある。1955

---

[25] ただしトヨタの事例では，技術者や職長層の方が知識もあり，原価低減効果はこれらの人による改善の方が大きかった。一般作業員については，原価低減もさることながらモラール，人材育成，職場の雰囲気づくりといったことが目指されていた（野村，1993，126頁；藤本，1997，69頁）。

年から 1965 年までに 575 の海外視察団（6,207 人）が派遣されたが，そのうち 439 がアメリカ向けであり（4,586 人），1961 年まではアメリカ滞在費がアメリカから支給されていた。視察団は，トップマネジメント視察団，鉄鋼業視察団など産業別の視察団，品質管理専門視察団やマーケティング視察団など特定の機能にかかわる視察団などさまざまなものが派遣されたが，欧米とくにアメリカの進んだ経営管理・生産技術を吸収した。このほか長期海外研修生の派遣（1957 年から 1961 年まで 163 人）や海外からの専門家の招聘（1955 年から 1961 年まで 91 人）もおこなわれている（佐々木，1998，第 5 章；壽永・野中，1995）。

4　サプライヤー・システムの形成と機能

　一般に製造業は，工場設備と労働を用いて原材料を加工し，製品を製造するが，すべての工程をみずからおこなうのではなく（内製せず），外部から購入することがある。外部購入されるのは，加工処理（切削などの機械加工やメッキ加工など）・コンポーネントの製造（自動車用ラジオなど）・最終組立やサブ組立（掃除機の組立など）等さまざまであり，部品というモノばかりでなく，部品加工というサービスも購入される。内製せずに外注される理由としては，最適生産規模が小さい場合は，中小企業で生産がおこなわれることも多く，大企業との間に賃金格差があれば，外注が有利になるし，また発注企業の雇用量の変動が困難であるなどの事情があれば，作業量の変動を外部からの購入量の変動によって吸収する（外注と内製を切り替える）ことが有利になる。切削加工などがこれにあてはまるであろう。また逆に最適生産規模が自社需要を超えるほど大きい場合には，内製は不利で，外部の専門メーカーから購入した方が有利となる。自動車の鉄鋼・ガラス・タイヤや電装品・ベアリングなどがこれにあてはまるであろう（尾高，1978）。

　外部から購入する場合，部品供給者が決定したスペックでカタログに載っている市販品を購入する場合とみずからの製品仕様にあうようなカスタム部品を発注して購入する場合があり，後者の形態が下請とよばれる。カスタム部品を製造するにあたり，他に転用できない特別な設備や人材への投資を必要とする場合は（たとえば組立企業のすぐ近くに部品工場を建設するなど），契約を失うと投資が無駄になることから発注企業が納入価格の引下げを要求したり，その部品が納入さ

れない限り生産が滞ることから受注企業が納入価格の引上げを要求したりするホールドアップ問題がおこることが予想され，こうした投資はおこなわれにくい（Williamson, 1985, ch. 4 and 5）。発注企業が受注企業に技術的な援助を与え，受注企業が協力会といった組織を結成して，発注企業と受注企業とが長期的な関係を結ぶことで，こうした機会主義的行動を発生しにくくすることができる。逆にこうした関係的資産が形成されると，発注企業は受注企業の正確なコストを算定できなくなり，関係が固定しすぎると柔軟性が失われるので，モデルの変更のたびに複数社を競わせて受注企業を決定することで，コストを抑えようする（浅沼，1997, 第6章）[26]。

　機械工業の場合は，最終組立をおこなう部品の数が多く，工程が分割しやすいので，1930年代に機械工業が急速に発展すると，部品を供給するサプライヤーが広範に形成されるようになった。また電力が普及し，小規模企業で工作機械が運用しやすくなったことも下請の普及の要因として見逃せない。1937年の大阪市の例では，工場数に占める下請工場の比率は，機械器具工業で28％，金属工業で25％とかなり高く，工場規模が小さいほど下請の比率は高かった。戦時体制の整備の進展とともに，政府は下請体制についても規制を強めた。下請企業の専門性を強化し，特定の発注企業へと専属するよう指導すると同時に，発注企業にも発注を保証し，技術援助を与えるように指導したが（相互に拘束して，協力関係を構築する），柔軟性が失われるため，発注側・受注側双方に歓迎されず，政府の狙いは実現しなかった。また発注企業からすれば，下請から購入する製品の価格とともに品質が重要であり，購買組織を整えたが，下請の増加にともない，下請管理を合理化する必要もあり，1次・2次と下請関係が重層化していく傾向がみられた（西口，2000, 第2章；植田，2004）。

　戦後に電気機械工業・自動車産業などが成長すると下請関係も発展したが，代金支払の遅延などの問題も発生したため，政府は下請代金支払遅延等防止法（1956年）を制定し，発注企業による不当な下請慣行を禁止した。1960年代には

26）自動車会社を例にとれば，Xというモデルを開発するときに，ブレーキ納入について，A，B，C社を競わせて，A社に決定するとXのモデルが続く限りA社がその生産を担当する。この自動車会社には多数のモデルがあるので，よほど競争力の構築に失敗しない限り，B，C社も納入が可能になる。もちろんA，B，C社は他の自動車会社に納入することも可能である。

大企業と中小企業の賃金格差が縮小したため，低賃金を利用するという観点からは下請関係を利用するメリットは減殺されたが，その後も下請関係は，大きく変化しつつさらに発展していった。こうした変化については，自動車産業について詳しく報告されているので，自動車産業について簡単に述べておこう（西口，2000，第3章；藤本，1997，第4章；浅沼，1997，第Ⅱ部）。モータリゼーションの進展とともに多数のモデルを開発することが必要となった自動車メーカーは，開発資源が不足するようになり，部品メーカーに詳細設計・試作・製造を任せる（承認図），部品の加工とサブ組立を任せる（サブアセンブリー納入），製造と品質管理を任せる（無検査納入）といったことをおこなうようになった。アセンブラーがサプライヤーにカスタム部品を発注する際には，アセンブラーが詳細設計をおこない，工作方法まで指定して，設計図を貸与して製造をおこなわせる方式（貸与図）がとられてきたが，この方式はアセンブラーの開発負荷が大きい。そこでアセンブラーが基本設計をおえると，サプライヤーが詳細設計を行い，試作・実験などもおこない，アセンブラーがその詳細設計図面を承認するという方式がとられるようになった（承認図，図面はサプライヤーが所有）（表4-3）。サプライヤーが設計することにより，より製作しやすい部品となり，低コストとなって，サプライヤーの付加価値も上昇するが，顧客のクレームに対応する責任を負うことになる（品質保証責任）。サプライヤーの製造以外の設計・試験・検査の能力が高くないと採用できない方式であるとともに，製品不良の原因を明確に帰着させることができるようなまとまりがないと品質保証の責任をめぐる争いとなるため，独立性の高い部品にしか適用できない。品質管理まで含めたアセンブラーの指導も必要となるが，トヨタ自動車工業は，下請の指導と系列の形成に積極的であった。しかも直接トヨタ自動車工業に納入できるサプライヤーを選別し，1次下請に2次以下の下請の指導をゆだねた[27]。またサプライヤーの技術者が，アセンブラーに派遣されて，共同で開発するゲスト・エンジニア（レジデント・エンジニア）の制度も普及していった[28]。

　発注企業は下請を景気変動のバッファーとして利用することもありうるが，そうするためには，不況時に外注を内製に切り替えることが可能でなくてはならない。しかし設計までサプライヤーに依存するようになれば，そうしたことは実際には不可能となる。さらにサプライヤーのコストの変動に比べて，その利益の変動は小さく，アセンブラーがサプライヤーのリスクの一部を吸収していたことが

表 4-3 部品およびサプライヤーの分類

カテゴリー	買手の提示する仕様に応じ作られる部品（カスタム部品）						市販品タイプの部品
	貸与図の部品			承認図の部品			
	I	II	III	IV	V	VI	VII
分類基準	買手企業が工程についても詳細に指示する	供給側が貸与図を基礎に工程を決める	買手企業は概略図面を渡し，その完成を供給側に委託する	買手企業は工程について相当な知識をもつ	IVとVIの中間領域	買手企業は工程について限られた知識しかもたない	買手企業は売手の提供するカタログの中から選んで購入する
例	サブアセンブリー	小物プレス部品	内装用プラスチック部品	座席	ブレーキ，ベアリング，タイヤ	ラジオ，燃料噴射制御装置，バッテリー	

出典）浅沼（1997，215頁）。

明らかにされている（ただしその一方でアセンブラーは，作業合理化による原価低

---

27) トヨタ自動車工業では，1939年に下請会社の組織である「協力会」が結成されたが，1943年に発展的に解消されて協豊会が結成された。1946年から1948年に東京と関西に協豊会が結成され，従来の協豊会は東海協豊会となった。トヨタ自動車工業は1952年から1953年にかけて中小企業庁の「系列診断」を受診し，その後，サプライヤーへの技術指導をおこなって，長期的な関係を構築していった。そして高度成長期には，納入業者の数を増加させずに納入量を増加させていった。サプライヤーの能力を向上させるとともに，規模の経済性を発揮させるためであった。サプライヤーは重層的な関係を形成していった（和田，1991）。トヨタ自動車工業は量産効果の大きいものについては，サプライヤーが他の自動車メーカーと取引を開始することを容認していた（植田，2001）。日産自動車では，サプライヤーの組織である日産協力会が1949年に設置されたが，解散し，日産宝会が1958年に結成された。また大企業からなる昌宝会も1966年に結成されている（Cusumano, 1985, pp. 258-259）。このように述べるとトヨタと日産のサプライヤーへの依存度が高いように考えがちであるが，トヨタ・日産の方が，ホンダ・三菱・マツダに比べて，内製率が高く，また外注でも系列内の部品メーカーからの調達の比率が高い（武石，2003，111，193頁）。

28) 貸与図の場合であっても，量産に先行する段階で部品設計に関する提案を通じて，製造原価の低減を達成するVE（value engineering）提案，量産中に当該部品の工程改善を通じて原価を低減するVA（value analysis）提案がおこなわれる。こうした提案は1970年代に始まったとされる。低減された原価の成果は，サプライヤーにも一定期間の単価の据置という形で分与され，それがサプライヤーのインセンティブとなっているが，とくにVEについては明確なシェアリングのルールはないといわれている。

減をサプライヤーに求め，半年に1回程度の価格改定の際に，単価を低減させていく（浅沼，1997，第8章）。またあるモデル専用の金型は，アセンブラーがその費用を一時払いで支払うケースと，部品単価に償却費を含めて徐々に支払うケースがあるが，後者のケースでも実際生産量が期待生産量に不足して償却不足となる場合は，残額をアセンブラーが補償し，逆に実際生産量が多かった場合は償却の終わった段階で単価を引き下げる慣行があり，専用設備はアセンブラーの負担となっている。他に転用できない専用機械も同様である（浅沼，1997，第5，7章）[29]。この慣行もアセンブラーがリスクを負担しており，アセンブラーとサプライヤーの関係は，一方的に前者が後者から利益を得ている，という関係ではなく，そうであるから関係が安定しているのである[30]。強固な下請関係を基礎に，トヨタ自動車工業はサプライヤーにもかんばん方式を導入し，競争力を強化していったのであるが，この点については，自動車工業のところで触れる。

なお電気機械工業においても，多数モデルの必要性など自動車とほぼ同じ状況に直面しており，よく似たサプライヤー・システムが形成されているが，自動車と比較すると技術の進歩が早く，モデルチェンジも頻繁であることから，サプライヤーの流動性が大きく，技術的に陳腐化した製品については，自動車ほど資本集約的な設備を必要としないため，完成品を外注することも多いという特徴がある（西口，2000，第4章）。

5 輸出から現地生産へ

日中戦争が進展して日本の占領地域が拡大すると，中国への投資も増加した。1937年に日産コンツェルンは満洲に移駐し，総合的持株会社である満洲重工業開発株式会社となり，南満洲鉄道の付属事業を譲り受けていった。南満洲鉄道は華北への経済進出の機関として興中公司を設立していたが，日中戦争の進展にと

---

29) アメリカでも金型をアセンブラーが所有し，サプライヤーに貸与する形式をとる。サプライヤー所有だと，金型が特殊な専用資産であるために先に述べたホールドアップの問題が発生しかねないが，アセンブラー所有にして未然に防止されている（Coase, 2006）。日本では機会主義的行動は別の制度で抑止されているのであろうが，金型がサプライヤーの負担であるという点では一致している。
30) リスクシェアリングの機能は，アセンブラーと1次サプライヤーとの間に確かめられたものであり，2次以下との関係は，実証されていない点には留意が必要である。

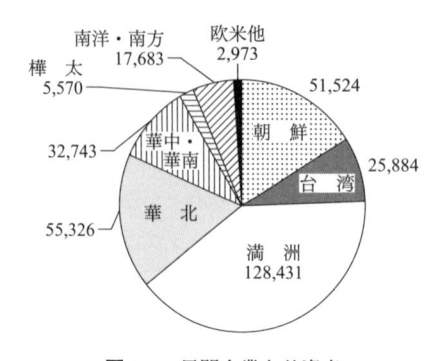

288──第4章 日本的経営の形成と展開

図4-2 民間企業在外資産

- 欧米他 2,973
- 南洋・南方 17,683
- 樺太 5,570
- 華中・華南 32,743
- 華北 55,326
- 満洲 128,431
- 台湾 25,884
- 朝鮮 51,524

出典）大蔵省財政史室編（1984, 563頁）
注）1948年12月10日現在の推計額。単位は100万円。民間企業の在外資産の推計額。政府所有資産，陸海軍，個人資産を含まない。

もない華北への経済進出を加速した。1938年には特殊会社である北支那開発株式会社，中支那振興株式会社なども設立された（興中公司は北支那開発の子会社となり，のち解散）。さらに南方地域の支配がおこなわれると南方への投資も増加していった。しかし第2次世界大戦の敗戦により，日本は対外資産をすべて喪失した（原, 1976）。1948年現在の民間企業の対外資産額では，満洲への投資額が突出しており，華北と朝鮮がこれに次いだが，欧米への投資は多いものではなかった（図4-2）。

敗戦により対外資産を喪失するとともに，海外にいた日本人の多くが内地に帰還したため，海外に居住する日本人の数は激減した（表4-4および前掲表2-2を参照）。高度成長期に海外に居住する日本人の数は増加していくが，所得の上昇とともに農業ではなく商工業を求めて移住するようになる。移民の停止で減少した南アメリカを除いて海外居住者数はいずれの地域でも増加したが，北アメリカ，アジア，ヨーロッパの順になり，1980年では中国がまだそれほど多くないこと，戦前と比べてヨーロッパの比率が高くなっていることが注目される。

戦後の企業の国際的活動は，輸出から始まった。鉄鋼・合成繊維などの標準化された製品は商社を通じて輸出されたが，カメラ・電気製品などのブランドがある差別化商品は，メーカーのマーケティング志向が強く，（市場開拓の時期を過ぎれば）商社を介さずに輸出され，修理などの技術的サービスをおこなう必要があったこともあり，これらの製品を生産する企業は販売が増加すると1960年代以降，販売会社をアメリカやヨーロッパなどに設立していった。販売子会社は欧米の受入国の規制が少なく日本の出資比率が高かった。

一方1960年代に入ると，発展途上国において輸入代替が志向されるようになり，輸出市場の喪失に直面した企業が，海外に生産子会社を設立するようになったが，アジアに繊維や電気機械の生産子会社が設立されることが多かった。これらの製造子会社は，現地で製造した製品を現地で販売することが想定されており，

小規模であった。繊維・鉄鋼などではメーカーに海外経験が乏しいこと，繊維でいえば製織と染色加工，鉄鋼でいえばメッキなどの2次加工が中心で，標準化された技術を用いるために，重要なノウハウが社外に流出する恐れもないこと，また現地政府の意向があることから，現地パートナー・日本の商社・日本のメーカーが共同出資することが多かった。商社は設備の輸出や素材（原糸や鉄鋼）の輸出を手がけることができ，メーカーも素材の輸出市場を確保できた。電気機械の製造子会社でも現地市場を対象にしており，ラジオ・テレビ・扇風機など多数の製造品目の組立に従事したが，日本の商社の参加はみられず，現地の販売代理店との合弁であることが一般的であり，日本メーカーの出資比率が高かった（表4-5，表4-6）。

表4-4 在外日本人数（戦後）
（単位：人）

	1960	1980
アジア	4,369	52,400
大洋州	673	6,187
北アメリカ	42,077	133,460
中央アメリカ	5,581	5,907
南アメリカ	184,757	178,336
西ヨーロッパ	2,844	48,218
東ヨーロッパ	101	2,414
中近東	451	10,289
アフリカ	249	8,161
合計	241,102	445,372

出典）『昭和35年在外邦人数等調査報告』および『海外在留邦人数調査統計 昭和56年』により作成。

注）1960年の北アメリカのうちホノルル 20,709，南アメリカのうちブラジル 156,848。1980年の北アメリカのうちホノルル 13,090，南アメリカのうちブラジル 141,580，アジアのうち中国（香港は含まず）6,199。

　1970年代に入ると途上国の政策が輸入代替から輸出志向へと変化したこと，メーカー側に海外経験が蓄積されたことなどにより，製造子会社の性格が変化していった。合成繊維では原糸を製造する工場が，電気製品では特定国の市場に販売するために多数の品目を製造するものからグローバルな分業を想定して少数の品目（たとえば冷蔵庫用のコンプレッサー）に集中する工場が建設され，いずれも規模の経済が働くことから，大規模化していった。またカラーテレビがアメリカで貿易摩擦を引き起こしたことから，テレビの製造工場がアメリカに多数建設され始めた。欧米には販売子会社，という性格が変化し始めたのである。自動車産業がやはり貿易摩擦に対応するためアメリカに工場を建設するのは，テレビよりやや遅れて1980年代であった。海外現地生産については，本章末で詳しく述べることとする（ヨシノ，1977；吉原，1979a，1995；吉原ほか，1988）。

　戦前期の多国籍企業では，海外の資源開発をおこなう企業が多数存在していた。敗戦により海外資産を喪失したことと海外の巨大企業が資源開発をおこなったことから，日本には世界的な資源企業が存在していないが，山下太郎は1955年に

表 4-5 多国籍企業の海外子会社の設立時期別・地域別分類

		生産子会社	販売子会社
設立時期別	1950-1954	—	2
	1955-1959	13	9
	1960-1964	36	12
	1965-1969	104	33
	1970-1973	157	49
地域別	アジア	166	22
	ヨーロッパ	12	29
	北米	23	34
	中南米	64	18
	その他	45	2
	合計	310	105

出典）吉原（1979b, 8-9頁）。
注）鉱工業上位500社で、5ヶ国以上に海外生産子会社をもち（1973年以前に新設または資本参加）、1975年に操業中の多国籍企業37社の子会社の分析である。

サウジアラビアに赴き，1957年同政府と石油利権協定を締結，1958年に設立されたアラビア石油にその権利を引き継いだ（同年，クウェートとも利権協定締結）。1960年にはカフジ油田を発見し，翌年から石油生産を開始した。その後も次々と油田を開発していったが，アラビア石油は単独で石油開発に成功した数少ない例のひとつである。1960年代以降，日本企業が資源開発に一部参加し，長期間の購入契約をおこなう形式が用いられるようになった。オーストラリアやブラジルでの鉄鉱石開発では大手製鉄会社が契約当事者となり，大型の専用船が導入され，鉄鋼業の発展に貢献した（小島，1981，第11章）。商社も資源開発に積極的に参加するようになったが，シェル（Shell）・三菱商事・ブルネイ政府の合弁により1972年から生産が開始されたブルネイのLNG開発は有名である。

　日本の海外直接投資残高は，1971年に18億5,100万ドルであったものが，1981年には245億500万ドルへと急増し，1987年には770億2,200万ドルとなった。同年アメリカの海外直接投資残高が3,143億700万ドルと日本の4.1倍，イギリスのそれが1,415億5,800万ドルと日本の1.8倍と日本よりはるかに多かったが，西ドイツのそれが872億3,500万ドルと日本の1.1倍であり，ほとんど変わらなかった（洞口，1992，76頁）。日本の対外投資残高は円高の進展もあって1970年代以降急速に増加し，アメリカ，イギリス，西ドイツとの差を縮めていたのである。

　資本自由化の進展とともに日本への投資も増加していったが，1980年においても対内投資は対外投資の6分の1に過ぎず，対外投資の増加により1989年には10分の1以下となった。対内投資の対外投資に対する比率はアメリカやヨーロッパと比較すると極端に小さい。1991年の通産省のアンケート調査によれば，経営参加を目的とする外資比率50％以上の会社を外資系企業とすると，出資外

表 4-6 多国籍企業の海外子会社の持株比率別分類

		生産子会社			販売子会社		
		10-50%	51-94%	95-100%	10-50%	51-94%	95-100%
業種別	農林水産業	22	8	3	2	1	6
	繊維	69	15	4	3	1	5
	化学	21	8	6	5	―	8
	鉄鋼	10	1	―	―	―	―
	電気機器	38	16	30	7	3	41
	輸送用機器	9	6	3	2	―	5
	その他	24	13	4	4	3	9
地域別	アジア	111	37	18	14	2	6
	ヨーロッパ	3	5	4	4	2	23
	北米	15	1	7	2	2	30
	中南米	30	18	16	1	2	15
	その他	34	6	5	2	―	―
	合計	193	67	50	23	8	74

出典）吉原（1979b, 12-15 頁）。
注）原表を一部修正。鉱工業上位 500 社で，5ヶ国以上に海外生産子会社をもち（1973 年以前に新設または資本参加），1975 年に操業中の多国籍企業 37 社の子会社の分析である。

国企業の母国は，アメリカが 43％，ヨーロッパが 42％であり，欧米企業がほとんどであった。また業種別では，製造業が 46％，商業が 41％であり，製造業のなかでは化学・医薬品と機械の比率が高かった（社数ベース）。日本の全法人に占める外資系企業の比率は微々たるものであるが（全業種の総資産ベースで 1％，製造業で 2％），そのなかで石油製品製造業では外資系企業が総資産の 24％を占めており，石油メジャーの地位が高かった。神戸大学のグループによる 1991 年のアンケート調査によれば，50％以上の出資比率を外資系企業とすると，外国の出資比率が高くなるほど外国人が最高経営責任者となる傾向があるものの，日本人を最高経営責任者とする企業が 59％に及んでおり，経営の現地化が進んでいた（吉原編，1994, 第 1, 3 章）。

6 「流通革命」とメーカーの対応

　日中戦争の勃発とともに物資の流通の統制が強化され，切符制が導入されていったが，流通業とくに小売業は，新規の雇用が規制され，転廃業が強制されるな

ど，労働動員の面からの規制も厳格で，小売業者の数は減少していった。統制の進展とともに「闇市場」が形成されるのは必然であるが，敗戦後のヤミ市の存在はとくに有名である。物資の供給が増加し，1950年までに多くの価格統制・配給統制が撤廃されると，ヤミ市は小売市場へと進化していく。このなかで都市の小売商業の就業者が増加し，中小小売業者の数も再び増加していった（大門・柳沢，1996；石原，2004）。道路が整備され，また自動車が普及すると，鉄道輸送に代わってトラック輸送が物流の中心となっていった。

　日本の小売店舗は高度成長期を経て1980年代においても，国際的にみて小規模で，高密度に存在している。このことは日本の小売業の非効率性を示すものとされることもあるが，日本の消費者が生鮮食料品を選好し，かつ住居が狭いことから家庭内で在庫をもつコストが高いために，多頻度・小口の購入が合理的である上に，1980年頃まではモータリゼーションに限界があり，道路事情が悪かったことから，買物の移動コストが高く，住居の近くでの購入に依存しなければならないという条件に適合したものと考えられている。さらに卸業者がきめ細かいサービスを提供したため，小規模な小売が多頻度の発注をおこなうことができたことも大きい。また卸売業は，国際的にみて規模がそれほど小さいわけではないものの，密度は高い。卸売店舗の密度と小売店舗の密度の比率は日米で大きな差がなく，卸売の高い密度は高い小売密度に対応しているといえる。また日本の流通は多段階であるが，流通業者の取引管理能力に限界があり，取引相手の数に限界があるとすれば，中間卸のような存在も合理的たりうる。このように多段階・高密度な流通が非効率とは言い切れないのであるが，モータリゼーションの進展による商圏の広域化，情報技術の革新などによる管理能力の向上といった条件が変化すれば，卸・小売の存在形態は変化することになる。

　こうした基本的特徴をもちながらも高度成長期には，小規模業者の多い小売業のなかに，戦前以来の大流通業者であったデパートに加えて，スーパーや専門店のチェーンストア（ドラッグストア，婦人服・紳士服のファッション，ホームセンターなど）が発達した。これらはチェーンオペレーションやセルフサービスによるコスト削減を実現し，低価格販売をおこなって，シェアを伸ばしていった。ところで1937年に百貨店法が制定されて，デパートの活動が規制されていたが，敗戦後も店舗が連合軍に接収されるなど，活動が制約される一方，1947年には統制的な百貨店法が廃止された。しかし1956年にはデパートの強い競争力が再

び問題となり，第2次百貨店法が制定された。第2次百貨店法は，物品販売業で同一の店舗で床面積の合計が1,500平方メートル（政令指定都市では3,000平方メートル）を超えるものを百貨店業とし，その店舗の新設・増床や営業時間・休業日などに規制を加えるものである。第1次百貨店法とほぼ同じ内容であり，デパートとスーパーを区別することはない。ところが第1次が建物主義を採り，複数の業者が連携して営業し，床面積が基準を超えれば，百貨店法の規制対象となったのに対し（鈴木安昭，1980，333頁），第2次は同一業者でなければ規制の対象とはならない企業主義を採った。その結果基準面積を超える店舗で営業していたデパートは，それを下回る面積の店舗の新設であっても規制の対象となるのに対し，それをもたないスーパーは基準面積を超える建物であっても，フロアごとに別会社とし，包装紙や店員の制服を替えることで，総合スーパーとして大規模な営業をしつつも，百貨店法の規制を回避したのであった（「疑似百貨店」）（図4-3）[31]。この結果，中小小売業者の保護に抜け穴が生じたし，デパートからも規制方法が問題視されたので，1973年に建物主義を採る大規模小売店舗法が制定され，同じ基準の大規模な店舗の開設や営業時間等が規制されることとなった。この結果，経済条件の変化によりそれまで上昇傾向にあった流通業の集中度が低下していった（図4-4）。大規模小売店舗法は1978年の改正により，規制がさらに強化され，その後も運用

図 4-3　疑似百貨店

出典）ダイエー社史編纂室編（1992，209頁）。
注）写真はダイエー大和田店（1969年7月オープン）。屋上の広告塔にダイエーのほか，ブルーマウンテンの店名が見える。「ダイエーではこの百貨店法をクリアするため，ひとつの店舗でも売り場面積によって，各階ごとに別会社にし，社名，包装紙，制服などを変えていた。衣料のオリジナルブランドを社名にした『ブルーマウンテン』のほか，『名店デパート』『ディーマート』『レッドウッズ』『イエローストーン』などは，すべてそのための別会社である」（同書139頁）。

---

[31] この抜け穴（loophole）は，駅ビルが百貨店法の対象となっていなかったことを参考に，通産省商政課長の岸田文武が，ダイエーに指南したものであるという。流通外資の参入が予想され，日本の流通を近代化しておきたいという意図が通産省にあったという（中内・御厨，2009，269，323頁）。

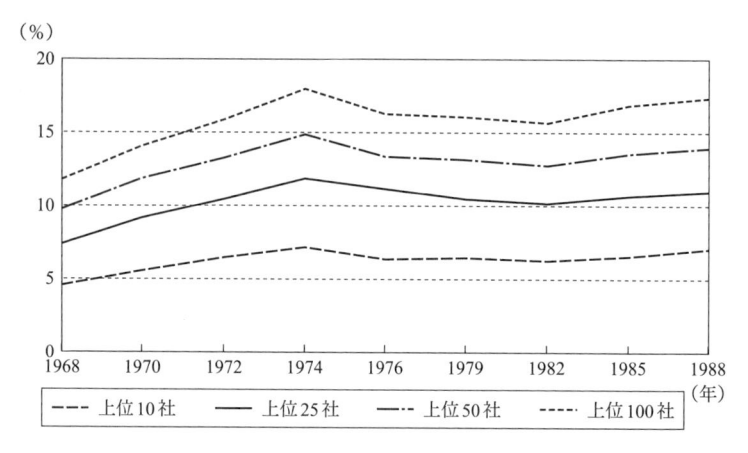

図 4-4 小売業の集中度

出典）丸山（1992, 23 頁）。

が強化された。こうしたなか，1974年に小規模ながら身の回りの品がおかれ，営業時間の長いコンビニエンスストアのセブンイレブン1号店が開店し，その後各社が参入して，コンビニは急速に成長していった。流通は日米構造協議で問題とされ，1990年代から規制緩和がおこなわれていくことになり，大きな変化を蒙ることになるが，その背後には，1960年代後半からモータリゼーションが進展し，大都市のターミナルや郊外鉄道の駅前立地から郊外の大規模店舗へと商業立地が変化していく傾向が存在していた。

　デパートは，ファッション製品などの分野において，戦前期の買取制度を改め，委託制度を採用していった（表4-7）。委託制度は買取制度に比べて，納入業者（ファッションでは製造卸問屋が多い）がより大きなリスクを負うものであり，当然ながらデパートの流通取り分（マージン）は小さくなる。ファッション製品のように，流行を読むのが困難であるなどの理由で（既製洋服は戦後の新しい商品であり，デパートも商品や市場に関する知識が納入業者（製造卸）より豊富というわけではなかった），需要動向の不確実性が高くて，買取りのリスクが大きく，かつ季節物で需要動向が判明してから追加生産したのでは間に合わない商品の場合は，追加発注もできないので，発注が過少になりがちである。このような場合は，納入業者としても商品を陳列してもらうためには委託の方が合理的となる[32]。ただしデパートとしては，委託品は売れば売るだけ手数料がとれるので，販売に

表 4-7　百貨店の仕入形態

仕入形態	概　要	百貨店のリスク負担	該当商品
買取仕入	売買（仕入）の完結により，商品の所有権が納入業者から移転する	商品リスクと商品保管リスクの双方を負担	一般商品
委託仕入	納入業者から商品の販売の委託を受け，販売されたものについて一定の手数料を受け取る	商品リスクを回避できるが，商品保管リスクは負担	流行品，新製品，高額品，美術工芸品，貴金属
売上仕入	納入業者に一定の売場を場貸しし，商品の仕入・販売には直接関与せず，売上げた商品だけ百貨店が仕入れたことにし，売上利益の何パーセントかを取得する	商品リスクも商品保管リスクも負担しない	生鮮食料品，名店街商品

出典）江尻（2003, 28, 31 頁）。
注）委託仕入・売上仕入で売れ残ったものは，納入業者に「返品」されるが，買取仕入でも一定の条件で「返品」が認められるものがある。

努力する誘因があるが，よりマージンの大きい買取品も同時に販売したり，他メーカーの委託品も扱い，マージンが異なったりするような場合には，当該商品の販売に最大限の努力をするとは限らないから，納入業者が販売員を派遣することが必要となることもある。納入業者に支払う派遣の対価とデパートのセールス要員の賃金に格差があれば，こうした派遣販売員はさらに用いられやすくなるし，納入業者としても販売や市場の動向を直接入手できるメリットは大きい。納入業者からみれば，多数のデパートと取引し，デパートごとに（あるいは同じデパートでも店舗ごとに）売れ筋の商品が異なる場合は，デパート（店舗）間で商品を移動させるなどの行為によって，リスクをプールすることで，リスク負担力を高めることも可能となる。このように委託取引やそれにともなう返品は，流通の垂直的外部性に対する対処の一形態であり，デパートに一方的に有利な制度とはいえない（丸山，1992；鶴田・矢作，1991；成生，1994，第 6 章；高岡，1997；藤岡，2004）[33]。

高度成長期には，消費が急速に伸びたが，自動車・家電製品・パッケージされ

---

32) もちろんファッションでも商品知識のあるバイヤーを育成して，リスクをとって買取をおこなう小売もある。その場合は，小売のマージンが大きくなる。
33) 買取であっても返品を要求するなどの行為が問題となったこともしばしばであり，公正取引委員会も調査をおこなったり，ガイドラインを示したりしている（江尻，2003，18 頁）。

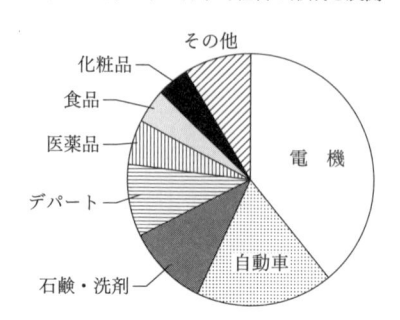

図4-5 広告宣伝費の多い業種
出典）熊谷（1973, 35頁）。
注）1970年度の広告宣伝費の上位25社を業種別に分類したもの。

た食品（インスタントラーメンやインスタントコーヒーなど）や雑貨（合成洗剤など）等の差別化商品のバラエティーも急速に拡大した。これらの商品の販売の拡大には，マーケティングが不可欠であり，アメリカからマーケティングの手法が導入された。1956年には日本生産性本部の海外視察団の一環として，マーケティング視察団がアメリカに派遣され，アメリカ・マーケティング協会，GE, GMなどの視察をおこない，その模様を報告しているが，その後第4次まで使節団が派遣された。さらに外国からの専門家の招聘や書物を通じてマーケティングが導入されている。そのなかで広告の重要性も認識されたが，これまでの新聞・雑誌に加えて，ラジオ・テレビの民間放送が始まるなど広告のメディアも豊富になり，広告による販売促進も飛躍的に活発となった。1970年の広告宣伝費は，電機（家電），自動車，石鹸，洗剤，医薬品，食品，化粧品などの産業に属する企業が上位を占めており，戦間期の新聞広告の上位を占めていた医薬品・化粧品・図書と比べると，耐久消費財が上位を占めていることが特徴といえる（図4-5）（吉野, 1976；佐々木, 1998, 290頁；小川, 2010）。

　差別化された商品やサービスの提供が必要な商品の流通には，すでに述べた通り再販売価格維持や専売店・テリトリー制が有効である。また専売店制をとると，販売業者は多数のメーカーの製品をプールして，リスク負担をすることができないので，メーカーはリベートを供与したり返品を認めるなどしてリスクを負担する必要が出てくる[34]。1953年に独占禁止法が改正され，著作物などの法定再販品に加えて，再販売価格維持禁止の適用除外を受けることが可能となり，化粧品・歯磨き・石鹸などが指定され，再販売価格維持が可能となったが，専売小売もしくは専売卸売などの流通チャネルを整備しない場合は価格維持が有効ではなく，すべての指定業種で再販売価格維持がいきわたったわけではなかった（小島，

34）リベートは価格維持を前提とした上での，小売店の努力に対する支払であり，価格の監視もしやすくなる（伊藤・松島・柳川, 1991）。

2004）[35]。こうした最寄品のほかに，自動車や家電製品などの差別化された買回り品で，かつ修理などのサービスを提供することが必要で，小売業者による推奨が有効な商品では，選択的なチャネル政策が有効であり，メーカー別の流通チャネル（系列店）が形成された。

メーカー別のディーラー制度がもっとも強固に形成されている自動車についてみてみよう。自動車には修理などのサービスが不可欠で，かつ販売店での推奨が大きな意味をもってくるので，日本でもアメリカでもディーラー制度はフランチャイズ（専売店であり，テリトリーが定められる）を基本としており[36]，その点ではあまり変わりがないが，日本の方が商品知識・技術情報・ユーザー情報などの伝達や人的交流の点で，メーカーとディーラーの関係がより密接である。これはアメリカのディーラーが展示車を販売するスタイルをとるのに対し，日本では地価が高いため十分なスペースをとれず，カタログを用いて訪問販売するスタイルをとることになり，セールス要員が顧客についての知識を蓄積することが求められるのみならず，より豊富な商品知識を蓄積することが求められるが，それには研修にあたりメーカーが技術情報を提供するなどの援助が求められるからである。

---

[35] 石鹸・洗剤の流通に関しては，孫（1993）および佐々木（2007）が詳しい。花王は複数社製品を扱う問屋と取引していたが，問屋に花王の販売部門を独立させ，花王製品を専売する代理店を整備していく一方，その2次卸については，取引できる代理店をひとつに絞る1店1帳合制度を整備したうえで，代理店を合併させて販売会社としていった。1969年には，小売店が20万から30万店に対し，販売会社が129，それと取引する2次卸（代行店）が1,300となった（孫，1993，44頁）。小売店の数が多く，メーカーだけで小売店の行動を監視することが不可能であることは納得できるであろう。現金割引や数量割引（リベート）が用いられており，スーパーなど大口販売者にも適用された。1964年に花王の再販売価格維持制度は，専売問屋が前提となり，その円滑な実施のため1店1帳合制が整備されていき，販売会社も整備されていった。花王に次ぐメーカーであるライオン油脂は，既存問屋を基盤として，既存問屋にライオン製品の流通の合理化にあたらせる途をとった。

[36] アメリカでは専売制・テリトリー制がとられていたが，専売条項は1940年頃に反トラストの観点から中止された。日本では1980年頃に公正取引委員会の指導によりディーラーとメーカーとの取引契約書から専売とテリトリーを明示する文言はなくなり，「主たる販売銘柄」「主たる責任地域」という表現に改められたが，ディーラー経営における重要事項をメーカーと協議するという経営重要事項事前協議制は残され，販売車種と地域をディーラーが自由に決められたわけではなかった。この事前協議制は，アメリカの批判を受けて1991年から1992年にかけて撤廃されていった（塩地／キーリー，1994，67，95頁）。

こうした援助はメーカーからみればディーラーとの関係的資産への投資であり，長期的な関係の中から回収されるしかなく，長期的な関係を結ぶ必要がある。また日本の車検制度は厳格で，それに対応するよう整備工場が充実しているが，ディーラーと顧客は長い付き合いを結ぶことになり，そこから得られる顧客の製品評価情報は，メーカーにフィードバックされるようにもなっている。さらにカタログ販売であるがゆえに，豊富な品揃えを提示することが可能であるが，そのためには（修理に応じるためにも）ディーラーの規模が必要で，テリトリーが府県ごとなどかなり広範となるとともに[37]，顧客を長い間待たせるわけにはいかないので，顧客の求める車体色やオプションを備えた自動車の迅速なデリバリーが必要となり，フレキシブルな生産方式が求められるようになった。自動車の生産計画は，ディーラーからの確定情報を入れて，短い期間で変更できるように進化している。ただしこうした状況は，高度成長期の自動車市場が好調で，需要変動の波が小さく，需要の予測がディーラーとメーカーで一致しやすかったため，生産・販売計画の変更の合意が容易であったという条件に支えられていた面を見逃すわけにはいかない。こうした手段により日本の自動車メーカーはアメリカより高いブランドロイヤリティーを獲得し，そのことがまたメーカーとディーラーとの関係的資産への投資を促した。こうした投資にもとづく成果をディーラーによって他社の製品の販売に利用されることは不都合なので，日本ではアメリカよりディーラーがメーカーごとに閉じているのである（成生・鳥居，1996；塩地／キーリー，1994；塩地，2002，第1章）[38]。

　家電製品でも流通の系列化がおこなわれたが，専売となったのは卸の段階まで

---

37) 戦間期にGMとフォードは各府県に1店ないし2店のディーラー（専売制・テリトリー制）を配置していったが，自動車製造事業法により許可会社が成立するとトヨタはGM・フォードのディーラーを自己のディーラーとしていった。戦時中には各県内の自動車販売業者は，各県の自動車配給会社に統合された。戦後，各県の自動車配給会社は，トヨタ系・日産系のディーラーとなるか解散した。各県をテリトリーとする自動車販売会社は，こうして形成された（塩地／キーリー，1994，第1章）。

38) 日本のセールス要員は，サービスなどを含む顧客との広い関係を維持する必要がアメリカより強いため，自動車の販売のみに連動する給与とはなっていない。越後屋の給与でもみられた特色である。これは販売のみに連動する給与が，サービスなどへの注意を減少させる効果をもち，ディーラーにとって好ましくないためである（Roberts, 2004, p. 146）。日本のセールス要員の平均勤続年数は8年とアメリカの1年弱と比較して長くなっているが，顧客との関係維持に適合的である。

であった（徐々に1地域1販売会社のテリトリー制が明確化されていった）。白黒テレビは真空管を使用していたので，修理が欠かせず，そうしたサービスを提供する必要があった。小売の段階でも戦前に連盟店の制度を整えていた松下をはじめ，東芝・日立・三洋・三菱・シャープといった主要家電メーカーは系列の小売店を組織したが（ナショナルショップなど），専売ではなく，複数社の製品を販売していた。メーカーは専売率の高い小売店にはリベートなどを用いて育成を図った。またこうした流通のしくみは，系列店が取り扱える品目の広がりを必要とするようになり，総合家電メーカー化を促した。家電製品は高額の買回り品という自動車に共通する特性をもつ商品と中・低額品で非買回り品という特性をもつ商品が存在しており，自動車のような閉鎖的な系列とはならなかったと考えられるが，こうした系列店を中心とする流通は，カラーテレビのトランジスタ・IC化が進展して故障が激減し，初期の調整も不要となり，さらにいったん故障したときの修理には複雑な設備を必要とするようになって小売レベルでは対応が困難となったことなどから，1970年頃から家電量販店のシェアが上昇していった（新飯田・三島，1991；矢作，1991；孫，1994；並河，2000）。

7　高度経済成長

　日本経済はドッジ・ラインによりデフレに落ち込んだが，1950年に発生した朝鮮戦争にともなう連合軍の需要（特需）により，立ち直っていった。同時に統制措置も徐々に解除されていった。1955年からは民間設備投資にもとづく高度経済成長が実現し，1973年のオイルショックまで継続した。経済成長により，第1次産業就業者の比率が低下し，第2次・第3次産業就業者の比率が増加していった（表4-8）。製造業の中では，軽工業の割合が低下し，重化学工業，さらに機械工業の割合が上昇している。またこうした変化にともない都市に居住する人口の割合も，1945年28％，1955年56％，1965年68％，1975年76％と上昇していった（安場・猪木，1989，35頁）。農村から都市へと若年者が大量に移動したのである。

　日本のGDPは1955年に1,565億ドルであり，イタリアの1,614億ドルとほぼ同じであったが，ドイツの2,140億ドル，フランスの2,184億ドルよりかなり少なく，イギリスの3,449億ドルの半分以下，アメリカの1兆4,576ドルの10分

表 4-8 産業別就業者数の比率
(単位：％)

年	第1次産業	第2次産業	第3次産業
1955	38	24	38
1960	30	28	42
1965	24	32	45
1970	17	35	47
1975	13	35	52
1980	10	35	55
1985	9	34	57
1990	7	34	59
1995	6	33	61
2000	5	31	64

出典）総務省統計局ホームページ，日本の長期統計系列，第19章 労働・賃金，19-8-a「産業，従業上の地位，男女別就業者数」より作成（〈http://www.stat.go.jp/data/chouki/19.htm〉閲覧2010年5月13日）。

の1に過ぎなかった。しかし高度成長により日本の経済規模は，これらの諸国に追いついていった。日本のGDPがアメリカを除くこれら諸国のGDPを超えたのは，イタリアが1951年，フランスが1959年，イギリスが1964年，ドイツが1966年であった。日本は経済大国となったのである。しかし1人当たりGDPの格差は，追いつくのがより困難であった。1950年の1人当たりGDPは，日本2,072ドル，イタリア3,658ドル，ドイツ4,651ドル，フランス5,500ドル，イギリス7,022ドル，アメリカ10,338ドルであり，イタリアともなお格差が大きかった。日本の1人当たりGDPがアメリカを除く諸国のそれを超えるのは，イタリアでも高度成長が終焉を迎える1971年であり，イギリスが1980年，フランスが1988年，ドイツが1992年と，かなり遅かったのである（マディソン，2000）[39]。所得が上昇するとともに，労働力不足から賃金，とくに中小企業の賃金が上昇したため，1960年代を通じて所得分配が平等化し，家電や自動車などの耐久消費財が消費される大衆消費社会の形成が促進された（安場，1989，288頁）。

　企業活動が盛んになるにつれて，環境汚染も深刻化していった。戦前期にも鉱山や工場の排水・煤煙・廃棄物などが大きな問題となり，賠償金が支払われる例も少なくなかったが，高度成長とともに問題は深刻化し，水俣病・新潟水俣病・四日市ぜんそく・イタイイタイ病などの公害病が多数の被害者を出すに至った。公害対策基本法が1967年に制定され，1970年には公害対策関連法案が14本成立するなど，ようやく成長一本槍から環境保護を含むものへと政策が変化し始め，1971年には環境庁が発足した（2001年環境省となる）。日本の自動車企業がいち早く排気ガス対策に成功し，そのイメージが高まるなど，環境対策は次第に重要

---

[39] 長期のインフレの影響を除くための1990年ゲアリー＝ケイミスドルである。なおドイツについては，1990年のドイツの領土にあわせて推計されている。

な企業活動となっていった。

2.──自主設計と大量生産の確立

1 伝統産業の成熟への対応──醸造・織物・陶磁器

　戦時体制期に民需産業である醸造・織物・陶磁器は縮小を余儀なくされたが，戦後に生産を再開し，高度成長期に拡大した。とくに清酒でも装置産業化した大規模生産がおこなわれるようになった。しかし清酒・醬油ともに1970年代には成熟段階に達し，その後は縮小が続いている。とくに清酒はビールなど他の酒との競合が大きな課題となっている。織物については，合成繊維という新たな繊維の出現で，織物産地が大きな変容を蒙るとともに，既製服の登場により，アパレル産業という新しい市場が勃興した。陶磁器も食器では成熟に達したが，戦間期に始まった衛生陶器・碍子・プラグなどは成長を続け，さらにファイン・セラミックスが急速に勃興した。

1）清酒における大規模装置産業化──醸造
　戦時経済体制に入ると，醸造米の配分が規制され，自由に清酒を製造できなくなるとともに，販売も統制された。酒造米不足から1943年に醪にアルコールの添加が認められ，1949年にはアルコールのほかに糖類などの添加も認められた（増醸法）。戦争中に生産量が減少すると，酒造業者の統廃合がおこなわれたが，戦争の終結により，廃止された業者が復活した。酒造米の増産がおこなわれたことと，高度成長期の所得上昇により清酒の需要が増加したことにより，生産は増加した（図4-6）。1949年に清酒の販売は自由となったが，価格統制は残され，完全に自由価格となったのは1964年であった。酒造米の規制もやはり残され，徐々に増配を希望する業者に加配されるようになっていったが，自由化されるの

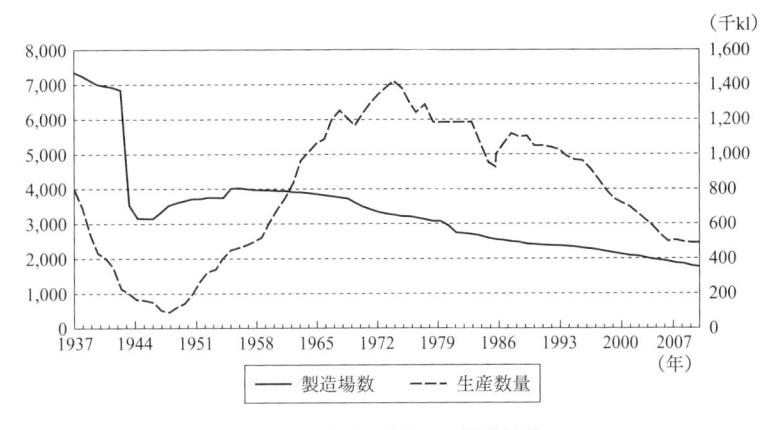

図 4-6　清酒生産数量と製造場数

出典）桜井（1981, 64, 69, 71, 77 頁）；国税庁編（1979-2006）など。

は，1969 年に自主流通米の制度が実施されたのちの 1974 年であった。

　戦後の酒造業は大きな技術革新を経験した。発酵に関する研究が進展し，麹菌や酵母の改良，水質改善，および蒸米の前工程の漬水の改善が進み，清酒の品質向上や腐造防止（腐造の原因である火落菌をよせつけない麹菌が開発された）が図られた。さらに酒の評価には化学的成分のほかに，官能検査（利き酒）が欠かせないが，官能検査の用語，手法，条件が設定され，化学的構造との相関を重視した官能評価法が確立されて，酒の善し悪しを判断する基準ができたことの意味も大きかった。また農閑期の出稼ぎである杜氏集団の供給が減少し[40]，労働力の調達に限界がみられるようになったため，酒造の科学的な解明を進めていた大手メーカーは，コンクリート製の酒造工場の空気の冷却・除湿・除菌をおこなうことで，夏季でも酒造がおこなえる四季醸造に取り組み，自動製麹装置・連続蒸米機・冷却装置付発酵タンク・自動圧搾機などを備えた大規模な四季醸造装置を 1960 年代から実用化していった。発酵の分析が進み，工学的に条件を設定できるようになったことから，少人数で大量の清酒を安定的に製造できるとともに，季節の制約がなくなって，社員酒造工が通年で作業するようになった。ここに冬

---

[40] 1969 年の杜氏集団の総数は 22,471 人であり，このうち大きい集団は，越後杜氏 4,728 人，丹波杜氏 3,416 人，但馬杜氏 2,876 人，南部杜氏 2,810 人，九州杜氏 1,748 人であった（桜井, 1981, 257 頁）。

季の出稼ぎの杜氏集団に依存した酒造は、装置産業化して大きな変容をみたのであり、醬油醸造にみられた変化が40年ほど遅れて実現したことになる（谷本、1996）。以後、杜氏の引退などにより杜氏集団の雇用は減少していく。1967年に灘五郷酒造組合と丹波杜氏組合が協議し、新しい職務体系と職名を決定したが、このとき杜氏以外の職名が廃止されていることは、象徴的である（西宮酒造株式会社社史編纂室編、1989、389頁）。タンクを冷却するなどして秋から春まで酒造するという、設備投資を節約した三季醸造もおこなわれるようになった結果（中規模メーカーでの採用が多い）、2000年には製造された清酒のうち、39％が四季醸造、23％が三季醸造によっており、冬季のみの醸造で生産されている清酒は38％にしか過ぎなくなっている[41]。

戦争中に減少していた1人当たりのアルコール消費は、高度成長期に所得の上昇とともに戦前水準をはるかに超えて増加し、1980年代前半に横ばいとなったが、清酒の消費は、ビール、ウィスキー、焼酎などとの競合により、1970年代から減少していった（宮本、1998）。これに対して清酒メーカーは、吟醸酒、純米酒などの高級酒を開発し、嗜好の変化にあわせて辛口の味に替え、また液化仕込み（蒸米を酵素により液状化させる）などの効率よく大規模に品質のそろった清酒を製造する製法を開発したほか、一升瓶に替えて小型の瓶や紙パックを投入して消費を喚起しようとしたが、減少に歯止めがかかっていない[42]。清酒の輸出はおこなわれているものの量としては多くない（一部のメーカーは海外生産をおこなっているが、規模は大きくない）。また多角化として、焼酎やワインなどを製造するメーカーもあるが、一部にとどまっている。こうして清酒製造業は成熟化に直面し、小規模なメーカーの退出が続いているが、大手メーカーの再編はおきていない。慎重な財務政策などがその要因と考えられるが、桶取引もまたその一因と考えられる。

桶取引についてはすでに前章で述べたが、非常に古くからあるビジネスである。しかし戦後には、有力ブランドをもっていたメーカーが、広告や全国への支店設

---

41) 国税庁「清酒製造業の概況」（平成12年度調査分）による。
42) 桶売りの小メーカーであった清洲桜醸造は、独自販売を志向し、紙パック入りの安価で辛口の酒を販売して生産を伸ばし、四季醸造設備を導入し、農学部出身者を雇用して、準大手メーカーにまで成長した。「昔ながらの製法」にこだわらずに、価格と品質が適当であれば、成長可能性があることを示している（加藤、2009）。

置により販売を積極化させていったにもかかわらず，原料米の入手が規制されたために増産に制約がかかった結果，販売力の不足するメーカーから原酒を購入して（桶取引），出荷するようになった。大手メーカーは，桶取引への依存度を次第に上昇させていったが，桶売りメーカーへの指導をおこなって，品質の維持に努めるようになった。また1973年には桶取引の契約を冬季酒造に入る前の10月末までにおこなうように酒造組合で申しあわされ，スポット的な取引は規制されて，桶取引が下請生産と位置づけられた。1979年において上位20社のうち，販売量の半分以上を自社生産するメーカーは8社に過ぎず，販売量の8割以上を桶買いに頼るメーカーもあったが（桜井，1981，347頁），大手メーカーはモデレートな増産をおこなうか，販売が減少するに際して桶取引を減らすなどして，桶取引への依存度を低下させていった[43]。大手メーカーにとっては，桶取引に依存していたことが，清酒消費減少のショックを和らげるという幸運な結果になったのである（山片編，1977；桜井，1981；西宮酒造株式会社社史編纂室編，1989；森本・矢倉編，1998；月桂冠株式会社社史編纂委員会編，1999）。

醬油についても清酒と同じく，戦時統制に入って原料が統制され，販売も統制されていった。原料として大豆・小麦・塩以外のさまざまなものが代用されるようになり，大豆も丸大豆ではなく脱脂大豆が用いられるようになったが（戦後も長らく脱脂大豆が用いられ続ける），さらに醬油粕を希塩酸で分解して他の原料とともに醸造する新式一号醸造法（1943年），脱脂大豆を希塩酸で分解して他の原料とともに醸造する新式二号醸造法（1948年）が野田醬油によって開発された。新式二号は，大豆に含まれる窒素分（醬油のうまみとなる）の利用度を高めるとともに，醸造期間を短縮する画期的なものであった[44]。これらの特許は無償で公開されたため，醸造業界の原料不足の解消に大いに役に立ったが，新式二号は清酒の増醸法と同じく戦後の長い期間にわたって用いられ続けた。醬油の販売は1950年に完全に自由化され，小麦・大豆・食塩についてもそれからまもなく自由化されており，清酒のような業界構造のゆがみがもたらされることはなかっ

---

43) 20世紀末には，生産を継続できない小規模メーカーが，桶買いによって販売を維持することもみられるようになった。
44) 戦前期から窒素の利用効率を高め，醸造期間を短くする研究は大蔵省の醸造研究所などでおこなわれており，野田醬油の特許もこれらの研究を基礎にしていることは間違いない。

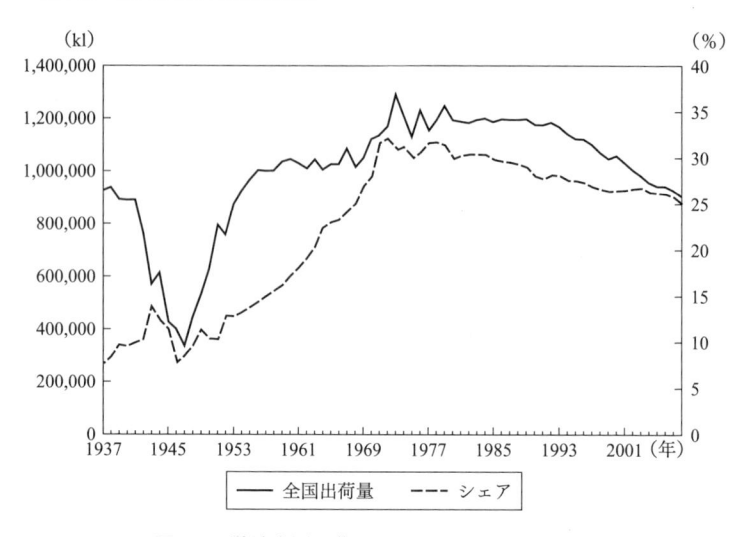

図 4-7 醬油全国出荷量とキッコーマンのシェア
出典）キッコーマン編（2000, 666-667 頁）など。

た[45]。

　戦後の醬油消費は，戦時の落ち込みを回復する 1955 年頃までは急速に伸びたが，その後は伸び率が鈍化し，食生活の欧風化などにより醬油市場は成熟に直面して，ついに生産が 1973 年をピークに減少に転じた（図 4-7）。清酒よりも成長の期間が短く，清酒ほど所得の上昇にともなって消費が増加せず，ピークからの落ち込みが緩やかであるが，これは清酒ほど競合する商品がないためであろう。トップ企業であるキッコーマン（野田醬油が，1964 年にキッコーマン醬油，1980 年にキッコーマンと改称）のシェアは，1977 年まで上昇し続けたが，これは同社の主要なマーケットである大都市市場，とくに東京市場が人口増加により早いペースで増加したことや巧みなマーケティングのほかに，同社の生産性向上とコスト低下にもよっていた。

　醬油においても清酒と同じく，発酵に関する研究が進み，技術革新が進んだが，ここではキッコーマンでの技術革新について簡単にみておこう。まずは大豆に含

45）醬油でも火入れ前の生醬油取引は存在する。なお添加剤による防黴（ぼうばい）がおこなわれるようになったが，やがてアルコールや衛生管理により，防黴剤を用いない商品も登場するようになった。

まれる窒素分の利用効率の向上であり、戦後60％程度であったものが、1974年にはほぼ限界といわれる90％近くとなった。キッコーマンの前身企業は明治期から麹の開発に努めていたが、戦後も麹菌の改良をおこない、窒素の利用効率を向上させた。また回転釜で短時間に大豆を蒸煮することで窒素の利用率を高め、雑菌が入らないように真空で冷却して、製麹工程に送るN.K式蛋白質原料処理法を完成したが（1955年）、この技術は窒素の利用率が10％ポイント程度向上する画期的なものであった。しかしキッコーマンは、実質的に無料でこれを業界に公開したため[46]、さらに1963年には脱脂大豆をアルコール処理することで、窒素利用率を向上させ（1971年に廃止）、1973年には高温で短時間に蒸煮する技術を開発して、他社との競争に備えた。

このほかの工程改良では、戦間期からの装置産業化がさらに進展した。小麦の焙焼工程では、焙焼装置を自動化し、作業員の熟練から解放した（1960年）。さらに製麹工程では温度調節を通風装置を通じておこなう通風製麹法を開発し（1960年）[47]、労働集約的であった工程を省力化し、1971年には円形の装置で連続的におこなえる円形連続製麹装置とした。また夏季の醤油の出来が悪いことは、江戸時代から知られていたが、発酵期間中に冷却し、そののちに暖めれば、夏季でも冬季と同じ品質が得られることを発見し、室内の温度管理を効率的に伝えるために内面樹脂加工の鉄製タンクを導入した（1965年）。清酒の四季醸造と似た形式となり、1969年には屋外に温度調節をおこなえる大型仕込タンクが設置された。さらに温度管理によって醸造期間も短縮された（今日では醸造期間は6ヶ月程度となっている）。戦間期に装置産業化を象徴したコンクリート製仕込タンクは姿を消していくのである。このほか火入れや圧搾も新しい装置が導入されているが、圧搾では高い圧力に耐えるために合成繊維が利用されるようになった。

こうして1970年代前半までに窒素を効率的に利用し、さらに工程を連続化して装置産業化する主要な技術革新が出揃ったといえる。キッコーマンの社長は、1975年に下位メーカーが技術導入をおこなって、品質を改善していることに警

---

46) ヤマサでも同様の技術を1957年に公開した（ヤマサ醬油編, 1979, 56頁）。
47) 銚子醬油ではほぼ同じ頃、清酒用の通風製麹機を改良して装備している（銚子醬油編, 1972, 284頁）。装置メーカーと醸造業者の関係や清酒と醬油との関係については明らかではないが、下位メーカーの技術導入には、装置メーカーも役割を果たしたものと思われる。

鐘をならしているが（キッコーマン編，2000，355頁），その後，キッコーマンは，じりじりとシェアを下げていった（ただし企業数は，1955年の約6,000から1980年には2,927へと半減し，その後も減少を続けている）。競争に直面したキッコーマンは，脱脂大豆ではない丸大豆による醬油などの差別化製品を投入したが，ライバルも追随し，さらにつゆ・たれなどの醬油加工食品を投入したが，こちらは後発参入で大きなシェアをとれず，醬油でのシェアの低下を止めることはできなかった。また需要を切り開くべく，早くから清酒と同様に小さなガラス瓶やペットボトルという新たな包装容器を用いているが，これも業界に共通した取り組みである。

しかしキッコーマンは，ワイン・トマト関連食品事業・清涼飲料水など醬油と非関連の事業の多角化を早くから手がけており，多角化の範囲では，同業他社をはるかにしのいでいる。さらに同社は輸出で圧倒的なシェアをもっていたが，1973年にアメリカ工場をオープンして現地生産を開始した。この工場は生産を伸ばし，収益性も備えるに至ったが，輸出・現地生産には，醬油が海外で受け入れられることが必要であり，醬油を使った料理を提案するなど（teriyakiは辞書にものっている）地道なマーケティングの成果でもあった。同社は，アメリカで第2工場を稼動させたほか，オランダ，シンガポール，台湾など海外生産を拡大していった。醬油が海外産の大豆・小麦・食塩によって生産されていたとはいえ，気候風土の異なるアメリカでの現地生産が成功するには，工程の装置産業化がおこなわれ，品質管理が進み，作業が標準化されていたことが条件となっていたが，暑いシンガポールにおける生産では，気候にあう酵母を探索するのに1年以上を要したという（キッコーマン編，2000；永瀬，1970-1971）。

清酒でも大関・月桂冠などのメーカーがカリフォルニアで，現地の水と現地の米を調査した上で良質な製品を製造しているが，これも品質管理技術の向上に負っているものと考えられる。このことは輸入米を用いて清酒が醸造できることを意味するが，あまり進んでいないのが現状である[48]。

---

48) 清酒・醬油ともに戦前期から日本人の海外進出に応じて，輸出されたり，現地生産されたりしているが，この点については省略している。

2）合成繊維と既製服の成長——織物・アパレル

　日中戦争にともない繊維産業は，綿花・羊毛という原料の輸入が統制され，糸や布の生産も厳しい統制下におかれた。日中戦争が勃発する1937年には，まず外貨節約の観点から綿花の輸入が制限され，スフ（短繊維のレーヨン）混用が義務付けられ，ついに1938年には国内一般民需向け綿製品の製造・販売が禁止された（スフのみ可能）。また織機のスクラップ化や織物業者の企業整備（資源を時局産業に動員するための企業の整理・統廃合）が実施されたが，産地綿織物業者は，紡績会社の賃織とされ，独立性を喪失した。終戦後には，設備が復元され，織機も増設されるとともに，1950年には織物の統制が撤廃された。

　織物生産は急増したが，綿織物業をとりまく環境は厳しいものであった。アジア諸国は保護主義を強めて綿製品の自給化を進め，後には中下級品については輸出もおこなうようになった。さらに賃金の上昇がコストを圧迫した。紡績メーカーが外国から技術を導入して，防縮加工や樹脂加工などをおこなう等の製品革新をおこない，高級化・多様化した製品を製造するとともに，織物ではなくシャツなどの2次加工品を欧米へ輸出するようになり，アメリカで「ワンダーブラウス」として人気を博したが，1956年には綿製品の対米輸出自主規制が始まり，輸出市場には限界があった。さらに後述するとおり合成繊維が登場したことにより，天然繊維やレーヨンの成長は抑制された。綿織物・レーヨン織物の生産は，1960年代をピークに減少し，毛織物は1970年代をピークに減少に転じている（表4-9）。綿・スフ織物で紡績会社の兼営する織布と産地の業者による織布があったのは戦前と共通しており[49]，主な産地は，生地織物では遠州，知多，泉州，先染織物では播州であり，戦前からそれぞれで有力な産地であった。賃織が戦前からみられ，発注元の商人などが織柄の企画などに大きな役割を果たしたことはすでに述べたが，戦後も綿花の外貨割当が紡績メーカーに対してなされるなどの要因があったため，戦時に広範にみられた賃織が綿・スフ織物で戦後も広くみられた。戦間期に輸出産業として成長した綿織物であったが，1965年をピークに輸出が減少し始め，1973年には綿製品の輸入が輸出を上回り，輸入産業となるに至った。1954年から織機の登録制度が実施され（1993年に廃止），設備投資に

49）紡績会社が生産した紡績糸の自家消費率は，1955年の18％から1973年には9％へと低下している。ただし紡績会社が賃織に出す比率が1割強ある（大田，2007，105頁）。産地綿織物が綿織物の主力であった。

表 4-9 織物生産高の推移
(単位:百万平方メートル,ただしニット生地は1,000トン)

年	綿	毛	絹	麻	レーヨン長	レーヨン短	合成繊維	ナイロン	アクリル	ポリエステル	その他	ニット生地
1950	1,289	65	110	52	332	175	—	—	—	—	35	10
1960	3,222	316	220	102	771	1,057	424	153	—	—	60	57
1970	2,616	426	201	178	354	827	2,764	933	72	1,662	402	198
1980	2,202	294	152	27	121	546	3,159	465	152	2,278	235	170
1990	1,765	335	84	16	86	430	2,668	289	83	2,029	204	168
2000	664	98	33	4	22	181	1,573	148	28	864	66	111

出典)通商産業大臣官房調査統計部編(1991)など。
注)その他は,キュプラ,アセテート,和紡の合計。レーヨン長はビスコース人絹,レーヨン短はビスコーススフ。合成繊維には,内訳にあげた以外の合成繊維を含む。

枠がはめられ,1956年の繊維工業設備臨時措置法(繊維旧法)によって織機の買上・廃棄が実施されたが,その後も引き続き同様の措置がとられた(山澤,1984b;渡辺,2010,第5,7章)。

　綿・スフ織物にかわって急速に生産を伸ばしたのが合繊織物であり,その伸びは既存繊維織物業者の成熟化への対応の結果でもあった[50]。最初に広く普及した合成繊維はナイロンであったが,ナイロンは主としてフィラメントとして用いられ,絹織物やレーヨン長繊維織物の産地であった福井・石川の産地がナイロン織物の産地として発展した。ナイロンに遅れて生産が始まり,ナイロン以上に普及したポリエステルは初期には短繊維で主として用いられ,綿や毛などと混紡されて糸になり,製織されたため,綿・スフ織物産地が合繊混紡織物も生産するようになっていった。合成繊維は新しい繊維であり,製織に関する知識が織布業者にはなく,さらに糊付けや染色などの前後の工程の業者にもその知識がなかったため,繊維メーカーが指導していく必要があり,繊維メーカーによる産地織物業者の系列化が進展した。綿織物では商社や親機(大手織物業者)からの発注が多かったのに対し,合成繊維では賃織の比率が天然繊維より高いのみならず,繊維メーカーからの発注の比率が高く,繊維メーカーの関与の度合いが高かった(表4-10)。戦前期の織物において,原料購入・製品販売のほか,デザイン・準備・

---

[50] 綿織物産地については,大田(2007);合田(1971,1979);松沢(1975);森(1977,1979);上野(1984),合繊織物産地については,立川(1997);木村(2009)を参照。

表4-10 賃織の動向

	総生産高 A	賃織生産高 B	B/A (%)	委託者別比率		
				メーカー (%)	商社 (%)	親機 (%)
1954年						
綿織物	3,165	1,015	32	52	40	6
毛織物	146	39	26	35	19	45
絹・人絹・アセテート織物	822	285	35	23	60	16
麻織物	44	9	20	66	11	22
スフ織物	649	252	39	40	45	11
合繊・その他織物	224	42	19	37	43	15
1964年						
綿織物	2,965	1,241	42	34	52	13
毛織物	350	173	49	19	14	65
絹織物	166	41	25	7	58	27
人絹織物	39	13	33	38	29	31
アセテート織物	574	385	67	23	61	12
麻織物	85	85	56	31	55	13
スフ織物	445	445	51	15	68	15
合繊織物	1,051	694	66	45	43	11
その他織物	154	29	19	51	42	6

出典）内田（1966, 220-221頁）。
注）生産高の単位は，1954年が1,000平方ヤード，1964年が100万 m^2 である。

仕上げなどを組織する商人・織元が重要な役割を果たしていたことを指摘したが，戦後においては，産元商社が，原糸メーカーや集散地問屋と機能を分担しつつ同様な役割を果たしていた（大田，2007, 30頁；立川，1997, 23頁）。合繊織物も1974年のMFA（multi-fiber agreement）のもとに取り込まれ，貿易が管理されるようになったが，オイルショックののちには成熟に直面し，設備の共同廃棄が始まった。1980年代後半の円高に際しては，この流れが加速した。

　製織工程での生産性向上も追求された。戦間期に自動織機が導入されたが，戦後は緯糸交換にかかわる作業の省力化が実現した。まず緯糸の交換回数を減らすために，緯糸を巻いた管を多数装着して，緯糸交換作業のインターバルを延ばすようになり，さらに緯糸を管に巻く作業から緯糸を使用し終わった管を清掃し，次に使えるようにする作業までを自動的におこなう装置を装着したユニフィルルームワインダー機構付き織機（ユニフィル織機）が導入された。これは超自動織

機とよばれるが，シャトル（杼）を用いている点では，これまでの織機と変わらず，一本の緯糸に比較してはるかに重いシャトルを使用する点で効率が悪かったため，ついに緯糸を通すのに杼を用いないシャトルレス（無杼）織機が導入された。緯糸を機械で通すレピア織機，水によって通すウォータージェットルーム（WJL），空気によって通すエアジェットルーム（AJL）などであり，生産性が飛躍的に向上した[51]。当初は平織りの単純な織物にしか対応できなかったが（WJLは水にぬれても大きな影響が出ない合繊織物に限定される），やがて複雑な織物にも対応できるようになり，多くの産地で導入されていった[52]。

　こうして生産性の向上が図られていったが，無杼織機も途上国で用いられるようになり，最新鋭の織機導入による優位は長続きしなかった。円高が定着する1980年代には織物生産が減少に転じ，1990年代には生産の減少が加速した。とくに天然繊維やレーヨンで減少が著しいが，途上国，とくに中国からの輸入が急増したためである。織物企業や縫製企業が中国に進出したことも輸入増加の一要因であった。高度成長期に輸出に依存していた産地は，内需への転換をおこなわねばならなかったが，複雑な織物を，小さなロットで，短期間に納入する必要があった（藤井, 1995; 大田, 2007）。

　戦後における衣服での大きな変化は，既製服が広く普及したことである。明治以降，家庭で織物を自給することは減少し，織物を購入して衣服を設計・製造するのが一般的となったが，洋服については，その設計・製造技術が家庭にはなかったから，仕立屋が発生し，やがて見込み生産をおこなう業者が出現するようになった。明治期から軍服，学生服などの既製品が出現したが，関東大震災が既製服の普及のきっかけになったといわれる。しかし背広では，既製服が仕立屋によるカスタムメイドに見劣りがしたため，あまり普及せず，メリヤス（スペイン語起源，英語風にいえばニット，編物のことであり，伸縮性をもち，身体にフィットする）の肌着，シャツ，靴下，ワイシャツ，さらにオーバーやズボンなどから既製服が普及していった。戦後に洋装が盛んになると，洋裁ブームが起こったものの，既製服化の傾向は加速し，1956年には世帯の既製服の購入額が生地・糸類購入額と仕立代の合計を超えた。ところが1959年においても既製服の割合は，

---

51) シャトルが不要になると緯糸をシャトルにいれる管に巻きなおすことが不要になり，緯糸を大規模に装着するようになった。
52) このほか前工程の経糸を整える整経工程，染色工程でも機械化が急速に進んだ。

上衣で75％，ズボンで73％，オーバーで50％と，これら3種では既製服が中心になっていたが，背広では35％に過ぎなかった。紳士・婦人ともスーツで既製服が中心となるのは1970年代である。1930年代から紳士服・婦人服・子供服などに業界共通の標準寸法の導入の試みがおこなわれ，1950年代に再びその動きが本格化し，やがてJISとなっていったが，共通の寸法基準は，メーカーごとのサイズの違いを小さくし，消費者にとって既製品が買いやすくなる制度的条件となった（小田，1985，231頁；橘川・高岡，1997a；木下，2001，2004，2011，第3章）。

　ところで衣服はファッション性が高く，消費者の情報を広範に収集する必要があるとともに，（たとえ十分に情報を収集しても）販売動向を事前に予測することが困難である。売れ残りや売れすぎによる欠品のリスクが大きい一方，一部の定番品を除けば，生産のロットが必然的に小さくなり，規模の経済が働きにくく，生産規模が小さくなりやすいため，情報収集やリスク負担の能力が不足しがちである。このギャップを解消する存在が製造卸（アパレルメーカー）である。製造卸は，小売店からの販売情報やファッションにかかわるさまざまな情報をもとに製品の企画・設計をおこない（素材・色・形態などを決定し，想定販売価格をもとに原価を企画する），織物業者・染色業者・ニッターなどさまざまな業者から素材やサービスを仕入れ，縫製業者などに製造を委託する。自社工場をもち一部の製品を製造することもあるが，製造が主たる機能ではない。出来上がった製品を卸を通じてか，直接小売に販売する。販売状況が判明した後，追加発注が間に合えば，リスクは小さくなるが，ファッションのサイクルが短いため，追加発注は困難である。また小売商にとっても，売れる商品か否かの見極めは困難であり，過小発注になりやすいため，製造卸は，委託販売という形態をとり，売れ残りのリスクを負担することで，店頭に並べてもらうように小売店を説得する（この方式は小売店が販売努力を怠りがちになるので，製造卸が販売員を派遣することもある）。さらには製造卸自身のブランドを育成し，直接消費者に宣伝などを通じて働きかけることで，消費を増やそうとするとともに，小売店に自社ブランド専用の販売コーナーをおいてもらったり，フランチャイズで自社ブランドのみを取り扱わせたり，さらに小売まで垂直統合することもある。こうしてなんらかの形で小売にコミットすると，小売情報が入手でき，また店舗間で商品を移動することで，売れ残りのリスクを平準化することも可能となる[53]。このように企画・販売

ともに製造卸にとって，情報のもつ価値は極めて大きく，先進的な製造卸は情報システムの構築に積極的であり，コンピューターの導入により商品1個ずつの単品管理を実現していった（倉沢，1991；倉沢・鳥居・成生，2002；成生，1994，第6章；高岡，2000）。

　ただし戦後直後の製造卸は，規模も大きくなく，リスク負担能力も大きくなかった。既製品の普及に大きな役割を果たしたのは，デパートである。伊勢丹はイージー・オーダー[54]を展開しており，顧客の体形情報を蓄積していたので，デザイン・サイズの研究を進め，製造卸のレナウンが既製服を開発した。西武・高島屋などのデパートがこれに追随した。デパートは海外との提携を通じて，デザインを立体化するためのパターン・メイキング，多くのサイズを作るためのグレーディング，立体裁断・縫製の技術を修得していった。また製造工程についていえば，製造卸の樫山は，1950年代に1人で全部手縫いする従来の方式を改め，背広を30工程に分解して，流れ作業方式を導入し，さらに立体成型をおこなう上で不可欠のホフマンプレス機と特殊ミシンを導入した[55]。この結果，生産性が急上昇するとともに，製品品質のばらつきが小さくなった。さらに企画・設計に関しても製造卸自身が海外提携などを通じて技術を修得していった。こうして製造卸が力をつけると，それまでデパート・ブランドで販売されることが多かったアパレル製品に，製造卸が自社ブランドを導入し，宣伝などの販促活動にも力を入れた結果，徐々に販売の主導権をデパートから奪っていった。デパートを主たる販路とする製造卸とともに，専門店や量販店を販路とする製造卸など多様な形態が生まれていった（富沢，1995；木下，1997，2011，第2章；石井，2004a，2004b）。

　こうして発展したアパレルであったが，やはり1980年代以降，輸入の増加に直面することになった。製造卸は，コンピューターなど情報生産に投資し，販売情報をオンライン化し，生産リードタイムを短くしてクイックレスポンスするこ

---

53) それでも売れ残った製品は，都会から地方へ移動されたり（売れ行きに時間的ギャップが存在することがある），さらには持ち越された商品の価値が小さくなってしまうので，バーゲンで販売される。
54) あらかじめ幾種類かの型を用意し，客の身体の寸法に応じて細部を修正し，仮縫いなしに仕立てる。
55) 東京重機工業（JUKI）などミシンメーカーの果たした役割も大きい。また樫山は，委託取引・派遣店員制度にも積極的で，デパートとの取引を拡大した。

表 4-11　陶磁器の生産金額

(単位：10億円)

年	飲食器等	タイル	衛生陶器	碍子等	その他	点火プラグ	ファインセラミックス
1951	8	2	1	2	2	…	…
1960	23	10	4	10	11	2	…
1970	65	49	16	44	28	10	…
1980	176	134	44	163	69	33	…
1990	184	239	72	68	47	41	478
2000	103	125	70	43	12	54	953

出典）三井（1979，564-565頁）のほか，『窯業統計年報』，『日本の自動車部品工業』など。
注1）ファインセラミックスは，1986年から統計に掲出。
　2）点火プラグは日本自動車部品工業会調べ。

とで，追加発注の余地を広げて在庫を削減し，リスクを低減するよう努めるとともに，低コストの海外生産を増加させている。また自社企画で自社ブランド製品を中国など海外で製造し，自社店舗で販売する SPA（specialty store retailer of private label apparel）という新しい業態（ユニクロなど）が誕生した。

3）多角化とファインセラミックス——陶磁器

　食器・衛生陶器・碍子などの陶磁器の生産も戦時経済期には規制され，企業整備が実施されたため，生き残りをはかる企業は戦時でも需要のあった耐酸磁器などの生産を拡大した。最大の食器メーカーであった日本陶器は，原料の砥粒を結合剤で固めた後，窯で焼成するという共通点があることから研削砥石の生産に乗り出し，その後も同社の主要な事業分野となった。戦後には食器がアメリカを中心に輸出を拡大するとともに，電力産業の成長による碍子需要，団地・マンション・下水道の普及による衛生陶器需要，浴室・トイレの内装や建物の外装のためにタイル需要，自動車産業の発達によるスパークプラグ需要が伸びて，陶磁器産業の生産高も急拡大していった（表4-11）。陶磁器の生産は，戦間期に大メーカーを中心に，製土・成形の工程で機械化が進み，トンネル窯が普及し，装置産業としての性格を強めていたが，戦後はその機械化が一層進んだ。中小工場では，製品別・工程別などに専門化し，商社や絵付け業者がそれをコーディネートすることが多かったが，やはり機械化が進展していった。

　食器では，真空により練った土から空気を抜く真空土練機が採用され，坏土の

品位が飛躍的に向上するとともに坏土の気泡を除くために土をねかせる必要がなくなった。さらに多くの企業に自動轆轤・自動圧力鋳込機・自動流し込み機が普及し、成形も機械化した。成形後の乾燥も自動乾燥機が導入されていった。焼成では、重油焚きのトンネル窯が普及していったが、中小企業やロットの小さい製品には、単独窯ではあるが、レール上で対象物をのせた棚を動かして窯詰め・窯出しをおこなう効率化された窯（シャットル・キルン）が普及した。また白濁釉がアメリカから導入され、やがて国産されるようになったが、乳濁効果が高く、被覆力が強いため、外観・色調のよい製品が作られるようになり、さらに絵付けでは、製品に直接印刷する印刷機も導入された。日本陶器が1964年に稼動した三好工場では、ほとんどの工程をベルトコンベアで結び、世界的にももっとも自動化の進んだ工場となり、1970年頃にはその他の企業でも自動化ラインの導入が進んだ。装置産業化が大企業のみならず中小企業へも広がったのである。

　食器では生産額の過半がアメリカを中心に輸出された。戦後にも輸出検査が実施されたが、イギリスから意匠権の侵害の訴えが提起されたため、1956年に日本陶磁器意匠センターが設立され、意匠権の保護が図られた（大森、2009）。オイルショック以降は、円高の進行、途上国での生産の進展や中国の製品輸出などで、国内生産は頭打ちとなり、日本メーカーは海外生産や海外への技術輸出などをおこなうようになった。ノリタケ（日本陶器が1981年にノリタケカンパニーリミテドと改称）が1981年に三好工場での食器生産を終了したのは象徴的で（子会社に生産移管）、その他の企業の自動化ラインも多品種少量生産の流れのなかで自動化を見直していった。

　衛生陶器・タイル・碍子でもほぼ同様の技術進歩があった。衛生陶器では、吸水性の少ない熔化素地が一般化した。また浴槽がより軽量のFRP（fiber reinforced plastics, 繊維強化プラスチック）や琺瑯によって製造されるようになると衛生陶器メーカーはそれらの生産に乗り出し、システムキッチンなど水周りの総合メーカーとなっていった。トップメーカーであった東洋陶器は、総合的な施工に備えて、戦争直後に付属金具の生産を開始し、1970年に東陶機器と改称するに至っている。タイルもほぼ同様で、石灰を用いることで素地を改良し、より正確な寸法を実現できるようになった。碍子では高電圧に耐える製品の開発がおこなわれ、素地や成形法の改良（長い製品について押出成形が採用される）が進んだが、素地・製品・製法のいずれにおいても1970年頃までに技術開発の主要部分が基本

的に実現した。日本碍子は1974年にアメリカのロック碍子を傘下に収めたが，戦間期まで日本が目標としていた企業であり，象徴的な出来事であった。またスパークプラグでは，エンジンの高回転化・高圧縮比化に対応するため，アルミナ磁器が採用された。これらの製品でも海外生産がおこなわれるようになっている（三井，1979；ノリタケ百年史編纂委員会編，2005；日本経営史研究所編，1995；東陶機器編，1988；七十年史編纂委員会編，2007；前田，2008）。

　これらの伝統的な陶磁器業の発展は著しく，高度な自動化により装置産業化が進み，海外展開がおこなわれるようになったが，さらに発展が著しかったのは，ファインセラミックスである（前掲，表4-11）。ファインセラミックスとは，特殊な原料を特殊な条件で焼成することにより，陶磁器のもつ耐熱性・耐食性・電気絶縁性のほかに誘電性，高周波特性，耐摩耗性などをもたせたものである。コンデンサが戦間期から製造され始め，日本では戦時期の電波兵器生産のために急速に発達した。戦後もラジオやテレビの発展にともないコンデンサの生産が伸びていった。これらの特殊磁器は，食器などを手がけていた企業とは別の企業によって生産されることが多く，村田製作所や京都セラミック（のち京セラ）などが有名である（島本，2005；村田製作所50年史編纂委員会編，1995）。そして圧力を電気に替える（あるいは逆も）圧電素子やICパッケージが生産されるようになり，さらに急速に生産額を伸ばした。これらはファインセラミックスのなかでは機能材に分類されるものであるが，このほか耐摩耗性を生かした工具材，自動車の排気を浄化する粉状の触媒を支える触媒担体（耐熱性が要求される）などからなる構造材もある。

　伝統的な陶磁器を手がける企業のなかにも，ファインセラミックスに進出するものがあった。2010年3月決算でみると，ノリタケの連結売上に占める食器の比率が11％，東陶機器の連結売上に占める衛生陶器の比率が19％（このほか洗浄装置付き便器が20％），日本碍子の連結売上に占める碍子などの電力関連の比率が37％，日本特殊陶業の連結売上に占めるスパークプラグなどの自動車関連事業の比率が68％となっており，日本特殊陶業を除けば，多角化が進展している。多角化の内容は，ノリタケは研削砥石，アルミナ基板や構造材，窯業機械など，東陶機器はバス・キッチン，水栓金具など，日本碍子は触媒担体，半導体製造装置用セラミックス，日本特殊陶業はICパッケージなどであり，各社の技術と戦略により，多角化の方向はかなり異なっている。

2 成熟産業の製品多角化――製糸・綿紡績・レーヨン・合成繊維

　1930年代半ばに綿糸紡績・レーヨンをはじめとする繊維産業は好調であったが，日中戦争の勃発とともに民需産業として抑圧され，設備のスクラップ化も進められていった。戦後，民需産業が復興されたが，合成繊維の登場，アジア諸国での繊維産業の成長，労賃の上昇などにより，高度成長期には戦前期の主要産業であった綿紡績業・製糸業さらにレーヨン産業は，成熟から衰退へと向かっていった（織物であるが前掲，表4-9からうかがえる）。これらの産業では各企業が合理化を図る一方，新たな製品へと転換していかねばならなかった。

1） 衰退から消滅へ――製糸

　世界大恐慌とレーヨンの成長によりアメリカ向け生糸輸出は減少し，1934年をピークに生糸生産は減少していた。日米開戦となると輸出が途絶し，戦時の食糧増産の必要から桑園が麦畑等に転換され，さらに製糸業の企業整備が進んで製糸釜数が減少し，生糸生産量は激減していった。戦間期にはレーヨンの成長により生糸は織物用から靴下用へのシフトを強めていたが，ナイロン靴下の登場により，GHQが戦後に生糸輸出の拡大を企図したものの，生糸輸出回復の見込みはなかった。1930年には42,000トンの生糸が生産され，29,000トンが輸出されていたが，1950年には11,000トンが生産され，6,000トンが輸出されるに過ぎなくなったのであり，生糸は国内織物向けが主要な市場となっていった。輸出はその後も減少を続けたが，和装が衰退したものの所得の上昇により国内向け販売が増加し，生糸生産量は1969年まで漸増していったのである。1962年には生糸の輸入が開始され，1966年にはついに輸入が輸出を超えた。1970年の生産量は，21,000トン，輸入が4,000トンであった（輸出は75トン）。

　戦間期には多条繰糸機が普及していたが，1950年代後半には各社が自動繰糸機を開発し，改良を加えていった。数本の繭糸をつなぎ合わせて1本の生糸とするのであるが，自動繰糸機は生糸の太さを感知し，細くなったら自動的に繭糸をつなぎ合わせた（接緒）のであり，労働生産性が向上した。女工の熟練に依存していた製糸業はまったく姿を変え，郡是製糸では1967年に能率給制度が廃止されている。こうして画期的な技術が開発されたが，桑葉の供給不足が製糸業の発

展を制約した。養蚕は米作よりも機械化が遅れ，夏季に集中的に長時間の労働を必要としたため，桑園面積は漸減し，収繭量も漸減していった[56]。製糸会社は人工飼料の開発に取り組んだが，十分な成果をあげることはできなかった。

こうした成熟化に直面した製糸各社は，多角化に取り組み，靴下やメリヤスといった2次製品，さらには機械などの繊維非関連の製品を手がけていった。戦前期の2大メーカーであった片倉工業（1943年に片倉製糸紡績が改称）は1994年，グンゼ（1967年に郡是製糸が改称）は1987年に製糸業から完全に撤退した。2004年の生糸生産量は232トンにまで減少している（日夏，1997；グンゼ編，1998）。

2）合繊紡績と川下への進出強化──綿紡績

日中戦争が勃発すると，すでに述べたとおり，綿業は強力な統制下におかれ，綿紡績設備の増設が禁止され，日米開戦後には，中国以外からの綿花の供給が途絶し，綿紡績企業統合と軍需転用・機械の供出が進められ，最終的に10社に統合された（10大紡）。純綿糸生産量は1937年に16億ポンドであったが，1945年には4,400万ポンドにまで減少している。

GHQは1947年に400万錘までの紡績設備を許可したが，このうち367万錘が10大紡に，残り33万錘は新規業者に割り当てられた（このとき参入した業者25社は新紡とよばれる）。1937年の設備錘数は1,200万錘であったから，その3分の1の規模であるが，10大紡については当時存在し，修理・補修すれば使用できる規模であり，新紡についても何らかの形で紡績設備をもっているものが優先された。この400万錘の制限は1950年に撤廃され，既存会社の増設と新規参入が相次ぎ（これ以降参入した業者は新々紡とよばれ，100社以上におよぶ），1952年には早くも745万錘となった。なお綿花の輸入は，1961年まで外貨割当制度のもとにあり，設備と綿製品輸出に応じて配分された（高村，1994；渡辺，2008）。

戦後の綿紡績業をとりまく環境は厳しいものであった。すでに述べたように綿織物業の成長には限界があり，その原料部門である紡績業も成長が制約された（紡績糸の輸出は戦間期にほとんどなくなっていた）。その上さらに綿紡績業が依拠していた若年女子の賃金が上昇し，コストを圧迫した。1952年には最初の勧

56）養蚕農家戸数は激減し，養蚕農家の大規模化が進行した。

告操業短縮がおこなわれ，1956年の繊維工業設備臨時措置法（繊維旧法）によって紡績機械を登録し（登録制度は1970年まで存続），一部を使用不能とする（格納）に至り，1967年の特定繊維工業構造改善臨時措置法（特繊法）では，過剰紡績機の買上廃棄が実施された。以後も構造改善事業が実施され，設備の廃棄が進められた。織機よりやや遅れながら，ほぼ同様の政策がとられたのである（山澤，1984b；是永，2002a，2002b)[57]。

成熟化に対し紡績会社は，(1) 紡績の合理化，(2) 川下への進出強化と合繊紡績への進出，(3) 海外投資，(4) 他産業への多角化などで対応したが，これらは戦間期にとられた対応策とほぼ同じといえる。まず合理化では，前工程である混打綿工程の短縮，精紡工程へのスーパー・ハイドラフトの導入[58]，ラージパッケージ化による運転中断や運搬頻度の減少，さらには紡糸を巻き取ったボビン（糸巻き）を自動的に交換する機構（自動玉揚装置）や精紡糸をボビンから出荷できるパッケージの形状に自動的に巻き取るオートワインダーが導入された。当然ながら，スピンドルの回転数が引き上げられている[59]。また細糸化も進められるとともに，品質の高位安定化をめざして検査の機械化が実施された。

1960年代後半には，チェコでスピンドルを用いないローター式のオープンエンド精紡機が開発され，その後，フリクション式オープンエンド精紡機やエアージェット式精紡機などさまざまな機構の革新紡機が開発された。しかしこれらは細糸を紡ぐのに制約があり，あまり普及していない。1999年現在の日本での綿紡績設備は345万錘（オープンエンドの単位はローターだが便宜上合計）にまで減少しているが，そのうちリングが338万錘であり，オープンエンドは7万ロー

---

57) 米川（1991）は，新紡の近藤紡績，都築紡績が紡績錘数を拡大し，10大紡に匹敵する規模になったことに注目している。労働組合の組織されていない新紡は労務コストが安かったこと，新紡は新しい設備を稼動できたこと，アメリカの輸出入銀行の綿花クレジットが企業規模にかかわりなく供与されたことが重要であったと指摘している。

58) 前章を参照。ただし糸むらが多いため，高級糸に向かず，一貫して支配的な技術となったわけではない。

59) 東洋紡は1960年に連続自動紡績設備の開発に成功したが，紡糸の品質に問題があるなどのため，のちに撤去された。紡績機械メーカーでさまざまな連続設備が開発され，これを取り入れているものもある。都築紡績は連続紡績の実用化に成功している（米川，1991，64頁）。是永（2006）は，企業規模と技術効率性は正の関係にあり，合繊紡績・若年女子による雇用調整・資本装備率の改善が，1960年代までは技術効率性を高めていることを確認している。

ターに過ぎない。もっとも1999年現在で世界合計をみても，リングが1億5,604万錘で，オープンエンドが757万ローターであるから，日本の比率が極端に低いわけではない（ロシア，アメリカ，中国，インドが高い）（真弓編，2001，8頁）。

第2の川下への進出では，これまでも紡績会社は織布を垂直統合していたが，織布業者の下請化を進め，高度な綿布の生産に関与するようになるとともに，漂白・染色や加工への関与を強め，さらに縫製メーカーに委託してシャツなどの2次加工品を自社ブランドで展開した。また合成繊維を紡績することで，新素材の出現に対応した。ナイロンは長繊維中心なので紡績の必要は低かったが，ポリエステルとアクリルの短繊維は，紡績の知識のある紡績業者によって，綿や羊毛もしくはスフと混紡される必要があった。とくに綿とポリエステルの混紡は，シャツ生地の定番となり，シャツ縫製業者の系列化なども進められた。

第3の海外投資では，1950年代後半から1960年代前半にかけて紡績会社は，海外工場を建設するようになった。アジア諸国が投資制限をおこなっていたのに対し，ラテンアメリカは投資を受け入れており，ブラジルは市場が広かったので，当初はラテンアメリカ，とくにブラジルが投資の中心であった。小規模に投資が始められ，拡張されていった[60]。1970年代の第2の投資の増加期には，アジア（インドネシア・タイ・マレーシア）への投資が増加していった（Delanghe, 2005）。

成熟化への対応の最後として多角化がある。1920年代から紡績会社がレーヨンに進出したことはすでに述べたが，1930年代には羊毛・絹糸紡績やスフへも進出し，総合的繊維会社となっていた。戦後も羊毛・レーヨン・スフが強化されたが，それにとどまらず，合成繊維へ進出するメーカーも現れた。しかし後発参入者となったため，合成繊維では十分な成果が上がらなかったケースの方が多かった。さらに鐘紡の化粧品に代表されるように，非繊維の多角化も進められ，さらに合成繊維を起点に化学やプラスチックなどにも多角化が進んでいった（藤井，1971；米川，1991）。

---

[60] 戦前から移民などでブラジルとはつながりがあり，日本語を理解する人が多かったこと，日本人移民が綿花を栽培していたこともとくにブラジルに集中した理由としてあげられる。

3）途上国の追い上げと合成繊維との競合——レーヨン

　1920年代からレーヨンの生産が急速に増加したことは述べたが，1930年代にはレーヨンステープル（スフ）の生産が増加し始めた。レーヨンステープルとは，本来長繊維のレーヨン（フィラメント）を短く切って短繊維にしたもので，それを紡績する（スパンレーヨン糸，スフ糸）か，他の繊維と混紡して糸にする。一見，二度手間のようであるが，日本ではスパンレーヨン糸で織った布が毛糸で織った布に風合いが似ていて，その代替財となり，普及し始めた。既存のレーヨン生産者のほか，レーヨンステープル専業の業者も出現し，ステープルのまま紡績業者に売られたり，スパンレーヨン糸として売却されたり，織布まで垂直統合されることもあった。統制経済になり，綿花の消費が制限されると，スパンレーヨン織物が毛織物に加えて，綿織物も代替するようになり，シェアを伸ばした。しかし戦争の激化により，レーヨンもフィラメント・ステープルともに，設備の供出（スクラップ）や企業整備の対象となった。企業整備の結果，フィラメント専業1社，ステープル専業7社，兼業4社に集約されているが，このなかにはレーヨン企業とともに，すでに述べたとおり綿紡績会社も多数含まれている。（山崎，1975，第4章；日本経営史研究所編，1997a，157頁）。

　1947年にGHQはレーヨンの年産15万トンまでの設備の復元を許可した。これは既存業者の現存設備の修理・復旧を認めた水準にほぼ相当したが，1950年にはこの制限が撤廃され，設備の増設が続いた。新しい設備として，欧米から浸漬・圧搾・粉砕を連続でおこなう装置（スラリー装置），連続老成装置・短期老成装置などが導入され（前掲，図3-14参照），合理化が進み，生産性が上昇している。またプロダクト・イノベーションでは，レーヨンの細糸化が進められる一方，タイヤコードに用いられる強力レーヨンも実用化され，自動車の生産増加とともに生産を伸ばした。さらに下流工程への関与として，綿業と同じく産地織布業者の系列化も進められた。しかし途上国においてレーヨンが自給されるようになったことと合成繊維との競合により，1957年にはレーヨンも不況に陥り，操業短縮がおこなわれるに至った。戦後は一貫して，ステープルの生産量がフィラメントの生産量より多かったが，フィラメントはついに1937年の戦前の生産量のピークに達しないまま1960年が戦後の生産のピークとなった。ステープルは1954年に戦前のピーク生産量を超え，合成繊維との混紡やレーヨンペーパーなどの特殊ステープルの需要があったため，生産が戦後のピークに達するのは

1973年とフィラメントより遅かった（藤井，1971，127-150頁；日本経営史研究所編，1997b，92-95頁）。

戦間期に日本に定着したレーヨンであったが，途上国の工業化と合成繊維の登場という要因により，さまざまな合理化をおこなったものの，生糸や綿糸と同じく成熟から衰退過程に入ることを止めることはできなかった（タイヤコードもナイロンに急速に代替された）。レーヨンメーカーはこれを座視していなかったというよりは，実は合成繊維を日本で最初に導入したメーカーの多くは，レーヨンメーカーだったのである。

4）レーヨンメーカー中心の発展——合成繊維

合成繊維は，植物（綿・絹・麻）や動物（羊毛）に代わって，化学的に繊維を合成するものであり，合成樹脂・合成ゴムとともに高分子工業をなしている。合成繊維は，1930年代から欧米企業が開発してきたが，1938年にアメリカのデュポン（E. I. du Pont de Nemours）によって発表され，1939年にストッキングが発売されたナイロンは大成功を収め，世界中の注目を集めた。その後，ポリエステル（イギリスのキャリコプリンターズ〔Calico Priters Association Ltd.〕の特許をICI〔Imperial Chemical Industries〕とデュポンが取得），アクリルが開発されて，この3つが代表的な合成繊維となったので，ナイロン・ポリエステル・アクリルについて，簡単に述べることとする。さまざまな合成繊維に，さまざまな企業が参入し，覇権を競ったのであるが，技術選択には不確実性が大きかった[61]。

日本でもナイロンの成功を受け，戦時中から盛んに研究がおこなわれ，倉敷絹織（倉敷レイヨンをへて，1970年にクラレと改称）と鐘淵紡績がビニロン，東洋レーヨン（1970年，東レと改称）がナイロンのパイロットプラントを設置するところまでこぎつけた。商工省は1949年に「合成繊維工業の急速確立に関する件」を決定し，ビニロンとナイロンについて対象企業を1社に定め，保護育成を図ることとしたが，対象企業となったのは，ビニロンがクラレ，ナイロンが東レであった。ビニロンはその後，生産がおこなわれたが，消費が伸びず，合成繊維として成功することはなかった。東レは独自にナイロンを合成することができたが，紡糸，編織，染色加工に関する技術を利用でき，関連機械を輸入できるなどのメ

---

61) 平野（2007）は，東洋紡績を対象に，こうした技術選択の問題を考察している。

リットがあるため，デュポンとの特許紛争をさける方針を採り，特許実施契約を結んだ。デュポンの商標「ナイロン」の使用も許された（表4-12)[62]。

ナイロンは新しい繊維であり，そのマーケットを探す必要があった。熱に弱く，染色が困難であったが，耐菌・耐腐食性が強いことから，まずテグス・魚網に採用された。やがて細いナイロンが紡出できるようになると，アメリカと同様にストッキングに用いられるようになり，さらに繊維に加工を加えた加工糸が靴下などの編物・シャツやブラウスなどの織物に用いられるようになった。さらに1960年代にはナイロンは，タイヤコードとして強力レーヨンに代替していった。ところがナイロンは新しい繊維なので，織布業者にも織布に関する知識がなく（たとえばナイロンは伸びやすかったので，織り方を工夫する必要があった），東レは撚糸加工，糊付け，編物，織物などの技術をそれぞれの業者と共同で開発し，子会社を設立するとか，賃加工業者として組織していった。こうした協力関係は，縫製業者などの2次加工メーカーや商社にも広がっていった。さらに東レは，最終消費者にナイロンの優秀性を訴える必要があり，宣伝などにさまざまな手法をとった[63]。タイヤコードの開発もタイヤメーカーとの協力が不可欠であった。既存繊維に割り込むには，製品の改良や製織方法等の改良が必要であり，さまざまな関係業者との共同が必要だったのである。ナイロンが軌道に乗ると東レの売上・利益は急上昇し，日本レイヨンが1955年にナイロン生産に参入した。

ポリエステルについては，東レと帝人が共同でICIと技術提携契約を結び[64]，ICIがみずからの「テリレン」という商標の使用を許可しなかったので，両社共通の商標「テトロン」を採用した。ポリエステルはフィラメントとしてもステープルとしても衣料になるが，初期には，ステープルが毛・綿との混紡に優れており，とくに綿との混紡がアイロン不要として急速に普及していった。加工や製織について，産地織物業者などの組織化がみられたのは，ナイロンと同じであるが，綿や毛との混紡品は紡績会社の果たす役割も大きかった。

---

62) デュポンの開発したナイロンはナイロン66，東レが製造したナイロンは，IGの技術情報を得たナイロン6であり，正確には別のポリマーである。東レはデュポンとの提携まで「アミラン」という商標を用いていた。
63) 製品改良・加工方法の開発・マーケティングなどはデュポンもおこなっていた。
64) デュポンはアメリカについて，ICIはアメリカを除く世界について，特許実施権をもっていたので，両社はICIと交渉した。基本特許のみならず，広範なノウハウを含むものであった。

表 4-12 合成繊維の生産

	会社名	技術導入先	生産設備完成年	生産能力（1965年）（千トン）
ナイロン	東 レ	デュポン	1950	58.8
	日 レ	インベンタ	1955	27.0
	鐘 紡	スニアビスコーザ	1963	10.6
	帝 人	スニアビスコーザ，アライドケミカル	1963	10.6
	呉羽紡	チンマー	1964	5.1
	旭化成	チンマー，ファイヤーストーン	1964	5.1
ポリエステル	東 レ	ICI	1957	36.9
	帝 人	ICI	1957	36.9
	日 レ	インベンタ	1964	5.5
	東洋紡	グッドイヤー，デュポン，ケムテックス	1964	7.7
	倉 レ	ケムストランド	1964	5.5
	鐘 紡	スニアビスコーザ	1968	―
	旭化成	ローデイアセタ	1969	―
	新光エステル	AKU，グランツシュトッフ	1969	―
アクリル	鐘淵化学	自社技術	1957	6.3
	日本エクスラン	アメリカンサイアナミド	1958	15.9
	三菱ボンネル	ケムストランド	1959	22.6
	旭化成	自社技術	1959	23.0
	東邦ベスロン	自社技術	1963	10.3
	東 レ	自社技術	1964	5.7

出典）日本経営史研究所編（1997a, 268, 331, 421頁）；鈴木（1991, 139頁）など。

注1）生産能力は，ナイロン・ポリエステルは日産能力に365をかけて算出，アクリルは実際の生産量。
 2）日本エクスランは，住友化学と東洋紡の合弁会社。
 3）三菱ボンネルは，ケムストランド，三菱化成，三菱レイヨンが1957年に設立した新光アクリル繊維が1958年に改称したもの。
 4）東邦ベスロンは東邦レーヨンの子会社。工場は1963年に完成。原表では東邦レーヨンが1960年に工場を完成，1965年になお300トンの生産をしているが，これは省略した。東邦レーヨンはチンマーの技術と設備を入れたが，これを撤去し，独自技術の装置を使用している。
 5）呉羽紡績は1966年に東洋紡績に合併。
 6）新光エステルは三菱レイヨンの子会社で，1973年に三菱レイヨンに合併。
 7）日本レイヨンは1966年にポリエステルを分離，鐘紡，ニチボー，三菱化成とともに日本エステルを設立。

アクリルについては，ナイロン・ポリエステルでみられたような基本特許が存在しなかったため，当初から4社が参入した。4社は別々の商標を用いて競争していたことに加えて，期待していた毛織物への進出が進まなかったため，価格が下落し，メーカーにとって大きな負担となった。アクリルの品質の改善が進み，ステープルの紡績糸が織物ではなく編物（メリヤス，ニット）や外衣部門に需要が見出され，ようやくアクリルは普及していった。

　1960年頃になると世界的にナイロン・ポリエステルに関する新しい技術が開発され，それらを導入することによって，高収益をあげていたこれらの繊維の生産に参入する後発メーカーが相次いだ（前掲，表4-12）。紡績会社が合成繊維を手がけるとともに，2ないし3つの繊維に多角化していく動きも顕著であったことがわかる。しかし先発メーカーは後発メーカーの参入に対し，手をこまねいていたわけではなく，設備増設をおこなって対抗したので価格が低下した。先発と後発の間の規模の格差は歴然としており，後発企業はコスト的に不利を免れず，また市場的にも先発企業の手薄な分野から入っていくしかなかった。こうしたなか規模の大きかった先発企業では，原料部門を自社生産し，コスト引下げをはかる動きもみられた。

　1960年代半ばに合成繊維は不況を迎えたが，その後輸出を中心に持ち直し，設備が増設され，ポリエステルでは3社の新規参入をみた。しかしニクソンショック・オイルショックに際会し，対米繊維輸出規制政府間協定（1972年），東南アジアからの繊維製品の輸入，ナフサなどの原料高騰により，合成繊維は苦境に陥り，1978年の特定不況産業安定臨時措置法では，特定不況産業に指定されるに至った。30年弱で合成繊維すらも成熟から衰退へと向かうことになったのである。各社は合成繊維製造の合理化，設備凍結，生産繊維の絞り込み，原料生産の見直しなどをおこなうとともに，さまざまな加工を施して絹や毛糸の風合いを出した繊維，さらには超極細繊維などにより天然繊維にない風合いを出した繊維（新合繊とよばれ，1990年頃にはブームとなった）の開発を進めた。さらに繊維から多角化し，合成樹脂の生産を強化するとともに（オーディオやビデオのテープとペットボトルはその例），人工皮革（東レのエクセーヌが有名），人工腎臓，炭素繊維などの新しい製品を開発していった[65]。こうした合理化・多角化のほか，海外投資が成熟に直面した綿紡がとってきた方法であり，合繊各社もアジア・ラテンアメリカを中心に直接投資もおこなった。その多くは現地資本や日本商社な

どとの合弁であり，初期には加工部門での進出が多く，やがてファイバーの製造をおこなうようになったが，十分な採算がとれず，1970年代以降には多くを整理することを余儀なくされた（内田，1966；藤井，1971；鈴木，1991）。

3　素材産業の成長——鉄鋼・ガラス

　鉄とガラスはいずれも戦争後に外国から技術を導入するとともに，大規模な設備で規模の経済性を実現していった。原料の処理・投入から製品の完成まで，機械の自動化が進むとともに，工程の管理に広くコンピューターが用いられるようになり，監視労働が中心となっていった。外国から技術を導入する一方で，国内での技術開発も進み，高品質の製品を生産できるようになって，国際競争力を獲得した。鉄鋼では海外工場は大きな展開がなかったが，ガラスでは世界的なネットワークをもつ企業が現れた。

1）さまざまな技術導入とその統合化——鉄鋼

　1930年代の後半に日本製鉄では，自主設計で世界規模の高炉を建設するまでになっていたが，鋼板を高速で圧延するストリップミルはようやく1号機をアメリカから広畑製鉄所に導入したにとどまった。戦争が進展すると鉄鋼の増産が図られたが，アメリカの対日屑鉄禁輸や鉄鉱石・石炭の入手難に悩まされることとなった。1937年の銑鉄生産量は231万トン，鉄鋼生産量は508万トンであったが，銑鉄は1942年の426万トン，鉄鋼は1943年の557万トンが戦前のピークとなり，以後急速に縮小した。第2次世界大戦が終結すると，原料炭の不足がさらに深刻となり，傾斜生産方式がとられ，石炭とともに鉄鋼の増産が図られた。さらに鉄鉱石・石炭の輸入が再開され，鉄鋼の生産は上昇し始めたが，ドッジ・ラインによって価格差補給金が廃止されると，市場メカニズムにそった復興が始まった。1950年には日本製鉄が八幡製鉄と富士製鉄に分割され，政府系製鉄所が

65）炭素繊維はアクリル繊維から開発されたもので，1950年代から大阪工業技術試験所で研究されていた。東レは1960年代半ばから研究をおこない，1970年にはアメリカのUCCとクロスライセンスをおこなうまでになり，1971年にはパイロットプラントが稼動した。ゴルフのシャフトなどに使われていたが，航空機の素材にも使われるようになった（高松，2002）。

消滅したが，この分割によって戦前と比較して戦後の鉄鋼産業の競争構造は大きく変化した。

戦時中に日本の鉄鋼業は世界から遅れをとったので，海外から積極的に技術を導入した。まず 1949 年に GHQ がアメリカから技術者をよびよせ，技術指導にあたらせた。アメリカ側は製銑部門では日本の技術的遅れがさほどないと判断しており，原料の事前処理などが指導された。製鋼部門では平炉の操業や熱管理について，分塊・圧延部門では歩留まりについて指導がおこなわれたほか，コークス炉の操業や洗炭についても指導がおこなわれた。1950 年には日本の技術者が渡米して，米国の製鉄所を視察した（上岡，2005，第 2 章）。1951 年からは鉄鋼合理化計画が策定され（第 1 次合理化計画が 1951 年から 1955 年，第 2 次が 1956 年から 1960 年，第 3 次が 1961 年から 1970 年），合理化投資がおこなわれた。1951 年から 1965 年までの合理化投資額をみると，銑鉄部門に 16％，製鋼部門に 10％，圧延部門に 44％，その他に 29％が投じられており，圧延部門の比率がもっとも高く，巨額の投資を必要としていた（奈倉，2010，245 頁）。鉄鋼各社は最先端の技術を導入するとともに，規模を拡大して規模の経済性を享受することで，生産性が向上していった（岡崎，1995a）。そして 1970 年には八幡製鉄と富士製鉄が設備大型化への対応や国際競争力の強化を狙って合併し，新日本製鉄が誕生するに至った[66]。

川崎製鉄は 1950 年に川崎重工業の製鉄部門が独立したものであるが，高炉をもたない平炉メーカーであった。社長の西山弥太郎は，銑鉄を購入していた富士製鉄が鋼材の生産を拡大している状況において，高炉をもたないことは不利であることなどから，高炉の建設を決意した。西山は千葉に，単純化・集約化・連続化・一貫化を理念とした消費地立地で臨海型の合理的なレイアウトをもつ製鉄所を建設した。当初は成功が危ぶまれ，反対も多かったが，千葉製鉄所は鉄鉱石・石炭などの原料の搬入から最終製品である鋼材の生産と搬出までが合理的にレイアウトされており，新鋭製鉄所であるため，高い生産性を誇り，コスト競争力も高く，第 2 次合理化計画以降建設される多数の臨海型製鉄所のモデルとなった。千葉製鉄所の第 1 高炉は，建設費が安く寿命が長い新しいタイプの高炉であり，

---

66) 大橋・中村・明城（2010）は，新日本製鉄の合併によっても鉄鋼価格はほとんど上昇せず，生産性の向上が顕著であったことを明らかにしている。

西ドイツから設計図面を購入したが，原料挿入装置の設計ミスがあると判明するまで，操業が順調に推移するのに半年もかかった。千葉製鉄所を建設するには，一貫工場であった旧昭和製鋼所などから多くの技術者を集め，設計図まで購入したが，それでもリスクは大きかったのである。千葉製鉄所の第1高炉は戦前の広畑製鉄所の高炉より小規模であったが，第2次合理化期に建設された八幡製鉄の戸畑製造所の高炉は，広畑の高炉を上回る規模であり，以後，さらに大規模な高炉が次々と建設され，規模の経済がさらに発揮されていった。高炉をもたなかった住友金属工業・神戸製鋼所も高炉を建設して一貫メーカーとなり，銑鉄や屑鉄を購入して平炉で鉄鋼を生産するという戦間期にみられたパターンは消滅した（米倉，1991；Yonekura，1994；上岡，2005，第4章）[67]。

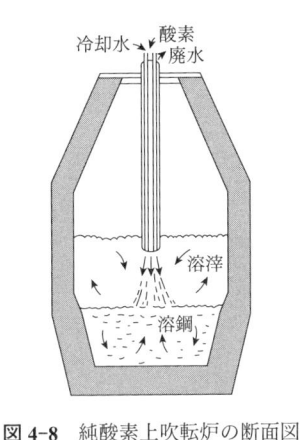

図 4-8　純酸素上吹転炉の断面図
出典) 飯田ほか編（1969，493頁）。
注) 炉体の上部から冷却されたランスを挿入し，酸素を高速で吹き入れると，反応が激しく急速におこなわれるので，生産性が高く，さらに酸素なので空気と異なり窒素が鋼に取り込まれず，品質が向上するというメリットもあった。

高炉では大型化のほか，鉱石の事前処理や高炉操業法の改善がみられたが，製鋼工程では画期的な新技術が導入された。純酸素上吹転炉（basic oxygen furnace, BOF, LD転炉ともよばれる）である（図4-8）。いうまでもなくBOFが普及する前提として，工業用酸素が安価に供給されるようになったことがあり，平炉にも酸素が用いられていた。1952年に最初のBOFがオーストリアで操業を開始し，特許を管理する会社が設立されたが，1956年には日本鋼管を排他的実施権者と

---

[67] 西山弥太郎の革新性を強調する米倉（1991）およびYonekura（1994）に対して，岡崎（1995a）は金融機関・通産省などを含めた制度的補完性を強調している。たとえば大量の鉄鉱石を低コストで輸送する鉱石専用船が開発されたが，運輸・通産当局の斡旋で，鉄鋼業界と海運会社の共同所有とされた。専用船を海運会社が所有すると鉄鋼メーカーへの交渉力が弱くなることが懸念されたのである。鉱石専用船を円滑に機能させるため，港湾設備の改善や荷役・運搬設備の改良なども実施された。鉄鉱石は当初，マレーシア・フィリピン・インドなどから輸入されていたが，1970年代以降はオーストラリア・ブラジルから輸入されるようになった。原料炭は当初国産も多く，アメリカ炭が輸入されていたが，1970年代にはオーストラリアから輸入されるようになった。

し，八幡製鉄を再実施権者とする特許契約が締結された。日本の特許料はアメリカと比べて格安で，通産省が日本鋼管と八幡製鉄の競争を抑制した結果であるといわれている。当初は生産品質に問題があるのではとの懸念もあったが，やがてBOFは平炉に比べて著しく生産性が高く，不純物が少ないため，特殊鋼の製造にも適用できることが明らかとなった[68]。日本では上記2社以外の企業にもBOFが非常に早く普及し，日本鉄鋼業の競争力を高めたが，これは安い特許料のほか，屑鉄価格が高かった日本において，屑鉄なしで製鋼できるBOFは有利であったこと，BOFの普及期に日本の鉄鋼産業が生産を急速に伸ばしたことなどがその要因として指摘されている[69]。戦前以来日本には転炉製鋼法があまり普及しておらず，おもに平炉で製鋼されていたが，1977年には平炉による製鋼が廃止された（リン，1986；飯田，1979，第5章；下川，1989，第3，4章）。

　圧延工程では，ストリップミルでの立ち遅れが強く意識され，第1次合理化の際にストリップミルが各社で相次いで導入された。鋼板の需要部門である造船・自動車・家電などの需要産業の成長にあわせて急速に普及していったが，その後も設備の大型化・高速化が進んでいった。またその前工程である造塊工程では，それまで溶鋼をいったん鋼塊にし，再び加熱した上で，分塊圧延して鋼片にして，次の圧延工程に送っていたが，溶鋼から直接鋼片を製造する連続鋳造法が開発された。熱効率の向上に加えて，品質の均一化，歩留まりの向上，工程の簡略化による省力化などのメリットがあり，1950年代に普及が始まっていたが，本格的に普及するのは1970年代以降で，やはり日本での普及は世界の他の国々と比べて速かった。これはわが国でもっとも需要の多いストリップミルで製造される鋼板の製造に用いるレベルの鋼片を1970年頃に連続鋳造機で製造できるようになったことが大きい（奈倉，2010；下川，1989，第5章）。

　こうして各工程において製鉄設備の大型化・連続化・高速化が急速に進展していったが，操業条件を厳格に管理することが必要となり，各所にセンサーを設置して，コンピューターで管理するようになっていった[70]。これによって工員の熟

---

68) 排気ガスがひどいという欠点があったが，廃ガス回収装置が開発された。日本でもOG法が開発され，海外に輸出された。
69) リン（1986）は，このほか日本の協力会社（耐火煉瓦製造会社やBOFを製造するメーカー）との協力関係なども重視すべきであるとしている。またNakamura and Ohashi（2008）は，BOFを導入した直後は生産性が低下したが，2年で平炉で拡張した水準に追いつき，その後ははるかに生産性が勝ったことを実証している。

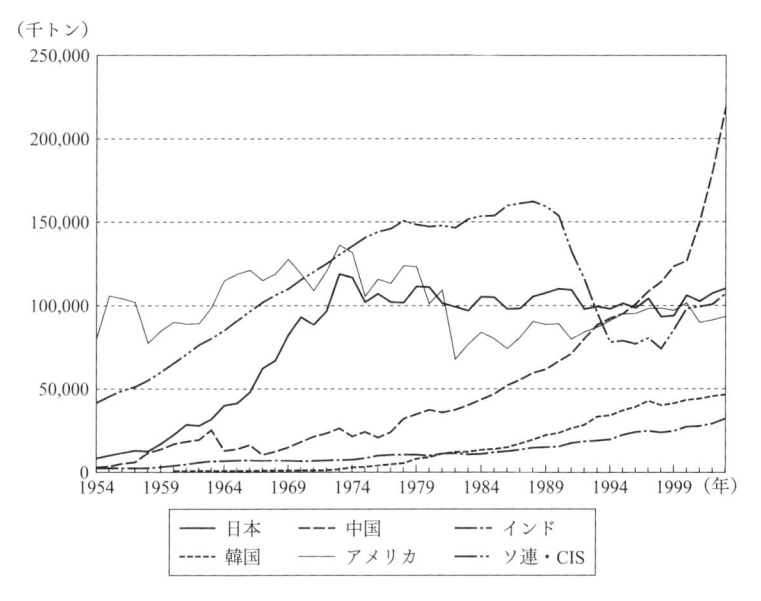

図 4-9　各国の粗鋼生産高

出典）日本鉄鋼連盟編（1964, 1974, 1984, 1994, 2004）など。

練によって反応状況が判断され，バルブなどを開閉して管理していたことが，集中管理され，機械やさらにはコンピューターによっておこなわれるようになり，工員の労働は次第に監視労働の色彩を強めていった。またこのような生産現場の管理にとどまらず，需要家への製品を小ロットでコンピューターによって管理することがめざされ，需要家からのオーダーをコンピューターにエントリーして，工程のなかで管理するようになり，製品の在庫も減少していった。どの需要家への鉄鋼なのかは製造の途中で認識されるようになっていくのである（坂本，2005；夏目，2005）。

　日本の鉄鋼業は急速に発展していき，1964年には西ドイツを追い抜いて，アメリカ・ソ連に次ぐ世界第3位の粗鋼生産国になるに至った（図4-9）。これはすでに述べたとおり，最新鋭の技術を世界各国の企業から導入したことと規模の

70）コンピューター化する際には，熟練工のもつさまざまなノウハウをソフトウェアに取り込んでいった（永田，1995）。

経済を実現したことによるが,世界各国から技術を輸入したため,日本の生産設備は,「外国製製鉄機械と技術の見本市ともいえるほど,原料処理から亜鉛メッキ設備に至るまで,ことごとく外国技術で装備されるという,欧米にはちょっと例をみないほどの異常な姿になってしまった」(髙橋,1965,30-31頁)といわれるまでになった。第1次合理化では高炉関連設備,第2次合理化では製鋼設備がほとんど国産化され,第3次合理化でストリップミルの国産化がおこなわれるようになり,1970年頃には製鉄機械がほぼ国産されるようになっている(主なメーカーは日立製作所,三菱重工業,石川島播磨重工業など)。ただし国産といっても国内メーカーが外国図面を購入して製作する,外国技術によって国内で設計・製作する,国産技術によって設計・製作するという段階があり,徐々に国内設計・国内技術へと進化していった。戦後においても製鋼・圧延の要素技術はほとんどすべて導入技術であったが,日本の鉄鋼メーカー・製鉄機械メーカーは無数の小さな改良を蓄積していき[71],その蓄積がある閾値を超えたところで,鋼板の性質を自在に作りこめるという大きなイノベーションになっていった。これが自動車用鋼板の製造に大きな威力を発揮し,日本鉄鋼業の競争力をなしていくのであるが,自動車産業の厳しい品質要求に応えようと,寄せ集めの機械体系の改良を重ねるなかで,日本の製鉄設備が統合的(インテグラル)な体系へと変化していったのである(横手・南条,1969;中岡,2002;藤本,2009)。

オイルショックに際しては,それまで重油を高炉に吹き込むなどしていたが,石油に替わって微粉炭を吹き込むなどの操業方法を開発していき,1980年頃には石油の吹き込みがほとんどなくなった。さらに徹底した排熱回収などの省エネルギー設備への投資もおこなわれ,投入エネルギー原単位が低下していった(彼島,2010)。

2)画期的なフロート法の採用――ガラス

戦時期に入るとガラス産業が平和産業であること(たとえば建築は大きな制約を受けた)から1937年をピークに板ガラスの生産は減少していった。生産・流通ともに統制下におかれたが,強化ガラス・合わせガラス(2枚のガラスの間に

---

71) Ohashi(2005)は,日本鉄鋼業は1950年代から1960年代にLearning by doingの効果が非常に大きかったことを実証している。

樹脂を挟み，成形したもので，衝撃を受けても破片が飛散しない）は，防弾用に用いられることから生産が始まり，生産高が急増していった。戦争末期・敗戦直後は原燃料不足から生産が落ち込んだが，徐々に回復していき，高度成長期を迎えることとなる[72]。

戦後のガラスの需要は，板ガラスでは普通板ガラスの需要に加えて，ビル建設の進展と開口部の大型化による厚板・大型の磨きガラスや網入りガラス（ガラスの中に金網が入っており，割れにくく防火性も高い）の需要増大および自動車生産の増加による強化ガラス・合わせガラス（両者を総称して安全ガラスという）の需要増大（磨きガラスが前提）によって特徴付けられる[73]。一方，戦前期においても電球・真空管の生産が増加し，電気ガラスの生産が増加していたが，戦後にはテレビ生産が増加し，まったく新しい製品であるブラウン管（cathode-ray tube, CRT）の需要が急増したことも特徴として挙げられる[74]。

ガラスも戦争中に海外との技術格差が広がっていたので，技術を向上させていく必要があった。まずガラス原料の熔解と清澄については，海外との接触が許された1950年から，ガラスを熔解し，清澄する槽窯の改良のためにアメリカから技術が導入された。旭硝子はコンサルタントを通じて[75]，日本板硝子は出資企業のリビー社を通じて技術が導入された。また原料投入に関しても，1950年代には自動投入機によって投入されるようになった。原料の秤量・混合・投入が機械化されることで均一化され，熔解と清澄が区切られた結果，ガラスの品質が格段に向上している。また燃料も石炭から発生させるガス（発生炉ガス）から重油へと転換され，カロリーが安定し，燃焼の制御が容易なことから，品質の向上に貢献した。1960年頃には原料の調合・槽窯への投入・炉内の温度や圧力などが自動調節されるようになり，さらに細かな品質管理がおこなわれるようになったの

---

72) 戦前は朝鮮の珪砂に依存していたが，使用不可能となったので，瀬戸で粘土質砂層から珪砂を採取する技術が確立された。1980年代以降は，オーストラリアから輸入される天然珪砂が主流となった（森，2007，125頁）。
73) 1956年に自動車のフロントガラスへの安全ガラスの装着が義務付けられ，1987年に合わせガラスの装着が義務付けられた。
74) このほかガラス繊維や光ファイバーの生産も増加するが，ここでは触れない。また板ガラスでも熱線吸収ガラスなど新しい商品が開発されているが，やはり触れない。
75) 旭硝子は1944年に日本化成工業と合併して三菱化成工業となったが，企業再建整備の結果，1950年に再び旭硝子となった。

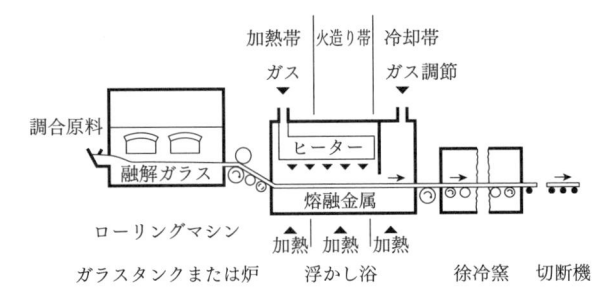

図4-10 フロート法の概念図

出典）黒川（2005, 240頁）。
注）溶融されたガラスが炉から浮かし浴（フロートバス）の溶融スズの上に流し込まれ、界面張力などで平面に広がった後、徐冷窯で徐冷されて板ガラスとなる。

であり、その後はそれがコンピューターと結び付けられていった（旭硝子株式会社臨時社史編纂室編、1967；日本板硝子編、1968）。

　磨き板ガラスの需要の増加に対応すべく、研削・研磨機械や磨き素板に関する技術が導入されたが、1959年にピルキントン社が画期的なフロート法を開発した。フロート法とは溶融されたガラスを溶融スズの上に流し込み、浮かんで流れているうちに界面張力などにより決定される厚みまで拡がらせ、成形するものであり（フロートバス）、厚みの均一な（ロールなどに触れていないため）光沢のあるガラスが製造できるので、研削・研磨工程が厚板ですら不必要で、磨きガラスにとって代わることになった。素材産業は組立産業よりも工程の数がはるかに少なく、それにもかかわらず1工程を省略できるのはまさに画期的で、半世紀に1度の技術革新といわれている（図4-10）。当初は成形できるガラス板の厚みが6ミリ程度に限られていたが、1962年には3ミリまで製造できるようになり、自動車用の合わせガラスに用いられる厚さになったことから、他社にライセンスされ、世界の多くのメーカーがフロート法を採用した。その後もより薄板・より厚板がフロート法によって製造できるようになり、さらに垂直に引き上げる必要もないので、溶融槽を拡大すれば、規模を拡大することが容易で、生産性も高いため垂直引き上げ法を駆逐していき、今日において垂直引き上げ法を採用している企業は先進国にはない。その結果、普通板ガラスと磨き板ガラスの区別も消滅し（ロールアウト法は型板・網入り板の製造に用いられている）、フロート板ガラスとなっている。規模の経済性が働き、寡占になりやすいというガラス産業の性格は、

フロート法によりさらに強まった。日本でも旭硝子・日本板硝子・セントラル硝子の3社がフロート法を導入している（アッターバック，1998，第5章；森，2007；大神，2009）[76]。

　安全ガラスのうち強化ガラスは，ガラス素板を加熱したのち，空気によって急速に冷却させて製造する。自動車のデザイン性が要求されるにつれて，曲面が求められるようになると，加熱後にプレスによるか，加熱中に自重によって変形させて，冷却されるようになった。PPGやフランスのサンゴバン（Saint-Gobain）などからさまざまな技術が導入されている。また合わせガラスは，2枚のガラスを加熱して（曲面に変形させたのち），その間に樹脂膜を挟み，高温・高圧で圧着したものである[77]。

　このように戦後の板ガラス産業の発展にとって海外からの技術導入が重要な役割を果たしたが，国内企業の技術基盤も決して低いものではなかった。戦前期からいくつかの機械がメーカーによって製造されており，戦後もそれが継続されていた。またフロート法の導入にあたっても，フロートバスはピルキントン社の技術に全面的に依存したが，その前後の工程は日本の会社の自社技術によっておこなわれていたし，日本板硝子はフロート法を導入すると厚板の製造技術を独自に開発し，世界に先駆けて販売した。さらに旭硝子はフロート法が薄板を製造できるようになってきたのに対抗する技術としてフルコール法の改良技術を開発し，海外に技術を輸出した（ただし，1971年に開発されたが，フロート法におされて1982年に生産終了）。このことを特許の面からみると，1960年代は技術導入件数がフロート法などのために増加したが，1970年代には国内特許の申請が増加しており，導入技術の改良技術が開発されたことを示している（村上・末本，1988；森，2007）。

76）宇部曹達工業は1958年にセントラル硝子を設立して，ガラス製造に参入した。同社は両面磨きの画期的装置であるデュープレックス法を導入していたが，フロート法を採用した。厚板需要の高まりに対し，セントラル硝子は垂直引き上げ法で厚板製造に適するピッツバーグ法をピッツバーグプレートグラス（PPG）社から，旭硝子はピッツバーグ法の改良技術をベルギーのグラバーベル（Glaverbel）社から（旭硝子は戦前にピッツバーグ法を導入していたが厚板の需要が少ないので廃止していた）1960年代に導入し，厚板ガラスを生産していたが，これらものちに生産が中止される。
77）瓶の生産は戦前期に自動機械が導入されていたが，戦後にはさらに生産性の高いIS（individual section）機が導入されている。

電気ガラスは板ガラスと組成が異なっており，戦前には電球・真空管などが生産されていたが，板ガラスメーカーは生産にかかわっておらず，東京電気など電気機械メーカーや中小のメーカーが生産をおこなっていた。戦後にはこれらに加えて，ガラス管の技術を用いて，蛍光灯も生産されるようになった。テレビの放送が1953年に始まり，外国から技術を導入してテレビ受像機の生産が始まると，CRTの国産も課題となった。すでにアメリカで低コストで生産されており，規模の経済性によって低価格を実現する必要があったため，CRTのバルブの生産は1社に限られ，旭硝子が生産をおこなうこととなった。旭硝子はコーニング（Corning）社から技術を導入し，子会社を設立して（のちに旭硝子に吸収），1955年に半自動式で生産を開始したが，需要が急増したため，1956年には全自動式の機械で生産を開始した。生産が増加するとともにコストも低下し，1959年にはコーニングのアメリカでの販売価格を日本に引き直した価格を下回るという目標を達成した。当初は規模の経済を実現するために14型70度の生産に集中していたが，大型バルブの生産も1960年代に入ると増加し，より角度が大きく，肉厚の薄いものが生産されていった。品質の点でも世界的な品質に劣らないものとなっている。またテレビが白黒からカラーへと変化していったのに対応して，カラーバルブの生産も順調に立ち上がっていったが，カラーバルブ専用の素地を開発してようやく品質が安定している。さらにバルブの関係部材や金型もコーニングからの輸入に頼っていたが，やがて国産できるようになっていくなど，国産技術は発展し，深化していった。旭硝子のバルブ生産量は，1957年には白黒が73万組であったのが，1966年には白黒443万，カラー82万にまで増加し，1973年にはカラーが590万となっている。こうした状況のなか，1961年に東京電気硝子，1965年には日本電気硝子（オーエンス・イリノイ〔Owens Illinois〕から技術を導入）による生産が開始されている（旭硝子株式会社臨時社史編纂室編，1967，343，424-430頁；旭硝子株式会社社史編纂室編，2007，69頁）。

　また液晶テレビが開発されると，そのパネルに用いられるガラスが必要となったが，液晶パネルの進歩とともに，より高温に耐え，より薄く歪みのないガラスが求められるようになっていった。この分野ではコーニングのグループが大きな世界シェアをもつが，旭硝子と日本電気硝子もそれに次ぐ地位を保っている。

　旭硝子は1956年にインド，1964年にタイ，1972年にインドネシアに進出するなど早くから国際化に取り組んでいたが，1981年にはかつてピッツバーグ法の

改良技術を導入したグラバーベル社を買収し，その後同社を通じて，PPGのヨーロッパ事業を買収するなどヨーロッパに大きな拠点を築いた。また自動車会社がアメリカに進出すると1985年にはPPGとの合弁会社を北米に設立し，のちに完全子会社としており，世界的な生産体制を築き上げた世界有数の企業となっていった。

4　組立産業の本格的発展──造船・オートバイ・自動車・時計・カメラ・テレビ

　ここでは組立産業として，前章で検討した造船（船舶），自動車，時計，カメラに加えて，戦後に急成長したオートバイとテレビを取り上げる。いずれも大量生産体制を確立して高度成長期に急成長し，やがて世界市場を席巻したが，大量生産体制がどのように確立されたのか，および先行する世界の企業にどのように追いついたのかを，設計や開発も含めて検討する。そこでは，大量生産体制を本格的に追求した（船舶，オートバイ），キーとなる技術に世代的なギャップが生じ，成熟していた市場が再活性化した（時計，カメラ，テレビ），およびアメリカが得意としない低価格品のセグメントで競争力をもち，やがて高級化していく（自動車）などのパターンがみられ，発展の要因が，先進国と同じものを低賃金を利用して組み立てる，という単純なものだけではなかったことが強調される（相対的低賃金が作用しなかったというわけではもちろんない）。

1 ）ブロック建造法による発展──造船

　日中戦争が勃発すると，船舶と造船も政府の強い統制のもとにおかれ，1939年には船舶の建造に政府の許可が必要となった。船舶建造の能率を上げるために1939年に標準船型が決定され，その建造が推進された。日米開戦後には，船舶運営会が設立され，海運が一元的に管理されるとともに，産業設備営団が造船を一括注文することとなった。南方等からの物資輸送が重要である一方，戦争による船腹喪失が増加したため，艦艇建造と競合しつつも，商船建造が強力に推進され，標準船型を簡略化した戦時標準船型が決定された（第1次から第3次まで）。同型の商船を大量に建造することで，効率化がはかられ（これは戦争中の各国でみられ，アメリカのリバティー船などはとくに有名である），いくつかの戦時標準船建造工場が建設された。改E型という830総トンの小型船舶では，4つの造船

所が新たに建設され，簡易な設計とはいえ，それぞれ年間100隻もの船舶を，囚人を中心とした不熟練労働によって建造することが目指された。そのために船舶をブロックにわけ，ブロックを地上の工場で建設して，船台（もしくは船渠）にブロックを運んで組み立てるブロック建造法が採用された（建造の隘路となる船台での作業期間が短縮され，建造隻数が増加する）。ブロックの製造には一部溶接が採用され，作業効率が引き上げられたが，溶接の強度に不安があったため，ブロック同士の接合には鋲接が用いられた（図4-11）。経験曲線効果もあり，建造のペースは各造船所とも上昇していき，もっとも生産が多かった播磨造船所松の浦工場では，2年弱の間に163隻，136,490総トンもの船舶が建造された（寺谷，1993；高柳，1993；南崎，1996）。

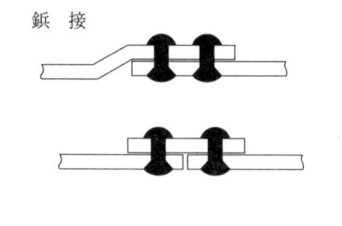

図4-11 鋲接と溶接
出典）片山（1970, 153頁）。

敗戦により造船施設は賠償の対象となったが，冷戦の激化により，賠償による撤去は実施されなかった。海軍工廠の施設は，横須賀工廠がアメリカ軍の基地として接収されたほかは，民間に引き継がれた[78]。戦争により大量の船舶が失われたが，戦後当初はアメリカから貸与されたリバティー船の復員船への改造・艦艇解撤・漁船や連絡船の建造などがおこなわれた。戦後の海運・造船業の復興にとって大きな役割を果たしたのが，1947年から始まった計画造船であり，国内船主がみずから調達した資金のほかに公的資金の融資を受けて，国内造船所で船舶を建造した[79]。計画造船のほか，国内船主の調達した資金による造船（自己資金船）と外国船主による造船（輸出船）があるが，輸出船については，外国造船企業と競争するために延払いを認める必要があり，その間の資金を日本輸出入銀行が有利な条件で造船企業に融資した。戦後の造船業はこうした手厚い保護のもと

---

78) 呉工廠は播磨造船所，佐世保工廠は佐世保船舶工業，舞鶴工廠は飯野産業に貸借され，のちに（その後継企業に）払い下げられた。大湊工廠は函館船渠に貸借されたが，立地条件が悪く，国に返還され，閉鎖された。

79) 公的資金は，1947年と1948年が復興金融金庫，1949年から1952年が見返り資金特別会計，1952年以降が日本開発銀行からの融資であり，融資のスキームも変化している。1953年から1981年は若干の中断を含むが，融資への利子補給もおこなわれ，さらに市中銀行の融資の政府保証もおこなわれている。

(千総トン)

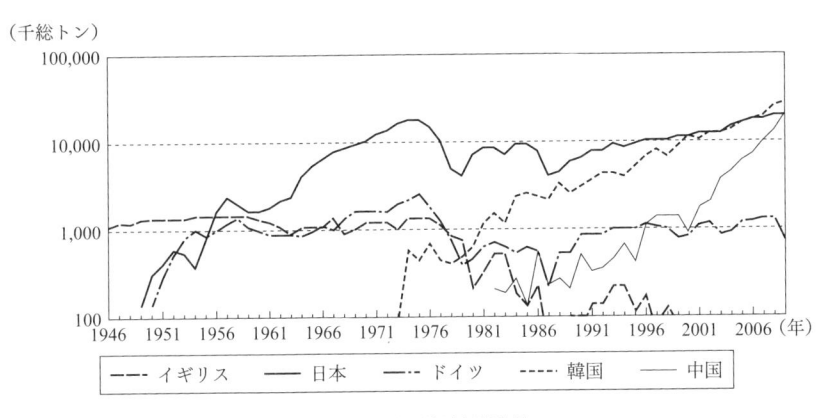

図 4-12　各国船舶建造量

出典) 金子編 (1964, 428-429頁); 日本船舶輸出組合 (1973, 1985); 造船統計要覧編集委員会編 (1989, 1993, 1998, 2002, 2006); 日本造船工業会編 (2010)。
注1) 1991年まで進水ベース, 以後は竣工ベース。
　2) ドイツは1990年まで西ドイツ。

に成長していくのである（片山, 1970, 第V篇）。

　日本の船舶建造量は1956年にイギリスを追い越して世界一となり, 2000年に韓国に追い越されるまでその地位を保った（図4-12）。戦後直後には計画造船の比率が高かったが, 1954年以降の建造の伸びを支えたのは戦前期にはほとんど実績のなかった輸出であった（国内の自己資金船の比率は一貫して低い）。政府保護の役割は, とくに初期には小さいとはいえないものの, 造船業の成長は政府の保護のみによってもたらされたものではなく, 製法革新による生産性の向上, 経済性の高い船舶という製品革新, および関連する制度や産業の発展が実現したためであった[80]。製法革新では溶接とブロック建造法の採用があげられる。鋲接（建造にあたり非常に多数――貨物船で10万本程度――の鋲を必要とする）と比べて溶接は作業が容易であり, 戦間期から徐々に採用されていたが, 第2次世界大戦中にアメリカを中心に急速に発達した。戦後に溶接, しかも自動溶接の技術がブロック建造法とともに本格的に導入されたことにより, 工期が短縮され, 工数が減少するとともに, 鋼板の重複部分が不要になるために, 船舶の重量が減少し,

---

[80] 海運・造船業の発展については, Chida and Davies (1990) および伊丹敬之・伊丹研究室編 (1992) がコンパクトな説明を与えている。

載貨重量が増加した。船舶の原価は低減することとなる。溶接とブロック建造法がうまく機能して建造能率を引き上げるためには，まず鋼板が正確にすばやく切断されている必要がある。設計図面をもとに鋼板に罫書きする作業も実物大の木型を作成し（現図），それをもとに鋼板に罫書きして切断していたのを，現図の作成を省略し，10分の1程度の縮小現図を図面で作成し，フィルムなどから投影して罫書きする方法を経て，縮小原図の情報をもとに自動切断機で鋼板を切断するようになっていった。さらに船台・船渠でブロックを組み立てるときには，すべてのブロックが完成していなければならず，工程計画が厳密に計画されるようになった。とくにブロックを製造する段階で，配管などの艤装をできる限りすませておく先行艤装がおこなわれるようになり（進水から竣工までの期間が短縮される），詳細な計画が必要となった。そのため生産設計がおこなわれ，作業方法を作業員に指示する工作図が作成されるようになった。それまでは技術者が何を作るのかを指示し，現場の職長がいかに作業するのかを熟練をもとに決定していたが，いかに作業するのかを作業のペースも含めて技術者が指示するようになったのである[81]。造船は船台に作業対象が次々と運び込まれて組み立てられていく建造（construction）から，必要なときに必要な場所に必要な作業対象がコンベアによって作業員のもとに運搬されてブロックが建造され，船台・船渠でブロックが組み立てられていく製造（production）へ変化していった。これらによって低コストと短い納期が実現し，競争力が高まった[82]。こうした方法を積極的に採用した造船所としては播磨造船所（1960年に石川島重工業と合併して石川島播磨重工業となる）が有名である。外注率の相違があるので単純な比較は慎むべきであるが，1964年には石川島播磨重工業相生造船所の工員1人当たりの進水量が三菱重工業長崎造船所のそれをはるかに上回っており[83]，1959年には前者の造

---

81) 造船の作業者は特定の作業のみをおこなっていたが，多くの作業をおこなう多能工になっていった。造船労働者がこうしたフレキシブルな編成を拒否しなかったことは大きな発展要因であったといえる。

82) 祖父江（2008a，2008b）は輸出ブームの初期の日本の短納期は，長時間労働によるところが大きく，工数のレベルで国際水準に追いつくのは，1960年頃であるとしている。もちろん日本の低賃金がそれを補っていたのである。日本に建造量で迫りつつあった1994年の韓国の工数は，日本の1970年代前半のレベルであるとされており（南崎，1996，136頁），似通った関係にあったことがわかる。

83) 三菱重工業は戦後に3分割されたが，1964年に3社合併し，三菱重工業となった。

船所の進水量は後者のそれの半分に過ぎなかったが，ほとんど設備拡張がなかったのにもかかわらず 1964 年には 3 割も上回るに至った（上田，1999，276 頁；南崎，1996，66 頁）。なお呉工廠の船渠を貸与されて自社向けの船舶をアメリカ式の建造方法で建造した NBC（National Bulk Carriers）造船所は，その使用条件に国内造船企業にその作業を公開することが含まれており，日本の造船方法の革新に大きな影響を与えた。

製品革新としてあげられるのは，専用船化・大型化，推進効率を高めた経済的な船型の開発，および自動化船である。まず戦後に荷動きが増えると船舶は大型化した。日本がもっとも得意としたタンカーがその典型であるが，大型化は荷物単位量当たりのコストの低減に寄与したので，大型船の開発が盛んにおこなわれた。また戦前はタンカーにほぼ限られていた専用船が，荷動きの増加とともに鉱石などでも建造されるようになり（自動車運搬の専用船も開発された），専用化により積荷スペースが効率化され，荷物の揚げ降ろしの効率性も高まった。船舶の大型化にともなって大型の船渠とクレーンが各造船所で次々と建設されていった。経済的な船型では，波の抵抗を減少させる球状船首と長さが短く幅が広いズングリ船型が有名である。これらは造船に関する理論的な研究と戦前以来の大型水槽による実験などを経て開発されたものであり，運輸省や三菱長崎造船所の大型水槽に加えて，各社が独自の水槽を装備するようになった。最後の自動化船は，所得が高い国ほど船員費が高くなるので，船員数を減少させることを狙って，機関室を廃止して機関をブリッジから操作するブリッジコントロール，諸機械の計器の集中監視方式，無線装置の自動化などが採用されていった。自動化船の設計には造船・機械・電気の技術者の総合的な協力が必要とされた。

最後に関連する制度と産業の発展であるが，まずは大学などの研究者を中心に造船各企業が参加して，技術研究を共同でおこない，成果を相互に公開した。こうした協力が進展した要因として，欧米に対して技術的に圧倒的に遅れており，研究開発を効率的におこなう必要があったこと，造船学科が存在する大学が少なく，造船の研究者や実務家のまとまりがよかったことがあげられるが，こうした体制は各社の独自性を減少させたとも指摘されている。また関連産業の発展では，まず鉄鋼の発展があげられる。戦後直後には日本の鋼板価格は世界的に割高で，かつ品質がよくなかった。鉄鋼メーカーの努力により，鉄鋼価格の割高が解消されるとともに，鉄鋼・造船メーカーの協力により溶接に適したキルド鋼・セミキ

ルド鋼が生産できるようになった。また建造量が増加し，鉄鋼需要量が増加するとその在庫増加も大きな問題となったが，鉄鋼メーカーが間隔を短くして納入する管理システムを構築していったため，鉄鋼在庫の増加が抑えられた（造船メーカーも使用鋼材の品種を絞るなどの工夫をおこなった）。さらに舶用機関については，高出力・高能率のディーゼル機関が開発され（ターボ過給機など），タービンは一部の大型船にのみ装備されるようになっていったが，ディーゼル機関についても外国メーカーとのライセンス関係が戦後に復活し，戦後の技術革新が吸収されていったのみならず，ライセンシーである日本のメーカーがライセンサーである外国メーカーに次第に技術を輸出できるようになっていった。またポンプ類・補機・航海計器・無線機器などは発展がさらに遅れ，1960年代後半に至るまで，輸入品が取り付けられることが多く，造船は主機を除けば，組立産業としての性格が強かったのであるが，やがて国産品が装備されるようになっていった（片山，1970，第Ⅳ・Ⅸ篇；高柳，1993；寺谷，1993；南崎，1996，第1部；沢井，1995b，1998；上田，1999，第1章）。

　オイルショックによって船舶建造量は激減した。オイルショックの直前に各社とも大型投資をおこなっていたので，その反動が大きく，造船業は特定不況産業安定臨時措置法の指定を受け，2度にわたって設備の廃棄をおこなうとともに，新規の設備投資は制限された。1回目の廃棄は大手造船所により大きな廃棄の負担が課せられ，競争力の維持の観点からは問題があったが，2度目はほぼ一律の廃棄負担となった。オイルショックにより船舶の需要も大きく変化し，大型タンカーの割合が減少し，中小型タンカーやバラ積み船・コンテナ船・LNG船の割合が増加するとともに，燃料消費の節約が求められた。大型タンカーの増産を得意としていた日本にとっては，不利な状況であったが，コンピューターの導入による効率化などで建造量世界一の座は揺るがず，1979年をボトムに建造量は増加していった[84]。しかしこの回復期には，大手造船所のシェアが低下し，今治造船・名村造船・常石造船などに代表される中手造船所のシェアが増加していった

84）このほか高張力鋼の採用による軽量化（溶接しやすい高張力鋼の開発を含む）やディーゼルエンジンのストロークを長くし，回転を落とし，大型スクリューを低速で回転させるとともに，熱効率の良い静圧過給方式を採用することで船舶の燃費を改善した。2000年代後半には，1970年代半ばより少ない設備と少ない人員で，より多くの竣工を実現している。

（表 4-13）。中手造船所は，相対的な低賃金にも恵まれ，すぐれた設計をもつ少ない種類の船種に生産を絞り込み，そのかわりに低コスト・短納期で応じるという戦略によって，シェアを伸ばしていった。ただし中手造船所は舶用機関を外注しているので，舶用機関では大手のシェアはあまり変化していない。中手造船所の伸びによって，船体と機関の一体生産という明治以降の垂直統合的な造船業の姿は変化しつつあるといえる（溝田，1997，第 9 章；麻生，2007，2008；具・加藤・向井，2010）[85]。

　こうした努力にもかかわらず 1980 年代半ば以降の円高の局面では，韓国の追い上げを受け，竣工量で 2000 年に追い抜かれると，その差は開いていき，2009 年には中国にも追い抜かれることとなった。大手造船所は不振に悩み，2002 年には日本鋼管と日立造船が造船部門を統合してユニバーサル造船が誕生するに至ったが（2008 年には日本鋼管の後身の JFE ホールディングスの子会社となる），さらに 2012 年にはアイ・エイチ・アイ マリンユナイテッドと合併し，ジャパンマリンユナイテッドとなることが発表された。中手造船所はこのなかでも生産を伸ばし，2006 年の世界ランキングでは，今治造船が 3 位，常石造船が 5 位であり，ユニバーサル造船（6 位）・三井造船（7 位）・川崎造船（川崎重工業が造船を子会社化，2010 年に川崎重工業へ再統合）（8 位）・三菱重工業（10 位）よりも上位に位置している（具・加藤・向井，2010，42 頁）。戦前以来，造船企業は造船の景気循環の波を平準化すべく，鉄工その他の事業に多角化しており，とくに大手ではそのペースを速めつつあり，大手造船所では造船の比率は小さくなっているが，中手と大手という区別は建造量の点からは意味のないものとなっている（さらに中手造船所で大型タンカーの建造能力をもつものもある）。また後発国の追い上げを受けたときにとられる手段として，海外生産の拡大があるが，造船大手

---

85) 神戸発動機，赤阪鉄工所，阪神内燃機工業などの機関製作をおこなう有力企業も存在しており，機関を外注するビジネスは早くから存在していた。船舶用機関としては，B&W，Sulzer，MAN などが世界的なメーカーであり（日本ではこれに UE 機関を製作する三菱重工業が加わる），世界中でライセンス生産がおこなわれていたが，B&W が MAN に 1980 年に買収され，Sulzer もバルチラ（Wärtsilä）に 1997 年に買収されている（田山，2007）。1990 年代後半から MAN B&W の優位が世界的に確立し，MAN B&W を製造している三井造船のシェアが上昇，Sulzer（Wärtsilä）を製造しているディーゼルユナイテッド（2007 年に石川島播磨重工業から改称した IHI の 100 ％子会社となった）のシェアが低下した。

表 4-13 船舶建造と機関製造

船舶竣工量	1965年			1981年			1998年		
	隻	1,000 GT	シェア(%)	隻	1,000 GT	シェア(%)	隻	1,000 GT	シェア(%)
三菱重工業	37	1,123	20	27	1,015	12	23	930	9
石川島播磨重工業	42	1,471	26	23	964	11	12	700	7
住友重機械工業	9	265	5	5	140	2	7	269	3
日立造船	30	637	11	17	524	6	13	748	7
三井造船	21	540	10	17	736	9	15	765	7
日本鋼管	14	326	6	12	434	5	13	580	6
川崎重工業	10	299	5	8	468	6	11	446	4
7社計	163	4,661	82	109	4,282	51	94	4,438	43
全国	1,613	5,678		839	8,400		561	10,206	

ディーゼル機関	1970年			1981年			1998年		
	台数	1,000 馬力	シェア(%)	台数	1,000 馬力	シェア(%)	台数	1,000 馬力	シェア(%)
三菱重工業	33	371	10	58	866	17	35	1,002	16
石川島播磨重工業	67	622	17	82	1,018	20	61	1,062	17
住友重機械工業	31	387	11	22	300	6	—	—	—
日立造船	47	471	13	50	586	11	52	822	13
三井造船	37	581	16	97	1,290	25	103	1,615	26
日本鋼管	…	…	…	…	…	…	6	94	2
川崎重工業	28	278	8	16	172	3	32	568	9
7社計	243	2,710	76	325	4,231	81	289	5,164	84
全国	515	3,567		557	5,193		448	6,128	

出典）日本船舶輸出組合編（1966, 155頁）；溝田（1997, 230頁）；麻生（2007, 242頁）；造船統計要覧編集委員会編（1983, 88-91頁；2000, 76-77頁）。

注1）継続性を得るため，1965年の船舶建造量は，のちに合併される会社の建造量を含んでいる。
2）1965年の三菱重工業の建造量は，下関造船所を含んでいない。
3）石川島播磨重工業と住友重機械工業は1998年にディーゼルユナイテッドを設立。
4）1998年の機関は搭載実績。全国搭載量が得られないので，搭載量の得られる14社の合計をとった。

では，川崎造船が1995年に中国に合弁会社を設立したのが目立つくらいである（エンジンでは日立造船・三井造船が日中合弁会社設立）。そのなかで常石造船は，技術移転に苦労しつつもフィリピン・中国で建造をおこなっており，造船での発展を模索している。

2）コピーからの早期脱却——オートバイ

　戦前にも国内でオートバイは生産されていたが，当時は自転車の普及期であり，オートバイの生産台数は，4輪車や3輪車の生産台数よりもはるかに少なく，多くのメーカーは部品を購入して組み立てる町工場の域をでなかった。そのなかで陸王内燃機はアメリカのハーレー・ダビッドソン（Harley-Davidson）社のオートバイのライセンス生産（設計図・工作機械・治具・鋳型を購入し，職長の派遣を受ける）をおこなっていた。戦争に突入するとオートバイの生産も統制され，陸王内燃機のみが敗戦まで生産を続けた。

　敗戦直後には輸送手段が限られていたので，飛行機の生産をやめた企業がスクーターを生産し始めたが，やがて自転車にモーターを取り付ける原動機付自転車（バイクモーター）が普及し始めた。荷物の運搬を主たる用途としたが，丈夫な自転車のフレームに低い出力のエンジンをつけて，駆動装置を取り付ければよかった。やがてより多くの荷物をより高速で運搬できるようにするため，エンジンの出力が引き上げられ，それに耐えられる専用のフレームに取り付けられるようになり，オートバイとなっていった。部品を購入して組み立てることで生産できたので，市場の見込みが開けると多くのメーカーが参入し，1954年には204ものメーカーがひしめきあうこととなった（太田原，2000，7頁）。こうしたなかで本田技研工業（ホンダ）は，オートバイの大量生産を志向して，大量の工作機械を購入し，加工精度を高めるとともに，コンベアによる流れ生産を実現していった。巨額の投資がたたってホンダは倒産の一歩手前まで追い詰められたが，1954年の不況を境に，設備投資をおこなって品質を向上できない企業の淘汰が始まり，オートバイの生産は部品から製品への一貫生産をおこなう企業によって担われるようになった（山村，2006）。こうして企業数は1955年に82，1960年に24，1965年に7へと減少し，ホンダ，ヤマハ発動機（ヤマハ），鈴木自動車工業（鈴木式織機が改称，スズキ），川崎重工業の4社を中心とする構造となった。

　戦前からのメーカーも製品開発の経験はなく，新規参入企業はオートバイ生産

の経験すらなかったので，外国製品をコピーするところから始めた。そして経験を積むうちに次第に独自の機構が組み込まれるようになり，やがてデザインもオリジナルなものとなるとともに，性能的にもヨーロッパのオートバイに引けをとらないものとなっていった。オートバイの性能は，レースを通じて引き上げられていった。さらに所得の上昇とともに 1955 年頃からオート三輪車・小型トラックが荷物運搬手段として普及し始めたので，オートバイはそれまでの運搬手段からスポーツ性や通勤手段としての性格を重視したものに変化していった。最大の企業となったホンダでは，1957 年のドリーム C70 が，またヤマハではやはり 1957 年の YD が，最初のオリジナルなモデルといわれているが，スポーツ性を重視したものとなっている。オートバイ企業の淘汰には生産能力のみならず，開発能力の差異も影響していたのである。ホンダでは多額の研究費と多くの人材を投入して，開発部門を充実させたが，カンや官能に頼っていた開発に科学的な分析を導入するために，さまざまな検査機器が導入されたことには注目する必要がある。ホンダでは「試作から量産への管理の進歩」「プロジェクトの同時進行」「試作期間における原価意識の徹底」を目標として，開発と生産設計のオーバーラップ開発方式を押し進め，迅速なモデルチェンジをおこなうことで，競争力を高めようとしていった。開発と生産設計の早い段階からの協力は，自動車産業にもみられる方式で，日本企業の競争力の源泉のひとつとなるが，オートバイではそれが早い時期からみられたことになる（出水，2002，第 2 章，2003；小栗，1995；太田原，2010）。

1958 年に発売されたホンダのスーパーカブ C100 は，4 サイクル 50cc の高出力のエンジン，ポリエステル製のフェンダー，自動遠心クラッチ（運転者によるクラッチ操作が不要）などの極めて斬新なものであり，近距離・軽量の運搬や通勤などが主たる用途と想定されていた[86]。性能・技術にとどまらずスーパーカブは，オートバイ・スクーターのいずれにも属さない斬新なスタイルをもっており，後続メーカーが同様の商品で追随すると，意匠権侵害でホンダから訴えられることとなった（特許庁意匠課編，2009，186 頁)[87]。先にあげた「デザインを護る展示会」（1958 年）に象徴されるように，1960 年代にはフリーにコピーすることに

86）スーパーカブの斬新な機構は，初期にはトラブルが多かったが，修正を重ねて解消されていった（富塚，2001，154 頁）。

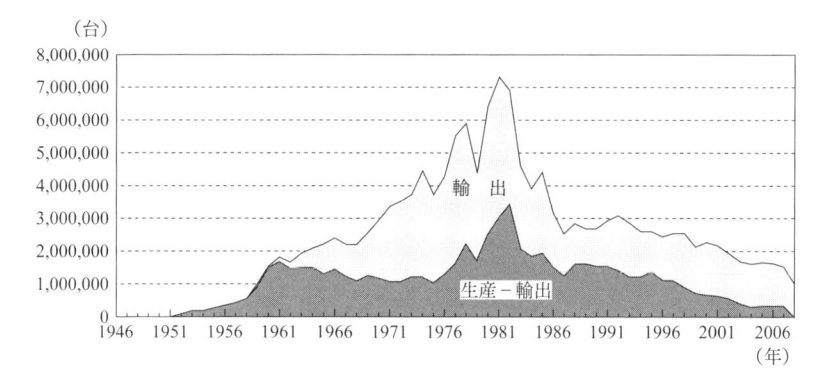

図 4-13　オートバイの国内向け生産と輸出

出典）日本自動車工業会編（1970，1999，2010）。
注）生産−輸出は生産されたもののうち，国内に供給されたものを含意している。国内供給にはこのほか輸入が含まれる。

よって技術を磨くことはできなくなっていたのである。さらにホンダは鈴鹿にスーパーカブ専用の大規模な量産工場を建設し，品質の向上とコストの引下げを図ったので，ホンダのシェアは6割を超えるまでになり，その後10年ほどその水準を維持する（太田原，2000）。スーパーカブはその後も大きなモデルチェンジをすることなく2010年現在も販売され続け，6,000万台という単一シリーズとしては世界最多の生産台数を記録することとなる（2012年にフルモデルチェンジした）[88]。

　所得の上昇にともない3輪車・4輪車が普及すると，1960年代前半にはオートバイの国内販売台数が頭打ちとなり，オートバイ生産の増加は1970年代半ばまで輸出が支えるようになった（図4-13）[89]。日本製のオートバイの品質の向上と日本メーカーが海外でのレースで圧倒的な強さをみせたことが海外販売の伸張をもたらした。さらに輸出にとどまらずホンダのベルギー工場（1963年操業開始）をはじめとして，数多くの海外生産工場が建設され，日本のオートバイは，世界

---

87) ヤマハは第1審判決前に和解した。スズキは第1審で意匠権侵害が認められ，1973年5月に7億6,100万円という巨額の損害賠償の支払いを命じられ，控訴したが，和解した。
88) オートバイ生産に大量生産方式をもたらし，斬新なスーパーカブを開発したホンダの創業者である本田宗一郎については，伊丹（2010）を参照。ホンダはのちに4輪車の生産にも参入し，成功をおさめる。

生産の7割を占めるまでになった（富塚，2001；出水，1991，2002）。

3) 設計能力の獲得からリーン生産方式へ──自動車

　日中戦争が勃発すると1938年には，「大衆車」生産メーカーはトラック生産に集中していった。小型車（三輪自動車も含む）は乗用車生産を中止して，大型車や兵器生産に転換することとされ，乗用車の生産が減少していった（呂，2011，第5章）。重点化の対象となった「大衆車」トラックの生産も太平洋戦線が戦局の中心となると1941年をピークに減少していった。敗戦後にも自動車の生産・配給に関する規制が残されたが（自動車製造事業法は1946年に廃止），1950年にはすべての規制が撤廃された。ただし乗用車の輸入が自由化されるのが1965年（エンジン・部品の自由化は1972年），資本が自由化されるのが1971年であり，高度成長期の自動車産業は政府の強い保護のもとにおかれて，輸入・資本の自由化に向けて体質の強化に取り組んだ。

　戦後には自動車の新しい規格が作られた。ひとつは小型車である。戦前の小型車は無免許で乗ることができたが，戦後は免許が必要となったもののさまざまな優遇措置があり，排気量が1,500ccにまで拡大された（1960年に2,000ccにまで拡大）。高度成長期に開発される乗用車は小型車が中心となる。もうひとつは軽自動車であり，やはり優遇措置があったが，排気量は1951年に360ccとなり定着した（ただし2サイクルは240cc，1954年に4サイクルと同じ360ccに統一，1976年に550cc，1990年に660ccに拡大）。戦後の自動車生産は，小型車規格を上回る普通車トラックと小型車規格の3輪トラック（3輪乗用車の生産はほとんどない）の生産から始まる。前者はトヨタ自動車工業（トヨタ）・日産自動車（日産）[90]・ヂーゼル自動車工業（1949年いすゞ自動車と改称）などの「大衆車」生産

---

89) ホンダはアメリカへの輸出に際し，1959年に現地法人を設立し，250ccと300ccのオートバイを主力商品と考えていたが，スーパーカブが大ヒットした。大型オートバイが主流のアメリカ市場であったが，ヨーロッパ製の小型オートバイのアメリカへの輸入は増加しつつあるところであった。スーパーカブの製品の魅力とともに，販売戦略の柔軟な変更，巧みなマーケティングが功を奏した。ホンダのアメリカ進出は，創発戦略の例として，経営学の教科書にも取り上げられている（ミンツバーグ／アルストランド／ランペル，1999，210頁；バーニー，2003，29頁）。ホンダのアメリカでの販売については，Otahara（2000）も参照のこと。なおホンダは1969年に750ccの大型バイクを発売し，アメリカを中心に輸出を伸ばしていった。

メーカーのほか三菱日本重工業（三菱重工業の分割会社のひとつ）や日野ヂーゼル工業（1959年日野自動車工業へ改称）など戦前の大型車・特殊車両の経験をもつメーカーによって生産された。普通トラックの生産台数は増加していくが，小型トラックや乗用車の生産が急増するため，生産台数に占める比率は，1950年以降急速に低下していく。後者はダイハツ工業（1951年発動機製造が改称）や東洋工業（1984年にマツダと改称）をはじめとする戦前以来のメーカーが生産を再開したほか，多くのメーカーが新規に参入した。しかし所得の上昇による4輪需要の増大とそれにともなうトヨタ・日産などによる小型4輪トラック生産の本格化により，3輪トラックの生産は減退し，1974年に生産が打ち切られた。軽自動車はダイハツ工業・東洋工業といった3輪車メーカー，ホンダ・スズキといったオートバイメーカーのほか，中島飛行機の流れをくむ富士重工業，新三菱重工業（三菱重工業の分割会社のひとつ）等多くのメーカーが生産をおこない，トラックと乗用車が生産されたが，高度成長期にはトラック・乗用車ともに小型車の生産台数を超えることがなく[91]，名前をあげた主要メーカーはいずれも小型乗用車生産に参入して，軽自動車のみを生産するメーカーは存在しなくなった[92]。

　軍事目的を考慮しないならば，日本の所得・道路事情からは「大衆車」クラスの乗用車需要は存在しなかった。また乗用車の需要の中心は，タクシーや商用車であり，整備されていない道路を長距離走行することのできる耐久性が求められた。個人が乗用車の主たるマーケットとなるのは，日産からサニー（排気量1,000cc），トヨタからカローラ（1,100cc）が発売される1960年代後半以降のことである。戦前期の小型4輪乗用車といえば，事実上，日産のダットサンのみが存在しており，日産はダットサンの生産を再開した。トヨタをはじめとする他のメーカーは，小型車を開発・生産しなければならなかった。当然考えられるのは，外国メーカーとの提携であるが，実際にはトヨタが自主開発の道を選び，ダット

---

90) 日産自動車は1944年に日産重工業と改称したが，1949年に日産自動車に再び改称した。
91) 1998年以降，軽トラックの生産台数が小型トラックの生産台数を上回っている。
92) 1955年に通産省による「国民車育成要綱案」が発表され，コンペで勝利したメーカーに補助金を与えて，350-500ccクラスの「国民車」を製造させようという構想があったが，反対も多く，具体化する前に立ち消えとなった（四宮，1998，第6章）。また通産省は特定産業臨時措置法（案）によって，自動車メーカーを集約化しようと試みたが，やはり反対が多く，実現しなかった。

サンの経験があった日産がオースチンと提携する道を選んだ[93]。日産にとってダットサンは前身企業から受け継いだものであり、「大衆車」クラスの自動車はグラハム・ペイジ社から設計・設備を一挙に購入したものなので、新規モデルの開発経験があったわけではなく、また技術を一括して購入する志向が強かったのである（Cusumano, 1985, p. 85）[94]。3輪自動車や軽自動車を手がけていたメーカーはそれぞれの技術蓄積をもとに小型車の開発・生産をおこなっている。

　自動車の開発をエンジンと車体からみていこう。トヨタは戦後すぐの1947年に1,000ccエンジンをイギリス・ドイツのエンジンを参考にしつつ、独自に開発した。以後はさらに進んだ形式（サイドバルブからオーバーヘッドバルブへ）のエンジンを独自に開発している。1953年に開発された1,500ccエンジンは当初性能が十分ではなかったが、のちに改良されるなど、徐々に技術が向上していった（トヨタ自動車工業株式会社社史編集委員会編、1967、378頁）。これに対して日産は、戦後すぐに戦前のエンジンの改造で排気量を拡大したあと、オースチンのエンジンを導入し、その後外国人技師を招いてエンジン開発をおこなったが、さまざまな改良を加えていたもののオースチンのエンジンの縮小版であり、まったく独自のエンジン開発は1960年が最初と、極めて慎重な姿勢を示した。以後は日産も多様なエンジンを独自に開発しており、性能的にもトヨタに引けをとるものではなく、エンジンではこの頃に独自開発をおこなえるようになったといえる。

　車体についていえば、戦前から昭和30年代までは、シャシーにボディを架装しており、しかもトヨタ・日産ともボディは外部のメーカーによって製造されていて（一部内製あり）、かつシャシーは同規格のトラックとほぼ共通であった。量産規模が小さいので、こうすることが合理的であったが、乗用車としての乗り

---

93) このほか日野ヂーゼル工業とルノー（Renault）、いすゞ自動車とルーツ（Rootes）の乗用車に関する技術提携契約および新三菱重工業とウィリス・オーバーランド（Willys-Overland）の四輪駆動車に関する技術提携契約が1952年から1953年にかけて締結された（四宮、1998、127頁）。ヨーロッパから導入された自動車は機構的に進んだ技術が採用されていたが、悪路をしかもタクシーなので長距離走らねばならない、という当時の乗用車に求められた性格と必ずしもマッチしていなかったといわれている（桂木、1999、159頁）。
94) 旧モデルを一挙に導入することに成功しても次のモデルの開発につなげられなかった例として明治期の大阪時計製造の例が想起される。

心地に難点があった。これがまず乗用車独自のシャシーが開発され，ボディも内製されるようになり（トヨタでは1955年発売のクラウン，1,500ccが最初），やがて軽量化が可能なボディとシャシーが一体化したモノコックボディが採用されていった。トヨタでは1960年発売のコロナ（1,000cc）にモノコック構造が採用されている（日産ではオースチン提携車が最初）。コロナでは強度不足でトラブルが発生しているが，のちのモデルで修正された。日本のメーカーは，自動車としてまとめあげる技術を1960年代をかけて習得していった（桂木, 1999, 260, 484頁）。

　開発体制の整備をトヨタについてみてみる。まず自動車の企画が決定されるが，トヨタでは飛行機の開発手法をモデルに主査がコンセプト創出からマーケティングまで影響力をもつ主査制度を発足させるとともに，テクニカルセンターを開設した。主査制度は自動車にまとまりを与えるのに効果があったことが実証されている（藤本／クラーク, 1993）。続いてデザインが決められるが，スケッチを描いて，自動車の縮小モデル・実物大モデルでデザインを検討するというアメリカ式の手法が取り入れられていった（1961年のパブリカで修正が容易な油粘土が初めて使用される）。アメリカのアートセンターから講師を招いたり，欧米にデザインを学びに社員が派遣されたりしている。こうして決定されたボディのデザインが設計図へと落とし込まれていく。ボディの設計にあたっては，さまざまな測定装置が導入され，客観的なデータと理論にもとづく開発がおこなわれるようになったが，エンジンも同様である。外部の研究機関との共同研究も盛んにおこなわれている。さらにボディ・エンジンなどを組み合わせて試作車ができると，テストとなる。当初は工場内に短いテストコースがあるだけで[95]，公道でのテストがおこなわれていたが，1957年に本格的なテストコースが作られ，徹底的なテストがおこなわれるようになった（日産も1961年に大規模なテストコースを開設している）。テストも当初は官能テストが中心であったが，さまざまな評価用装置が導入されるとともに評価基準が定まり，信頼性が向上している（トヨタ自動車工業株式会社社史編集委員会編, 1958, 335-338, 421-435頁；産業技術記念館, 2007, 175-193頁；藤本, 1997, 第3章）。

---

[95] トヨタ自動車工業株式会社社史編集委員会編（1967, 124頁）は，このテストコースの写真を載せているが，そこではボディを架装していないシャシーのみのトラックがテストされている。

次に乗用車の大量生産の進展について，研究の多い最大のメーカーであるトヨタを中心に考察する（和田，2009；武田，1995b）。よく知られるようにトヨタでは，ドッジ・ラインによる不況によって人員整理を余儀なくされ，ストライキが発生したが，朝鮮戦争によるブームで息を吹き返した[96]。そして1951年から5ヶ年計画で設備投資に踏み切り，工作機械の更新のほか鍛造・鋳造などの諸工場も近代化されたが，労働者数をなるべく増やさない方針で，合理化を進めるとともに，サプライヤーからの調達を増加させた。そしてクラウンでは，シャシーとともにボディをトヨタの工場で内製することとし，ボディのプレス機械やプレス型に巨額の資金が投入され，乗用車の生産ラインが設置された（プレスの能率向上には鉄鋼の品質向上も大きく貢献した）。クラウンおよびトラックでのハイエース（小型4輪トラックでトラックの国民車ともよばれた）のヒットにより，5ヶ年計画後も設備投資が相次ぎ，鍛造・鋳造・車体などの工場の近代化と自動化が進み，1959年には乗用車専用の元町工場をオープンさせている[97]。サプライヤーも積極的に投資をおこなって増産に応じた（下川，2004，第2章）。またトヨタでは，こうした設備投資が本格的に開始される前から，経営側が製造現場の詳細なデータ把握に努め，標準作業と標準時間を設定し，標準原価を算出しようとしていたことにも注目する必要がある。職長クラスが作業のペースを決めている体制から技術者の設定した作業によってペースが設定されていくようになっていったのである（1950年の争議は，賃金・雇用のほかに，こうした職場の作業をめぐっても争われていた）。トヨタではこうしたデータがIBMの計算機に入力され，生産管理に使われたが，その利用は日産や東洋工業より数年早かった。さらに工具

---

96) 会社整理の一環として，1950年トヨタ自動車工業からトヨタ自動車販売が分離されたが，1982年に合併し，トヨタ自動車となった。
97) 日産も乗用車専用の追浜工場をトヨタに遅れて1961年にオープンさせているが，外国人技師に工場について指導を受け，規模も抑えるなど慎重であり（Cusumano, 1985, p. 223），トヨタの強気の投資が成功した（日産は外国のデザイナーにデザインを依頼するなどデザイン面でも慎重であった）。トヨタは1966年にカローラ専用の高岡工場をオープンさせているが，カローラの発売と同年であり，これも極めて強気の投資であった（下川・藤本・折橋，2001）。トヨタでは量産車を自社工場で組み立て，非量産車を系列の工場で委託生産することにより，多くの銘柄を製造するとともに規模の経済を発揮する体制を整えていったが，その後，量産車種も系列の工場で委託生産するようになった（塩地，1986a，1986b）。系列企業では単に生産のみでなく，開発もおこなわれている（清家，1995）。

は多種類の作業をこなして、生産量の変動に工場が柔軟に対応できるようになっていった（生産量が減少するときは、ラインのスピードを落とすとともに1人当たりの作業の種類を増やして減員をおこなう）。かつての熟練工が少ない機械で多くの作業をこなせる「万能工」であるとすれば、こうした新しいタイプの熟練工は「多能工」といわれ、生産ラインで発生するさまざまなトラブルにも対応できるように訓練されている。さらにトヨタでは、工程間の仕掛在庫を削減することに努力し、さまざまな方式を経て、1963年から「かんばん」を導入し始め、後工程が必要な物を、必要な時に、必要なだけ、前工程から引き取り、前工程は引き取られた分だけ補充して生産する後工程引取方式を実施し、サプライヤーへも広げていった。これによってトヨタでは、市場の動向による生産量の変動に柔軟に対応できるようになったが、生産計画が販売店から入る発注にあわせて策定され、かんばんがその変動を分権的に調整しているのである。またトヨタは1961年からTQCを全社的に導入することとし、後工程に品質を保証するという体制で品質の向上に努め、1965年にデミング賞を受賞した。日産はデミング賞を1960年に受賞しており、取り組みが早かったが、トヨタは1966年にはサプライヤーや販売店を含めて「オールトヨタで品質保証」の体制をとり、モノと時間のムダの排除をさらに進めていった。

　乗用車の生産は1990年までほぼ一貫して増加した。当初は国内向けが多かったが、1960年代後半から輸出が増加し、国内向けを上回った（図4-14）。日本車が1960年頃にアメリカに輸出されたときには、高速耐久性・安定性に難があったが、その後の品質向上により、アメリカでも受け入れられるようになっていった。とくにオイルショックが発生し、燃費のよい自動車の需要が増加したこととほぼ同時期に排ガス規制が強化されたことが小型車中心の日本に有利に働いた[98]。さらに故障が少ないことで日本車が高い評価を得るようになり、高い品質と手頃な価格の日本車の競争力が世界的に注目されるようになった。日本のメーカーは工場生産が効率的であっただけでなく、製品開発力も強化されており、すでに述

---

98) 環境規制に対しては、希薄燃焼方式が当初有力であったが（ホンダのCVCCが有名）、さらに規制が強化されると、触媒方式が本命となり、触媒を有効に機能させるために、最適の燃料を供給する電子式燃料噴射装置と酸素センサーが実用化された。アメリカも対策が遅れていたわけではないが、大型車は小型車より規制をクリアするのが困難であった。環境対策でエンジンの性能は低下し、1980年代はその回復が図られた。

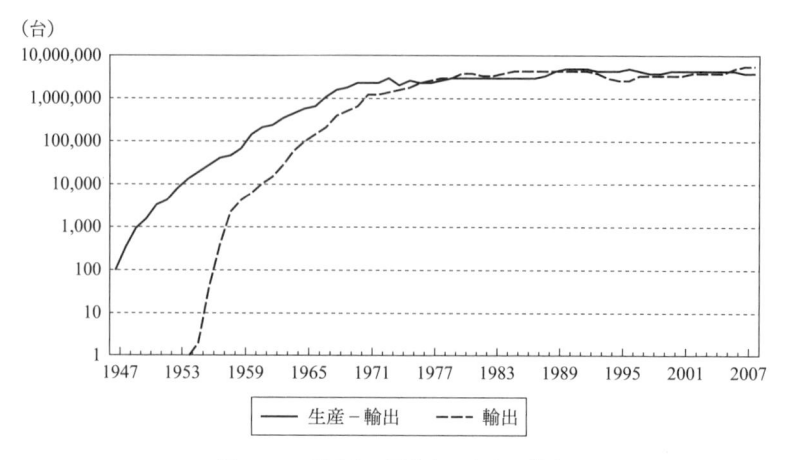

図 4-14　乗用車の国内向け生産と輸出

出典) 日本自動車工業会編 (1970, 1999, 2010)。
注) 生産－輸出は生産されたもののうち，国内に供給されたものを含意している。国内供給にはこのほか輸入が含まれる。

べたとおり1980年代において量産車では，開発工数・開発リードタイム・総合製品品質のいずれにおいてもアメリカ・ヨーロッパのメーカーよりも優位に立つまでになっている（藤本／クラーク，1993）[99]。こうして日本の自動車メーカーとくにトヨタの生産のしくみは，「トヨタ生産方式」とよばれて世界的に有名になり，1990年に「リーン生産方式」として定式化されるに至り，世界の自動車メーカーに影響を与えた（大野，1978；ウォマック／ルース／ジョーンズ，1990；門田，1991；佐武，1998）。そして貿易摩擦の高まりとともに現地生産が増加していくと，トヨタ生産方式は外国へも移植が試みられていった。

4）自主設計と技術の世代交代による優位 (1)──時計

　日中戦争が勃発すると民需用の時計生産は縮小し（軍人用の腕時計や軍需用時計は増加），時計信管や航空機部品などの軍需品の生産が増加した。敗戦後は戦争による機械の被害や酷使などがあったものの戦時中の生産抑止から時計への需

---

[99] 1980年代以降は，複数のプロジェクトで資源の共有を図りながらも，製品を差別化することが重要となり，トヨタでも主査制度が改革され，類似する車種のまとまりごとに主査（チーフエンジニア）を統轄するセンター長がおかれるようになった（延岡，1996，第6章）。

要は高かった。しかし，スイスでは自動巻腕時計，防塵・防水装置，磁気不感ぜんまい，耐震装置などがすでに実用化されており，日本への時計の密輸も多かった。日本の腕時計（戦後も懐中時計は存在したが数が少ないので腕時計で代表させる）企業は，製品の品質を上げ，コストを低下させていかねばならなかった。

この過程をトップメーカーであったセイコー[100]を中心にみていこう（『SEIKO時計の戦後史』編集委員会編，1996；新宅，1994，第3章；久保田，2006；Donzé，2011；ドンゼ，2012）。腕時計各社はヨーロッパ・アメリカから工作機械・工具を輸入した。スイスは時計用工作機械の輸出を禁止していたので，汎用機を輸入し，腕時計メーカーが改良して使用するとともに，工作機械メーカーとの協力で工作機械の国産化も実現していった。また部品の材料となる鋼材も当初の輸入から国産へと切り替えられるとともに，熱処理などの金属の加工技術も金属メーカーとの協力で進歩していった。貴石やひげゼンマイなど国産がもっとも困難であった部品の生産もおこなわれるようになった（ひげゼンマイの場合，新素材コエリンバーが大学の研究者により開発された）。さらに測定器によって部品のばらつきを測定し，QC活動を通じてそれをコントロールするようになっていった。これらの施策により部品の工作精度が上昇し，時計の品質は向上していった。腕時計の精度が上昇すると，時針・分針に加えて秒針が取り付けられるようになり（三針），さらに耐震装置（当初は輸入）や防水装置などを備えた時計が発売されるようになっていった。1948年から時計コンクールが国内で開催され，各社の時計の日差などが比較されるようになると，初期には成績が芳しくなかったが，1953年には世界の普及品のレベルに達していること，1960年にはほぼ世界的なレベルに達していることが確かめられ，コンクールは打ち切られた（日本時計協会，1980）。こうした品質の向上にともない1960年代から腕時計の輸出が急増している（当初はムーブメントのみ輸出し，輸入先で他社のブランドをつけて販売される形態であったが，のちに完成品も輸出されるようになる）[101]。自動巻腕時計は

---

100) 1937年に携帯時計を製造する第二精工舎が設立され，精工舎（株式会社服部時計店の一部門）は掛時計・置時計の製造に集中した。戦争中に第二精工舎諏訪工場が設立されたが，1959年に大和工業（第二精工舎の協力工場として1942年設立）に営業譲渡され，大和工業は諏訪精工舎となった。諏訪精工舎とその前身も携帯時計を製造した。ここではとくに区別する必要のない限り，精工舎，第二精工舎，諏訪精工舎とその前身をセイコーと呼ぶ。なお諏訪精工舎から信州精器が分離され，のちにエプソンと改称したが，再び諏訪精工舎と合併し，セイコーエプソンとなった。

スイスで開発されたが，それを正確にし，安価に供給したのは日本であった。そして日本メーカーは1963年からスイスのコンクールに参加するようになり，1965年には入賞を果たすようになった（鎌田，1997，53頁）。オートバイや自動車の国際レースで入賞するのと同じく，日本の時計が国際水準にあることが明らかとなり，知名度も上昇した。また時計のデザインにもインダストリアル・デザインの手法が取り入れられるようになり，学卒のデザイナーも多数雇用されるようになった。

　腕時計のムーブメントの設計についていえば，戦前期は外国製品のコピーの域を脱していなかった。1946年に産学協同で研究会が組織され，時計の構造・材料・加工法・時計製造機械などの広範な分野にわたる研究がおこなわれたが，この研究会は日本時計学会へと受け継がれていった。青木保（1947）『時計Ⅰ掛・置・目覚』（資料社）および青木保（1948）『時計Ⅱ携帯時計』（資料社）はそのなかの代表的な研究である。こうした基礎的な研究をもとに，国内で独自の設計がおこなわれるようになった。セイコーは，大卒のエンジニアを投入して，目覚時計では1949年に独自設計の製品を発売したが，腕時計では1956年に独自設計のマーベルを発売し，スイス追従から脱却した。明治期からとられてきた方式から，最終的に離脱したのであり，大きな飛躍であった。独自設計がおこなわれるようになると，設計を工夫して，部品加工や組立を容易にするとともに，他社特許への抵触調査，自社発明・考案の特許出願が始められた。そして1955年頃から設計図に公差が書き込まれるようになり，1960年代前半にはほぼすべての部品の公差が指定されるようになった。公差は小さいほどよいかといえば，コストの問題もあるのでそうとはいえず，達成機能とコストのバランスを検討して決定されるようになり，また試作を通じて図面が修正されるようになって，製品の信頼性が向上した。設計で精度を作りこめるようになったのである。こうして部品の互換性が確保されるようになると，よさそうな部品を選んで，微妙な調整をおこないつつ組み立てるという組立工の熟練も不要となり，作業が分割されて，ベルトコンベアによる流れ生産が1950年代後半から取り入れられ始め（調整が必要な部分には，測定器や顕微鏡を導入），やがて若年女子が大量に投入されるようにな

101）輸出には輸出検査が義務付けられた。品質向上と輸出検査の関連については，竹内（2004）を参照。

った（シチズンでも1957年にベルトコンベアによる生産を開始）。さらにセイコーは，1970年に手作業による調整をなくした自動組立ラインの開発に成功し，品質がさらに安定するようになった（シチズンでも1972年に自動組立ラインを導入）。これらのことは，製品設計のみならず，生産設計も高度化していったことを意味している（図4-15）。

表 4-14 機械式時計とクオーツ式時計の相違

	タイプ	1日の誤差（秒）	部品点数
機械式	手巻 自動巻	10-30	76-95 90-116
音叉式		2-3	…
クオーツ式	デジタル アナログ	0.01-0.5	37-50 58-80

出典）新宅（1994，99，120頁）。

　ぜんまいを動力とし，テンプの振動で1秒1回の周波を取り出す機械式の時計は，精度の限界に達していた。テンプの振動数を引き上げればより精度が上がるが，部品の磨耗が激しくなり，耐久度が落ちるためである。そこでより高い振動数の振動子が探索され，1960年にブローバ（Bulova）社より音叉式の腕時計が発表された。音叉式腕時計は機械式腕時計より精度が高かったが，ブローバ社が特許をライセンスしなかったため，他社は製造できなかった。そこでセイコーが1969年に開発したのがクオーツ式腕時計で，音叉式よりもさらに精度が高かった（表4-14）。クオーツ式腕時計は，水晶振動子の発する高周波をICを用いて1秒1回の周波に落とし，モーターを用いて針をまわして時刻を表示するか（アナログ式），液晶を用いて時刻を表示する（デジタル式）。当初はアナログ式が発売され，デジタル式も発売された[102]。クオーツ式腕時計には，小型で丈夫な水晶発振子，省電力・小型のICとモーター，液晶などを開発せねばならず，既存の時計技術との断絶は大きかった。部品点数も大幅に削減され，複雑な形状に加工できるプラスチックの部品が多数用いられるようになった。とくにデジタル式では断絶が顕著で，カシオ計算機など時計を製造していなかった企業が新規参入した（シチズンは1973年に最初のクオーツ式腕時計を発売）。こうした技術断絶による新規参入は，次章でとりあげるデジタル化したカメラでもみられる一般的な現象である。スイスはクオーツ式の大量生産への追随が遅れたため，1980年ついに

---

[102] デジタルの表示装置をLEDとするか液晶とするかの技術選択があったが，省電力で常に時刻を表示できる液晶腕時計がLED腕時計に勝った。セイコーは液晶を選択した。

日本の腕時計生産数量は，スイスを超えたのである（新宅，1994，第3章；Shintaku and Kuwada, 2008）。

しかし日本の腕時計生産量は世界一とはならなかった。急速に発達してきた香港に1980年に抜かれたからである。香港は1960年代に機械式時計の組立が発達していたが，1970年代にはデジタルクオーツの生産が急増した。そして1980年代にクオーツの主流がアナログに転換すると，香港でもアナログクオーツの生産が急増したが，それは日本からのムーブメントの輸出によって支えられていた（Glasmeier, 2000, pp. 221-229）。そしてさらに香港から中国本土などへの生産のシフトが進むとともに，日本以外でのクオーツムーブメントの生産も進んでいる。日本メーカーはクオーツでも当初から自動組立をおこない，多様な最終製品へ適応できるように工程のフレキシブルさも追求されたが，それでも最終製品での対抗がコスト的に困難で，シチズンがムーブメントの輸出に踏み切り，ムーブメントのデファクトスタンダードをとり，セイコーもこれに追随した（仲本，1999；榊原，2005，第7章）。クオーツのムーブメントは，機械式のムーブメントより規模の経済が利きやすく，

2. 自主設計と大量生産の確立 ── 359

さらに最終製品への組立よりも規模の経済が利くので，ムーブメントでの日本のシェアは最終製品のシェアより高くなっている。2003年において，ムーブメントでは，海外生産を含む日本企業のシェアは数量ベースでなお57％を占め，国内生産でも41％を占めているが，完成品ではそれぞれ7％と1％に過ぎない（勢〆，2009；経済産業省経済産業政策局調査統計部編，2003）[03]。

携帯電話が普及すると，腕時計を持ち歩かない若者も増えている。さらにクオーツ式腕時計の価格が低下し，低価格品はコモディティ化して，利益をあげるのが困難である一方，高級感のある機械式時計の人気も高まっているが，スイスの高級機械式時計のブランド力が圧倒的に強い[04]。日本企業は電波を自動的に受信してクオーツ時計の誤差を修正し，実質的に誤差がゼロとなる電波式腕時計やソーラーセルを内蔵し，電池なしで動く時計を開発するなど，新製品の投入で新たな展開を図っている。

図4-15 セイコーにおける時計生産の進展

出典）流郷（2009，7，82頁）；セイコーミュージアム提供；小林（1987，39，131頁）。

注）左頁上より1903年頃の懐中時計組立部，1930年頃の腕・懐中時計組立工場，1930年の腕及懐中時計機械製作第五自動機工場。本頁上より1960年代の組立ライン，1980年代の知能ロボットによる組立ライン。戦間期には女工が採用され（自動機工場），戦後の組立ラインでは主力となっている。戦間期の工作機械の動力は天井の回転する軸からベルトを介して供給されている。

5）自主設計と技術の世代交代による優位 (2)――カメラ

　日中戦争が始まるとカメラは奢侈品であるとして販売が制限され，課税も強化されたが，さらにフィルムが不足し，防諜上の理由から写真の撮影が制限されるなど，カメラの製造・販売は厳しい状況に陥った。しかし航空写真機や写真銃（ガンカメラ）さらには双眼鏡・爆撃照準器などの兵器生産は増加していった。戦後カメラメーカーはカメラの生産を再開したが，連合軍へ納入することとされ，輸出が促進されることになった。カメラの販売が大幅に自由化されたのは1949年であるが，輸出を促進するためカメラは輸出品取締法（1948年）の対象となり，1989年まで輸出検査を受けることとなった。

　戦間期には高級カメラはライカのようにレンズを交換できるタイプのカメラ（レンジファインダーカメラ），普及機は折りたたみ式のレンズを交換できないフォールディングカメラというタイプの違いがあった。前者はファインダーからみている像とレンズに入っている像が別々なので，それを補正する機構を備えていた（パララックス補正）。これに対し戦後は，レンズから入った像をミラーとペンタプリズムでファインダーに送り，撮影するときはミラーが跳ね上がってレンズから入った像がフィルムに収められるというパララックス補正不要の一眼レフが開発され，レンジファインダーカメラにとって代わっていく。後者のフォールディングカメラ（もしくはスプリングカメラ）は，精度と耐久度に問題があり，折りたたみ式ではないが，レンズ交換ができないカメラ（レンズシャッターカメラ）にとって代わられていく[105]。日本のメーカーは，低賃金を利用してドイツと同じレンジファインダーを安く製造したのではなく，こうしたモデルの世代交代を機に（とくに一眼レフカメラによってレンジファインダーカメラに勝る機能を実現することで）先行するドイツのメーカーを追い越していったのであり，クオー

103）このほか日本時計協会「2007年日本の時計産業の概況」による（〈http://www.jcwa.or.jp/industry/industry_07.html〉閲覧2011年1月14日）。世界生産数量はウォッチ・ムーブメントの生産個数の日本時計協会による推計値で，海外生産を含む日本企業と日本国内でのムーブメントの生産数量は，ムーブメントと完成品の出荷個数の合計値である。完成品は完成品出荷個数。生産と出荷にはずれがあるが，おおよその見当を得るために用いた。

104）スイスは低価格の時計でもファッション性の高いスウォッチ（Swatch）の導入に成功した。セイコーは1980年にスイスのジャン・ラサール（Jean Lassale）社を買収し，海外展開を試みたが，成功しなかった。シチズンは2008年にブローバ社を買収して海外ブランドの強化をおこなっている。

ツによってスイスを追い越した腕時計とほぼ同じパターンをとったといえる（Windrum, 2005）。

　日本のカメラの名声は，ボディよりもレンズで先に確立された。アメリカの『ライフ』（*Life*）誌の記者ダンカン（D. D. Duncan）が朝鮮戦争の取材の途中で日本に立ち寄り，日本光学工業（のちのニコン）のレンズを試したところ高性能であったので，朝鮮戦争の取材でもニコンのレンズを用いて撮影し，ライフ誌の他の記者がこれに続き，その性能を高く評価した。1950年12月10日の『ニューヨーク・タイムズ』（*The New York Times*）紙には，ニコンの記事が掲載され，ニコンのレンズの平均品質はドイツのレンズのそれよりはるかに高いと評価された[106]。その後各社から高性能のレンズが次々と発売されている。レンズ作りは，奥は深いものの技術の幅そのものは限られており，理論をもとに膨大な計算をおこなって設計するが，性能はいくつかのスペックの数値で表せるというものだったから，ボディに比べてレンズの方が開発しやすかったのである。レンズの計算は計算機を用いて人海戦術でおこなわれていたが，のちにコンピューターが導入されていく。コンピューターがズームレンズ開発のための計算を容易としたことも重要である（日本光学工業編，1960，289，361頁；神尾，2003，第5，6章）。

　これに対してボディは，電子化以前においてはバネの動力だけで複雑な動作を連続的に作動させるメカニズムを設計するものであったから，レンズ設計のような明確な理論や手順は存在していなかった（神尾，2003，175-179頁）[107]。日本のメーカーは外国製品をコピーしてきたが，新しい革新的な機構を加えるとともに，インダストリアル・デザインの手法を導入して外観的にもオリジナルなものを次第に作っていった。新しい機能では自動露出と自動焦点が代表的であるが，自動露出は1960年代に，自動焦点は1970年代に，いずれも世界で初めてレンズシャ

---

105) このほか1929年に発売されたローライフレックス（Rolleiflex）のタイプの二眼レフも昭和20年代に相当生産されたが，後にすたれていった。またフィルム装塡が簡単なカートリッジ式で，スナップ写真に向いている簡便なカメラがコダックより提唱されたが（126判，1963年；110判，1972年），日本では欧米ほど大きな意味をもたなかったので，ここではふれない。

106) ニコンはボディの生産を戦後に開始した。ボディも外観はドイツのコンタックスのコピーであるが，いくつかの革新的機構を備えているとし，評価は悪くなかった。

107) レンズ設計には，ライカを開発したライツ社のベレーク（Max Berek）が1930年に著した『実践光学の基礎——光学体系の分析と総合』（*Grundlagen der praktischen Optik: Analyse und Synthese optischer Systeme*）が，バイブルと呼ばれるほど参照されたという。

ッターカメラで実現し，のちに一眼レフで実現していった。またカートリッジ式フィルムを用いる簡易なカメラに対抗するため，フィルム装填・巻上げ・巻戻しの自動化も実現された。自動露出は電池を使用する露出計とカメラとを連動させるものであり，自動焦点は左右の窓からみる像を合致させることで距離を測定する距離計とカメラを連動させ，自動的に焦点をあわせるもので，モーターで駆動される。このようにメカニックに制御されていたカメラが徐々に電子的に制御されていくようになり，電子シャッターも開発され，制御にマイコンが搭載されるようになり，カメラは電子と機械の融合物へと変化していった。一眼レフへの取り組みが早く，また電子的制御をいち早く取り入れたことが日本の躍進につながった（日本写真工業会，1987；島田，2000；矢部，2006）。

　新しい革新的な機能のみならず，信頼性の高いカメラを安価に製造できたことも日本企業の躍進の原動力であった。そこでカメラの製造が問題となるが，有力メーカーであり，生産体制の整備について詳しく記述されているキヤノン（精機光学研究所が，精機光学工業，キヤノンカメラを経て改称）を中心にみていこう。敗戦直後のキヤノンの部品図面には寸法と表面の仕上記号が記されているだけで，公差の記入はなく，部品の組合せや選択は手仕上げ作業に頼っており，組立職場の進度が生産台数を左右するという状態であった。旧軍技術者やニコンの技術者を採用することで，技術・生産・管理を近代化する体制が整い，公差が導入されるとともに，部品の統一規格などが導入され，標準化のポリシーが決定された。それとともに内外の各種工作機械や測定機が大幅に導入され，治工具が内製されるなどして，部品加工の精度が引き上げられていった。レンジファインダーカメラの量産には高精度化が必要であり，これらは不可欠であった。さらに日本能率協会の指導を受け，工程管理も高度化されていった。そしてカメラの増産にともない1955年前後からスイス・ドイツなどの自動機・専用機が大量に導入され，1964年にはトランスファーマシンが導入されている。こうして部品の精度が高まると組立に際しての熟練工による合わせ・調整の必要度が低下し，1957年からコンベアによる組立が一部にせよ導入され，その範囲が拡大していき，1960年には仕上課が廃止されるに至った（ヤスリ・ハンマー等も使用を禁止される）。この頃には量産試作がおこなわれ，量産に移る際に生産工程で起きる問題もチェックされるようになっている。こうして大量生産が実現されると女子がラインに配置されるとともに，大量生産を支えるための品質管理の体制も整備されていっ

た。

　時計と同じくカメラも自動組立が志向されていったが，カメラは狭いスペースに部品が複雑に組み込まれるため，実現は困難であった。キヤノンは1976年発売のAE-1で一部自動組立を実現したが，これには組み立てやすい設計にすることが不可欠であり，カメラをシャッターユニット，巻上げユニットなどの機能別のユニットに分け，まずユニットを組み立てて総組立をおこなう，組み付けは機械化しやすいように一方向のみから組み付ける，といった工夫をおこなった。無調整組立を実現させるために，設計における公差設定，各ユニットへの公差の配分等が，すべて合理的な理論式にもとづいておこなわれている。戦後直後と比較して，設計の理論が進歩していたのである。AE-1はさらにマイコンを搭載して内部機構を大幅にデジタル化するとともに，電子部品の数を削減して，製品の信頼度を高めるとともに，プラスチック部品を大幅に導入して，軽量化とコストダウンを実現した。こうした手法により自動露出機能をもつAE-1は低価格で発売され，圧倒的な人気を得て，キヤノン一眼レフ躍進の基礎を築いたのであったが，製品の複雑性と多様性により，自動化率を引き上げていくのは困難であった（キヤノン史編集委員会編，1987，43，67，107，181，227頁；内藤，1983；矢部・小暮，2006）。カメラでは競争の結果，モデルの多様性が求められ，生産ラインにフレキシビリティをもたせる必要性が強く，ひとつのステーションで複数の作業をこなせる「セル型」のシステムが開発されていった。当然ながらCADを用いた設計もおこなわれている（的場，1991）。

　流れ作業の導入とその前提となる工作機械の導入，日本能率協会の指導，品質管理，さらにはカメラのユニット化と自動組立などは，他社にも遅速と程度の差はあれ，導入されていくが，キヤノンではそれが徹底していた（石崎，2005）。また新しい製品を開発したり，大量生産体制のシステムを構築したりできないメーカーは次第に脱落していき，メーカーの数は減少していった。生き残ったメーカーも光学技術から，内視鏡（胃カメラ），半導体ステッパー，複写機，光ピックアップレンズなどへと多角化していき，カメラへの依存度を低下させていった。

　日本カメラの品質は向上し，アメリカをはじめとする世界へ輸出されていったが，時計と同じく輸出検査が実施され，日本製品の品質維持が図られた。当初高かった輸出検査の不合格率は1950年代後半から下落していったが，それとともにアメリカの消費者テストで高い評価を得るようになっていった。また輸出検査

では，製品品質とともに輸出デザイン法にもとづいて意匠権についても審査を受けることが義務付けられ，意匠についての意識も高められることになった（日本写真機工業会，1987，31頁；竹内，2006a，2006b）。

1994年にカシオ計算機がQV-10を発売して以降，カメラのデジタル化が急速に進展し，フィルムカメラはまったくといっていいほど生産されなくなったが，デジタル化によるカメラ生産の劇的な変化は次章で取り上げることとする。ただしフィルムカメラであっても電子化とユニット化（モジュール化）が進展していたことが，デジタル化の重要な前提となっていることに，注意しておく必要がある。

6）トランジスタ化・IC化による優位──テレビ

イギリス・アメリカを中心に戦間期にテレビの実験が進んでいたが，日本でも研究が進んでおり，1940年の東京オリンピック（実際には開催されなかった）のテレビ中継を実施すべく研究体制が整えられ，1941年にはテレビの定期的な実験放送を実施するところまで到達していた。東京芝浦電気（のちの東芝），日本電気，日本ビクター蓄音器（のちの日本ビクター），松下電器産業（のちのパナソニック），日本蓄音器商会（のちの日本コロムビア）などは受像機の試作をおこなっているが，イギリスとアメリカではすでにテレビが実際に販売されていた。戦争中に日本のテレビ技術はアメリカに大きく遅れをとり，戦後に研究を再開したときには，10年遅れていたといわれている。さらに真空管をはじめとする周辺機器の遅れもまた大きかった。戦後，日本はアメリカにならったテレビ方式を導入することとなり，1953年にテレビの本放送が開始された（平本，1994，第1章）。

通産省はテレビの国産化を強く志向し，輸入を制限するとともに，外資を制限したので，1953年からRCAをはじめとする海外メーカーから特許を導入した国内の各メーカーから次々と製品が市場に投入された。RCAとは40社近いメーカーが特許契約を結んでおり，その他の欧米会社の特許もあわせて価格の5％もの特許料を支払うこととなった。しかしこの40社の多くはセットメーカーであり，重要部品であるブラウン管などは外注に依存していた。その代表的なメーカーが早川電機工業（早川金属工業が改称，のちのシャープ）であった。シャープでは戦前からテレビの研究を進めていたが，1952年にRCAと特許契約を結ぶ際に，

2. 自主設計と大量生産の確立──365

表 4-15 テレビのシェア

順位	白黒テレビ 1962-1963年平均			カラーテレビ 1973年頃		
	メーカー	シェア	ブラウン管	メーカー	シェア	ブラウン管
1	松 下	22	内 製	松 下	28	内 製
2	東 芝	18	内 製	東 芝	17	内 製
3	日 立	12	内 製	ソニー	17	内 製
4	三 菱	10	内 製	日 立	14	内 製
5	三 洋	10	外 注	三 洋	8	外 注
6	シャープ	7	外 注	シャープ	7	外 注
7	八 欧	6	外 注	三 菱	7	内 製
8	日本ビクター	5	外 注			
9	日本コロムビア	5	内 製			

出典）平本（1994, 79, 114頁）など。
注1）シェア5％以上のメーカーを掲げた。
　2）早川電機工業は1970年シャープと改称。
　3）松下は松下電子工業がブラウン管を製造。

社長の早川徳次が技師とともにアメリカ視察をおこなって，RCAの工場を見学し，機械を買い付け，帰国後は90名ものラジオ部門の技術者に技術講習を実施して，1953年にテレビの量産を開始した（早川，1958, 332-353頁）。シャープは量産体制を早期に整えて価格を低下させていき，テレビ導入期にトップシェアをとったが，ブラウン管は当初は輸入に，その後は国内メーカーも含めた外注に依存し続けた。三洋電機もこうした戦略を採用しているが，両社とも回路の設計などは自社でおこない，画質などを差別化している（表4-15）。日立製作所ではテレビの発売が1956年と遅れたが，ブラウン管は自社工場で製造した。試作段階の少量生産ではほぼ全数良品であるのに，量産段階に移行するとばらつきが混入するため，各部品にわたって誤差を決めていかなければならなかった。また抵抗器1本の設計を変更する際にも，何十台もの機械に装着して，その性能のばらつきをみるということがおこなわれた。そしてテレビの出荷にあたり調整をおこなうが，不熟練の女子労働者を配置するために，標準調整法を確立し，ようやく量産体制が整ったのであった（日立製作所戸塚工場編，1970, 430頁）。初めてのテレビの量産であったから，量産に至る設計の手順が確立していなかったのは当然であるが，日立製作所のRCAとの特許契約は特許実施権のみであり，技術援助が含まれていなかったので（日立製作所茂原工場三十年史編纂委員会編，1974,

90頁),生産方法を独自に習得しなければならなかったのである。テレビ受像機に参入した各社は,コンベアによる生産ラインを構築するとともに,品質管理を強化し,自動輝度調整や自動ファインチューニングなどの技術革新をおこない,意匠にもしのぎを削った。

　ブラウン管の国内生産もおこなわれるようになったが,そのうちガラス製のチューブについては,すでに述べた。東芝・日立などのメーカーがブラウン管の製造に乗り出しているが,ここでは日立の例について述べよう。ブラウン管の製造に際して日立は,受像機とは異なり,技術援助を含む特許実施契約をRCAと結び,技術者をRCAに派遣するとともに,RCAから製造技術の具体的指導書,規格書類その他を取り寄せ,学んでいった。当初は設備,治工具の製造方法もほとんどまる写しに近いものであったという。それほど技術格差が大きかったのである。そして新工場を建設して,1954年からブラウン管の製造を本格的に開始した。このとき日立の受像機生産は始まっていなかったから,日立はブラウン管を外販するビジネスを構想していたことになる。製造されたブラウン管は,シャープ,八欧,松下電器産業などに販売され[108],やがて日立の受像機製造にも使われるようになっていった(日立製作所茂原工場三十年史編纂委員会編,1974,92,106頁)。このことはブラウン管とテレビが同一企業の内製であっても,独立性が高くなりうることを示唆している。ブラウン管の製造には,バルブの製造も含めて規模の経済が働くため,当初は14型の生産に各社とも集中していったが,これは14型までの物品税が軽減されたためであり,やがて製品サイズが多様化していった(平本,1994,第1,2章)。

　白黒テレビの次は,カラーテレビであり,日本はアメリカの方式にならって,1960年からカラー放送が始まった。通産省はカラーテレビの輸入にも制限を加え,自由化されたのはカラーテレビの輸出が増加し始めた1964年であった。ブラウン管メーカーや部品材料メーカーは,カラーブラウン管の共同研究をおこなっていたが,多くのメーカーはRCAからノウハウを含めて技術導入をおこなった[109]。カラーテレビは高価であり,1967年でも国内普及率は2%に過ぎなかったが,それ以前にアメリカへの輸出が始まり,量産化が進むことで価格が低下する

---

108) 松下はのちにフィリップスと技術提携し,合弁会社の松下電子工業がブラウン管の生産をおこなうようになった。

とともに，所得の上昇によって国内の普及のペースが速まり，1975年には普及率が9割を超えるに至った。カラーテレビでは早い段階から輸出専門の工場も建設されている。カラーテレビでも色彩の改良やブラウン管の広角化による奥行き幅の減少などの改良がおこなわれたが，トランジスタ化の進展が日本ではアメリカと比較して早く進んだ。オールトランジスタ化によって，テレビの消費電力が3分の1から4分の1になるとともに，スイッチを入れてから画面が出るまでの時間が短くなり，故障率が20分の1以下となった。トランジスタ化は，設計の改善により部品数を削減し，プリント基板を採用して配線作業を削減するなど，組み立てやすくする努力の一環であり，自動挿入機も導入された。のちにはICによる部品数の削減へと進んでいき，自動挿入機の導入と相まって，女子作業員が多数ラインに張り付いて組み立てるというテレビ工場の光景は，1970年頃から急速に変化していった。1980年代にはロボットによる自動組立も進展している[110]。

アメリカでも技術的には十分可能で，トランジスタを導入した製品が販売されているにもかかわらず，日本に比べて生産が遅れ，このことが日米のテレビ産業の競争力に大きな影響を与えた。日本に比べてアメリカでトランジスタ化が遅れた理由としては，アメリカ企業は得意とする製品のセグメントを確立しようとしていたのに対し（棲み分け競争），日本企業は他社の行動に追随しやすい（同質的競争）という競争モードの相違があったこと，アメリカでは組立ラインへの投資が進んでおり，新たな投資が抑制されたこと，アメリカではサービスマンが真空管式テレビの修理で利益をあげており，修理を減らすトランジスタ化に抵抗したこと[111]，日本ではトランジスタ式テレビの物品税が真空管式テレビのそれに比べて優遇されていたこと，などがあげられている（新宅，1994，第2章；平本，1994，第3，4章；長谷川，1995b；並河，2000；大貝，2002）。

---

109) RCAの技術はシャドウマスク方式と呼ばれる。ソニー（東京通信工業が1958年に改称）はクロマトロン方式を導入し，それを改良したトリニトロン方式のテレビを1968年から発売した。画面が明るいためソニーのシェアが急速に伸びたが，シャドウマスク陣営はブラックマトリクス方式を導入してこれに対抗した。
110) 部品供給・組立の自動化から，異常検知などの監視の自動化，さらには生産の進行などの管理の自動化もおこなわれている（寺本・生田，1983）。
111) 日本では主にメーカー系列の販売店の店主もしくは店員が修理にあたっており，テレビ販売の利益で修理の減少を補えたため，抵抗が少なかった。

テレビのアメリカ向け輸出が増加すると、1968年の反ダンピング提訴を皮切りとしてその後も長く続く貿易摩擦が引き起こされた。ヨーロッパは日本とカラーテレビの放送方式が異なるので、輸出がおこなわれていなかったが、特許を導入すると、輸出が増加し、やはり貿易摩擦となった。1960年代に東南アジアや台湾でのテレビ生産が始まっていたが、貿易摩擦を受けて、松下とソニーをはじめとして、三洋、三菱電機、東芝、日立、シャープなど有力メーカーが1970年代にアメリカやヨーロッパでの現地生産を開始した。現地生産の進展で1991年にはテレビは台数基準で輸入超過となっている。1980年代以降もテレビでは、音声多重放送、大型テレビ、ハイビジョンなどの革新がおこなわれたが、家電の大型商品としての地位は、VTRなどにとって代わられるようになった。しかしデジタル放送の開始によって、テレビは再び大きな変化を蒙ることとなるが、この点については、次章で述べる（平本、1994、第5章）。

5　大衆消費への対応と小売の輪——デパート・スーパー

ここではデパートと戦後に急成長したスーパーを取り上げる。デパートは百貨店法による規制で成長を抑制され、高級化路線をとったが、アパレルメーカーと委託取引をおこなったため、品揃えに関する主導権を失っていった。さらにチェーンストア業態の発展とモータリゼーションの進展により、ワンストップショッピングのメリットも訴求できなくなっていった。スーパーはデパートのような規制がないなかで、セルフサービスとチェーン展開という新しい手法を取り入れ、流通の主導権を奪っていったが、ブランドを確立するとやがて付加価値のとれる高級化に乗り出し、ディスカウントストアなどの新業態に追い上げられる結果となった。

1）委託品によるリスク低減とその代償——デパート

1937年に百貨店法が制定され、その成長に制約がかかったデパートであるが、経済統制が強化されると、とくに太平洋戦争期には、さらに営業が困難になっていった。敗戦後には百貨店法が廃止されたが、物資の不足が続いた上に、デパートの建物の多くが占領軍に接収されたため、デパートの経営の再建は遅れた。1950年頃に経済統制の多くが解除され、接収されていた建物が返還されるとデ

パートの復興が始まり，建物の増築やターミナルでの店舗新設が始まるが，1956年に第2次百貨店法が制定され，デパート営業にさまざまな規制が課されることとなった。大衆車の普及は1960年代から1970年代にかけて進んだから，デパートが立地していた都心部やターミナルの立地優位性はそれまで保持され，東京でいえば新宿や池袋といった副都心に電鉄系のターミナルデパートがオープンした（小田急，京王，東武）。しかし1970年代にはデパートは郊外にショッピングセンターの核テナントとして入るという立地戦略をとるようになった（1969年の二子玉川の高島屋がその最初の例のひとつ）。この間デパートはスーパーが発達すると高級化を志向していった。デパートの主要なノウハウのひとつであるマーチャンダイジングについては，アメリカのバイヤーズ・マニュアルが伊勢丹や高島屋で翻訳され，さらに伊勢丹ではマニュアルをカード化したMDノートが開発された。これらは人の移動などを通じてデパートの間に広まっていった（宮副，2005）。

デパートの主力商品は衣料品であり，1952年には売上げの48％を占めていた（雑貨20％，家庭用品9％，食料品14％など）。その後，家庭用品や食料品の比率が上昇し，1970年には衣料品の比率は41％にまで低下，その比率を維持するが，2000年代に入ると再び低下していった（1970年以降，家庭用品が低下し，雑貨や食料品の比率が上昇）（松田，1971, 38頁；藤岡，2004, 210頁）[112]。戦前期は呉服が衣料品の中心であったが，洋装の進展とともに，洋服がその中心となっていった。洋装の導入期にデパートが大きな役割を果たしたこと，およびアパレルメーカーがデパートに商品をおいてもらうために，委託取引と派遣店員という制度を用いたことはすでに述べた。デパートにとってはリスクが小さく，デパートにとっても不十分な洋装に関する専門的知識をもつ人材を外部から得られたので，これらの制度にメリットがあったが（もちろんそうではない場合に比べてマージンは小さくなる），やがてどの商品をおくのかというマーチャンダイジングや値付け，さらには売場の構成までアパレルメーカーが主導権をもつようになり，デパ

---

112) 2010年には35％にまで低下している（百貨店協会ホームページ〈http://www.depart.or.jp/common_department_store_sale/list〉閲覧2011年2月8日）。途中で雑貨は身の回り品と雑貨に細分類されたが，ここでは一括している。また1952年には店外販売という項目があり4％を占めていたが，途中でそれぞれの品目に分類され，消滅した。後年基準でいえば，1952年の衣料品の比率は48％より高かったであろう。

ートの関与できる範囲が売場フロアの構成や催事に限定されていく傾向がみられるようになる。デパートは売場を売上げに応じた賃料でアパレルメーカーに貸すという不動産賃貸に近づいていくこととなった。

　自主仕入をおこなっている商品ではこうした問題は生じないが，売上げ比率が上昇している食品のうちの生鮮品（いわゆるデパ地下）は衣料品と同じく自主仕入ではない。また婦人ファッションとともにワンストップ・ショッピングを構成していた家庭用品や紳士服は，専門チェーンのシェアが上昇していき，デパートは基礎とする範囲の経済を実現しにくくなっていった。競争力の喪失はデパート売上げの小売に占める比率に象徴される。1964年にはその比率が10％程度であり，それを1970年代までほぼ維持していたが，その後徐々に低下していった。バブルの崩壊と大規模小売店の設置規制の緩和による郊外での大規模店の出店により，大都市のデパートですら不採算店舗などのリストラをおこなっても単独での生き残りは困難となり，21世紀に入るとそごう・西武（さらにセブン＆アイ・ホールディングス傘下に入った），阪急・阪神，大丸・松坂屋，三越・伊勢丹などが経営を統合している。この間一般小売店の売上げの比率は低下しており，比率が上昇していたのは，次に述べるスーパーをはじめとするチェーン店であった（藤岡，2004；山口，2005a，2005b）。

2）急成長から高級化志向へ——スーパー

　スーパーとはセルフサービス（自分で商品をバスケットに入れ，集中レジまでもっていって，代金を支払う）を採用する小売店で，多くは多数の店舗をチェーン展開しており，主に日用品を取り扱っている。デパートは陳列した商品を定価販売することで，販売員の熟練を低下させたが，対面販売であるため接客をおこなう人員を必要とし，従業員に接客技術が必要であった。これに対してセルフサービスは，客がみずから商品を選ぶので，接客の人員を省力化でき，コストが低下するが，客が店員の説明を受けずに購入できる最寄品——瓶詰・缶詰食品・日常雑貨・日常衣類など——がスーパーの品揃えの中心となる。そして接客を省略する代わりに，陳列，売場配置，POP（point of purchase）広告（商品の所在や商品情報を提示する）などにかかわる技術を開発し，売上げを引き上げようとしたのである。一方，チェーンストアは，仕入を本部に集中し，大量購買によって購入単価を引き下げるとともに，店舗や店内作業を標準化してオペレーション

コストを低下できるという規模の経済があり、通信・運輸が発展すると出店範囲が広がるから、その効果は大きくなる。チェーンストアは、戦間期にみられ始めたが、戦後に急成長し、食品、衣料品、住居用品、医薬品、家電、自動車、学習塾、ファストフード、コンビニエンスストアなどさまざまな商品・サービスで展開されている[113]。

最初のセルフサービス店は青山の紀ノ国屋であるが（1953年）、食料品を総合的に販売する大型のセルフサービス店としては、小倉の丸和フードセンター（1956年）が最初といわれている。その後多くの企業が参入したが、いずれも低コスト・低マージンで安く販売し、商品の回転率を引き上げることを狙いとしていた。そのなかで衣料品・日用雑貨など大規模に扱いやすいため規模の経済性が発揮されやすく、大規模化すればマージンがとれる商品と、ロスが多く、利益がとりにくいが、値引きをすれば目玉商品として集客を期待できる食品を組み合わせた総合スーパーが発展していった。そしてさらに取扱商品の範囲を広げ、デパート並みのワンストップ・ショッピングのメリットも提供できる大型の疑似百貨店も出店されるようになり、やがて多くの専門店を組み合わせたショッピングセンターへと発展していった。また同時に、多店舗化し、チェーン展開していくことも追求され、みずから店舗を設置するほか、合併による大規模化もおこなわれ、ナショナル・チェーンとして成長していくものも現れたが、その代表的な例が中内功が創業したダイエーであり、イトーヨーカ堂、西友ストアー、ジャスコ、ニチイなどがこれに続いた[114]。店舗の大型化とともに、中心部駅前の立地から、郊外の立地へと移り変わっていったが、立地に応じて店舗の規模と品ぞろえが決められたのはいうまでもない[115]。1972年にはスーパーの売上高がデパートのそれ

---

113) チェーンストアには、チェーン店の資産をチェーン本部が所有するレギュラー・チェーン、チェーン本部が加盟店と契約を結び、商号・商標を使用させ、商品やサービスを提供するかわりにロイヤルティーなどを支払わせるフランチャイズ・チェーン、独立店が共同で仕入れなどをおこなうボランタリー・チェーンがある。たとえば、コンビニエンスストアは、フランチャイズが中心であるが、本部直営店もあり、フランチャイズとレギュラーの2つのチェーン組織が混合しているケースである。

114) 店舗が面的に展開していた方がチェーンオペレーションが効果を発揮しやすい。ナショナル・チェーンであっても特定の地域への集中度が高くなるのはそのためである。

115) スーパーは取り扱う品目が膨大で、卸売業者に依存している（高岡、1999）。卸とスーパーの物流への投資で、卸が勝ったという要因とともに、生産者・小売業者の集中度が低いと卸を経由することに合理性がでてくるという要因も見逃せない。

を追い抜くとともに，スーパー最大手のダイエーの売上高がデパート最大手の三越のそれを追い抜いて，スーパーが流通革新の中心であることが明確となった（前田，1991；矢作，1998，2004；山口，2005b)[116]。

　ところである部品を内製するか購入するかは，その部品の最適生産規模（規模の経済性に依存）とその企業の使用量（販売高に依存）に依存することをすでにみた。流通企業も規模が大きくなってくれば販売する商品の製造に関与することは選択肢としてありうるのであり，それは多くの場合プライベート・ブランドとなる。ただし製造に関与するといっても，製品企画とマーケティングには関与するが，製造は外部委託するものが多い。またプライベート・ブランドをもつことで，同種製品のナショナル・ブランドに対して価格交渉力が強くなるというメリットもある。一般的にプライベート・ブランドはナショナル・ブランドほど販促費がかからないのでコストが低く，価格を引き下げても粗利をとりやすい。ダイエーを例にとると，同社は衣料品のナショナル・ブランドの安売りをおこなっていたが，それを阻止しようとする東洋紡と交渉し，「東洋紡ブルーマウンテンカッターシャツ」を1962年に発売した。これがダイエーの最初のプライベート・ブランドであるが，東洋紡のブランドも付いており，ダブルチョップ（chopは商標の意）とよばれる。ダイエーはこの時点ではメーカーの商品開発力に依存し（製品仕様などにダイエーはあまり関与していない)，メーカーが品質保証の役割を果たしており，プライベート・ブランドは，ダイエーの低価格販売に反対する中小小売業者の圧力をかわすために，メーカーが製造したダイエー専用品という性格が強かった。その後ダイエーは，製品企画などに関与する度合いを強めていく。メーカーとの対立は，やがて家電製品に及び，松下電器産業と対立したことは有名である。ダイエーは中堅メーカーのクラウンに資本参加し，テレビなどの家電製品をブブというブランドで低価格で販売したが，結果として失敗に終わった。家電などで下位メーカーに製造委託するのは，日本のカメラやテレビのメーカーがアメリカ流通企業の製造請負からアメリカ市場に入っていったことにみられるとおり，メーカーとの力関係を考えれば，当然の選択である。一般的にプライベート・ブランドは食品・日用雑貨・実用衣料で多くみられ，家電製品ではあ

---

[116] ただし大手デパート各社も成長著しいスーパーに参入した。なかでも西武百貨店系の西友ストアーは1980年代までダイエー，イトーヨーカ堂に匹敵する売上げを誇った。

まりみられないが，これは前者では規模の経済性があまり作用せず，メーカーの寡占支配力が弱く，相対的に流通が優位に立ちやすい一方，後者はその逆であることに加え，アフターサービスを担当するコストがかかることも要因のひとつとして指摘しうる（ダイエー社史編纂室編，1992；矢作，1996；関根，1999）[117]。

スーパーで野菜・肉・魚などの生鮮食品を販売する場合，客がレジへもっていける形態に加工し，包装する必要がある（たとえば肉は卸段階では大きなブロックで取引されている）。生鮮食品の加工（最終製品の生産）には特殊な技能が必要で，かつ傷みやすいので，短時間に販売する必要がある。当初はスーパーには

図 4-16 スーパーでの食肉販売の変遷

出典）中内（2007，151頁）；総務グループ総務チーム編（2009，16頁）。
注）上は1964年のダイエー神戸市三宮店の食肉売場。カウンター越しに，必要な肉の数量を伝え，包装してもらい，集中レジで代金を支払う。下は2009年頃の関西スーパーマーケットの食肉売場。パッケージされた肉がおかれているが，逐次おかれるので，量は多くない。

こうした生鮮食品の加工・包装の技術が十分ではなく，対面販売の方式がとられ（図4-16），なおかつ専門業者にスーパーの店内で営業させることも多かった。加工技能をもっている人を雇用しても，特殊技能者なのでスーパーの規律に従わせることは困難であったという。アメリカと比べて，日本は生鮮食品を多く食し，鮮度へのこだわりが強いので，鮮度が落ちて廃棄する率も高く，この問題はより深刻で，鮮度に応じて1日の中でも販売価格を変えるなどしていたが，生鮮食品

117）このほかダイエーのブランド力，販売力の問題や日本の消費者のナショナル・ブランド志向など多様な要因がある。

で利益をあげることは困難であった。これが総合スーパーが発達した要因のひとつであったが，関西スーパーマーケットの北野祐次は，アメリカ視察の後にこの問題に立ち向かい，取扱商品を食品に限定することとし，生鮮食品の加工を店舗のバックヤードでおこない，逐次加工することで陳列量を限定し，鮮度を保つという方式を考案した。そして冷蔵貯蔵庫・冷蔵陳列施設を機器メーカーと共同開発して設置するとともに，加工した食品をのせるトレーや包装フィルム，パッケージ機械までそれぞれのメーカーと共同開発している。肉・魚・野菜の加工をいくつかの工程に分割し，単純化するとともに，流れ方式で加工できるように標準化したため，生鮮食品加工もパートタイマー労働でおこなえるようになったが，従業員に多数の作業がおこなえるように教育を施し，フレキシブルな体制が組めるようにした。さらに鮮度管理のさまざまなノウハウを開発し，マニュアル化するとともに，店舗展開も卸市場の距離を勘案して決定している[118]。こうした革新的システムは，1970年代をかけて開発されていき，食品スーパーという業態が確立したのであるが，関西スーパーマーケットはそのノウハウを同業他社に公開したため，多くの企業で採用されるようになり，21世紀にはどのスーパーでもみられるごく普通の方式となった（図4-16）（「関西スーパー25年のあゆみ」編纂委員会，1985；荒井，1990；橘川・髙岡，1997b；石原，1998）[119]。

　デパートはスーパーに流通の主役をとってかわられたが，その中心は総合スーパーであった。しかし総合スーパーも1970年代後半には売上げの伸びが鈍っていった。これには大規模小売店舗法によってスーパーの出店が規制されたことが作用していたが，さらにより本質的な問題もはらまれている。デパートも1950年頃までは安売りが問題になっていたが，スーパーの成長とともに高級化を志向していった。スーパーのダイエーも徐々に店舗のグレードを上げていき，1975

---

118) 職人を集中加工場に配置する方式は，加工から販売までの時間が長くなり，その間在庫となるので，変動が大きく，ロスが大きくなるとともに，店舗展開への制約が強くなる（加工前の方が加工後より鮮度が落ちにくいので加工前の素材の運搬の制約の方が弱くなる）。

119) 戦前のデパートでもこうした学習が阪急百貨店と東横百貨店の間でみられたが，地域的な競合がない限り，同業他社の成長は直接の脅威とはならないことが，こうしたノウハウ公開がおこなわれる基本的な要因である。そのほか同業他社への影響力の大きい関西スーパーマーケットは，仕入れ交渉が有利になるなどの効果もあったという（水野・小川，2004）。

年の碑文谷店ではデパート並みのサービスを提供した。それとともにプライベート・ブランドも単なる価格志向から，品質を引き上げたものを開発するようになっていった。スーパーも単なる安売り志向を脱却したのであるが，そこを低価格志向のディスカウントストアに攻められたのである（ディスカウントストアもセルフサービス方式なので，統計上はスーパーとなる）。このように評判を確立した小売業態が高マージンの商品販売を志向し，低マージンで販売する新興業態によって市場を奪われる現象は小売の輪といわれているが，スーパーを中心にみていこう（成生，1994，第3章）。スーパーという新しい業態は，高い評判をもつデパートという先行業態と差別化をおこなうために，セルフサービスによって品質に固執しない消費者をターゲットに最寄品を販売していった。スーパー間での競争が激しくなると，評判を確立したスーパーは，高マージンの買回り品が販売できるようになる。ところが買回り品の販売にはある程度高いサービスが必要となり，販売員の増強（質量とも）や店舗の改善が必要となって，高コスト体質となり，低マージン品ではディスカウントストアと競争ができなくなっていくのである（ディスカウントストアの店舗と総合スーパーの店舗を見比べれば，どのようなコスト志向であるかは歴然としている）。さらに総合スーパーは，消費の多様性が増したことで，専門チェーン店の専門性の利益に比べて，総合的に品揃えをして範囲の経済性を出すことが困難になっていることも大きい。

　バブルが崩壊すると総合スーパーの経営はさらに悪化していき，ニチイが改称したマイカルが破綻し，さらに日本の流通革命を主導してきたダイエーが，2004年に産業再生機構の支援を受け，西友ストアがアメリカの流通最大手でディスカウントストアのウォルマート（Walmart）の傘下に入り，総合スーパーは，ジャスコが改称したイオンとイトーヨーカ堂（コンビニエンスストアのセブンイレブンなどとともにセブン＆アイ・ホールディングスの傘下）の2大グループに集約化されつつある。総合スーパーの苦境は，多角化の行き過ぎ・バブル崩壊による不動産価格の下落などさまざまな要因があるとはいえ，モータリゼーションの進展による駅前店の魅力低下や小売の輪といった構造的な問題を背景にもっている。総合スーパーはPOS（Point of Sales）システムに代表される情報への投資を強化して，オペレーションの効率を引き上げるとともに，価格帯・業態別に店舗のブランドを整理し，店舗にある商品を変え，多様なラインのプライベート・ブランドを開発するなどして，こうした競争圧力に立ち向かっている。

3.——日本的経営

1 株主の機関化とメインバンクの形成

　日中戦争が勃発すると，経済統制もあり，重化学工業とくに機械工業の比重が増し，これらの産業の企業の資金需要が拡大したが，それとともに戦費を調達するための増税も実施された。これら2つの要因が企業グループにも大きな影響を与えた。すなわち傘下企業は増資をおこない，持株会社は徐々に持株比率を低下させていったが，一定の出資比率を維持するためには持株会社が増資をおこなう必要があり，そのための資金調達力を強化せねばならなかった。持株会社を合名会社・合資会社にしておいたままでは，資金調達力に限界があり，またその持分が処分できないため，持株会社の出資者の相続税の支払いにも困難をきたした。そこで1937年以降，財閥持株会社が株式会社に改組され，本社株式が公開されるようになっていった。それでも持株会社に対する同族持株比率は三井・住友で過半数に達しており（三菱でも同系会社による保有を含めれば過半数となる），同族の持株会社に対する支配力は揺るがなかったが，徐々に傘下企業への権限の委譲が進んでいった[120]。また新興コンツェルンでは，経営が行き詰まり創業者が退

[120) 住友は1937年に住友合資を株式会社住友本社に改組し，1945年の増資に際して住友銀行・住友信託・住友生命が株主となった（一般への公開はなし）。三菱は1937年に三菱合資を株式会社三菱社に改組し，1940年に三菱社の株式を公開した（1943年に三菱本社と改称）。三井は同族の数が多いために同族間の合意を得るのに手間取り，1940年に傘下会社である三井物産が三井合名を合併し，事業会社でありながら本社となるという異例の改組をおこない，1942年に三井物産の株式を公開した。1944年に三井物産が三井本社と改称し，傘下に三井物産を設立することで，異例の状態は解消された。相続税支払いは三井財閥にとってとくに深刻な問題であった。

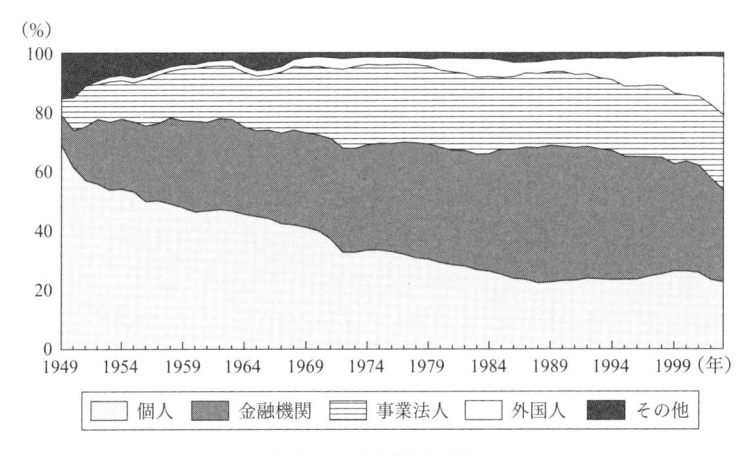

図 4-17　株式保有割合

出典）東京証券取引所「株式分布状況調査（単元株ベース）1-22 長期統計」（〈http://www.tse.or.jp/market/data/examination/distribute/index-h15.html〉閲覧 2011 年 3 月 30 日）。

任を余儀なくされたり，病気によって退任したりするなどして，コンツェルンとしての結集力が低下していったが，個々の企業が成長し，グループ化を進めていく例もあった（沢井，1992；武田，1994）。

　このように株式の保有や企業支配は戦時期に徐々に変容しつつあったが，敗戦後の財閥解体はそれらを根本から変革した。まず指定された 10 家族（三井・岩崎・住友・安田・中島・古河・浅野・野村・大倉・鮎川）の保有証券等が持株会社整理委員会に移転され，家族は役職を辞任させられた。この措置により財閥家族の持株会社・傘下会社への影響力が排除された。また 83 社（三井本社・三菱本社などの財閥本社や三菱重工業・三井鉱山など持株会社的な現業会社など）が持株会社に指定され，保有証券がやはり持株会社整理委員会に移転された（このなかで三井物産と三菱商事は解散を命じられ，非常に多数の会社に分割された）。さらに 1947 年の財界追放と 1948 年の財閥同族支配力排除法により，財閥本社の役員に加えて，敗戦時に直系会社の取締役であった者が役職を辞任させられ，財閥傘下会社での人的支配も解体された。持株会社整理委員会は，移転された株式の大半を当該会社の従業員，ついで工場などが所在する地域の住民を優先して売却していった。この結果，大企業の株式の個人持株比率が急激に上昇し，1949 年には個人持株比率が 7 割近くに達した（図 4-17）。また企業の支配力を減殺すると

いう観点から 1947 年には過度経済力集中排除法が制定され，翌年には 325 社が指定されたが，占領政策が日本経済の復興を重視するようになったため，最終的には 18 社が処分の対象となった。すでに述べたとおり同種事業部門が分割されたのは 7 社にとどまり，他は異種事業部門の分離，工場や株式の処分にとどまった。さらに 1947 年の独占禁止法はカルテルなどを含む広汎な独占行為を規制しているが，持株会社を禁止するとともに，金融機関に 5％までの株式保有を認めたが，事業会社の持株を禁止しており，この点からも企業のグループ化は大きな制約を受けた。ところが 1949 年の独占禁止法の改正により，競争を制限する場合を除き事業会社の株式所有が認められることとなり，1953 年の改正で金融機関の持株制限が 10％に拡張された（1977 年改正で保険会社を除き再び 5％に縮小）。長らく続いた持株会社の禁止が解禁されたのは 1997 年であり，企業の再編成などに利用されるようになった（ハードレー，1973，第 1 部；大蔵省財政史室編，1981；宮島，1992）。

　従業員を含む広汎な個人株主の存在が民主主義の基礎となることが期待されていたが，家計が預貯金を選好したことと，たびたびの株価の低下により投資信託も十分な個人資金を集められなかったことから，個人持株比率は低下し続けた。これを企業経営者からみると安定株主が存在せず，株価が低下したことにより，買収の危機にさらされたことを意味し，いくつかの買占めも発生した[121]。旧財閥系企業もその例外ではなかった。買収自体は資本市場の健全な機能のひとつであるが，横断的な労働市場が十分に発達していない場合には，企業の経営者・従業員にとって必ずしも好ましいものとはいえない。敗戦後の経営者は株主安定化を志向した。独占禁止法が 1949 年に改正される前は，金融機関へ株式をもってもらうよう依頼し，さらに同法・商法等で禁止されている自社株所有を名義借によって実施した。1949 年の独占禁止法改正後は，金融機関に加えて，事業会社にも株式の保有を依頼し，とくに 1952 年の講和条約発効によりそれまで禁止されていた旧同系企業株式の所有が解禁されると，旧同系企業へ株式所有を依頼することで，自社株所有を解消していった（鈴木，1992）。こうして企業同士の株式持合の比率が上昇し，金融機関・事業会社の持株比率が上昇するとともに（前掲，

---

[121] 安定株主とは，経営陣に好意的で，かなり多額のプレミアムをつけても TOB などに応じて株式を売却しない株主と考えておく（小田切，1975）。

表 4-16　企業集団株式持合比率の推移

年	三菱	住友	三井	芙蓉	三和
1949	3.7	0.7	0.5	…	…
1951	1.9	0.0	2.7	…	…
1952	12.1	10.5	5.2	…	…
1952	9.8	9.5	4.0	…	…
1955	11.1	14.0	5.2	…	…
1958	14.1	17.1	6.7	…	…
1959	19.1	21.1	12.1	…	…
1964	20.2	26.5	13.3	…	…
1964	24.7	26.5	9.1	6.3	10.2
1973	26.5	28.1	17.0	14.0	13.7
1987	24.0	23.5	16.9	15.6	16.0
2003	17.8	14.9	11.6	6.5	10.9

出典）1949-1952 年は宮島（1992, 243 頁），1952-1958 年は橘川（1992, 264 頁），1959 年と 1964 年は橘川（1992, 281 頁），1964-1987 年は岡崎（1992, 313 頁），2003 年は菊地（2004）。

注）1949-1952 年は三菱は 15 社，住友は 9 社，三井は 14 社の数値。1952-1958 年は，『上場企業総覧』に，1959 年と 1964 年は，『年報系列の研究』にもとづく。1964-1987 年は，両者にもとづくが，1985 年社長会メンバーで一貫してデータの得られる企業を対象としている。2003 年は社長会構成企業を対象（2003 年現在，6 大企業集団のうち，第一勧銀を除く企業集団の数値を掲示した）。

図 4-17），旧財閥を中心に株式を相互に所有する企業集団が形成されていった（表 4-16）。さらに 1960 年代には，資本自由化を控えていたことと，証券恐慌（1964 年から 1965 年の不況で，山一証券などに日本銀行の特別融資がおこなわれた）で買い支えられた株式の安定化が必要とされたことから，1970 年代前半まで持合比率は上昇していき，それ以降はその水準を保った。この水準が低下するのは，バブル崩壊により銀行や保険会社の自己資本が毀損し，株式を売却し始めた 1990 年代後半以降であるが，事業会社の持株比率はそれほど低下していない（宮島，1992；橘川，1992；岡崎，1992）[122]。

こうした企業集団は，中核的な企業とその関連会社や取引先企業などとで形成

---

[122] 前掲，図 4-17 の金融機関には，銀行のほか，信託銀行，投資信託，年金信託，生命保険，損害保険などを含むが，このうち銀行，生命保険，損害保険の比率が低下し，信託銀行，年金信託の比率が上昇している。信託銀行も信託勘定であれば，さまざまなファンドなどの委託を受けているものである。

される企業集団（たとえば日立製作所を中心とするグループ）とは異なり，多様な業種の企業を含んでおり，銀行・商社と事業会社間の株式持合および商取引のある事業会社同士の株式持合を中心に形成されている。戦前の財閥をルーツにもつ三井・三菱・住友の3つの企業集団のほか，都市銀行を中心に企業集団が形成され，旧財閥系の3つに富士銀行を中心とする芙蓉，三和銀行を中心とする三和，第一勧業銀行を中心とする第一勧銀の3つを加えた6つの企業集団が6大企業集団とよばれるようになった[123]。集団を構成する企業の社長の会合（社長会）が定期的に（月1回程度）開かれるようになり，石油化学・原子力・海洋開発など新規産業にグループが共同で企業を設立し，万国博覧会に共同でパビリオンを建設するなど，その動向が注目されるようになった[124]。企業集団については，「"社長会"という"非公式の経営執行委員会"を中核とする，経営者合議制支配」（宮崎，1976，210頁）および「社長会は所有にもとづく会社支配の機関」（奥村，1983，104頁）と捉える見解もあったが，社長会がメンバー企業の親睦と情報交換のほか，寄付，商号の管理を主要な議題としていることや複数の企業集団に所属している企業があることもあり（公正取引委員会事務局編，1992，4-7頁），統一的な意思の存在というよりは利害を調整する存在とみる見解が主流である（調整に成功する例とともに失敗する例も多い）[125]。

　こうした企業集団については，持合が進むと個人への配当が減少するという効果を指摘した配当の「詐取」仮説（二木，1976）や集団所属企業が独立企業と比較して利益率が低い反面その分散が小さいことから保険の効果があるのではないかという保険仮説（Nakatani, 1984）が提出されたが，前者については内部留保が増加するので株価が上昇することが期待され，「詐取」というのは誤解を招くとの批判があり（伊藤・星，1992），後者は企業の金融費用が利益を安定化するようには調整されておらず，企業の営業収益が減少したときにメインバンクからの借入を増加するような動きもないので，保険仮説は成り立たないとの批判（堀

---

123) 高度成長期には企業は銀行借入を中心とする資金調達をおこなったが，同じ系列に属する銀行が融資の中心となり，系列融資ともいわれた。系列内の都市銀行から系列企業への貸出額の総貸出に占める比率は，1965年には16％であったが，大企業の銀行離れが進み，1975年には10％，1985年には5％へと低下した（堀内・花崎，2000，21頁）。
124) 宮崎（1966，第2章）はこれを「系列ごとの新興産業ワンセット主義」とよんだ。
125) 宮崎説への批判としては三輪（1990，第7章）を参照。

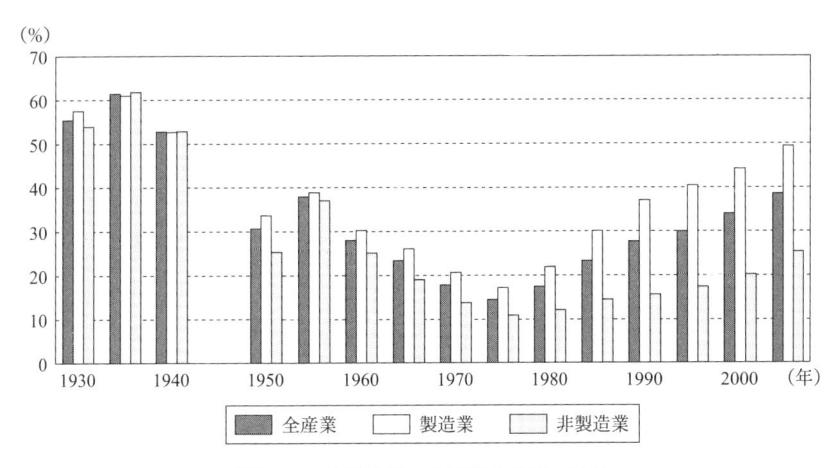

図 4-18 主要企業の自己資本比率の推移

出典）大里編（1966, 336-341 頁）および三菱経済研究所編（1970-2005）。

内・福田，1987；Horiuchi et al., 1988）がおこなわれている。このほか集団内で取引関係がある企業同士が相手の機会主義的行動を抑止するために持株率が高いという実証結果（Flath, 1996）および安定株主の存在により，企業への敵対的買収の脅威が減り，株価最大化をめざす行動を回避しえて，経営政策の自由度をもったという実証結果（岡崎，1992）がある。前者は集団内の化学企業と合成繊維企業との関係などに注目したものであり，後者は Nakatani（1984）がグループ企業の方が高い賃金を支払っているとしていることとも符合している。

ところで株式市場からの経営者への圧力が減少したとすると，高度成長期の経営者を規律づけたものとして，商品市場での競争（Allen and Gale, 2000, pp. 108-111）のほかに，何があったのだろうか[126]。企業集団の保険理論では，保険金に相当するものは銀行からの救済，保険料に相当するものが借入金や金利であり，銀行の大きな役割が想定されている。戦前期の大企業の自己資本比率がかなり高かったのとは異なり，高度成長期には自己資本比率が低下し，借入金に依存して投資がおこなわれるようになった（図4-18）。こうした企業金融の変遷とガバナンスの関係についても述べておこう。

---

[126] 堀内・花崎（2000, 2004）は市場競争が企業の効率化に貢献したとの実証的な結果を得ている。

日中戦争の勃発にともない金融統制が強化された。1937年の臨時資金調整法で銀行の設備資金貸出，株式・社債の発行，会社の新設・増資が統制され，さらに1939年の会社利益配当および資金運用令により会社利益の配当も制限されて，ついに1940年の銀行等資金運用令では，運転資金貸出も統制されるようになった。一部の軍需企業の資金需要が増大するとリスク分散の必要などの要因からシンジケート・ローンが普及し始め，これが1941年には時局共同融資団として制度化された。主取引銀行が企業を審査し，これにもとづいて他の参加銀行が融資を実施するようになったのである。しかし軍需会社の資金調達をさらに円滑にするために，1944年に軍需融資指定金融機関制度が導入され，指定された銀行が軍需会社に資金を円滑に供給することが目指されて（シンジケート・ローン参加銀行は指定銀行に資金を供給する形となる），さらにその融資に戦時金融金庫の保証がつけられるようになると，審査の側面は形骸化していった。

　敗戦後は戦時保証が打ち切られ，企業・銀行とも再建整備がおこなわれた。不良債権処理のために自己資本が切り捨てられ，増資がおこなわれたものの自己資本比率は低下した。戦後直後も金融市場の規制が残されたなかで，日本銀行が斡旋融資を組織し，融資シンジケートが組織された。斡旋融資が減少していくのは1950年代前半であるが，戦後は融資審査が再び重要な意味をもつようになり，主力銀行の審査が重視されるようになった。これを政府系銀行である日本開発銀行や長期信用銀行となった日本興業銀行の融資とその審査が補完した。融資の審査を主力銀行や日本開発銀行・日本興業銀行に委託する体制がこうして次第にできあがっていったのであるが，主力銀行はメインバンクとよばれるようになっていった（岡崎，1993b；寺西，1993，1996）。企業が再建整備を終えた1950年前後にメインバンクは，取引先企業に役員を派遣し，債権保全のためにモニタリングをおこない，さらに取引先企業の収益が悪化するなどした場合は，経営陣の交替を要請しており，取引先のモニタリングを強化している。収益力の低い企業ほど持合を強化していたから，メインバンクによる規律付けは大きな意味を持った（宮島，1992）。

　メインバンクとは，通常ある企業の最大の融資シェアをもち，その企業が社債を発行する場合はその受託銀行となり，さらにその企業と株式を持ち合いして株主順位の上位に名を連ね，決済勘定を提供するほか，取引先の紹介などの情報や人材を提供することもある。メインバンクは資金を提供する際に事前に企業やプ

ロジェクトを審査し（事前モニター），決済口座を通じる資金の流出入から営業の状態を把握し（中間的モニター），プロジェクトの結果を審査し，結果が悪ければ経営陣の交替を求めることもある（事後的モニター）。メインバンクは常に企業を救済するとは限らず，救済に入るときにもリストラなどを要求するので，企業に規律を与える（ただしメインバンクも追加の低利融資などのコストを払う）というメリットがある。とくに一時的に困難に陥ったが，潜在的には生産性が高い企業が性急に清算されてしまうというコストを減少させることができるという第2のメリットもある。また多くの銀行が多くの企業に融資を分散させているので，ある銀行はある企業のメインバンクであるが，別の企業には非メインでしかなく，別の銀行がメインバンクであるという関係があるから，審査をメインバンクに委託することは，審査コストを節約できるという第3のメリットがある。最後に戦略的に重要な産業間で補完性をもつプロジェクト間の調整（自動車と鉄鋼など）を促しやすいという第4のメリットがある。もちろんメインバンクが救済をおこなうにはその対価が必要で，金融規制による安定した融資の利鞘や社債・外国為替の手数料（社債・外為は融資よりもメインに集中される傾向があり，メインバンクのメリットが大きくなる），さらには銀行への参入規制や店舗規制がこうしたメリットを保証しており，金融当局の監視と裁量的政策が大きな意味をもっていた。また逆に本来つぶすべき企業が生き残るとか，債務返済を考慮し安全なプロジェクトに偏るといったコストもある（青木／パトリック／シェアード, 1996；青木, 1996；Hoshi and Kashyap, 2001, pp. 190-205）[127]。

　メインバンクによる金融方式は，企業が投資をおこなう際に外部資金（借入が中心）を得やすく，投資をおこなう際に手元資金の量に制約されることが少なくなるという実証結果があり（Hoshi et al., 1991；堀内・岡崎, 1992），こうした関係は高度成長前半期からみられている（宮島, 1995b）。また銀行からの役員派遣は財務上問題のある企業に多く，銀行から取締役が派遣されると経営者の交替が起こることが多いので，銀行は保険を企業に提供するというよりも経営者に規律を

---

[127] 金融当局の裁量的政策が大きな役割を果たすとすると金融当局はどう監視されるのか（規律付けられるのか）という問題があるが，天下りがこのインセンティブになっていたとされている（天下りは個人的コネクションではなく，省庁で斡旋されるため，在職中に銀行に利益を提供して天下りのポストを確保するということは少ないとされる）（青木／パトリック／シェアード, 1996, 45頁）。

与えているとする実証結果もあり（Kaplan and Minton, 1994），メインバンクの活動を支持する研究は多い。しかしその一方で，1950年代はメインバンクをめぐる競争があり，それが一定の水準に落ち着くのは1960年代であるが（宮島，1995b；岡崎，1995b），その固定の程度は10年間で6-8割がメインバンクを変えないというもので，信じられているほど高いものではなく，金融引き締め期に資金を供給するなど，企業が危機に陥ったときに最後のよりどころとなる機能もそれほど高いものではないという批判がある（三輪，1990，第6章）[128]。さらにHayashi（2000）はHoshi et al.（1991）のデータ処理の問題を指摘し，メインバンクによる手元資金制約の緩和の効果を否定している[129]。このようにメインバンクの効果については賛否があり，確定はしていない。また高度成長期の銀行融資は，不動産を担保とすることが多く，不動産価格の継続的な上昇に支えられていた面があり，事前の審査能力や事後的モニタリング能力が蓄積されていなかったのではないか，という疑問も提示されている（松浦，2003）。

　金融自由化の進展により社債発行から得られる安定的な手数料が消滅し，企業借入金の減少とあわせてメインバンクが救済の対価に得ると想定されているものも減少していった。また高度成長が終了すると減価償却や内部留保さらには株式の時価発行などにより企業の自己資本が充実し，借入金への依存度が低下して一部の企業は無借金となった（前掲，図4-18）。トヨタ自動車のような無借金企業でもいくつかの銀行が大株主に名を連ね，メインバンク関係は揺らいでいないという見方もあったが（シェアード，1997，130頁），銀行経営の悪化とともに1990年代後半以降，持ち合いの解消が進み，銀行の株式所有が減少していった。少なくとも一部の優良企業とメインバンクの関係は希薄なものとなったとともに，企業集団内の持ち合い比率も低下していった（前掲，表4-16）。さらに都市銀行間で合併が相次ぎ，3つのメガバンクが誕生すると，6大企業集団の存在そのものが注目を集めなくなってしまった。企業のガバナンスのあり方は根本的な変革を求められていくが，この点については次章で述べることとする。

---

[128] メインバンク論への批判については，花崎（2008，第5章）も参照のこと。
[129] 堀内・花崎（2000）にメインバンクについての研究がサーベイされており，有益である。

2 企業内部の構成者——内部昇進役員と終身雇用

1) 内部昇進専門経営者の制覇

　財閥解体による役員の退任によって大企業の経営者は大幅に変化したが，新たに経営者となったのは，内部昇進の専門経営者であった（表4-17）。そしてこの傾向は1990年代の前半に至っても変化していない（表4-18）。1980年の日米大企業の調査によれば，トップの年齢のメディアン，当該企業での勤続年数のメディアン，トップとしての勤続年数の平均は，日本がそれぞれ66歳，39年，6.7年，アメリカが59歳，28年，9.7年となっており（Kaplan, 1994, pp. 521-522），日本の方が社長就任年齢が高く，その分勤続年数も長く，社長として在任する年数が短い。日本では外部からの専門経営者の招聘が極端に少ないが，1980年現在ではアメリカでもトップの経営者は当該企業に長く勤続している者が就任しており，日米の差は一般的なイメージよりは大きくないというべきであろう。ところが同じ企業を対象に取締役をみると，取締役数とそのうちの外部取締役数（当該会社で経営執行にかかわった経験がない）のメディアンは，日本がそれぞれ21，0，アメリカが15，9であった。日本は取締役数が多く，ほとんどが内部昇進者で占められているところが大きな特徴といえよう。

　日本の大企業の役員では，大学卒業後直ちに入社し，長らくその企業に勤め，役員となるものがほとんどであり，企業特殊的な技能を身につけるのに適しており，それは集団の中での学習を通じて形成されている。しかしこうした組織には外部からの規律づけが必要であり，製品市場競争を除けば，メインバンクによる監視がその役割を果たしていたと考えられている（青木，1996）。ところで日本企業は成長志向，シェア志向といわれ，株主重視が最重要の経営課題ではないといわれることも多い。戦間期には当期利益に占める役員賞与の割合が高く，役員賞与が会社利益に感応的であったが，戦時期にはそれらが低下した（前掲，表3-8）。これは戦時統制によって企業の生産を拡大することが目標とされ，株主の権限が弱められていったことによる（岡崎，1993b）。戦後にはこうした制約は撤廃され，役員賞与の比率や感応度は上昇したが，戦間期と比べると低い水準となっており，日本企業の雇用重視や成長重視の姿勢と対応しているかのようである。しかし経営者は業績が悪化すると交替させられるという現実は変わらない。すな

表 4-17　財界追放による経営者の変化

	1937 年		1947 年	
	(人)	(%)	(人)	(%)
専門経営者（内部昇進）	39	37	106	80
専門経営者（外部招聘）	22	21	11	8
所有型経営者	44	42	16	12
合　計	105	100	133	100

出典）宮島（1995a，102頁）。
注1）対象は鉱工業上位100社の経営者。
　2）外部招聘とは当該企業での経験が5年以内で社長に就任した者。
　　所有型とは持株比率（一族合算）3％以上の者。

表 4-18　主要業種最大企業の社長の分類

	1930	1955	1975	1992
専門経営者（内部昇進）	3	35	41	49
専門経営者（外部招聘）	4	3	3	2
創業者・創業家族	16	7	11	9
大株主	12	2	1	—
その他	8	9	10	5
合　計	43	56	66	65

出典）森川（1996，118頁）。
注）主要業種の最大規模会社（1930年のみ資本金，他の年は総資産）の社長を分類。

わち1950年代前半において，売上げや資産の変化は経営者の交替と関連していないが，配当の悪化は経営者の交替と関連していた（Miyajima, 1995）。また1980年から1988年についても日本の大企業の社長が会長にならずに退任した場合（通常の退任ではないと考えられる）は，企業が赤字となった場合と関連しているが，売上げの成長とは関連しておらず（社長交替すべてでは赤字も関連しなくなる），代表取締役の交替は赤字と株価収益に関連しており，売上げの成長とは関連していなかった。アメリカではCEOと執行取締役ともに赤字ではなく，株価収益と（やや意外なことに）売上げ成長に関連している（Kaplan, 1994）。経営者の交替において利益が重視されるという点では，日米に極端に大きな差は，少なくとも1980年代まではなかったのである。しかしバブル崩壊後のコーポレートガバナンスの改革において，役員に利益をあげるインセンティブを与えるために，ストックオプションの制度などが導入されていった。

2）職員・工員の格差縮小と終身雇用の形成

　日中戦争が始まると労働市場も統制を受け，賃金や雇用が規制されるに至った。労働の移動が減少するとともに，年齢・年功にもとづく給与部分が増加し（仕事給・資格給といった職務にかかわるものや奨励給・賞与金といった能率にかかわるものも当然ながら支給されている），さらに定期昇給が普及していったことから，年功的賃金が出現するようになった[130]。さらに戦争末期には，工員に加給金が多く支払われるようになったために，戦間期には大きく開いていた職員と工員の給与の格差が縮小していった（尾高，1993c）。

　敗戦後には職員と工員の身分差別撤廃が要求され，多くの企業で身分制度が撤廃されるとともに，労働組合は工員と職員を組合員とする企業別の工職混合組合となったが，これには，工職間の待遇の格差が縮小していたことと民主化が大きな潮流となっていたことに加えて，日本には職種別の熟練工組合の伝統が弱く，戦時期に企業ごとに産業報国会が設立されていたという歴史的前提が存在していたことも見逃せない。工職身分の一本化は，1960年代前半に，労働者不足と工員の高学歴化（高卒）によって戦後直後に実現しなかった企業でも進展した。そして戦後改革期から高度成長期を通じて，工員の給与が日給表示から職員と同じ月給表示となり，戦前期には格差のあった賞与や退職金の支給率も職員と工員の間でほとんど差がなくなるとともに，賞与・退職金が多くの企業に普及し，支給率が上昇していった（兵藤，1997，44，159，186頁；鍵山，1977，19頁；駿河，1987；山崎，1988，47，79頁）[131]。

　ドッジ・ラインにより苦境に陥った企業の多くは人員整理をおこなったが，人員整理に反対する争議が多発し，企業は人員整理のコストが大きいことを学習した[132]。こうして企業が容易には労働者を解雇しない「終身雇用」の慣行が1960

---

130) 年功賃金とは勤続とともに（労働者の能力が向上し，それに応じて）賃金が上昇していく制度である。年功賃金になっていくというとき，賃金が勤続（年令）で説明できる度合いが上昇し，同一勤続（年令）者間の賃金のバラツキが小さくなることを含意するが，勤続（年令）が上昇すると賃金がより多く上昇するようになることをさす場合もある。なおキャリアの終末期には賃金が低下することもありうる。

131) 職員と工員の賃金処遇体系が統一されていった要因として，労働者不足とともに，工員も高卒者が採用されるようになり，職員と差がなくなっていったことがやはり指摘されている（久本，1998，65頁）。高卒定期採用の定着については，佐口（2003）を参照。

年頃に成立したと考えられている（仁田，2008，31頁）。企業は人員整理が必要な場合も希望退職で対応し，指名解雇はなるべく避けるようになっていった。希望退職・指名解雇などの雇用調整は，企業が赤字（1期の大幅な赤字や2期連続の赤字）を出したときによくみられるが，この慣行はオイルショック期にとくに明確になったといわれている。企業は雇用を守る姿勢にコミットすることで，労働者が企業内で人的資本に投資することを促進でき，生産性の向上が期待できる。企業はこの関係が崩れるのを好まないから，労働者の信任を得るために経営者や株主といった他のステークホルダーも危機に陥ったとき（赤字になると株主価値が毀損し，経営者の給与も削減される）に，はじめて雇用調整に動き出す。中小企業にはこうした関係が確立していないので，雇用調整は早めにおこなわれることとなる（小池，1983；村松，1986；加護野，1995）。また終身雇用は単なる慣行ではなく，解雇に厳しい条件をつけた最高裁判所の判例[133]やさまざまな法律による雇用維持の制度によって，オイルショックなどの経済変動にもかかわらず維持されてきた。その結果，戦前期と比べて雇用量の調整速度は低下した（前掲，表3-9）。しかしこうした雇用形態が行きわたれば企業の柔軟性が失われてしまう。終身雇用が成立したのは，大企業の男子労働者のみであり，中小企業では成立していないし，大企業でも女性・臨時工・季節工さらにはパートタイム労働者といった終身雇用ではない労働者が多数存在している。また不況に際しては，残業カットなど労働時間の短縮がおこなわれており，マン・アワーでは日本の調整速度がとくに遅いわけではない（仁田，2008；神代，1989；篠塚，1989，第1章）。

戦後日本の労働の特徴として企業別組合・終身雇用とともにあげられるのが年

---

[132] 敗戦直後には，労働組合が経営者を排除して生産を管理しつつ要求の実現を図る生産管理争議が数多くおこなわれ，労働協約が結ばれて，経営協議会が設置されたが，そこでは労働時間・賃金などの労働条件に加えて，生産計画や作業計画までもが協議の対象とされた。しかし経営者の団体である日本経営者団体連盟（日経連）はこれを経営権への介入であると批判し，1949年に労働組合法が改正され，労働協約の期限が3年とされ，自動延長が廃止されたこともあって，労働協約が改訂され，経営協議会は，労働条件のみを協議し，その他の生産計画などは，経営側が説明し，労働側が意見を述べるものへと改められていった（兵藤，1997，45-84頁）。

[133]「解雇権濫用の法理」が確立され，通常解雇の場合でも「正当な事由」の明示が必要であり，整理解雇の場合では，人員削減の必要性，人員削減手段としての解雇の必要性，被解雇者選定の妥当性，手続きの妥当性を示すことが必要である（神代，1989；仁田，2008）。

功賃金であるが，これらは新規学卒者が定期採用されることと結びついている。この新卒定期採用は，第 1 次世界大戦前に高等教育を受けた技術者や一部の職員でまず始まり，戦間期にはそれが広まっていき，中等教育でもそうした試みがおこなわれていた。これは卒業後のことにも責任をもつべきだという学校側の理念に支えられていたという。そして 1960 年代には職業安定所を介して中卒の労働者にも及び始め，やがて中卒で就職する者が減少し，高卒が一般的となると，高校の就職指導がとって代わった。こうして定期採用のシステムが普及した（菅山，2011）。年功賃金は戦時中に形成され始めたが，戦後のインフレーションのなかで，生活保障給の割合の高い（しかし勤続給に加えて能力給を含む）電産型賃金が成立するなど，年功賃金が一段と強化された。しかしこうした賃金制度では，勤労を刺激する効果が少ないことから，経営側は新たな賃金制度を模索した。そこでまず経営側が 1950 年代から導入を試みたのが，従業員のおこなう職務内容を調査して職務記述書を作成し，各職務の評価に応じて賃金が決定されるという職務給である。ところが職務給では，職務記述書の作成に膨大なコストがかかることに加え，技術革新が激しければその頻繁な改訂が求められる上に，従業員が配置転換を受け入れにくくなり，また境界が曖昧な職務の場合は相互の協力が得にくくなる，といった問題があって，あまり普及しなかった。そのかわりに 1970 年代に急速に普及したのが，職能資格制度における資格に応じて賃金が決定される職能給である[134]。上司などが各従業員の職務遂行能力を査定などによって計測し，期待される能力によって設定された資格に序列付けるもので，能力開発の目標が処遇とともに示されるので，従業員の能力開発が促され，安定的な雇用のもとで長期のインセンティブを与えることができた。ここでいう能力には，業績や体力・適性・知識・経験などからなる業務遂行能力のみならず，意欲なども含み，将来への期待を含めた企業への貢献能力や適応能力である。こうした能力の測定に曖昧さが入るのは避けがたいが，新しい能力基準の設定により，柔軟な職務編成や配置転換，さらには柔軟な職務の再編成が可能になったといえる（前掲，表 2-11 参照）。終身雇用と内部昇進を前提とすれば，上位のポスト（課長など）は

---

[134] 1990 年の関西地方の 187 社（従業員 100 人以上）のアンケート調査によれば，賃金の決め方として，年功型 14.8％，年功＋職能型 34.5％，職能型 22.5％，年功＋職務型 7.0％，職務型 5.6％，その他 15.5％となっており，職能型が主流となっている（石田，1992）。

限られているので、ポストに賃金を結びつけると、賃金の上昇の見込みは少なくなり、従業員の能力開発のインセンティブは小さくなるが、資格はポストほど組織内での供給制約が強くないため、インセンティブを与えられるというメリットがある反面、過度に資格の昇格を認めると賃金コストの上昇を招くことになる（梅崎、2008）。

多くの大企業では、年齢や勤続にもとづいて決まる要素の大きい年齢給（さまざまな名称でよばれる）に職能給を加味し、さらに各期の査定の加わる賞与やさまざまな手当が支給されるが、職能給においても資格の昇格が年功と相関があるので、年齢に応じて上昇する昇給カーブを描くことになり、日本の賃金は、年功賃金といわれている。またホワイトカラーの賃金が年齢とともに上昇するのは、ヨーロッパでもみられるが、ブルーカラーの賃金が程度の差はあれホワイトカラーと同様に年齢とともに上昇するのは、ヨーロッパではみられず（あるいはヨーロッパでは年齢による上昇がごくわずかで）、日本の特徴といえる（小池、1999、第4章）。これは企業が労働者の技能にまったく関係なく労働者の昇進や昇給を年齢に応じて認めているというありそうもない想定をおかなければ、ブルーカラーでも何らかの能力開発が進められているとみるしかない。おそらくこのことは、日本のブルーカラーが能力の差を何らかの方法で賃金に反映させて欲しいと考えていること（藤村、1992、82頁）と無関係ではなかろう。

3）トーナメント競争と関連職務への移動——職員・技術者

ここでは主に1950年代から1960年代に入社した大学卒の事務職員・技術者の大企業における昇進と移動について述べておこう。新卒で定期入社した新入社員は、昇進競争をおこなうが、昇進は上司などによる査定にもとづいておこなわれる。入社後しばらくは同じペースで昇進していくが、そのうちに同期のトップで昇進する者（第1選抜）、その次に昇進する者（第2選抜）、さらに遅れて昇進する者（第3選抜、第4選抜……）と昇進に差がつき始め、さらにそれ以上の昇進ができない者も発生し、同期の昇進格差は拡大していく。第1選抜にいれば、次の昇進も第1選抜になる可能性が（第2選抜以下より）高いが、次の昇進で第2選抜以下に落ちることもあるし、逆にある職位（たとえば課長）への昇進において第1選抜にもれた者が、次の職位（たとえば次長）への昇進において第1選抜になることもある（リターン・マッチ）。こうした昇進のあり方は、ファスト・

トラックによって一部の経営幹部候補を早期に選抜する方法と対照的であるが，選抜にもれた者がやる気を失わないというメリットがある反面（モラールの維持），経営幹部候補が絞り込めず，養成が十分におこなえないか，養成コストが大きくなりすぎるデメリットがある[135]。会社の成長が鈍化すると上位ポストの増加も鈍化するので，オイルショック以降は，資格は上昇するが，ポストとしての役職（部長など）につけない人や専門職として処遇される人が増加した。また関連会社等への出向・転籍も増加している（花田，1987；竹内，1995，第5章；今田・平田，1995；上原，2007；樋口，2008；辻，2011，第6章）[136]。

異動については，日本企業はゼネラリストであり，異動の範囲が広く，個人が経験する職務の範囲が広いとされがちであるが（たとえばオオウチ，1981，53頁），事務職員・技術者ともに同一部門内での移動が多く，他部門へ移る場合でも，特定の個人についてみれば，狭い範囲で移動していることが明らかにされている。それでも日本企業はアメリカやドイツと比べて部門を越える異動が多いのであるが，部門を越えても仕事の変更がない場合もあることには注意が必要である（たとえば本社人事部から事業部の人事関係部署へ異動するなど）[137]。異なる職務を経験させると訓練コストが大きくなる（OJTで訓練するにしても，仕事の能率が低下するというコストがかかる）ことが，異動の範囲が狭い理由である（小池編，1991；中村，1992；今田・平田，1995；八代，1995，2002）。

技術者についていえば，年齢が上がるほど職務を越えた異動が増えること，年齢が上がると，研究から開発・製造・生産管理・技術管理・技術サービス・営業への異動が増加することが明らかにされている。日本を代表する電機メーカーである日立製作所では，新製品開発機能を強化するために設計が強化されたのが

---

135) 昇進に差がつかない期間がどのくらいか，第1選抜になる者の比率がどのくらいか，リターンマッチの可能性がどのくらいあるか，などによって昇進競争の意味合いは変わってくる。
136) 出向とは元の企業との労働契約の一部が，出向先に移転し，そこで指揮・命令を受けるもので，元の企業との労働契約は終了しないが，転籍では，転籍先に労働契約が移転し，そこで指揮・命令を受けるので，元の企業との労働契約は終了する。
137) ある調査によれば，大卒社員の初任配属後最初の異動の内容は，仕事の変更をともなわない同一部門内異動20.7％，仕事の変更をともなう同一部門内異動20.0％，仕事の変更をともなわない部門間異動15.5％，仕事の変更をともなう部門間異動36.0％であり（残り7.7％は不明），前3者は何らかの関連があり，これらを足すと56.2％となる（八代，1995，38頁）。

1950年代，自主技術開発のために研究部門が強化されたのが1960年代であり，以後こうした職種間異動のローテーションが形成されていったことになる（雇用促進事業団雇用職業総合研究所編，1989，37頁；今田・平田，1995；市原，2000，2003）。

4）職務の標準化と多能工化の進展──工員

職員と工員の身分が撤廃され，職能給が支給されるということは，工員の技能が職長等に査定され，工員も昇進を目指して，技能を身につけていることを意味する。戦前において技能は，熟練工が長年の経験をもとにコツ・カンとして形成していくものという性格が強かったが，技術者による解析が進み，徐々に標準化されていった。戦間期からこうした動きが始まっていたが，戦後においてはそれが一層進展した。すでに述べたとおり，日本鋼管川崎製鉄所の製鋼部では，1960年代前半に技術者の指導のもとに組長・職長クラスの工員が鋼の品質に影響している要因を分析し，鋼の品質を安定化していったが，これは作業の標準化にほかならなかった（中村，1996，179-184頁）。トヨタ自動車工業では1950年代前半に，「標準作業組合せ表」が考案され，普及していったが，これは部品加工の標準作業と標準時間が設定されていることを前提とし，膨大な手間をかけて情報が収集され，パンチカード（のちにはコンピューター）に蓄積されていった（佐武，1998，53-62頁；和田，2009，367頁）。標準化が進むと，1人の工員が多工程を受け持つ多能工化が可能となり，同じ作業の繰り返しという単調さを回避できるとともに，欠勤や作業量の変動に対応できるなど，作業組織がフレキシブルとなるメリットがあることから，多能工化が推進されていった[138]。量産品を製造するのではない職場では，量産品を製造する職場と比較して，標準化が進みにくく，個々の工員は深い技能を必要とされ，その上で幅の広い技能を身につけるのは困難であるが，やはり1960年代に多能工化が進められていった（機械職場の例）。ローテーションをおこなって，OJTでこうした幅の広い技能を身につけるのが一般的であるが，班長等に昇進するためには，多くの工程を担当できることが必要とされており，多工程を受けもつ誘因が与えられている（久本，2008）[139]。

生産量や製品種類などの変化への対応とともに，職場で重要なのが，操業中に起こる機械の停止などのさまざまな問題への対応である。日本の職場では，トラブルを未然に防ぐ予防保全に加えて，簡単な問題なら資格を認定された現場の労

働者が処理をおこなっており，みずから処理できなくて保全部門をよぶにしても，多能工で前後の作業を熟知している方が，問題の発生原因を推測しやすく，それを保全部門に伝えるので，保全部門の処理が早くなり，結果としてトラブルからの復帰が早く，生産性が上昇するとともに，工員がこうした深い熟練を身につけるため，モラールが高くなっているといわれている。ただし現場のトラブル処理能力がどれほど高いのかについては論争があり，ごく簡単な復帰動作のほかは，労働災害を防ぐという観点からいっても，専門的な保全工が処理しているという主張がある。また保全工は専門性が高く，直接作業者とのローテーションは皆無ではないが，頻繁とはいえない（小池，1999，第1，4章；コリア，1992，55，115頁；遠藤，1999，17-27頁；野村，2001）。

終身雇用・年功賃金などの特徴がみられるのは，大企業の正規男子労働者に限られ，女子労働者は，結婚して退職するまでの期間の労働に限られていた。女子の就業構造は，高度成長期に家族従業者が減少し，雇用者が増加したが，男子と比べて，商業・金融・サービスの割合が高く，製造業の割合が低いという特徴があり，そのなかでも事務従事者の比率が高かった。製造業では，これまで女工の比率の高かった繊維が縮小し，重化学工業が拡大したが，とくに電気機械器具・

---

138) 欠勤があったときには，普段は支援・監督にあたりラインに入っていない班長等がラインに入る（班長等はほとんどすべての作業をおこなうことができる）。生産を増加させるときには労働者を増やし，減少させるときには減らすが，終身雇用慣行のもとでは，その慣行外にある期間工や臨時工が増減の対象となる。期間工・臨時工は，比較的担当しやすい作業が割り当てられ，多能工化の訓練はおこなわれない。人員を削減するときは，生産を減少させるときであり，ラインのスピードが低下し，サイクルタイムが伸びるので，1人が実行できる作業の数が増加するから，期間工・臨時工が担当していた作業を，正規従業員がそれまでみずからがおこなっていた作業とともに担当する。多能工化していなければ，工員数は減少せず，労務費が上昇してしまう。期間工の労働については，鎌田（1983）および大野（1998）を参照。入職した工員が遅れずについていけるようになるのにかかる期間は，メーカーごとに差があり，自動車の例では，生産性が高いと一般的にいわれているメーカーの方が，その期間が長い（大野，1998）。これは作業が標準化されていても，作業密度が高いので，習得に時間がかかるためであり，標準化が遅れているためではない。こうした高密度に耐えられず，終身雇用慣行のある工員でも退職する者が少なくない（野村，1993，109，183頁）。

139) トヨタではブルーカラーの昇進は，選抜期間が長く（第1選抜から最終選抜に至る期間が長い），長期にわたって昇進の可能性を維持することで，モラールを高めていると指摘されている（樋口，2008）。

精密機械器具などでは女子の比率が高く，テレビ・時計・カメラなどの組立では女子が基幹的な役割を果たしたことはすでにみたとおりである。これらの製品において，労働が標準化していき，さらに組立に重筋労働を必要としなかったことが，女子が基幹労働者となった理由である。1970年代以降になると，子育てが一段落した女性が，パートタイムなどの非正規雇用の形態で，企業に雇用されることが増えたが，訓練の機会が限られ，昇進の見込みも極めて限られていることにはかわりがない。結婚や出産による退職強制や男女別の定年などの制度が，高度成長期に裁判所の判決によって無効にされ，さらに雇用期間中の差別的取り扱いも違法とされていき，1985年に男女雇用機会均等法が成立した（1986年施行）。同法は当初は努力義務規定により効力が弱かったが，1997年，2006年と改正され，徐々に強化されてきている（川東，1991）。

3　会計システムの再編

　会計ルール統一の試みとして，「財務諸表準則」「財産評価準則」「製造原価計算準則」が1930年代に制定されたが，強制力をもつものではなく，限界があったことはすでに述べた。戦争の進展により陸海軍の調達物資が増加すると，その調達価格を合理的に算定する必要性が増し，1939年に陸海軍別々の原価計算に関する規則が制定された。これは軍隊に納入する企業等に強制されるので，大きなインパクトがあり，やがて軍隊とはかかわりないものも含んだ統一ルールとして「原価計算規則」「製造工業原価計算要綱」が1942年に制定され，原価計算の制度が大きく前進した（黒澤，1990，第3編）。

　敗戦後は戦時補償が打ち切られることとなり，また企業が在外財産を喪失するなどしたために，企業資産が毀損し，再編成が不可避となった。まず会社経理応急措置法（1946年）により，戦時補償請求権等をもつ一定の会社を特別経理会社とし，生産の継続・復興に必要な資産のみを新勘定とし，残りの資産・負債・資本を旧勘定に移し，棚上げすることとされた。そして実際に戦時補償が打ち切られると企業再建整備法（1946年）により，戦時補償の打ち切りによる損失や在外資産の喪失による損失などを利益金・積立金・会社財産の評価換えによる利益（インフレにより会社財産の評価は上昇していたが，固定資産は原則簿価とされ，流動資産の評価益が中心となった）で補塡し，補塡できない部分があればそれを

資本金や旧勘定債務の切捨てによって処分することとされ，政府に提出した企業再建整備計画が認可されれば，新旧勘定を合併して新発足することとされた。1949年10月には企業再建整備計画の提出を必要とする企業4,756社のうち4,566社の計画が認可されるに至ったが，もちろん存続できた会社ばかりではなく，解散された会社も多く，また第2会社を設立して再建された会社もあった。再建にあたり増資がおこなわれたケースも少なからずあったが，戦前期に高かった自己資本比率は著しく低下し，インフレによって固定資産の評価が目減りしていたために，1950年代に4回にわたって資産の再評価がおこなわれ，再評価益によって自己資本が充実された（小湊，1974；嶋，2007，第1，4章）。

　証券取引法が制定（1947年）・全面改正（1948年）され，同法にもとづき提出される財務諸表には監査証明が必要とされることとなった。その監査をおこなう主体としては，戦前来の計理士では不十分とされ，新たに公認会計士法が制定されたが[140]，監査の根拠となり，ディスクロージャーの基礎となる規則が必要であることなどから，1949年に企業会計原則，財務諸表準則が公表され，1950年に監査基準，監査実施準則が公表されるとともに，財務諸表等規則が制定された。その後，長い時間をかけて，企業会計原則，商法，税法の規定の整合性がとられていくこととなる。

　一方原価計算であるが，1948年に新しい原価計算規則，製造工業原価計算要綱が制定され，1962年に原価計算基準が公表された。戦時期に大きな制度的前進があり，戦後期にはほとんどすべての企業が原価計算をおこなっているといってよい。ここでは日本で創始され，世界的に注目を集めた原価企画について簡単に述べておく。標準原価計算は企業の技術環境を前提に標準原価を算出し，実際原価と比較して原価の実際発生額を管理しようとする。これに対し原価企画は，製品の予想価格を算出し，そこから所要利益を差し引いて許容原価を算出し，その製品を製造・販売するために要する成行原価を参照しつつ（成行原価が許容原価を上回るのが普通），目標原価を設定し，成行原価との差額を原価削減目標額として，価値工学（VE）を用いて設計を見直して，原価を作りこんでいくことに特徴がある。製品の企画・設計の段階で原価のかなりの部分が決まってしまう

---

[140] 公認会計士法により計理士法は廃止されたが，計理士制度は経過措置でその後も存続していった（千葉，1998，168頁）。

ので，原価企画は原価低減に有効な方法である（廣本，2008，第13章；岡本，2000，第18章）[141]。原価企画は，トヨタ自動車工業が試作段階にあったパブリカに，1,000ドルカー（36万円）という目標販売価格を1959年に設定し，原価低減活動をおこなったのが最初といわれている。トヨタではその後，VE/VAを組み込んで，原価企画を精緻化し，品質保証機能とともに原価管理機能を発展させていった（門田，1993）。その後原価企画は，機械・電気機械・輸送用機器など加工型組立産業を中心に，1970年代以降多くの企業に普及していった（神戸大学管理会計研究会，1992；岡野，1995，第6章）。

4 日本的経営と海外への移転

　日本経済が高度成長を遂げ，日本企業が世界市場で競争力をもつようになると，日本の経営が海外からも注目されるようになり，欧米と異なる経営様式が注目を集めるようになった。Abegglen（1958）は，日本の経営のあり方が欧米のそれと異なっているにもかかわらず，工業化が進展したことに注目し，日本の経営の特徴として終身雇用（lifetime commitment），新規学卒入社，年功賃金などを指摘したものとして有名であり，こうした相違を文化の相違と結び付けている。同書は，日本の経営を手放しで賞賛しているわけではなく，雇用の硬直性・無駄なポストの存在・効率に関係のない報酬・ポストの権限と責任の曖昧さなど効率の悪い面を指摘しているが，欧米のやり方に近づけることが解決策になるとも限らないと指摘していた。経済協力開発機構（1972）は，日本の雇用制度の特徴を，終身雇用，年功賃金，企業別組合の3つの要素に求め，労働者が仕事と所得の保障と引き換えに，生産性の向上に協力し，企業内での職務配置が柔軟である一方，賃金と自己の貢献が直結しないことに不満を抱く労働者があり，さらに産業間の労働者の移動を制約する点があることを指摘した。この明快な指摘は大きな影響を与え，終身雇用・年功賃金・企業別組合に加えて，合議主義的意思決定・曖昧な個人の責任・手厚い福利厚生など生活共同体としての企業観などの日本の経営の特徴を示す用語として，「日本的経営」という用語が定着していった（すべての労

141）生産工程に入った後も作業方法の改善により原価の低減をおこなう原価改善が実施される。また実績原価を予算原価のなかに収めるべく標準的原価管理によって管理する原価維持の活動もおこなわれる。

働者が終身雇用にあるわけではなく，大企業の労働者に限られるし，大企業にも臨時工や女性などの短期雇用の労働者がいることによって，雇用の柔軟性が維持されていることはすでに述べた）（伊丹，1982，5頁）。さらに1970年代の2度のオイルショックに日本企業が対応し，高品質で故障の少ない電気製品・自動車などの輸出を伸ばしていったことにより，さらに外国の注目を集め，上記の特徴に加えて，QCサークルなどの品質管理活動が注目を集めた[142]。また政府と企業の関係や銀行中心の資金調達によって株主の短期的視野に影響されずに長期的視野からおこなう投資など，日本企業を日本経済全体の仕組みから捉える研究も増えていった（吉野，1975; Clark, 1979; ヴォーゲル，1979; Whitehill, 1991）。

以上の英語圏での研究者のみならず，日本の研究者でも，日本的経営を問題にする場合は，集団主義や生活共同体としての企業など，日本の文化・伝統・価値観などを議論の出発点にすることが多い（間，1989；津田，1976；岩田，1977）。ところが日本的経営が，日本の文化・伝統・日本人の行動様式によっているとすると，外国企業が日本企業から学ぶことも，日本企業が外国に進出する際に，その経営方式を移植することも不可能となってしまう。そのなかで経済協力開発機構（1972）は，戦後の日本の経営，とくにその雇用制度が，戦前と似通っているところがあるものの，戦後において経済的・社会的問題を解決する意図的な努力の積み重ねとして，比較的短期に形成されたものであるとしており（多くの研究者が戦前経営と戦後経営の相違を認識し，強調しているが），文化的伝統や集団主義を強調する見解とは一線を画していた。このように日本的経営をなんらかの形で一般化できる形で解明しようとする研究がその後は増加していく。

第1は，日本とアメリカというかなり異なる雇用制度をもつ国でも，両国企業の雇用のあり方には偏差があり[143]，日本企業の雇用の仕組みに似た雇用の仕組みをもつ米国企業が存在し，高い業績をあげている企業もあることから，米国企業でも人材形成や企業理念を見直すことで，日本企業のもっている良い点を吸収で

---

142) これに対して，稟議などの日本企業に特有の意思決定方式は，責任の所在が曖昧で，意思決定のスピードが遅いなどの問題もあり，あまり注目されなくなっていく。ただし日本の経営では，社内で「根回し」をしてから意思決定がおこなわれるので，意思決定までに時間がかかるが，その時点ですでに社内でのコンセンサスができているので，実行に移す段階では，時間がかからないというメリットもある（Whitehill, 1991, p. 161）。

143) この点についてジャコービィ（2005，第1章）が簡潔な説明を与えている。

きるとするものである。こうした米国企業の例としては，IBM，プロクター・アンド・ギャンブル（Procter & Gamble）社，ヒューレット・パッカード（Hewlett-Packard）社などがあげられている（オオウチ，1981；パスカル／エイソス，1983）。第2は，日本の特徴を，イギリスなどの先進国に比べて遅れて工業化を開始した国にみられる後発効果とみなすものであり，ドーア（1993，第15章）は，イギリスが日本の方向に進み，収斂する可能性や途上国での雇用などのあり方が日本のそれとむしろ似ていることを示唆している。第3に青木（1992）は，ゲーム理論を用いて日本企業を分析し，日本企業はアメリカのような集権化された情報構造によるヒエラルヒーではなく，分散化された情報処理をおこなうところに特徴があるとした（集権的な人事による職場間移動が企業特殊的熟練の形成を可能とし，裁量権を与えられた現場は，能力向上のインセンティブをもつ）。そして個々の作業集団が自己の利害を勝手に追求できないように，作業単位間での半自動的な調整機構（トヨタのカンバンなど）や作業単位間での人事異動の集中的管理（強力な人事部）をおこなっているとしている[144]。さらに日本企業は，従業員集団と株主集団の連合体とみなすべきであって，新古典派理論で前提とされているような株主の所有物ではない，としている。こうして日本企業の特性が，諸主体の合理的な行動の結果として明らかにされたといえる[145]。

日本企業の競争力が高まると，輸出が増加し，貿易紛争に発展していった。まずは繊維製品から始まったが，1972年にはカラーテレビが，1981年には自動車が輸出自主規制の対象となった。日本企業はそれまでアジアを中心に進出していたが，輸出自主規制をひとつの契機として，アメリカやヨーロッパでの海外工場の建設を本格化した。そこでは日本で製造するのと同品質の製品を製造せねばならず，日本的な生産方式の移植が課題となった。こうした移転をおこなう場合に，日本の工場へ現地のスタッフを呼び寄せて研修・実習をおこなう一方で，現地工場の立ち上げの際に，日本人スタッフを派遣し，さらにその後も技術指導をおこなうのが一般的である。そして現地工場と同じモデルを製造する特定の日本の工場がそうした移転に大きな役割を果たすことがあり，こうした工場はマザー工場とよばれている（山口，2006）[146]。戦間期に在華紡の内外綿の日本工場が中国工

---

144) ジャコービィ（2005）も日本の人事部がアメリカより強力であること，それが21世紀にどのように変化しつつあるのかを論じている。
145) 日本企業の総合的な研究として，青木／ドーア編（1995）を参照。

場に対して果たした機能が想起される。

ここでは1980年代末から1990年代におこなわれた2つのグループの調査結果により、日本的な様式が現地工場にどの程度移植されたのかを概観しておこう[147]。ひとつは安保哲夫を中心とするグループ（安保グループ）で、北米（US・カナダ、1989年）とアジア（韓国・台湾、1992年）を対象としており、もうひとつは岡本康雄を中心とするグループ（岡本グループ）で、やはり北米（US・カナダ・メキシコ、1996年）とアジア（中国・韓国・台湾・タイ・マレーシア・シンガポール・インドネシア、1995-96年）を対象としている。両グループともインタビューにもとづき、調査結果を数値化している。当然ながら質問項目は異なっているが、各質問で現地工場が日本の現状に近ければ5、日本の現状から遠ければ1の尺度を用いている点では共通している（表4-19）。

安保グループの調査では、北米ではアメリカ現地工場の状況を1と想定しているから、おおむね日本とアメリカの中間で、日本的な経営様式を移植しつつ、現地の実情にあわせて修正していることが読みとれる。また台湾と韓国では北米に比べて、作業組織とその管理運営という人的資源の編成に関して得点が高く、職務区分が少ないなど日本に近いことを示している。これは日本の組織・人的資源のシステムを持ち込むことについて、北米よりアジアの方が（現地に強い慣習がないため）障碍が少ないことに原因が求められる。逆に親・子会社関係の得点がアジアで低く、現地経営の自立化が進んでいることを示しているが、これは北米では完全子会社がほとんどであるのに対して、アジアでは現地出資比率の高いものもあり、現地政府の関与があり、さらに操業年数が長いことが影響しているとみられる。これらに加えて、現地経営者が日本的経営方式をよく理解していることと現地ミドルが日本語によるコミュニケーションが可能で、本社と直接連絡がとれることも大きく影響しているという（板垣編、1997、終章）。岡本グループの調査もほぼ同様の結果を示しており、とくに人的資源管理や生産現場システムでは、アジアの方が北米よりも日本に近くなっている点が注目される。

---

146) 日本の賃金上昇や円高で国内生産が競争力を喪失すると、マザー工場は試作やプロトタイプの製造をおこない、生産ラインを立ち上げる際に発生する問題を洗い出すだけの機能をもち、量産は海外工場がおこなうことも珍しくなくなっていく。

147) イギリスについては、ホワイト／トレバー（1986）が、日本的雇用慣行をすべて持ち込むことはせず、人材確保や教育訓練の仕組みを導入し、品質重視などの作業慣行を持ち込んでいるとしている。

表 4-19　日本的経営の国際展開

安保グループ	US・カナダ 1989年	台湾・韓国 1992年
Ⅰ　作業組織とその管理運営	2.9	3.7
職務区分	3.6	4.9
多能工化	2.6	2.9
教育・訓練	2.9	3.4
賃金体系	2.4	3.9
昇　進	3.1	3.7
作業長	2.9	3.4
Ⅱ　生産管理	3.3	3.5
Ⅲ　部品調達	3.0	3.2
Ⅳ　参画意識	3.2	3.4
Ⅴ　労使関係	3.6	3.4
Ⅵ　親・子会社関係	3.6	2.3
日本人比率	3.7	1.5
現地会社の権限	3.6	2.7
現地人経営者の地位	3.6	2.7

岡本グループ	北　米 1996年	東アジア 1995年
経営組織全般特性	3.6	3.4
人的資源管理[1]	3.2	3.4
生産現場システム特性[2]	3.2	3.4
現地生産活動全般	3.1	2.8
製品技術	2.7	1.9
狭義生産技術	3.0	2.4
生産管理	3.4	3.5
現地サプライヤー能力水準	3.7	2.5

出典) 安保ほか (1991, 67頁); 板垣編 (1997, 79頁); 岡本編 (1998, 196頁); 岡本編 (2000, 219頁)。

注 1) ホワイトカラーの人事評価, ブルーカラーの人事評価, ホワイトカラーの昇進・採用方式, ブルーカラーの昇進・採用方式, ホワイトカラーの給与形態, ブルーカラーの賃金形態, 男子のOJT施策, 女子のOJT施策, 長期雇用政策の総合。
　　 2) 小集団活動の実施状況, 5S運動の実施状況, 計画的な男子ローテーションの状況, 計画的な女子ローテーション, 作業長の業務内容, 作業長の現場管理能力, 品質管理についての基本的考え方の総合。
　　 3) 安保グループとは安保哲夫を中心とする調査グループであり, 岡本グループとは, 岡本康雄を中心とする調査グループ。両グループとも数字が大きいほど, 日本的な様式が浸透していることを示す。
　　 4) 岡本グループの北米は, US, カナダ, メキシコ, 東アジアは, 中国, 韓国, 台湾, タイ, マレーシア, シンガポール, インドネシア。

自動車や電気製品の輸出が急増し，また日本の海外投資も急拡大し，さらに1980年代にバブルが発生したことで，日本的経営はまさに飛ぶ鳥を落とす勢いとなった。『ジャパンアズナンバーワン』(ヴォーゲル，1979) というタイトルの書籍が，ハーバード大学の教授によって刊行されたことは，日本人に大きな自信を与え，確かな未来を予言したように感じられた。しかしバブル崩壊とともに，日本企業の業績が悪化すると，日本的経営の見直しが求められるようになった。もともと Abegglen (1958) でも指摘されているように，不況期には終身雇用による人件費負担の増大という問題が発生するので，日本的経営は石油ショックの際などでもたびたび見直しが主張されていたが，日本企業は見事にそれを乗り越えてきていたのであった。しかしバブル崩壊後は，そうした循環的な問題を超えた構造的な問題に直面することになる。日本企業の経営のどこが変わり，どこが変わっていないのか，章を改めて展望することとしよう。

終　章

バブル期以降の展望

1.──バブル崩壊とビッグバン

　1980年代以降，円高の定着（図終-1）や新興国企業の発展により，日本企業の競争力が低下したが，これにともない多くの企業が海外に生産拠点を設けていった。こうした海外直接投資により，国内の雇用が減少したり，国内産業の技術水準が停滞・低下したりする産業空洞化が懸念されたが，外国との間で工程間分業がおこなわれたことなどから，そうした現象は生じていないといわれている。ただし国内で必要とされる技能・技術が高度化し，中小企業にとって海外移転は困難であるなど，その影響の受け方は産業や企業によってさまざまである（松浦，2011）。東アジア，なかでも中国への進出が盛んになったが，さらに冷戦の終結やEUの拡大にともなって東ヨーロッパや旧ソ連圏などへの進出もおこなわれるようになった。2000年にはBRICsという用語が生み出され，急速に普及していったが，こうした地域では現地市場も急速に開けており，日本企業のグローバル化はさらに進展していった。さらに企業のM&Aも国際的な規模でおこなわれるようになった。日本企業が海外企業を買収した例としては，日本板硝子がフロート法を開発したピルキントン社を買収した例（2006年），海外企業が日本企業を傘下に収めた例としては，ルノー（Renault）が日産自動車を傘下に収めた例（1999年）が有名であるが，21世紀に入ると民事再生法の申請をおこなった池貝（工作機械の池貝鉄工所が改称）が上海電気（集団）総公司の傘下に入って再建がなった例（2004年），アパレルのレナウンが山東如意科技集団有限公司の傘下に入った例（2010年）など，欧米企業のみならず，中国企業による日本企業のM&Aも増加してきている。

　1980年代半ばから1990年代初頭まで，日本経済はバブル経済とよばれる好景気を経験したが，バブル崩壊とともに株式・土地などの資産価格が下落した。そ

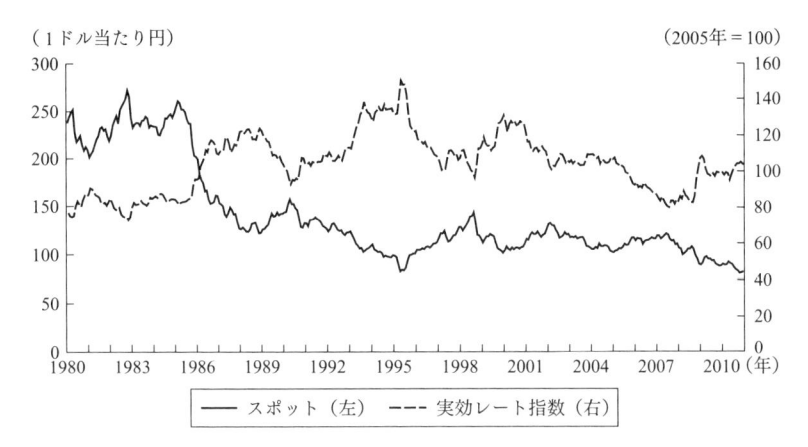

図終-1 円為替レートの推移

出典）日本銀行ホームページのデータによる（〈http://www.stat-search.boj.or.jp/ssi/cgi-bin/famecgi2〉閲覧 2011年1月22日）。
注）実効レートは数字が大きいほど円高。

の後は不景気が続き，「失われた10年」とよばれるようになった。2000年代半ばからようやく成長軌道に乗ったが，2008年のリーマン・ブラザーズ（Lehman Brothers）の破綻にともなう世界不況で，再び成長率が鈍化した（図終-2）。企業の収益力も低下し，リストラがおこなわれることも多くなったが，すべての産業，すべての企業が一様に不振に陥ったわけではなく，そこには濃淡の差があった。高度成長期に急成長した産業では，日産がルノーの傘下に入るなど再編がおこなわれたものの自動車産業が比較的堅調であったのに対し，電気機械産業は不振であり，DVD・液晶パネルなど日本企業が製品開発を主導した製品でも世界シェアを急速に落としていく例がみられた（武石ほか，2010）。

バブル期に融資を受けて営業を拡大していた不動産・流通などの企業のなかには，過剰債務により破綻するものが相次いだ。一方金融機関では，1980年代から金融の自由化が進展していたが，バブル崩壊後には不良債権が増加し，下級金融機関が破綻していった。そして1997年には北海道拓殖銀行，山一証券などの有力金融機関が破綻するに至った。金融自由化による有力企業の資本市場へのアクセスの改善や自己金融力の強化により，高度成長期のメインバンクを中心とした企業のガバナンスの仕組みも変化していたが，新たなガバナンスの仕組みの構築が必要であることが明らかとなっていった。世界市場で競争力を誇り，「日本

図終-2 GDP成長率の推移

出典）内閣府ホームページ（〈http://www.esri.cao.go.jp/jp/sna/kakuhou/kekka/h21_kaku/h21_kaku_top.html〉閲覧 2011年10月12日）。

的経営」こそが次の時代のプラクティスであるといった1980年代の風潮は急速に退潮し、むしろ日本的経営の問題点を指摘する論調が多くなっていった。そして終身雇用・メインバンク制度など日本的経営を支えたとされたさまざまな制度の再評価も進んだ。

こうした状況を受けて、1990年代後半から会社制度をはじめとするさまざまな制度に大きな変更が加えられ、これが企業のガバナンスの変化を促した。とくに世界の金融自由化の潮流にあわせて、1997年から日本版金融ビッグバンとよばれる金融の自由化が実施され、会計制度も大きく変更されたことから、こうした変化が加速された。本章では、こうした状況のなかで進展しているものづくりの変化や企業のガバナンスの変化に限って概観するが、ここではその前提となる重要な制度の変化について、簡単に述べておくこととする[1]。

会社法制では、商法や商法特例法などの改正により、次々と新しい制度の導入がおこなわれて、その集大成として2005年に会社法が制定され、2006年から実施された。日本の株式会社は1890年制定の旧商法以来、監査役をおいてきたが、監査役を廃止し、指名・監査・報酬の3つの委員会を設け、3つの委員会では社

1）少子高齢化・環境問題への対応、企業の社会的責任（CSR）の重視など本章でふれていない重要なテーマは数多い。

外取締役が過半数を占める委員会設置会社の制度が導入された（当初は2002年の商法特例法改正で，委員会等設置会社として導入）。委員会設置会社では，取締役は執行役が遂行する業務の監督をおこなうことが期待されている。委員会設置会社とならない大会社は監査役会設置会社となり，3人以上の監査役をおき，その半数以上を社外監査役とすることとされた（すなわち最低2人の社外監査役がおかれる）。また株主と経営者の利害の一体化を図る制度としてストックオプションが導入された。あらかじめ定められた権利行使価格で株式を取得でき，株価が上昇すれば株式を取得し，株価と行使価格の差額が所得となるので，経営者が株価上昇のために努力することが期待されるという制度である。日本の経営者は従業員出身者が多数を占めており，株主重視の経営をおこなっているアメリカやイギリスの会社に近づけることが意図されている。1993年に株主代表訴訟の訴訟費用が引き下げられたことも，取締役や監査役の責任に対する市場の圧力を高めた。

このほか戦前日本で多数みられた持株会社は，独占禁止法により禁止されていたが，1997年の独占禁止法改正により解禁され，企業再編・合併等に盛んに用いられるようになった（下谷，2006，2009）。また倒産法制では，2000年より民事再生法が施行された。会社更生法と異なり，経営陣が経営にとどまれる可能性があるため，より早い時期に申し立てがおこなわれるようになり，再生手続の開始までの期間が短くなった（Xu, 2007, p. 181）。

会計制度では1978年3月期から連結決算制度が導入されていたが，企業グループ化の進展により，2000年3月期から，連結ベースのキャッシュフロー計算書が開示されるなど連結決算中心の制度が採用された。グループ全体の経営効率を向上させることがますます必要となったのである。また2002年3月期からは，持合株式の時価評価が始まり，持合株式の含み損を損失として計上しなければならなくなって，株式の持合に大きな影響を与えた。さらに2006年3月期より，収益性の低下した固定資産の価値を減額する減損会計の制度も導入され，企業資産の収益性に対する監視がさらに強められた。そして2007年には証券取引法を改正した金融商品取引法が施行され，上場会社に四半期報告書，内部統制報告書などの開示が義務づけられた。

2.——グローバル化とモジュール化の進展

1 グローバル化・デジタル化・モジュール化

　1990年代以降の自動車産業の堅調と電気機械産業の凋落という好対照は，製品のモジュール化とデジタル化が電気機械産業でとくに急速に進展したためであった。高度成長期の日本の製造業は，公差を設計に織り込み，それを守った部品を製造し，効率的に組み立てることで競争力を発揮したこと，および高い精度の部品の製造やその組立にはさまざまなノウハウが必要で，それを製造現場の従業員を動員しつつ蓄積していったことはすでに述べたが，モジュール化・デジタル化によりそうした競争優位が失われていったのである。

　モジュールとは，「半自律的なサブシステムであって，他の同様なサブシステムと一定のルールに基づいて互いに連結することにより，より複雑なシステムまたはプロセスを構成するもの」（青木，2002，5頁）である[2]。図終-3に示されているように，パソコン・システムでは，パソコンとプロジェクターとプリンターは単一の機能を果たしていて，接続様式が決められており（インターフェイスが規格化されており），それを守りさえすれば，パソコンなどはそれぞれ独自に性能を高めていくことができるし，プロジェクターの変更がパソコンに影響を与えることもない。パソコンの内部でも，キーボード，ディスプレイ，ハードディスクなどは独立性が高く，ほぼ同様のことがいえる。これがモジュラー型（組み合わせ型）のアーキテクチャである。これに対して，自動車は走行安定性が多くの

　2）モジュール化については，藤本・武石・青島編（2001），青木・安藤編（2002）およびボールドウィン／クラーク（2004）などを参照のこと。

2. グローバル化とモジュール化の進展——409

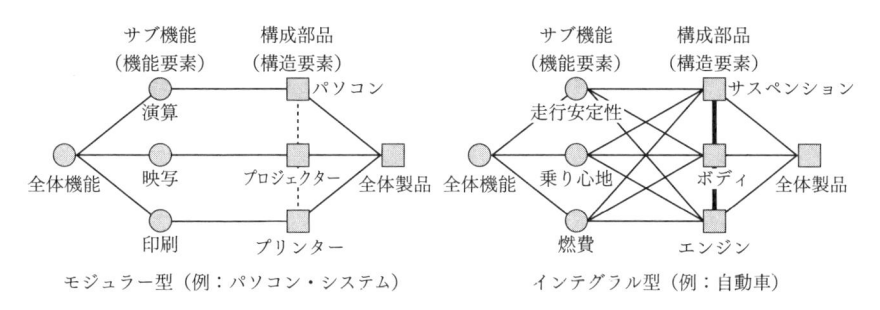

図終-3 モジュラー型アーキテクチャとインテグラル型アーキテクチャ
出典）藤本（2004，125頁，図10）をもとに作成。

構成部品によって実現されており，相互依存性が高く，エンジンを変えれば，他のボディやサスペンションも変更せざるを得ない。これがインテグラル型（擦り合わせ型）アーキテクチャであり，設計にあたり多くの擦り合わせが必要となるし，製造にあたっても工程間の緊密な連携が必要となる。

こうしたモジュール化はいろいろな製品でみられ，たとえば高度成長期のカメラ産業でもカメラのモジュール化が徐々に進んでいったことはすでに述べた。しかしこれらの接続のルールは社内標準であり，クローズドなものであったが，エレクトロニクス産業ではさまざまな仕様が国際標準になることが多くなり（たとえばDVDプレイヤーなど），急速にオープンなものになったことが競争環境を激変させた。国際標準になれば，仕様が公開され，多くの企業が参入することが可能になり，競争が激しくなるためである。しかもパソコン全体の機能を統合しているのは，CPUなどの演算装置であるが，このように製品がデジタル化し，ソフトウェアによって制御されるようになると，厳格な公差によって部品を製造し，それを組み立て，微妙に生じる部品間の相互作用を物理的に解決するノウハウが介入する余地が小さくなっていってしまうため（さまざまな問題をソフトウェアで解決できるようになる），日本企業の強みが発揮しにくくなった。標準化により製品価格が下落するので，生産量は急速に伸びるが，極端に単純化していえば，モジュール化した部品を買い集め，税制メリットがある新興国で，安い賃金を用いて組み立てる企業に，日本企業はかなわなくなったのである[3]。このことはエレクトロニクス産業のようにモジュール化が進んだ分野において，部品を製造し，それを組み立てて，製品として販売する垂直統合型企業の優位が消滅したことも

意味し，企業のダウンサイジングが進行することとなった。もちろん日本企業も海外に進出して低賃金や税制メリットを受けることは可能であるが，付加価値を出そうと製品開発に資金を投じ，新製品を開発しても，（パソコンなどでは製品サイクルが極端に短いこともあって）製品の優位性が発揮されず（狙ったほどの付加価値がとれず），むしろ開発費の分だけコスト高になる傾向がみられるようになった[4]。

ただし日本などの先進国の企業は，最終製品の製造ではなく，それより上流の部品や部材では高い存在感を示している。製品（たとえばパソコン）に対してモジュール化した部品（たとえばマザーボード）の中で，インテグラルなものや仕様の公開されないもの（たとえばCPU）は，他社の参入が容易ではないため，CPUの生産で圧倒的なシェアをもつインテルが高い収益をあげていることは有名である。日本企業でもDVDプレイヤーの光ピックアップレンズなどインテグラルな部品では高い世界シェアをもっている。（新宅・江藤編，2008；小川，2009）[5]

ここではデジタル化・モジュール化が進み日本企業の世界シェアの低下が進んだテレビ，デジタル化が進んだが日本企業がなお高いシェアをもつカメラ，インテグラルな製品アーキテクチャをもつが，日本の主要モデルがコピーされて標準モデルとなり，製品の疑似オープン・アーキテクチャ化が進展した中国ではシェアがとれないが，他の市場ではその流れを食い止めつつあるオートバイを取り上げて，国際的オペレーションも含めて考察する。

---

3) モジュール化によって，第1に構成要素間の擦り合わせを減少できる，第2に一部のモジュールだけ変化することが可能で，機能を高められる，第3に各モジュールが独自に開発・生産できるためイノベーションが促進される（不確実な状況ではとくに優れた製品を開発できる）というメリットがあるが，逆に第1にインターフェイスのルールが固定されているため，製品に冗長性がどうしてもでてくる，第2にモジュール間の相互依存性が変化したときに対応しにくい，というデメリットがある（青島・武石，2001）。

4) 海外市場から締め出された日本企業は，国内市場で生き残るため，国内市場の特殊なニーズにこたえる商品を開発する傾向が強くなり，ますます海外市場での展開が望めなくなった。こうした傾向は携帯電話などで観察され，「ガラパゴス化」と揶揄されている。

5) こうしたモジュール化した部品の組立だけでは，低賃金を用いた生産が一般的になれば，たとえば中国の企業でも利益を出すことが困難となる。

2　デジタル化と競争力喪失——テレビ

　1970年代後半以降においてもテレビでは，音声多重放送，衛星放送，大型テレビ，ハイビジョン，さらには平面ブラウン管などの製品革新が進んでいたが，それとともに，日本のテレビが競争力をつけていった要因である画像を処理する回路のトランジスタ化・IC化がさらに進み，少数のLSIに集約されるようになっていった。1990年代には14インチといった小型テレビでは，ほぼワンチップ化が実現するようになっている。これによって部品が減少し，製造工程が簡略化され，品質が向上するとともにコストが低下した。さらに外部からデータ入力することで回路設定を変更できるLSIが開発されると，ひとつの基盤（シャシー）で，ブラウン管や周辺回路の設計の変更がおこなえるようになり，多くの派生モデルを開発できるようになった。日本企業では社内でICを開発することが多いが，巨額の開発費を回収するためにも，再設計して一般化したIC（差別化した自社テレビの画質を他社に簡単に再現されないように改変を加える）を外販するようになっていった。やがてこうして外販されるICをもとに汎用シャシーを開発し，新興国を中心としたテレビメーカーに販売する企業も現れるようになった[6]。

　主要部品であるブラウン管は，規模の経済性が強く働き，自社消費ではまかないきれないことが多く，外販されるのが一般的であり，シャープなどの日本メーカーでも外部から購入するブラウン管に依存するメーカーがあったことはすでに述べた。日本メーカーではブラウン管を購入すると，自社仕様の偏向ヨークとよばれる部品をブラウン管に取り付け，最終調整をおこなう。この最終調整が品質を保証する工程で，高度な技能を要する。ところがブラウン管に偏向ヨークを取り付け，調整されて，ブラウン管の駆動が保証されたもの（ITC, integrated tube component）が，技術力のない新興国のメーカーに販売されるようになった。自社独自の画質は実現されにくいが，ICが外販され，汎用シャシーが開発されていれば参入は容易になる。2000年代初頭でも中国ではほぼ100％がITCで取引されていた。ブラウン管テレビも次第にモジュール化していったのである。

　6）このほかテレビの場合，世界各地で放送方式が異なるため，それに対応する必要がある。これも徐々に画像処理回路で処理できるようになるが，すべてを処理できるようにしようとするとかえってコストがかかってしまうことも多い。

日本メーカーでは社内需要の2倍程度のブラウン管を製造していたが、サムスン（Samsung）・LGといった韓国企業は、それをはるかに超える比率でブラウン管を製造し、中国などの新興国のメーカーを中心に販売していった（日本企業も購入している）。日本の電機メーカーはコスト低下を狙って海外生産をおこなうときにも[7]、小型で新機能のない製品を海外生産する傾向が強く、水平分業を志向していたが（国内で大型テレビや高精細のパソコンモニターなどを生産）、韓国企業はブラウン管での圧倒的な生産規模を実現し、外販するというビジネスをおこなうという特徴があった（平本、1994；椙山、2000；新宅・加藤・善本、2005；善本、2004、2007；松本、2007）。

こうしてブラウン管テレビは製品や製造方法がめまぐるしく変化していたが、その一方でブラウン管を用いない薄型テレビが開発されつつあった。ここでは薄型テレビのなかで圧倒的に生産台数が多い液晶テレビに絞って考察する。液晶はRCAのハイルマイアー（George H. Heilmeier）によって発明され、1968年に発表されたが、ディスプレイとして開発していったのは日本企業であった。1970年代にはウォッチや電卓で本格的に用いられるようになったが、その後の技術進歩により、1980年代にはカードゲーム、計測機器、OA機器に、1990年代にはワープロやノートパソコンに用いられるようになった。1990年代半ばにTFT液晶が実用化され、ワープロやノートパソコンに加えて、液晶テレビが市場に投入されるようになっていった（沼上、1999）。価格低下と性能向上により2000年代には液晶テレビが普及期に入り（2003年に日本でも地上波デジタル放送が開始されたことも普及を後押しした）、2005年には液晶テレビの国内出荷台数がブラウン管テレビのそれを超えるに至った。

パソコンやテレビに用いられる大型液晶パネルは、日本で生産が始まったが、すぐにサムスン・LGなどの韓国企業が追随し、2000年代に入ると台湾企業が急速に生産を伸ばした。日本企業による大型液晶パネルの世界シェアは急速に低下し、2005年には世界シェアが10％程度にまで低下してしまった。これは韓国では日本の装置メーカーの助力を得ながら生産を開始したが、DRAMの生産ノウハウが応用できることもあって急速に能力を構築したこと、日本の液晶が人件

---

[7] 1990年に台数ベースで日本企業の海外市場比率は73％、海外生産の占める比率は60％であった（椙山、2000、65頁）。

費・研究開発費・販管費に加えて法人税の負担が大きいことから高コストであったこと，液晶不況であったときに日本企業が投資を見送ったのに対し，韓国企業が大規模な投資をおこない，液晶不況から脱したときに収益を一気に高め，日本企業に差をつけ，その後も積極的に投資をおこなったことなどが指摘されている。台湾では日本企業から技術を導入したが，その後も能力を構築し，低コストで，積極的に投資をおこなうことで韓国と並ぶ生産国となった[8]。またノートパソコンの生産が伸びていた韓国・台湾がその主要部材のひとつの生産に乗り出そうとする必然性もあった。液晶製造装置や部材では日本企業のプレゼンスが高いが，韓国を中心に上流部門でも生産が拡大している。たとえば液晶パネルの生産にあたりガラスの生産が重要であるが，サムスンはアメリカのコーニングと合弁会社（三星コーニング）を設立して調達しており，コーニンググループの世界シェアは旭硝子などの日本メーカーのそれをはるかにしのいでいることはすでに述べたとおりである（吉岡，2003；新宅，2008；赤羽，2004；新宅・許・蘇，2006；中田，2008）。

　液晶テレビは，信号を受信するチューナー，信号を処理する画像処理回路，信号を映像として表示する液晶パネルモジュールという3つの機能部品モジュールと外装部品からなっている。このうちチューナーとパネルは標準化が進んでいる。ブラウン管もその流通市場があったが，液晶パネルではそれがいっそう進んでおり，パネルメーカーが多数のテレビメーカーに販売するとともに，テレビメーカーも多数のパネルメーカーから調達するほどである。とくにサムスン・LGはパネルを大規模に生産し，テレビメーカーに外販している。もちろん標準化が進んだとはいえパネルにはメーカーにより違いがあるが，製品を統合する知識が画像処理回路のLSIに集約されており，そこでその違いを吸収できる。画像処理回路はICの発達によりワンチップ化が進んでおり（SOC, system on a chip），画質の差別化の決め手となるが，汎用ICも進歩を遂げており，コストをかけて開発した

---

[8] 2009年の大型TFT液晶パネル（対角10インチ以上）の日本企業の世界シェアは6％に過ぎないが，携帯電話などを対象とするそれ以下の中小型TFT液晶パネルの日本企業の世界シェアは36％もある。ただし中小型においても海外メーカーの品質向上により日本のシェアが低下している。韓国・台湾に加えて中国企業の生産も大型・中小型ともに生産が増加し始めている（富士キメラ総研編，2010）。2012年にはソニー，東芝，日立が産業革新機構の出資を受けて中小型ディプレイ事業を統合し，ジャパンディスプレイを設立した。

表終-1 液晶テレビの生産（2009 年）

(単位：千台)

	世界合計	日本	中国・香港	その他アジア	中南米	欧州	その他
ソニー	12,350	1,000	900	2,550	4,000	3,900	―
シャープ	10,360	2,600	3,200	1,160	1,800	1,600	―
パナソニック	6,240	4,000	300	1,040	600	300	―
船井電機	6,100	―	6,000	―	―	100	―
東芝	5,230	1,100	1,600	430	1,600	500	―
日系その他	3,730	220	230	2,880	―	400	―
Samusung El. (韓国)	25,900	―	1,000	7,800	8,300	8,800	―
LG El. (韓国)	15,350	―	7,300	2,050	3,000	3,000	―
TCL (中国)	8,500	―	8,000	500	―	―	―
TPV (台湾)	7,700	―	7,700	―	―	―	―
Vestel (トルコ)	5,000	―	―	―	―	―	5,000
Skyworth (中国)	5,000	―	5,000	―	―	―	―
外国系その他	32,540	―	26,910	500	30	3,700	1,400
合計	144,000	8,920	68,140	18,910	19,330	22,300	6,400

出典）富士キメラ総研編（2010, 198-199 頁）。

IC を搭載したテレビと安価な汎用 IC を使ったテレビとの競争も激しくなっている。このように液晶テレビはモジュール化が進んでおり，パネル生産が盛んな韓国・台湾のメーカーに加えて中国メーカーによる生産が盛んになっている（表終-1）。日本メーカーも海外生産を進めており（日本での生産は 2 割ほど），2009 年の世界シェアは 31％と液晶パネルよりかなり高いが，テレビの収益性は悪く，日本のメーカーは台湾の EMS（electronics manufacturing services）を中心に OEM（original equipment manufacturing）/ODM（original design manufacturing）による調達を増やしているが，これらの EMS も中国で生産をおこなっている（富士キメラ総研編，2010）。ソニー，シャープ，東芝，パナソニックの EMS の生産台数比率（10 型以上の液晶テレビ）は，2009 年に 21％であったが，2010 年には 44％に上昇している（今井編，2010, 422 頁）[9]。

9）船井電機はフィリップス・ブランドのテレビを北米で販売する EMS のビジネスをおこなっており，コスト競争力が強い。2012 年 3 月にはシャープが，台湾の EMS の鴻海グループから約 10％の出資を受け，さらに子会社にも約 46％の出資を受け，鴻海グループに液晶パネルを供給することが合意されたとの発表があった（『日本経済新聞』2012 年 3 月 28 日）。

液晶の製造には，カスタマイズされた装置で，カスタマイズされた工程が必要であり，生産ラインの設計も材料・部品・装置等のメーカーとの擦り合わせが必要であるなど，液晶製造はすり合わせ型（インテグラル）であるが，徐々にモジュール化が進んで，生産上の技術・ノウハウが製造装置に体化されるようになってきており（中田，2008；新宅・小川・善本，2008，143頁），そうした製造装置を用いた製造の立ち上げが容易になりつつある。また液晶はプラズマと比較すると，標準生産方法が存在しているためよりオープンなアーキテクチャをもっている（倉重，2009）[10]。こうしてモジュール化しつつある液晶パネルやモジュール化が進んでいる液晶テレビで，日本企業の競争力が低下しているといえる。

3 デジタル化と競争力維持——カメラ

露出や焦点が自動化され，シャッターを押すだけの一眼レフカメラがミノルタカメラから1985年に発売され，ブームを巻き起こした。翌1986年にはレンズやシャッターの付いたフィルムのパッケージを購入し，そのまま撮影して，現像に出すというレンズ付きフィルムが「写ルンです」という絶妙のネーミングで富士写真フィルム（のち富士フィルム）から発売され，気軽に写真が撮れるとして，やはりブームを巻き起こした。さらに1996年には新しい規格であるAPS（advanced photo system）が発表されており，写真フィルムおよびフィルムカメラは進化し続けていた。

しかしその一方でデジタルカメラの開発が進められていた。光を電気信号に変換する撮像素子CCD（charge-coupled device）がベル研究所（Bell Laboratories）の

---

10) プラズマディスプレイはパナソニック，LG，サムスン，富士通日立プラズマディスプレイ，パイオニアといった主要メーカーで技術仕様がばらばらであるのに対し，液晶はVA式とIPS式の2つしかない。また部材の供給者のトップシェアも液晶の方がずっと高く，事実上の標準化が進んでいる（倉重，2009）。日本のプラズマテレビメーカーはパネルを内製しており，外販もほとんどないから，日本のプラズマテレビの世界シェアは，日本のパネルの世界シェアとほぼ等しい。プラズマテレビの世界シェアは，2009年で42％あるから（富士キメラ総研編，2010，194-195頁），プラズマパネルの世界シェアは，大型液晶パネルよりはるかに高いといえ，クローズドなビジネスに日本が強いといえるが，プラズマテレビの生産台数は，液晶テレビのそれの10分の1程度でしかなく，高いシェアは新興国の参入がおこらなかったためだともいえる。

ボイル（Willard S. Boyle）らによって1970年に発表されると，多くの企業がその研究に取り組むようになった。そして1981年にはソニーから電子スチルカメラが発表されたが，これは磁気ディスクにアナログで記録され，テレビで画像を再生するものであった。実際にこの形式のカメラが1986年から発売されたが，画質がフィルムカメラに遠く及ばず，普及するに至らなかった。さらに画像信号をデジタルデータとしてLSI（のちに一般に画像処理エンジンとよばれるようになる）で処理し，半導体メモリーカードに記録するデジタルカメラが開発されたが，画素数が大きくレンズ付きフィルムと同等の画質をもつものが報道機関に，画素数が小さいものがコンピューターに記録することが必要な特殊な用途（医療の治療記録など）に用いられたに過ぎず，一般に普及するには至らなかった。ところが1995年にカシオ計算機がQV-10を低価格で発売すると，画素数25万と画質はフィルムカメラに遠く及ばなかったが，ヒット商品となった。これは液晶表示装置によって撮った写真をその場で確認できるというフィルムカメラにない機能をもっていたこととパソコンの普及によるパソコンへの入力装置としての役割が評価されたためであった。その後は画素数を引き上げて画質を向上させ，フィルムカメラに代替することが目指された。2000年にはデジタルカメラの生産金額がフィルムカメラのそれを上回り，2002年にはデジタルカメラの生産台数がフィルムカメラのそれを上回り，以後も急速にデジタルカメラの普及が進み，ついにフィルムカメラはまったくといっていいほど生産されなくなってしまった（福島，2002）。

　デジタルカメラの生産には，デジタルカメラの普及によって影響を受けるフィルムメーカー，フィルムカメラメーカーのほか，電機メーカーなど多くの企業が参入した。フィルムカメラメーカーは，失敗に終わったもののビデオカメラの生産に参入した経験をもっていたし（CCDは静止画像のスチルカメラより先にビデオカメラで実用化されていた），富士写真フィルムもカメラを生産し，ビデオカメラにも参入していた。また電機メーカーはビデオカメラで光学系の技術をもっていた[11]。生産が増加するなかで，フィルムカメラでも進んでいたユニット化がさらに進み，レンズモジュール，CCDモジュール，画像処理エンジンモジュール，液晶モジュール，（記録）カードモジュールに分化し，デジタルカメラはモジュ

11）ソニーはツァイスと，松下電器はライカと提携して，光学系の技術を蓄積していった。

ール化された製品となっていった。CCD は少数の電機メーカーによって製造され，多くのカメラメーカーはそれを購入するようになり，また画像処理 LSI はカメラメーカーと半導体企業が共同開発するか，半導体企業に製造委託された。なおデータの圧縮やフォーマットなどはオープンな規格ができており，ビデオでみられた規格間の争いは起きなかった（伊藤，2005，第 5 章；大川，2008；青島，2010）[12]。

　オープンな規格ができ，モジュール化が進むと，日本企業はアジアの企業に敗退し，シェアを失っていくパターンが多くみられたが，デジタルカメラについては，日本企業が圧倒的なシェアを占め続けている。その理由としては第 1 に，CCD が半導体であるもののアナログ素子であり，製造には各社独自のプロセスがあり，標準化が進まず，アジア各国での生産が伸びないものであるという特色がある上に，デジタルカメラが，撮像素子と光学レンズの間に相互依存性があり，擦り合わせで統合をはかる必要があるというインテグラルな製品であるという特色をもっていたことがあげられる（画素数を上げようとするとレンズもそれにあわせた再設計が必要となる）。第 2 の理由として，画素数の向上競争が進むなど製品革新が続いたために，製品設計の標準化が進みにくかったということがあげられる。画素数が一定の水準に達すれば，プリントしたときのでき栄えにほとんど差がなくなるので，それ以上の画素数競争はおこらないとする予想が一般的であったが，パソコン画面で写真を見ることが増えて画素の上昇が実感できたことや画素数がカメラの性能の代理指標として受け取られるようになったこともあって，画素数の上昇はなかなか止まらなかった。しかもカメラメーカーは，画素にとどまらず小型・薄型，応答・反応時間，てぶれ補正，高感度化など新たな競争軸を次々と提示していき，製品革新を続けた。第 3 の理由として，日本のカメラメーカーがモジュール化を進め，さらにレンズ・ファインダー・光学素子を組み合わせたプラットフォームを形成するなど設計を合理化し，中国での生産を大胆に実施してコストを低下させたこともシェア維持に大きく貢献した。今日では日本メーカーでも中国でコンパクトデジタルカメラの半数を生産している（表終-2）。コンパクトデジタルカメラの価格低下は著しく，市場から退出する企業が相次い

---

12) デジタルカメラで撮影した映像を保存する媒体も初期にはいくつかの規格があったが，一部を除けば SD カードに統一されていった。これもオープンな標準化が普及に大きな役割を果たした（小川，2009，第 10 章）。

表終-2 コンパクトデジタルカメラの生産（2009年）

(単位：千台，%)

	世界合計	内訳				生産シェア	ブランドシェア
		日本	中国・香港	その他アジア	その他		
キヤノン	19,400	8,400	7,500	3,500	—	15.9	19.8
ソニー	15,000	5,750	8,600	350	300	12.3	16.5
三洋電機	12,000	—	3,800	8,200	—	9.8	…
パナソニック	10,400	4,380	5,900	—	120	8.5	8.5
その他日系メーカー	6,500	400	5,500	600	—	5.3	28.0
Ability（台湾）	12,000	—	12,000	—	—	9.8	…
Altek（台湾）	11,100	—	11,100	—	—	9.1	…
Foxconn（台湾）	11,000	—	10,400	—	600	9.0	…
SDIC（韓国）	10,300	—	8,980	1,220	100	8.4	12.6
その他外国系メーカー	14,600	—	14,200	—	400	11.9	…
合　計	122,300	18,930	87,980	13,870	1,520	100	100

出典）富士キメラ総研編（2010，209-212頁）；今井（2010，136頁）．
注1）ブランドシェアは，会社ブランド別の出荷台数シェア．生産シェアは各社世界合計台数を世界合計の合計で除したもの．
　2）その他日系メーカーのブランドシェアは，ニコン，オリンパス，富士フィルム，カシオの合計なので過小．
　3）SDICとはSamsung Digital Imaging Companyのこと．
　4）個別名称は1,000万台を超えるメーカーのみを示した．

だが，販売台数は急速に増加し，最盛期のフィルムカメラの3倍もの台数が世界で生産・販売されるに至った（中道，2008；小川，2009，第8章；青島，2010）[13]。

　生き残った企業にとっても厳しいコスト削減が必要であり，自社での海外生産のほか，台湾の企業にOEM/ODMで製造もしくは設計・製造をゆだねることが多くなっており，下位メーカーほど，時期が後になるほど，低価格モデルほどその傾向が強まっている[14]。台湾企業は画像処理LSIを供給する企業から開発活動のサポートを受けて，能力を構築した（台湾企業も製造は中国でおこなっている）。性能向上競争の鈍化と低価格品の市場拡大とともに，台湾企業による標準化が進むことが予想される。さらにサムスン・デジタル・イメージング（Samsung Digital Imaging Co.）が競争力を高めシェアを伸ばすなど，日本企業の地位も決して安

---

13) 2000年に世界で初めてデジタルカメラの機能のついた携帯電話が日本で発売され，やがて多くの携帯電話に装着されるようになった。携帯電話のカメラモジュールにおける日本の世界シェアは，2006年時点で35％と韓国の25％をしのぎ首位となっている（小川，2009，217頁）。
14) 三洋電機は自社ブランド生産よりOEM生産の方が圧倒的に多かったが，パナソニックの完全子会社となったことにともない2011年に自社モデルの生産を停止した。

泰とはいえない[15]。

　以上はレンズ交換のできないコンパクトカメラである。レンズ交換の可能な一眼レフタイプのカメラは，高い性能が求められるためコンパクトカメラ以上にインテグラルな製品であり，生産台数が920万台と少ないものの2009年現在でも日本メーカーが世界生産のほとんどすべてを占めている。そのなかでもキヤノンとニコンがシェアの4割程度ずつを占めているが，キヤノンは全量を国内で生産しているのに対し，ニコンはそのほとんどをタイで生産するという対応の違いがみられる。このことはコンパクトカメラでキヤノンが国内生産をかなり残し，OEM/ODMをおこなっていないのに，ニコンが国内生産をまったくおこなわず，OEM/ODMへの依存度が高いことと同じ傾向を示しているといえる。

　激化する競争のなか，カメラ生産から撤退する企業もある。日本のカメラ・フィルム事業の草分けであり，オートフォーカスカメラを最初に発売したコニカ（小西六写真工業が改称）とオートフォーカス一眼レフカメラを最初に発売したミノルタは，2003年にコニカミノルタホールディングスを設立し，経営を統合した。同社は委員会等設置会社の形態を選択したが，2006年にカメラ・フィルム事業から撤退することを決定したときには，4人の社外取締役が中心となり，内部昇進の取締役を説得したともいわれている[16]。カメラの競争の激しさを物語るとともに，ガバナンス改革を象徴する出来事ともなったが，ガバナンス改革については，次節で述べることとする。

4　疑似オープンアーキテクチャ化の封じ込め——オートバイ

　日本のオートバイ生産は1981年の741万台（うち輸出が436万台）をピークとして減少していった（図終-4）。世界生産も1981年をピークに減少していたが，

---

15) さらに撮像素子として，価格が安く，高速で，消費電力が少ないCMOS（complementary metal oxide semiconductor）が，ノイズ処理が必要で小型化が困難であるという欠点を克服して用いられるようになり，DRAM製造企業から供給されるようになっている。CMOSと画像処理LSIの組み合わせは，アナログの作りこみの余地がなくなり，カメラメーカーの付加価値の余地が狭まる可能性がある。

16) 「カメラ撤退のコニカミノルタ，社外取締役が社内の『未練』断ち切る」nikkei BPnet, 2006年2月1日,〈http://www.nikkeibp.co.jp/archives/420/420598.html〉閲覧2011年11月2日。

(千台)

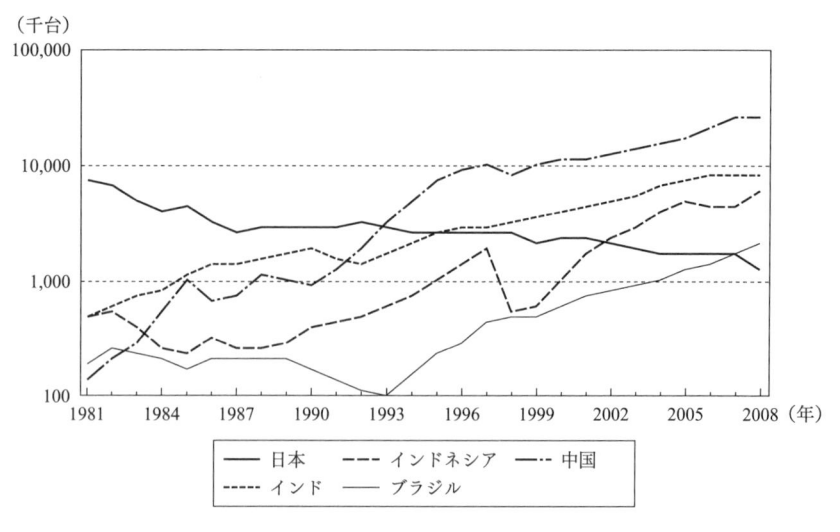

図終-4 オートバイ生産の推移
出典）本田技研工業株式会社広報部世界二輪車概況編集室編（1993，1998，2010）。

1994年には前年の1,398万台から1,680万台へと増加し，その後急速に増加していった。このとき生産の増加を主導したのが中国であり（中国の生産台数は1993年に日本を抜いて世界一となる），ついでインドであった（インドの生産台数は1996年に日本を抜いて世界第2位となる）。2008年の日本の生産台数は123万台で，中国・インド・インドネシア・ブラジル・台湾・ベトナム・タイに次ぐ世界第8位にまで順位が低下している（2009年の生産台数は64万台にまで減少）（本田技研工業株式会社広報部世界二輪車概況編集室編，1993，1998，2010）。日本のメーカーは海外生産を積極的におこなっており，メーカーの国籍別に集計し直せばなお1位であるが，中国では日本メーカー各社の合弁会社をあわせてもシェアは1割程度にすぎない。日本メーカーは中国を除く地域では，海外生産によって現地の需要に対応したが，中国ではそうしたパターンを展開できなかったのである（太田原，2008，2009）。

　中国のオートバイ生産は，1980年代に大型の国有企業が生産を伸ばすことで本格化したが，ホンダをはじめとする日本のメーカーはこれらと技術供与契約を結んでいった。1990年代にさらに需要が増加して生産が増加していくと，日本のメーカーは中国企業と合弁企業を設立していった。ところがこの過程で，中国

民間企業による日本メーカー等の有力モデルのコピー生産が急増した。部品をコピーする企業とコピー部品を組み立てる企業が多数出現したのである。少数の有力モデル自体が標準化し、その部品生産が大規模に進むことで、コストが低下し、1企業がおこなうなら膨大なコストがかかる補修部品の供給などのコストも削減された[17]。こうした事態をとらえて葛・藤本（2005）は、オートバイが中国では疑似オープンアーキテクチャとなったとしている。本書冒頭で紹介したコピーバイクは、主流のコピーモデルではないが、こうしたコピーされたオートバイの一部である。当然これらのオートバイはオリジナルのモデルより性能が劣ったが、価格がはるかに安かったため、所得の低い農村地方を中心に普及していった。しかも交通・環境問題などにより、都市部ではオートバイの登録が強く規制されたため、それまで日本の合弁メーカーが販売していた高額な製品の市場が急激に縮小したのであった[18]。この結果、日本の合弁企業は中国企業に対して競争力をもたず、シェアがまったく伸びなかった。日本のトップメーカーであるホンダの3つの合弁企業ですらシェアが5％を超えることはなかったのである。

中国の民営企業の製品が単純なコピー品であり、低価格であっても性能が悪かったとすれば、やがて市場から淘汰される。新規参入が進んだ1990年代はオートバイの価格が低下し、利益率も低下していったため、2000年代に入る頃から、メーカーの淘汰が始まった。しかしこのなかで一部の企業は、次第にR&Dを強化し、元となるモデルは変えないもののさまざまな改良を製品に加えていき、製品の性能を向上させていった。たとえば欧州の厳しい排気ガス規制にも対応できる能力を身につけている。こうして2000年代に入ると、上位企業の顔ぶれは次第に固定するようになり、徐々に寡占化が進むようになった。こうしたなかでホンダは、国有企業の天津摩托との合弁を解消し、コピーバイクを製造していた海南新大洲摩托車と合弁で新大洲本田摩托（新大洲本田）を2001年に設立し、スペックを見直し、中国のサプライヤーから部品を調達することで、大幅に価格を引き下げた製品を投入するという思い切った手法をとった。それにもかかわらず

---

17) 戦後日本のミシン産業では、アメリカのシンガー社のミシンをコピーし、業界共通の標準図面とすることで、コストを大幅に引き下げ、国際競争力をつけている。中国はこのような事前の計画なく自生的にコピーをおこなっており、部品の接合部などにはコーディネーションが必要となっている（太田原・椙山，2005）。

18) 都市部ではこの規制がない電動二輪車が普及している。

ホンダの合弁企業2社のシェアは10％程度までしか上昇しなかったのであり，中国企業の競争力が極めて強いことがうかがわれる[19]。低価格とはいえ，中心となるモデルは同一のままで，R&Dをおこなっているのにもかかわらず，小さな改良が加え続けられている理由，すなわち差別化された革新的な製品が投入されない理由としては，元となったモデルの完成度が高く，それを超えることがもともと困難であることに加えて，中国企業のR&D能力が新規開発のリスクをとるには不十分なこと，コストをかけて新製品を開発してもすぐにコピーされるとすると開発するメリットがないこと，現在売れているモデルが農村の使用実態にあっており，高級モデルをホンダなどが提案してもなかなか消費者を説得できないこと，などが要因として指摘されている（大原，2005, 2006, 2009；葛・藤本，2005；出水，2011，第6章）。

中国のオートバイは隣国のベトナムにも部品輸出の形態で（ベトナム企業がベトナムで組み立てる）2000年から大量に輸出され，ホンダのシェアは3分の1程度の9％にまで低下した。ベトナム政府が輸入総量を規制し，関税を引き上げるなどの措置に出たことと，ホンダが東南アジアでヒットしていた製品の性能をさらに見直した低価格モデルを現地調達率を引き上げた現地工場から投入したことによって，ホンダのシェアは中国オートバイ流入前の水準を超えるようになった。ホンダの対抗策は成功したのであるが[20]，その前提として，タイに1965年から合弁企業を設立し，1980年代後半から現地調達率を高めて（1987年には30％未満であったが，1999年には92％となる），1997年には研究開発会社を設立するなどタイでの能力が向上しており，新モデル投入にあたってタイの部品をかなり輸入したことも（現地調達が5割ほど，タイからの輸入が4割ほど，中国からも1割未満輸入）大きく貢献していた。ホンダはアジアの市場を守るために，アジア諸国に工場を次々と増設していくとともに，現地調達率を高め，さらにそれまでのアメリカに加えて，タイ，インド，中国にR&D拠点を設置し，現地ニーズに対応した製品をすばやく投入する体制を整えている（ヤマハは台湾と中国に，スズキはタイと中国にR&D拠点を設置）。たとえばタイの拠点では，新規モデルの開

---

19) ホンダは国有企業との合弁を解消して，新大洲本田としたほか，別の国有企業との合弁企業はオートバイ生産から撤退させた。オートバイ生産に残ったもうひとつの合弁企業の製品価格も引き下げていった。
20) 中国のオートバイは，アフリカ・中南米などの市場を開拓し，輸出されている。

発まではできないが，既存モデルのエンジンのスペックを変更する能力をすでに身につけている（太田原，2009；三嶋，2010；天野・新宅，2010）。

　一方，世界第2の市場であるインドでは知的財産権の保護の程度が高く，コピーは問題となっていない。地場企業も有力であり，日本企業も地場企業の製品をベンチマークして，それに対抗する製品を投入するほどである。ホンダは1984年に合弁企業のヒーロー・ホンダ・モーターズ社（Hero Honda Motors Ltd.）を設立し（ホンダ出資比率26％），トップシェアを占めていたが，外資規制が緩和されて100％出資子会社が認められると，1999年に全額出資の子会社を設立し，そこでの生産を伸ばしている（ヤマハもスズキも100％子会社を設立）（島根，2006；二階堂，2009）。そしてホンダは，2011年にヒーロー・ホンダ社の持分をヒーロー側に譲渡して合弁を解消し，全額出資子会社を拡張する戦略をとるに至った[21]。

　日本のオートバイ企業の脅威は，途上国の企業だけではない。ホンダをはじめとする日本企業は大型バイクを開発し，アメリカに向けて輸出を伸ばしていった。アメリカのハーレー・ダビッドソンのオートバイより，安くて性能がよかったため，ハーレー社の大型バイクでのシェアは，1973年の約80％から1982年には15％にまで落ち込み，経営は苦境に陥った。日本のオートバイは，ハーレーに勝利した，と日本の誰もが思ったのである。ところがアメリカ政府が一時的に高関税を課すなど保護したことに加えて，ハーレー社が品質向上に努めた結果，ハーレー社の業績は回復した。そしてハーレー・オーナーズ・グループ（HOG）を組織して，顧客をひきつける手法が成功し，1999年にはアメリカの大型バイク市場でのシェアが50％にまで回復した。そしてHOGと同様のマーケティング手法を日本でも採用し，2000年になると日本の750ccを超える大型バイク市場で，ホンダ以下のメーカーを抑えてトップシェアをとるに至り，その後もシェアを伸ばして1人勝ちの状況を続けている。日本のオートバイは，ハーレーに鮮やかに再逆転されたのである（出水，2011，第5章）。このことは中級機で高級機と低級機の市場を攻めて成功していた日本企業が，バブル崩壊後，低級機と高級機の間で苦境に陥るという構図が，なお世界市場で高いシェアを占めているオートバイですら垣間みられることを示しているといえる。

---

21) *Financial Times*, 8 March 2011.

3.──日本的経営の変化？

1 株式持合の解消と外国人株主の増加

　高度成長期の日本企業の資金調達は，銀行を中心とした金融機関からの借入金への依存によって特徴付けられ，株主構成は，個人株主の保有割合の減少と金融機関・法人企業の増加すなわち持合の増加により特徴付けられることはすでに述べた（前掲，図 4-17 および図 4-18）。こうした特徴は，その後変化していった。まず銀行借入金への依存であるが，1970 年代から自己資本比率が上昇に転じ，銀行の資金調達に占める重要度が低下していった[22]。一部の企業は，内部資金が充実し，無借金経営となるに至った。一方株式持合は 1980 年代まで弱まることがなかったが，株価下落により含み益が消滅したことに加えて，株式の時価評価といった会計制度の変更により，株式保有リスクが銀行・事業会社ともに高まったことや中核的自己資本の範囲に株式保有を制限する銀行等株式保有制限法が施行（2002 年）されたことなどにより，1997 年の金融危機以降に株式持合の解消が急速に進んだ（表終-3）。銀行・事業会社間の持合の解消の進展の方が事業会社間持合の解消の進展より著しく（宮島・新田，2011），また持合双方がほぼ同時に株式を売却する協調的な売却が多かったが，先に一方が売却し，のちにもう一方が売却するという非協調的な解消もかなりあった（Miyajima and Kuroki, 2007）。

　銀行などの金融機関にかわって持株比率が上昇したのが外国人であり，外国の

---

22) 社債発行の規制が緩和・撤廃され，社債発行が増加することにより，バブル期には銀行への依存度の低下が負債比率の低下（自己資本比率の上昇）以上に進んだが，その後社債発行は低調となっていった。

表終-3 ガバナンス指標の推移

年度末	1986	1991	1997	2002	2006	2008
サンプル数	970	1,090	1,194	1,331	1,717	1,690
外部ガバナンス						
機関投資家所有比率	6.8	10.0	11.8	14.0	24.6	23.3
外国人所有比率	5.3	5.2	7.6	7.3	15.0	12.2
持合比率	14.3	14.5	13.5	10.8	8.4	8.5
負債比率	67.5	62.4	58.2	53.8	48.7	48.7
社債比率	23.7	37.6	30.9	22.2	17.3	12.9
メインバンク融資比率	23.6	24.6	25.9	…	31.0	31.1
メインバンク株式保有比率	4.4	4.2	4.1	…	3.1	3.1
内部ガバナンス						
取締役会人数	17.3	18.8	16.8	12.0	9.5	9.1
執行役員制採用数	—	—	1	425	910	957
委員会設置会社数	—	—	—	32	52	50
社外取締役比率	…	11.8	11.3	14.0	16.3	…
銀行派遣役員比率	4.4	3.6	3.9	4.6	0.6	0.7
ストックオプション採用企業数	—	—	…	508	574	559
事業ポートフォリオと組織アーキテクチャ						
平均連結子会社数	…	19.8	29.2	33.8	35.9	…
連結単体倍率	…	1.3	1.3	1.4	1.5	…
持株会社採用数	—	—	—	14	87	128

出典）宮島（2011b, 8 頁）による。
注1）サンプルは東京証券取引所1部上場の非金融事業法人。
　2）比率の単位は％。社債比率は，社債／（社債＋借入）。

機関投資家や投資ファンドからなっていた（日本人株主でも年金基金などの機関投資家が重要性を増した）。外国人による株式保有割合は1980年代から上昇していたが，1990年代後半から2000年代前半に急上昇した。英米の機関投資家はとくに1990年代から外国投資を本格化しており，外国人株主比率の上昇は日本市場だけにみられた現象ではない（Ahmadjian, 2007）。機関投資家とくに海外の機関投資家は投資採算を重視しており，また取締役会改革などのコーポレート・ガバナンス改革を要求したので，外国人株主比率の上昇は，日本のコーポレート・ガバナンスの変化の起動力となった[23]。

---

23) コーポレート・ガバナンスの変化については，Aoki et al. eds.（2007），Whittaker and Deakin eds.（2009），および宮島（2011a）が包括的に説明している。

2　取締役の減少と執行役員の出現

　外国の機関投資家のなかでも CalPERS (California Public Employees' Retirement System) はアクティビズムで有名であるが，CalPERS は独立取締役を増やし，取締役会の人数を減らすことを要求した（Jacoby, 2009）。日本企業のガバナンス改革は，こうした外国人投資家の要求をうけて実施された側面が強い。すなわち安定株主が少なく，外国人持株比率が高く，また銀行借入が少なく，社債の発行が盛んなほど，改革が実行されており，資本市場からの圧力にさらされている企業ほど改革が進んでいることが実証されている（Miyajima, 2007）。
　ソニーは日本企業で初めて 1997 年に監督と経営執行を分離するために，執行役員制度を導入すると同時に，取締役の人数を 38 人から 10 人に減少させ，そのうち 3 人を執行役員を兼務しない取締役とした。3 人は執行役員を監督することが期待されたわけである。執行役員は商法上の制度ではないが（委員会設置会社の執行役とは異なる），執行役員の制度を採用する企業はその後順調に増加し，取締役の人数は減少したが，社外取締役はそれほど普及していない（前掲，表終-3）。また 2002 年の商法特例法改正で，委員会等設置会社が規定されたが（2005 年会社法で委員会設置会社となる），委員会設置会社もそれほど普及しておらず，また委員会設置会社も取締役全体で社外取締役が過半数である必要はなく，社外取締役が過半数を占める会社はさらに少なくなる[24]。すなわち取締役は減少したが，ほとんどが会社の関係者で，多くが執行役員を兼務しており，そのほかに取締役ではない執行役員（ほとんどが内部昇進）がいるという会社が多いことになる。会社法によって委員会設置会社ではない大会社は監査役会設置会社となり，少なくとも 2 名の社外監査役がいることになって，しかも監査役は取締役会に出席する義務があるから（議決権はない），社外の意見は，社外監査役を通じて反映させるという方針の大会社も多いのであろう。取締役改革は，アメリカをはじめとする外国の機関投資家が求める水準には達していないことになる[25]。海外売上げが多く，セグメント数が多いなど，経営の複雑性が高い企業が執行役員制

---

24) アメリカの社外取締役に他社の現役経営者が多いのに対し，日本の社外取締役には，社外取締役の経験のない引退した経営者，弁護士，学者，会計士，元官僚が多く（齋藤，2011），アドバイザー的な役割が期待されていると考えられる。

表終-4 社長と大学新卒入職者の年収格差

(単位: 千円)

年	社長年収(A)	大卒初任者年収(B)	(A/B)
1926	151 (165)	1.5 (1.5)	101 (110)
1963	3,014 (6,082)	253 (258)	12 (24)
1973	7,181 (15,677)	797 (826)	9 (19)
1980	11,543 (23,593)	1,546 (1,623)	8 (15)
1999	38,420	3,400	11
2006	48,500	3,400	14

出典) Inagami (2009, p. 185).
注1) カッコ内は課税前,カッコなしは課税後。2006年の社長給与は重役の平均給与。
 2) 1990年代以降,取締役の退職金が廃止され,年間給与が上積みされる傾向にある。

度・委員会設置会社を採用し,また取締役の人数を減少させることが確認されている(宮島・新田, 2007)。

ストックオプションは1997年の商法改正で導入されたが,アメリカでもストックオプションが盛んに用いられるようになったのは,1990年代からであり,それほど古いことではない。日本のストックオプションは,行使価格が低く,付与割合が小さく,権利行使期間が短く,付与対象が広い,という特徴があり,日本の経営者の報酬制度は大きく変化したとはいえない状況で,少数の経営幹部に株価向上への強いインセンティブを与えるものとはなっておらず,アメリカとの差は大きく開いたままである。社長と一般従業員の所得格差も1980年代と比べて若干拡大しつつあるといった程度にとどまっている(表終-4)。また社長の持株比率は1970年代から低下しており,この点からも社長の株価上昇へのインセンティブが小さくなっている(宮島, 2011b;久保, 2010, 第3章;小佐野, 2005, 第5章)。

ところがコーポレート・ガバナンス改革と企業業績との因果関係は,アメリカにおいても十分に明確な結果が出ているとはいえないのが現状であり,取締役会の構成・独立性,重役の報酬やストックオプションによるインセンティブ,CEOと会長の分離と業績の関係は明確ではない。ただし取締役会の規模が小さいと企業のパフォーマンスが上昇し,独立性が高まるとCEOの退任がおこなわれやす

---

25) アメリカではSOX法(サーベンス=オクスリー法,2002年)を受けて,主要な証券取引所が上場企業に取締役の過半数以上を社外取締役とするよう義務づけた(齋藤, 2011)。

くなるという（Jacoby, 2009, pp. 99-100；新田，2008，23頁）。日本においては宮島・新田（2007）や齋藤（2011）が社外取締役の導入によって企業業績が改善しているとし，久保（2010，第4章）が執行役員制度の導入が業績の改善効果があるとしているのに対し，Miyajima（2007）は，執行役員制度や外部取締役の導入の業績に対する効果については否定的であり，むしろ企業情報のディスクロージャーに効果を認めているなど，やはりはっきりとした結果は出ていない。ただし戦間期から高度成長期まで，日本の経営者の在任期間は8から10年程度で安定していたが，1980年代から短くなり，1990年代には5年程度にまで短縮した（川本・宮島，2008，320頁）。これは業績の悪い経営者が交代させられたという側面とともに，社長の選任が内部昇進の最終局面となり，高い業績をあげた経営者も一定の間隔で交代することが多くなったという側面があることには注意が必要である。

3 年功賃金と終身雇用の見直し

　高度成長期の終わり頃から職能資格制度が普及していったことはすでに述べた。職能資格制度を採用する企業はその後も増加し，1990年代前半に大企業の9割以上が採用するなど，その普及のピークを迎えたが，昇格にあまり格差がつけられず年功的に運用された結果，人員構成の高齢化とともに給与負担が増加したことや差がつかないことによるモラールの低下がみられることなどの問題が指摘されるようになった。職能資格制度にかわって1990年代後半から普及し始めたのが役割等級制度であり，役割の重要度などによって等級区分し，目標達成度（成果）も含めて処遇を決定する。役割の再評価によって役割等級の昇格と降格が生じ，その結果，役割給が上昇・下落する点が，降格がない職能資格制度と大きく異なっている。潜在的なものも含めた能力や意欲の効果から具体的に発揮されたコンピテンシーを評価し，上司との面接により目標を定めその達成度を管理する目標管理制度が用いられるようになった。こうした改革は，同じ学歴・年齢に属する集団のなかでの給与格差を拡大し，成果主義ともよばれるようになった（都留ほか，2005，第2章）[26]。

　成果主義は，従業員の追加的な努力が大きな利得をもたらす場合，努力が正確に測定可能な場合，従業員のリスク回避が小さい場合，従業員の裁量の範囲が広

く，インセンティブに対して反応しやすい場合には，うまくいくことが知られており（奥西，2001），管理職から導入される傾向があるほか，営業などの職種では出来高給として古くから利用されてきたが，努力と成果の関係が複雑なR&Dの職場などにはなじまない。また企業が短期的な成果の評価に加えて，従業員に長期的な能力開発の機会を確保し，また仕事の分担や役割を明確にし，情報公開がおこなわれた場合は，成果主義が労働意欲を高めることが明らかにされている（玄田・神林・篠崎，2001；大竹，2005，第9章）。成果給では，給与が努力と結びついているので，従業員の努力を向上させることが期待できるほか，成果を出せる自信のある人は成果主義の企業を選ぶと考えられるので，高い能力の人を集められるという選別効果や何に向かって努力したらいいのかが明確になり，努力が企業業績に結びつきやすいという目標設定効果などが期待できる。しかしその反面，従業員の企業へのコミットメントが減少し，企業特殊的な熟練への投資のインセンティブが小さくなり，また職場が変化することで評価が変わるので，人事異動への抵抗が増し，柔軟な人事管理が難しくなる，さらに成果の指標以外の目標を無視するようになり，それが企業に悪影響を与えるようになる（極端な例として，生産数量のみを指標とすると品質を無視するなど），といったデメリットも存在する。すなわち企業特殊的な熟練や関係特殊的技能や経験の重要度が低下した場合には，成果給が適合的となる。職能資格制度の問題点が強く指摘され，成果給が導入されるようになった要因として，IT化によって時間をかけて構築した関係をもとに業務をおこなう重要性が低下する職場が増え，そういった職場では年功と職能の相関が低下したことが指摘できる。このほか外国人投資家など投資採算を重視する株主が，経営者に業績への圧力を強めたことや企業成長が鈍化してポストが不足したことが成果主義採用の要因として考えられるが，これは計量的にも支持されている（都留ほか，2005，第1, 2章；阿部，2006；齋藤・菊谷・野田，2011）[27]。

---

26) 成果主義の結果とはいえないが，1,000人以上の大企業の50-54歳の大卒男子の所定内給与を20-24歳の大卒男子のそれで除した比率は，1970年に4.37であったが，1990年に3.23，2005年に2.74と低下している（今野・佐藤，2009，205頁）。生年がさかのぼるほど大卒者の割合が少なくなるという効果があるが，1990年と2005年を比較しても低下しており，年功の効果は縮小しているといえる。
27) 高橋（2004）は，達成感などの内的報酬を重視する内発的動機づけの観点から，給与などの外的報酬のみを重視する成果主義を批判し，大きな反響をよんだ。

バブル崩壊後1997年までは，日本企業は新卒の採用抑制や定年退職などによる自然減で人員整理をおこなっており，雇用の維持を図っていた。このため就職氷河期とよばれるような状態も出現した。しかし1997年以降は，これらの手段では景気の悪化に対応しきれず，希望退職や解雇が実施されるに至った。日本の大企業は，終身雇用を暗黙のうちに保証し，そのかわりに従業員が企業特殊な熟練に投資することを促し，生産性を向上させてきたので，解雇をおこなうことは，こうした関係を破壊してしまう恐れがある。そこで赤字など企業が危機にあることが明らかになるまで，人員整理を抑制する傾向が形成されてきたことはすでに述べた。この関係はバブル崩壊後も観察され，労働組合が集団で交渉することで，企業特殊的な熟練に投資した労働者の交渉力を引き上げ，労使協議によって情報を共有することで，情報の非対称性を抑制し，会社が危機に陥るまでは雇用を維持し，危機にあることが明らかになった場合は，速いスピードでの雇用削減に応じていることが明らかにされている（中小企業ではこうした関係はみられない）。暗黙の契約が破壊されないよう人員整理に際してもなるべく解雇はおこなわず，希望退職を募ることが一般的である。大企業で人員整理に対して，深刻な争議が引き起こされた例は多くはなく，こうした関係はなお維持されているといってよい（野田，2010）。

　しかし企業は経営環境の不確実性により柔軟に対処する必要があり，暗黙の雇用保障をおこなわない非正規雇用を増やしているが，これはIT化の進展により労働が単純化し，熟練を必要としていた作業を未熟練の従業員で代替可能となったという要因や多様な就業形態を求めるニーズが（少なくとも一部の労働者には）あることも無視することはできない。非正規雇用としてはパート・アルバイト・契約社員などがあり，これらに加えて事業所での作業を他企業に請け負わせる構内請負が用いられていたが，1986年に労働者派遣法が施行され，2004年の改正で製造業の派遣が解禁されたことで，さらに多様化が進んだ（2012年労働者派遣法が改正され，30日以内の日雇派遣が原則禁止となった）[28]。ただし2009年の非正

28）派遣社員は派遣元企業と雇用契約を結び，製造業などの派遣先に派遣されて，派遣先での指揮命令に服する。これに対して請負は，製造業者などが作業を発注し，請負業者は作業責任者をおいて，作業者をその指揮命令に服させるものである。作業責任者がおかれず，作業者が作業を発注する企業の指揮命令に従うような場合があり，偽装請負として社会問題となった。

規雇用のうち，パート・アルバイトが67％，契約社員・嘱託が19％，派遣が7％，その他が8％であり，非正規雇用の中心がパート・アルバイトであることは変わっていない。雇用調整が本格化して以降は，非正規雇用が女性（半数以上が非正規雇用となった）のみならず男性にも増加している（表終-5）。もともと終身雇用は大企業の男子労働者にみられた慣行であり，そこでは終身雇用が維持されているが，その対象となる人がさらに狭められているといえる[29]。

表終-5　非正規雇用の比率
(単位：％)

年	男女計	男	女
1984	15.3	7.7	29.0
1989	19.1	8.7	36.0
1994	20.3	8.5	38.4
1999	24.9	11.1	45.2
2004	31.5	16.0	52.6
2009	33.4	17.8	53.7

出典）「労働力調査長期時系列データ 雇用形態別雇用者数」（〈http://www.stat.go.jp/data/roudou/longtime/03roudou.htm〉閲覧2011年10月6日）。
注）1999年までは2月，以後は1月から3月の平均。

4　コーポレート・ガバナンスの多様化

すでに述べたとおり1980年代までのコーポレート・ガバナンスは，メインバンク・株式相互持合・内部昇進者からなる取締役会という特徴があり，大企業ではほぼ同様の仕組みが機能していた。企業の資金調達が変化し，株式持合が解消され，取締役会の人数が減少し，社外取締役が導入されるなど徐々に変化が起こっているが，注目されるのは，こうした変化が多くの企業で一様に起きたわけではなく，コーポレート・ガバナンスのあり方が企業によって多様化したことであり，大きく3つの類型に分類されるようになった。第1類型は，銀行融資中心・株式持合・内部取締役・終身雇用・年功賃金で，ストックオプションがない1980年代までのコーポレート・ガバナンスを変えていないものであり，上場企業の中では小規模な企業が多く，建設・化学・電気機械・輸送機械などの部門に多い。第2類型は，社債の発行が多く，機関投資家の持株比率が高いため資本市場の圧力を強く受け，ディスクロージャーにも熱心であり，執行役員制度やストックオプションを導入しているが，内部役員中心で，長期雇用を守っているもの

---

[29] 非正規雇用や成果主義により，格差社会が大きな問題となった。しかし1980年代から2000年代初頭までの世間間の所得格差の拡大は，年齢階層内での所得の格差が広がっているものの，人口高齢化の進展（高齢者ほど所得格差が大きくなる）と単身世帯・2人世帯の増加によるところが大きいことが明らかにされた（大竹，2005）。

で，市場志向的な金融と関係志向的な内部統治・雇用関係を組み合わせている。トヨタ自動車・キヤノンなど日本を代表する企業が含まれる。第3類型は，第2とは逆に，銀行借入依存度が高く，機関投資家の持株比率が低い一方で，有期雇用・成果給・ストックオプションを導入しており，関係志向的な金融と市場志向的な雇用関係を組み合わせている。ジャスダックなどの新興市場に上場した新興企業が多く，ITやサービス部門が多い（Jackson and Miyajima, 2007；宮島，2011b）。高度成長期の日本のコーポレート・ガバナンスを特徴付けた青木昌彦は，こうした変化を，高度成長期のコーポレート・ガバナンスから企業特殊的な熟練に投資する従業員が企業で形成する内部のつながりを外部資本市場がモニタリングするコーポレート・ガバナンス（external monitoring of internal linkage, EMIL）への変化と解釈できるかもしれないとしている（Aoki, 2007, p. 443）[30]。

---

30) Sako (2007) は，自由市場経済から高度成長期の日本のような調整された市場経済への変化は，戦時期のさまざまな制度変化にみられるように一貫した政策による変化が必要で，不連続な変化となるのに対し，調整された市場経済から自由市場経済への移行は，市場経済が多様化を許容するものであるから，資金調達・雇用などにかかわるさまざまな制度が調整されずにばらばらに変化していくことが可能で，新旧の制度の併存が可能なのではないか，という見方をしている。

4.──総　括

　江戸時代においてもさまざまな限界はあれ，経済社会が成立しており，市場経済の果たした役割は小さくなかったが，統一的貨幣や幕府の司法などの制度がその前提となっていた。海外との交流は極めて限定されていたものの，さまざまな技術が開発され，普及していったが，そこには経済的動機が作用していた。企業は個人企業中心であり，出資者みずからが経営者になることが多かったが，商家経営では番頭が日常的な業務を担当し，経営職能を担う場合もあった。奉公人は幼少期から雇用され，厳しい選抜を経て手代さらに番頭へと昇進し，別家となることができたが，ブルーカラーの労働者にはそうしたルートはなく，奉公人との間に断絶があった。

　開港と明治維新を経て，法律・裁判・学校教育などの制度が西欧から導入され，定着していった。海外から技術が導入され，江戸時代までの発展と不連続な技術が，技術者など新しい主体を中心に採用された綿紡績や製鉄などの産業がある一方で，伝統産業では江戸時代の発展を担った主体が技術を選択し，導入していくことが多かった。時計やカメラなど組立産業の一部では，外国製品のコピーがおこなわれたが，重要な部品は輸入に頼ることが多く，コピーも職人的な熟練に依存するところが大きかった。一方で造船では国家的な保護もあり，早期に設計能力の向上がみられた。株式会社の制度が導入され，速いペースで普及していったが，財閥などの個人企業の存在もなお大きかった。株式会社では大株主が経営者になることがほとんどで，技術者・職員から取締役へと内部昇進する途が次第に開けていったが，工員の移動は激しかった。ただし職場の実際の作業に技術者の統制が及ぶことはまだ少なく，多くは熟練工にゆだねられていた。

　戦間期は明治期の制度が基本的に受け継がれていったが，産業育成政策が形成

され始めた。海外との技術的なギャップはなお大きく，技術導入は盛んであったが，自主技術開発の体制も整っていった。製品開発力もついてきて，時計やカメラではコピーから脱却する動きもみられたが，なお限界があった。次第に大量生産の体制が整えられ始めるとともに，技術者の現場への統制力が増し，互換性部品による生産が先進的な工場で始まったが，こちらもなお限界があった。伝統産業では，織物で工場が一般的となり，醬油と陶磁器では大工場で装置産業化が進展するなど，その性格に大きな変化がみられた。鉄鋼では高炉の自主設計がおこなわれるようになった。株式会社はさらに発展し，財閥企業の株式公開も進んだ。株式会社の役員が大株主中心であることは変わりがなかったが，内部昇進の専門経営者の進出は続いた。労働者の定着も徐々に進み始めたが，職員との身分格差が問題にされるほど両者の差は大きかった。

　日中戦争の勃発とともに，経済統制が始まり，戦後改革とあわせて，経済制度は大きな変革をみた。民主化がおこなわれ，労働三権が法認され，財閥が解体されるとともに，外国為替が規制され，国内金融も強い規制の下におかれた。戦争中に日本企業の技術は世界から遅れたが，戦後は技術導入が進むとともに，研究開発の体制が整えられ，次第にギャップが解消していった。日本企業の製品開発能力が向上し，時計やカメラではコピーから最終的に脱却し，独自の設計による製品が生まれた。それとともに濃密な情報のやりとりを特徴とするコンカレント・エンジニアリングなど，日本の開発の強みも形成された。また技術力の高まりにより，技術者の現場への統制力がいっそう強まり，互換性部品による製造が一般化するとともに，作業の標準化が進展し，熟練工が果たしていた役割は変質し，労働者は多能工として技能を蓄積していくようになった。鉄鋼業でも熟練工のノウハウは設備さらにはソフトウェアに体化され，コンピューターによる操業がおこなわれるようになった。産業によって遅速の差はあるが，1960年代前後に自主設計と濃密な情報のやりとりによる開発をふくめたものづくりがみられるようになったといえる。企業再建整備の結果もあって，大企業の自己資本比率は低下し，銀行を中心とした借入金の役割が高まり，メインバンクが形成されるとともに，株主の機関化が進展した。個人大株主の消滅とともに大企業の取締役は，内部昇進者で占められるようになり，職員の勤続が長期化していった。ブルーカラーとホワイトカラーの身分格差が解消され，ブルーカラーもホワイトカラーと同じような査定を受ける昇進の枠組みに従うようになり，勤続が長期化し，大企

業では「終身雇用」といわれるようになった。ただし中小企業や女子ではこうした雇用システムは実現していない。

　バブル期以降では，金融の自由化が進み，グローバルな基準にあわせた制度の導入が進められた。電気製品ではとくにモジュール化が進展し，日本企業が得意としたすりあわせにもとづく精巧なものづくりの強みが失われていった。外国人株主が増加し，株価を重視した経営を求めるようになるとともに，高度成長を支えた雇用や賃金の仕組みも見直しをせまられつつあるが，その変化は漸進的なものであり，企業や産業による偏差がなお大きいといえよう。

参考文献

日本語文献

青木隆浩（2003）『近代酒造業の地域的展開』吉川弘文館。
青木洋（2011）「戦後期日本における試験研究機関・学協会の制度化とその特徴」『経営史学』第46巻第3号。
青木昌彦（1992）『日本経済の制度分析——情報・インセンティブ・交渉ゲーム』（永易浩一訳）筑摩書房（原著は，Masahiko Aoki, *Information, Incentives, and Bargaining in the Japanese Economy*, Cambridge, UK and New York: Cambridge University Press, 1988）。
青木昌彦（1996）「メインバンク・システムのモニタリング機能としての特徴」青木昌彦／ヒュー・パトリック編『日本のメインバンク・システム』（白鳥正喜監訳）東洋経済新報社（原著は，Masahiko Aoki, "Monitoring Characteristics of the Main Bank System: An Analytical and Developmental View", in Masahiko Aoki and Hugh Patrick (eds.), *The Japanese Main Bank System: Its Relevance for Developing and Transforming Economies*, Oxford, UK: Oxford University Press, 1994）。
青木昌彦（2002）「産業アーキテクチャのモジュール化——理論的イントロダクション」青木昌彦・安藤晴彦編『モジュール化——新しい産業アーキテクチャの本質』東洋経済新報社。
青木昌彦・安藤晴彦編（2002）『モジュール化——新しい産業アーキテクチャの本質』東洋経済新報社。
青木昌彦／ロナルド・ドーア編（1995）『国際・学際研究 システムとしての日本企業』（NTTデータ通信システム科学研究所訳）NTT出版（原著は，Masahiko Aoki and Ronald Dore (eds.), *The Japanese Firm: Sources of Competitive Strength*, Oxford, UK and New York: Oxford University Press, 1994）。
青木昌彦／ヒュー・パトリック／ポール・シェアード（1996）「日本のメインバンク・システム——概観」青木昌彦／ヒュー・パトリック編『日本のメインバンク・システム』（白鳥正喜監訳）東洋経済新報社（原著は，Masahiko Aoki, Hugh Patrick, and Paul Sheard, "The Japanese Main Bank System: An Introductory Overview", in Masahiko Aoki and Hugh Patrick (eds.), *The Japanese Main Bank System: Its Relevance for Developing and Transforming Economies*, Oxford, UK: Oxford University Press, 1994）。
青木昌彦／Kevin Murdock／奥野（藤原）正寛（1997）「『東アジアの奇跡』を超えて——市場拡張的見解序説」青木昌彦・金瀅基・奥野（藤原）正寛編『東アジアの経済発展と政府の役割——比較制度分析アプローチ』（白鳥正喜監訳）日本経済新聞社（原著は，Masahiko Aoki, Kevin Murdock, and Masahiro Okuno-Fujiwara, "Beyond *the East Asian Miracle*: Introducing the Market-Enhancing View", in Masahiko Aoki, Hyung-Ki Kim, and Masahiro Okuno-Fujiwara (eds.), *The Role of Government in East Asian Ecnomic Development: Comparative Institutional Analysis*, Oxford, UK: Clarendon Press, 1997）。
青島矢一（2010）「性能幻想がもたらす技術進歩の光と影——デジタルカメラ産業」青島矢一／武石彰／マイケル・A. クスマノ編『メイド・イン・ジャパンは終わるのか——「奇跡」と「終焉」の先にあるもの』東洋経済新報社。
青島矢一・武石彰（2001）「アーキテクチャという考え方」藤本隆宏・武石彰・青島矢一編『ビジネス・アーキテクチャ——製品・組織・プロセスの戦略的設計』有斐閣。
青山芳之（1991）『産業の昭和社会史4 家電』日本経済評論社。

赤羽淳（2004）「台湾 TFT-LCD 産業——発展過程における日本企業と台湾政府の役割」『アジア研究』第 50 巻第 4 号。
浅井良夫（2001）『戦後改革と民主主義——経済復興から高度成長へ』吉川弘文館。
麻島昭一（1983）『戦間期住友財閥経営史』東京大学出版会。
麻島昭一（1985）「戦時体制期の中島飛行機」『経営史学』第 20 巻第 3 号。
麻島昭一・大塩武（1997）『昭和電工成立史の研究』日本経済評論社。
浅田毅衛（1998）「東京商法会議所の設立と明治前期の流通政策」『明大商学論叢』第 80 巻第 1・2 号。
浅沼萬里（1997）『日本の企業組織革新的適応のメカニズム——長期取引関係の構造と機能』東洋経済新報社。
浅原丈平（1958）『本邦海運発展要史——郵商航業を中心に』出版者不明。
旭硝子株式会社社史編纂室編（2007）『旭硝子 100 年の歩み——伝統・創造・革新』旭硝子。
旭硝子株式会社臨時社史編纂室編（1967）『社史』旭硝子。
麻生潤（2007）「造船大手企業の事業統合と建造設備」『同志社商学』第 58 巻第 6 号。
麻生潤（2008）「造船——大量建造システムの移転と変容」塩地洋編『東アジア優位産業の競争力——その要因と競争・分業構造』ミネルヴァ書房。
安達裕之（1985a）「近世における廻船の発達」永原慶二・山口啓二編『講座・日本技術の社会史 第 8 巻 交通・運輸』日本評論社。
安達裕之（1985b）「明治の帆船」永原慶二・山口啓二編『講座・日本技術の社会史 第 8 巻 交通・運輸』日本評論社。
アッターバック，J. M.（1998）『イノベーション・ダイナミクス——事例から学ぶ技術戦略』（大津正和・小川進監訳）有斐閣（原著は，James M. Utterback, *Mastering the Dynamics of Innovation: How Companies Can Seize Opportunities in the Face of Technological Change*, Boston, Mass.: Harvard Business School Press, 1994）。
油井宏子（1980）「銚子醬油醸造業における雇傭労働——ヒゲタ田中家文書を中心として」『論集きんせい』第 4 号。
油井宏子（1983）「醬油」永原慶二・山口啓二編『講座・日本技術の社会史 第 1 巻 農業・農産加工』日本評論社。
安部悦生（2004）「経営史におけるチャンドラー理論の意義と問題点——チャンドラー・モデルはアウト・オブ・デイトか？」『経営論集』第 51 巻第 3 号。
阿部武司（1983）「明治前期における日本の在来産業——綿織物業の場合」梅村又次・中村隆英編『松方財政と殖産興業政策』国際連合大学。
阿部武司（1989）『日本における産地綿織物業の展開』東京大学出版会。
阿部武司（1992）「政商から財閥へ」法政大学産業情報センター・橋本寿朗・武田晴人編『日本経済の発展と企業集団』東京大学出版会。
阿部武司（1999）「戦前・戦後の日本における大企業の変遷——従業者数順上位 200 企業に関するデータベースの分析」『社会科学研究』第 50 巻第 4 号。
阿部武司（2010）「生産技術と労働——近代的綿紡織企業の場合」阿部武司・中村尚史編『講座・日本経営史 2 産業革命と企業経営 1882〜1914』ミネルヴァ書房。
阿部正浩（2006）「成果主義導入の背景とその功罪」『日本労働研究雑誌』第 554 号。
安保哲夫・板垣博・上山邦雄・河村哲二・公文溥（1991）『アメリカに生きる日本的生産システム——現地工場の「適用」と「適応」』東洋経済新報社。
天野郁夫（1989）『近代日本高等教育研究』玉川大学出版部。
天野郁夫（1997）『教育と近代化——日本の経験』玉川大学出版部。
天野倫文・新宅純二郎（2010）「ホンダ二輪事業の ASEAN 戦略——低価格モデルの投入と

製品戦略の革新」『赤門マネジメント・レビュー』第9巻第11号。
天野雅敏（1986）『阿波藍経済史研究——近代移行期の産業と経済発展』吉川弘文館。
荒居英次（1959）「銚子・野田の醬油醸造」地方史研究協議会編『日本産業史大系 関東地方篇』東京大学出版会。
荒居英次（1965）「醬油」児玉幸多編『体系日本史叢書11 産業史Ⅱ』山川出版社。
荒井伸也（1990）『スーパーマーケット・チェーン』日本経済新聞社。
有田町史編纂委員会編（1985）『有田町史 陶業編Ⅰ』有田町。
飯田賢一（1979）『日本鉄鋼技術史』東洋経済新報社。
飯田賢一・大橋周治・黒岩俊郎編（1969）『現代日本産業発達史Ⅳ 鉄鋼』交詢社出版局。
井奥成彦（2003）「鉄道の開通と醬油醸造家の動向——房総の造家を事例として」中西聡・中村尚史編『商品流通の近代史』日本経済評論社。
井川克彦（1998）『近代日本製糸業と繭生産』東京経済情報出版。
池上和夫（1989）「明治期の酒税政策」『社会経済史学』第55巻第2号。
石井寛治（1972）『日本蚕糸業史分析』東京大学出版会。
石井寛治（1984）『近代日本とイギリス資本——ジャーディン＝マセソン商会を中心に』東京大学出版会。
石井寛治（1986）「国内市場の形成と展開」山口和雄・石井寛治編『近代日本の商品流通』東京大学出版会。
石井寛治（1991）『日本経済史』第2版，東京大学出版会。
石井寛治（1994）『情報・通信の社会史——近代日本の情報化と市場化』有斐閣。
石井寛治（1999）『近代日本金融史序説』東京大学出版会。
石井寛治（2003）『日本流通史』有斐閣。
石井寛治（2005）「外圧への権力的・商人的対応〈1859-1886〉」石井寛治編『近代日本流通史』東京堂出版。
石井寛治（2007）『経済発展と両替商金融』有斐閣。
石井晋（2004a）「アパレル産業と消費社会——1950～1970年代の歴史」『社会経済史学』第70巻第3号。
石井晋（2004b）「転換期のアパレル産業——1970～1980年代の歴史」『経営史学』第39巻第3号。
石井正（1986）「繊維機械技術の発展過程——織機・紡績機械・製糸機の導入・普及・改良・創造」中岡哲郎・石井正・内田星美『近代日本の技術と技術政策』国際連合大学。
石井正（1987）「力織機製造技術の展開」南亮進・清川雪彦編『日本の工業化と技術発展』東洋経済新報社。
石川馨（1984）『日本的品質管理——TQCとは何か』増補版，日科技連出版社。
石川健次郎（1989a）「戦前期伏見酒造業における技術革新と市場開拓」『彦根論叢』第262・263号。
石川健次郎（1989b）「伏見酒造業における蔵人の賃金——大正五年の場合」『社会科学』（同志社大学）第42号。
石川健次郎（1989c）「伏見酒造業の発展」『社会経済史学』第55巻第2号。
石川健次郎・安岡重明（1995）「商人の富の蓄積と企業形態」安岡重明・天野雅敏編『日本経営史1 近世的経営の展開』岩波書店。
石崎琢也（2005）「キヤノン——外部資源の活用と量産革新」米倉誠一郎編『ケースブック 日本のスタートアップ企業』有斐閣。
石田光男（1992）「査定と労使関係」橘木俊詔編『査定・昇進・賃金決定』有斐閣。
石塚裕道（1973）『日本資本主義成立史研究』吉川弘文館。

石原武政（1998）「新業態としての食品スーパーの確立——関西スーパーマーケットのこだわり」嶋口充輝・竹内弘高・片平秀貴・石井淳蔵編『マーケティング革新の時代④営業・流通革新』有斐閣。
石原武政（2004）「中小小売業——過小・過多構造の動態」石原武政・矢作敏行編『日本の流通100年』有斐閣。
伊勢崎織物協同組合編（1966）『伊勢崎織物史』伊勢崎銘仙会館。
伊勢本一郎（1950）『近代日本陶業発展秘史』技報堂。
板垣博編（1997）『日本的経営・生産システムと東アジア——台湾・韓国・中国におけるハイブリッド工場』ミネルヴァ書房。
伊丹敬之（1982）『日本的経営論を超えて——企業経営力の日米比較』東洋経済新報社。
伊丹敬之（2010）『本田宗一郎——やってみもせんで，何がわかる』ミネルヴァ書房。
伊丹敬之・伊丹研究室編（1992）『世界の王座をいつまで守れるか——日本の造船業』NTT出版。
市川孝正（1996）『日本農村工業史研究——桐生・足利織物業の分析』文真堂。
市原博（2000）「電機企業の技術者の職務と人事管理」『大原社会問題研究所雑誌』第502号。
市原博（2003）「技術者の人事管理——日立茂原工場の技術開発と技術者の職務・組織・キャリア」佐口和郎・橋元秀一編『人事労務管理の歴史分析』ミネルヴァ書房。
市原博（2007）「戦前期三菱電機の技術開発と技術者」『経営史学』第41巻第4号。
市原博（2009）「職務能力開発と身分制度」『歴史と経済』第203号。
市山盛雄編（1940）『野田醬油株式会社二十年史』野田醬油。
伊藤正二編（1983）『公開講座 発展途上国の財閥』アジア経済研究所。
伊藤隆敏（1993）「18世紀，堂島の米先物市場の効率性について」『経済研究』第44巻第4号。
伊藤隆敏・星岳雄（1992）「企業グループ結束度の分析」堀内昭義・吉野直行編『現代日本の金融分析』東京大学出版会。
伊藤正直（2009）『戦後日本の対外金融——360円レートの成立と終焉』名古屋大学出版会。
伊藤宗彦（2005）『製品戦略マネジメントの構築——デジタル機器企業の競争戦略』有斐閣。
伊藤元重・清野一治（1984）「貿易と直接投資」小宮隆太郎・奥野正寛・鈴村興太郎編『日本の産業政策』東京大学出版会。
伊藤元重・清野一治・奥野正寛・鈴村興太郎（1988）『産業政策の経済分析』東京大学出版会。
伊藤元重・松島茂・柳川範之（1991）「リベートと再販価格維持行為」三輪芳郎・西村清彦編『日本の流通』東京大学出版会。
稲田雅洋（1990）『日本近代社会成立期の民衆運動——困民党研究序説』筑摩書房。
INAX・日本のタイル工業史編集委員会編（1991）『日本のタイル工業史』INAX。
井上洋一郎（1990）『日本近代造船業の展開』ミネルヴァ書房。
井上隆一郎（1987）『アジアの財閥と企業』日本経済新聞社。
今井信幸編（2010）『電子機器年鑑 2011年版』中日社。
今田幸子・平田周一（1995）『ホワイトカラーの昇進構造』日本労働研究機構。
今野浩一郎・佐藤博樹（2009）『人事管理入門』第2版，日本経済新聞出版社。
伊牟田敏充（1976）『明治期株式会社分析序説』法政大学出版局。
岩下祥子（2000）「陶磁器業の展開と輸送網の整備——明治期を中心に」老川慶喜・大豆生田稔編『商品流通と東京市場——幕末〜戦間期』日本経済評論社。
岩田龍子（1977）『日本的経営の編成原理』文真堂。

岩橋勝（1976）「徳川時代の貨幣数量」梅村又次・新保博・西川俊作・速水融編『数量経済史論集 1 日本経済の発展』日本経済新聞社．

岩橋勝（1988）「徳川経済の制度的枠組」速水融・宮本又郎編『日本経済史 1 経済社会の成立 17-18 世紀』岩波書店．

岩淵令治（2002）「町人の土地所有」渡辺尚志・五味文彦編『新体系日本史 3 土地所有史』山川出版社．

植田浩史（2001）「高度成長期初期の自動車産業とサプライヤ・システム」大阪市立大学『季刊経済研究』第 24 巻第 2 号．

植田浩史（2004）『戦時期日本の下請工業——中小企業と「下請＝協力工業政策」』ミネルヴァ書房．

上田修（1999）『経営合理化と労使関係——三菱長崎造船所，1960〜65 年』ミネルヴァ書房．

上田貞治郎編（1909）『写真機械と鏡玉』上田写真機店．

上野和彦（1984）「遠州別珍・コール天織物業の生産構造」『経済地理学年報』第 30 巻第 1 号．

上原克仁（2007）『ホワイトカラーのキャリア形成——人事データに基づく昇進と異動の実証分析』社会経済生産性本部生産性労働情報センター．

上村雅洋（2009）「マーケティングと物流」宮本又郎・粕谷誠編『講座・日本経営史 1 経営史・江戸の経験 1600〜1882』ミネルヴァ書房．

上山和雄（1982）「器械製糸の確立と蚕糸技術」海野福寿編『技術の社会史 3 西欧技術の移入と明治社会』有斐閣．

ヴォーゲル，エズラ・F.（1979）『ジャパンアズナンバーワン——アメリカへの教訓』（広中和歌子・木本彰子訳）TBS ブリタニカ（原著は，Ezra F. Vogel, *Japan as Number One: Lessons for America*, Cambridge, Mass. and London: Harvard University Press, 1979）．

ウォマック，ジェームズ・P.／ダニエル・ルース／ダニエル・T. ジョーンズ（1990）『リーン生産方式が，世界の自動車産業をこう変える．——最強の日本車メーカーを欧米が追い越す日』（沢田博訳）経済界（原著は，James P. Womack, Daniel T. Jones, and Daniel Roos, *The Machine That Changed the World: Based on the Massachusetts Institute of Technology 5-Million Dollar 5-Year Study on the Future of the Automobile*, New York: Rawson Associates, 1990）．

宇田川勝（1983）「戦前期の日本自動車産業——自動車産業政策と日産，フォード，GM」神奈川県企画調査部県史編集室編『神奈川県史 各論編 2 産業・経済』神奈川県．

宇田川勝（1984）『新興財閥』日本経済新聞社．

宇田川勝（1987a）「戦前日本の企業経営と外資系企業（上）」『経営志林』第 24 巻第 1 号．

宇田川勝（1987b）「戦前日本の企業経営と外資系企業（下）」『経営志林』第 24 巻第 2 号．

内田星美（1960）『日本紡織技術の歴史』地人書館．

内田星美（1966）『現代の産業 合成繊維工業』東洋経済新報社．

内田星美（1977）「技術開発」中川敬一郎編『日本経営史講座 第 5 巻 日本的経営』日本経済新聞社．

内田星美（1979）「明治後期民間企業の技術者分布——大学・高工卒名簿に基づく統計的研究」『経営史学』第 14 巻第 2 号．

内田星美（1983a）「二つの戦後をつなぐもの」内田星美編『技術の社会史 5 工業社会への変貌と技術』有斐閣．

内田星美（1983b）「人絹黄金時代」内田星美編『技術の社会史 5 工業社会への変貌と技術』有斐閣．

内田星美（1985）『時計工業の発達』服部セイコー。
内田星美（1986）「技術政策の歴史」中岡哲郎・石井正・内田星美『近代日本の技術と技術政策』国際連合大学。
内田星美（1988a）「大正中期民間企業の技術者分布——重化学工業化の端緒における役割」『経営史学』第 23 巻第 1 号。
内田星美（1988b）「技術者の増加・分布と日本の工業化——1880〜1920 年の統計的観察」『経済研究』第 39 巻第 4 号。
内田星美（1990）「技術移転」西川俊作・阿部武司編『日本経済史 4 産業化の時代（上）』岩波書店。
内田星美（1993）「小幅縞木綿とその代替大衆衣料における革新」『東京経済大学人文自然科学論集』第 95 号。
梅崎修（2008）「賃金制度」仁田道夫・久本憲夫編『日本的雇用システム』ナカニシヤ出版。
梅溪昇（1968）『お雇い外国人 1 概説』鹿島研究所出版会。
浦長瀬隆（2008）『近代知多綿織物業の発展——竹之内商店の場合』勁草書房。
江頭恒治（1966a）「共同企業源流考——日本の場合について」『産業経済論叢』第 1 巻第 1 号。
江頭恒治（1966b）「共同企業源流考——日本の場合について（続）」『産業経済論叢』第 1 巻第 2 号。
江尻弘（2003）『百貨店返品制の研究』中央経済社。
榎一江（2008）『近代製糸業の雇用と経営』吉川弘文館。
遠州製作社史編集委員会（1971）『50 年史』遠州製作。
遠藤公嗣（1989）『日本占領と労資関係政策の成立』東京大学出版会。
遠藤公嗣（1999）『日本の人事査定』ミネルヴァ書房。
王健（2004）「戦前日本の工業教育と工場技術者層の形成——レーヨン工業の事例を中心に」『経済学論集』第 70 巻第 2 号。
大石学（2007）『江戸の教育力——近代日本の知的基盤』東京学芸大学出版会。
オオウチ，ウィリアム・G.（1981）『セオリー Z——日本に学び，日本を超える』（徳山二郎監訳）CBS・ソニー出版（原著は，William G. Ouchi, *Theory Z: How American Business Can Meet the Japanese Challenge*, Reading, Mass.: Addison-Wesley, 1981）。
大貝威芳（2002）「日本企業のカラーテレビ対米輸出——松下電器のケース」『経営史学』第 36 巻第 4 号。
大門正克・柳沢遊（1996）「戦時労働力の給源と動員——農民家族と都市商工業者を対象に」『土地制度史学』第 151 号。
大神正道（2009）「板ガラス成形技術の変遷——フロート法の台頭と技術の棲み分け」『赤門マネジメント・レビュー』第 8 巻第 4 号。
大川一司・高松信清・山本有造（1974）『長期経済統計 1 国民所得』東洋経済新報社。
大川裕嗣（1991a）「在来産業の近代化と労使関係の再編（1）——大正期の銚子醬油醸造業」『社会科学研究』第 42 巻第 6 号。
大川裕嗣（1991b）「在来産業の近代化と労使関係の再編（2）——大正期の銚子醬油醸造業」『社会科学研究』第 43 巻第 2 号。
大川元一（2008）「デジタル・スチルカメラの技術発展の系統化調査」国立科学博物館産業技術史資料情報センター編『国立科学博物館 技術の系統化調査報告』第 10 集，国立科学博物館。
大倉財閥研究会編（1982）『大倉財閥の研究——大倉と大陸』近藤出版社。
大蔵省財政史室編（1981）『昭和財政史——終戦から講和まで 第 2 巻 独占禁止』東洋経済

新報社.
大蔵省財政史室編（1984）『昭和財政史――終戦から講和まで 第1巻 総説・賠償・終戦処理』東洋経済新報社.
大阪機工五十年史編纂委員会編（1966）『大阪機工五十年史』大阪機工.
大阪屋商店調査部編（1931）『株式年鑑 昭和6年版』大同書院.
大里勝馬編（1966）『明治以降本邦主要経済統計』日本銀行統計局.
大塩武（1989）『日窒コンツェルンの研究』日本経済評論社.
大島卓・山岡茂樹（1987）『産業の昭和社会史11 自動車』日本経済評論社.
大島朋剛（2007）「明治期における清酒流通の構造変化とその担い手」『歴史と経済』第194号.
大島朋剛（2008）「灘酒造家による商標の統一化と販売戦略の変化」『経営史学』第43巻第2号.
大島朋剛（2009）「戦前期灘中規模酒造家による桶取引の分析」『社会経済史学』第74巻第6号.
大田康博（2007）『繊維産業の盛衰と産地中小企業――播州先染織物業における競争・協調』日本経済評論社.
大竹文雄（2005）『日本の不平等――格差社会の幻想と未来』日本経済新聞社.
太田原準（2000）「日本二輪産業における構造変化と競争――1945～1965」『経営史学』第34巻第4号.
太田原準（2008）「二輪車――プロダクトサイクルと東アジア企業の競争力」塩地洋編『東アジア優位産業の競争力――その要因と競争・分業構造』ミネルヴァ書房.
太田原準（2009）「オートバイ産業――ローコスト・インテグラル製品による競争優位の長期的持続」新宅純二郎・天野倫文編『ものづくりの国際経営戦略――アジアの産業地理学』有斐閣.
太田原準（2010）「戦後自動車産業における組織能力の形成――製品開発組織を中心に」下谷政弘・鈴木恒夫編『講座・日本経営史5 「経済大国」への軌跡 1955～1985』ミネルヴァ書房.
太田原準・椙山泰生（2005）「アーキテクチャ論から見た産業成長と経営戦略――オープン化と囲い込みのダイナミクス」藤本隆宏・新宅純二郎編『中国製造業のアーキテクチャ分析』東洋経済新報社.
大塚英二（2002）「百姓の土地所有」渡辺尚志・五味文彦編『新体系日本史3 土地所有史』山川出版社.
大塚勝夫（1990）『経済発展と技術選択――日本の経験と発展途上国』文眞堂.
大塚啓二郎（1987）「綿工業の発展と技術革新」南亮進・清川雪彦編『日本の工業化と技術発展』東洋経済新報社.
大貫摩里（2006）「日本銀行のネットワークと金融市場の統合――日本銀行設立前後から20世紀初頭にかけて」『金融研究』第25巻第1号.
大野耐一（1978）『トヨタ生産方式――脱規模の経営をめざして』ダイヤモンド社.
大野威（1998）「A自動車の労働過程――A自動車における参与観察に基づいて」『大原社会問題研究所雑誌』第470号.
大橋弘・中村豪・明城聡（2010）「八幡・富士製鐵の合併（1970）に対する定量的評価」『経済学論集』第76巻第1号.
大原盛樹（2005）「オープンな改造競争――中国オートバイ産業の特質とその背景」藤本隆宏・新宅純二郎編『中国製造業のアーキテクチャ分析』東洋経済新報社.
大原盛樹（2006）「中国の二輪車産業――開発能力の向上と企業間分業関係の規律化」佐藤

百合・大原盛樹編『アジアの二輪車産業——地場企業の勃興と産業発展のダイナミズム』アジア経済研究所．
大原盛樹（2009）「中国における二輪車産業の変遷と今後の市場の可能性」『自動車工業』第514号．
大豆生田稔（2003）「東北産米の移出と東京市場」中西聡・中村尚史編『商品流通の近代史』日本経済評論社．
大森一宏（1996）「両大戦間期における工業組合活動と陶磁器輸出の発展」松本貴典編『戦前期日本の貿易と組織間関係——情報・調整・協調』新評論．
大森一宏（2003）「戦間期日本の海外情報活動——陶磁器輸出を中心に」『社会経済史学』第69巻第4号．
大森一宏（2004）「窯業製品の生産と流通」松本貴典編『生産と流通の近代像——100年前の日本』日本評論社．
大森一宏（2009）「戦後日本の陶磁器業の国際競争力——戦略を支えた制度的基盤」湯沢威・鈴木恒夫・橘川武郎・佐々木聡編『国際競争力の経営史』有斐閣．
岡崎哲二（1992）「資本自由化以後の企業集団」法政大学産業情報センター・橋本寿朗・武田晴人編『日本経済の発展と企業集団』東京大学出版会．
岡崎哲二（1993a）『日本の工業化と鉄鋼産業——経済発展の比較制度分析』東京大学出版会．
岡崎哲二（1993b）「企業システム」岡崎哲二・奥野正寛編『現代日本経済システムの源流』日本経済新聞社．
岡崎哲二（1994）「日本におけるコーポレート・ガバナンスの発展——歴史的パースペクティブ」『金融研究』第13巻第3号．
岡崎哲二（1995a）「鉄鋼業——鉄鋼合理化計画と比較優位構造の変化」武田晴人編『日本産業発展のダイナミズム』東京大学出版会．
岡崎哲二（1995b）「戦後日本の金融システム——銀行・企業・政府」森川英正・米倉誠一郎編『日本経営史5 高度成長を超えて』岩波書店．
岡崎哲二（1996）「戦後市場経済移行期の政府・企業間関係——産業合理化政策と企業」伊藤秀史編『日本の企業システム』東京大学出版会．
岡崎哲二（1999）『江戸の市場経済——歴史制度分析からみた株仲間』講談社．
岡崎哲二（2004）「戦前日本における専門経営者雇用の決定要因と効果」『一橋ビジネスレビュー』第52巻第2号．
岡崎哲二（2005）「戦前期三菱財閥の内部労働市場」『三菱史料館論集』第6号．
岡崎哲二・奥野正寛編（1993）『現代日本経済システムの源流』日本経済新聞社．
岡野浩（1995）『日本的管理会計の展開——「原価企画」への歴史的視座』中央経済社．
岡本清（2000）『原価計算』六訂版，国元書房．
岡本康雄編（1998）『日系企業 in 東アジア』有斐閣．
岡本康雄編（2000）『北米日系企業の経営』同文館出版．
岡本幸雄（1995）『明治期紡績技術関係史』九州大学出版会．
小川紘一（2009）『国際標準化と事業戦略——日本型イノベーションとしての標準化ビジネスモデル』白桃書房．
小川孔輔（2010）「日本的マーケティングの源流とその戦後史」橘川武郎・久保文克編『講座・日本経営史6 グローバル化と日本型企業システムの変容 1985〜2008』ミネルヴァ書房．
荻山正浩（2008）「戦前日本の児童労働と労働供給——紡績女工の年齢，賃金，需給状況」『千葉大学 経済研究』第23巻第3号．

奥西好夫（2001）「『成果主義』賃金導入の条件」『組織科学』第 34 巻第 3 号。
奥村宏（1983）『新・日本の六大企業集団』ダイヤモンド社。
小倉信次（1990）『戦前期三井銀行企業取引関係史の研究』泉文堂。
小栗忠雄（1995）「モーターサイクル産業の技術発展」野中郁次郎・永田晃也編『日本型イノベーション・システム——成長の軌跡と変革への挑戦』白桃書房。
尾崎久仁博（1989）「戦前期松下のチャネル行動と経営戦略」『彦根論叢』第 257 号。
小佐野広（2005）『コーポレートガバナンスと人的資本——雇用関係からみた企業戦略』日本経済新聞社。
小田喜代治（1985）『東京紳士服の歩み』東京紳士服工業組合。
尾高煌之助（1978）「下請制機械工業論序説」『経済研究』第 29 巻第 3 号。
尾高煌之助（1984）『労働市場分析——二重構造の日本的展開』岩波書店。
尾高煌之助（1993a）『職人の世界・工場の世界』リブロポート。
尾高煌之助（1993b）『企業内教育の時代』岩波書店。
尾高煌之助（1993c）「『日本的』労使関係」岡崎哲二・奥野正寛編『現代日本経済システムの源流』日本経済新聞社。
小田切宏之（1975）「企業集団の理論——企業行動の観点から」『季刊理論経済学』第 26 巻第 2 号。
小野旭（1968）「技術進歩と Borrowed Technology の類型——製糸業に関する事例研究」筑井甚吉・村上泰亮編『経済成長理論の展望』岩波書店。
小野征一郎（1979）「製糸独占資本の成立過程」安藤良雄編『両大戦間の日本資本主義』東京大学出版会。
賀川隆行（1985）『近世三井経営史の研究』吉川弘文館。
鍵山整充（1977）『賞与と成果配分』白桃書房。
籠谷直人（2000）『アジア国際通商秩序と近代日本』名古屋大学出版会。
加護野忠男（1995）「繊維産業における雇用調整」『国民経済雑誌』第 171 巻第 3 号。
粕谷誠（1990）「財閥の銀行に対する統轄——三井銀行の事例」『経営史学』第 24 巻第 4 号。
粕谷誠（2002a）「海運保護政策と三菱」『三菱史料館論集』第 3 号。
粕谷誠（2002b）『豪商の明治——三井家の家業再編過程の分析』名古屋大学出版会。
粕谷誠（2006a）「戦前期都市銀行における人事管理——三井銀行の事例分析，1897〜1943」CIRJE Discussion Paper CIRJE-J-151。
粕谷誠（2006b）「役員賞与の形成と変容」CIRJE Discussion Paper CIRJE-J-152。
片山信（1970）『日本の造船工業——驚異の記録 発展とその秘密』日本工業出版。
葛東昇・藤本隆宏（2005）「疑似オープン・アーキテクチャと技術的ロックイン——中国オートバイ産業の事例から」藤本隆宏・新宅純二郎編『中国製造業のアーキテクチャ分析』東洋経済新報社。
桂芳男（1977）『総合商社の源流 鈴木商店』日本経済新聞社。
桂木洋二（1999）『日本における自動車の世紀——トヨタと日産を中心に』グランプリ出版。
加藤敬太（2009）「老舗企業の長期存続プロセスと戦略転換——清洲桜醸造における組織変動と組織学習」『企業家研究』第 6 号。
加藤俊彦（1957）『本邦銀行史論』東京大学出版会。
加藤弁三郎編（1977）『日本の酒の歴史——酒造りの歩みと研究』研成社。
金子栄一編（1964）『現代日本産業発達史 9 造船』交詢社出版局。
彼島秀雄（2010）「高炉技術の系統化」国立科学博物館産業技術史資料情報センター編『国立科学博物館 技術の系統化調査報告』第 15 集，国立科学博物館。
鎌田国雄（1997）「II 時計——日本の腕時計産業史 SEIKO グループ腕時計生産技術 100 年

の歩み」『日本機械学会誌』第 100 巻第 938 号。
鎌田慧（1983）『自動車絶望工場——ある季節工の日記』講談社。
鎌谷親善（1988）『技術大国百年の計——日本の近代化と国立研究機関』平凡社。
鎌谷親善（1994）「江戸時代初期における酒造技術」『化学史研究』第 21 巻第 4 号。
鎌谷親善（1995）「江戸後期における酒造技術——灘酒の出現と特徴」『化学史研究』第 22 巻第 2 号。
神尾健三（2003）『めざすはライカ——ある技術者がたどる日本カメラの軌跡』草思社。
上岡一史（2005）『戦後日本鉄鋼業発展のダイナミズム』日本経済評論社。
亀田光三（2003）「両大戦間期における桐生織物業——問屋制・工場制・人絹織物」『ぐんま史料研究』第 21 号。
川勝平太（1976）「明治前期における内外綿布の価格」『早稲田政治経済学雑誌』第 244・245 号。
川東英子（1991）「日本資本主義と女子労働」竹中恵美子編『新・女子労働論』有斐閣。
川本真哉・宮島英昭（2008）「戦前期日本における企業統治の有効性——経営者交代メカニズムからのアプローチ」宮島英昭編『企業統治分析のフロンティア』日本評論社。
「関西スーパー 25 年のあゆみ」編纂委員会（1985）『関西スーパー 25 年のあゆみ』関西スーパーマーケット。
菅野和太郎（1966）『日本会社企業発生史の研究』経済評論社。
菊池俊彦（1988）『図譜 江戸時代の技術 下』恒和出版。
菊地浩之（2004）「資料：2003 年における六大企業集団の株式持ち合い」『証券経済研究』第 45 号。
菊池慶彦（2007）「日本における電球産業の形成」『経営史学』第 42 巻第 1 号。
北浦貴士（2009）「日本における株式会社の成立と会社規制——旧商法施行前における地方官庁の果たした役割」『経営史学』第 44 巻第 1 号。
北沢正啓（1966）「株式会社の所有・経営・支配」矢沢惇編『現代法と企業』岩波書店。
橘川武郎（1992）「戦後型企業集団の形成」法政大学産業情報センター・橋本寿朗・武田晴人編『日本経済の発展と企業集団』東京大学出版会。
橘川武郎（1996）『日本の企業集団——財閥との連続と断絶』有斐閣。
橘川武郎（2004）『日本電力業発展のダイナミズム』名古屋大学出版会。
橘川武郎・粕谷誠編（2007）『日本不動産業史——産業形成からポストバブル期まで』名古屋大学出版会。
橘川武郎・高岡美佳（1997a）「戦後日本の生活様式の変化と流通へのインパクト」『社会科学研究』第 48 巻第 5 号。
橘川武郎・高岡美佳（1997b）「スーパー・マーケット・システムの国際移転と日本的変容」森川英正・由井常彦編『国際比較・国際関係の経営史』名古屋大学出版会。
吉川容（2003）「三井合名会社理事会議案の分析（Ⅰ）」『三井文庫論叢』第 37 号。
キッコーマン編（2000）『キッコーマン株式会社八十年史』キッコーマン。
キッコーマン醬油編（1968）『キッコーマン醬油史』キッコーマン醬油。
絹川太一（1937）『本邦綿糸紡績史 第 1 巻』日本綿業倶楽部。
木下明浩（1997）「樫山のブランド構築とチャネル管理の発展」近藤文男・中野安編『日米の流通イノベーション』中央経済社。
木下明浩（2001）「衣服製造卸売業の日本的展開とマーケティング」マーケティング史研究会編『日本流通産業史——日本的マーケティングの展開』同文館出版。
木下明浩（2004）「衣料品流通——コモディティからブランドへの転換」石原武政・矢作敏行編『日本の流通 100 年』有斐閣。

木下明浩（2011）『アパレル産業のマーケティング史——ブランド構築と小売機能の包摂』同文館出版。
木村健二（1993）「在外居留民の社会活動」大江志乃夫ほか編『岩波講座 近代日本と植民地 5 膨張する帝国の人流』岩波書店。
木村亮（2002）「福井織物産業集積における『テクノロジー空間』の形成——力織機導入期の福井県工業試験場を中心に」『地域公共政策研究』第 6 号。
木村亮（2005）「福井人絹織物産地の確立過程」『福井県文書館研究紀要』第 2 号。
木村亮（2009）「戦後福井県大野織物産地における一系列企業の発展と衰退」『福井県文書館研究紀要』第 6 号。
キヤノン史編集委員会編（1987）『キヤノン史——技術と製品の 50 年』キヤノン。
木山実（2009）『近代日本と三井物産——総合商社の起源』ミネルヴァ書房。
清川雪彦（1987）「綿紡績業における技術選択——ミュール紡機からリング紡機へ」南亮進・清川雪彦編『日本の工業化と技術発展』東洋経済新報社。
清川雪彦（1995）『日本の経済発展と技術普及』東洋経済新報社。
清川雪彦（2009）『近代製糸技術とアジア——技術導入の比較経済史』名古屋大学出版会。
具承桓・加藤寛之・向井悠一朗（2010）「造船産業のダイナミズムと中手メーカーの製品戦略——国際競争構図の変化と新たな取り組み」MMRC Discussion Paper Series, No. 286。
工藤恭吉・川村晃正（1983）「近世絹織物業の展開」永原慶二・山口啓二編『講座・日本技術の社会史 第 3 巻 紡織』日本評論社。
工藤恭吉・根岸秀行・木村晴寿（1983）「近世の養蚕・製糸業」永原慶二・山口啓二編『講座・日本技術の社会史 第 3 巻 紡織』日本評論社。
久保克行（2010）『コーポレート・ガバナンス——経営者の交代と報酬はどうあるべきか』日本経済新聞出版社。
久保文克（1997）『植民地企業経営史論——「準国策会社」の実証的研究』日本経済評論社。
久保田浩司（2006）「時計工業技術開発小史——第二次大戦後におけるウォッチの進歩発展」『マイクロメカトロニクス』第 50 巻第 194 号。
熊谷尚夫（1973）『日本の産業組織 I』中央公論社。
倉沢資成（1991）「流通の『多段階性』と『返品制』——繊維・アパレル産業」三輪芳朗・西村清彦編『日本の流通』東京大学出版会。
倉沢資成・鳥居昭夫・成生達彦（2002）「繊維・アパレルの流通——卸の多段階性と返品制」『日本経済研究』第 45 号。
倉重光宏（2009）「プラズマと液晶テレビに関する技術標準化視点からの事業アーキテクチャ分析」『映像情報メディア学会技術報告』第 33 巻第 4 号。
黒川高明（2005）『ガラスの技術史』アグネ技術センター。
黒澤清（1990）『日本会計制度発展史』財経詳報社。
桑原哲也（1990）『企業国際化の史的分析——戦前期日本紡績業の中国投資』森山書店。
桑原哲也（1995）「日本における工場管理の近代化——鐘淵紡績会社における科学的管理法の導入，1910 年代」『国民経済雑誌』第 172 巻第 6 号。
桑原哲也（1996）「日本における工場管理の近代化——日露戦争後の鐘淵紡績会社」『国民経済雑誌』第 174 巻第 6 号。
桑原哲也（2004）「在華紡の組織能力——両大戦間期の内外綿会社」『経営学論集』（龍谷大学）第 44 巻第 1 号。
グンゼ編（1998）『グンゼ 100 年史——1896-1996』グンゼ。
経済協力開発機構（1972）『OECD 対日労働報告書』（労働省訳）日本労働協会（原書は，Organization for Economic Co-operation and Development, *Manpower Policy in Japan: OECD*

Reviews of Manpower and Social Policies, 11, Paris: OECD, 1973)。
経済産業省経済産業政策局調査統計部編（2003）『機械統計年報』経済産業調査会。
月桂冠株式会社社史編纂委員会編（1999）『月桂冠三百六十年史』月桂冠。
玄田有史・神林龍・篠崎武久（2001）「成果主義と能力開発――結果としての労働意欲」『組織科学』第 34 巻第 3 号。
小池和男（1983）「解雇からみた現代日本の労使関係」森口親司・青木昌彦・佐和隆光編『日本経済の構造分析』創文社。
小池和男編（1991）『大卒ホワイトカラーの人材開発』東洋経済新報社。
小池和男（1999）『仕事の経済学』第 2 版，東洋経済新報社。
小池賢治・星野妙子編（1993）『発展途上国のビジネスグループ』アジア経済研究所。
工学会編（1925）『日本工業大観』工政会出版部。
工学会編（1930）『日本工業大観』工政会出版部。
工業技術院標準部編（1959）『わが国の工業標準化』日本規格協会。
香西泰（1989）「高度成長期の経済政策」安場保吉・猪木武徳編『日本経済史 8 高度成長』岩波書店。
公正取引委員会事務局編（1992）『日本の六大企業集団――その組織と行動』東洋経済新報社。
合田昭二（1971）「知多綿織物業の地域的存立基盤」『地理学評論』第 44 巻第 7 号。
合田昭二（1979）「東三河織物業の生産構造」『地理学評論』第 52 巻第 8 号。
神戸税務監督局編（1907）『灘酒沿革誌』弘文堂。
神戸大学管理会計研究会（1992）「原価企画の実態調査（1）――原価企画の採用状況・目的・遡及・組織を中心に」『企業会計』第 44 巻第 5 号。
小風秀雅（1995）『帝国主義下の日本海運――国際競争と対外自立』山川出版社。
国税庁編（1979-2006）『国税庁統計年報書』国税庁。
神代和欣（1989）「雇用制度と人材活用戦略」今井賢一・小宮隆太郎編『日本の企業』東京大学出版会。
小島清（1981）『多国籍企業の直接投資』ダイヤモンド社。
小島健司（1988）『明治の時計』校倉書房。
小島健司（2004）「再販売価格維持と取引慣行の生成過程――化粧品製造業者の事例」『国民経済雑誌』第 189 巻第 6 号。
小島精一編（1942）『日本鋼管株式会社三十年史』小松隆。
後藤晃（1993）『日本の技術革新と産業組織』東京大学出版会。
小西六写真工業編（1973）『写真とともに百年』小西六写真工業。
小早川洋一（1981）「浅野財閥の多角化と経営組織――大正期から昭和初期の分析」『経営史学』第 16 巻第 1 号。
小林健吾（1994）『日本会計制度成立史』東京経済情報出版。
小林正彬（1977）『日本の工業化と官業払下げ――政府と企業』東洋経済新報社。
小林正彬（1980）『日本海運経営史 2 海運業の労働問題――近代的労資関係の先駆』日本経済新聞社。
小林隆太郎（1987）『知られざる企業集団 セイコーグループ』日本工業新聞社。
小原博（1994）『日本マーケティング史――現代流通の史的構図』中央経済社。
小堀聡（2008a）「日本鉄鋼業におけるエネルギー節約の展開（上）――戦間期から戦後復興期の熱管理」『経済科学』第 56 巻第 2 号。
小堀聡（2008b）「日本鉄鋼業におけるエネルギー節約の展開（下）――戦間期から戦後復興期の熱管理」『経済科学』第 56 巻第 3 号。

小松徹三（1938）『京浜デパート大観』百貨店日日新聞社。
小湊繁（1974）「企業再建整備」東京大学社会科学研究所戦後改革研究会編『戦後改革 7 経済改革』東京大学出版会。
小宮隆太郎・奥野正寛・鈴村興太郎（1984）『日本の産業政策』東京大学出版会。
小山幸伸（1996）「近世中期の貿易政策と国産化」曽根勇二・木村直也編『新しい近世史 2 国家と対外関係』新人物往来社。
雇用促進事業団雇用職業総合研究所編（1989）『技術者のキャリア形成に関する調査研究報告書——総括編』雇用促進事業団雇用職業総合研究所。
コリア・バンジャマン（1992）『逆転の思考——日本企業の労働と組織』（花田昌宜・斉藤悦州訳）藤原書店（原著は，Benjamin Coriat, *Penser à l'envers: Travail et organisation dans l'entreprise japonaise*, Paris: C. Bourgois, 1991）。
是永隆文（2002a）「紡績業の産業調整と業界団体の行動——『過剰』設備の処理を中心として」『西南学院大学経済学論集』第 37 巻第 1 号。
是永隆文（2002b）「紡績業における構造調整援助政策の展開——1960 年代後半から 80 年代前半まで」『西南学院大学経済学論集』第 37 巻第 2 号。
是永隆文（2006）「停滞期の産業再編と企業の技術効率性——1965-79 年日本紡績業の事例」『専修経営学論集』第 82 号。
近藤智子（2005）「『デパートガール』の登場——震災後東京の百貨店を中心に」『経営史学』第 40 巻第 3 号。
三枝博音・飯田賢一編（1957）『日本近代製鉄技術発達史——八幡製鉄所の確立過程』東洋経済新報社。
斎藤修（1984）「在来織物業における工場制工業化の諸要因——戦前期日本の経験」『社会経済史学』第 49 巻第 6 号。
斎藤修・阿部武司（1987）「賃機から力織機工場へ——明治後期における綿織物業の場合」南亮進・清川雪彦編『日本の工業化と技術発展』東洋経済新報社。
斎藤憲（1987）『新興コンツェルン理研の研究——大河内正敏と理研産業団』時潮社。
斎藤憲（1998）『稼ぐに追いつく貧乏なし——浅野総一郎と浅野財閥』東洋経済新報社。
齋藤隆志・菊谷達弥・野田知彦（2011）「何が成果主義賃金制度の導入を決めるか——人事制度改革と企業統治」宮島英昭編『日本の企業統治——その再設計と競争力の回復に向けて』東洋経済新報社。
齋藤卓爾（2011）「日本企業による社外取締役の導入の決定要因とその効果」宮島英昭編『日本の企業統治——その再設計と競争力の回復に向けて』東洋経済新報社。
斎藤善之（2005）「近世的物流構造の解体」歴史学研究会・日本史研究会編『日本史講座第 7 巻 近世の解体』東京大学出版会。
榊原清則（2005）『イノベーションの収益化——技術経営の課題と分析』有斐閣。
坂本和一（2005）『鉄はいかにしてつくられてきたか——八幡製鉄所の技術と組織 1901～1970 年』法律文化社。
佐口和郎（2003）「新規高卒採用制度——A 社を事例とした生成と展開」佐口和郎・橋元秀一編『人事労務管理の歴史分析』ミネルヴァ書房。
作道洋太郎編（1982）『住友財閥』日本経済新聞社。
桜井英治（1996）『日本中世の経済構造』岩波書店。
桜井英治（2002）「中世の商品市場」桜井英治・中西聡編『新体系日本史 12 流通経済史』山川出版社。
桜井宏年（1981）『清酒業の歴史と産業組織の研究』中央公論事業出版。
佐々木聡（1998）『科学的管理法の日本的展開』有斐閣。

佐々木聡（2007）『日本的流通の経営史』有斐閣。
佐々木聡・野中いづみ（1990）「日本における科学的管理の導入と展開」原輝史編『科学的管理法の導入と展開——その歴史的国際比較』昭和堂。
佐々木誠治（1961）『日本海運業の近代化——社外船発達史』海文堂。
佐武弘章（1998）『トヨタ生産方式の生成・発展・変容』東洋経済新報社。
沢井実（1991）「科学技術新体制構想の展開と技術院の誕生」『大阪大学経済学』第41巻第2・3号。
沢井実（1992）「戦時経済と財閥」法政大学産業情報センター・橋本寿朗・武田晴人編『日本経済の発展と企業集団』東京大学出版会。
沢井実（1995a）「重化学工業化と技術者」宮本又郎・阿部武司編『日本経営史2 経営革新と工業化』岩波書店。
沢井実（1995b）「造船業——1950年代の競争と協調」武田晴人編『日本産業発展のダイナミズム』東京大学出版会。
沢井実（1998）「戦後間もないイノベーション——造船業におけるブロック建造法の確立過程」伊丹敬之・加護野忠男・宮本又郎・米倉誠一郎編『ケースブック日本企業の経営行動3 イノベーションと技術蓄積』有斐閣。
沢井実（2004）「戦時期日本の研究開発体制——科学技術動員と共同研究の深化」『大阪大学経済学』第54巻第3号。
沢井実（2005）「戦間期日本の研究開発体制——官公私立鉱工業試験研究機関の変遷とその特質」中村哲編『東アジア資本主義形成史Ⅰ 東アジア近代経済の形成と発展』日本評論社。
沢井実（2006）「高度成長期日本の研究開発体制」『経済志林』第73巻第4号。
沢井実（2008）「戦間期の大阪市立工業研究所」『大阪大学経済学』第58巻第2号。
沢井実（2010）「1950年代における技術開発政策構想の展開」『大阪大学経済学』第59巻第4号。
産業技術記念館（2007）『「産業技術記念館」ガイドブック』改訂版，産業技術記念館。
産業訓練白書編集委員会編（1971）『産業訓練百年史——日本の経済成長と産業訓練』日本産業訓練協会。
産業政策史研究所編（1976）『わが国大企業の形成・発展過程——総資産額でみた主要企業順位の史的変遷』産業政策史研究所。
シェアード，ポール（1997）『メインバンク資本主義の危機——ビッグバンで変わる日本型経営』東洋経済新報社。
塩沢君夫・川浦康次（1957）『寄生地主制論——ブルジョア的発展との関連』御茶の水書房。
塩地洋（1986a）「トヨタ自工の工場展開——1960年代トヨタの多銘柄多仕様量産機構（1）」『経済論叢』第137巻第6号。
塩地洋（1986b）「トヨタ自工における委託生産の展開——1960年代トヨタの多銘柄多仕様量産機構（2）」『経済論叢』第138巻第5・6号。
塩地洋（2002）『自動車流通の国際比較——フランチャイズ・システムの再革新をめざして』有斐閣。
塩地洋／T. D. キーリー（1994）『自動車ディーラーの日米比較——「系列」を視座として』九州大学出版会。
鹿野嘉昭（2011）『藩札の経済学』東洋経済新報社。
シチズンライフ編集室編（2002a）『社史』シチズン時計。
シチズンライフ編集室編（2002b）『社史外伝』シチズン時計。
篠田寿夫（1989）「知多酒造業の盛衰」『社会経済史学』第55巻第2号。

篠塚英子（1989）『日本の雇用調整――オイル・ショック以降の労働市場』東洋経済新報社。
篠原三代平（1967）『長期経済統計 6 個人消費支出』東洋経済新報社。
篠原三代平（1972）『長期経済統計 10 鉱工業』東洋経済新報社。
四宮正親（1998）『日本の自動車産業――企業者活動と競争力：1918～70』日本経済評論社。
嶋和重（2007）『戦後日本の会計制度形成と展開』同文館出版。
島津製作所（1967）『島津製作所史』島津製作所。
島田晴雄（1969）「戦前八幡製鉄所における労働事情――面接聴取記録」『三田学会雑誌』第 62 巻第 1 号。
島田昌和（2000）「カメラ――競争を通じた国際競争力の形成」宇田川勝・橘川武郎・新宅純二郎編『日本の企業間競争』有斐閣。
島田昌和（2007）『渋沢栄一の企業者活動の研究――戦前期企業システムの創出と出資者経営者の役割』日本経済評論社。
島根良枝（2006）「インドの二輪車産業――地場独資完成車企業の存在と地場部品企業の能力形成」佐藤百合・大原盛樹編『アジアの二輪車産業――地場企業の勃興と産業発展ダイナミズム』アジア経済研究所。
島本実（2005）「京セラ――経営資源の連鎖的動員」米倉誠一郎編『ケースブック 日本のスタートアップ企業』有斐閣。
志村嘉一（1969）『日本資本市場分析』東京大学出版会。
下川浩一（2004）『グローバル自動車産業経営史』有斐閣。
下川浩一・藤本隆宏・折橋伸哉（2001）「豊田英二氏の基本的発想――トヨタ自動車最高顧問豊田英二氏口述記録」下川浩一・藤本隆宏編著『トヨタシステムの原点――キーパーソンが語る起源と進化』文真堂。
下川義雄（1989）『日本鉄鋼技術史』アグネ技術センター。
下谷政弘（1998）『松下グループの歴史と構造――分権・統合の変遷史』有斐閣。
下谷政弘（2006）『持株会社の時代――日本の企業結合』有斐閣。
下谷政弘（2008）『新興コンツェルンと財閥――理論と歴史』日本経済評論社。
下谷政弘（2009）『持株会社と日本経済』岩波書店。
ジャコービィ，サンフォード（1989）『雇用官僚制――アメリカ内部労働市場と"良い仕事"の生成史』（荒又重雄ほか訳）北海道大学図書刊行会（原著は，Sanford M. Jacoby, *Employing Bureaucracy: Managers, Unions, and the Transformation of Work in American Industry, 1900-1945*, New York: Columbia University Press, 1985）。
ジャコービィ，サンフォード・M.（2005）『日本の人事部・アメリカの人事部――日本企業のコーポレート・ガバナンスと雇用関係』（鈴木良始ほか訳）東洋経済新報社（原著は，Sanford M. Jacoby, *The Embedded Corporation: Corporate Governance and Employment Relations in Japan and the United States*, Princeton: Princeton University Press, 2005）。
ジョンソン，チャーマーズ（1982）『通産省と日本の奇跡』（矢野俊比古監訳）ティービーエス・ブリタニカ（原著は，Chalmers Johnson, *MITI and the Japanese Miracle: The Growth of Industrial Policy, 1925-1975*, Stanford, Cal.: Stanford University Press, 1982）。
シンガー，チャールズほか編（1964）『技術の歴史 9 鋼鉄の時代 上』（高木純一ほか訳）筑摩書房（原著は，Charles Singer et al. (eds.), *A History of Technology*, vol. I-V, Oxford, UK: Clarendon Press, 1956-1958）。
新宅純二郎（1994）『日本企業の競争戦略――成熟産業の技術転換と企業行動』有斐閣。
新宅純二郎（2008）「韓国液晶産業における製造技術戦略」『赤門マネジメント・レビュー』第 7 巻第 1 号。
新宅純二郎・江藤学編（2008）『コンセンサス標準戦略――事業活用のすべて』日本経済新

聞出版社。
新宅純二郎・小川紘一・善本哲夫（2008）「国際標準化における競争と協調の戦略」新宅純二郎・江藤学編『コンセンサス標準戦略――事業活用のすべて』日本経済新聞出版社。
新宅純二郎・加藤寛之・善本哲夫（2005）「中国モジュラー型産業における日本企業の戦略――カラーテレビとエアコンにおける日中分業のケース」藤本隆宏・新宅純二郎編『中国製造業のアーキテクチャ分析』東洋経済新報社。
新宅純二郎・許経明・蘇世庭（2006）「台湾液晶産業の発展と企業戦略」『赤門マネジメント・レビュー』第5巻第8号。
神野由紀（1994）『趣味の誕生――百貨店がつくったテイスト』勁草書房。
新保博（1962）「清酒醸造業の発達――灘酒造業を中心として」中小企業調査会編『中小企業研究 第Ⅶ巻』東洋経済新報社。
新保博・斎藤修（1989）「概説 19世紀へ」新保博・斎藤修編『日本経済史2 近代成長の胎動』岩波書店。
末廣昭（2000）『キャッチアップ型工業化論――アジア経済の軌跡と展望』名古屋大学出版会。
末廣昭（2006）『ファミリービジネス論――後発工業化の担い手』名古屋大学出版会。
菅保男編（1971）『浅沼商会百年史』浅沼商会。
菅山真次（1985）「1920年代の企業内養成工制度――日立製作所の事例分析」『土地制度史学』第108号。
菅山真次（1987）「1920年代重電機経営の下級職員層――日立製作所の事例分析」『社会経済史学』第53巻第5号。
菅山真次（1989）「戦間期雇用関係の労職比較――『終身雇用』の実態」『社会経済史学』第55巻第4号。
菅山真次（2011）『「就社」社会の誕生――ホワイトカラーからブルーカラーへ』名古屋大学出版会。
杉江重誠編（1950）『日本ガラス工業史』日本ガラス工業史編集委員会。
杉森玲子（2000）「古着商人」吉田伸之編『シリーズ近世の身分的周縁4 商いの場と社会』吉川弘文館。
椙山泰生（2000）「カラーテレビの製品開発――戦略的柔軟性とモジュラー化」藤本隆宏・安本雅典編『成功する製品開発――産業間比較の視点』有斐閣。
鈴木邦夫（1992）「財閥から企業集団・企業系列へ――1940年代後半における企業間結合の解体・再編過程」『土地制度史学』第135号。
鈴木自動車工業社史編集委員会編（1970）『50年史』鈴木自動車工業。
鈴木淳（1996）『明治の機械工業――その生成と展開』ミネルヴァ書房。
鈴木恒夫（1980）「戦間期日本化学工業の競争構造――硫安とソーダ灰」『産業経済研究』第20巻第3・4号。
鈴木恒夫（1989）「戦間期我が国におけるソーダ工業の発展――旭硝子を中心に」西日本文化協会福岡県史研究所編『福岡県史 近代研究編 各論（1）』西日本文化協会。
鈴木恒夫（1991）「合成繊維」米川伸一・下川浩一・山崎広明編『戦後日本経営史 第Ⅰ巻』東洋経済新報社。
鈴木恒夫（1995）「戦後型産業政策の成立」山崎広明・橘川武郎編『日本経営史4 「日本的」経営の連続と断絶』岩波書店。
鈴木恒夫・小早川洋一・和田一夫（2004a）「明治31年時における綿糸紡績会社株主名簿の分析」『学習院大学経済論集』第41巻第2号。
鈴木恒夫・小早川洋一・和田一夫（2004b）「明治40年時における綿糸紡績会社株主名簿の

分析——株式仲買人の台頭，専門経営者の進出」『学習院大学経済論集』第41巻第3号。
鈴木恒夫・小早川洋一・和田一夫（2009）『企業家ネットワークの形成と展開——データベースからみた近代日本の地域経済』名古屋大学出版会。
鈴木安昭（1980）『昭和初期の小売商問題——百貨店と中小商店の角逐』日本経済新聞社。
鈴木ゆり子（1990）「醬油醸造業における雇用労働」林玲子編『醬油醸造業史の研究』吉川弘文館。
鈴木良隆（1985）「『内部請負制』は一九世紀イギリスの工場における作業組織を，有効に説明するか？」『経営史学』第20巻第2号。
鈴木良隆（2010）「企業組織——近代企業の成長」佐々木聡・中林真幸編『講座・日本経営史3 組織と戦略の時代 1914～1937』ミネルヴァ書房。
壽永欣三郎・野中いずみ（1995）「アメリカ経営管理技法の日本への導入と変容」山崎広明・橘川武郎編『日本経営史4 「日本的」経営の連続と断絶』岩波書店。
隅谷三喜男編（1970）『日本職業訓練発展史 上——先進技術土着化の過程』日本労働協会。
隅谷三喜男編（1971）『日本職業訓練発展史 下——日本的養成制度の形成』日本労働協会。
駿河輝和（1987）「ボーナス制度と伸縮的賃金」『日本労働協会雑誌』第29巻第5号。
清家彰敏（1995）「自動車産業の高度成長とプロセス・イノベーション」野中郁次郎・永田晃也編『日本型イノベーション・システム——成長の軌跡と変革への挑戦』白桃書房。
『SEIKO時計の戦後史』編集委員会編（1996）『SEIKO時計の戦後史』『SEIKO時計の戦後史』編集委員会。
関口かをり（2002）「初期三菱における組織と経営」『三菱史料館論集』第3号。
関根孝（1999）「プライベート・ブランドと小売市場」『専修商学論集』第69号。
勢〆浩（2009）「我が国の時計産業の現状と世界の時計生産推計」『マイクロメカトロニクス』第53巻第200号。
仙波恒徳（1977）「戦後産業合理化と技術導入」産業政策史研究所編『戦後における石炭鉱業政策・戦後産業合理化と技術導入』産業政策史研究所。
造船統計要覧編集委員会編（1983-2006）『造船統計要覧』成山堂書店。
総務グループ総務チーム編（2009）『関西スーパー50年のあゆみ』関西スーパーマーケット。
創立100周年記念事業委員会編（2007）『豊和工業100年史』豊和工業。
祖父江利衛（2008a）「1950年代後半～60年代前半における日本造船業の建造効率と国際競争——建造実績世界一と西欧水準建造効率達成の幻影」『歴史と経済』第201号。
祖父江利衛（2008b）「造船業——国際競争力回復の要因」武田晴人編『戦後復興期の企業行動——立ちはだかった障害とその克服』有斐閣。
孫一善（1993）「高度成長期における流通システムの変化——石鹸・洗剤業界を中心に」『経営史学』第27巻第4号。
孫一善（1994）「高度成長期における流通系列化の形成——松下販社制度の形成を中心に」『経営史学』第29巻第3号。
ダイエー社史編纂室編（1992）『For the Customers ダイエーグループ35年の記録』アシーネ。
大丸二百五十年史編集委員会編（1967）『大丸二百五十年史』大丸。
ダイヤモンド社編（1966）『産業フロンティア物語10 陶磁器 日本陶器』ダイヤモンド社。
高岡美佳（1997）「戦後復興期の日本の百貨店と委託仕入——日本的取引慣行の形成過程」『経営史学』第32巻第1号。
高岡美佳（1999）「高度成長期のスーパーマーケットの資源補完メカニズム——日本の『流

通革命」の実像」『社会経済史学』第 65 巻第 1 号。
高岡美佳（2000）「アパレル——リスク適応戦略をめぐる明暗」宇田川勝・橘川武郎・新宅純二郎編『日本の企業間競争』有斐閣。
高田あづみ（2000）「明治前期会社組織の充実と渋沢栄一」『渋沢研究』第 13 号。
高田忠（1959）『デザイン盗用』日本発明新聞社。
高槻泰郎（2012）『近世米市場の形成と展開——幕府司法と堂島米会所の発展』名古屋大学出版会。
高寺貞男（1974）『明治減価償却史の研究』未来社。
高橋武夫編（1938）『神鋼三十年史』神戸製鋼所。
高橋伸夫（2004）『虚妄の成果主義——日本型年功制復活のススメ』日経 BP 社。
高橋昇（1965）『科学論・技術論双書 5 日本の金属産業』勁草書房。
高橋衛（1994）『「科学的管理法」と日本企業——導入過程の軌跡』御茶の水書房。
高松亨（2002）「PAN 系炭素繊維の開発」中岡哲郎編『戦後日本の技術形成——模倣か創造か』日本経済評論社。
高村直助（1971）『日本紡績業史序説 上，下』塙書房。
高村直助（1980）『日本資本主義史論——産業資本・帝国主義・独占資本』ミネルヴァ書房。
高村直助（1982）『近代日本綿業と中国』東京大学出版会。
高村直助（1987）「資本蓄積（2）軽工業」大石嘉一郎編『日本帝国主義史 2 世界大恐慌期』東京大学出版会。
高村直助（1994）「民需産業」大石嘉一郎編『日本帝国主義史 3 第二次大戦期』東京大学出版会。
高村直助（1996）『会社の誕生』吉川弘文館。
高柳暁（1982）『日本海運経営史 5 海運業の経営と技術 模倣から自己開発へ』日本経済新聞社。
高柳暁（1993）『戦後日本海運造船経営史 7 海運・造船業の技術と経営 技術革新の軌跡』日本経済評論社。
高柳美香（1994）『ショーウインドー物語』勁草書房。
瀧川政次郎（1985）『日本法制史（下）』講談社学術文庫。
武石彰（2003）『分業と競争——競争優位のアウトソーシング・マネジメント』有斐閣。
武石彰・青島矢一・軽部大・元橋一之・伊地知寛博（2010）「日本の二大主力産業のこれまで——エレクトロニクス，自動車の位置づけと成果」青島矢一／武石彰／マイケル・A. クスマノ編『メイド・イン・ジャパンは終わるのか——「奇跡」と「終焉」の先にあるもの』東洋経済新報社。
竹内淳一郎（2004）「日本の機械式ウオッチの品質向上と輸出検査」『国際ビジネス研究学会年報 2004 年』。
竹内淳一郎（2006a）「輸出検査と品質向上」矢部洋三・木暮雅夫編『日本カメラ産業の変貌とダイナミズム』日本経済評論社。
竹内淳一郎（2006b）「米国における日本製カメラの競争優位の構築——コスト-品質のフロンティアを基にして」『国際ビジネス研究学会年報 2006 年』。
竹内壮一（1983）「近代製糸業への移行」永原慶二・山口啓二編『講座・日本技術の社会史 第 3 巻 紡織』日本評論社。
竹内洋（1995）『日本のメリトクラシー——構造と心性』東京大学出版会。
武居奈緒子（2006）「江戸期呉服商の仕入変革——我が国における百貨店業態成立の史的背景」『流通研究』第 8 巻第 3 号。
武田晴人（1980）「古河商事と『大連事件』」『社会科学研究』第 32 巻第 2 号。

武田晴人（1985）「資本蓄積（3）財閥」大石嘉一郎編『日本帝国主義史1 第一次大戦期』東京大学出版会。
武田晴人（1994）「独占資本と財閥解体」大石嘉一郎編『日本帝国主義史3 第二次大戦期』東京大学出版会。
武田晴人（1995a）「大企業の構造と財閥」由井常彦・大東英祐編『日本経営史3 大企業時代の到来』岩波書店。
武田晴人（1995b）「自動車産業――1950年代後半の合理化を中心に」武田晴人編『日本産業発展のダイナミズム』東京大学出版会。
武田晴人（2009）「戦間期日本資本市場における生命保険会社の投資行動」『金融研究』第28巻第2号。
武部善人（1989）『綿と木綿の歴史』御茶の水書房。
田代和生（1988）「徳川時代の貿易」速水融・宮本又郎編『日本経済史1 経済社会の成立――17-18世紀』岩波書店。
立川和平（1997）「福井合繊織物産地の構造変化」『経済地理学年報』第43巻第1号。
谷本雅之（1990）「銚子醬油醸造業の経営動向――在来産業と地方資産家」林玲子編『醬油醸造業史の研究』吉川弘文館。
谷本雅之（1996）「醸造業」西川俊作・尾高煌之助・斎藤修編『日本経済の200年』日本評論社。
谷本雅之（1998）『日本における在来的経済発展と織物業――市場形成と家族経済』名古屋大学出版会。
谷本雅之（2009）「経営主体の連続と非連続」宮本又郎・粕谷誠編『講座・日本経営史1 経営史・江戸の経験 1600～1882』ミネルヴァ書房。
玉川寛治（1995）「わが国綿糸紡績機械の発展について――創始期から1890年代まで」『技術と文明』第9巻第2号。
玉川寛治（1997）「初期日本綿糸紡績業におけるリング精紡機導入について」『技術と文明』第10巻第2号。
玉川寛治（2002）『製糸工女と富国強兵の時代――生糸がささえた日本資本主義』新日本出版社。
田村均（2004）『ファッションの社会経済史――在来織物業の技術革新と流行市場』日本経済評論社。
田山経二郎（2007）「舶用大形2サイクル低速ディーゼル機関の技術系統化調査」国立科学博物館産業技術史資料情報センター編『国立科学博物館 技術の系統化調査報告』第8集，国立科学博物館。
大東英祐（1990）「わが国における時計工業の発展――昭和初年の腕時計生産」中川敬一郎編『企業経営の歴史的研究』岩波書店。
大東英祐（1991）「時計工業の発展と服部時計店の所有と経営」森川英正編『経営者企業の時代』有斐閣。
大東英祐（1995）「戦間期のマーケティングと流通機構」由井常彦・大東英祐編『日本経営史3 大企業時代の到来』岩波書店。
千葉準一（1998）『日本近代会計制度――企業会計体制の変遷』中央経済社。
千本暁子（1989）「三井の使用人採用方法の史的考察」『社会科学』（同志社大学）第42号。
チャクチェクパイヨン，ヴィチャン（Chakepaichayon, Vichian）（1981）「明治初期の会社企業（1）――81社の定款分析」『大阪大学経済学』第31巻第1号。
チャクチェクパイヨン，ヴィチャン（Chakepaichayon, Vichian）（1982）「明治初期の会社企業（2）――81社の定款分析」『大阪大学経済学』第32巻第1号。

銚子醬油編（1972）『社史』銚子醬油．
通商産業省編（1961）『商工政策史 第9巻 産業合理化』商工政策史刊行会．
通商産業省貿易局編（1992）『1992年版 日本の貿易』通商産業調査会．
通商産業大臣官房調査統計部編（1991）『繊維統計年報』通産統計協会．
塚田孝（1994）「身分制の構造」朝尾直弘ほか編『岩波講座 日本通史 第12巻 近世2』岩波書店．
辻勝次（2011）『トヨタ人事方式の戦後史——企業社会の誕生から終焉まで』ミネルヴァ書房．
津田眞澂（1976）『日本的経営の擁護』東洋経済新報社．
津田駒工業（1969）『生いたちと先駆者たち』津田駒工業．
角山榮（1984）『時計の社会史』中公新書．
角山幸洋（1965）『日本染織発達史』三一書房．
貫秀高（1994）『日本近世染織業発達史の研究』思文閣出版．
都留康・阿部正浩・久保克行（2005）『日本企業の人事改革——人事データによる成果主義の検証』東洋経済新報社．
鶴田俊正・矢作敏行（1991）「大店法システムとその形骸化」三輪芳朗・西村清彦編『日本の流通』東京大学出版会．
靎見誠良（1991）『資本信用機構の確立——日本銀行と金融市場』有斐閣．
逓信省編（1941）『逓信事業史』第6巻，逓信協会．
テーラー，フレデリック（1969）「科学的管理法の原理」F. W. テーラー『科学的管理法』（上野陽一訳）産能大学出版部（原著は，Frederick W. Taylor, *The Principles of Scientific Management*, New York and London: Harper & Brothers, 1911）．
出水力（1991）『日本の技術11 オートバイの王国』第一法規出版．
出水力（2002）『オートバイ・乗用車産業経営史——ホンダにみる企業発展のダイナミズム』日本経済評論社．
出水力（2003）「モーターサイクル技術の模倣から再創へ——ヤマハを中心に本田を含めた技術確立の1950年代」山田奨治編『模倣と創造のダイナミズム』勉誠出版．
出水力（2011）『二輪車産業グローバル化の軌跡——ホンダのケースを中心にして』日本経済評論社．
寺谷武明（1979）『日本近代造船史序説』巖南堂書店．
寺谷武明（1993）『戦後日本海運造船経営史5 造船業の復興と発展 世界の王座へ』日本経済評論社．
寺西重郎（1982）『日本の経済発展と金融』岩波書店．
寺西重郎（1993）「メインバンク・システム」岡崎哲二・奥野正寛編『現代日本経済システムの源流』日本経済新聞社．
寺西重郎（1996）「戦時期日本のローン・シンジケーションとメインバンク・システムの源流」青木昌彦／ヒュー・パトリック編『日本のメインバンク・システム』（白鳥正喜監訳）東洋経済新報社（原著は，Juro Teranishi, "Loan Syndication in War-Time Japan and the Origins of the Main Bank System", in Masahiko Aoki and Hugh Patrick (eds.), *The Japanese Main Bank System: Its Relevance for Developing and Transforming Economies*, Oxford, UK: Oxford University Press, 1994）．
寺西重郎（2003）『日本の経済システム』岩波書店．
寺本昌雄・生田英一（1983）「カラーテレビ組立ラインの自動化」『東芝レビュー』第38巻第10号．
ドーア，ロナルド・P.（1993）『イギリスの工場・日本の工場 上，下』（山之内靖・永易浩

—訳）ちくま学芸文庫（原著は，Ronald Dore, *British Factory, Japanese Factory: The Origins of National Diversity in Industrial Relations*, Berkeley, Cal.: University of California Press, 1973）。

東京市役所編（1937）『住込小店員・少年工調査』東京市役所。

東條由紀彦（1990）『製糸同盟の女工登録制度——日本近代の変容と女工の「人格」』東京大学出版会。

東陶機器編（1988）『東陶機器七十年史』東陶機器。

東洋機械金属株式会社60年史編集委員会編（1985）『東洋機械金属六十年史』東洋機械金属。

東洋経済新報社（1925）『大日本外国貿易五十六年対照表 自明治元年至大正十二年』東洋経済新報社。

東洋紡績株式会社社史編纂室（1986）『百年史 東洋紡 上』東洋紡績。

利谷信義・水林彪（1973）「近代日本における会社法の形成」高柳信一・藤田勇編『資本主義法の形成と展開 3——企業と営業の自由』東京大学出版会。

栃倉辰六郎（1988）『醬油の科学と技術』日本醸造協会。

特許庁意匠課編（2009）『意匠制度 120 年の歩み』特許庁。

富沢木実（1995）「アパレル産業」産業学会編『戦後日本産業史』東洋経済新報社。

富塚清（2001）『日本のオートバイの歴史——二輪車メーカーの興亡の記録』新訂版，三樹書房。

豊島義一（2006）『長崎造船所原価計算生成史』同文館出版。

トヨタ自動車工業株式会社社史編集委員会編（1958）『トヨタ自動車 20 年史』トヨタ自動車工業。

トヨタ自動車工業株式会社社史編集委員会編（1967）『トヨタ自動車 30 年史』トヨタ自動車工業。

豊田自動織機編（2007）『挑戦——写真で見る豊田自動織機の 80 年』豊田自動織機。

豊田自動織機製作所社史編集委員会（1967）『四十年史』豊田自動織機製作所。

ドンゼ・ピエール＝イブ（2010）「スイス時計産業の展開 1920-1970 年——産業集積と技術移転防止カルテル」『経営史学』第 44 巻第 4 号。

ドンゼ・ピエール＝イブ（2012）「日本腕時計産業における高精度時計の大量生産——服部時計の事例を中心に（1900-1960 年）」『社会経済史学』第 77 巻第 3 号。

内藤和雄（1983）「カメラ組立の自動化とその問題」『日本機械学会誌』第 86 巻第 773 号。

中内㓛（2007）『中内㓛シリーズ第 1 巻 わが安売り哲学』新装版，千倉書房。

中内潤・御厨貴（2009）『中内㓛シリーズ第 2 巻 中内㓛——生涯を流通革命に献げた男』千倉書房。

中岡哲郎（1986）「技術史の観点から見た日本の経験」中岡哲郎・石井正・内田星美『近代日本の技術と技術政策』国際連合大学。

中岡哲郎（2002）「総論——戦後産業技術の形成過程」中岡哲郎編『戦後日本の技術形成——模倣か創造か』日本経済評論社。

中岡哲郎（2006）『日本近代技術の形成——〈伝統〉と〈近代〉のダイナミクス』朝日新聞社。

長岡新吉編（1988）『近代日本の経済——統計と概説』ミネルヴァ書房。

中川清（1994）「明治・大正期における兵器商社高田商会」『白鷗法学』第 1 号。

長島修（1987）『戦前日本鉄鋼業の構造分析』ミネルヴァ書房。

長島修（2000）『日本戦時企業論序説——日本鋼管の場合』日本経済評論社。

永瀬一郎（1970-1971）「醬油醸造技術の近代化（1）〜（4）」『醸酵協会誌』第 28 巻第 3 号，

第 28 巻第 5 号，第 28 巻第 10 号，第 29 巻第 8 号．
中田行彦（2008）「日本はなぜ液晶ディスプレイで韓国，台湾に追い抜かれたのか？——擦り合せ型産業における日本の競争力低下原因の分析」『イノベーション・マネジメント』第 5 号．
永田晃也（1995）「日本鉄鋼業のプロセス・イノベーションと人的資源」野中郁次郎・永田晃也編『日本型イノベーション・システム——成長の軌跡と変革への挑戦』白桃書房．
中西聡（1996）「近世・近代期北前船商人の経営展開」斎藤善之編『新しい近世史 3 市場と民間社会』新人物往来社．
中西聡（2003）「肥料流通と畿内市場」中西聡・中村尚史編『商品流通の近代史』日本経済評論社．
中西洋（1983）『日本近代化の基礎過程 中 長崎造船所とその労資関係：1855～1900 年』東京大学出版会．
中西洋（2003）『日本近代化の基礎過程 下 長崎造船所とその労資関係：1855～1903 年』東京大学出版会．
中野卓（1978, 1981）『商家同族団の研究——暖簾をめぐる家と家連合の研究 上，下』第 2 版，未来社．
中林真幸（2003a）『近代資本主義の組織——製糸業の発展における取引の統治と生産の構造』有斐閣．
中林真幸（2003b）「問屋制と専業化——近代における桐生織物業の発展」武田晴人編『地域の社会経済史——産業化と地域社会のダイナミズム』東京大学出版会．
永原慶二・山口啓二編（1984）『講座・日本技術の社会史 第 4 巻 窯業』日本評論社．
中道一心（2008）「デジタルスチルカメラ——中核企業の事業システムの戦略的マネジメント」塩地洋編『東アジア優位産業の競争力——その要因と競争・分業構造』ミネルヴァ書房．
中村圭介（1996）『日本の職場と生産システム』東京大学出版会．
中村尚史（1998）『日本鉄道業の形成——1869～1894 年』日本経済評論社．
中村尚史（2003）「北部九州における近代的交通機関と商品流通——肥後米輸出を中心に」中西聡・中村尚史編『商品流通の近代史』日本経済評論社．
中村尚史（2007）「郊外宅地開発の開始」橘川武郎・粕谷誠編『日本不動産業史——産業形成からポストバブル期まで』名古屋大学出版会．
中村恵（1992）「ホワイトカラーの労務管理と職種概念」橘木俊詔編『査定・昇進・賃金決定』有斐閣．
中村隆英（1971）『戦前期日本経済成長の分析』岩波書店．
中村隆英（1985）『明治大正期の経済』東京大学出版会．
中村隆英（1989）「酒造業の数量史——明治-昭和初期」『社会経済史学』第 55 巻第 2 号．
中村隆英・尾高煌之助（1989）「概説 1914-37 年」中村隆英・尾高煌之助編『日本経済史 6 二重構造』岩波書店．
仲本大輔（1999）「基幹部品における業界標準と企業の経営戦略——腕時計のムーブメントを事例として」『横浜国際開発研究』第 4 巻第 2 号．
中山正太郎（1987）「醬油醸造業の経営構造——明治期の小豆島土庄醬油会社を中心に」『瀬戸内海地域史研究』第 1 輯．
中山正太郎（1992）「醬油樽印について」明石高等工業専門学校『研究紀要』第 34 号．
奈倉文二（1984）『日本鉄鋼業史の研究——1910 年代から 30 年代前半の構造的特徴』近藤出版社．
奈倉文二（2010）「鉄鋼寡占資本間競争とその変容」下谷政弘・鈴木恒夫編『講座・日本経

営史5 「経済大国」への軌跡 1955～1985』ミネルヴァ書房.
夏目大介（2005）『鉄鋼業における生産管理の展開』同文館出版.
70年史編集委員会編（2007）『日本特殊陶業70年史』日本特殊陶業.
70年史編集会議編（1988）『日本スピンドル70年史』日本スピンドル製造.
並河永（2000）「流通系列化と流通サービス――カラーテレビ修理への業界の対応」『経営史学』第34巻第4号.
成生達彦（1994）『流通の経済理論――情報・系列・戦略』名古屋大学出版会.
成生達彦・鳥居昭夫（1996）「流通における継続的取引関係」伊藤秀史編『日本の企業システム』東京大学出版会.
新飯田宏・三島万里（1991）「流通系列化の展開――家庭電器」三輪芳朗・西村清彦編『日本の流通』東京大学出版会.
二階堂有子（2009）「インド二輪車産業の現状と今後の展望」『自動車工業』第510号.
西川登（1993）『三井家勘定管見――江戸時代の三井家における内部会計報告制度および会計処理技法の研究』白桃書房.
西川博史（1987）『日本帝国主義と綿業』ミネルヴァ書房.
西川裕一（1999）「江戸期三貨制度の萌芽――中世から近世への貨幣経済の連続性」『金融研究』第18巻第4号.
西口敏宏（2000）『戦略的アウトソーシングの進化』東京大学出版会（原著は, Toshihiro Nishiguchi, *Strategic Industrial Sourcing: The Japanese Advantage*, New York: Oxford University Press, 1994）.
西坂靖（1996）「越後屋京本店手代の小遣・年褒美・割銀について」『三井文庫論叢』第30号.
西坂靖（2006）『三井越後屋奉公人の研究』東京大学出版会.
西坂靖（2011a）「越後屋江戸本店の売場と奉公人」『年報都市史研究』第18号.
西坂靖（2011b）「宿持手代と報酬――三井越後屋京本店の事例」『三井文庫論叢』第45号.
西成田豊（1988）『近代日本労資関係史の研究』東京大学出版会.
西成田豊（2007）『近代日本労働史――労働力編成の論理と実証』有斐閣.
西宮酒造株式会社社史編纂室編（1989）『西宮酒造100年史』西宮酒造.
西村成広（2002）「戦前におけるGEの国際特許管理――『代理出願』契約と東京電気の組織能力」『経営史学』第37巻第3号.
西村成広（2005）「特許プールと電球産業統制――東京電気による知的財産管理の展開」『経済論叢』第175巻第1号.
西村成広（2007）「ドミナント企業の基本特許とベンチャービジネス――真空管産業における特許マネジメントの事例分析」『経済論叢』第180巻第2号.
日産自動車株式会社総務部調査課編（1965）『日産自動車三十年史――昭和八年-昭和三十六年』日産自動車.
新田敬祐（2008）「日本型取締役会の多元的進化――取締役会組織はいかに分化したか」宮島英昭編『企業統治分析のフロンティア』日本評論社.
仁田道夫（2008）「雇用の量的管理」仁田道夫・久本憲夫編『日本的雇用システム』ナカニシヤ出版.
新田宗雄編（1936）『東京電燈株式会社開業五十年史』東京電燈.
日本板硝子編（1968）『日本板硝子株式会社五十年史』日本板硝子.
日本インダストリアルデザイナー協会編（1990）『インダストリアルデザイン事典』鹿島出版会.
日本経営史研究所編（1981）『沖電気100年のあゆみ』沖電気工業.

日本経営史研究所編（1985）『創業百年史』大阪商船三井船舶。
日本経営史研究所編（1995）『日本ガイシ 75 年史』日本ガイシ。
日本経営史研究所編（1997a）『東レ 70 年史——1926～1996』東レ。
日本経営史研究所編（1997b）『東レ 70 年史——1926～1996 資料・年表』東レ。
日本計量協会編（1978）『計量百年史』日本計量協会。
日本光学工業編（1960）『日本光学工業株式会社四十年史』日本光学工業。
日本自動車工業会編（1970）『自動車統計年表』日本自動車工業会。
日本自動車工業会編（1999）『自動車統計年報』日本自動車工業会。
日本自動車工業会編（2010）『世界自動車統計年報』日本自動車工業会。
日本写真機光学機器検査協会・歴史的カメラ審査委員会編（1975）『日本カメラの歴史 歴史編』毎日新聞社。
日本写真機工業会（1987）『日本カメラ工業史——日本写真機工業会 30 年の歩み』日本写真機工業会。
日本船舶輸出組合編（1966）『二十年の歩み——戦後日本造船史』日本船舶輸出組合。
日本船舶輸出組合（1973，1985）『造船関係統計資料（世界編）』日本船舶輸出組合。
日本造船工業会編（2010）「造船関係資料 2010 年 10 月」（〈http://www.sajn.or.jp/data/〉 閲覧 2010 年 12 月 2 日）。
日本鉄鋼協会編（1962）『鉄鋼便覧』新版，丸善。
日本鉄鋼連盟編（1964, 1974, 1984, 1994, 2004）『鉄鋼統計要覧』日本鉄鋼連盟。
日本電気社史編纂室編（2001）『日本電気株式会社百年史』日本電気。
日本時計協会（1980）『日本時計協会 30 年史』日本時計協会。
日本山村硝子株式会社コーポレート室・社史編纂室編（2004）『日本山村硝子 90 年史——創業 1914 年』日本山村硝子。
沼上幹（1999）『液晶ディスプレイの技術革新史——行為連鎖システムとしての技術』白桃書房。
ネルスン，ダニール（1978）『20 世紀新工場制度の成立——現代労務管理確立史論』（小林康助・塩見治人監訳）広文社（原著は，Daniel Nelson, *Managers and Workers: Origins of the New Factory System in the United States, 1880-1920*, Madison, Wis.: University of Wisconsin Press, 1975）。
野田醬油株式会社社史編纂室（1955）『野田醬油株式会社三十五年史』野田醬油。
野田知彦（2010）『雇用保障の経済分析——企業パネルデータによる労使関係』ミネルヴァ書房。
野田正穂（1980）『日本証券市場成立史——明治期の鉄道と株式会社金融』有斐閣。
野田正穂・原田勝正・青木栄一・老川慶喜編（1986）『日本の鉄道——成立と展開』日本経済評論社。
野中いずみ（1995）「品質管理への道程——SQC の導入から TQC，QC サークルへ」法政大学産業情報センター編『日本企業の品質管理——経営史的研究』有斐閣。
野中郁次郎・竹内弘高（1996）『知識創造企業』（梅本勝博訳）東洋経済新報社（原著は，Ikujiro Nonaka and Hirotaka Takeuchi, *The Knowledge-Creating Company: How Japanese Companies Create the Dynamics of Innovation*, New York: Oxford University Press, 1995）。
延岡健太郎（1996）『マルチプロジェクト戦略——ポストリーンの製品開発マネジメント』有斐閣。
野村正實（1993）『トヨティズム——日本型生産システムの成熟と変容』ミネルヴァ書房。
野村正實（2001）『知的熟練論批判——小池和男における理論と実証』ミネルヴァ書房。
ノリタケ百年史編纂委員会編（2005）『ノリタケ 100 年史』ノリタケカンパニーリミテド。

ハードレー，エレノア（1973）『日本財閥の解体と再編成』（小原敬士・有賀美智子監訳）東洋経済新報社（原著は，Eleanor M. Hadley, *Antitrust in Japan*, Princeton, NJ: Princeton University Press, 1970）.
バーニー，ジェイ・B.（2003）『企業戦略論 上 基本編——競争優位の構築と持続』（岡田正大訳）ダイヤモンド社（原著は，Jay B. Barney, *Gaining and Sustaining Competitive Advantage*, Second Edition, Upper Saddle River, NJ: Prentice Hall, 2002）.
間宏（1978）『日本労務管理史研究——経営家族主義の形成と展開』御茶の水書房.
間宏（1989）『日本的経営の系譜』文真堂.
橋野知子（2005）「問屋制から工場制へ——戦間期日本の織物業」岡崎哲二編『生産組織の経済史』東京大学出版会.
橋野知子（2007）『経済発展と産地・市場・制度——明治期絹織物業の進化とダイナミズム』ミネルヴァ書房.
橋本寿朗（1984）『大恐慌期の日本資本主義』東京大学出版会.
橋本寿朗（1992）「財閥のコンツェルン化」法政大学産業情報センター・橋本寿朗・武田晴人編『日本経済の発展と企業集団』東京大学出版会.
橋本寿朗（1998）「総合商社発生論の再検討——革新的適応としての総合商社はいかにして生まれいでたか」『社会科学研究』第50巻第1号.
橋本寿朗（2004）『戦間期の産業発展と産業組織 I——戦間期の造船工業』東京大学出版会.
パスカル，リチャード・T.／アンソニー・G. エイソス（1983）『ジャパニーズ・マネジメント』（深田祐介訳）講談社（原著は，Richard T. Pascale and Anthony G. Athos, *The Art of Japanese Management: Applications for American Executives*, New York: Simon and Schuster, 1981）.
長谷川彰（1993）『近世特産物流通史論——龍野醬油と幕藩制市場』柏書房.
長谷川信（1979）「1920年代の電気機械市場」『社会経済史学』第45巻第4号.
長谷川信（1980）「1920年代の電気機械工業——発展要因とその特質」『歴史学研究』第486号.
長谷川信（1995a）「技術導入から開発へ」由井常彦・大東英祐編『日本経営史3 大企業時代の到来』岩波書店.
長谷川信（1995b）「家電産業——カラーテレビの国際競争力」武田晴人編『日本産業発展のダイナミズム』東京大学出版会.
長谷川直哉（2005）『スズキを創った男 鈴木道雄』三重大学出版会.
長谷川安兵衛（1936）『我企業予算制度の実証的研究』同文館.
旗手勲（1978）『日本の財閥と三菱——財閥企業の日本的風土』楽游書房.
初田亨（1993）『百貨店の誕生』三省堂選書.
花井俊介（1990）「三蔵協定前後期のヤマサ醬油」林玲子編『醬油醸造業史の研究』吉川弘文館.
花崎正晴（2008）『企業金融とコーポレート・ガバナンス——情報と制度からのアプローチ』東京大学出版会.
花田光世（1987）「人事制度における競争原理の実態——昇進・昇格のシステムからみた日本企業の人事戦略」『組織科学』第21巻第2号.
馬場宏二（2001）『会社という言葉』大東文化大学経営研究所.
馬場錬成・経志強（2006）『変貌する中国知財現場——「ニセモノ大国」から「知財大国」へ』日刊工業新聞社.
早川徳次（1958）『私と事業』衣食住社.
林玲子（1983）「近世社会の綿作と綿業」永原慶二・山口啓二編『講座・日本技術の社会史

第 3 巻 紡織』日本評論社.
林玲子編（1990）『醬油醸造業史の研究』吉川弘文館.
林玲子・天野雅敏編（2005）『日本の味 醬油の歴史』吉川弘文館.
速水融・宮本又郎（1988）「概説 17-18 世紀」速水融・宮本又郎編『日本経済史 1 経済社会の成立──17-18 世紀』岩波書店.
原朗（1976）「『大東亜共栄圏』の経済的実態」『土地制度史学』第 71 号.
原征士（1989）『わが国職業的監査人制度発達史』白桃書房.
原直史（2000）「松前問屋」吉田伸之編『シリーズ近世の身分的周縁 4 商いの場と社会』吉川弘文館.
原田勝正（1989）『鉄道史研究試論』日本経済評論社.
ハンナ，レズリー／和田一夫（2001）『見えざる手の反逆──チャンドラー学派批判』有斐閣.
樋口博美（2008）「職種・学歴を焦点としたトヨタの昇進格差──1960 年トヨタ入社社員のキャリア・ツリー分析から」『立命館産業社会論集』第 44 巻第 1 号.
久本憲夫（1998）『企業内労使関係と人材形成』有斐閣.
久本憲夫（2008）「能力開発」仁田道夫・久本憲夫編『日本的雇用システム』ナカニシヤ出版.
菱田芳治編（1939）『日本百貨店総覧 昭和 14 年版』百貨店新聞社.
日立製作所戸塚工場編（1970）『日立製作所戸塚工場史 1』日立製作所戸塚工場.
日立製作所茂原工場三十年史編纂委員会編（1974）『茂原工場三十年史』日立製作所茂原工場.
日立製作所臨時五十周年事業部社史編纂部編（1960）『日立製作所史 1』改訂版, 日立製作所.
日夏嘉寿雄（1997）『成熟産業における戦略展開と経営資源──戦後製糸業の比較経営論』ミネルヴァ書房.
日向祥子（2006）「コンツェルン内の利害調整にみる行動規範──1920 年代古河コンツェルンの事例」『社会経済史学』第 71 巻第 5 号.
兵藤釗（1971）『日本における労資関係の展開』東京大学出版会.
兵藤釗（1997）『労働の戦後史 上』東京大学出版会.
平沢照雄（2001）『大恐慌期日本の経済統制』日本経済評論社.
平野恭平（2007）「戦後の日本企業の技術選択と技術発展──東洋紡績の合成繊維への進出を中心として」『経営史学』第 42 巻第 3 号.
平野隆（2008）「戦前期日本におけるチェーンストアの初期的発展と限界」『三田商学研究』第 50 巻第 6 号.
平野光雄（1968）『精工舎史話』精工舎.
平本厚（1994）『日本のテレビ産業──競争優位の構造』ミネルヴァ書房.
平本厚（2000）「日本におけるラジオ工業の形成」『社会経済史学』第 66 巻第 1 号.
平本厚（2005）「『並四球』の成立（1）──戦前日本のラジオ技術革新」『科学技術史』第 8 号.
平本厚（2006a）「『並四球』の成立（2）──戦前日本のラジオ技術革新」『科学技術史』第 9 号.
平本厚（2006b）「ラジオ産業における大量生産・販売システムの形成」『経営史学』第 40 巻第 4 号.
平本厚（2006c）「ラジオ産業における大量生産戦略の登場」『研究年報 経済学』第 67 巻第 2・3 号.

平本厚（2007）「日本における真空管産業の形成」『研究年報 経済学』第 68 巻第 2 号。
平本厚（2010）『戦前日本のエレクトロニクス――ラジオ産業のダイナミクス』ミネルヴァ書房。
廣本敏郎（2008）『原価計算論』第 2 版，中央経済社。
廣山謙介（1993）「明治前期の鴻池家経営――明治 9 年算用帳の分析」『甲南経営研究』第 33 巻第 1・2 号。
フォン・ヒッペル，エリック（1991）『イノベーションの源泉――真のイノベーターはだれか』ダイヤモンド社（榊原清則訳）（原書は，Eric von Hippel, *The Sources of Innovation*, 1988, New York: Oxford University Press）。
深尾光洋・大海正雄・衛藤公洋（1993）「単一為替レート採用と貿易民営化」香西泰・寺西重郎編『戦後日本の経済改革――市場と政府』東京大学出版会。
福島英史（2002）「デジタルカメラ産業の勃興過程――電子スチルカメラ開発史」米倉誠一郎編『現代経営学講座 2 企業の発展』八千代出版。
福島克之（1968）『帝人の歩み 1 一粒の麦』帝人。
福島克之（1969）『帝人の歩み 3 先駆者の道』帝人。
藤井信幸（1998）『テレコムの経済史――近代日本の電信・電話』勁草書房。
藤井光男（1971）『日本繊維産業経営史――戦後・綿紡から合繊まで』日本評論社。
藤井光男（1995）「紡織産業」産業学会編『戦後日本産業史』東洋経済新報社。
藤岡里圭（2004）「百貨店――大規模小売商の成立と展開」石原武政・矢作敏行編『日本の流通 100 年』有斐閣。
藤岡里圭（2006）『百貨店の生成過程』有斐閣。
富士キメラ総研編（2010）『2010 ワールドワイドエレクトロニクス市場調査』富士キメラ総研。
富士製鉄株式会社釜石製鉄所編（1955）『釜石製鉄所七十年史』富士製鉄釜石製鉄所。
藤村博之（1992）「賃金体系の改訂と労働組合の対応――成績査定に対する組合の考え方と賃金格差」橘木俊詔編『査定・昇進・賃金決定』有斐閣。
藤本隆宏（1997）『生産システムの進化論――トヨタ自動車にみる組織能力と創発プロセス』有斐閣。
藤本隆宏（2001）『生産マネジメント入門 I 生産システム編』日本経済新聞社。
藤本隆宏（2004）『日本のもの造り哲学』日本経済新聞社。
藤本隆宏（2009）「日韓鉄鋼産業――競争・協調を通じたアーキテクチャ分化」藤本隆宏・桑嶋健一編『日本型プロセス産業――ものづくり経営学による競争力分析』有斐閣。
藤本隆宏／キム・B. クラーク（1993）『実証研究 製品開発力――日米欧自動車メーカー 20 社の詳細調査』（田村明比古訳）ダイヤモンド社（原書は，Kim B. Clark and Takahiro Fujimoto, *Product Development Performance: Strategy, Organization, and Management in the World Auto Industry*, 1991, Boston, Mass.: Harvard Business School Press）。
藤本隆宏・武石彰・青島矢一編（2001）『ビジネス・アーキテクチャ――製品・組織・プロセスの戦略的設計』有斐閣。
藤原敬一（2010）「前近代における陶磁器業の技術革新」『秀明大学紀要』第 7 号。
藤原敬一（2011）「近世陶磁器業における技術導入」『秀明大学紀要』第 8 号。
藤原隆男（1999）『近代日本酒造業史』ミネルヴァ書房。
二木雄策（1976）『現代日本の企業集団――大企業分析をめざして』東洋経済新報社。
法政大学産業情報センター・橋本寿朗・武田晴人編（1992）『日本経済の発展と企業集団』東京大学出版会。
豊和工業編（1967）『豊和工業六十年史』豊和工業。

ボールドウィン，カーリス・Y.／キム・B. クラーク（2004）『デザインルール——モジュール化パワー』（安藤晴彦訳）東洋経済新報社（原著は，Carliss Y. Baldwin and Kim B. Clark, *Design Rules: Volume 1, The Power of Modularity*, Cambridge, Mass. and London: The MIT Press, 2000）．
星野妙子編（2004）『ファミリービジネスの経営と革新——アジアとラテンアメリカ』アジア経済研究所．
洞口治夫（1992）『日本企業の海外直接投資——アジアへの進出と撤退』東京大学出版会．
ポランニー，マイケル（2003）『暗黙知の次元』（高橋勇夫訳）ちくま学芸文庫（原著は，Michael Polanyi, *The Tacit Dimension*, Garden City, NY: Doubleday, 1966）．
堀内昭義・岡崎竜子（1992）「設備投資とメインバンク」堀内昭義・吉野直行編『現代日本の金融分析』東京大学出版会．
堀内昭義・花崎正晴（2000）「メインバンク関係は企業経営の効率化に貢献したか——製造業に関する実証研究」『経済経営研究』第 21 巻第 1 号．
堀内昭義・花崎正晴（2004）「日本企業のガバナンス構造——所有構造，メインバンク，市場競争」『経済経営研究』第 24 巻第 1 号．
堀内昭義・福田慎一（1987）「日本のメインバンクはどのような役割をはたしたか？」『金融研究』第 6 巻第 3 号．
堀江保蔵（1950）『外資輸入の回顧と展望』有斐閣．
堀切善雄（1987）『日本鉄鋼業史研究——鉄鋼生産構造の分析を中心として』早稲田大学出版部．
ホワイト，マイケル／マルコム・トレバー（1986）『ジャパニーズ・カンパニー——外国人労働者が見た日本式経営』（猪原英雄訳）光文社（原著は，Michael White and Malcolm Trevor, *Under Japanese Management: The Experience of British Workers*, London: Heinemann, 1983）．
本城正徳（2002）「近世の商品市場」桜井英治・中西聡編『新体系日本史 12 流通経済史』山川出版社．
『本田菊太郎伝』（1962）井尻助雄．
本田技研工業株式会社広報部世界二輪車概況編集室編（1993，1998，2010）『世界二輪車概況』本田技研工業．
マースデン，デヴィッド（2007）『雇用システムの理論——社会的多様性の比較制度分析』（宮本光晴・久保克行訳）NTT 出版（原著は，David Marsden, *A Theory of Employment Systems: Micro-Foundations of Social Diversity*, Oxford, UK: Oxford University Press, 1999）．
前田和利（1977）「マーケティング」中川敬一郎編『日本経営史講座 第 5 巻 日本的経営』日本経済新聞社．
前田和利（1991）「流通」米川伸一・下川浩一・山崎広明編『戦後日本経営史 第 III 巻』東洋経済新報社．
前田裕子（2008）『水洗トイレの産業史——20 世紀日本の見えざるイノベーション』名古屋大学出版会．
牧英正・藤原明久編（1993）『日本法制史』青林書院．
牧野文夫（1996）『招かれたプロメテウス——近代日本の技術発展』風行社．
松浦克己（2003）「企業金融・株式所有構造の変遷と企業業績への影響——地価依存と持ち合いの効果」花崎正晴・寺西重郎編『コーポレート・ガバナンスの経済分析——変革期の日本と金融危機後の東アジア』東京大学出版会．
松浦寿幸（2011）「空洞化——海外直接投資で『空洞化』は進んだか？」『日本労働研究雑誌』第 609 号．

松坂屋 70 年史編集委員会編（1981）『松坂屋 70 年史』松坂屋。
松嵜久実（2001）『地域経済の形成と発展の原理――伊勢崎織物業史における資本原理と地域原理』シーエーピー出版。
松沢正（1975）「綿織物産地における『構造改善事業』の展開――遠州・天竜社を事例として」『駿台史学』第 37 号。
松田慎三（1971）『昭和 45 年 日本百貨店協会 統計年報』日本百貨店協会。
松村敏（1992）『戦間期日本蚕糸業史研究――片倉製糸を中心に』東京大学出版会。
松本和明（1998）「東京近郊私鉄の経営戦略と企業成長の研究――戦間期を中心として」『経営論集』第 45 巻第 2, 3, 4 号。
松本和明（2004）「娯楽・百貨店事業と渋谷の開発――目蒲電鉄・東横電鉄と五島慶太」奥須磨子・羽田博昭編『都市と娯楽――開港期～1930 年代』日本経済評論社。
松本和明（2007）「戦前期鉄道企業家の観光・娯楽戦略――小林一三を中心に」『交通史研究』第 62 号。
松本陽一（2007）「ドメイン・フォーカス――テレビ産業の競争分析への新しい視角」『赤門マネジメント・レビュー』第 6 巻第 10 号。
マディソン, アンガス（2000）『世界経済の成長史 1820～1992 年――199 カ国を対象とする分析と推計』（金森久雄監訳）東洋経済新報社（原著は, Angus Madison, *Monitoring the World Economy 1820-1992*, Paris: Development Center of the Organization for Economic Co-operation and Development, 1995)。
的場明彦（1991）「カメラ工業における自動組立の現状」『精密工学会誌』第 57 巻第 2 号。
真弓喜代教編（2001）『綿花から織物まで 2001』日本綿業技術経済研究所。
丸山雅祥（1988）『流通の経済分析――情報と取引』創文社。
丸山雅祥（1992）『日本市場の競争構造――市場と取引』創文社。
丸山泰男・中村雄一・岡部彰・妹尾明（1960）「産業機械工業の発展と構造」向坂正男編『現代日本産業講座 VI 各論 V 機械工業 2』岩波書店。
三上隆三（1975）『円の誕生――近代貨幣制度の成立』東洋経済新報社。
三嶋恒平（2010）『東南アジアのオートバイ産業――日系企業による途上国産業の形成』ミネルヴァ書房。
三島康雄編（1981）『三菱財閥』日本経済新聞社。
三島康雄（1984）『阪神財閥――野村・山口・川崎』日本経済新聞社。
水野学・小川進（2004）「同業他社へのノウハウ公開の効果」『組織科学』第 38 巻第 1 号。
水林彪（2005）「土地所有秩序の変革と『近代法』」歴史学研究会・日本史研究会編『日本史講座 第 8 巻 近代の成立』東京大学出版会。
溝田誠吾（1997）『造船重機械産業の企業システム――経営資源の継承性と展開』第 2 版, 森山書店。
三井弘三（1979）『概説近代陶業史』日本陶業連盟。
三井文庫編（1973）『三井事業史』資料篇 1, 三井文庫。
三井文庫編（1980a）『三井事業史』本篇第 1 巻, 三井文庫。
三井文庫編（1980b）『三井事業史』本篇第 2 巻, 三井文庫。
三井文庫編（1994）『三井事業史』本篇第 3 巻中, 三井文庫。
三井文庫編（2001）『三井事業史』本篇第 3 巻下, 三井文庫。
満薗勇（2009）「戦前期日本における大都市呉服系百貨店の通信販売」『経営史学』第 44 巻第 1 号。
三菱経済研究所編（1970-2005）『企業経営の分析』三菱経済研究所。
南亮進（1965）『長期経済統計 12 鉄道と電力』東洋経済新報社。

南崎邦夫（1996）『船舶建造システムの歩み——次代へのメッセージ』成山堂書店。
宮崎義一（1966）『戦後日本の経済機構』新評論。
宮崎義一（1976）『戦後日本の企業集団——企業集団表による分析 1960～70 年』普及版，日本経済新聞社。
宮島英昭（1992）「財閥解体」法政大学産業情報センター・橋本寿朗・武田晴人編『日本経済の発展と企業集団』東京大学出版会。
宮島英昭（1995a）「専門経営者の制覇——日本型経営者企業の成立」山崎広明・橘川武郎編『日本経営史 4「日本的」経営の連続と断絶』岩波書店。
宮島英昭（1995b）「企業集団・メインバンクの形成と設備投資競争——高度経済成長期前半を中心にして」武田晴人編『日本産業発展のダイナミズム』東京大学出版会。
宮島英昭（2004）『産業政策と企業統治の経済史——日本経済発展のミクロ分析』有斐閣。
宮島英昭編（2011a）『日本の企業統治——その再設計と競争力の回復に向けて』東洋経済新報社。
宮島英昭（2011b）「日本の企業統治の進化をいかにとらえるか——危機後の再設計に向けて」宮島英昭編『日本の企業統治——その再設計と競争力の回復に向けて』東洋経済新報社。
宮島英昭・尾身祐介・川本真哉・齊藤直（2008）「20 世紀日本企業のパフォーマンスと所有構造」宮島英昭編『企業統治分析のフロンティア』日本評論社。
宮島英昭・新田敬祐（2007）「日本型取締役会の多元的進化——その決定要因とパフォーマンス効果」神田秀樹・財務省財務総合政策研究所編『企業統治の多様化と展望』金融財政事情研究会。
宮島英昭・新田敬祐（2011）「株式所有構造の多様化とその帰結——株式持ち合いの解消・「復活」と海外投資家の役割」宮島英昭編『日本の企業統治——その再設計と競争力の回復に向けて』東洋経済新報社。
宮副謙司（2004）「パスダーマジャン『百貨店論』を読む——百貨店の機能と革新性再考」『赤門マネジメント・レビュー』第 3 巻第 10 号。
宮副謙司（2005）「百貨店における知識移転——『バイヤーズ・マニュアル』・『MD ノート』の移転を中心に」『流通研究』第 8 巻第 2 号。
宮地英敏（2008）『近代日本の陶磁器業——産業発展と生産組織の複層性』名古屋大学出版会。
宮本又郎（1988）『近世日本の市場経済』有斐閣。
宮本又郎（1998）「酒の数量経済史，1884-1992」『経済学論究』第 52 巻第 2 号。
宮本又郎（1999）「近代移行期における商家・企業家の盛衰」『同志社商学』第 50 巻第 5・6 号。
宮本又郎・阿部武司（1995）「明治の資産家と会社制度」宮本又郎・阿部武司編『日本経営史 2 経営革新と工業化』岩波書店。
宮本又郎・阿部武司（1999）「工業化初期における日本企業のコーポレート・ガヴァナンス——大阪紡績会社と日本生命保険会社の事例」『大阪大学経済学』第 48 巻第 3・4 号。
宮本又郎・阿部武司・宇田川勝・沢井実・橘川武郎（2007）『日本経営史——江戸時代から 21 世紀へ』新版，有斐閣。
宮本又郎・上村雅洋（1988）「徳川経済の循環構造」速水融・宮本又郎編『日本経済史 1 経済社会の成立——17-18 世紀』岩波書店。
宮本又郎・粕谷誠（2009）「総論」宮本又郎・粕谷誠編『講座・日本経営史 1 経営史・江戸の経験 1600～1882』ミネルヴァ書房。
宮本又次（1938）『株仲間の研究』有斐閣。

宮本又次・栂井義雄・三島康雄編（1976）『総合商社の経営史』東洋経済新報社.
三輪芳朗（1982）『独禁法の経済学』日本経済新聞社.
三輪芳朗（1990）『日本の企業と産業組織』東京大学出版会.
三和良一（2002）『日本占領の経済政策史的研究』日本経済評論社.
三和良一・原朗編（2010）『近現代日本経済史要覧』補訂版，東京大学出版会.
ミンツバーグ，ヘンリー／ブルース・アルストランド／ジョセフ・ランペル（1999）『戦略サファリ——戦略マネジメント・ガイドブック』東洋経済新報社（原著は，Henry Mintzberg, Bruce Ahlstrand, and Joseph Lampel, *Strategy Safari : A Guided Tour through the Wilds of Strategic Management*, Hertfordshire: Prentice Hall, 1998）.
村上勝彦（2000）「貿易の拡大と資本の輸出入」石井寛治・原朗・武田晴人編『日本経済史 2 産業革命期』東京大学出版会.
村上直樹・末本栄美子（1988）「技術導入と研究開発——戦後日本の板ガラス産業の事例」『国民経済』第 153 号.
村田製作所 50 年史編纂委員会編（1995）『不思議な石ころの半世紀——村田製作所 50 年史』村田製作所.
村松久良光（1986）「解雇，企業利益と賃金——大手工作機械メーカー 13 社に関して」『アカデミア 経済経営学編』第 89 号.
森嘉兵衛・板橋源（1957）『近代鉄産業の成立——釜石製鉄所前史』富士製鉄株式会社釜石製鉄所.
森哲（2007）「板ガラス製造技術発展の系統化調査」国立科学博物館産業技術史資料情報センター編『国立科学博物館 技術の系統化調査報告』第 9 集，国立科学博物館.
森時彦編（2005）『在華紡と中国社会』京都大学学術出版会.
森博男（1977）「構造的不況下における綿織物産業——知多綿織物産地の場合」『地域分析』第 15 巻第 2・3 号.
森博男（1979）「三河綿織物産地における新鋭織機の導入」『地域分析』第 17 巻第 1 号.
森岡清美（1993）「いえ（家）」森岡清美ほか編『新社会学辞典』有斐閣.
盛岡通（2009）「名古屋製陶鳴海工場の建設で見せた小森忍のシニア・エンジニアの姿」『日本陶磁器産業振興協会ニュースレター』2009 年 10 月号（〈http://www.jappi.jp/letter/2009/img/0910_02.pdf〉閲覧 2009 年 12 月 26 日）.
森川英正（1973）「明治期における専門経営者の進出過程」『ビジネスレビュー』第 21 巻第 2 号.
森川英正（1974）「明治期専門経営者の形成とその背景」『経済系』第 100 号.
森川英正（1976）「総合商社の成立と論理」宮本又次ほか編『総合商社の経営史』東洋経済新報社.
森川英正（1978）『日本財閥史』教育社.
森川英正（1980）『財閥の経営史的研究』東洋経済新報社.
森川英正（1985）『地方財閥』日本経済新聞社.
森川英正（1996）『トップ・マネジメントの経営史——経営者企業と家族企業』有斐閣.
森田晧（1987）「財務諸表制度史の研究——実例研究：㈱日立製作所」黒澤清編『わが国財務諸表制度の歩み——戦前編』雄松堂.
森谷正規（1986）『技術開発の昭和史』東洋経済新報社.
森本隆男・矢倉伸太郎編（1998）『転換期の日本酒メーカー——灘五郷を中心として』森山書店.
門田安弘（1991）『新トヨタシステム』講談社.
門田安弘（1993）「原価企画・原価改善・原価維持の起源と発展」『企業会計』第 45 巻第 12

号。

文部省調査局（1962）『日本の成長と教育——教育の展開と経済の発達』帝国地方行政学会。
八代充史（1995）『大企業ホワイトカラーのキャリア——異動と昇進の実証分析』日本労働研究機構。
八代充史（2002）『管理職層の人的資源管理——労働市場論的アプローチ』有斐閣。
安井國雄（1994）『戦間期日本鉄鋼業と経済政策』ミネルヴァ書房。
安岡重明編（1982）『三井財閥』日本経済新聞社。
安岡重明（1998a）『財閥経営の歴史的研究——所有と経営の国際比較』岩波書店。
安岡重明（1998b）『財閥形成史の研究』増補版，ミネルヴァ書房。
安場保吉（1980）「石原廣一郎と資源確保論」『東南アジア研究』第 18 巻第 3 号。
安場保吉（1989）「歴史のなかの高度成長」安場保吉・猪木武徳編『日本経済史 8 高度成長』岩波書店。
安場保吉・猪木武徳（1989）「概説——1955-80 年」安場保吉・猪木武徳編『日本経済史 8 高度成長』岩波書店。
柳川隆（2009）「ゲーム理論と競争政策（1）～（6）」『公正取引』第 699, 701, 703, 705, 707, 709 号。
柳沢健（1949）『財界回顧』世界の日本社。
柳田仁（2006）「日本における経営管理会計の生成と発展——第二次大戦前後における文献学説に関する一考察」『産業経理』第 66 巻第 2 号。
矢作敏行（1991）「小売競争の進展と流通系列化——家電流通構造論」『経営志林』第 27 巻第 4 号。
矢作敏行（1996）「PB（プライベート・ブランド）戦略の枠組と展開」『グノーシス』第 5 号。
矢作敏行（1998）「総合スーパーの成立——ダイエーの台頭」嶋口充輝・竹内弘高・片平秀貴・石井淳蔵編『マーケティング革新の時代④ 営業・流通革新』有斐閣。
矢作敏行（2004）「チェーンストア——経営革新の連続的展開」石原武政・矢作敏行編『日本の流通 100 年』有斐閣。
矢部洋三（2006）「カメラ産業の技術革新」矢部洋三・木暮雅夫編『日本カメラ産業の変貌とダイナミズム』日本経済評論社。
矢部洋三・木暮雅夫（2006）「生産体制の再編成」矢部洋三・木暮雅夫編『日本カメラ産業の変貌とダイナミズム』日本経済評論社。
山内雄気（2009）「1920 年代の銘仙市場の拡大と流行伝達の仕組み」『経営史学』第 44 巻第 1 号。
山片平右衛門編（1977）『白鶴二百三十年の歩み』白鶴酒造。
山形万里子（2008）『藩陶器専売制と中央市場』日本経済評論社。
山口和雄編（1966）『日本産業金融史研究 製糸金融篇』東京大学出版会。
山口和雄編（1970）『日本産業金融史研究 紡績金融篇』東京大学出版会。
山口和雄編（1974）『日本産業金融史研究 織物金融篇』東京大学出版会。
山口隆英（2006）『多国籍企業の組織能力——日本のマザー工場システム』白桃書房。
山口不二夫（1998）『日本郵船会計史［財務会計篇］——個別企業会計史の研究』白桃書房。
山口不二夫（2000）『日本郵船会計史［予算・原価計算篇］——個別企業会計史の研究』白桃書房。
山口由等（2005a）「統制の解除とヤミ市からの復興〈1945-1955〉」石井寛治編『近代日本流通史』東京堂出版。
山口由等（2005b）「高度経済成長下の大衆消費社会〈1955-1973〉」石井寛治編『近代日本

流通史』東京堂出版。
山崎清（1988）『日本の退職金制度』日本労働協会。
山崎広明（1969）「両大戦間期における遠州綿織物業の構造と運動」『経営志林』第6巻第1・2号。
山崎広明（1975）『日本化繊産業発達史論』東京大学出版会。
山崎広明（1987）「日本商社史の論理」『社会科学研究』第39巻第4号。
山崎広明（1991）「戦前・戦後の日本の大企業——50社利益ランキング表の考察」米川伸一・下川浩一・山崎広明編『戦後日本経営史 第Ⅰ巻』東洋経済新報社。
ヤマサ醬油編（1977）『ヤマサ醬油店史』ヤマサ醬油。
ヤマサ醬油編（1979）『ヤマサ醬油株式会社 社史 第1冊』ヤマサ醬油。
山澤逸平（1984a）『日本の経済発展と国際分業』東洋経済新報社。
山澤逸平（1984b）「繊維産業」小宮隆太郎・奥野正寛・鈴村興太郎編『日本の産業政策』東京大学出版会。
山下正喜（1995）『三菱造船所の原価計算——三菱近代化の基礎』創成社。
山下充（2002）『工作機械産業の職場史 1889～1945——「職人わざ」に挑んだ技術者たち』早稲田大学出版部。
山田雄久（1995a）「徳川後期における肥前陶磁器業の展開——佐賀藩領有田の事例を中心に」『社会経済史学』第61巻第1号。
山田雄久（1995b）「明治前期陶磁器産地における機械導入——肥前国有田町精磁会社の海外直輸出」『大阪大学経済学』第45巻第1号。
山村英司（2006）「企業間生存競争と産業発展プロセス——戦後日本オートバイ産業の発展，1948-1964年」『経済研究』第57巻第1号。
ヤマムラ，コーゾー（1973）「総合商社論——近代経済学的理論よりの一試論」『経営史学』第8巻第1号。
山本一雄（2010）『住友本社経営史 上，下』京都大学学術出版会。
山本潔（1994）『日本における職場の技術・労働史——1854～1990』東京大学出版会。
山本武利・西沢保編（1999）『百貨店の文化史——日本の消費革命』世界思想社。
山本有造（1994）『両から円へ——幕末・明治前期貨幣問題研究』ミネルヴァ書房。
山本有造（2008）「『大東亜共栄圏』交易論」中部大学『人文学部研究論集』第20号。
由井常彦（1963）「わが国会社企業の先駆的諸形態——江戸時代における共同企業の諸形態の研究」『経営論集』第10巻第4号。
由井常彦（1979）「明治時代における重役組織の形成」『経営史学』第14巻第1号。
由井常彦編（1986）『安田財閥』日本経済新聞社。
由井常彦編（1991）『セゾンの歴史——変革のダイナミズム 上巻』リブロポート。
由井常彦（2000）「三井物産と豊田佐吉および豊田式織機の研究（上）——名古屋支店と井桁商会および豊田商会について」『三井文庫論叢』第34号。
由井常彦（2001）「三井物産と豊田佐吉および豊田式織機の研究（中）——名古屋織布設立と豊田式織機の支援について」『三井文庫論叢』第35号。
由井常彦／マーク・フルーエン（1983）「日本経営史における最大工業企業200社」『経営史学』第18巻第1号。
結城武延（2007）「資本市場と企業統治——近代日本の綿紡績企業における成長戦略」Discussion Papers in Economics and Business, 07-40, 大阪大学。
結城武延（2011）「企業統治における株主総会の役割——大阪紡績会社の事例」『経営史学』第46巻第3号。
柚木学（1965）『近世灘酒経済史』ミネルヴァ書房。

柚木学（1998）『酒造経済史の研究』有斐閣。
柚木学（2005）『酒造りの歴史』新装版，雄山閣。
呂寅満（2011）『日本自動車工業史——小型車と大衆車による二つの道程』東京大学出版会。
横手義胤・南条敏夫（1969）「わが国の製鉄機械国産化の現状」『鉄鋼界』第19巻第4号。
横山和輝（2000）「1930年代における生保株式運用の現代的意義」『金融経済研究』第16号。
横山和輝（2003）「株主-経営者間のインセンティブ・メカニズム——1930年代日本企業の役員賞与分析」『オイコノミカ』第40巻第1号。
吉岡英美（2003）「韓国TFT-LCD産業の発展と課題」座間紘一・藤原貞雄編『東アジアの生産ネットワーク——自動車・電子機器を中心として』ミネルヴァ書房。
吉田準三（1998）『日本の会社制度発達史の研究』流通経済大学出版会。
吉田元（1997）『江戸の酒——その技術・経済・文化』朝日新聞社。
ヨシノ，マイケル（1977）『日本の多国籍企業——世界市場に生き残れるか』（石川博友訳）ダイヤモンド社（原著は，Michael Y. Yoshino, *Japan's Multinational Enterprises*, Cambridge, Mass.: Harvard University Press, 1976）。
吉野洋太郎（1975）『日本の経営システム——伝統と革新』（内田幸雄監訳）ダイヤモンド社（原著は，Michael Y. Yoshino, *Japan's Management System: Tradition and Innovation*, Cambridge, Mass.: MIT Press, 1968）。
吉野洋太郎（1976）『日本のマーケティング——適応と革新』（小池澄男訳）ダイヤモンド社（原著は，Michael Y. Yoshino, *The Japanese Marketing System: Adaptations and Innovations*, Cambridge, Mass.: MIT Press, 1971）。
吉原英樹（1979a）『多国籍経営論』白桃書房。
吉原英樹（1979b）「多国籍企業の海外販売子会社」『国民経済雑誌』第139巻第6号。
吉原英樹編（1994）『外資系企業』同文館出版。
吉原英樹（1995）「国際化と日本的経営」森川英正・米倉誠一郎編『日本経営史5 高度成長を超えて』岩波書店。
吉原英樹・林吉郎・安室憲一（1988）『日本企業のグローバル経営』東洋経済新報社。
善本哲夫（2004）「サプライヤー・システムと事業戦略——基幹部品取引の実態」『社会科学』（同志社大学）第72号。
善本哲夫（2007）「ブラウン管テレビにみる部門別事業戦略とモジュラー化——統合型企業の分権的管理」『同志社商学』第58巻第4・5号。
米川伸一（1973）『経営史学——生誕・現状・展望』東洋経済新報社。
米川伸一編（1981）『世界の財閥経営——先進国・途上国の大ファミリー・ビジネス』日本経済新聞社。
米川伸一（1983）「総合商社形成の論理と実態——比較経営史からの一試論」『一橋論叢』第90巻第3号。
米川伸一（1991）「綿紡績」米川伸一・下川浩一・山崎広明編『戦後日本経営史 第Ⅰ巻』東洋経済新報社。
米川伸一（1994）『紡績業の比較経営史研究——イギリス・インド・アメリカ・日本』有斐閣。
米川伸一（1998）『東西繊維経営史』同文館出版。
米倉誠一郎（1991）「鉄鋼——その連続性と非連続性」米川伸一・下川浩一・山崎広明編『戦後日本経営史 第Ⅰ巻』東洋経済新報社。
ラウック，ミヒャエル（Rauck, Michael）（1993）「大正初期日本企業における外国資本について」『経済と経済学』第74号。
流郷貞夫（2009）『精工舎懐中時計図鑑』溪水社・汎書部。

リン,レオナード・H.(1986)『イノベーションの本質——鉄鋼技術導入プロセスの日米比較』(遠田雄志訳)東洋経済新報社(原著は,Leonard H. Lynn, *How Japan Innovates: A Comparison with the U. S. in the Case of Oxygen Steelmaking*, Boulder, Col.: Westview Press, 1982)。
若林幸男(2007)『三井物産人事政策史 1876〜1931年——情報交通教育インフラと職員組織』ミネルヴァ書房。
脇田成(1996)「近世大坂堂島米先物市場における合理的期待の成立」『経済研究』第47巻第3号。
和田英(1973)『富岡日記——富岡入場略記・六工社創立記』上毛新聞社。
和田一夫(1991)「自動車産業における階層的企業間関係の形成——トヨタ自動車の事例」『経営史学』第26巻第2号。
和田一夫(2007)「企業の衰退・破綻——世界屈指の機械メーカー＝プラット・ブラザーズのケース」大東英祐ほか『ビジネス・システムの進化——創造・発展・企業者活動』有斐閣。
和田一夫(2009)『ものづくりの寓話——フォードからトヨタへ』名古屋大学出版会。
和田一夫・由井常彦(2001)『豊田喜一郎伝』トヨタ自動車。
渡辺純子(2008)「綿工業——企業間競争と過剰設備」武田晴人編『戦後復興期の企業行動——立ちはだかった障害とその克服』有斐閣。
渡辺純子(2010)『産業発展・衰退の経済史——「10大紡」の形成と産業調整』有斐閣。
渡辺徳二編(1968)『現代日本産業発達史13 化学工業(上)』交詢社出版局。

外国語文献

Abegglen, James C. (1958). *The Japanese Factory: Aspects of Its Social Organization*. Glencoe, Ill.: Free Press(占部都美・森義昭訳『日本の経営』ダイヤモンド社,1958年;山岡洋一訳『日本の経営』日本経済新聞社,2004年)。
Aghion, Philippe and Jean Tirole (1997). "Formal and Real Authority in Organization". *The Journal of Political Economy*, 105/1: 1-29.
Ahmadjian, Christina (2007). "Foreign Investors and Corporate Governance in Japan", in Masahiko Aoki, Gregory Jackson, and Hideaki Miyajima (eds.), *Corporate Governance in Japan: Institutional Change and Organizational Diversity*. Oxford, UK: Oxford University Press, 125-150.
Allen, Franklin and Douglas Gale (2000). *Comparing Financial Systems*. Cambridge, Mass. and London: MIT Press.
Aoki, Masahiko (2007). "Conclusion: Whither Japan's Corporate Governance ?" in Masahiko Aoki, Gregory Jackson, and Hideaki Miyajima (eds.), *Corporate Governance in Japan: Institutional Change and Organizational Diversity*. Oxford, UK: Oxford University Press, 427-448.
———, Gregory Jackson, and Hideaki Miyajima (eds.) (2007). *Corporate Governance in Japan: Institutional Change and Organizational Diversity*. Oxford, UK: Oxford University Press.
Bartlett, Christopher A. (1986). "Building and Managing the Transnational: The New Organizational Challenge", in Michael E. Porter (ed.), *Competition in Global Industries*. Boston, Mass.:

Harvard Business School Press, 367-401(「新しい組織的課題——多国籍企業の作り方と管理法」『グローバル企業の競争戦略』〔土岐坤ほか訳〕,ダイヤモンド社,1989年).
Burkart, Mike, Fausto Panunzi, and Andrei Shleifer (2003). "Family Firms". *The Journal of Finance*, 58/5: 2167-2202.
Chandler, Alfred D. Jr. (1962). *Strategy and Structure: Chapters in the History of the Industrial Enterprise*. Cambridge, Mass.: MIT Press(三菱経済研究所訳『経営戦略と組織——米国企業の事業部制成立史』実業之日本社,1967年;有賀裕子訳『組織は戦略に従う』ダイヤモンド社,2004年).
―――(1977). *The Visible Hand: The Managerial Revolution in American Business*. Cambridge, Mass.: Harvard University Press(鳥羽欽一郎・小林袈裟治訳『経営者の時代——アメリカ産業における近代企業の成立 上,下』東洋経済新報社,1979年).
―――(1990). *Scale and Scope: The Dynamics of Industrial Capitalism*. Cambridge, Mass.: Belknap Press of Harvard University(安部悦生ほか訳『スケール・アンド・スコープ——経営力発展の国際比較』有斐閣,1993年).
―――(2001). *Inventing the Electronic Century: The Epic Story of the Consumer Electronics and Computer Industries*. New York: The Free Press.
―――(2005). *Shaping the Industrial Century: The Remarkable Story of the Evolution of the Modern Chemical and Pharmaceutical Industries*. Cambridge, Mass.: Harvard University Press.
Chida, Tomohei and Peter N. Davies (1990). *The Japanese Shipping and Shipbuilding Industries: A History of Their Modern Growth*. London and Atlantic Highlands, NJ: The Athlone Press.
Clark, Rodney (1979). *The Japanese Company*. New Haven, Conn. and London: Yale University Press(端信行訳『ザ・ジャパニーズ・カンパニー』ダイヤモンド社,1981年).
Coase, Ronald (2006). "The Conduct of Economics: The Example of Fisher Body and General Motors". *Journal of Economics & Management Strategy*, 15/2: 255-278.
Cusumano, Michael A. (1985). *The Japanese Automobile Industry: Technology and Management at Nissan and Toyota*. Cambridge, Mass.: Harvard University Press.
Delanghe, Henri (2005). "Postwar Japanese Cotton Textile Investment in Brazil, 1955-1980". *Enterprise & Society*, 6/1: 76-97.
Donzé, Pierre-Yves (2011). "The Hybrid Production System and the Birth of the Japanese Specialized Industry: Watch Production at Hattori & Co. (1900-1960)". *Enterprise & Society*, 12/2: 356-397.
Elbaum, Bernard (1989). "Why Apprenticeship Persisted in Britain But Not in the United States". *The Journal of Economic History*, 49/2: 337-349.
Fama, Eugene F. and Michael C. Jensen (1983). "Separation of Ownership and Control". *Journal of Law and Economics*, 26/2: 301-325.
Flath, David (1996). "The Keiretsu Puzzle". *Journal of the Japanese and International Economies*, 10/2: 101-121.
Fruin, W. Mark (1983). *Kikkoman: Company, Clan, and Community*. Cambridge, Mass.: Harvard University Press.
―――(1992). *The Japanese Enterprise System: Comparative Strategies and Cooperative Structures*. Oxford, UK: Clarendon Press.
Ghemawat, Pankaj and Tarun Khanna (1998). "The Nature of Diversified Business Groups: A Research Design and Two Case Studies". *The Journal of Industrial Economics*, 46/1: 35-61.
Ghoshal, Sumantra (1987). "Global Strategy: An Organizing Framework". *Strategic Management Journal*, 8/5: 425-440.

Glasmeier, Amy K. (2000). *Manufacturing Time: Global Competition in the Watch Industry, 1795-2000*. New York: The Guilford Press.
Gordon, Andrew (1985). *The Evolution of Labor Relations in Japan: Heavy Industry, 1853-1955*. Cambridge, Mass.: Harvard University Press.
Hayashi, Fumio (2000). "The Main Bank System and Corporate Investment: An Empirical Reassessment", in Masahiko Aoki and Gary R. Saxonhouse (eds.), *Finance, Governance, and Competitiveness in Japan*. Oxford, UK: Oxford University Press, 81-97.
Hoke, Donald (1989). "Product Design and Cost Considerations: Clock, Watch, and Typewriter Manufacturing in the 19th Century". *Business and Economic History*, 2nd Series, 18: 119-128.
Homburg, Heidrun (2002). "German Department Store Chains from the 1920s to the 1980s", in Michael J. Lynskey and Seiichiro Yonekura (eds.), *Entrepreneurship and Organization: The Role of the Entrepreneur in Organizational Innovation*. Oxford, UK: Oxford University Press, 83-122.
Horiuchi, Akiyoshi, Frank Packer, and Shin'ichi Fukuda (1988). "What Role Has the 'Main Bank' Played in Japan ?" *Journal of the Japanese and International Economies*, 2/2: 159-180.
Hoshi, Takeo and Anil Kashyap (2001). *Corporate Financing and Governance in Japan: The Road to the Future*. Cambridge, Mass.: MIT Press.
――, ――, and David Scharfstein (1991). "Corporate Structure, Liquidity, and Investment: Evidence from Japanese Industrial Groups". *The Quarterly Journal of Economics*, 106/1: 33-60.
Hunter, Janet (2003). *Women and the Labour Market in Japan's Industrialising Economy: The Textile Industry before the Pacific War*. London and New York: Routledge Curzon (阿部武司・谷本雅之監訳『日本の工業化と女性労働――戦前期の繊維産業』有斐閣, 2008年).
Inagami, Takeshi (2009). "Managers and Corporate Governance Reform in Japan: Restoring Self-Confidence or Shareholder Revolution ?" in D. Hugh Whittaker and Simon Deakin (eds.), *Corporate Governance and Managerial Reform in Japan*. Oxford, UK: Oxford University Press, 163-191.
Jackson, Gregory and Hideaki Miyajima (2007). "Introduction: The Diversity and Change of Corporate Governance in Japan", in Masahiko Aoki, Gregory Jackson, and Hideaki Miyajima (eds.), *Corporate Governance in Japan: Institutional Change and Organizational Diversity*. Oxford, UK : Oxford University Press, 1-47.
Jacoby, Sanford M. (1993). "Pacific Ties: Industrial Relations and Employment Systems in Japan and the United States since 1900", in Nelson Lichtenstein and Howell John Harris (eds.), *Industrial Democracy in America: The Ambiguous Promise*. Cambridge, UK: Cambridge University Press, 206-248.
――(2009). "Foreign Investors and Corporate Governance in Japan", in D. Hugh Whittaker and Simon Deakin (eds.), *Corporate Governance and Managerial Reform in Japan*. Oxford, UK: Oxford University Press, 93-133.
Johnson, Simon, Rafael La Porta, Florencio Lopez-de-Silanes, and Andrei Shleifer (2000). "Tunneling". *The American Economic Review Papers and Proceedings*, 90/2: 22-27.
Jones, Geoffrey (1993). *British Multinational Banking 1830-1990*. Oxford, UK: Oxford University Press.
Kaplan, Steven N. (1994). "Top Executive Rewards and Firm Performance: A Comparison of Japan and the United States". *The Journal of Political Economy*, 102/3: 510-546.
―― and Bernadette A. Minton (1994). "Appointments of Outsiders to Japanese Boards: Determinants and Implications for Managers". *Journal of Financial Economics*, 36/2: 225-258.

Kim, Linsu (1997). *Imitation to Innovation : The Dynamics of Korea's Technological Learning*. Boston, Mass.: Harvard Business School Press.

La Porta, Rafael, Florencio Lopez-de-Silanes, and Andrei Shleifer (1999). "Corporate Ownership around the World". *The Journal of Finance*, 54/2: 471-517.

Lamoreaux, Naomi R., Daniel M. G. Raff, and Peter Temin (1999). "Introduction", in Naomi R. Lamoreaux, Daniel M. G. Raff, and Peter Temin (eds.), *Learning by Doing in Markets, Firms, and Countries*. Chicago, Ill.: The University of Chicago Press, 1-17.

――――, ――――, and ―――― (2003). "Beyond Markets and Hierarchies: Toward a New Synthesis of American Business History". *American Historical Review*, 108/2: 404-433.

――――, ――――, and ―――― (2008). "Economic Theory and Business History", in Geoffrey Jones and Jonathan Zeitlin (eds.), *The Oxford Handbook of Business History*. Oxford, UK: Oxford University Press, 37-66.

Langlois, Richard N. (2003). "The Vanishing Hand: The Changing Dynamics of Industrial Capitalism". *Industrial and Corporate Change*, 12/2: 351-385.

Lazear, Edward P. (1998). *Personnel Economics for Managers*. New York: John Wiley & Sons, Inc. (樋口美雄・清家篤訳『人事と組織の経済学』日本経済新聞社, 1998年).

Leff, Nathaniel H. (1978). "Industrial Organization and Entrepreneurship in the Developing Countries: The Economic Groups". *Economic Development and Cultural Change*, 26/4: 661-675.

Miyajima, Hideaki (1995). "The Privatization of Ex-Zaibatsu Holding Stocks and the Emergence of Bank-Centered Corporate Groups in Japan", in Masahiko Aoki and Hyung-Ki Kim (eds.), *Corporate Governance in Transitional Economies: Insider Control and the Role of Banks*. Washington, D. C.: The World Bank, 361-403.

――――(2007). "The Performance Effects and Determinants of Corporate Governance Reform", in Masahiko Aoki, Gregory Jackson, and Hideaki Miyajima (eds.), *Corporate Governance in Japan: Institutional Change and Organizational Diversity*. Oxford, UK: Oxford University Press, 330-369.

―――― and Fumiaki Kuroki (2007). "The Unwinding of Cross-Shareholding in Japan: Causese, Effects, and Implications", in Masahiko Aoki, Gregory Jackson, and Hideaki Miyajima (eds.), *Corporate Governance in Japan: Institutional Change and Organizational Diversity*. Oxford, UK: Oxford University Press, 79-124.

Morris-Suzuki, Tessa (1994). *The Technological Transformation of Japan: From the Seventeenth to the Twenty-first Century*. Cambridge, UK: Cambridge University Press.

Nakamura, Tsuyoshi and Hiroshi Ohashi (2008). "Effects of Technology Adoption on Productivity and Industry Growth: A Study of Steel Refining Furnaces". *The Journal of Industrial Economics*, 56/3: 470-499.

Nakatani, Iwao (1984). "The Economic Role of Financial Corporate Grouping", in Masahiko Aoki (ed.), *The Economic Analysis of the Japanese Firm*. Amsterdam: Elsevier Science Publishers, 227-258.

Ohashi, Hiroshi (2005). "Learning by Doing, Export Subsidies, and Industry Growth: Japanese Steel in the 1950s and 1960s". *Journal of International Economics*, 66/2: 297-323.

Okazaki, Tetsuji (2001). "The Role of Holding Companies in Pre-War Japanese Economic Development: Rethinking *Zaibatsu* in Perspectives of Corporate Governance". *Social Science Japan Journal*, 4/2: 243-268.

Otahara, Jun (2000). "An Evolutionary Phase of Honda Motor: The Establishment and Success of

American Honda Motor". *Japanese Yearbook on Business History*, 17: 109-135.

Pauer, Erich (1987). "Traditional Technology and Its Impact on Japan's Industry during the Early Period of the Industrial Revolution". *The Economic Studies Quarterly*, 38/4, 354-371.

Pollard, Sidney (1957). "British and World Shipbuilding, 1890-1914: A Study in Comparative Costs". *The Journal of Economic History*, 17/3: 426-444.

Roberts, Evan (2003). "'Don't Sell Things, Sell Effects': Overseas Influences in New Zealand Department Stores, 1909-1956". *Business History Review*, 77/2: 265-289.

Roberts, John (2004). *The Modern Firm : Organizational Design for Performance and Growth*. New York: Oxford University Press (谷口和弘訳『現代企業の組織デザイン――戦略経営の経済学』NTT 出版, 2005 年).

Sabel, Charles and Jonathan Zeitlin (1985). "Historical Alternatives to Mass Production: Politics, Markets and Technology in Nineteenth-Century Industrialization". *Past and Present*, 108/1: 133-176.

Sako Mari (2007). "Organizational Diversity and Institutional Change: Evidence from Financial and Labor Markets in Japan", in Masahiko Aoki, Gregory Jackson, and Hideaki Miyajima (eds.), *Corporate Governance in Japan: Institutional Change and Organizational Diversity*. Oxford, UK: Oxford University Press, 399-426.

Shintaku, Junjiro and Kotaro Kuwada (2008). "Reorganizing Mature Industry through Technological Innovation: De-maturity in Watchmaking Industry", in Takuji Hara, Norio Kambayashi, and Noboru Matsushima (eds.), *Industrial Innovation in Japan*. Abingdon, UK and New York: Routledge, 101-117.

Whitehill, Arthur M. (1991). *Japanese Management: Tradition and Transition*. London and New York: Routledge.

Whittaker, D. Hugh and Simon Deakin (eds.) (2009). *Corporate Governance and Managerial Reform in Japan*. Oxford, UK: Oxford University Press.

Williamson, Oliver, E. (1985). *The Economic Institutions of Capitalism: Firms, Markets, Relational Contracting*. New York: Free Press.

Windrum, Paul (2005). "Heterogeneous Preferences and New Innovation Cycles in Mature Industries: The Amateur Camera Industry 1955-1974". *Industrial and Corporate Change*, 14/6: 1043-1074.

Xu, Peng (2007). "Corporate Governance in Financial Distress: The New Role of Bankruptcy", in Masahiko Aoki, Gregory Jackson, and Hideaki Miyajima (eds.), *Corporate Governance in Japan: Institutional Change and Organizational Diversity*. Oxford, UK: Oxford University Press, 179-204.

Yonekura, Seiichiro (1994). *The Japanese Iron and Steel Industry, 1850-1990: Continuity and Discontinuity*. Basingstoke, UK: MacMillan Press.

あとがき

　本書の企画は，拙著『豪商の明治』を名古屋大学出版会から刊行した 2002 年 4 月頃に始まる。名古屋大学出版会の三木信吾さんから一般向けで教科書にも使える日本経営史の通史の企画を提案されたのであった。そのとき何となく引き受けたのであるが，別に成算があったわけではなく，市場性のない書籍を刊行していただいた負い目が何となくあったのと別に断る理由がみつからなかったという消極的な理由からであった。そしてそのときにまた何となく単著とすること，江戸時代から戦後までを書くこと，も決まっていた。これで本書のスペックはほとんど決まってしまったのであるが，これまた成算があったわけではなく，前者については，一緒に書いてくれるほど仲のいい友人が思いつかなかったという消極的な理由からに過ぎなかった。ただし後者については，1998 年に東京大学に赴任して，現代企業ワークショップ（現，経営学ワークショップ）に参加するようになり，若い院生の現状に関する報告を聞くうちに，歴史も何らかの形で現在の問題に応えるものでなければならない，と強く思うようになっていたという意味で，やや内発的な理由があった。そしてワークショップで中国のコピーバイクについての話を聞いて，明治の時計の話を思い出し，これを縦に貫く糸とできないか，と思うようになったのが，本書のはじまりである。その意味で本書は，門前の小僧が習わぬ経を読んだものであるといえる。しかしそこから本書完成までの道のりは決して短いものではなかった。だいたいこういった約束は，そのうちにといっているうちに流れてしまうものであるが，2006 年 3 月にある事情からどうしても本書を執筆しなければならない状況に陥ってしまった。2006 年 4 月から 1 年間ロンドンに滞在したので，帰国後の 2007 年 4 月からそろそろと準備を始め，2009 年 1 月から実際に執筆に取りかかった。研究の合間ではなく，ほとんどのエネルギーを本書に注いだが，能力の不足はいかんともしがたく，執筆を終えたのは 2012 年 1 月末であり，3 年もかかってしまった。とくに第 4 章以降の執筆は，専門外なので覚悟はしていたものの当初の予想を遥かに超えて困難で

あった。脱稿後も最終校正まで内容の補充と修正が続き，その意味では執筆を終えた，というより，切り上げた，という方が正しいであろう。言及すべきなのに言及できていない文献も多い。この点はおわび申し上げ，機会があれば補充させていただきたい。

　どんなに拙いものであっても本書ができあがったのは，多くの方の助けをいただいたからに他ならない。本書の発想は経営学ワークショップから得られた。藤本隆宏・高橋伸夫・新宅純二郎・阿部誠・故天野倫文・桑嶋健一の各先生が参加されるワークショップからは貴重な現状の問題をうかがうことができた。院生の皆さんの報告からも大きな刺激を毎回受けている。また上記の先生を中心にグローバル・ビジネス・リサーチセンター（GBRC）が設立されたときにもそれにかかわらせていただき，COEとGCOEでものづくり経営研究センター（MMRC）が組織されたときに末席に加えていただいたことも，大きな励みとなった。本書のタイトルは，MMRCから勝手にコピーさせていただいている。また経営史の同僚の和田一夫先生，経済史の同僚の杉原薫・武田晴人・馬場哲・小野塚知二・岡崎哲二・谷本雅之および石原俊時の諸先生，および東京大学経済学部や社会科学研究所の先生方からもたくさんの教えを受けた。このほかお名前はいちいちあげることができないが，経営史学会，現代金融研究会などさまざまな研究会でご一緒させていただいた先生からも多くのことを学んだ。また学部・大学院の授業で，学生・院生の皆さんから，さまざまな形の質問や意見をいただいたが，それが本書に大きく役立っている。とくに戦時期と戦後を通して，1937年から1980年頃までをひとつの章とする本書のやや特異な構成は，章別構成に悩んでいたときに，大学院の授業で交わした会話から生まれたものである。

　石井寛治先生には本書草稿のすべてを，阿部武司先生・沢井実先生・大東英祐先生および畑瀬真理子氏には草稿の一部を読んでいただき，貴重なコメントを頂戴した。恥ずかしいことに冷や汗ものの間違いを指摘されることも少なくなかったが，的確なコメントによって本書の内容はずいぶんと改善された。心から感謝申し上げる。もちろんなお残る間違いについての責任が筆者にあることはいうまでもない。データの入力などで渕上尚子さん，高井紀子さんに，またデータのチェックで東京大学大学院の竹原有吾さんと安西晋一さんにお世話になった。

　本書の執筆にあたっては，セイコーミュージアム，三井文庫，三菱史料館所蔵の貴重な史料を閲覧させていただき，市立岡谷蚕糸博物館，セイコーミュージア

ムからは，貴重な図版の使用を許可していただいた。厚く御礼申し上げる。また所属先の東京大学経済学図書館を自由に利用させていただけたことは本書にとって決定的に重要であった。

　名古屋大学出版会の三木信吾さんは本書のプロデューサーである。企画を決めて，製造を外注するとともに，検査と仕上げをおこない，販売にかかわる商人（織元，製造卸）の重要性は本書の至る所で強調されているが，このことは本書にもあてはまる。三木さんには本書の最初から最後まで本当にお世話になった。

　最後に私事にわたり恐縮であるが，本書の執筆にあたり筆者を支えてくれた家族に感謝させていただきたい。

2012年9月

粕　谷　　誠

図表一覧

図 1-1　幕府金銀貨流通量の推移……………………13
図 1-2　織物の組織……………………21
図 1-3　地機と高機……………………22
図 1-4　酒造工程……………………27
図 1-5　濃口醬油の製造工程……………………29
図 1-6　磁器の製造工程……………………34
図 1-7　三井家大元方の仕組み（1729年）……………………40
図 1-8　越後屋京都本店の奉公人の残存率……………………44
図 1-9　19世紀前半三井呉服店における標準的な給与・賞与・退職金額と勤続年数……………………45
図 2-1　国立銀行の貸借対照表模式図……………………60
図 2-2　金銀比価（ロンドン）と紙幣相場……………………61
図 2-3　商品別の幕末開港の影響の相違……………………79
図 2-4　鉄道営業キロの推移……………………82
図 2-5　各種織物生産額……………………88
図 2-6　全国造石高と灘と伏見のシェア……………………94
図 2-7　醬油生産と野田醬油のシェア……………………97
図 2-8　陶磁器輸出比率……………………98
図 2-9　接　緒……………………106
図 2-10　器械製糸……………………107
図 2-11　大島高任の設計した高炉……………………111
図 2-12　手吹円筒法の概念図……………………115
図 2-13　汽船の輸入と製造……………………121
図 2-14　内商取扱比率……………………131
図 2-15　会社数と平均規模の推移……………………135
図 2-16　ピラミッド型企業支配……………………139
図 3-1　在学者の該当年齢人口に占める比率……………………165
図 3-2　中国の紡績錘数……………………170
図 3-3　製造業の原動機馬力数……………………179
図 3-4　織物生産額……………………183
図 3-5　トンネル窯の概念図……………………191
図 3-6　日本陶器における画付工場の変化……………………193
図 3-7　綿糸・綿布の生産と輸出……………………195
図 3-8　多条繰糸機……………………199
図 3-9　鋼材の需給……………………202

図 3-10	銑鉄の需給	202
図 3-11	平炉の概念図	204
図 3-12	フルコール法の原理	206
図 3-13	ソーダ灰の生産と輸入	209
図 3-14	レーヨンの製造工程	210-211
図 3-15	機関別進水量	216
図 3-16	豊田自動織機製作所での織機の組立	220
図 3-17	自動車の供給	224
図 3-18	懐中時計の生産と輸入	230
図 3-19	三井財閥の企業支配体制（1911年）	245
図 3-20	戦間期の企業グループ	247
図 4-1	技術貿易額	276
図 4-2	民間企業在外資産	288
図 4-3	疑似百貨店	293
図 4-4	小売業の集中度	294
図 4-5	広告宣伝費の多い業種	296
図 4-6	清酒生産数量と製造場数	303
図 4-7	醬油全国出荷量とキッコーマンのシェア	306
図 4-8	純酸素上吹転炉の断面図	329
図 4-9	各国の粗鋼生産高	331
図 4-10	フロート法の概念図	334
図 4-11	鋲接と溶接	338
図 4-12	各国船舶建造量	339
図 4-13	オートバイの国内向け生産と輸出	347
図 4-14	乗用車の国内向け生産と輸出	354
図 4-15	セイコーにおける時計生産の進展	358-359
図 4-16	スーパーでの食肉販売の変遷	373
図 4-17	株式保有割合	377
図 4-18	主要企業の自己資本比率の推移	381
図終-1	円為替レートの推移	405
図終-2	GDP成長率の推移	406
図終-3	モジュラー型アーキテクチャとインテグラル型アーキテクチャ	409
図終-4	オートバイ生産の推移	420
表 1-1	江戸時代の経済諸量の推移	18
表 1-2	生産物価額構成（1874年）	20
表 1-3	茂木佐平治家と茂木七郎右衛門家の江戸時代の商標	32
表 1-4	京都本店の使用人（1864年）	43
表 1-5	1863年嘉納治郎右衛門所持の本店蔵の蔵人給銀	48
表 2-1	官営事業の創始と払下げ	66

表番号	タイトル	頁
表2-2	在外日本人数（戦前）	71
表2-3	幕末から明治前期の綿織物産地の製品と盛衰	90
表2-4	陶磁器生産額（1905年）	99
表2-5	初期の紡績所	103
表2-6	主要製糸業地の動向	109
表2-7	ガラス製品別生産額	116
表2-8	大都市の高額所得者	137
表2-9	商人・企業家の商人名簿・番付からの脱落率（平均年率）	138
表2-10	三井の重役賞与と月給（1899年下期）	147
表2-11	雇用システムのタイプ	150-151
表2-12	ある紡績会社の労働者移動	153
表3-1	限界ゲージ導入企業	168
表3-2	都市化の進展	173
表3-3	ハイドラフト・シンプレックス導入の効果	197
表3-4	戦前期における大手私鉄会社のデパートへの関与	242
表3-5	持株会社の規模	252
表3-6	主要業種における大株主（12名前後）の種類別構成	253
表3-7	大企業の専門経営者数の分布	255
表3-8	役員賞与の支払性向	256
表3-9	賃金・雇用の変化率	260
表4-1	対内直接投資の自由化の経緯	270
表4-2	民間企業の研究者数ランキング	275
表4-3	部品およびサプライヤーの分類	286
表4-4	在外日本人数（戦後）	289
表4-5	多国籍企業の海外子会社の設立時期別・地域別分類	290
表4-6	多国籍企業の海外子会社の持株比率別分類	291
表4-7	百貨店の仕入形態	295
表4-8	産業別就業者数の比率	300
表4-9	織物生産高の推移	310
表4-10	賃織の動向	311
表4-11	陶磁器の生産金額	315
表4-12	合成繊維の生産	325
表4-13	船舶建造と機関製造	344
表4-14	機械式時計とクオーツ式時計の相違	357
表4-15	テレビのシェア	365
表4-16	企業集団株式持合比率の推移	379
表4-17	財界追放による経営者の変化	386
表4-18	主要業種最大企業の社長の分類	386
表4-19	日本的経営の国際展開	400
表終-1	液晶テレビの生産（2009年）	414

表終-2	コンパクトデジタルカメラの生産（2009年）	418
表終-3	ガバナンス指標の推移	425
表終-4	社長と大学新卒入職者の年収格差	427
表終-5	非正規雇用の比率	431

固有名詞索引

A-Z

AEG　179, 235, 237
BMW　3, 277
CalPERS（California Public Employees' Retirement System）　426
IBM　5, 352, 398
ICI（Imperial Chemical Industries）　323-324
LG　412-413, 415
MAN　217, 343
P&O（Peninsular & Oriental Steam Navigation Co.）　83
RCA　364-367, 412

ア 行

アーウィン（R. W. Irwin）　131
アームストロング（Sir W. G. Armstrong Whitworth & Co.）　72, 114
アーレンス（H. Ahrens）　130
浅野総一郎　114, 246
旭硝子　116, 205-208, 333, 335-336
旭絹織　211
アトキンソン（R. W. Atkinson）　9
尼崎紡績　145
アメリカ窓ガラス社（American Window Glass）　205
アメリカン・タバコ社（American Tobacco Co.）　72
鮎川義介　226, 247, 250
荒木東一郎　232
アラビア石油　290
鞍山製鉄所　71, 201, 203
イオン　375
池貝鉄工所（池貝）　218, 404
井桁商会　123
石川島自動車製作所　224, 226
石川島重工業　340
石川島造船所（→東京石川島造船所もみよ）　118-119
石川島播磨重工業　332, 340, 343
石原広一郎　169
いすゞ自動車　348, 350

伊勢丹　241, 314, 369-370
いとう呉服店　47
イトーヨーカ堂　371-372, 375
稲西屋庄兵衛（勝太郎）　41
井上馨　143
今治造船　342-343
今村奇男　196, 222
岩崎俊弥　115
岩崎久弥　142
岩崎弥太郎　83, 115, 140-142
岩崎弥之助　115, 142
岩垂邦彦　236
インターナショナル石油　72
インテル（Intel）　5, 410
ヴィッカース社（Vickers, Sons & Maxim）　72, 114
ウェスタン・エレクトリック社（Western Electric, WE）　72, 169, 236
ウェスティングハウス社（Westinghouse）　169, 235
上野陽一　168
ウォルシュ・ホール商会（Walsh, Hall & Co.）　130
ウォルマート（Walmart）　375
越後屋呉服店　35-36, 39-46, 50, 75, 156, 298
NBC造船所（National Bulk Carriers）　341
遠州織機　220
王子製紙　143, 244, 250, 254, 261, 268
近江屋惣兵衛　41
大倉和親　191
大倉喜八郎　131, 252
大倉組　131
大倉財閥　72
大阪瓦斯　72
大阪合同紡績　221, 244
大阪商船　73, 86, 118-119, 136, 156, 245
大阪鉄工所　118-119, 216-217, 247
大阪電灯　136
大阪時計製造　127, 227
大阪紡績　104-105, 136, 145, 152, 169, 196
大島高任　111
オースチン（Austin）　225, 350-351

485

大元方（三井）　39, 50
沖牙太郎　235
沖電気　235, 238, 272
オスカーコーホン社（Oscar Kohorn）　211, 213
小平浪平　263
小名木川綿布　91
小野組　107

　　　　　カ　行

快進社　224
臥雲辰致　56, 102
花王（花王石鹸，長瀬商店など）　76, 174-175, 297
科学技術庁　273
カシオ計算機　357, 364, 416
鹿島万平　103
樫山　314
片倉製糸紡績　199, 244, 260, 319
金巾製織　91
鐘淵紡績　136, 143, 148, 153, 169, 195-196, 244, 254, 257, 260-261, 323
嘉納治兵衛　28-29, 95
嘉納治郎右衛門　47
釜石製鉄所　112, 114, 201-203
川崎重工業　328, 343, 345
川崎正蔵　118
川崎製鉄　328
川崎造船所　114, 118-119, 121, 201-204, 215-217, 224, 244
河村瑞賢　15
関西スーパーマーケット　374
関西鉄道　82, 136
菊池恭三　145
菊正宗　47
喜多又蔵　220
北野祐次　374
キッコーマン（茂木・高梨，野田醤油）　31, 95-97, 187-189, 306-308
木本鉄工　221
キヤノン　233, 362-363, 419, 432
九州鉄道　82, 136, 143
共同運輸　85, 142
京都セラミック（京セラ）　317
久原鉱業　247
久原房之助　246
久村清太　210
グラース（N. S. B. Gras）　4

クライスラー社（Chrysler）　223, 227-228
倉敷絹織　211, 323
グラバーベル社（Glaverbel）　335, 337
グラハム・ペイジ社（Graham-Paige）　227, 350
グランツシュトフ社（Vereinigte Glanzstoff-Fabriken）　211
郡是製糸　198-200, 260-261, 318-319
京釜鉄道　71
月桂冠　185, 308
兼二浦製鉄所　201-202
兼二浦鉄山　72
工部大学校　68, 81, 105, 119, 145
神戸製鋼所　114, 201-203, 213, 246, 329
香村小録　112
コートルズ社（Courtaulds）　209, 212, 214
コーニング社（Corning）　336, 413
コッキング（S. Cocking）　124
五島慶太　181
小西六（小西本店）　124-125, 232-233, 419
小林一三　180
近藤紡績　320

　　　　　サ　行

斉藤恒三　145, 254
堺紡績　104
阪本久五郎　220
櫻正宗　28, 93
サムスン（Samsung）　412-413, 415
産業革新機構　413
産業再生機構　375
山陽鉄道　82, 136, 143
三洋電機　299, 365, 368
ジーメンス社（Siemens）　235, 237
ジェネラル・エレクトリック社（General Electric, GE）　72, 169, 179, 234-236, 296
ジェネラル・モータース社（General Motors, GM）　162, 171, 223, 225, 227-228, 296, 298
資生堂　174-175, 240
シチズン時計　229, 231, 357-358
品川硝子製作所　115
芝浦製作所　72, 143, 148, 169, 190, 235-236, 250
渋沢栄一　104, 114, 135
島田孫市　115-116
島津製作所　213
シャープ（早川金属工業，早川電機工業）

固有名詞索引 —— 487

238, 299, 364, 368, 411, 414
ジャスコ　371, 375
シャンド（A. A. Shand）　155-156
上海紡績　169
荘田平五郎　148
昭和製鋼所　71, 203, 329
昭和レーヨン　211
白木屋　181, 241-242
シンガー社（Singer）　174, 421
新技術開発事業団　274
新日本製鉄　328
新三菱重工業　349
鈴木式織機（株式会社）　221, 345
鈴木自動車工業（スズキ）　345, 347, 422-423
鈴木商店　210, 213, 246, 248
鈴木文治　161
鈴木政次郎　219
鈴木道雄　221
スタンダード・オイル社（Standard Oil）　72
住友銀行　136, 376
住友金属工業　203, 329
住友合資会社　249, 376
住友財閥　140, 248, 251, 253, 376
住友製鋼所　201-203
住友鋳鋼場　114
住友本社　376
ズルツァー（Sulzer）　217, 343
精機光学研究所　→キヤノンをみよ
精工舎　126-128, 214, 229-231, 355
セイコー　355-358
セイコーエプソン　355
精磁会社　100
西友ストアー　371-372, 375
セブンイレブン　294, 375
セントラル硝子　335
全日本能率連盟　281
ソニー　367-368, 413-414, 416, 426

タ　行

ダイアー（H. Dyer）　68
第一銀行　136
ダイエー　293, 371-375
大日本麦酒　208, 254
大日本紡績　196, 211, 222, 244, 257
ダイハツ工業　349
太平洋郵船（Pacific Mail Steam Ship Co.）　83
大丸（呉服店）　39, 41, 155
台湾製糖　72

高島炭鉱　142
高島屋　240-243, 314, 369
高田慎蔵　130
高橋義雄　129
ダット自動車製造　224, 226
田中玄蕃（→ヒゲタもみよ）　31
田中長兵衛　112
田沼意次　12
ダンカン（D. D. Duncan）　361
ヂーゼル自動車工業　162, 226, 348
チャンドラー（Alfred D. Chandler, Jr.）　4-7
銚子醬油　→ヒゲタをみよ
築地製糸場　107
九十九商会　141
都築紡績　320
常石造船　342-343, 345
帝国人造絹糸　→帝人をみよ
帝人（帝国人造絹糸）　210-213, 246, 264, 324
テーラー（F. W. Taylor）　167, 264, 282
適塾　14, 67
デザインを護る展示会　2, 277, 346
デミング（W. E. Deming）　281
デュポン社（E. I. du Pont de Nemours）　323-324
田園都市（株式会社）　181
東京石川島造船所　224
東京海上保険　70, 130, 143
東京瓦斯電気工業　224, 226
東京自動車工業　226
東京芝浦電気　→東芝をみよ
東京電気　234-236, 239
東京電灯　136, 179, 244-245, 253
東京横浜電鉄　181
東芝　235, 272, 299, 364, 366, 368, 413-414
東洋汽船　86
東洋工業　225, 349, 352
東洋拓殖　71
東洋陶器　191-194, 316
東洋紡績　169, 196, 211, 244, 254, 257, 320, 323, 372
東洋レーヨン　→東レをみよ
東横百貨店　181, 241, 374
東レ（東洋レーヨン）　211, 249-251, 323-327
戸畑鋳物　226, 247, 263
富岡製糸場　70, 106-107
豊田喜一郎　219, 248
豊田佐吉　123, 218-219, 248
豊田式織機（株式会社）　123, 196, 218-222,

227
トヨタ自動車工業（トヨタ自動車）　162, 228-229, 248, 282, 285-287, 298, 348-354, 384, 392-393, 396, 398, 432
トヨタ自動車販売　352
豊田自動織機製作所　162, 167, 197, 219-222, 226-228, 248
豊田紡織　219, 222, 248

ナ 行

内外綿　170-171
中井源左衛門　42
中内功　371
長崎海軍伝習所　68
中島知久平　248
中島飛行機　248, 272, 279, 349
中野友礼　248
中上川彦次郎　143
中村善右衛門　23
名古屋製陶所　101, 192, 194
南洋鉱業公司　169
ニコン（日本光学工業）　233, 361-362, 419
西川甚五郎　17, 49
西川伝兵衛　41
西村勝三　115
西山弥太郎　204, 328-329
ニチイ　371, 375
日独写真機商会　→ミノルタカメラをみよ
日米板硝子　→日本板硝子をみよ
日産コンツェルン　247, 250, 287
日産自動車（日産）　162, 226-229, 247, 286, 298, 348-353, 404-405
日曹コンツェルン　248
日窒コンツェルン　171, 248
日本板硝子（日米板硝子）　205-207, 333, 335, 404
日本碍子　190-194, 317
日本開発銀行　271, 338, 382
日本科学技術連盟　281
日本硝子工業　208
日本勧業銀行　156, 244-245
日本規格協会　280
日本銀行　55, 61-62, 379, 382
日本経営者団体連盟（日経連）　388
日本光学工業　→ニコンをみよ
日本鋼管　114, 201-205, 282, 329-330, 343, 392
日本興業銀行　266, 382

日本産業　247
日本産業訓練協会　281
日本製鋼所　114
日本生産性本部　282, 296
日本製鉄　162, 194, 202, 268, 272, 327
日本曹達　248, 268
日本曹達工業　208
日本窒素肥料　171, 211, 244, 248, 251, 268
日本鉄道　82-83, 136
日本電気　72, 169, 236, 364
日本電気硝子　336
日本陶器　100-101, 190-194, 315-316
日本特殊陶業　192-194, 317
日本能率協会　280, 362-363
日本綿花　220
日本郵船　70, 73, 85-86, 130, 136, 142, 156-157, 245
日本輸出入銀行　338
日本レイヨン　211, 324
ノースロップ（J. H. Northrop）　219
野口遵　211, 251
野田醤油　→キッコーマンをみよ
野呂景義　112-113

ハ 行

バーマイスター・アンド・ウエイン（Burmeister & Wain, B&W）　217, 343
ハーレー・ダビッドソン社（Harley-Davidson）　345, 423
ハイルマイアー（G. H. Heilmeier）　412
白鶴　28-29, 46, 95, 185-186, 189
発動機製造　225, 349
服部金太郎　126
バトラー（A. H. Butler）　127
パナソニック（→松下電器産業もみよ）　414-415
浜口儀兵衛　31, 96, 187-188
早川金属工業　→シャープをみよ
早川徳次　238, 365
播磨造船所　217, 338, 340
阪急（阪神急行電鉄）　180-181
阪急百貨店　181, 241, 370, 374
蕃書調所　68
ハンター（E. H. Hunter）　118
ヒゲタ（銚子醤油）　31, 49, 96, 188-189, 307
日立製作所　164, 235, 247, 257-259, 263, 272, 299, 332, 365-366, 368, 380, 391, 413
日立造船　343, 345

固有名詞索引——489

常陸丸　120-121
ピッツバーグ社（Pittsburgh Plate Glass）　207, 335, 337
日野自動車工業　349-350
日比翁助　129
平賀源内　17
平野富二　118
ピルキントン社（Pilkington）　208, 334, 404
広畑製鉄所　205, 327, 329
フォード（H. Ford）　223
フォード自動車（Ford Motor Co.）　162, 166, 171, 208, 223, 225, 227-228, 298
福沢諭吉　14, 143, 155
藤岡市助　178, 234
富士写真フイルム　415-416
富士重工業　349
富士製鉄　327-328
富士電機製造　235-236, 246
藤永田造船所　118
撫順炭鉱　71
プラット社（Platt Brothers & Co.）　65, 103-105, 143, 212, 218-222
フランシス（C. A. Francis）　218
ブリューナ（P. Brunat）　106
ブレイディ（A. Brady）　72
ブローバ社（Bulova）　357, 360
ベア（M. M. Bair）　130-131
別子銅山　140
ペリー（M. C. Perry）　54
ベレーク（M. Berek）　361
ボイド商会（Boyd & Co.）　84
ボイル（W. S. Boyle）　416
北海道炭礦汽船　72, 114
本溪湖煤鉄有限公司　72, 201, 203, 252
本田技研工業（ホンダ）　2, 345-348, 420-423
本田宗一郎　347

マ　行

マイクロソフト（Microsoft）　5
前島密　73
前橋製糸場　106
益田孝　130, 143
松方正義　58, 61, 67
松坂屋　241, 370
松下幸之助　236, 248, 276
松下電気器具製作所　→松下電器産業をみよ
松下電器産業　175, 238-239, 276, 299, 364, 368, 372

松村八次郎　100, 191
満洲重工業開発　287
三池炭鉱　67, 141, 143
三重紡績　145, 169, 196
三井銀行　129, 136, 143-144, 148-149, 154, 245-246, 250, 255, 257-258
三井鉱山　144, 147, 244-245, 249-251, 255
三井合名会社　144, 147-148, 245-246, 255, 376
三井呉服店　129, 144, 156
三井財閥　140, 143-144, 147, 245, 248, 251, 253, 268, 376
三井造船　250, 343, 345
三井高利　35, 39, 140
三井物産　130-132, 141, 143-144, 147, 169, 211, 245, 249-251, 255, 376-377
三井物産造船部　217, 249
三井本社　376
三川商会　141
三越（呉服店）　129, 181, 239-241, 370, 372
三菱銀行（三菱合資会社銀行部）　136
三菱鉱業　244, 249, 256
三菱合資会社　142, 256, 376
三菱財閥　140-143, 148, 245, 248, 251, 253, 268, 376
三菱社（三菱本社）　376
三菱重工業　217, 249, 268, 272, 279, 332, 340, 343, 349
三菱商事　290, 377
三菱製鉄（朝鮮）　72, 249
三菱製鉄所（横浜）　84, 142
三菱造船　217, 224, 249, 259
三菱電機　164, 169, 235, 249, 257, 299, 368
三菱長崎造船所　118-121, 148, 157, 217, 258, 263, 340-341
三菱日本重工業　349
南満洲鉄道　71-72, 203, 244, 272, 287
箕面有馬電気軌道　→阪急をみよ
三野村利左衛門　38, 143
御法川直三郎　199
ミノルタカメラ（ミノルタ）　233, 415, 419
ミューラー（C. Mueller）　106, 198
武藤山治　195, 254, 261
村田製作所　317
明治生命保険　143
目黒蒲田電鉄　181
茂木・高梨　→キッコーマンをみよ
茂木佐平治　31

持株会社整理委員会　268, 377
森コンツェルン　248
森矗昶　248
森村組　99-101

ヤ　行

安田銀行　136, 246
安田財閥　140, 245
安田善次郎　140
山岡武　203
山県昌夫　217
ヤマサ　31, 49, 96, 187, 307
山下太郎　289
山辺丈夫　104, 145, 212
ヤマハ発動機（ヤマハ）　345-347, 422-423
山邑太左衛門　28
八幡製鉄（株式会社）　327-330
八幡製鉄所　112-114, 151, 162, 201-205, 244
郵便汽船三菱会社　83, 141-142, 156
ユニバーサル造船　343
横須賀海軍工廠　118-119

横田英　108
横浜正金銀行　70, 130, 244
横山孫一郎　131
吉川鶴彦　127
淀屋常安　16

ラ・ワ行

ライオン（ライオン石鹸・歯磨き，小林富次郎商店など）　174-175, 297
ライツ社（Ernst Leitz Optische Werke）　234, 361
理化学研究所　163, 248, 274
理化学興業　248
陸王内燃機　345
理研コンツェルン　248
リビー・オーエンス・シートグラス社（Libbey-Owens Sheet Glass）　206, 333
ルノー社（Renault）　404-405
レナウン　404
連合生糸荷預所　70
ワグネル（G. Wagener）　89, 99

事項索引

A-Z

IE (Industrial Engineering)　282
MFA (Multi-Fiber Agreement)　311
MTP (Management Training Program)　281
SPA (Specialty Store Retailer of Private Label Apparel)　315
TWI (Training Within Industry)　281
VA (Value Analysis)　286, 396
VE (Value Engineering)　286, 395-396

ア行

相対済令　11
足踏織機　122, 219-222
後工程引取方式　353
天下り　383
委員会（等）設置会社　407, 419, 426-427
意匠条例（意匠法）　56
一代交雑種　198
1店1帳合制度　174
インダストリアル・デザイン　276, 356, 361
遠洋航路補助法　86, 121
オープンエンド精紡機　320-321
桶売り　186, 304-305

カ行

外国為替管理法　160, 269, 271
外資法　269
会社経理応急措置法　394
会社更生法　407
会社弁　55
会社法　406, 426
科学的管理法　167-169, 193, 195-196
過度経済力集中排除法　268, 378
株式取引所条例　62
株式持合　378-380, 382, 407, 424, 431
株仲間　12, 75
貨幣法　61
ガラ紡　56, 102
為替手形約束手形条例　55
勧工場　129
監査基準　395
監査実施準則　395
企業会計原則　395
企業再建整備　269, 382, 394-395
企業別組合　388, 396
疑似百貨店　293, 371
北前船　15, 85
QCサークル　282, 397
居留地　54
銀行条例　62
銀行等株式保有制限法　424
銀目廃止　59
金融商品取引法　407
公事方御定書　11
グッドデザイン制度　277
軍需工業動員法　163
軍用自動車補助法　161, 163, 224
経営家族主義　261
計画造船　338
計理士法　262, 395
系列融資　380
ゲスト・エンジニア　285
兼営織布　91, 182, 309
原価企画　395-396
原価計算基準　395
原価計算規則　394-395
減損会計　407
航海奨励法　86, 120-121
公害対策基本法　300
工業組合法　162, 194
公差　166-167, 221, 356, 362-363, 408-409
鉱山心得　65, 72
工場徒弟制　152
工場払下概則　67
工場法　154, 160, 195, 261
公正取引委員会　268, 297
公認会計士法　267, 395
小売の輪　375
互換性部品　126, 128, 166-167, 218-221, 223, 227, 231, 279, 356
国立銀行　55, 59-62, 134, 144, 155-156
国家総動員法　266
コルバーン法　206

コンカレント・エンジニアリング　276, 434

サ　行

在華紡　170
財産評価準則　262, 394
財閥解体　268
財閥同族支配力排除法　268, 377
財務諸表準則　262, 394-395
産業政策　161, 271-272
産業報国会　387
産地綿織物　90, 182, 309
仕入問屋　16-17
執行役員　426, 428, 431
自動車製造事業法　162, 225, 348
自動織機　197, 219-222, 311
自動繰糸機　318
地機　20, 24-25, 122
ジャカード　91, 182, 220
社長会　380
シャトルレス（無杼）織機　312
終身雇用　44, 257, 387-389, 393, 396-397, 401, 406, 430-431, 435
重要産業統制法　162
重要物産同業組合法　75, 194
重要輸出品工業組合法　162
授権資本制度　267
純酸素上吹転炉（BOF）　329
商業組合法　172
証券取引法　267, 395, 407
承認図　285
商標条例（商標法）　56, 76, 95
商法　55-56, 134, 145, 155, 267, 395, 406, 427
初期豪商　16
職能給　389-390, 392, 428
職務給　389
新貨条例　56, 59
新興コンツェルン　248-249, 253, 376
新卒採用　148, 257-258, 387, 389
スーパーハイドラフト　222, 320
ストックオプション　6, 386, 407, 427, 431-432
成果主義　428-429, 432
生産性三原則　282
製造原価計算準則　262, 394
製造工業原価計算要綱　394-395
製鉄業奨励法　161, 201
西洋型船舶検査規則　117
セル生産方式　363

繊維工業設備臨時措置法（繊維旧法）　310, 320
全社的品質管理（TQC）　281-282, 353
専売特許条例　56
船舶改善助成施設　215-217
染料医薬品製造奨励法　161, 163
造船奨励法　120, 215
空引機　20-21
ソルベー法　208

タ　行

大学令　164
大規模小売店舗法　293, 374
退職積立金及退職手当法　260
貸与図　285-286
高機　20-25, 88-90, 122, 222
多条繰糸機　194, 199-200, 318
大日本帝国憲法　58
多能工　167, 340, 353, 392-393, 434
ダブルチョップ　372
男女雇用機会均等法　394
治安警察法　154, 160
地租改正　57-58
秩禄処分　57, 60
超自動織機　311
ディーゼル船　214, 216, 342
鉄道国有法　83
手吹円筒法　114-116, 205
デミング賞　281, 353
等級賃金制度　108, 200
同業組合準則　75
独占禁止法　268, 296, 378, 407
特定航路助成　85-86, 120
特定繊維工業構造改善臨時措置法（特繊法）　320
特定不況産業安定臨時措置法　326, 342
特許条例（特許法）　56
ドビー　91, 182, 220
トヨタ生産方式　354
トンネル窯　190-194, 315-316

ナ　行

内部請負制　151
内部昇進　145-148, 251, 254, 256-258, 267, 278, 385, 389, 419, 426, 428, 431
流れ生産方式　167, 171, 182, 193, 219, 223, 226, 235, 238-239, 279, 314, 316, 345, 356-357, 362-363, 366, 374

荷受問屋　16-17, 75
日米修好通商条約　54
日米和親条約　54
日本工業規格（JIS）　280, 313
日本国憲法　267
日本標準規格（JES）　166, 280
年功（的）賃金　200, 257-259, 267, 387, 389-390, 393, 396, 431
登り窯　33, 35

ハ 行

ハイドラフト紡績機　170, 194, 196, 222
廃藩置県　55, 57
バッタン　89-91, 122, 222
バッチ式　114, 190
番水　31-32, 96
版籍奉還　55
反百貨店運動　172
ビスコース法　209
ピッツバーグ法　206-207, 335-336
百貨店法（第1次）　172, 292, 368
百貨店法（第2次）　293, 369
物価統制令　268
物資動員計画　266
フルコール法　206-207, 335
フロート法　334-335
ブロック建造法　338-339
分割払込制度（株式）　56, 267
変動相場制　271
奉公人請状　42

マ・ヤ行

マーチャンダイジング　243, 369
マザー工場　171, 398-399
店と奥の分離　50
ミュール精紡機　102-105
民事再生法　407
民法　55, 267
メインバンク　380, 382-384, 406, 431
役割等級制度　428
輸出入品等臨時措置法　266
養成工　152, 258-259

ラ・ワ行

ラバース式製法　205-207
リーン生産方式　354
力織機　90-92, 122-123, 182-184, 197, 218-222
リバースエンジニアリング　4, 65, 163, 215, 227
立会略則　55
リング精紡機　102-105, 320-321
臨時金利調整法　271, 382
臨時資金調整法　266
臨時日本標準規格（臨JES）　280
臨時物資需給統制法　268
連結決算制度　407
連続鋳造法　330
労働関係調整法　267
労働基準法　268
労働組合法　161, 267, 388
労働者派遣法　430
労働争議調停法　161
ロールアウト法　208
6大企業集団　380, 384
渡り職工　151, 153, 259

《著者略歴》

粕谷　誠
（かすや　まこと）

　1961年　埼玉県に生まれる
　1989年　東京大学大学院経済学研究科博士課程単位取得退学
　　　　　東京大学助手，名古屋大学経済学部助教授等を経て，
　現　在　東京大学大学院経済学研究科教授，博士（経済学）
　著　書　『豪商の明治――三井家の家業再編過程の分析』
　　　　　（名古屋大学出版会，2002年）
　　　　　『日本不動産業史――産業形成からポストバブル期
　　　　　まで』（共編，名古屋大学出版会，2007年）
　　　　　『講座・日本経営史1　経営史・江戸の経験――
　　　　　1600〜1882』（共編，ミネルヴァ書房，2009年）

ものづくり日本経営史

2012年11月10日　初版第1刷発行
2019年11月10日　初版第2刷発行

定価はカバーに
表示しています

著　者　　粕　谷　　　誠

発行者　　金　山　弥　平

発行所　一般財団法人　名古屋大学出版会
〒464-0814　名古屋市千種区不老町1 名古屋大学構内
電話(052)781-5027／ＦＡＸ(052)781-0697

ⓒ Makoto KASUYA, 2012　　　　　　Printed in Japan
印刷・製本 ㈱太洋社　　　　　　ISBN978-4-8158-0715-3
乱丁・落丁はお取替えいたします。

JCOPY 〈出版者著作権管理機構　委託出版物〉
本書の全部または一部を無断で複製（コピーを含む）することは，著作権法
上での例外を除き，禁じられています。本書からの複製を希望される場合は，
そのつど事前に出版者著作権管理機構 (Tel：03-5244-5088, FAX：03-5244-
5089, e-mail：info@jcopy.or.jp) の許諾を受けてください。

粕谷誠著
豪商の明治
―三井家の家業再編過程の分析―
A5・304 頁
本体5,500円

和田一夫著
ものづくりの寓話
―フォードからトヨタへ―
A5・628 頁
本体6,200円

菅山真次著
「就社」社会の誕生
―ホワイトカラーからブルーカラーへ―
A5・530 頁
本体7,400円

橘川武郎著
日本石油産業の競争力構築
A5・350 頁
本体5,700円

石井寛治著
帝国主義日本の対外戦略
A5・336 頁
本体5,600円

沢井実著
近代日本の研究開発体制
菊判・624頁
本体8,400円

中村尚史著
地方からの産業革命
―日本における企業勃興の原動力―
A5・400 頁
本体5,600円

韓載香著
パチンコ産業史
―周縁経済から巨大市場へ―
A5・436 頁
本体5,400円

中島裕喜著
日本の電子部品産業
―国際競争優位を生み出したもの―
A5・388 頁
本体5,400円

高島正憲著
経済成長の日本史
―古代から近世の超長期GDP推計 730-1874―
A5・348 頁
本体5,400円

川上桃子著
圧縮された産業発展
―台湾ノートパソコン企業の成長メカニズム―
A5・244 頁
本体4,800円